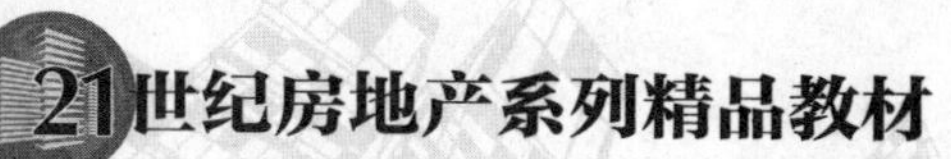

房地产合同管理实务

（第2版）

Real Estate Contract Management

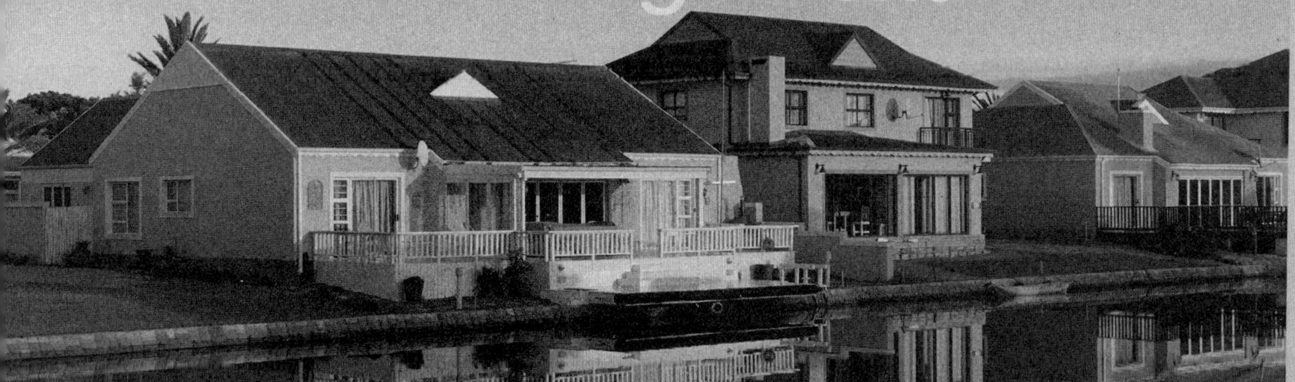

代春泉◎编著

清华大学出版社
北京

内 容 简 介

本书剖析了房地产合同管理中存在的矛盾和问题，归纳和提炼了成功项目的合同运作模式，系统地介绍了房地产合同的基本理论、基本方法和操作技巧。全书分为十章：第一至四章从房地产合同法律基础入手，分析了合同订立、合同履行、合同责任等基础理论；第五至八章结合工程实际，从合同体系构建、合同策划、合同控制、合同索赔等方面剖析了合同管理的方法和技巧，第九章分析了房地产合同风险防控策略；第十章归纳提炼出房地产开发中50个常见的重点疑难问题。

本书可作为工程管理、房地产开发与经营、土地资源管理、国际工程管理、工程造价、项目管理、建筑管理专业教材使用，也可作为房地产从业人员及房地产估价师、房地产策划师等资格考试的参考用书。

图书在版编目（CIP）数据

房地产合同管理实务/代春泉编著. —2版. —北京：清华大学出版社，2019
（21世纪房地产系列精品教材）
ISBN 978-7-302-52359-8

Ⅰ. ①房…　Ⅱ. ①代…　Ⅲ. ①房地产-经济合同-合同法-中国-高等学校-教材　Ⅳ. ①D923.64

中国版本图书馆CIP数据核字（2019）第034394号

责任编辑：杜春杰
封面设计：刘　超
版式设计：魏　远
责任校对：马子杰
责任印制：沈　露

出版发行：清华大学出版社
网　　址：http://www.tup.com.cn，http://www.wqbook.com
地　　址：北京清华大学学研大厦A座　　邮　　编：100084
社 总 机：010-62770175　　邮　　购：010-62786544
投稿与读者服务：010-62776969，c-service@tup.tsinghua.edu.cn
质量反馈：010-62772015，zhiliang@tup.tsinghua.edu.cn
印 装 者：三河市铭诚印务有限公司
经　　销：全国新华书店
开　　本：185mm×230mm　　印　　张：27.25　　字　　数：595千字
版　　次：2011年6月第1版　2019年6月第2版　　印　　次：2019年6月第1次印刷
定　　价：69.00元

产品编号：063993-01

丛书序言

——大力推进房地产专业教育和知识普及工作

1998年以来，中国房地产业快速发展，成为国民经济的重要产业，取得了令世人瞩目的成就，尤其是在改善广大城镇居民住房条件、改变城镇面貌、促进经济增长、扩大就业四个方面，更是发挥了其他行业所无法替代的巨大作用。这一切，仅从中国城镇人均居住面积的变化便不难看出：中华人民共和国成立初期4.5平方米，但到了1978年，反而下降到了3.6平方米；1990年为7.1平方米，到了1998年也只有9.3平方米。现在我们的居住条件已经达到人均近40平方米了。

然而，随着房地产业的发展，一系列问题和矛盾也出现了。诸如房价问题，住房保障和宏观调控问题，政府对房地产市场的干预以及市场机制运行阻力增加等，这些问题和矛盾倘若得不到有效解决，势必给房地产业的可持续发展埋下隐患。

这些问题的出现，均与大众和决策层对房地产市场认识的偏差甚至错误联系在一起，而这些认识上的缺欠，又与房地产教育的短缺、房地产理论的落后、房地产专业知识普及的乏力是密切相连的。这种境况的出现，既有必然的逻辑，又有偶然事件的诱使。而要改变这种现实，就必须抓好房地产教育、房地产理论研究工作，同时大力推进房地产专业知识的普及工作。房地产教材的编写，就是一项实实在在的工作内容。为搭建起中国的房地产学科，十几年来，我与我的合作者一直在积极探索。

早在2000—2001年，在东北财经大学出版社编辑谭焕忠先生的鼓励和运作下，我就主编了“最新房地产经营管理丛书”，在这方面做了积极尝试，受到房地产业内和财经教育界的关注。后来我们又对这套丛书进行了修订、完善，个别分册还出版了第三版和第四版，成为普通高等教育“十一五”国家级规划教材。但是，随着时间的推移，这些教材又有了更新的必要。为此，从2009年开始，我们与清华大学出版社合作，邀请国内多所知名高校的房地产专家、学者，重新编著了一套“21世纪房地产经营管理系列教材”，包括《房地产经济学》《房地产开发》《房地产投资分析》《房地产市场营销》《房地产金融》《房地产开发企业会计》《房地产估价》《房地产法律与制度》《房地产管理信息系统》《物业管理》《住房保障制度》《房地产合同管理》等。

从整套教材来看，不仅有介绍房地产行业基本知识的《房地产经济学》，还将房地产行业和项目所涉及的主要业务知识分册进行了讲解。浏览一下这套丛书各分册的书名就会

发现，其中暗含着“投资分析—开发—监理—营销—物业管理—估价”这样的纵向逻辑脉络，主要阶段基本知识的讲解全部囊括其中；同时，又顺着横向逻辑关系对与房地产有关的金融、会计、法规知识按照教材体系做了详细整理。读完该套教材后，读者对房地产行业的理论、业务知识、分析方法、法律规定便有了基本了解。身边准备这么一套房地产专业书籍，遇到什么问题都能从中找到答案。非常重要的一点是，我们充分考虑到房地产行业的实践性，十分注重理论联系实际。当读者阅读过我们的教材之后，也会深刻体会到该套教材的这一显著特征。

在前面多年房地产教学、科研和教材编写基础上的该套教材，与以往的教材相比，无论基础知识的梳理、内容的安排，不同分册间知识的衔接，还是文字的表述、写作的规范性，都又有了明显进步。所以，该套教材出版后再次引起房地产、工程管理和物业管理专业领域和房地产业界的普遍关注，十分畅销。

随着时间的推移，该套“21 世纪房地产经营管理系列教材”又到了该修订的时间。清华大学出版社根据各方意见，对该套丛书做了筛选，出版社杜春杰老师与相关作者进行了沟通。大家按照安排，在保持原貌的基础上，对本教材中涉及的过时的表述、案例、政策、数据、参考文献等都做了必要的更新，力求向精品化教材的方向发展，丛书的名称也因此更改为“21 世纪房地产系列精品教材”。

无论是在第一版的编写中，还是在这次修订中，我们都得到了胡乃武、王健林、任志强等学界前辈、同行专家和行业领袖的大力支持。我要特别感谢王健林和任志强两位著名企业家对我的团队和北京师范大学房地产研究中心的长期支持与鼓励。同时，我们还参阅了很多教材、著作、论文和新闻稿件，在每本书的注释或参考文献中都有专门列示，也要感谢这些作者。清华大学出版社的杜春杰编辑为本套丛书的出版和这次修订付出了巨大心血。在此，我们对相关顾问和编辑表示深深的谢意。

由于水平、能力等原因，修订后的这套教材仍可能存在一些错误或不足之处，有些我们有所感知，有些还未认识到。欢迎大家继续批评指正，以便下次修订时加以完善。

董　藩

2016 年 1 月于北京

第2版前言

各高校、机构、企业的同行、学生、学员对本书第1版的热情接受使我备受鼓舞，新版修订保持既有的体系不变。第1版问世近9年来，我国经济社会增长方式发生了巨大变化，中国特色社会主义进入新时代，社会主要矛盾已经转化为人民日益增长的美好生活需要和不平衡不充分的发展之间的矛盾。这种不平衡不充分的发展尤其体现在房地产领域，这也导致了国家对房地产发展模式的深度调整，“房住不炒”“长效机制”等房地产新发展观的提出，对房地产开发企业创新项目管控模式、强化风险防控意识等提出了新要求。

针对房地产项目综合性增强、风险性增大、实践操作要求提高、开发协作难度加大等，全书精简提炼理论知识，加大合同管理实践案例，尤其针对近几年房地产开发中出现的合同管理新模式、法律法规新要求、纠纷处理新趋势等进行提炼，增强其“知行合一”效果，书名也相应调整为《房地产合同管理实务》。

第一至四章从房地产合同法律基础入手，分析了合同订立、合同履行、合同责任等基础理论。第五至八章密切结合工程实际，从合同体系构建、合同策划、合同控制、合同索赔等方面深入剖析了合同管理的方法和技巧，是合同和管理实践的高度融合，具有方法论意义。

在更新增加实践案例的同时，本版最重要的变化是第九章房地产合同风险防控策略的系统阐述，从合同签订、合同履行、合同纠纷处理三个阶段，从防控关键、防控要点、防控注意事项三个维度，结合大量实战案例，从战略和战术角度分析了风险防控的要领，并对房地产风险防控体系构建提出了思路，是本书的点睛之章节。

实践出真知，第十章归纳提炼出房地产开发中50个常见的重点疑难问题，并通过问答的方式分析论述，是开卷有益的重要呈现。全书理论密切联系实际，充分体现“胜兵先胜而后求战”的合同战略思维，通篇给予读者知识创造价值的乐趣。

本次修订借鉴吸收了大量文献，对于博学的读者来说，这是显而易见的。最新的房地产合同判例、住宅小区车位归属权处置、“一房二卖”纠纷处理、房地产“广告注水”救济等都可在教材中找到踪迹。本书特别适合作为房地产专业、工程管理专业本科生或研究生教材，也特别适合作为企业、机构培训用书，当然，自学参考更是很好的选择。

十分感谢十几年来学校学生、企业培训学员、许多同事和提出建议的朋友们，是你们给了我无尽的启发、无穷的动力。每当我对书写的热情减弱时，你们的鼓励是我继续进行下去的动力！

本书全文由代春泉创作并统稿，写作过程中，承蒙受过很多人的关爱，衷心地感谢他们。感谢侯文增律师、時泽俊先生对书稿的统筹，感谢清华大学出版社杜春杰编辑的巨大付出，感谢给予鼓励和建议的朋友们。当然，在本书写作过程中参考了大量文献资料，除书后所附参考文献外，还借鉴了其他专家和学者的研究成果，在此不一一列出，一并向著作权人表示最诚挚的感谢。

学海浩瀚，尽管使出了“洪荒之力”，书中难免仍然存在疏漏或不妥之处，欢迎同行专家和读者批评指正。

路漫漫其修远兮，吾将上下而求索！

远，无惧；

索，才是人生不懈奋进的动力！

代春泉
2019 年 1 月于青岛

第 1 版前言

房地产开发是投资巨大、周期较长、涉及主体众多、复杂多变的系统工程。在这个系统中，任何人、任何事件在任何时间的非正常运作，都可能导致整个系统的混乱甚至瘫痪。使人员、目标、物料系统化的方法就是合同管理。工程合同有“工程宪法”之称，是房地产开发的基础性文件，对工程建设的各个环节方面，合同均有详尽的规定，是将房地产项目纳入法制化管理体系的重要依据。

合同是房地产项目运作的工具。在工程开始之前，如何起草合同；在工程进行当中，如何执行和分析合同；在工程出现意外事件时，如何利用合同解决问题，进行相关索赔与反索赔；工程完成时，如何依据合同进行验收、移交与支付；工程完成后，如何依据合同对各种未尽事宜进行完善……这些都成为房地产项目管理的核心问题。

在本书的写作过程中，作者力求用最简洁的文字反映深刻的道理，深信“大道至简”的格言，希望有自己的简明理论体系。深知“刻意创新是学术的大忌”，但以发展实践为基础的创新还是必要的。本书就试图最大限度地将抽象的理论融于社会实际中，做到“深入浅出”。

基于以上认识，本书以房地产项目为对象，以最新的法律法规为依据，剖析了房地产合同管理中存在的矛盾和问题，归纳和提炼了成功项目的合同运作模式，系统地介绍了房地产合同的基本理论、基本方法和操作技巧。本书分为十章，第一至四章从房地产合同法律基础入手，分析了合同订立、合同履行、合同责任等基础理论。第五至八章密切结合工程实际，从合同体系构建、合同策划、合同控制、合同索赔等方面深入剖析了合同管理的方法和技巧，是合同和管理实践的高度融合，具有方法论意义。第九章分析了新版 FIDIC 合同的相关知识，为国际工程项目拓展提供法律支持。第十章系统分析了房地产合同管理的发展趋势，阐述了合同管理的经济效用、博弈技巧、执行策略等前瞻性内容。

本书全文由山东科技大学代春泉统稿，参加编写的人员有中交一航局二公司董鹏、韩国现代建设集团中国区首席专家康耀江（博士后）、山东科技大学张茜茜、王磊（博士）；刘晓森（律师）、宋国龙（律师）、王称（律师）审查了部分内容。

在本书的写作过程中，承蒙受过很多人的关爱，在此衷心地感谢他们。感谢北京师范大学董藩教授的无私帮助，感谢清华大学出版社编辑们的付出，感谢所有给我们鼓励和建议的朋友。当然，在本书的写作过程中参考了大量文献资料，除书后所附参考文献外，还借鉴了其他专家和学者的研究成果，在此不一一列出，一并向著作权人表示最诚挚的感谢。

学海浩瀚，尽管我们做了很大努力，书中肯定还有不少缺陷，衷心希望读者朋友批评指正。

代春泉

2011 年 5 月

目 录

第一章　房地产合同法律基础

学习目标

通过对本章的学习，学生应掌握以下内容：

1. 民事法律行为的构成要件；
2. 债的发生根据及其保全；
3. 物权的变动原则；
4. 合同的分类及意义；
5. 合同法的基本原则；
6. 房地产合同管理的特点。

导言

在房地产开发过程中，人与人之间相互关系的确定十分重要，这种关系体现了交易的过程以及在交易中所形成的债权债务关系。这种在经济交往过程中所形成的人与人之间的特定性的关系，需要以一种特定的模式进行表述。

民法是调整平等主体之间的财产关系和人身关系的法律规范的总称，进行民事活动，离不开民法的调整，我国现行的调整民事财产关系的法律主要是《中华人民共和国民法总则》(以下简称《民法总则》)和《中华人民共和国合同法》(以下简称《合同法》)，这两部法律也是合同管理的主要依据，因此，本章将就此部分内容进行阐述。

第一节　民事法律关系

《民法总则》第 2 条规定："中华人民共和国民法调整平等主体的自然人、法人和非法人组织之间的人身关系和财产关系。"

一、民事法律关系概述

民事法律关系是由民法规范调整的、以权利义务为内容的、平等主体之间的人身关系和财产关系。法律关系由法律关系主体、法律关系客体和法律关系内容三个要素构成，缺少任何一个要素都不能构成法律关系，任何一个要素的变化都会引起民事法律关系的变动，如图1-1所示。

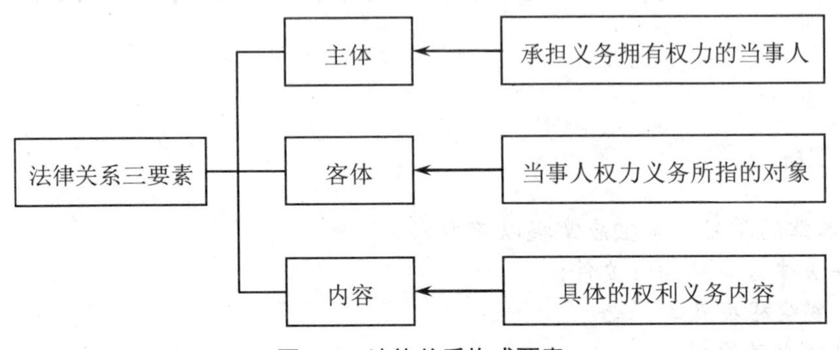

图1-1　法律关系构成要素

（一）主体

民事法律关系主体（简称民事主体），是指民事法律关系中享受权利、承担义务的具有民事主体资格的人，主要包括自然人、法人以及其他组织，特定情况下还包括国家。

1．自然人

自然人是基于自然规律出生而享有法律人格的人，它是相对于作为法律上人格的法人的称谓。《中华人民共和国宪法》第33条规定，凡具有中华人民共和国国籍的人都是中华人民共和国公民。公民是一个政治概念，而自然人是一个法律上的概念，与国籍无关。《民法总则》第12条规定，中华人民共和国领域内的民事活动，适用中华人民共和国法律。法律另有规定的，依照其规定。即《民法总则》原则上适用于我国境内的外国人、无国籍人，除依国际条约以及国际惯例享有豁免权之特殊主体外。

2．法人

法人是具有民事权利能力和民事行为能力，依法独立享有民事权利和承担民事义务的组织。法人应当具备四个条件：（1）依法成立；（2）有必要的财产或者经费；（3）有自己的名称、组织机构和场所；（4）能够独立承担民事责任。

法人分为企业法人和非企业法人两大类。企业法人是指以营利为目的的法人，是法人中数量最大的一种。非企业法人，是指不直接从事生产和经营活动的法人，以国家管理和非经营性的社会活动为其内容的法人。非企业法人又可分为机关法人、事业单位法人和社会团体法人，如建设行政主管部门、学校、消费者协会等。

3．其他组织

其他组织是指依法成立、有一定的组织机构和财产，不具备法人资格，但可以自己的名义进行民事活动的组织。在实践中，较为常见的有以下方面。

（1）法人依法设立并领取营业执照的分支机构。

（2）依法登记领取营业执照的私营独资企业、合伙组织。

（3）依法登记领取营业执照的合伙型联营企业。

（4）依法登记领取我国营业执照的中外合作经营企业、外资企业等。

（二）客体

民事法律关系客体，是指民事法律主体享有的权利和承担的义务所共同指向的对象。在通常情况下，主体都是为了某一客体，彼此才设立一定的权利、义务，从而产生法律关系，这里的权利、义务所共同指向的事物，即法律关系的客体。法学理论上，一般将客体分为物、行为、智力成果和人身利益。

（1）物，是存在于人身之外，能够满足人类某种需求又能为人类所控制和支配的物质实体。物是民事法律关系中最基本的客体，如房屋、土地、建筑设备、货币等都属于民事法律关系中的物。

（2）行为，是指义务人所要完成的能满足权利人要求的结果。这种结果表现为两种：物化的结果与非物化的结果。物化的结果是指义务人的行为产生一定的物化产品。例如，房屋、道路等建设工程项目。非物化的结果即义务人的行为没有转化为物化实体，而仅表现为一定的行为过程，最终产生了权利人所期望的法律效果。例如，企业对员工的培训行为。

（3）智力成果，是指人们脑力劳动的成果或智力方面的创作，也称为非物质财富。最典型的智力成果是知识产权，如文学作品、发明、专利、商标等。

（4）人身利益，包括人格利益和身份利益及其他权利，如人格尊严、自由等。

（三）内容

民事法律关系内容，是指民事主体之间基于民事法律关系客体所形成的民事权利和民事义务。这种法律权利和法律义务的来源可以分为法定的权利、义务和约定的权利、义务。权利和义务都是在一定范围内存在的，超过了范围的权利是不受法律保护的。同样，要求义务人做出超出范围的义务也同样是法律所禁止的。在一个特定的法律关系中，一方当事人的权利就是另一方当事人的义务。当事人在享受权利的同时也必须要履行相应的义务。

【例 1-1】下列哪种情形成立民事法律关系？（　　）

A. 甲与乙约定某日商谈合作开发房地产事宜

B. 甲对乙说：如果你考上研究生，我就嫁给你

C. 甲不知乙不胜酒力而极力劝酒，致乙酒精中毒住院治疗

D. 甲应同事乙之邀前往某水库游泳，因抽筋溺水身亡

答案：C。

解析：民法调整的平等主体之间的财产关系和人身关系可总称为民事关系，民事关系是一种社会生活关系，但并非所有的社会生活关系都是民法调整的对象，只有民法所规定的才受民法所调整，其他的社会生活关系受道德、习惯等的调整。其中 C 项因甲的劝酒而导致乙酒精中毒住院治疗所产生的侵权损害赔偿关系受民法所调整，故 C 项正确。A 项虽然与合同相关，但只是商谈，并没有进入缔约阶段；B、D 项属于爱情、友情等领域，都不受民法所调整。

二、民事法律关系的产生及变更

（一）法律关系的产生

法律关系的产生，是指法律关系的主体之间形成了一定的权利和义务关系。如某单位与其他单位签订了合同，主体双方就产生了相应的权利和义务。此时，受法律规范调整的法律关系即告产生。

法律规范所确认的能够引起民事权利义务产生、变更和消灭的客观现象称为法律事实。民事法律事实，是指能够引起民事法律关系产生、变更、终止的客观现象。

民事法律事实的意义在于能引发一定的民事法律后果，包括以下三种情形。

第一，引起民事法律关系的发生。民事法律关系的发生包括绝对发生和相对发生。绝对发生是指当事人间的权利义务原始发生，而不是由其他主体转移而来的；相对发生是指当事人间因继受其他主体的权利义务而形成民事法律关系，该法律关系就为相对发生。

第二，引起民事法律关系的变更。即民事法律关系要素中的任何一个要素发生变化。民事法律关系的相对发生和相对消灭，也都可看作民事法律关系的变更。

第三，引起民事法律关系的消灭。它包括绝对消灭和相对消灭。绝对消灭是指当事人间的权利义务已不复存在；相对消灭是指主体间的权利义务因转移给他人而消灭。

法律事实按是否包含当事人的意志为依据分为两类，如图 1-2 所示。

1．事件

事件是指不以当事人意志为转移而产生的法律事实，包括自然事件、社会事件、意外事件，如印度洋海啸属于自然事件，国家政变属于社会事件。事件本是自然现象，只是能引起民事法律关系的变动，才被列为法律事实，如人的死亡、地震等。前者可能导致继承关系的发生；而后者若将房屋震塌导致所有权的消灭，事前若投保时，又使保险赔偿关系发生。

2．行为

行为是指人的有意识的活动。行为是法律要件中最常见的法律事实。行为虽与人的意志有关，但根据意志是否须明确对外做出意思表示，行为又被划分为表意行为和非表意

行为。

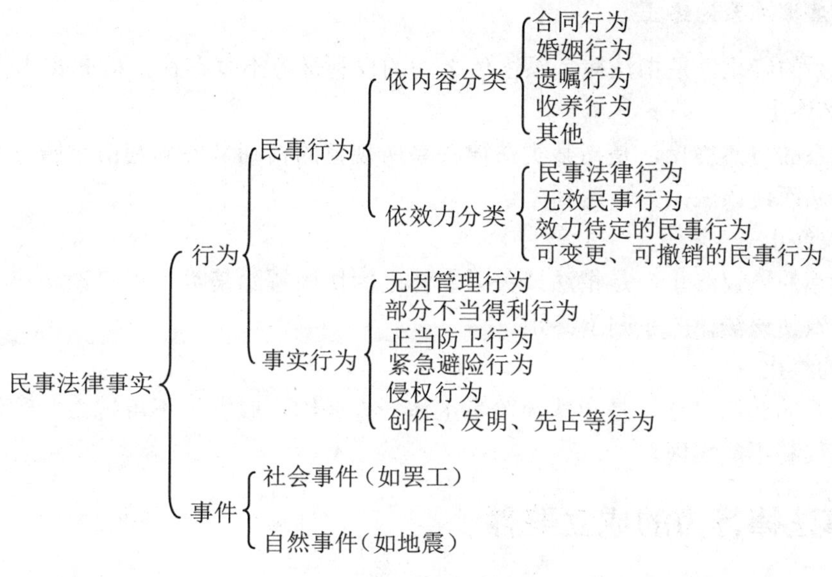

图 1-2 民事法律事实类型

（1）表意行为。表意行为是行为人通过意思表示，旨在设立、变更或消灭民事法律关系的行为。民事法律行为是合法的表意行为，因行为人有预期的效果意思，所以该行为能产生当事人意欲达到的民事法律关系产生、变更和消灭的效果，如与他人订立合同的意思表示。

（2）非表意行为。非表意行为是行为人主观上没有产生民事法律关系效果的意思表示，客观上引起法律效果发生的行为。例如，侵权行为，行为人主观上并没有效果意思，但客观上却导致赔偿的发生。

（二）法律关系的变更

法律关系的变更，是指法律关系三要素中的任何一个发生变化。

1．主体变更

主体变更，是指法律关系主体数目增多或减少，也可以是主体的改变。在合同中，客体不变，相应权利义务也不变，此时主体改变也称为合同转让。

2．客体变更

客体变更，是指法律关系中权利义务所指向的事物发生变化。客体变更可以是其范围变更，也可以是其性质变更。

3．内容变更

内容变更是指法律主体间权利和义务的改变。法律关系主体与客体的变更，必然导致相应的权利和义务，即内容的变更。

（三）法律关系的终止

法律关系的终止，是指法律关系主体之间的权利义务不复存在，彼此丧失了约束力。

1．自然终止

法律关系的自然终止，是指某类法律关系所规范的权利义务顺利得到履行，取得了各自的利益，从而使该法律关系达到完结。

2．协议终止

法律关系的协议终止，是指法律关系主体之间协商解除某类工程建设法律关系规范的权利义务，致使该法律关系归于终止。

3．违约终止

法律关系的违约终止，是指法律关系主体一方违约，或发生不可抗力，致使某类法律关系规范的权利不能实现。

三、民事法律行为的成立要件

（一）民事法律行为的概念

民事法律行为是指民事主体设立、变更、终止民事权利和民事义务的合法行为。

民事法律行为不同于民事行为。民事行为是指民事主体以发生一定的法律后果为目的而进行的行为。民事行为如果符合法律规定的有效条件，就发生法律效力，构成民事法律行为；如果不具备法律规定的生效条件，将自始不发生法律效力，也不能转化为民事法律行为。

（二）民事法律行为的构成要件

长期以来，我国民法理论并没将法律行为的成立和生效加以区分，而是以法律行为的有效成立取代法律行为的成立，致使出现极大的理论混乱。明确民事法律行为的构成要件具有十分重要的意义。

1．行为人具有相应的民事行为能力

行为人实施的民事行为会产生权利义务关系，产生相应的法律后果，因此行为人必须具有预见其行为性质和后果的相应的民事行为的能力。

自然人作为民事主体的一种，能否通过自己的行为取得民事权利、承担民事义务，取决于其是否具有民事行为能力。所谓民事行为能力，是指民事主体通过自己的行为取得民事权利、承担民事义务的资格。民事行为能力分为完全民事行为能力、限制民事行为能力和无民事行为能力三种，如表1-1所示。

表 1-1　自然人民事行为能力比较

分　类	区 分 标 准	方　式	法 律 后 果
无民事行为能力	不满 8 周岁的未成年人或者“完全不能”辨认自己行为的精神病人	法定代理人代理	不得追认
限制民事行为能力	8 周岁以上的未成年人或者“不能完全”辨认自己行为的精神病人	进行与其年龄、智力相适应的活动，其他由法定代理人代理	经法定代理人追认有效
完全民事行为能力	18 周岁以上的成年人或者 16 至 18 周岁但以自己的劳动收入为主要生活来源的人	独立进行民事活动	直接生效

（1）完全民事行为能力。18 周岁以上的公民是成年人，具有完全民事行为能力，可以独立进行民事活动，是完全民事行为能力人。16 周岁以上不满 18 周岁的公民，以自己的劳动收入为主要生活来源的，视为完全民事行为能力人。

（2）限制民事行为能力。8 周岁以上的未成年人是限制民事行为能力人，可以进行与他的年龄、智力相适应的民事活动；其他民事活动由他的法定代理人代理，或者征得他的法定代理人的同意。不能完全辨认自己行为的精神病人是限制民事行为能力人，可以进行与他的精神健康状况相适应的民事活动；其他民事活动由他的法定代理人代理，或者征得他的法定代理人的同意。

（3）无民事行为能力。不满 8 周岁的未成年人和完全不能辨认自己行为的精神病人是无民事行为能力人，由他的法定代理人代理实施民事活动。

《民法总则》第 59 条规定，“法人的民事行为能力和民事权利能力，从法人成立时产生，到法人终止时消灭”。法人经过成立登记后，取得法人资格。法人的民事行为能力是由法人的核准登记范围决定的，法人只能在其核准登记的经营范围内活动。

其他组织不具有法人资格，但可以自己的名义进行民事活动，具有相应的民事行为能力。

2．意思表示真实

意思：“法效意思”——希望发生“民法上”效果的主观愿望。

表示：表达于外，使人知晓——明示（口头、书面）、默示（行为、沉默）等形式。

意思表示真实，是指行为人表现于外部的意思与其内心的真实意志一致且自由，未受到欺诈胁迫等因素影响。

3．不违反法律或者社会公共利益

根据《民法总则》第 143 条的规定，具备下列条件的民事法律行为有效：（1）行为人具有相应的民事行为能力；（2）意思表示真实；（3）不违反法律、行政法规的强制性规定，不违背公序良俗。

【例 1-2】 根据《民法总则》的规定，下列选项中，民事行为有效的是（　　）。

A. 不满 8 周岁的丫丫自己决定将压岁钱 500 元捐赠给希望工程

B. 李某因认识上的错误为其儿子买回一双不能穿的鞋

C. 甲公司的业务员黄某自己得到乙企业给予的回扣款 1 000 元而代理甲公司向乙企业购买了 10 吨劣质煤

D. 丙公司向丁公司转让一辆无牌照的走私车

答案：B。

解析：选项 A：无民事行为能力人独立实施的民事行为，一般情况下无效，本题不属于“接受赠与、奖励、获得报酬等纯获益的行为”或者“与其年龄相适应的细小的日常生活方面的法律行为”；选项 B：李某只有在“重大误解”的情况下，才有权请求人民法院或者仲裁机构予以变更或者撤销，一般情况下属于有效民事行为；选项 C：恶意串通，损害他人利益的民事行为属于无效民事行为；选项 D：违反法律或者社会公共利益的民事行为无效。

四、代理制度

大陆法的代理制度是建立在将委任与代理权严格区别的基础上的。委任是指本人与代理人之间的内部关系，而代理则指交易的外部方面，即本人和代理人同第三人的关系。

（一）代理的含义

1. 概念

代理，是指代理人在被代理人的授权范围内，以被代理人的名义与第三人为民事法律行为，其法律后果由被代理人承担。在《民法总则》上，无论代理人是以被代理人的名义与相对人实施代理行为，还是以自己的名义与相对人实施代理行为，均为代理。由此可见，在代理关系中，通常涉及三个人，即被代理人、代理人和第三人，如图 1-3 所示。

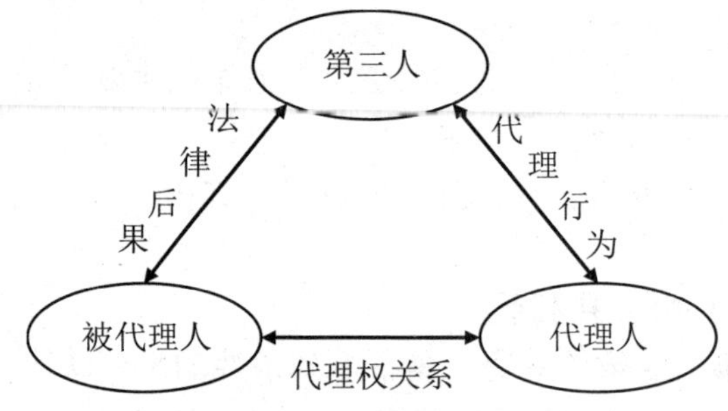

图 1-3　代理关系

依照法律规定或者按照双方当事人约定，应当由本人实施的民事法律行为及具有人身性的民事行为不得代理，如办理登记结婚。

自然人和法人均可成为代理人，但法律对代理人资格有特别规定的除外。例如，《中华人民共和国招标投标法》（以下简称《招标投标法》）中规定，招标投标活动中的招标代理机构应当依法设立，并具备法律规定的条件。

2．特征

从民法理论上讲，代理具有下列法律特征，使其区别于其他相近的民事法律制度。

（1）代理行为是能够引起民事法律后果的民事法律行为。

（2）代理人一般应以被代理人的名义从事代理行为。

（3）代理人在代理权限范围内独立为意思表示。

（4）代理行为的法律后果直接归属于被代理人。

【例 1-3】下列情形属于代理的有（　　）。

A. 甲请乙从国外代购 1 套名牌饮具，乙自己要买 2 套，故乙共买 3 套一并结账

B. 甲请乙代购茶叶，乙将甲写好茶叶名称的纸条交给销售员，告知其是为自己朋友买茶叶

C. 甲律师接受法院指定担任被告人乙的辩护人

D. 甲介绍歌星乙参加某演唱会，并与主办方签订了三方协议

答案：A、B、C。

解析：代理是指代理人以被代理人（又称本人）的名义，在代理权限内与第三人（又称相对人）实施民事法律行为，其法律后果直接由被代理人承受的民事法律制度。选项 A：受托人以自己的名义与第三人订立合同的，也构成代理关系，属于间接代理。乙以自己的名义订立买卖合同，替甲代购 1 套饮具的部分构成间接代理；选项 B：《合同法》第 402 条规定，受托人以自己的名义，在委托人的授权范围内与第三人订立的合同，第三人在订立合同时知道受托人与委托人之间的代理关系的，该合同直接约束委托人和第三人，但有确切证据证明该合同只约束受托人和第三人的除外。因此乙在告知销售员其为甲代买茶叶的情况下，帮助甲买茶叶属于代理。选项 C：甲律师接受法院指定担任被告人乙的辩护人，甲是乙的指定代理人，构成代理；选项 D：居间合同是居间人向委托人报告订立合同的机会或者提供订立合同的媒介服务，委托人支付报酬的合同。甲介绍歌星乙参加某演唱会，并与主办方签订了三方协议，此三方协议即为居间合同，甲和歌星乙之间不是代理关系。

（二）代理的种类

《民法总则》第 163 条规定，代理包括委托代理和法定代理。

1．委托代理

委托代理，是指根据被代理人的委托而产生的代理，如公民委托律师代理诉讼即属于委托代理。委托代理可采用口头形式委托，也可采用书面形式委托，如果法律明确规定必须采用书面形式委托的，则必须采用书面形式，如代签工程建设合同就必须采用书面形式。

在实际生活中，委托代理应注意下列问题。

被代理人应慎重选择代理人。因为代理活动要由代理人来实施，且实施结果要由被代理人承受，因此，如果代理人不能胜任工作，将会给被代理人带来不利的后果，甚至还会损害被代理人的利益。

委托授权的范围要明确。由于委托代理是基于被代理人的委托授权而产生的，所以，被代理人的授权范围一定要明确。如果由于授权不明确而给第三人造成损失的，则被代理人要向第三人承担责任，代理人承担连带责任。

委托代理的事项必须合法，被代理人自己不能亲自进行违法活动，也不能委托他人进行违法活动；同时，代理人也不能接受此类的委托，否则，被代理人、代理人要承担连带责任。

2．法定代理

法定代理，是基于法律的直接规定而产生的代理，如父母作为监护人代理未成年人进行民事活动就是属于法定代理。法定代理是为了保护无行为能力的人或限制行为能力的人的合法权益而设立的一种代理形式，适用范围比较窄。

（三）代理人应注意问题

1．代理人应在代理权限范围内进行代理活动

如果代理人没有代理权、超越代理权或代理权终止后进行活动，则属于无权代理，倘若被代理人不予以追认，则由行为人承担法律责任。

2．代理人应亲自进行代理活动

代理关系中，被代理人的委托授权，是基于对代理人的信任，委托代理就是建立在这种人身信任的基础上的。因此，代理人必须亲自进行代理活动，完成代理任务。但在紧急情况下，为了保护被代理人的利益而转托他人代理的除外。

3．代理人应认真履行职责

代理人接受了委托，就有义务尽职尽责地完成代理工作。如果不履行或不认真履行代理职责而给被代理人造成损害的，代理人应承担赔偿责任。

4．不得滥用代理权

滥用代理权的类型包括滥用代理权之双方代理、滥用代理权之自己代理、滥用代理权之恶意串通的代理三种类型。

（1）以被代理人的名义同自己实施法律行为。如果以被代理人的名义同自己订立合同，就属于此种情形。

（2）同时担任双方当事人的代理人的行为。双方代理为法律所禁止，原则上无效，但代理人追认的除外。

（3）代理人与第三人恶意串通损害被代理人的利益。例如，代理人与第三人相互勾结，在订立合同时给第三人以种种优惠，而损害了被代理人的利益，对此，代理人、第三人要承担连带责任。

5. 表见代理

表见代理是指虽无代理权，但表面上有足以使人相信有代理权，而法律规定须由被代理人负授权之责的代理。表见代理的构成要件包括以下方面。

（1）行为人没有代理权。

（2）没有代理权的代理人实施了代理的行为。

（3）善意相对人有理由相信行为人有代理权。

（4）该行为符合民事法律行为的有效要件。

表见代理是有效的无权代理。行为人没有代理权、超越代理权或者代理权终止后以被代理人名义订立合同，相对人有理由相信行为人有代理权的，该代理行为有效。表见代理后，被代理人因此受到损害的，有权向表见代理人主张损害赔偿。

【例 1-4】甲委托乙前往丙厂采购男装，乙觉得丙生产的女装市场看好，便自作主张以甲的名义向丙订购。丙未问乙的代理权限，便与之订立了买卖合同。根据《合同法》的规定，下列选项中，正确的有（　　）。

A. 甲有追认权

B. 丙有催告权

C. 乙有撤销权

D. 构成表见代理

答案：A、B。

解析：选项 A、B：行为人在无权代理的情况下以被代理人名义订立的合同，相对人可以催告被代理人在 1 个月内予以追认，被代理人表示同意的，由被代理人承担合同责任；选项 C：合同被追认之前，善意相对人（丙而非乙）有撤销的权利；选项 D：丙不是在“有理由相信”行为人有代理权的情况下签订的合同，不构成表见代理。

【例 1-5】甲公司委托业务员张某到某地采购一批等离子电视机，张某到该地后意外发现当地乙公司的液晶电视机很畅销，就用盖有甲公司公章的空白介绍信和空白合同书与乙公司签订了购买 200 台液晶电视机的合同，并约定货到付款。货到后，甲公司拒绝付款。下列表述中，正确的有（　　）。

A. 甲公司有权拒绝付款

B. 甲公司应接受货物并向乙公司付款

C. 张某无权代理签订购买液晶电视机合同

D. 若甲公司因该液晶电视机买卖合同受到损失，有权向张某追偿

答案：B、D。

解析：本题考点为表见代理。根据规定，无权代理人所为的代理行为，善意相对人有理由相信其有代理权的，被代理人应当承担代理的法律后果。在本题中，被代理人甲公司

将某种有代理权的证明文件（盖有公章的空白介绍信、空白合同文本）交给张某，张某以该文件使第三人乙公司相信其有代理权并与之签订买卖合同，构成表见代理，被代理人甲公司应接受货物并向乙公司付款。

（四）代理权的终止

适用于法定代理和委托代理终止的要件，为代理权终止的共同原因；仅适用于法定代理或委托代理的要件，为该代理终止之特别原因。《民法总则》分别规定了委托代理和法定代理终止的原因。

（1）根据《民法总则》第 173 条的规定，有下列情形之一的，委托代理终止。

① 代理期间届满或者代理事务完成。

② 被代理人取消委托或者代理人辞去委托。

③ 代理人丧失民事行为能力。

④ 代理人或者被代理人死亡。

⑤ 作为代理人或者被代理人的法人、非法人组织终止。

（2）根据《民法总则》第 175 条的规定，有下列情形之一的，法定代理终止。

① 被代理人取得或者恢复完全民事行为能力。

② 代理人丧失民事行为能力。

③ 代理人或者被代理人死亡。

④ 法律规定的其他情形。

五、诉讼时效

（一）含义

诉讼时效，是指权利人在法定期间内，未向人民法院提起诉讼请求保护其权利时，法律规定消灭其胜诉权的制度。诉讼时效属于法律事实中的事件，是基于一定事实状态在法律规定的一定期间内的持续存在而当然发生，不为当事人的意志所决定。民法建立诉讼时效制度，目的在于维护社会经济秩序的稳定及避免证明困难，同时有利于督促权利人及时行使权利。

诉讼时效有以下特点。

（1）权利人不行使权利的事实状态存在，而且该状态持续了一段期间。

（2）诉讼时效届满不消灭实体权利。这意味着：① 诉讼时效期间的经过，不影响权利人提起诉讼，即不丧失起诉权，其丧失的仅是胜诉权。② 权利人起诉后，如果被告提出了诉讼时效抗辩，则法院在确认诉讼时效届满的情况下，应驳回其诉讼请求，即权利人丧失胜诉权；当事人未提出诉讼时效抗辩，法院不应对诉讼时效问题进行释明及主动适用诉讼时效的规定进行裁判。③ 当事人在一审期间未提出诉讼时效抗辩，在二审期间提出的，

人民法院不予支持，但其基于新的证据能够证明对方当事人的请求权已过诉讼时效期间的情形除外。④ 时效届满后，义务人自愿履行的，权利人仍然可以受领且受法律保护。义务人履行后，不得以自己不知道关于诉讼时效的规定或不知诉讼时效期间已届满为由，向法院起诉要求返还。

（3）诉讼时效具有强制性。法律关于诉讼时效的规定属于强制性规范，其具体内容，如时效期间的长度、适用条件、适用范围等都由法律规定，当事人不得协议变更或限制。

（4）诉讼时效仅适用于债权请求权，其他请求权，如物上请求权不适用诉讼时效。《最高人民法院关于审理民事案件适用诉讼时效制度若干问题的规定》规定，当事人可以对债权请求权提出诉讼时效抗辩，但对下列债权请求权提出诉讼时效抗辩的，人民法院不予支持：① 支付存款本金及利息请求权；② 兑付国债、金融债券以及向不特定对象发行的企业债券本息请求权；③ 基于投资关系产生的缴付出资请求权；④ 其他依法不适用诉讼时效规定的债权请求权。

（二）诉讼时效的种类

1．普通诉讼时效

除了法律有特别规定，民事权利适用普通诉讼时效期间。《民法总则》规定， 向人民法院请求保护民事权利的诉讼时效期间为三年。法律另有规定的，依照其规定。

2．特别诉讼时效

特别诉讼时效，是指针对某些特定的民事法律关系而制定的诉讼时效。《民法总则》规定，法律对时效另有规定的，依照其规定。可知特别时效优于普通时效，凡有特别时效规定的，适用特别时效。

3．权利最长保护期间

权利最长保护期间作为一种诉讼时效，其起算从权利被侵害之日起。《民法总则》规定，诉讼时效期间自权利人知道或者应当知道权利受到损害以及义务人之日起计算。但是自权利受到损害之日起超过二十年的，人民法院不予保护；有特殊情况的，人民法院可以根据权利人的申请决定延长。

【例 1-6】1998 年 2 月 8 日夜，赵某回家路上被人用木棍从背后击伤。经过长时间的访查，赵某于 2017 年 10 月 31 日掌握确凿证据证明将其打伤的是钱某。赵某要求钱某赔偿的诉讼时效届满日应为（　　）。

A．2001 年 2 月 8 日

B．2018 年 2 月 8 日

C．2019 年 10 月 31 日

D．2020 年 10 月 31 日

答案：B。

解析：身体受到伤害要求赔偿的，适用 3 年的诉讼时效期间，如果当事人在 2015 年 2 月 8 日之前知道的，应当自“知道”之日起 3 年内提起诉讼；从权利被侵害之日起超过 20 年的，人民法院不予保护。在本题中，当事人自权利侵害“发生”之日起 20 年的最后几个月才知道，因此，诉讼时效届满日应为 2018 年 2 月 8 日。

（三）诉讼时效的起算

《民法总则》规定，诉讼时效从知道或者应当知道权利被侵害时起开始计算。根据法律规定和司法实践，结合各类民事法律关系的不同特点，诉讼时效起算有以下不同的情况。

（1）附条件的或附期限的债的请求权，从条件成就或期限届满之日起算。

（2）定有履行期限的债的请求权，从清偿期届满之日开始起算。当事人约定同一债务分期履行的，诉讼时效期间从最后一期履行期限届满之日起计算。

（3）未定有履行期限或者履行期限不明确的债的请求权，从债权人给予债务人清偿债务的宽限期届满之日起算。但债务人在债权人第一次向其主张权利之时明确表示不履行义务的，诉讼时效期间从债务人明确表示不履行义务之日起计算。

（4）因侵权行为而发生的赔偿请求权，从受害人知道或者应当知道其权利被侵害或者损害时起算。人身伤害损害赔偿的诉讼时效期间，伤害明显的，从受伤之日起算；伤害当时未发现，后经检查确诊的，从伤势确诊之日起算。对于这类因侵权行为而发生的赔偿请求权，计算诉讼时效的起算点时，必须要求请求权人知道侵害事实和加害人。

（5）请求他人不作为的债权的请求权，应当自义务人违反不作为义务时起算。

（6）国家赔偿的诉讼时效的起算，自国家机关及其工作人员行使职权时的行为被依法确认为违法之日起算。

（7）撤销权人请求撤销合同的，受一年除斥期间的限制。但在合同被撤销后，返还财产、赔偿损失请求权的诉讼时效期间从合同被撤销之日起计算。

（8）返还不当得利请求权的诉讼时效期间，从当事人一方知道或者应当知道不当得利事实及对方当事人之日起计算。管理人因无因管理行为产生的给付必要管理费用、赔偿损失请求权的诉讼时效期间，从无因管理行为结束并且管理人知道或者应当知道本人之日起计算。本人因不当无因管理行为产生的赔偿损失请求权的诉讼时效期间，从其知道或者应当知道管理人及损害事实之日起计算。

【例 1-7】2014 年 4 月 1 日，范某从曹某处借款 2 万元，双方没有约定还款期限。2015 年 3 月 22 日，曹某通知范某还款，范某要求留给其 10 天准备时间。下列各项中，表述可能正确的是（　　）。

A. 若曹某于 2018 年 3 月 22 日或其之后起诉，法院应判决驳回其诉讼请求

B. 若曹某于 2018 年 4 月 2 日或其之后起诉，法院应裁定不予受理

C. 若曹某于 2018 年 4 月 2 日或其之后起诉，法院应判决驳回其诉讼请求

D. 曹某的债权于2018年4月2日消灭

答案：C。

解析：当事人没有约定履行期限的，债权人可以随时要求履行，但应当给对方必要的准备时间，诉讼时效期间自宽限期限届满之日（2015年4月2日）起算；诉讼时效期间届满并不消灭实体权利，不影响债权人提起诉讼，债权人并不丧失起诉权。债权人起诉后，人民法院确认诉讼时效届满的情况下，应驳回其诉讼请求，债权人丧失胜诉权。

（四）诉讼时效的中止

诉讼时效的中止是指在时效进行中，因法定事由的出现，阻碍权利人提起诉讼，法律规定暂时中止诉讼时效期间的计算，待阻碍诉讼时效的法定事由消失后，诉讼时效继续进行，累计计算。《民法总则》第194条规定："在诉讼时效期间的最后六个月，因下列障碍，不能行使请求权的，诉讼时效中止：（一）不可抗力；（二）无民事行为能力人或者限制民事行为能力人没有法定代理人，或者法定代理人死亡、丧失民事行为能力、丧失代理权；（三）继承开始后未确定继承人或者遗产管理人；（四）权利人被义务人或者其他人控制；（五）其他导致权利人不能行使请求权的障碍。自中止时效的原因消除之日起满六个月，诉讼时效期间届满。"

【例1-8】公民甲为无民事行为能力人，其法定代理人乙于2012年1月1日知道甲的权利受到侵害，但由于工作繁忙一直未对侵权人丙提起诉讼。2014年5月20日，乙因车祸死亡，直到2014年9月1日才由有关机关为甲指定新的代理人丁。已知该项诉讼时效期间为3年，根据《民法总则》的规定，丁应当在（　　）之前对丙提起诉讼。

A. 2015年1月1日

B. 2015年5月20日

C. 2015年9月1日

D. 2015年3月1日

答案：D。

解析：如果在诉讼时效期间的最后6个月前发生不可抗力或者其他障碍，至最后6个月时不可抗力仍然继续存在，则应在最后6个月时中止诉讼时效的进行。因此，诉讼时效期间于2014年7月1日中止；9月1日障碍消除，诉讼时效期间重新计算，诉讼时效期间暂停了2个月，因此诉讼时效期间由原来的2012年1月1日—2015年1月1日向后顺延2个月，至2015年3月1日。

（五）诉讼时效的中断

诉讼时效的中断，是指在时效进行中，因一定法定事由的发生，阻碍时效的进行，致使以前经过的诉讼时效期间统归无效，待中断事由消除后，其诉讼时效期间重新计算。《民法总则》第195条规定：“有下列情形之一的，诉讼时效中断，从中断、有关程序终结时起，诉讼时效期间重新计算：（一）权利人向义务人提出履行请求；（二）义务人同意履行义务；（三）权利人提起诉讼或者申请仲裁；（四）与提起诉讼或者申请仲裁具有同等效力的其他情形。”即已经经过的诉讼时效期间归零。诉讼时效的中断可以数次进行，当然不得超过20年最长诉讼时效的限制。

在诉讼时效已过的情况下，如果义务人履行了债务的，则履行有效，不得以不当得利要求返还；如果当事人就债务履行达成和解（如延期清偿协议），不应看作诉讼时效的中断，而应视为新的法律关系成立，该法律关系受法律保护。在这种情况下，只有当债务人到期不履行和解协议时，才开始诉讼时效的起算。

【例1-9】根据有关规定，下列情形中，不能引起诉讼时效中断的情形是（　　）。

A. 当事人申请仲裁

B. 当事人为主张权利而申请宣告义务人失踪或死亡

C. 义务人做出分期履行的承诺

D. 双方当事人就债务履行达成和解

答案：D。

解析：选项C：义务人做出分期履行、部分履行、提供担保、请求延期履行等承诺或者行为，均属于义务人同意履行义务的行为，引起诉讼时效中断；选项D：如果双方当事人就债务履行达成和解，不应看作诉讼时效的中断，而应视为新的法律关系成立，该法律关系受法律保护。在这种情况下，只有当债务人到期不履行和解协议时，才开始诉讼时效的起算。

【例1-10】甲公司与乙银行签订借款合同，约定借款期限自2011年3月25日起至2012年3月24日止。乙银行未向甲公司主张过债权，直至2015年4月15日，乙银行将该笔债权转让给丙公司并通知了甲公司。2015年5月16日，丁公司通过公开竞拍购买并接管了甲公司。下列选项正确的是（　　）。

A. 因乙银行转让债权通知了甲公司，故甲公司不得对丙公司主张诉讼时效的抗辩

B. 甲公司债务的诉讼时效从2015年4月15日起中断

C. 丁公司债务的诉讼时效从2015年5月16日起中断

D. 丁公司有权向丙公司主张诉讼时效的抗辩

答案：D。

解析：乙公司的诉讼时效期间从2012年3月25日起至2015年3月24日止。因此，从2015年3月25日起，甲公司取得时效抗辩权。AD项：《合同法》第82条规定，债务人接到债权转让通知后，债务人对让与人的抗辩，可以向受让人主张。乙银行将债权转让给丙公司，债务人甲公司可对受让人丙公司主张时效抗辩，A项错误，D项正确。BC项：

原债务人甲以及其继受人丁的债务于2015年3月24日已过诉讼时效，因此在此之后不存在中断的问题。所以BC项错误。

（六）期间

期间，是指从时间的某一特定的点到另一特定的点所经过的时间。它是时间的某一特定的段或区间。期间可以由法律规定，可以由人民法院通过裁判确定，也可以由双方当事人通过约定确定。人民法院的指定期间与当事人的约定期间，不得改变法定期间。无论采用什么方式，期间一旦确定，对法律关系涉及的当事人都具有法律约束力，当事人任何一方不得擅自变更。

期间的计算比较复杂，涉及期间的起点和终点跨度问题，还涉及末日的延期计算。根据《民法总则》的规定，期间的起点，按小时计算的，期间从规定时开始计算；按日、月、年计算期间的，开始的当天不计入在内，从下一天开始计算；期间的最后一天是节假日的，以节假日的次日为期间的最后一天；期间的最后一日的截止时间为24点，有业务时间的，到停止业务活动的时间截止。

在期间的计算中，还要注意的是，根据《民法总则》第205条规定：民法所称的“以上”“以下”“以内”“届满”，包括本数；所称的“不满”“超过”“以外”，不包括本数。故在“16周岁以上，不满18周岁的公民”的表述中，包含16周岁的公民，而不包括18周岁的公民。

第二节 债权和物权制度

债权与物权是近代以来大陆法系民法上的两个基本概念，被称为大陆法系财产权的二元体系。物权为支配权，债权为请求权；物权为绝对权，债权为相对权；物权具有排他效力、优先效力、追及效力，债权则无这些效力。物权与债权的这些差异中，当以物权为支配权、债权为请求权的区分为最重要。

一、债权制度

（一）债的概念

《民法总则》第118条规定：“债权是因合同、侵权行为、无因管理、不当得利以及法律的其他规定，权利人请求特定义务人为或者不为一定行为的权利。”

从以上规定可以看出，债是一种民事法律关系，包含以下三个要素。

（1）债的主体。即债的法律关系的双方当事人。其中享受权利的一方为债权人，负担义务一方为债务人，双方都是特定的自然人、法人或其他组织。

（2）债的内容。即双方当事人所享有的权利和所承担的义务。债权人债权的实现有赖于债务人的行为。债务人履行债务，即债权的实现。

（3）债的客体。它又称为债的标的，即债务人为或者不为的给付行为。例如，在房屋买卖合同关系中，出卖人有请求买受人按照合同约定支付价款的权利即为债权，而买受人则相应地有按照合同约定向出卖人支付价款的义务即为债务，在此民事法律关系中出卖人是债权人，买受人则为债务人，该债权或债务则是标的。

（二）债的发生根据

根据《民法总则》的有关规定，债的发生根据主要包括如下几种。

1．合同

合同是平等主体的自然人、法人和其他组织之间设立、变更、终止民事权利义务关系的协议。当事人之间通过订立合同设立的以债权债务为内容的民事法律关系，称为合同之债。合同之债是当事人在平等基础上自愿设定的，是民事主体主动参与民事活动，积极开展各种经济交往的法律表现。合同之债在社会经济生活中占有重要的地位，是最常见、最主要的债的发生原因。

2．侵权行为

侵权行为是指侵害他人财产或人身权利的违法行为。在民事活动中，一方实施侵权行为时，根据法律规定，受害人有权要求侵害人承担赔偿损失等责任，而侵害人则有负责赔偿的义务，因此，侵权行为会引起侵害人和受害人之间的债权债务关系。这种因侵权行为而产生的债，称为侵权之债。侵权之债是除合同之债以外的另一类较为常见的债，它由非法行为引起，依法律规定而产生，以损害赔偿为主要内容。

【例 1-11】甲建筑设备生产企业将乙施工单位订购的价值 10 万元的某设备错发给了丙施工单位，几天后，甲索回该设备并交付给乙，乙因丙曾使用过该设备造成部分磨损而要求甲减少价款 1 万元。下列关于本案中债的性质的说法，正确的有（　　）。

A. 甲错发设备给丙属于无因管理之债

B. 丙向甲返还设备属于不当得利之债

C. 乙向甲支付设备款属于合同之债

D. 甲向乙少收 1 万元货款属于侵权之债

E. 丙擅自使用该设备对乙应承担侵权之债

答案：B、C。

解析：略。

3．无因管理

无因管理是指没有法定的或者约定的义务，为避免他人利益受损失而进行管理或者服务的行为。无因管理发生后，管理人依法有权要求受益人偿付因其实施无因管理而支付的

必要费用。这种由于无因管理而产生的债，称为无因管理之债。无因管理制度旨在适当界限“禁止干预他人事务”与“奖励互助义行”二项原则，使无法定或约定的义务而为他人管理事务之人，在一定要件下享有权利承担义务。

无因管理的构成要件有三，即为他人管理事务；有为他人谋利益的意思；没有法定或约定的义务。

（1）为他人管理事务。管理他人事务，就是为他人进行管理或者服务，可以是有关财产的事项，也可以是非财产的事项，但应当是适宜成为债的客体的事务。

管理的事务必须是他人的事务。如将自己的事务误认为他人的事务而管理，即使目的是为他人避免损失，也不能构成无因管理。

（2）有为他人谋利益的意思。为他人谋利益的意思，是构成无因管理的主观要件。为他人谋利益的意思，其典型形态是专为本人谋利益的意思。但也允许管理人在有为本人谋利益的意思同时，为自己的利益实施管理或服务行为。例如：甲、乙两人的房屋相邻，乙的房屋着火，为防止乙家的火蔓延到甲家，甲将乙家大火扑灭。在此例中，甲的行为虽然是为了防止火蔓延到甲家，但其去乙家扑灭大火的行为则属于为了乙的利益，因此仍属无因管理。

这里的利益，既包括无因管理行为使本人取得某种权益而直接受益，也包括本人得以避免或减少损失而间接受益。此处为他人谋利益，应根据一般社会常识判断。如果按照一般情况认为属于谋利益的行为，而实际结果并未使得本人获得利益，仍构成无因管理，本人仍得支付管理人为管理事务所支出的费用。

【例 1-12】甲的一头牛走失，乙牵回关入自家牛棚，准备次日寻找失主。当晚牛棚被台风刮倒，将牛压死。乙将牛肉和牛皮出售，将得款 5 000 元和 1 000 元。请人屠宰销售，支出 500 元。下列说法正确的是（　　）。

A. 甲有权要求乙返还一头同样的牛

B. 甲要求乙返还 5 500 元

C. 甲有权要求乙返还 6 000 元

D. 甲有权要求乙按该牛的市价赔偿 8 000 元

答案：B。

解析：乙拾得失牛，关入牛棚准备次日寻找失主，并无据为己有的意思，是无法律上的义务而管理他人事务，且对失牛加以管理符合失主甲的利益，符合无因管理的成立要件。无因管理人应尽善良管理人的管理义务，对于不可归责于他的财产损毁、灭失不负损害赔偿责任。牛棚被台风刮倒将牛压死，纯属不可抗力，乙并无过错，不应承担损害赔偿责任。

牛死后，为避免腐烂贬值，乙将牛肉牛皮出售，符合甲的可推知的意思，同样成立无因管理。根据《民法总则》，无因管理的必要费用由本人（受益人）承担。同时，受益人得享有无因管理所得的利益。因此，牛肉牛皮的出售价款应返还于甲，但应减去甲应承担的屠宰销售费用，故乙仅需返还 5 500 元（5 000+1 000−500）。

（3）没有法定或约定义务。无因管理中所谓“无因”，是指“没有法定或约定义务”。没有法定或约定义务是无因管理成立的重要条件。衡量管理人有无法定或约定义务，应以客观标准确定，不以管理人的主观认识为标准。如果负有义务而管理人认为没有义务，其管理事务不能构成无因管理；如果本无义务而管理人误认为有义务，其管理事务照样构成无因管理。

《民法总则》第121条规定：“没有法定的或者约定的义务，为避免他人利益受损失而进行管理的人，有权请求受益人偿还由此支出的必要费用。”依最高人民法院的相关解释，这里的必要费用“包括在管理或者服务活动中直接支出的费用，以及在该活动中受到的实际损失”。

【例1-13】下列行为中，不构成无因管理的是（　　）。

A. 甲错把他人的牛当成自家的牛饲养

B. 乙见邻居家中失火恐殃及自己家，遂用自备的灭火器救火

C. 丙（15岁）租车将在体育课上昏倒的同学送往医院救治

D. 丁见门前马路下水道井盖被盗致路人跌伤，遂自购一井盖铺上

答案：A。

解析：A项中，甲缺乏为他人管理的意思，不构成无因管理，故A是正确选项。B项中，乙救火的行为虽然部分是为了维护自己的利益，但同时也属于在没有法定或约定义务的前提下，为了邻居的利益而管理邻居的事务，构成无因管理。C项中，丙虽只有15岁，其租车将昏倒的同学送往医院救治亦构成无因管理，原因在于，租车这一法律行为的实施与丙的行为能力相适应，救治同学的行为属于事实行为，不要求丙具有完全民事行为能力，故C属于无因管理。D项中，丁的行为完全符合无因管理的构成要件，故D也属于无因管理。

4．不当得利

不当得利是指没有合法根据，取得不当利益，造成他人损失。当发生不当得利时，由于一方取得的利益没有法律或合同根据且给他人造成损害，在这种情况下，受损失一方依法有请求不当得利人返还其所得利益的权利，而不当得利人则依法负有返还义务。

不当得利的构成有四：一方取得利益；一方受到损失；取得利益与所受损失间有因果关系；没有法律上的根据。

（1）必须一方获得利益。一方确实获得利益是不当得利成立的一个要件。如果一方使他方的财产利益受到损害，而自己未从中获得任何利益，即使依法应负损害赔偿的责任，也不构成不当得利之债。因此，一方受益是不当得利之债区别于其他债的标志之一。

一方获得利益，一般是受益人不适当地取得一定的财产。有时不当得利也可能是受益人应履行的义务被不适当地免除而从中受益。例如某件商品出售标价为3 000元人民币，

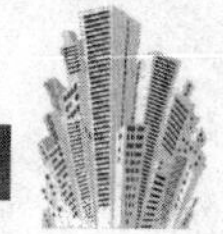

售货员粗心大意错看成 300 元卖给了顾客，顾客应付而未付的 2 700 元属于不当得利。上述情况，当事人一方所获利益为不当得利。

（2）必须他方受到损害。如果一方虽然获得利益，他方并不因此受到损失，则不构成不当得利。他方受到损害，包括积极的损失和消极的损失。前者是指因一方受益使他方现有财产减少，后者指应得利益没有得到。

（3）获得利益与受到损害之间有直接因果关系。不当得利的一方之所以得利正是由于他方受到损害，也就是同一事实引起两方面的结果，即一方受益、他方受害。一方得以受益的原因是由于他方受到了损害，两者之间有直接因果关系。得利益和受损害之间的这种直接因果关系是不当得利之债的一个重要条件。至于损失与利益的范围大小是否一致，形态是否相同，在所不问。

（4）获得利益没有法律上的根据。不当得利获利一方受益没有合法的原因和根据，是不当得利之债成立的又一个要件。如果一方受益，他方受损害有法律上的根据，当事人的权利和义务就理所当然地受到法律的认可和保护，当然不是不当得利，如正当防卫。

如果取得利益有法律上的依据，即使相对人受有损失，也不构成不当得利，如赠与。没有法律上的依据，既包括取得利益时没有依据，也包括利益取得时有依据，而后该依据消灭。所谓无合法的原因，包括无法律上的根据和无合同上的原因。① 受益人获得利益的当时没有合法原因，如债务人对已经清偿的债务再行付款，原债权人在受领时就产生不当得利。② 受益人在受益的当时有法律上的根据，而后来这种根据由于法定的事实不复存在致使受益人继续受益变成没有合法根据。例如，一方以抵押物提交对方作为履行合同的担保，当合同完全履行后抵押权就不复存在，如果原抵押权人仍继续占有该物，就产生不当得利。无论是自始无法律上根据，还是以后丧失了法律上的根据，都可以构成不当得利。

【例 1-14】王先生驾车前往某酒店就餐，将车停在某酒店停车场内。饭后驾驶离去时，停车场工作人员称：“已经给你洗车了，请付洗车费 50 元。”王先生表示“我并未让你们帮我洗车”，双方发生争执。本案应如何处理？（　　）

A. 基于不当得利，王先生须返还 50 元

B. 基于无因管理，王先生须支付 50 元

C. 基于合同关系，王先生须支付 50 元

D. 无法律根据，王先生无须支付 50 元

答案：D。

解析：王先生到酒店就餐是一个服务合同，并没有明确包含洗车的内容，因此王先生没有违反合同，即不必支付洗车费；无因管理，一个重要的条件是，管理他人事务是没有法律和约定的条件下为避免他人利益损失的情况下进行管理，而本案中洗车人洗车是为了其自身经济利益最大化，不当得利的条件是一方受益一方损失，并且二者兼有直接因果关

系，并没有合法的根据，而本案情形貌似符合不当得利的要件，但其实质却相反，酒店方的提供洗车服务纠纷，如果定性为不当得利的话，那么世界将陷入处处是主动履行他人合同的当事人，以及相关的诉讼，从而法律世界失去了往日的稳定与平和。根据案例事实，王先生与酒店之间存在一个服务合同，因此，王先生所带财物（包括车）属于酒店提供安全保护义务的保护内容，因此就汽车而言，王先生与酒店之间存在一个保管合同，酒店只负责保管，超出保管的内容则视为基于其美好道德的实施的好意施惠行为，而不能据此索取报酬。

5．债的其他发生根据

合同、无因管理、不当得利、侵权行为是债的发生的主要原因，除此以外，其他的法律事实也会引起债的发生。例如，拾得遗失物会在拾得人与遗失物的所有人之间产生债权债务关系；因防止、制止他人合法权益受侵害而实施救助行为，会在因实施行为受损害的受损人与受益人间产生债权债务关系；因遗赠会在受赠人与遗嘱执行人间产生债权债务关系；因缔约过失，会在缔约当事人间产生债权债务关系。债的发生根据除前述几种外，遗赠、扶养、发现埋藏物等，也是债的发生根据。

（三）债的分类

1．法定之债和意定之债

根据债的发生原因不同，债可以分为法定之债和意定之债。

法定之债是依据法律规定而直接发生的债。法定之债包括侵权行为之债、不当得利之债、无因管理之债和基于缔约过失而发生的债。

意定之债是依据当事人的意思而发生的债。意定之债一般是基于双方当事人的合意而产生的，即合同之债，这也构成民法上的契约原则；特殊情形下，单方行为也可以产生意定之债，如捐助行为。

区分意定之债与法定之债的意义在于：其一，意定之债贯彻意思自治原则，而法定之债的发生及效力均由法定；其二，上述各种债的法律特征不同，法律调整也各不相同。

2．按份之债和连带之债

多数人之债依据多数人之间是否有连带关系划分为按份之债与连带之债。

按份之债是指债的一方主体为多数人，各自按照一定的份额享有权利或承担义务。按份债权的各个债权人只能就自己享有的份额请求债务人履行和接受履行，无权请求和接受债务人的全部给付。按份债务的各债务人只对自己分担的债务份额负清偿责任，债权人无权请求各债务人清偿全部债务。

连带之债是指债的主体一方为多数人，多数人一方当事人之间有连带关系的债。债权人一方为多数人且有连带关系的为连带债权；债务人一方为多数人且有连带关系为连带债务。

在按份之债中，任一债权人接受了其应受份额义务的履行或任一债务人履行了自己应负担份额的义务后，与其他债权人或债务人均不发生任何权利义务关系。在连带之债中，连带债权人的任何一人接受了全部义务履行，或连带债务人的任何一人清偿了全部债务时，原债归于消灭，但连带债权人或连带债务人之间则会产生新的按份之债。

区分按份之债和连带之债的法律意义在于：按份之债的多数债权人或债务人的债权或债务各自是独立的，相互间没有连带关系；而连带之债的连带债权人或连带债务人的权利或义务是连带的。在按份之债中，任一债权人接受了其应受份额义务的履行或者任一债务人履行了自己应负担份额的义务后，与其他债权人或债务人均不发生任何权利、义务关系。在连带之债中，连带债权人的任何一人接受了全部义务履行，或者连带债务人的任何一人清偿了全部债务时，虽然原债归于消灭，但连带债权人或连带债务人之间则会产生新的按份之债。

【例 1-15】甲公司与乙公司组成联合体投标并中标，在施工过程中因工程质量原因遭业主索赔，索赔金额为 10 000 元。在甲公司与乙公司投标前的协议中约定了对于债务各承担 50%的比例，下列说法不正确的是（　　）。

A. 业主可以要求甲公司支付 10 000 元，甲公司不得以与乙公司有协议为由拒绝支付

B. 甲公司支付了 10 000 元后，乙公司就不再对业主承担债务

C. 甲公司支付了 10 000 元后，可以根据协议要求乙公司向其支付 5 000 元作为补偿

D. 甲公司支付了 10 000 元后，乙公司也需要向业主支付 10 000 元

答案：D。

解析：略。

（四）债的消灭

根据《民法总则》的规定，债因以下事实而消灭。

1. 履行

债务人履行了债务，债权人的利益得到了实现，当事人间设立债的目的已达到，债的关系自然消灭。

2. 抵消

抵消，是指同类已到履行期限的对等债务，因当事人相互抵充其债务而同时消灭。用抵消方法消灭债务应符合下列条件：必须是对等债务；必须是同一种类的给付之债；同类的对等之债都已到履行期限。

3. 提存

提存是指债权人无正当理由拒绝接受履行或其下落不明，或数人就同一债权主张权利，债权人一时无法确定，致使债务人一时难以履行债务，经公证机关证明或人民法院的裁决，

债务人可以将履行的标的物提交有关部门保存的行为。

提存是债务履行的一种方式。如果超过法律规定的期限，债权人仍不领取提存标的物的，应收归国库所有。

4．混同

混同，是指某一具体之债的债权人和债务人合为一体。如两个相互订有合同的企业合并，则产生混同的法律效果。

5．免除

免除，是指债权人放弃债权，从而免除债务人所承担的义务。债务人的债务一经债权人解除，债的关系自行解除。

【例 1-16】甲、乙因合伙经商向丙借款 3 万元，甲于约定时间携带 3 万元现金前往丙家还款，丙因忘却此事而外出，甲还款未果。甲返回途中，将装有现金的布袋夹放在自行车后座，路经闹市时被人抢夺，不知所踪。下列选项中正确的是（　　）。

A. 丙仍有权请求甲、乙偿还 3 万元借款

B. 丙丧失请求甲、乙偿还 3 万元借款的权利

C. 丙无权请求乙偿还 3 万元借款

D. 甲、乙有权要求丙承担此款被抢夺的损失

答案：A。

解析：本题考查违反债务与违反附随义务的法律后果。“丙因忘却此事而外出”的事实，意味着丙违反了附随义务中的通知义务，后果是赔偿债务人“白跑一趟”的损失，而非债务人债务免除。甲、乙欠丙的债务，仍未履行，则需继续承担连带责任。

二、物权制度

（一）物权的概念

物权是权利主体直接支配财产（主要是有体物，在特定情况下也可以是权利）的权利。它既具有人对物的内容（这明确着对物的支配方法及范围），同时又具有直接对抗一般人的效力。因此，作为法律范畴，物权为权利人直接支配其标的物，并享受其利益的排他性权利。

（二）物权的特征

1．物权为直接支配物的权利

所谓支配，就是直接对物实施取得利益的各种行为。所谓直接，是指物权人对物的支配，无须他人意思或行为的介入就可实现。这与债权不同，债权是一种请求权，权利人须通过义务人为财产上的给付，才能实现其利益。

2．物权为支配特定物的权利

首先，物权是支配物的权利，其标的必须是“有体物”，以给付或无体财产为标的的权利，当属债权或知识产权，而非物权。其次，物权的标的必须是特定物，即具体指定之物，其或者为权利人合法所有的自有物，或者是权利人根据法律、合同而支配的他人的物。当然，所谓“特定”，并非必须是物理上的特定物，而是依一般社会或经济观念为特定即可。例如，按份共有物的应有部分，虽然不是物理上的特定物，却可以作为物权的标的。因为如果物权的标的不确定，则该物的归属就不明确，从而导致对物的归属、利用的混乱。

3．物权为可享受物之利益的权利

物权作为权利的一种，当然其权利人可享受物之利益。物之利益可以分为使用价值和交换价值，其中所有权为对物进行全面支配的权利，权利人可以对物进行占有、使用、收益、处分，对物的使用价值和交换价值加以利用；用益物权则是对物的使用价值进行支配的权利，权利人可以对标的物进行占有、使用、收益；担保物权则以物的交换价值作为支配对象，通过对物的交换价值的控制来确保债权的实现。

4．物权是一种能排除他人干涉的权利

物权为对世权，除物权人以外的任何不特定第三人均为权利人的义务主体，都负有对物权人对其标的物直接支配状态予以尊重的义务。任何人未经允许侵害他人物权，物权人均得对之行使物上请求权或者主张追及效力，以使物权回复其应有的圆满状态。任何人妨害物权人行使权利，物权人均得请求人民法院或其他有关机关予以排除。

物权的排他性，对于第三人的利益影响很大，因此，为了维护交易的安全，应当有表现物权存在的外形。在物权的变动中，一般要求动产以交付为要件，而不动产以登记为要件。

（三）物权的种类

《中华人民共和国物权法》（以下简称《物权法》）指出：“本法所称物权，是指权利人依法对特定的物享有直接支配和排他的权利，包括所有权、用益物权和担保物权。”基于物权法定主义原则，我国的物权种类主要有所有权、用益物权和担保物权。

1．所有权

所有权是权利人在法律规定的范围内，独占地支配其所有物的权利。所有权是最完整、最充分的物权。《物权法》规定：“所有权人对自己的不动产或者动产，依法享有占有、使用、收益和处分的权利。”所有权的种类主要包括国家所有权和集体所有权、私人所有权，业主的建筑物区分所有权，相邻关系权，以及共有权。

2．用益物权

为充分发挥物的效用，从所有权中又引申派生出其他物权种类，主要包括用益物权和担保物权。用益物权是指对他人所有之物在一定范围内进行占有、使用、收益的权利，《物权法》规定“用益物权人对他人所有的不动产或者动产，依法享有占有、使用和收益的权

利”，包括土地承包经营权、建设用地使用权、宅基地使用权、地役权。

3．担保物权

担保物权是为了担保债的履行，在债务人或第三人的特定财产上设定的物权。《物权法》规定：“担保物权人在债务人不履行到期债务或者发生当事人约定的实现担保物权的情形，依法享有就担保财产优先受偿的权利，但法律另有规定的除外。”主要的担保物权有抵押权、质权、留置权等。

（四）物权变动的原则

物权具有主体上的对世性和效力上的排他性，这就决定了必须采取一定的方式将物权变动的事实进行公开，以让第三人知悉物权变动的事实，保证交易安全。物权变动的原则有公示原则和公信原则。

1．公示原则

公示原则，是指物权的各种变动必须从一种可以公开向社会显示，并能取信于公众的外部表现方式予以展示，方能生效的法律原则。作为物权客体的物是以“一物一权”为原则的，即一物不容二主，这是财产占有、支配关系的客观要求，也是物权排他性的体现，它使物权的支配性能有了可靠的法律保障。由于物权具有排他性，其变动产生排他效果，若没有可以由外界所知悉的外在表征，则难免导致第三人利益受损害。所以说，法律必须设立物权公示制度及公示方法，以防止人对物的争夺，对他人财产的侵犯。基于此，物权的存在及变动就不应仅存在于当事人的观念中，物权的归属及内容即物权的现状如何，应有能从外部加以认识的表征，使物权法律关系据此得以透明。倘若没有这种外在表征，可以想象在物权变动频繁的现代市场交易中，不仅财产的流通会受影响，而且势必害及第三人的利益，整个社会的财产流通秩序将陷入紊乱的境地。根据物权法原理以及《物权法》的规定，物权变动的公示方式有不动产登记和动产交付两种。例如，在房屋上设定抵押权，如果不以一定的方式表现出该抵押权的存在，那么不知该抵押权存在的购买该房屋的第三人就可能蒙受损害。因此，在民法上关于物权的变动，对于不动产就以“登记”为物权的公示方法；对于动产就以“交付”为物权的公示方法。

《物权法》规定：“不动产物权的设立、变更、转让和消灭，经依法登记，发生效力；未经登记，不发生效力，但法律另有规定的除外。”“不动产物权的设立、变更、转让和消灭，依照法律规定应当登记的，自记载于不动产登记簿时发生效力。”根据《物权法》的规定，不动产物权的变动，采取登记要件主义，即以登记作为物权变动的要件。不动产物权的变动除了当事人间的合意外，还要进行登记。非经登记，不仅不能对抗善意第三人，而且在当事人之间也不产生物权移转的效力。同时以登记为不动产物权的公示方法，不动产物权以登记的权利为准，不动产物权的设定、变更、转让和消灭，应当登记的，自记载于不动产登记簿时发生效力。

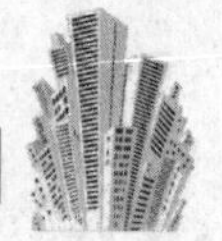

《物权法》规定："动产物权的设立和转让，自交付时发生效力，但法律另有规定的除外。"交付即移转占有，这是动产物权变动的公示方法。可见，动产以移转占有为物权变动的生效要件。在移转占有前，物权的变动不仅不能对抗善意第三人，在当事人之间也不发生物权变动的效力。

2．公信原则

公信原则是指物权变动经过公示之后即可取得法律上的公信力，当善意第三人出于对物权公示方法的信赖而依法进行交易时，不管是否实际存在与这种公示方法相应的合法权利，均应加以保护的法律原则。按照公信原则，即使公示与实际权利关系不一致，标的物出让人无处分权时，善意信赖公示的受让人仍能取得物权，法律仍应予以保护。例如，当登记机关误将本属于甲的某处房产登记为乙所有，乙明知自己并非真正的产权人却将该房屋转让给丙，而丙根据有关登记误信乙为房屋产权人，便从乙手中买下该房屋，并办理了登记过户手续。此时，由于丙是基于房产登记的公信力，即信赖房产登记这种公示方法才与乙进行交易的，因此，即使登记错误，对丙因善意信赖公示所取得的房屋产权，法律依然应以保护。可见，公信力制度弥补了处分行为的权利瑕疵，可以说公信原则是公示原则的进一步延伸。

【例 1-17】甲与乙签订房屋买卖合同，将一幢房屋卖与乙。双方同时约定，一方违约应支付购房款 35%的违约金。但在交房前甲又与丙签订合同，将该房卖予丙，并与丙办理了过户登记手续。下列说法中哪些是正确的？（　　）

A. 乙可以自己与甲签订的合同在先，主张甲与丙签订的合同无效

B. 乙有权要求甲收回房屋，实际履行合同

C. 乙不能要求甲实际交付该房屋，但可要求甲承担违约责任

D. 若乙要求甲支付约定的违约金，甲可以请求法院或仲裁机构予以适当减少

答案：C、D。

解析：本题考查房屋买卖合同的效力与房屋所有权的变动。根据《合同法》的规定："标的物的所有权自标的物交付时转移，但法律另有规定或者当事人另有约定的除外。"而房屋所有权变动以登记为准。根据债权平等性特点，甲与乙、丙所签订的合同皆有效，任何一方不得以合同成立在先主张另一个合同无效。故 A 项不正确。不动产物权经过户登记，已合法转让与丙，丙对房屋享有所有权，而甲对房屋的所有权消灭，所以乙要求甲收回房屋，使甲履行合同属于法律上不能履行。B 项错误。但甲违反了与乙签订的房屋买卖合同，不能履行交付房屋的义务，甲应承担违约责任。所以 C 项正确。《合同法》规定："约定的违约金过分高于造成的损失的，当事人可以请求人民法院或者仲裁机构予以适当减少。"D 项当选。

（五）物权的保护

1．请求确认物权

当物权归属不明或是发生争议时，当事人可以向法院提起诉讼，请求确认物权。请求确认物权包括请求确认所有权和请求确认他物权。

2．请求排除妨碍

当他人的行为非法妨碍物权人行使物权时，物权人可以请求妨碍人排除妨碍，也可请求法院责令妨碍人排除妨碍。排除妨碍的请求所有人、用益物权人都可行使。

3．请求恢复原状

当物权的标的物因他人的侵权行为而遭受损坏时，如果能够修复，物权人可以请求侵权行为人加以修理使之恢复原状，恢复原状的请求所有人、合法使用人都可以行使。

4．请求返还原物

当所有人的财产被他人非法占有时，财产所有人或合法占有人，可以依照有关规定请求不法占有人返还原物，或请求法院责令不法占有人返还原物。

5．请求损失赔偿

当他人侵害物权的行为造成物权人的经济损失时，物权人可以直接请求侵害人赔偿损失，也可请求法院责令侵害人赔偿损失。

三、物权与债权的比较

物权和债权，是我国民法体系中民事权利的两大支柱。调整静态财产关系的物权关系和调整动态财产关系的债权关系，共同构成了我国社会中财产关系的基本内容，对市场经济的法制建设，起着举足轻重的作用。

（一）法律关系的比较

从法律关系角度比较，物权和债权在主体、客体、内容、效力和设定方式等方面有很大的不同，如表 1-2 所示。

表 1-2　物权和债权法律关系的比较

项　目	债权法律关系	物权法律关系
主体	双方当事人是特定的，债权又称相对权	义务主体是不特定的任何人，物权又称绝对权
客体	物、行为、智力成果等	物
内容	权利的实现依赖于对方义务的履行，因此债权称为请求权	物权人可以直接行使和实现权利，义务人只需不妨碍即可，物权又称支配权
效力	具有相对性	可及于第三人
设定	意思自治	公示、公信

（1）物权的权利主体是特定的，而义务主体是不特定的。债权人的请求权只对特定的债务人发生效力，正是从这个意义上说，债权又被称为对人权。债权要成为物权必须要完成一定的公示方法。

（2）物权具有优先性，债权具有平等性。物权的优先性，首先表现在当物权与债权并存时，物权优先于一般的债权。物权的优先性还表现在，同一物上有数个物权并存时，先设立的物权优先于后设立的物权，这就是物权相互间的优先效力。

（3）物权能对第三人产生效力，物权具有追及性。所谓追及的效力，是指物权的标的物不管辗转流通到什么人手中，所有人可以依法向物的占有人索取，请求其返还其物。任何人都负有不得妨碍权利人行使权利的义务，无论何人非法取得所有人的财产，都有义务返还。

（4）在权利设定上的区别。物权设定时必须公示，动产所有权以动产的占有为权利象征。动产质权、留置权亦以占有为权利象征，而不动产则以登记为权利象征，地上权、地役权、抵押权等亦以登记为权利象征。公示常常伴随着物权的存在。而债权只是在特定的当事人之间存在的，它并不具有公示性，设立债权亦不需要公示。因此当事人之间订立合同设立某项物权，如未公示，可能仅产生债权而不产生物权。物权的设立采取法定主义，物权的种类和基本内容由法律规定，而不允许当事人自由创设物权种类。然而债权，尤其是合同债权，主要由当事人自由确定。当事人只要不违反法律的禁止性规定和公共道德，则可以根据其意思设定债权，同时又可以依法自己决定债的内容和具体形式。

（二）法律效力的比较

（1）债权具有相容性，在同一标的物可以设立数个债权，都具有债的效力。而物权具有排他性，在同一物上不能成立并存的有不相容性质的物权，否则后成立物权的无效。

（2）债权具有平等性，在同一标的物上成立的债的关系相互间是平等的。而物权具有优先性，同一标的物上有数个物权关系时，先成立的物权具有优先效力。

（3）债权的效力落后于物权行使。物权与债权同时存在于同一物上时，物权具有优先于债权行使的效力。例如，在债务人的财产上设定有担保物权时，担保权人有优先受偿的权利。此外，债权也不具有类似物权的追及效力，债权标的物的所有权在移转于债权人之前，如果债务人将其转让于第三人，债权人对于该第三人无请求返还或赔偿的权利。

第三节　合同及合同管理概述

《合同法》由中华人民共和国第九届全国人民代表大会第二次会议于 1999 年 3 月 15 日通过，自 1999 年 10 月 1 日起施行。《合同法》分总论和分论两部分。总则的规定是共性规定。总论部分分为八章，分别对合同的订立、合同的效力、合同的履行、合同的变更和转让、合同的权利义务终止、违约责任等做出了规定。分论的规定是针对各类具体合同的规定，分为十五章，分别对十五种有名合同做出了规定。

一、合同含义

合同所表示的是民事关系，是对于人与人、人与组织、组织与组织在民事交往与合作中所形成的特定的约定。世界各国均在民法或民法典中对合同进行了具体的定义。

（一）合同的概念

《合同法》规定："本法所称合同是平等主体的自然人、法人、其他组织之间设立、变更、终止民事权利义务关系的协议。婚姻、收养、监护等有关身份关系的协议，适用其他法律的规定。"

从定义可以看出，合同法调整的范围是平等主体之间的财产关系。

（二）合同的特点

1. 合同是协议

从本质上说，合同是协议。两个或两个以上的当事人参加，通过协商达成一致，就产生了合同。但合同法规定的合同，是一种有特定意义的合同，是一种有严格的法律界定的协议。

2. 合同主体平等

在法律上，平等主体是指在法律关系中，享有权利和承担义务的主体在订立和履行合同过程中的法律地位是平等的。在民事活动中，当事人各自独立、没有命令或服从的关系。

3. 合同具有强烈的目的性

当事人订立合同都是为了达到某种目的，因此需要通过订立合同把双方的权利和义务关系明确并固定下来。在合同履行过程中会遇到新的情况或法律规定的原因，需要变更或终止合同。因此，设立、变更、终止民事权利义务关系，是合同的一种特有的功能。

二、合同原则

合同原则是指对合同关系的本质和规律进行集中抽象和反映，其效力贯穿合同法始终的根本原则。合同原则是合同法的主旨和根本准则，它是制定、解释、执行和研究合同法的出发点。合同原则贯穿整个合同法制度和规范之中，是从事交易活动的当事人所必须遵循的行为模式，但原则本身并不是具体的合同法规范，也不是具体规范所确定的具体行为标准。合同原则并没有具体确定合同的权利和义务，但它为交易行为提供了抽象的行为准则，尤其是为合同立法和司法确定了所应遵循的宗旨和标准。

合同原则主要有合同自由原则、诚实信用原则、鼓励交易原则及合同正义原则。

（一）合同自由原则

合同自由原则反映了商品经济的本质要求。它的基本含义是：只要不违反法律、国家利益和社会公共利益，当事人可以自主地决定是否订立合同；自主地决定与谁订立合同；自主地决定合同条件；自主地决定解决争议的途径；采用自己的方法，追求自己的利益。

合同自由原则要求合同当事人的法律地位一律平等，商品经济的客观规律决定了合同当事人必须是相互独立的、具有法律上的平等地位。无论当事人“身份”、经济力量、所有制有何差别，在合同关系中的地位是对等的。他们之间，不存在强制关系和从属关系。任何一方不得强迫或采用其他非法手段使对方服从自己的意志。

合同自由，要求双方的意思表示真实和一致，真正达成合意。合同自由要求当事人意思表示是真实的，对因不自由或不真实的意思表示而成立的合同，法律予以干涉。

合同法强调意思自治，当事人的合意，具有排除某些法律规范适用的效力，即按照合同自由原则，形成了“约定大于法定”的规则。当然，当事人在合同中排除法律规范的适用，只能排除任意性规范而不能排除强行性规范。

合同自由不是无限的，不能把合同自由解释为自由放任主义。国家为保障整体利益，实现交易安全、公平等价值目标，可以通过立法限制合同的内容、形式以及限制当事人对合同对象的选择权。法院和仲裁机关可以根据公平、诚实信用等法律原则，排除当事人的意思自治而直接调整当事人的权利义务关系。当事人虽然有合同的自由，但其签订、履行合同必须符合法律、行政法规的规定，要尊重社会公德，不得损害国家利益或社会公共利益。

（二）诚实信用原则

诚实信用原则是指当事人在从事民事活动时，应诚实守信，以善意的方式履行其义务，不得滥用权力及规避法律和合同规定的义务。在大陆国家，它通常被称为债法中的最高指导原则和“帝王规则”。诚实信用原则要求维持当事人之间的利益以及当事人利益与社会利益之间的平衡。具体来说，诚实信用原则主要有以下内容或者要求。

（1）在订立合同时，应坦诚布公，不允许有任何欺诈行为。这一原则要求当事人必须具有诚实、守信、善意的心理状况。也就是说，当事人主观上都应当是诚实的、善意的，并依据诚信的观念行为。只要主观上是善意的，即使因过失而未能如实陈述事实真相，也不能认为违反诚实信用原则。采取欺诈手段签订的合同属无效合同或可撤销合同，这就要求在签订合同的过程中，当事人应实事求是地介绍有关情况，不得弄虚作假、欺骗对方。

（2）在履行合同过程中，要诚实守信，以善意方式行使权利和履行义务。第一，要求当事人在从事交易活动中，应当忠于事实真相，不得欺骗他人，损人利己。当事人订立合同后应恪守诺言，任何违反合同义务以及违反附随义务的行为，都是对诚实信用原则的违背。第二，当事人应依善意的方式行使权利和履行义务，不得规避法律和合同规定。第三，当事人不得故意曲解有关合同条款，钻合同条款不完善的空子，损害对方当事人的权益。在有些合同中，由于一方当事人的疏忽或缺乏经验，可能使签订的合同的条款欠明确，在这种情况下，当事人应本着诚实善意的原则，理解和履行合同，而不得借此做出损害对方当事人利益的行为。总之，诚实信用原则要求当事人在履行合同中严格遵守体现了伦理道德要求的诚实、守信、善意等规则，从而为民事主体从事民事活动提供了基本的行为模式与标准。

（3）诚实信用原则要求平衡当事人之间的各种利益冲突和矛盾。平等主体之间的交易关系，是各个交易主体因追求各不相同的经济利益而产生的，而各方当事人之间的利益常常会发生各种冲突或矛盾，这就需要借助诚实信用原则来加以平衡。例如，一方交货在量上轻微不足且未致对方明显损害，则可以使出卖人承担支付违约金等责任，但不应导致合同的解除，否则对出卖人是不公平的。

诚实信用原则不仅要平衡当事人之间的利益，而且要求平衡当事人的利益与社会利益之间的冲突与矛盾，即要求当事人在从事民事活动中，要充分尊重他人和社会的利益，不得滥用权力，损害国家、集体和第三人的利益。

（4）解释法律和合同的作用。诚实信用原则要求在法律与合同缺乏规定或规定不明确时，司法审判人员或者仲裁人员应依据诚信、公平的观念，准确解释法律和合同内容。具体来说，一方面，在适用法律方面，诚实信用原则要求能够依据诚信、公平的观念正确解释法律、适用法律，弥补法律规定的不足。另一方面，诚实信用原则也是司法审判人员或者仲裁人员在解释合同时所应遵循的一项原则。实践中，当事人在订立合同时使用的文字词句可能不当，未能将其真实意思表达清楚，或合同未能明确各自的权利义务关系，使合同不能得以正确履行，从而发生纠纷，此时，法院或仲裁机关应依据诚实信用原则，考虑各种因素（如合同的性质和目的、交易习惯等）以探求出当事人的真实意志，并正确地解释合同，从而判明是非，确定责任。

在法律上，诚实信用原则属于强行性规范，当事人不得以其协议加以排除和规避。

【例1-18】甲、乙双方连续几年订有买卖“交流电机”的合同。有一次签订合同时，在“标的物”一栏只写了“电机”两字。当时正值交流电机热销，而甲方供不应求，故甲方就以直流电机交货。就民法的基本原则而言，甲方违反了下列哪一原则？（　　）

A. 自愿原则　　　　B. 诚实信用原则

C. 禁止权利滥用原则　　　　D. 公序良俗原则

答案：B。

解析：略。

（三）鼓励交易原则

交易是指在独立、平等的市场主体之间，就其所有的财产和利益所进行的交换。《合同法》以交易关系为调整对象，鼓励交易原则是促进市场经济所必需的；《合同法》的价值理念在于效率、交易安全和公平；鼓励交易是提高效率、增加社会财富积累的手段。

鼓励交易，首先是指鼓励合法、正当的交易；其次是鼓励自主自愿的交易，亦即在当事人真实意思一致的基础上产生的交易。最后，鼓励能够实际履行的交易。具体来说，鼓励交易原则表现在以下几个方面。

1．严格限制无效合同的范围

无效合同的范围，应主要限定在违反法律的强行性规定、社会公共利益和社会公德方面。至于因欺诈、胁迫等而成立的合同，尽管有一定的违法性，但主要是意思不真实的问题，主要涉及当事人之间的利益分配，从尊重受害人的选择和维护交易安全出发，应将此类合同作为可撤销的标的，但损害国家利益的除外。

合同法缩小了无效合同的范围，严格区分了无效合同和可变更可撤销合同；严格区分了无效和效力待定合同；严格区分了合同的成立和合同生效。

2．合同订立制度体现了鼓励交易精神

合同法规定了比较详尽合理的要约、承诺制度和合同成立条件，使缔约人清楚缔约的规则，了解在各个阶段的权利和义务，大大提高缔约的成功率，降低合同不成立的比例，起到鼓励交易的作用。合同法提出了非实质性变更观念，即在承诺改变了要约的非实质性内容，要约人未及时表示反对的情况下，认为合同成立，达到鼓励交易的目的。

3．严格限制了违约解除的条件

合同解除从实质上说是消灭一项交易。在违约方能继续履行，守约方愿意受领的场合，就应限制解除合同，鼓励交易。

（四）合同正义原则

合同正义原则是指如何使合同确定的权利义务关系体现公正、平等或者对等的要求，不偏袒任何一方当事人。

合同正义原则，贯穿整个合同行为过程中。它主要表现（或者要求）为以下方面。

（1）在订立合同时，双方当事人应当公平地确定合同的每一个条款，使之充分反映等价交换的要求，履行的条件也应当公平，不允许签订对一方有利而对对方不利的合同。

（2）对于显失公平的合同，合同成立、生效后，完全履行之前，法律也允许利益受到损害的一方当事人请求人民法院、仲裁机构变更或者撤销，从而保护该当事人的利益。

（3）在合同履行过程中，若发生情势变更，使合同内容显失公平的，法律允许当事人依法变更或者解除合同。也就是说，由于客观情势发生重大变化致使履行合同将对一方当事人没有意义或者造成重大损害，而这种变化是当事人在订立合同时不能预见并且不能克

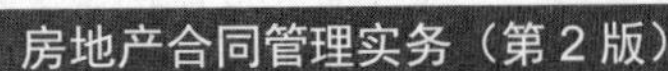

服的，该当事人可以要求对方就合同的内容重新协商；协商不成的，可以请求人民法院或者仲裁机构变更或者解除合同。

（4）一方违约应当承担违约责任，以弥补守约方所遭受的损失，体现公平法则。

（5）在发生合同纠纷时，法院或者仲裁机构应当按照公平原则正确地确定当事人的权利义务和责任，处理双方争议。公平原则明确了法院或者仲裁机构在维护当事人对等或者等价给付方面所具有的职责和权限，它们有权在合同违背公平原则的情况下，通过变更、撤销或确认合同无效等方式以维护合同的公平。

维护合同公平与维护合同自由是密切联系在一起的，两者相辅相成，缺一不可。合同自由赋予交易当事人享有广泛的行为自由，而维护合同公平则意味着赋予法院或者仲裁机构以一定的自由裁量权，使他们能够根据合同关系的具体情况，平衡当事人之间的利益，保护经济上的弱者，维护当事人的平等地位和合同内容的公平。可见维护合同公平在一定程度上限制了合同自由，但它是合同自由能发挥正常作用的基础，是维护当事人的合法权益所必需的。

三、合同类型

（一）双务合同与单务合同

根据合同当事人是否互相享有权利、承担义务，可将合同分为双务合同和单务合同。双务合同是指双方当事人互相享有权利、承担义务的合同。例如，在买卖合同中，卖方有获得价款的权利，而买方有支付价款的义务；反过来，买方有取得货物的权利，而卖方有交付货物并转移货物所有权的义务。单务合同是指仅有一方当事人承担义务的合同。例如，在赠与合同中，赠与人负担交付赠与物的义务，而受赠人只享有接受赠与物的权利，不负担任何义务。在实践中，大多数的合同都是双务合同，单务合同比较少见。

区分双务合同和单务合同的法律意义主要在于以下方面。

（1）二者在是否适用同时履行抗辩权上有区别。双务合同成立以后，当事人各基于合同负担义务，一方负担的义务是以他方负担义务为前提的。只有在双方均履行了自己的义务以后，才能达到当事人订约的目的。因此一方当事人只有在自己已经履行或者提出履行以后，才能要求对方当事人向自己履行义务；反过来说，在对方未为对待履行或未提出履行以前，也可以拒绝对方的履行请求。双方当事人均享有同时履行抗辩权。而在单务合同中，因为只有一方负担义务或者另一方虽然负有义务但其所负的义务并不是主要义务，不存在双方权利义务的相互对应和牵连问题，不负有履行义务的一方向负有义务的一方提出履行请求时，对方无权要求同时履行。因此，单务合同不适用同时履行抗辩权原则。

（2）因为一方的过错而导致合同不履行的后果不同。在双务合同中，如果因为一方的过错而使合同不履行，另一方已经履行合同的，可以要求违约方履行合同或承担其他违约责任；另一方要求解除合同的，则对于其已经履行的部分有权要求违约方返还。但在单务合同中，一般不存在上述情况。

（二）有偿合同和无偿合同

根据当事人取得权利是否以偿付为代价，可将合同分为有偿合同与无偿合同。有偿合同，是指当事人一方只享有合同权利而不偿付任何代价的合同。有些合同只能是有偿的，如买卖、互易、租赁等合同；有些合同只能是无偿的，如赠与等合同；有些合同既可以是有偿的也可以是无偿的，由当事人协商确定，如委托、保管等合同。双务合同都是有偿合同，单务合同原则上为无偿合同，但有的单务合同也可为有偿合同，如有息贷款合同。

区分有偿合同和无偿合同的法律意义在于以下方面。

（1）对义务的要求程度不同。在无偿合同中，利益的出让人原则上只承担较低的注意义务，如无偿保管合同中，保管人因过失造成保管物毁损灭失的，虽不能被免除全部责任，但应酌情减轻责任；而在有偿合同中，当事人所承担的义务要比无偿合同中承担的义务重，如有偿保管合同的保管人因其过失造成保管物毁损灭失时，应负全部赔偿责任。

（2）对主体的要求不同。订立有偿合同的当事人原则上应具备完全行为能力，限制行为能力人非经其法定代表人的同意，不能设立较为重大的有偿合同；但对于一些法律上纯获利益的无偿合同，如接受赠与等，限制行为能力人和无行为能力人即使未取得法定代表人的同意也可以订立。

（三）诺成合同与实践合同

根据合同是自当事人意思表示一致时成立，还是在当事人意思表示一致以后，仍需有实际交付标的物的行为才能成立，可将合同分为诺成合同与实践合同。诺成合同，又称不要物合同，是指当事人双方意思表示一致就可以成立的合同。实践中，大多数的合同都属于诺成合同，如买卖合同、租赁合同等。实践合同是在当事人意思表示一致后，仍需有实际交付标的物的行为才能成立的合同。在实践合同中，仅有双方当事人的意思表示一致，还不能产生合同上的权利义务关系，必须有一方实际交付标的物的行为，才能产生合同成立的法律效果。例如，赠与合同，必须由赠与人将赠与物交给受赠人，合同才成立；又如小件寄存合同，必须要寄存人将寄存的物品交给保管人，合同才能成立。

区分诺成合同与实践合同的法律意义主要在于这两者成立与生效的时间不同。诺成合同自双方当事人意思表示一致时起合同即告成立；而实践合同则在当事人达成合意之后，还必须由当事人交付标的物以后，合同才能成立。

（四）要式合同与不要式合同

根据法律是否要求合同必须符合一定的形式才能成立，可将合同分为要式合同与不要

式合同。要式合同，是指根据法律规定必须采取特定形式的合同。对于一些重要的交易，法律常要求当事人必须采取特定的方式订立合同。例如，中外合资经营企业合同必须由审批机关批准，合同方能成立。不要式合同，是指当事人订立的合同依法并不需要采取特定的形式，当事人可以采取口头方式，也可以采取书面形式。除法律有特别规定以外，合同均为不要式合同。根据合同自由原则，当事人有权选择合同形式，但对于法律有特别的形式要件规定的，当事人必须遵循法律规定。

要式合同与不要式合同的区别实际上是一个有关合同成立与生效的条件问题。若法律规定某种合同必须经过批准或登记才能生效，则合同未经批准或登记便不生效；若法律规定某种合同必须采用书面形式合同才成立，则当事人未采用书面形式时合同便不成立。

（五）主合同与从合同

根据合同是否必须以其他合同的存在为前提而存在，可将合同分为主合同与从合同。

主合同是指不以他种合同存在为前提或者说是不受其他合同制约能独立存在的合同。反之，从合同是指须以他种合同的存在为前提，自身不能独立存在的合同。例如，在买卖合同中，为保证买受人如期支付价款而要求其提供担保，由此签订的担保合同即为从合同，而该买卖合同则为主合同。

（六）为订约当事人利益的合同与为第三人利益的合同

根据订立的合同是为谁的利益，可将合同分为订约当事人利益的合同与为第三人利益的合同。为订约当事人利益的合同，是指仅订约当事人享有合同权利和直接取得利益的合同。为第三人利益的合同，是指订约的一方当事人不是为了自己，而是为第三人设定权利，使其获得利益的合同。在这种合同中，第三人既不是缔约人，也不通过代理人参加订立合同，但可以直接享有合同的某些权利，可直接基于合同取得利益，如为第三人利益订立的保险合同。

（七）有名合同与无名合同

有名合同又称典型合同，是指法律有规定并赋予其一定名称的合同，如《合同法》规定买卖合同、赠与合同、租赁合同等都为有名合同。

无名合同又称非典型合同，是指法律尚未对其做出规定，也未赋予其一定名称的合同。合同讲求意思自治，即奉行合同自由原则，当事人在不违反法律的强制性规定及社会公德和公共利益的前提下，可以根据自己的意愿订立任何内容的合同。

二者区分的意义在于，法律的适用上，《合同法》规定“本法分则或者其他法律没有明文规定的合同，适用本法总则的规定，并可以参照本法分则或者其他法律最相类似的规定”。由此可以看出，在有名合同可以直接适用相关的法律规定，而无名合同则要适用合同法总则或参照有名合同的相关规定。

四、合同的相对性

合同是特定当事人之间的债权债务协议，它与其他法律关系的一个区别是其相对性。所谓合同关系的相对性，是指合同主要在特定的合同当事人之间发生，只有合同当事人一方能基于合同向与其有合同关系的另一方提出请求或提起诉讼，而不能向与其无合同关系的第三人提出合同上的请求，也不能擅自为第三人设定合同上的义务。

合同关系的相对性与物权的绝对性是相对应的，两者不仅确定了债权与物权的一项区分标准，而且在此基础上形成了债权法与物权法的一些重要规则。例如，由于债权是相对权，而相对权仅发生在特定人之间，它不具有公开与公示的特点，也不具有对抗第三人的效力；而物权作为一种绝对权，必须具有公开性，因此，物权必须要公示。

合同相对性规则主要包括如下三个方面的内容，如表 1-3 所示。

表 1-3　合同相对性

相对性类别	合同主体相对性	合同内容相对性	合同违约责任相对性
相对性特点	只有合同当事人一方才有权向另一方提出请求、提起诉讼或申请仲裁	合同当事人享有合同权利，同时承担合同义务	违约责任只能在有合同关系的当事人之间发生。一方当事人因第三方的原因造成违约的，应当向对方承担违约责任。合同关系以外的人，不负违约责任

1．合同主体的相对性

合同关系只能发生在特定的主体之间，只有合同当事人一方能够向合同的另一方当事人基于合同提出请求或提起诉讼。

2．合同内容的相对性

除法律、合同另有规定以外，只有合同当事人才能享有某个合同所规定的权利，承担合同规定的义务，除合同当事人以外的任何第三人不能主张合同上的权利。

3．合同责任的相对性

违约责任只能在特定的当事人之间发生，合同关系以外的人不负违约责任，合同当事人也不对其承担违约责任。

【例 1-19】北京某建筑安装工程总公司（下称原告）与上海市某房地产开发公司（下称被告），系同一房地产甲厂和乙厂签订了一份锅炉买卖合同。合同约定，乙厂作为出卖人，负责将符合合同约定的型号、规格和质量的锅炉，在约定时间内送到约定地点。乙厂在给甲厂运送锅炉途中发生锅炉爆炸事故，致使乙厂车毁人亡。交通部门鉴定结论是：事故责任完全在对方（丙方），乙厂司机无事故责任。由于交通事故锅炉未按时运到，影响了甲厂的生产，给甲厂造成了经济损失。于是甲厂起诉到法院，要求追究乙厂的违约责任。

乙厂称没有及时将锅炉运到，并非自己的原因，而是因为丙方违章撞毁本厂的车辆造成的，所以甲厂应追究丙方责任。

法院支持甲厂请求，判决乙厂承担合同约定的违约责任。

解析：锅炉买卖合同的当事人是甲厂和乙厂，乙厂没有按照约定的时间及时将锅炉运到，属于违约。虽然乙厂违约的原因是由第三人丙方造成的，但丙不是合同的当事人，故甲厂不能依照合同去追究丙方的违约责任。同时因为甲厂还没有接到锅炉，所以对损坏的锅炉也没有物权，因而甲厂也不能追究丙的责任。因此，本案的正确处理应该是：先由甲厂追究乙厂的违约责任，再由乙厂追究丙的侵权责任。

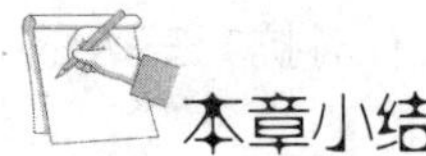

本章小结

合同是平等主体的自然人、法人和其他组织之间设立、变更、终止民事权利义务关系的协议。合同的存在把原本复杂、无序的交易关系纳入法律范畴之中，从而保证了市场交易的正常进行。

本章从民事法律关系的基本概念着手，阐述了民事法律关系主体、客体、内容等相关知识，分析了代理制度、诉讼时效等相关理论，介绍了债权、物权的概念并分析了其区别，最后对合同的概念、类型和原则进行了剖析。

习题

一、名词解释

代理　表见代理　无因管理　不当得利　公示原则　公信原则

二、简答题

1. 民事法律行为的构成要件有哪些？
2. 简述表见代理的构成及法律效力。
3. 如何理解合同的相对性？
4. 对比物权与债权法律关系。
5. 合同的基本原则有哪些？
6. 房地产合同的特征有哪些？

三、案例分析

案情：张某在一风景区旅游，爬到山顶后，见一女子孤身站在山顶悬崖边上，目光异样，即心生疑惑。该女子见有人来，便向悬崖跳下去，张某情急之中拉住女子衣服，将女

子救上来。张某救人过程中随身携带的价值 2 000 元的照相机被碰坏，手臂被擦伤；女子的头也被碰伤，衣服被撕破。张某将女子送到山下医院，为其支付各种费用 500 元，并为包扎自己的伤口花费 20 元。当晚，张某住在医院招待所，但已身无分文，只好向服务员借了 100 元，用以支付食宿费。次日，轻生女子的家人赶到医院，向张某表示感谢。

问题：

（1）张某与轻生女子之间存在何种民事法律关系？

（2）张某的照相机被损坏及治疗自己伤口的费用女子应否偿付？为什么？

（3）张某为女子支付的医疗费等费用能否请求女子偿付？为什么？

（4）张某向服务员借的 100 元，应当由谁偿付？为什么？

（5）张某能否请求女子给付一定的报酬？为什么？

（6）女子应否赔偿张某衣服损失？为什么？

第二章　房地产合同的订立

学习目标

通过对本章的学习，学生应掌握以下内容：

1. 合同的订立程序；
2. 房地产合同的主体；
3. 房地产合同的形式及格式合同；
4. 房地产合同的效力；
5. 格式合同的责任承担。

导言

合同的订立是合同成立的起点，任何合同的成立都要经过要约与承诺两个阶段。合同的订立过程也是合同当事人达成合意的过程，是合同成立的前提。合同成立后能否生效，还要看其是否符合法律规定的要件。房地产作为一种特殊的合同，其在订立程序与效力方面有一些特殊规定。

第一节　合同订立的一般程序

合同是合同意向人在意思表示自由的条件下，经过表达自身意愿与了解对方需求过程后达成一致形成的协议。房地产合同的订立是当事人经过协商，就房地产合同的主要条款达成合意的过程，房地产合同的订立要经过要约（offer）和承诺（acceptance）两个阶段。

一、合同的订立

合同订立的过程就是合同的形成过程，是合同的协商过程。订立合同的具体方式多样，可以通过口头或者书面往来协商谈判，可以采取拍卖、招标投标等方式。但不管采取什么

具体方式，都必然经过两个步骤，即要约和承诺。要约与承诺，是当事人订立合同的必经程序（见图 2-1）。

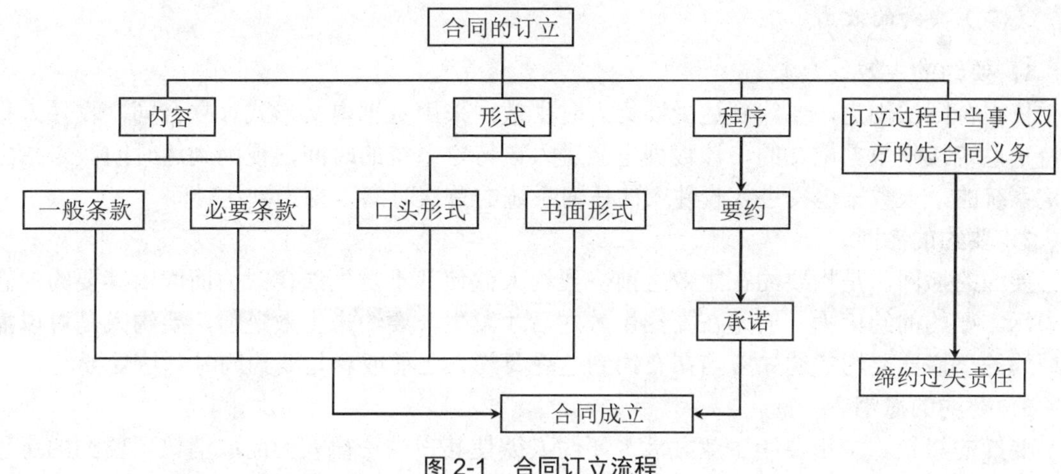

图 2-1　合同订立流程

当事人协商一致后，合同成立。合同成立具有以下重要意义。

（1）合同成立旨在解决合同是否存在的问题。如果合同不存在，就谈不上合同的履行、变更、终止和解释的问题。

（2）合同成立是合同生效的前提。合同成立与合同生效相互联系又相互区别；依据合同法规定，依法成立的合同，自成立时生效。

（3）合同成立是区分违约责任和缔约过失责任的根本标志。

二、要约及要约邀请

要约是合同意向人向对方提出的，表达合同意向的行为和过程，是合同订立的必经阶段，是一种法律行为。

（一）要约的含义

《合同法》规定，要约是希望和他人订立合同的意思表示。要约有时称为发价、发盘或报价。发出要约的人为要约人，接受要约的人为受要约人。

要约的构成要件主要有以下方面。

（1）内容具体确定。所谓“具体”是指要约的内容必须具有足以使合同成立的主要条款，如果不能包含合同的主要条款，承诺人则难以做出承诺；所谓“确定”，是指要约的内容必须明确要约人的真实意图，这样受要约人才能有针对性地进行承诺。

（2）表明经受要约人承诺，要约人即受该意思表示约束。要约是一种法律行为，要求在规定的有效期限内，要约人要受到要约的约束。受要约人若按时接受要约条款时，要约

人负有与受要约人签订合同的义务。否则，要约人对由此造成受要约人的损失应承担法律责任。

（二）要约的效力

1．要约的生效

依据合同法规定，要约到达受要约人时生效。采用数据电文形式订立合同，收件人指定特定系统接收数据电文的，该数据电文进入该特定系统的时间，视为到达时间；未指定特定系统的，该数据电文进入收件人的任何系统的首次时间，视为到达时间。

2．要约的撤回

要约的撤回，是指要约在生效之前，要约人欲使其不发生法律效力而取消其要约的意思表示。要约的约束力一般是在要约生效之后才发生，要约未生效之前，要约人是可以撤回要约的。撤回要约的通知应当在要约到达受要约人之前或者与要约同时到达受要约人。

3．要约的撤销

要约的撤销，是指要约生效之后，要约人欲使其丧失法律效力而取消该项要约的意思表示。要约虽然生效后对要约人有约束力，但是在特殊情况下，考虑要约人的利益，在不损害受要约人的前提下，要约是应该被允许撤销的。部分要约可以撤销，但是撤销要约的通知应当在受要约人发出承诺通知之前到达要约人。

依据合同法规定，有下列情况之一的，要约不得撤销：（1）要约人确定了承诺期限或者以其他形式明示要约不可撤销；（2）受要约人有理由认为要约是不可撤销的，并已经为履行合同做了准备工作。

4．要约的失效

要约的失效，是指要约丧失其法律效力，要约人和受要约人均不再受其约束。根据《合同法》第20条的规定，有下列情形之一的，要约失效。（1）拒绝要约的通知到达要约人；（2）要约人依法撤销要约；（3）承诺期限届满，受要约人未做出承诺；（4）受要约人对要约的内容做出实质性变更。

此外，要约人或受要约人死亡，且未来的合同需要由要约人或受要约人本人履行，要约人或受要约人死亡，要约消灭；否则，不影响要约的法律效力。如果受要约人是法人的，法人终止时，要约失效。

（三）要约邀请

要约邀请又称要约引诱，是希望他人向自己发出要约的意思表示。例如，寄送价目表、拍卖公告、招标公告、招股说明书、商业广告等为要约邀请。商业广告的内容符合要约规定的，视为要约。因为要约邀请只是做出希望别人向自己发出要约的意思表示，因此，要约邀请可以向不特定的任何人发出，不需要在要约邀请中详细列明被邀请人，无论对于发出邀请人还是接受邀请人，都没有约束力。

实践中，经常出现房地产开发商为促销而做的广告与实际情况不符而引起纠纷的情形，而开发商又以广告为要约邀请而非要约为由推卸责任。《最高人民法院关于审理商品房买卖合同纠纷案件适用法律若干问题的解释》（以下简称《商品房买卖合同解释》）规定，商品房的销售广告和宣传资料为要约邀请，但是出卖人就商品房开发规划范围内的房屋及相关设施所做的说明和允诺具体确定，并对商品房买卖合同的订立以及房屋价格的确定有重大影响的，应当视为要约。该说明和允诺即使未载入商品房买卖合同，亦应当视为合同内容，当事人违反的，应当承担违约责任。

（四）要约与要约邀请的区别

要约与要约邀请最重要的区别在于，是否明确具体以及发出人是否受该意思表示的约束。

（1）要约是当事人主动愿意缔结合同的意思表示；而要约邀请的目的不是缔结合同，而是邀请对方当事人向其发出要约的意思表示，是当事人订立合同的预备行为。

（2）要约中含有当事人愿意承受要约拘束的意图，要约人将自己置于一旦对方承诺、合同即成立的无可选择的地位；而要约邀请则不含有当事人愿意承受拘束的意图，邀请人希望自己处于一种可以选择是否接受对方要约的地位，其本身不具有法律意义。

（3）要约的内容必须具备足以使合同成立的必要条款；而要约邀请不必具备此等必要条款（见表 2-1）。

表 2-1 要约与要约邀请的区别

对象 区别 项目	要 约	要 约 邀 请
目的意思	有，即要约以缔结合同为目的，是当事人自己主动愿意订立合同的意思表示	无，当事人仅表达某种意愿，即希望对方主动向自己提出订立合同的意思表示
法效意思	有，要约人将自己置于一旦对方承诺，合同即告成立的地位	无，要约邀请人希望自己处于一种可以选择是否接受对方要约的地位
内容	十分确定	一般不确定

【例 2-1】2016 年 6 月 6 日，某大学高教授宠物狗“Baby”走失，在寻找未果的情况下，高教授于 6 月 8 日在校园内张贴寻狗启事，启事上附有“Baby”的近期“靓照”并对其做了详细描述，末尾声称：“有发现者，请联系：138****5555，酬金 2 000 元。”8 日晚，高教授的学生李某发现该狗，并送回，不知寻狗启事之事。

请问：（1）该启事是要约还是要约邀请？

（2）学生李某得知该启事后，能否主张酬金 2 000 元？

（3）若将酬金 2 000 元改为必有重谢，请回答问题。

解析：该启示是要约，因为具备了要约的具体确定性以及发出人愿受此要约约束；学

生得知启示后，可以主张酬金 2 000 元，因为悬赏广告作为对不特定人发出的要约，具有其约束性；若将酬金 2 000 改为必有重谢，该悬赏广告不满足要约的具体确定性，而成为要约邀请。

【例 2-2】喜好网球和游泳的赵某从宏大公司购买某小区商品房一套，交房时发现购房时宏大公司售楼部所展示的该小区模型中的网球场和游泳池并不存在。经查，该小区设计中并无网球场和游泳池。下列哪些选项是正确的？（　　）

A. 赵某有权要求退房

B. 赵某如要求退房，有权请求宏大公司承担缔约过错责任

C. 赵某如要求退房，有权请求宏大公司双倍返还购房款

D. 赵某如不要求退房，有权请求宏大公司承担违约责任

答案：A、B、D。

解析：本题考查合同的可撤销与违约责任。《商品房买卖合同解释》第 3 条规定："商品房的销售广告和宣传资料为要约邀请，但是出卖人就商品房开发规划范围内的房屋及相关设施所做的说明和允诺具体确定，并对商品房买卖合同的订立以及房屋价格的确定有重大影响的，应当视为要约。该说明和允诺即使未载入商品房买卖合同，亦应当视为合同内容，当事人违反的，应当承担违约责任。"据此，本题中，宏大公司既构成欺诈，又构成违约。相应地，赵某既可基于欺诈撤销合同，又可基于违约解除合同。

三、承诺

承诺，是指合同当事人一方对另一方发来的要约，在要约要求的有效期限内，做出的同意要约条款的意思表示。

（一）承诺的概念

《合同法》规定，承诺是受要约人同意要约的意思表示。

承诺是一种法律行为，承诺必须是要约的相对人在要约有效期限内以明示的方式做出，并送达要约人；承诺必须是承诺人做出同意要约的意思表示，方为有效。如果受要约人对要约中的必要性条款提出修改、补充、部分同意，附有条件或者另行提出新的条件，以及迟到送达的承诺，都不被视为有效的承诺，而被称为新要约。

（二）承诺的构成要件

（1）承诺必须由受要约人向要约人做出。只有受要约人有承诺资格，非受要约人向要约人做出的意思表示不属于承诺，而是一种要约。

（2）承诺的内容应当与要约的内容一致。承诺是受要约人愿意接受要约内容与要约人订立合同的意思表示。因此，承诺是对要约的实质性同意，也即对要约的无条件地接受。

但受要约人对要约内容做出非实质性变更的，除要约人及时表示反对或者要约表明承诺不得对要约的内容做出任何变更的以外，承诺有效。

（3）承诺人必须在要约有效期限内做出承诺。受要约人超过承诺期限发出的承诺，除要约人及时通知受要约人该承诺有效的以外，为新要约。

（三）承诺的方式和期限

1．承诺的方式

承诺应当以通知的方式做出，但根据交易习惯或要约表明可通过行为做出承诺的除外。

"通知"方式，是指承诺人以口头形式或书面形式明确告知要约人完全接受要约内容做出的意思表示。"行为"方式，是指承诺人依照交易习惯或者要约的条款能够为要约人确认承诺人接受要约内容做出的意思表示。

2．承诺的期限

承诺应当在要约确定的期限内到达要约人。要约没有确定承诺期限的，承诺应当依照下列规定到达：要约以对话方式做出的，应当即时做出承诺，但当事人另有约定的除外；要约以非对话方式做出的，承诺应当在合理期限到达。

（四）承诺的效力

1．承诺生效

承诺通知到达要约人时生效，承诺生效时合同成立。

承诺生效与合同成立是密不可分的法律事实。承诺生效，是指承诺发生法律效力，也即承诺对承诺人和要约人产生法律约束力。承诺人做出有效的承诺，在事实上合同已经成立，已经成立的合同对合同当事人双方具有约束力。

2．承诺的撤回

承诺的撤回，是指承诺人主观上欲阻止或者消灭承诺发生法律效力的意思表示。

承诺可以撤回，撤回承诺的通知应当在承诺通知到达要约人之前或者与承诺通知同时到达要约人。但不能因承诺的撤回而损害要约人的利益，因此，承诺的撤回是有条件的。

3．迟发的承诺

受要约人超过承诺期限发出承诺的，除要约人及时通知受要约人该承诺有效的以外，为新要约。迟发的承诺是指受要约人主观上超过承诺期限发出的承诺。迟发的承诺，失效为原则，生效为例外。

4．迟到的承诺

受要约人在承诺期限内发出承诺，按照通常情形能够及时到达要约人，但因其他原因承诺到达要约人时超过承诺期限的，除要约人及时通知受要约人因承诺超过期限不接受该承诺的以外，该承诺有效。迟到的承诺是指承诺人发出承诺后，由于外界原因而延误到达。迟到的承诺，生效为原则，失效为例外。

四、要约变更

（一）要约内容的实质性变更

承诺的内容应当与要约内容一致。受要约人对要约的内容做出实性变更的，为新要约。有关合同标的、数量、质量、价款或者报酬、履行期限、履行地点和方式、违约责任和解决争议方法等的变更，是对要约内容的实质性变更。

（二）要约内容的非实质性变更

承诺对要约的内容做出非实质性变更，是指受要约人在有关合同的标的、数量、质量、价款或报酬、履行期限、履行地点和方式、违约责任和解决争议方法等方面以外，对原要约内容做出某些补充、限制和修改。如承诺中增加有建议性条款、说明性条款，以及在要约人的授权范围内对要约内容的非实质性变更。

承诺对要约的内容做出非实质性变更的，除要约人及时表示反对或者要约表明承诺不得对要约的内容做出任何变更的以外，该承诺有效，合同的内容以承诺的内容为准。

针对实质性和非实质性变更，做以下几点说明。

（1）对要约内容做出实质性变更的，为新要约。

（2）所谓实质性变更，一般是指对合同法规定条款的变更。

（3）对主要条款的细微变更，应属非实质性变更，并不当然为新要约。

（4）对要约内容做非实质性变更的，原则上构成承诺，但有两个例外：要约人及时表示反对；要约表明不得做任何变更的。

（5）非实质性变更构成承诺的，以承诺内容为合同内容。

【例 2-3】中、美两公司磋商某建筑设备采购合同，美方发来要约，中方承诺全部同意，但承诺函又加上一句：“贵方应提供商品原产地证明。”美方收到后未予回复。后来履行合同中，中方要求美方提供原产地证明，美方称无此义务。问：中、美双方谁的请求有道理？

解析：非实质性变更构成承诺的，以承诺内容为合同内容。

第二节　房地产项目招标

一、招标方式

工程招标投标在国外已有多年的历史，也产生了许多招标方式。对招标方式可以从不

同的角度进行分类：按竞争的程度分类，有公开招标和邀请招标；按竞争的范围分类，有国内竞争性招标和国际竞争性招标；按招标的阶段分类，有一阶段招标和两阶段招标。我国《招标投标法》规定国内工程招标分为公开招标和邀请招标两种方式。

（一）公开招标

公开招标是指招标人以招标公告的方式邀请不特定的法人或者其他组织投标。公开招标又称无限竞争性招标，是一种由招标人按照法定程序，在公共媒体（指报刊、广播、网络等）上发布招标公告，所有符合条件的供应商或者承包商都可以平等参加投标竞争，招标人从中择优选择中标者的招标方式。

公开招标的优点是能有效地减少寻租行为，为潜在的投标人提供均等的机会，能最大限度引起竞争，达到节约建设资金、保证工程质量、缩短建设工期的目的。但是，公开招标也存在着工作量大，周期长，花费人力、物力、财力多等方面的不足。

我国规定，对国民经济或本地经济和社会发展有重大影响的大中型重点项目，应当采用公开招标的方式。对于有些不适宜公开招标的重点项目，经批准可采用邀请招标的方式。

（二）邀请招标

邀请招标是指招标人用投标邀请书的方式邀请特定的法人或者其他组织投标。邀请招标又称有限竞争性招标，是一种由招标人选择若干符合招标条件的供应商或承包商，向其发出投标邀请，由被邀请的供应商、承包商投标竞争，从中选定中标者的招标方式。邀请招标具有以下特点。

（1）招标人在一定范围内邀请特定的法人或其他组织投标。为了保证招标的竞争性，邀请招标必须向三个及三个以上具备承担招标项目能力并且资信良好的投标人发出邀请书。

（2）邀请招标不需发布公告，招标人只要向特定的投标人发出投标邀请书即可。接受邀请的人才有资格参加投标，其他人无权索要招标文件，不得参加投标。

应当指出，邀请招标虽然在潜在投标人的选择上和通知形式上与公开招标不同，但其所适用的程序和原则与公开招标是相同的，其在开标、评标标准等方面都是公开的，因此，邀请招标仍不失其公开性。

二、招标程序及内容

招标是复杂的系统工程，其工作需要按一定程序开展，以便实现合同订立的体系化、流程化。招标程序主要如下所示。

（一）建设工程招标的程序

建设工程招标程序主要是指招标工作在时间和空间上应遵循的先后顺序，建设工程公开招标工作程序如图2-2所示。邀请招标程序可参照公开招标程序进行。

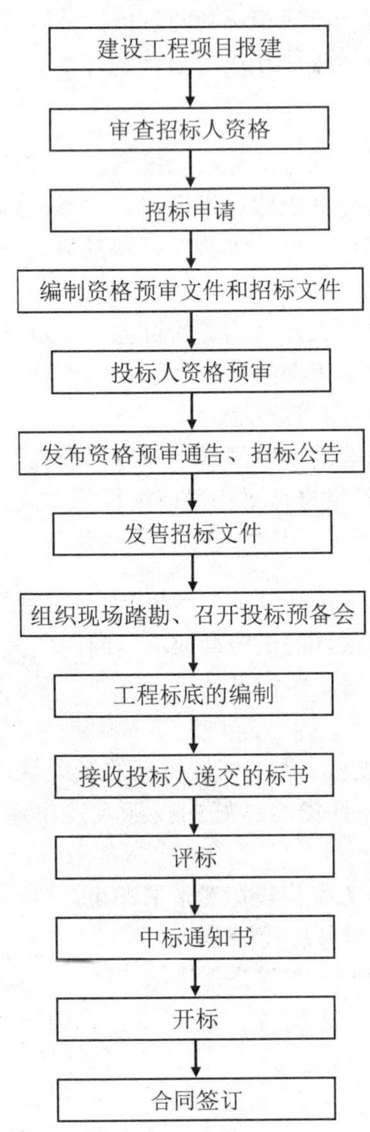

图2-2　建设工程公开招标工作程序

（二）建设工程招标的主要内容

1．建设工程项目报建

建设工程项目的立项批准文件或年度投资计划下达后，按照有关规定，须向建设行政主管部门的招标投标行政监管机关报建备案。工程项目报建备案的目的是便于当地建设行政主管部门掌握工程建设的规模，规范工程实施阶段程序的管理，加强工程实施过程的监督。建设工程项目报建备案后，具备招标条件的建设工程项目，即可开始办理招标事宜。凡未报建的工程项目，不得办理招标手续和发放施工许可证。

2．审查招标人招标资质

组织招标有两种情形，即招标人自己组织招标或委托招标代理机构代理招标。对于招标人自行办理招标事宜的，须满足一定的条件，并向其行政监督机关备案，行政监督机关对招标人是否具备自行招标的条件进行监督。对委托的招标代理机构也应检查其相应的代理资质。

3．申请招标

当招标人自己组织招标或委托招标代理机构代理招标确定后，应向其行政监管机关提出招标申请。当招标申请批准后才可以进行招标。

4．编制资格预审和招标文件

招标申请被批准后，即可编制资格预审和招标文件。

（1）资格预审文件。公开招标对投标人的资格审查，有资格预审和资格后审两种。资格预审是指在发售招标文件前，招标人对潜在的投标人进行资质条件、业绩、技术、资金等方面的审查；资格后审是指在开标后评标前对投标人进行的资格审查。只有通过资格预（后）审的潜在投标人，才可以参加投标（评标）。我国通常采用资格预审的方法。

（2）编制招标文件。招标文件的主要内容有：招标公告（或投标邀请书）；投标人须知；评标办法；合同条款及格式；工程量清单；图纸；技术标准和要求；投标文件格式；投标人须知前附表规定的其他材料。

5．发布资格预审公告、招标公告或者发出投标邀请函

招标文件、资格预审文件经审查批准后，招标人即可发布资格预审通告、招标公告或发出投标邀请书，吸引特定、不特定的潜在投标人前来投标。

6．对投标资格进行审查

对已获取招标信息愿意参加投标的报名者都要进行资格审查。资格预审的流程包括以下方面：（1）发布资格预审通告，广泛邀请潜在的投标人参加资格预审；（2）发放资格预审文件；（3）对潜在投标人资格的审查和评定。招标人在规定的时间内，按照资格预审文件中规定的标准和方法，对参加资格预审的潜在投标人进行资格审查。

通过对申请单位填报的资格预审文件和资料进行评比和分析，按程序确定出合格的潜在投标人名单，并向其发出资格预审合格通知书。投标人收到资格预审合格通知书后，应以书面形式予以确认，在规定的时间购买招标文件、图纸及有关技术资料。

7．发售招标文件和有关资料，收取投标保证金

招标人应按规定的时间和地点向经审查合格的投标人发售招标文件及有关资料，并收取一定数量的投标保证金。投标保证金是指为了防止投标人在投标过程中擅自撤回投标或中标后不愿与招标人签订合同而设立的一种保证措施。

招标文件发出后，招标人不得擅自变更其内容。确需进行必要的澄清、修改或补充的，应当在招标文件要求提交投标文件截止时间前一定的时期内，书面通知所有获得招标文件的投标人。该澄清、修改或补充的内容是招标文件的组成部分，对招标人和投标人都有约束力。

8．组织投标人踏勘现场，召开投标预备会，对招标文件进行答疑

招标文件发放后，招标人要在招标文件规定的时间内，组织投标人踏勘现场，并对招标文件进行答疑。

踏勘现场的目的在于使投标人了解工程现场和周围环境情况，获取对投标有帮助的信息，并据此做出关于投标策略和投标报价的决定；同时还可以针对招标文件中的有关规定和数据，通过现场踏勘进行详细的核对，对于现场实际情况与招标文件不符之处向招标人书面提出。投标人对招标文件或者在现场踏勘中有疑问或不清楚的问题，应当用书面的形式向招标人提出，招标人应当给予解释和答复。

9．开标

开标是招标过程中的重要环节。开标应在招标文件规定的时间、地点，在投标单位的法定代表人或授权代理人在场的情况下举行开标会议。开标一般在当地的建设工程交易中心进行。开标会议由招标人或招标代理机构组织并主持，招标投标管理机构到场监督。

10．评标

当开标过程结束后，进入评标阶段。评标由招标人依法组建的评标委员会负责，评标委员会由招标人的代表和有关经济、技术方面的专家组成。与投标人有利害关系的人不得进入相关项目的评标委员会，评标委员会的名单在中标结果确定之前应保密，招标人应采取必要措施，保证评标在严格保密的情况下进行，评标委员会在完成评标后，应当向招标人提出书面评标报告，并推荐合格的中标候选人，整个评标过程应在招投标管理机构的监督下进行。

11．择优定标，发中标通知书

在评标结束后，招标人以评标委员会提供的评标报告为依据，对评标委员会所推荐的中标候选人进行比较确定中标人，招标人也可以授权评标委员会直接确定中标人，定标应当择优。在评标过程中，如发现有下列情形之一，不能产生定标结果的，可宣布招标失败：（1）所有投标报价高于或低于招标文件所规定的幅度的；（2）所有投标人的投标文件均实质上不符合招标文件的要求，被评标组织否决的。如果发生招标失败，招标人应认真审查招标文件及标底，做出合理修改，重新招标。在重新招标时，原采用公开招标方式的，仍可继续采用公开招标方式，也可改用邀请招标方式。

评标确定中标人后，招标人应当向中标人发出中标通知书，并同时将中标结果通知所有未中标的投标人。中标通知书对招标人和中标人具有法律约束效力。中标通知书发出后，招招标人改变中标结果的，或者中标人放弃中标项目的，应承担法律责任。

12．签订合同

招标人与中标人应当在发出中标通知书30天的规定时间期限内，正式签订书面合同，中标人要按照招标文件的约定相互提交履约担保或者履约保函。合同订立后，招标人应及时通知其他未中标的投标人，同时退还投标保证金。投标人回复书面确认通知。

13．提交招标情况书面报告

根据《招标投标法》的有关规定，依法必须进行招标的项目，招标人应当自确定中标人之日起15日内，向有关行政监督部门提交招标投标情况书面报告。

《工程建设项目施工招标投标办法》规定该书面报告应当至少包括下列内容：（1）招标范围；（2）招标方式和发布招标公告的媒介；（3）招标文件中投标人须知、技术条款、评标标准和方法、合同主要条款等内容；（4）评标委员会的组成和评标报告；（5）中标结果。

三、资格预审

公开招标采用资格预审时，只有资格预审合格的投标人才可以参加投标。《中华人民共和国招标投标法实施条例》第15条规定：“招标人采用资格预审办法对潜在投标人进行资格审查的，应当发布资格预审公告、编制资格预审文件。”不采用资格预审的公开招标应进行资格后审，即在开标后进行资格审查。资格预审文件是招标单位根据法律法规的规定和招标项目本身的要求，单方面阐述自己对资格审查的条件和具体要求的书面表

达形式。

（一）资格预审公告

对于要求资格预审的公开招标应发布资格预审通告，对于进行资格后审的公开招标应发布招标公告。资格预审通告和招标公告都应在有关的报纸、杂志、信息网络公开发布。

（二）资格预审文件

对于要求资格预审的应编制预审文件，资格预审文件包括的内容，除上述的资格预审通告外，还包括如下的申请人须知、资格审查办法、资格预审申请文件格式、项目建设概况等。当资格预审文件、资格预审文件的澄清或修改等在同一内容的表述上不一致时，以最后发出的书面文件为准。

（三）资格审查办法

根据《中华人民共和国标准施工招标资格预审文件》的规定，资格审查办法分合格制和有限数量制两种。两种方法都有初步审查标准和详细审查标准。

四、开标、评标和定标

（一）开标

开标是指在招标文件确定的投标截止时间的同一时间，招标人依招标文件规定的地点，开启投标人提交的投标文件，并公开宣布投标人的名称、投标报价、工期等主要内容的活动。它是招标投标的一项重要程序。因此，要求提交投标文件截止之时，即为开标之时，其中无间隔时间，以防不端行为有可乘之机。开标的主持人是招标人或招标代理机构，并负责开标全过程的工作。参加人除评标委员会成员外，还应当邀请所有投标人参加，一方面使投标人得以了解开标是否依法进行，起到监督的作用；另一方面了解其他投标人的情况，做到知彼知己，以衡量自己中标的可能性，或者衡量自己是否在中标的名单之中。

开标时，由投标人或推选的代表检查投标文件密封情况，也可以由招标人委托的公证机构检查并公证；经确认密封无误后，由工作人员当众拆封、宣读投标人名称、投标报价、工期等主要内容；记录在案，以存档备查，最后由主持人和其他工作人员签字确认。

（二）评标

1．评标内容

（1）组建评标委员会组织。

（2）确定评标活动原则和程序。

（3）制定评标的具体方法等。

（4）确定中标单位。

2．评标组织

建设工程评标工作由评标组织完成，评标组织即评标委员会。评标委员会是在招投标管理机构的监督下，由招标人设立，负责评标的临时组织。它负责对所有投标文件进行评定、提出书面评标报告、推荐中标候选人等工作。

由于评标委员会的人员构成直接影响着评标、定标结果，评标、定标结果又涉及各方面的经济利益，同时这项工作经济性、技术性、专业性又比较强，所以评标委员会的人员应当由招标人或其委托的招标代理机构熟悉相关业务的代表，以及有关技术、经济等方面专家组成。成员人数应为 5 人以上单数，其中经济、技术方面的专家不得少于成员总数的 2/3，该专家一般应从省级以上人民政府有关部门提供的专家名册或者招标代理机构的专家库中的相应专家名单中确定。对一般工程项目，可采用随机抽取的方式确定，对技术特别复杂、专业性要求特别高或者国家有特殊要求的招标项目，可以由招标人直接确定。评标委员会成员名单应在开标前确定，并且应在中标结果确定前保密。

3．评标原则

（1）建设工程评标、定标活动应当遵循公平、公正和诚实信用的原则。公平是指在评标过程中涉及的一切活动对所有投标人都应该一视同仁，不得倾向某些投标人而排斥另外一些投标人。公正是指在对投标文件的评比中，应以客观内容为标准，不以主观好恶为标准，不能带有成见。

（2）科学、合理、择优的原则，科学是指评标办法要科学合理。评标的根本目的就是择优，所以在评标过程中以及中标结果的确定上都应以最优的投标人作为中标候选人。

（3）反不正当竞争的原则，不能违反原则而以招标人的意图来确定中标结果。

（4）贯彻业主对本工程施工承包招标的各项要求和原则。

4．初步评审

初步评审是指从所有的投标书中筛选出符合最低要求的合格投标书，剔除所有无效投标书和严重违法的投标书，以减少详细评审的工作量，保证评审工作的顺利进行。初步评审的内容包括对投标文件的符合性评审、技术性评审、商务性评审、投标文件的澄清和说明、应当作为废标处理的情形。

（1）符合性评审。投标文件的符合性评审包括商务符合性和技术符合性鉴定。投标文件应实质上响应招标文件的所有条款、条件，无显著的差异或保留。

（2）技术性评审。投标文件的技术性评审包括：方案可行性评估和关键工序评估；劳务、材料、机械设备、质量控制措施、工期保证措施、安全保证措施评估以及对施工现场周围环境污染的保护措施评估。

（3）商务性评审。投标文件的商务性评审包括：投标报价校核，审查全部报价数据计算的正确性，分析报价构成的合理性，并与标底价格进行对比分析。如果报价中存在算术计算上的错误，应进行修正。修正后的投标报价经投标人确认后对其起约束作用。

（4）投标文件的澄清和说明。评标委员会可以要求投标人对投标文件中含意不明确、对同类问题表述不一致或者有明显文字和计算错误的内容做必要的澄清或者说明，但是澄清或者说明不得超出投标文件的范围或者改变投标文件的实质性内容。对投标文件的相关内容做出澄清和说明，其目的是有利于评标委员会对投标文件的审查、评审和比较。

5．详细评审

详细评审是指在初步评审的基础上，对经初步评审合格的投标文件，按照招标文件确定的评标标准和方法，对其技术部分（技术标）和商务部分（经济标）进一步评审、比较。

6．评标报告

评标委员会完成评标后，应向招标人提出书面评标结论性的报告，被授权直接定标的评标委员会可直接确定中标人。对使用国有资金投资或者国家融资的项目，招标人应当确定排名第一的中标候选人为中标人。排名第一的中标候选人放弃中标，因不可抗力提出不能履行合同，或者招标文件规定应当提交履约保证金而在规定的期限内未能提交的，招标人可以确定排名第二的中标候选人为中标人。

（三）定标

1．定标的程序

确定中标人应当遵守如下程序。

（1）评标委员会提出书面评标报告后，招标人一般应当在 15 日内确定中标人，但最迟应当在投标有效期结束前 30 个工作日内确定。

（2）招标人应当接受评标委员会推荐的中标候选人，不得在评标委员会推荐的中标候选人之外确定中标人。

（3）依法必须招标的项目，招标人应当确定排名第一的中标候选人为中标人。排名第一的中标人放弃中标、因不可抗力提出不能履行合同，或者招标文件规定应当提交履约保证金而在规定的期限内未能提交的，招标人可以确定排名第二的中标候选人为中标人，依此类推。

2．定标的原则

招标人应当根据评标小组推荐的中标候选人确定中标人。招标人也可以授权评标小组直接确定中标人。

按照价高者得的原则确定中标人的，由招标主持人根据开标结果，直接宣布报价最高且不低于底价者为中标人。有两个或两个以上申请人的报价相同且同为最高报价的，可以由相同报价的申请人在限定时间内再行报价，或者采取现场竞价方式确定中标人。

3．中标通知书

《中标通知书》应包括招标人与中标人的名称，出让标的，成交时间、地点、价款，以及双方签订《国有土地使用权出让合同》的时间、地点等内容。

《中标通知书》对招标人和中标人具有法律效力，招标人改变中标结果，或者中标人不按约定签订《国有土地使用权出让合同》、放弃中标宗地的，应当承担法律责任。

第三节 合同主体及条款分析

房地产合同是平等主体的自然人、法人及其他组织之间设立、变更、终止房地产法律关系的协议。房地产项目的大型化和复杂化，使得任何一个开发商难以独立完成项目，他必须与各类专家、机构合作，组成开发团队，在开发商的引导和协调下，实现项目的预期目标。

一、合同主体

在房地产开发过程中，每个阶段的每项工作都是由一系列不同的参与者组成，他们目标各异，但通过项目利益组织在一起。下面将介绍房地产合同涉及的主体。

（一）土地的供给者

土地的供给者包括土地所有者或当前的土地使用者。土地供给不管是主动的还是被动的，土地供给者为了获取更多的土地价值，可能通过出让、转让或合作等模式进行项目开发。根据我国法律规定，城市土地的所有权归国家所有，国有土地的所有权和使用权分离，国有土地使用权可以有偿、有期限、可流转，在土地出让、转让和再开发过程中，在规划用途范围内，各供给者会最大限度地追逐既得利益。某一地块上土地使用者众多，开发商要逐一与他们进行谈判补偿安置方案，如果遇上“钉子户”，不仅大大影响开发周期，而且会大大增大房地产开发的前期费用。

（二）政府

政府在参与房地产项目开发过程中，既是土地的原始供给者、政策制定者，又行使监督管理的职能，也可能参与到具体的项目开发中。开发商从开发项目构思开始，就与规划部门、土地管理部门进行沟通，了解土地用途，打探规划信息。获得土地使用权后，会不断地与土地部门、规划部门、建设部门、房地产管理部门、市政部门等沟通交流，政府的行为对开发项目的成败有重要的直接的影响。

房地产业作为国民经济的支柱产业，常常作为社会经济发展的“晴雨表”和宏观调控的“指示器”，是政府经济政策、人口政策、产业政策、税收政策、金融政策、区域发展规划政策有效性的“测试器”，是后金融危机时代国民经济增长的“新经济增长点”。

（三）金融机构

房地产开发具有资金密集性特点。房地产开发商在整个项目运作过程中，需要“开发

建设贷款”提供资金支持，在项目建成后需要“按揭贷款”对购房者提供信贷支持。因此，利率政策的调整不仅增加开发成本，同时也大大增大购房者购房成本，是一把“双刃剑”。

由于房地产具有较强的保值增值性，房地产抵押贷款风险相对较低，金融机构在房地产项目信贷领域的竞争十分激烈。随着我国金融体制改革的不断深入，房地产金融服务将进一步向规范化、集约化、标准化、人性化方向发展。

（四）承包商

房地产开发商通过合同方式将项目发包给承包商进行建设，向供货商进行要素采购，并承担相关承包商之间的协调管理工作。

开发商要根据自己的管理能力和经验，选择合理的合同模式。对管理经验丰富的开发商，可以通过平行承发包等方式，加强开发项目的控制。对管理能力不强的开发商，可以通过总承包模式，把大部分管理工作委托给总承包商。只要严格合同管理，开发过程中的风险和不确定性因素就会比较容易控制。

（五）专家顾问

房地产开发过程非常复杂，开发商难以应对项目开发、交易过程中的所有问题，因此，为了交易的安全性和快捷性，开发商或购房者需要聘请专家提供高质量的咨询服务。这些专家顾问包括但不限于招标代理机构、建筑师、咨询工程师、规划师、造价师、房地产估价师、会计师、税务师、营销代理机构、律师、物业管理师等，他们提供的优质服务是开发项目成功的重要保证。

（六）消费者

房地产开发商要实现开发利益，最终取决于将房子出售或出租，找到合适的买家或承租人。消费者要得到“物有所值”或“物超所值”的房子，满足其需求或效用。对自用型购买来说，要得到居住或生产空间，实现使用价值。对投资型购房者来说，要获得投资收益，看重其价值。对某个消费者来说，也可能在使用价值和价值增值中找到平衡。

二、合同成立的一般条款

合同的一般条款，即合同的内容，是指由合同当事人约定的合同条款。合同的内容由当事人约定，一般包括以下条款：当事人的名称或者姓名和住所；标的；数量；质量；价款或者报酬；履行期限、地点和方式；违约责任；解决争议的方法。当事人可以参照各类合同的示范文本订立合同。

（一）当事人的名称或者姓名和住所

当事人的名称或者姓名，是指法人和其他组织的名称，或者自然人的姓名，住所是指其主要办事机构所在地。

（二）标的

标的，是指合同当事人双方权利和义务共同指向的对象，即合同法律关系的客体。标的可以是货物、劳务、工程项目或者货币等。依据合同种类的不同，合同的标的也各有不同。

（三）数量

数量，是计算标的的尺度，是确立合同当事人之间的权利和义务的量化指标，从而计算价款或报酬。签订合同时，应当使用国家法定计量，做到计量标准化、规范化。如果计量单位不统一，一方面会降低工作效率，另一方面也会因发生误解而引起纠纷。

（四）质量

质量，是标的物内在的特殊物质属性和一定的社会属性的总和，是标的物性质差异的具体特征。它是标的物价值和使用价值的集中表现，并决定着标的物的经济效益和社会效益，还直接关系到生产的安全和人身的健康等。

当事人签订合同时，必须对标的物的质量做出明确的规定。标的物的质量，有国家标准的按国家标准签订，没有国家标准，而有行业标准的按行业标准签订，或者有地方标准的按地方标准签订。如果标的物是没有上述标准的新产品时，可按企业新产品鉴定的标准（如产品说明书、合格证载明的），写明相应的质量标准。国家鼓励企业采用国际质量标准。

（五）价款或者报酬

价款，通常是指当事人一方为取得对方出让的标的物，而支付给对方一定数额的货币。

报酬，通常是指当事人一方为对方提供劳务、服务等，从而向对方收取一定数额的货币报酬。在建立社会主义市场经济过程中，当事人签订合同时，应当公平诚信，应接受有关部门的监督，不得违反有关规定，扰乱社会经济秩序。

（六）履行期限、地点和方式

履行期限，是指当事人交付标的和支付价款或报酬的时间，也就是依据合同的约定，权利人要求义务人履行义务的请求权发生的时间。合同的履行期限，是一项重要条款，当事人必须写明具体的履行起止时间，避免因履行期限不明确而产生纠纷。倘若合同当事人在合同中没有约定履行期限，只能按照有关规定处理。

履行地点，是指当事人交付标的和支付价款或报酬的地点。它包括标的交付、提取地点，服务、劳务或工程项目建设的地点，价款或报酬结算的地点等。合同履行地也是一项重要条款。它不仅关系到当事人实现权利和承担义务的发生地，还关系到人民法院受理合同纠纷案件的管辖地问题。因此，合同当事人双方签订合同时，必须将履行地点写明确，并且要写得具体、准确，以免发生差错而引起纠纷。

履行方式，是指合同当事人双方约定以哪种方式转移标的物和结算价款。履行方式应视所签订合同的类别而定。例如，买卖货物、提供服务、完成工作合同，其履行方式均有

所不同。此外在某些合同中还应写明运输、包装、结算方式等，以利于合同的完全履行。

（七）违约责任

违约责任，是指合同当事人约定一方或双方不履行或不完全履行合同义务时，必须承担的法律责任。违约责任包括支付违约金、偿付赔偿金以及发生意外事故的处理等其他责任。法律有规定责任范围的按规定处理；法律没有规定责任范围的，由当事人双方协商议定办理。

（八）争议解决的方式

争议解决的方式，是指合同当事人约定在合同产生争议时，采取什么方式解决争议。我国解决合同争议采取“或裁或审”制度，选择何种方式应在合同中加以约定。特别是仲裁方式，若没有约定，双方产生争议后又没有达成仲裁协议，只能通过诉讼方式解决争议。

【例 2-4】冯某与丹桂公司订立商品房买卖合同，购买了该公司开发的住宅楼中的一套住房。合同订立后，冯某发现该房屋存在问题，要求解除合同。就冯某提出的解除合同的理由，下列哪些选项是正确的？（　　）

A. 房屋套内建筑面积与合同约定面积误差比绝对值超过 5%的

B. 商品房买卖合同订立后，丹桂公司未告知冯某又将该住宅楼整体抵押给第三人的

C. 房屋交付使用后，房屋主体结构质量经核验确属不合格的

D. 房屋存在质量问题，在保修期内丹桂公司拒绝合同修复的

答案：A、B、C。

解析：根据《商品房买卖合同解释》第 14 条的规定，面积误差比绝对值超出 3%，买受人请求解除合同、返还已付购房款及利息的，应予支持，故 A 项正确。《商品房买卖合同解释》第 8 条规定，商品房买卖合同订立后，出卖人未告知买受人又将该房屋抵押给第三人导致商品房买卖合同目的不能实现的，无法取得房屋的买受人可以请求解除合同、返还已付购房款及利息、赔偿损失，并可以请求出卖人承担不超过已付购房款一倍的赔偿责任，故 B 项正确。《商品房买卖合同解释》第 12 条规定，因房屋主体结构质量不合格不能交付使用，或者房屋交付使用后，房屋主体结构质量经核验确属不合格，买受人请求解除合同和赔偿损失的，应予支持，故 C 项正确。《商品房买卖合同解释》第 13 条第 2 款规定，交付使用的房屋存在质量问题，在保修期内，出卖人应当承担修复责任；出卖人拒绝修复或者在合理期限内拖延修复的，买受人可以自行或者委托他人修复。修复费用及修复期间造成的其他损失由出卖人承担，故 D 项不选。

三、格式合同

格式合同以契约自由为理论基础，结果却成为了滥用自由权利的典范，走向了契约自

由的反面，引起了立法、司法、行政的广泛关注，甚至是社会对格式合同的普遍敌视。格式合同的作用和它所带来的后果不得不让人们对它进行相应的规制，可以综合采用自律规制、行政司法、立法、社会监督的方式。

（一）格式合同的概念

格式合同又称标准合同、定型化合同，是指一方当事人为重复使用而预先拟定，并于缔约时未与对方协商合同的条款，对方只能表示全部同意或者不同意的合同。因此，对于格式合同的非拟定条款的一方当事人而言，要订立格式合同，就必须全部接受合同条件；否则就不订立合同。现实生活中的车票、船票、飞机票、保险单、提单、仓单、出版合同等大都是格式合同。

（二）格式合同的特点

与一般合同对比，格式合同具有如下的法律特征。

1．单方性

格式合同主要条款或全部条款由当事人一方预先拟订，具有预先制定性和单方决定性。

2．对世性

所谓对世性，是指合同要约一般总是向不特定的多数人发出的，而非针对某一特定对象。格式合同的要约向公众发出，并且规定了在某一特定时期订立该合同的全部条款。

3．固定性

格式合同的条款一般都是在经过较长时间的反复运用与实践后总结出来的，其能较科学地反映所涉行业的客观规律与特殊要求，同时格式合同条款的定型化也导致了对方当事人不能就合同条款进行协商。

4．强制性

在格式合同的拟订中使用人占有绝对的经济、政策、行政、市场规模优势、身份优势，相对人处于弱势，地位上存在着不公平。

5．书面性

格式合同可以用不同的形式，但是一般是用明确的书面形式表达出来。

（三）格式合同的特殊规定

格式合同（条款）的出现，对社会经济交易具有极大的促进作用，但其本身又是一把双刃剑，它使相对方失去了选择合同条款的自由。更重要的是，其提供者往往利用优势地位，在拟定格式条款时加入有利于自己，不利于相对人的不公平、不合理的条款，因此法律对此有特别限制。

1．提请注意和说明义务

《合同法》规定，采用格式条款订立合同的，提供格式条款的一方应当遵循公平原则

确定当事人之间的权利和义务，并采取合理的方式提请对方注意免除或者限制其责任的条款，按照对方的要求，对该条款予以说明。格式条款是当事人为了重复使用而预先拟定，并在订立合同时未与对方协商的条款。

2．格式条款无效的情形

格式条款具有《合同法》第 52 条和第 53 条规定情形的，或者提供格式条款一方免除其责任、加重对方责任、排除对方主要权利的，该条款无效。

【例 2-5】甲新购一辆汽车，投了乙保险公司的汽车险。某天，甲在驾车正常行驶过程中，汽车由于自燃原因而发生爆炸，汽车报废。甲请求乙赔付，乙拒绝，称双方保险合同的第 39 条规定，“汽车由于自燃原因引起的损害，保险公司不承担赔偿责任”。甲不服，诉至法院请求乙赔付。

审理过程中，乙无法举证自己在缔约时曾提醒甲注意第 39 条并就其做了说明。于是法院判决支持甲的诉讼请求。

3．格式条款的解释

对格式条款的理解发生争议的，应当按照通常理解予以解释。对格式条款有两种以上解释的，应当做出不利于提供格式条款一方的解释。格式条款和非格式条款不一致的，应当采用非格式条款。

【例 2-6】刘某提前两周以 600 元订购了海鸥航空公司全价 1 000 元的六折机票，后因临时改变行程，刘某于航班起飞前一小时前往售票处办理退票手续，海鸥航空公司规定起飞前两小时内退票按机票价格收取 30%手续费。下列哪一选项是正确的？（　　）

A. 退票手续费的规定是无效格式条款

B. 刘某应当支付 300 元的退票手续费

C. 刘某应当支付 180 元的退票手续费

D. 航空公司只能收取退票的成本费而不能收取手续费

答案：C。

解析：《合同法》第 39 条第 2 款规定，格式条款是当事人为了重复使用而预先拟定，并在订立合同时未与对方协商的条款。本题中，航空公司关于“起飞前两小时内退票按机票价格收取 30%手续费”的规定实际上就属于格式条款。

《合同法》第 40 条规定，格式条款具有本法第 52 条和第 53 条规定情形的，或者提供格式条款一方免除其责任、加重对方责任、排除对方主要权利的，该条款无效。本题中，该格式条款本身并不存在《合同法》第 52 条、第 53 条规定的情形，另外，“起飞前两小时内退票按机票价格收取 30%手续费”的规定并不是免责条款，也没有加重客户责任、排除客户的主要权利，因为飞机起飞前两小时内办理退票手续，很可能导致该机票无法在两小时内售出，造成航空公司的损失，收取手续费是让退票者分担损失的措施，并未违背公平的原则，该格式条款是有效的，故 A、D 选项错误。

《合同法》第 41 条规定："对格式条款的理解发生争议的，应当按照通常理解予以解释。对格式条款有两种以上解释的，应当做出不利于提供格式条款一方的解释。"本题中的"机票价格"可以按照机票票面价格解释，也可以按照机票折后价格解释，因此应当做出不利于航空公司的解释，所以刘某应当按照购买机票的折后价格支付退票手续费，即 180 元，故本题的正确答案是 C。

四、房地产格式条款及其责任认定

经营者不得以格式合同、通知、声明、店堂告示等方式，做出对消费者不公平、不合理的规定，或者减轻、免除其损害消费者合法权益应当承担的民事责任。

房地产开发中，常见的格式合同主要有以下方面。

（一）解除合同期限不一致

某商品房买卖合同规定，乙方（购房人）延迟支付合同价款，经甲方（开发商）催告后 30 日内仍未支付到期价款，甲方有权解除本合同；又规定甲方延迟交付该商品房的，经乙方催告后 90 日内仍未交付的，乙方有权解除本合同。

《合同法》规定，合同当事人的法律地位平等。按期付款和按期交房是商品房买卖契约双方的最主要义务，对于这两项主要义务的违反导致解除合同的催告期限，应该对等。

（二）违约金显失公平

某商品房预售合同规定，乙方（购房人）按每天 20 元向甲方（开发商）支付逾期交接期间的违约金，该房屋毁损、灭失的风险自书面交房通知确定的交付日起由乙方承担。同时，又规定甲方或其委托人怠于履行该商品房工程质量保修责任的，每拖延一天按 10 元计算，向乙方支付违约金。

《合同法》规定，合同当事人的法律地位平等。当事人应当遵循公平原则确定各方的权利义务。

（三）屋顶外墙广告归属权

根据规定，业主依法享有的物业共用部位、共用设施设备的所有权或使用权，建设单位不得擅自处分；利用上述物业和设备进行经营，应征得相关业主、业主大会、物管企业同意。

【例 2-7】王某有一栋两层楼房，在楼顶上设置了一个商业广告牌。后王某将该楼房的第二层出售给了张某。下列哪些选项是正确的？（　　）

A. 张某无权要求王某拆除广告牌

B. 张某与王某间形成了建筑物区分所有权关系

C. 张某对楼顶享有共有和共同管理的权利

D. 张某有权要求与王某分享其购房后的广告收益

答案：A、B、C、D。

解析：《物权法》第70条规定：“业主对建筑物内的住宅、经营性用房等专有部分享有所有权，对专有部分以外的共有部分享有共有和共同管理的权利。”据此，业主的建筑物区分所有权，以多个业主各自独立拥有建筑物之一部分为特征，故本题中，王某与张某形成了建筑物区分所有权关系，所以B项正确。楼顶为建筑物的共同部分，业主对其附着物享有共有权。这意味着，不存在一方请求对方拆除的问题，所以A项正确。业主对楼顶的附着物享有共有权，即意味着可以共同支配，共同管理，所以C、D项正确。

（四）车位归属权争议

《物权法》第74条规定：“建筑区划内，规划用于停放汽车的车位、车库应当首先满足业主的需要。建筑区划内，规划用于停放汽车的车位、车库的归属，由当事人通过出售、附赠或者出租等方式约定。占用业主共有的道路或者其他场地用于停放汽车的车位，属于业主共有。”

【例2-8】 田园小区的物业和业主们因为地上停车位的归属问题产生了纠纷，业主们认为地上停车位应归全体业主共有，而开发商则认为车位归自己所有，此事如何判断呢？

解析：此纠纷关键在于车位是否为此小区规划内的，如果是规划用于停放汽车的车位，开发商与业主应在商品房买卖合同之外，另行协商；如果车位是占用小区的共同部分而设立的，车位归业主共有，且此类车位所得的利益，扣除合理成本后，应用于业主的共同福利。

（五）虚假宣传的法律后果

某商品房预售合同规定，甲方（开发商）在本合同的签订之前对本房屋及本房屋的相关事项以及文字、图片、模型、口头描述等方式所做的广告宣传和印刷品仅为邀请，不具有要约效力，甲乙双方的权利义务以本合同之明确约定的内容为准。

该条款排除了开发商所做商业广告等成为要约的任何可能性，为其进行虚假宣传、欺骗消费者提供了方便。

（六）面积变动的处理

某商品房买卖合同规定，本合同约定的标的建筑面积以房产部门核定为准，但总价不变。

《商品房买卖合同解释》规定，出卖人交付使用的房屋套内建筑面积或者建筑面积与商品房买卖合同约定面积不符，合同有约定的，按照约定处理。合同没有约定或者约定不明确的，按照以下原则处理：面积误差比绝对值在3%以内（含3%），按照合同约定的价格据实结算，买受人请求解除合同的，不予支持；面积误差比绝对值超出3%，买受人请求

解除合同、返还已付购房款及利息的，应予支持。买受人同意继续履行合同，房屋实际面积大于合同约定面积的，面积误差比在 3%以内（含 3%）部分的房价款由买受人按照约定的价格补足，面积误差比超出 3%部分的房价款由出卖人承担，所有权归买受人；房屋实际面积小于合同约定面积的，面积误差比在 3%以内（含 3%）部分的房价款及利息由出卖人返还买受人，面积误差比超过 3%部分的房价款由出卖人双倍返还买受人。

当然，在房地产开发或交易过程中还有种类各异的格式合同，甚至是"霸王条款"，因此，合同各方应该根据合同原则分析、处理，实现合同各方的履行利益。

【例 2-9】2013 年甲购买乙公司开发的商品房一套，合同约定面积为 135 平方米。2015 年交房时，住建部门的测绘报告显示，该房的实际面积为 150 平方米。对此，下列哪一说法是正确的？（　　）

A. 房屋买卖合同存在重大误解，乙公司有权请求予以撤销

B. 甲如在法定期限内起诉请求解除房屋买卖合同，法院应予支持

C. 如双方同意房屋买卖合同继续履行，甲应按实际面积支付房款

D. 如双方同意房屋买卖合同继续履行，甲仍按约定面积支付房款

答案：B。

解析：《商品房买卖合同解释》第 14 条规定："出卖人交付使用的房屋套内建筑面积或者建筑面积与商品房买卖合同约定面积不符，合同有约定的，按照约定处理。合同没有约定或者约定不明确的，按照以下原则处理：面积误差比绝对值在 3%以按照合同约定的价格据实结算，买受人请求解除合同的，不予支持；面积误差比绝对值超出 3%，买受人请求解除合同、返还已付购房款及利息的，应予支持。买受人同意继续履行合同，房屋实际面积大于合同约定面积的，面积误差比在 3%以内（含 3%）部分的房价款由买受人按照约定的价格补足，面积误差比超出 3%部分的房价款由出卖人承担，所有权归买受人；房屋实际面积小于合同约定面积的，面积误差比在 3%以内（含 3%）部分的房价款及利息由出卖人返还买受人，面积误差比超过 3%部分的房价款由出卖人双倍返还买受人。"

第四节　合同的效力

一、合同的成立与生效

合同成立并不意味着合同就生效，合同成立与合同生效是两个不同的法律概念。区分合同成立与合同生效有很大的实践意义。

（一）合同的成立

合同的成立是指双方当事人通过协商，就合同的必要条款达成合意，即当事人通过缔约达成意思一致。合同的成立应当具备一定要件：第一，合同的主体必须为双方或多方当事人；第二，当事人对合同的必要条款达成合意。

《合同法》规定，承诺生效时合同成立。当事人采用合同书形式订立合同的，自双方当事人签字或者盖章时合同成立。当事人采用信件、数据电文等形式订立合同的，可以在合同成立之前要求签订确认书，签订确认书时合同成立。

法律、行政法规规定或者当事人约定采用书面形式订立合同，当事人未采用书面形式但一方已经履行主要义务，对方接受的，该合同成立。采用合同书形式订立合同，在签字或者盖章之前，当事人一方已经履行主要义务，对方接受的，该合同成立。

承诺生效的地点为合同成立的地点。采用数据电文形式订立合同的，收件人的主营业地为合同成立的地点；没有主营业地的，其经常居住地为合同成立的地点。当事人另有约定的，按照其约定。当事人采用合同书形式订立合同的，双方当事人签字或者盖章的地点为合同成立的地点。《最高人民法院关于适用〈中华人民共和国合同法〉若干问题的解释（二）》（以下简称《合同法解释（二）》）第 4 条规定：“采用书面形式订立合同，合同约定的签订地与实际签字或者盖章地点不符的，人民法院应当认定约定的签订地为合同签订地；合同没有约定签订地，双方当事人签字或者盖章不在同一地点的，人民法院应当认定最后签字或者盖章的地点为合同签订地。”

【例 2-10】张某和李某采用书面形式签订一份买卖合同，双方在甲地谈妥合同的主要条款，张某于乙地在合同上签字，李某于丙地在合同上摁了手印，合同在丁地履行。关于该合同签订地，下列哪一项是正确的？（　　）

A. 甲地　　B. 乙地　　C. 丙地　　D. 丁地

答案：C。

解析：根据《合同法解释（二）》第 4 条的规定，案件中当事人没有约定签订地，那么最后签字地丙地为合同签订地。

（二）合同的生效

合同生效是指合同具备生效条件而产生法律效力。《合同法》规定，依法成立的合同，自成立时生效。法律、行政法规规定应当办理批准、登记等手续生效的，依照其规定。

合同成立后，能否产生法律效力，能否产生当事人所预期的法律后果，要视合同是否具备生效要件。合同生效应当具备以下要件。

1. 合同主体合格

合同当事人必须具有相应的民事权利能力和民事行为能力以及缔约能力，才能成为合格的合同主体。若主体不合格，合同不能产生法律效力。

2．合同当事人意思表示真实

当事人意思表示真实，是指行为人的意思表示应当真实反映其内心的意思。合同成立后，当事人的意思表示是否真实往往难以从其外部判断，法律对此一般不主动干预。缺乏意思表示真实这一要件即意思表示不真实，并不绝对导致合同一律无效。

3．合同不违反法律或者社会公共利益

合同不违反法律和社会公共利益，主要包括两层含义：一是合同的内容合法，即合同条款中约定的权利、义务及其指向的对象即标的等，应符合法律的规定和社会公共利益的要求；二是合同的目的合法，即当事人缔约的原因合法，并且是直接的内心原因合法，不存在以合法的方式达到非法目的等规避法律的事实。

4．具备法律、行政法规规定的形式要件

所谓形式要件，是指法律、行政法规对合同形式上的要求，形式要件通常不是合同生效的要件，但如果法律、行政法规规定将其作为合同生效的条件时，便成为合同生效的要件之一，不具备这些形式要件，合同不能生效。当然法律另有规定的除外。由于房地产财产关系十分重要，国家对其交易活动也较为关注，所以我国立法通常规定房地产合同应采用书面形式，如《中华人民共和国城市房地产管理法》（以下简称《城市房地产管理法》）规定土地使用权出让，应当签订书面出让合同。

（三）房地产合同的生效与登记

《物权法》规定，不动产物权的设立、变更、转让和消灭，经依法登记，发生效力；未经登记，不发生效力，但法律另有规定的除外。

依此规定，房地产作为不动产必须经过登记后才发生所有权转移的效力。但此登记只是物权发生效力的要件，而非合同的生效要件，即合同成立后，只要符合法定要件即可生效，当事人有约定的除外。合同成立后，物权并不因此直接发生转移，双方当事人只有在房地产管理部门办理登记手续后，房屋的所有权才随之转移。

二、无效合同

合同无效，是指虽经合同当事人协商订立，但因其不具备或违反了法定条件，法律规定不承认其效力的合同。

（一）无效合同的情形

《合同法》规定，有下列情形之一的，合同无效。

（1）一方以欺诈、胁迫的手段订立合同，损害国家利益。本项是对以欺诈、胁迫的手段订立的合同效力的规定。所谓欺诈，就是故意隐瞒真实情况或者故意告知对方虚假的情

况，欺骗对方，诱使对方做出错误的意思表示而与之订立合同。所谓胁迫，是指行为人以将要发生的损害或者以直接实施损害相威胁，使对方当事人产生恐惧而与之订立合同。在经济生活中出现很多以此类合同的方式侵吞国有资产和侵害国家利益的情形，但是受害方当事人害怕承担责任或者对国家财产漠不关心，致使国有资产大量流失。所以为保护国家利益，将此类合同规定为无效。

（2）恶意串通，损害国家、集体或者第三人利益。所谓恶意串通的合同，就是合同的双方当事人非法勾结，为牟取私利，而共同订立的损害国家、集体或者第三人利益的合同。这一无效的原因由主观和客观两个因素构成。主观因素为恶意串通，即当事人双方有共同的目的，希望通过订立合同损害国家、集体或者第三人的利益。例如，在土地使用权出让合同的签订过程中，如果竞买人之间或竞买人与拍卖人之间恶意串通，压低土地使用权出让金，此时签订的土地使用权出让合同无效。

（3）以合法形式掩盖非法目的。此类合同中，行为人为达到非法目的以迂回的方法避开了法律或者行政法规的强制性规定，所以又称为伪装合同。例如，当事人通过虚假的买卖行为达到隐匿财产、逃避债务的目的就是一种比较典型的以合法形式掩盖非法目的合同。由于这种合同被掩盖的目的违反法律、行政法规的强制性规定，并且会造成国家、集体或者第三人利益的损害，所以本法把此类合同纳入无效合同中。

【例 2-11】公民甲与房地产开发商乙签订一份商品房买卖合同，乙提出，为少缴纳契税建议将部分购房款算作装修费用，甲未表示反对。后发生纠纷，甲以所付装修费用远远高于装修标准为由，请求法院对装修费用予以变更。该装修费用条款的效力应如何认定？

解析：此合同违背了法律规定，故此合同无效。

（4）损害社会公共利益。《民法总则》第 132 条规定："民事主体不得滥用民事权利损害国家利益、社会公共利益或者他人合法权益。"所以违反法律或者社会公共利益的民事行为无效，损害社会公共利益的合同实质上是违反了社会主义的公共道德，破坏了社会经济秩序和生活秩序。例如，将房屋出租给他人进行赌博活动。

（5）违反法律、行政法规的强制性规定。从本条的规定可知，只有违反了这些法律、行政法规的强制性规定的合同才无效。这是因为法律、行政法规包含强制性规定和任意性规定。强制性规定排除了合同当事人的意思自由，即当事人在合同中不得合意排除法律、行政法规强制性规定的适用，如果当事人约定排除了强制性规定，则构成本项规定的情形；对任意性规定，当事人可以约定排除，如当事人可以约定商品的价格。

（二）免责条款无效的情形

合同中的免责条款，是指当事人在合同中约定免除或者限制其未来责任的合同条款。免责条款无效，是指没有法律约束力的免责条款。《合同法》规定，合同中的下列免责条款无效：造成对方人身伤害的；因故意或者重大过失造成对方财产损失的。

法律之所以规定上述两种情况的免责条款无效，原因有二：一是这两种行为具有一定的社会危害性和法律的谴责性；二是这两种行为都可能构成侵权行为责任，如果当事人约定这种侵权行为可以免责，就等于以合同的方式剥夺了当事人合同以外的合法权利。

三、可变更与可撤销合同

可变更、可撤销的房地产合同是指虽然合同已经成立，但由于存在法定的可变更、可撤销的因素，经一方当事人请求，由人民法院或仲裁机构可以对其予以变更或撤销的合同。

（一）可变更可撤销的情形

《合同法》规定，下列合同，当事人一方有权请求人民法院或者仲裁机构变更或者撤销：因重大误解订立的；在订立合同时显失公平的。一方以欺诈、胁迫的手段或者乘人之危，使对方在违背真实意思的情况下订立的合同，受损害方有权请求人民法院或者仲裁机构变更或者撤销。当事人请求变更的，人民法院或者仲裁机构不得撤销。

可变更、可撤销的房地产合同，在当事人行使变更权或撤销权之前，其效力并不确定。《合同法》规定，有下列情形之一的，撤销权消灭：具有撤销权的当事人自知道或者应当知道撤销事由之日起一年内没有行使撤销权；具有撤销权的当事人知道撤销事由后明确表示或者以自己的行为放弃撤销权。自撤销权消灭之日起，可变更、可撤销的合同的效力转入一种确定的状态。合同被撤销的自始不具有法律约束。

《合同法》规定合同可撤销制度，是为了体现和维护公平和自愿的原则，给当事人一种补救的机会。对可变更可撤销合同，只有受损害方才有权提出变更或撤销。有过错的一方不仅不能提出变更或撤销，而且还要赔偿对方因此所受到的损失。

可撤销合同与无效合同有如下不同点。

（1）可撤销合同必须由当事人提出，变更还是撤销，当事人可以自由选择。

（2）提出的当事人有举证责任。请求人要提出存在的重大误解，或否显失公平，或对方在签订合同采取的欺诈、胁迫手段，或者乘人之危的证据。

（3）可撤销合同必须由人民法院或者仲裁机构做出裁决。做出裁决之前该合同还是有效的。如果裁决决定对合同内容予以变更，则按裁决履行；如果裁决该合同被撤销，那么它从签订时开始就没有法律约束力。

（4）撤销权的行使有一定的期限。具有撤销权的当事人从知道撤销事由之日起一年内没有行使撤销权，或者知道撤销事件后明确表示，或者以自己的行为表示放弃撤销权，则撤销权消灭。

【例2-12】乙公司以国产牛肉为样品，称某国进口牛肉，与甲公司签订了买卖合同，后甲公司得知这一事实。此时恰逢某国流行疯牛病，某国进口牛肉滞销，国产牛肉价格上

涨。下列说法错误的是（ ）。

A. 甲公司有权自知道样品为国产牛肉之日起一年内主张撤销该合同

B. 乙公司有权自合同订立之日起一年内主张撤销该合同

C. 甲公司有权决定履行该合同，乙公司无权拒绝履行

D. 在甲公司决定撤销该合同前，乙公司有权按约定向甲公司要求支付货款

答案：B。

解析：本题考查合同欺诈的救济。

《合同法》第54条第2款规定，一方以欺诈、胁迫的手段或者乘人之危，使对方在违背真实意思的情况下订立的合同，受损害方有权请求人民法院或者仲裁机构变更或者撤销。

本题中，甲乙公司在签订买卖牛肉合同之前，乙公司将国产牛肉伪称为进口牛肉，对甲公司存在欺诈行为，因此，甲乙公司之间的买卖合同属于可变更可撤销的合同。甲公司是受骗方即《合同法》第54条规定的受损害方，有权主张撤销权。乙公司是合同欺诈方无权行使撤销。因此，选项A正确，选项B错误。

甲公司有权决定撤销合同，也有权决定不行使撤销权，而决定继续履行合同，如果甲公司决定履行该合同的话，乙公司无权拒绝履行。因此，选项C正确。

可撤销合同在撤销之前是有效的，甲公司在决定撤销该合同之前，乙公司有权要求甲公司按照合同的约定支付货款。因此，选项D正确。

（二）可变更可撤销的情形

无效合同或者被撤销的合同自始没有法律约束力。合同部分无效，不影响其他部分效力的，其他部分仍然有效。合同无效、被撤销或者终止的，不影响合同中独立存在的有关解决争议方法的条款的效力。合同无效或者被撤销后，因该合同取得的财产，应当予以返还；不能返还或者没有必要返还的，应当折价补偿。有过错的一方应当赔偿对方因此所受到的损失，双方都有过错的，应当各自承担相应的责任。当事人恶意串通，损害国家、集体或者第三人利益的，因此取得的财产收归国家所有或者返还集体、第三人。

四、效力待定合同

效力待定的房地产合同是指，房地产合同已经成立，但由于并不完全符合法律规定的生效要件，而使合同的效力发生与否并不确定。

合同效力待定主要有以下几种情况。

（一）合同一方主体为限制行为能力人

《民法总则》第145条规定："限制民事行为能力人实施的纯获利益的民事法律行为或者与其年龄、智力、精神健康状况相适应的民事法律行为有效；实施的其他民事法律行

为经法定代理人同意或者追认后有效。”例如限制民事行为能力人与他人订立房屋买卖合同，此行为显然与其年龄智力不相应，但合同并不因此无效而是效力待定。在这种情况下，合同的另外当事人可以催告限制民事行为能力人的法定代理人在一个月内予以追认。如果该法定代理人做出追认，则该合同有效。否则合同不发生效力。

（二）行为人无权代理

无权代理人订立的房地产合同，是指无权代理人以他人名义与第三人订立的房地产合同。在代理过程中，如果发生以下情况，其签订的合同效力待定：（1）行为人没有代理权；（2）合同超过代理权；（3）在代理权终止后还以被代理人的名义签订合同。相对人可以催告被代理人在一个月内予以追认。如果被代理人追认，则该合同对被代理人有效；否则，对被代理人不发生效力，而由行为人承担责任。

（三）无权处分人处分他人财产

无处分权人订立的房地产合同，是指行为人没有处分他人房地产的权利而订立的处分他人房地产的合同。此类合同侵犯他人的所有权，本应无效，但是法律为了维护交易安全，保护善意第三人的利益，并且在不损害所有权人利益的前提下，法律并没有一概否认这类合同的效力。如果经该财产的权力人追认或者无处分权人在订立合同后取得相应的处分权，则该合同有效。例如，未经其他共有人同意处分共有财产，经其他共有人追认或该共有人事后取得所有权的该合同有效。

【例2-13】甲与乙订立了一份建筑施工设备买卖合同，合同约定甲向乙交付5台设备，分别为设备1、设备2、设备3、设备4及设备5，总价款为100万元；乙向甲交付定金20万元，余下款项由乙在半年内付清。双方还约定，在乙向甲付清设备款之前，甲保留该5台设备的所有权。甲向乙交付了该5台设备。

假设在设备款付清之前，乙与丁达成一项转让设备4的合同，在向丁交付设备4之前，该合同的效力如何？为什么？该合同效力待定。因为在设备款付清之前，设备4的所有权属于甲，乙无权处分。根据《合同法》的规定，无处分权的人处分他人财产的，经权利人追认或无处分权的人订立合同后取得处分权的，合同有效。该案例同时说明了合同签订中保留条款的效力。

【例2-14】甲因出国留学，将自家一幅名人字画委托好友乙保管。在此期间乙一直将该字画挂在自己家中欣赏，来他家的人也以为这幅字画是乙的，后来乙因做生意急需钱，便将该幅字画以3万元价格卖给丙。甲回国后，发现自己的字画在丙家中，询问情况后，向法院起诉。下列有关该纠纷的表述中哪些是正确的？（　　）

A. 乙与丙之间的买卖合同属于无效合同

B. 乙与丙之间的买卖合同属于效力未定的合同

C. 甲对该幅字画享有所有权

D. 丙对该幅字画享有所有权

答案：B、D。

解析：本题考查关于效力未定合同和善意取得的知识。

效力未定的合同，是指其有效或无效处于不确定状态，尚待享有形成权的第三人同意（追认）或拒绝的意思表示来确定其效力的合同。其特征是：（1）效力未定的合同的效果效力处于悬而未决的不确定状态之中；（2）效力未定合同的效力确定取决于享有形成权的第三人的行为；（3）效力未定合同经同意权人同意后，其效力确定溯及于行为成立时。本题所涉及的乙、丙之间的买卖合同即属于效力未定的合同，选项B正确。

善意取得是指原物由占有人转让给善意第三人（即不知占有人为非法转让而取得原物的第三人）时，善意第三人一般可取得原物的所有权，所有权人不得请求善意第三人返还原物。这里的原物只限于动产，不动产不能善意取得。在我国司法实践中，根据不同情况决定是否返还原物。（1）如果第三人是无偿地从无权转让该项财产的占有人那里取得财产，所有人在任何情况下都有权向该第三人请求返还原物。（2）第三人如果是有偿地并善意地从占有人处取得财产，即他支付了适当的价金，并且也不知道或不可能知道占有人无转让财产的权利。这种情况下，要区分占有人的占有是否是基于所有人的意思取得的。如果占有人的占有不是基于所有人的意思取得的，善意第三人不能取得原物的所有权，所有人有权向第三人请求返还原物。如果占有人的占有是基于所有人的意思取得的，如所有人将财产租给他人使用、交给他人保管，占有人（承租人、保管人）滥用所有人的信任而非法转让，这时善意第三人取得原物的所有权，所有人无权向第三人要求返还原物，他只能要求非法转让人赔偿损失。

本题中甲将名人字画委托乙保管，给他人造成的印象是这幅字画是乙的。后乙急需钱将该幅字画以3万元价格卖给丙。首先，乙作为占有人对字画的占有是基于所有人甲的意思取得，即是甲将字画交给乙保管。其次，乙作为保管人滥用了所有人甲的信任而非法转让，所以此时善意第三人丙取得了字画的所有权。所有人甲无权向丙要求返还原物，他只能要求非法转让人乙赔偿损失。故选项D为正确表述。

五、附条件与附期限合同

（一）附条件合同

附条件合同，是指当事人在签订合同时约定一定条件，在该条件成就是合同生效或解除的房地产合同。附生效条件的合同，自条件成就时生效。附解除条件的合同，自条件成就时失效。当事人为自己的利益不正当地阻止条件成就的，视为条件已成就；不正当地促成条件成就的，视为条件不成就。

【例 2-15】甲打算卖房，问乙是否愿买，乙一向迷信，就跟甲说："如果明天早上 7 点你家屋顶上来了喜鹊，我就出 10 万元钱买你的房子。"甲同意。乙回家后非常后悔。第二天早上 7 点差几分时，恰有一群喜鹊停在甲家的屋顶上，乙正要将喜鹊赶走，甲不知情的儿子拿起弹弓把喜鹊打跑了，至 7 点再无喜鹊飞来。关于甲、乙之间的房屋买卖合同，下列哪一选项是正确的？（　　）

A. 合同尚未成立

B. 合同无效

C. 乙有权拒绝履行该合同

D. 乙应当履行该合同

答案：B。

解析：首先，本题属于附条件的合同，虽然甲有主观阻止条件成就的故意，但是，甲还没有实施行为的时候，他的不知情的儿子把喜鹊打跑了，从而促使条件没有成就，因此，甲、乙之间的买卖合同成立了，但是因为条件没有成就而未生效。

另外，《合同法》第 10 条规定，当事人订立合同，有书面形式、口头形式和其他形式。法律、行政法规规定采用书面形式的，应当采用书面形式。《城市房地产管理法》第 40 条规定，房地产转让，应当签订书面转让合同，合同中应当载明土地使用权取得的方式。根据此规定可知，无论从生效条件未生效或是从违反法律关于房屋买卖合同订立形式的规定而无效来看，甲、乙之间的房屋买卖合同都没有生效，因此 B 项是正确选项。

（二）附期限合同

附期限合同是指，当事人对合同的效力约定一定期限，在该期限到来时，合同生效或终止的房地产合同。附生效期限的合同，自期限届至时生效。附终止期限的合同，自期限届满时失效。例如，甲乙签订房屋租赁合同，并约定自合同成立之日起 15 日后生效。该合同即为一个附期限合同，15 日到来后合同生效。

（三）附条件和附期限合同的异同

附期限合同中的期限的特征在很多方面与附条件合同中的条件是相同的，附期限合同与附条件合同都是当事人约定的限制合同效力的方式。但是二者有重要的区别：在附条件的合同中条件的成就与否是当事人不能预见的，条件可能成就（出现），也可能不成就（不出现），因此，条件是不确定的事实。但是在附期限的合同中，合同的当事人在合同中规定一定的期限，把期限的到来作为合同生效和失效的根据，但期限的到来是当事人所预知的，所以期限是确定的事实。当事人在签订合同时，对于确定的事实只能在合同中附期限，而不能附条件。

本章小结

合同就是交易，合同的订立过程就是交易达成的过程。合同成立体现的是当事人的意志，是否生效还取决于其合法性。房地产合同的订立具有独特性，一般通过招标方式实现。

本章从合同订立的概念着手，阐述了要约、承诺、要约邀请的概念及其异同，分析了合同的相对性、房地产项目招标的流程，介绍了合同主体、合同一般条款，深入剖析了格式合同及其责任认定，最后对合同的效力进行了分析。

习题

一、名词解释

要约　承诺　格式合同　善意取得

二、简答题

1. 要约与要约邀请的区别是什么？
2. 迟发的要约与迟到的承诺的法律效果有何不同?
3. 合同订立的一般程序？
4. 合同格式条款与一般合同相比有哪些特点？
5. 房地产合同无效的情形有哪些？
6. 结合具体案例，区分合同成立和合同生效。

第三章　房地产合同的履行

学习目标

通过对本章的学习，学生应掌握以下内容：

1. 合同履行的一般原则；
2. 合同履行抗辩权；
3. 合同漏洞的法律救济；
4. 合同保全；
5. 合同担保。

导言

房地产合同的履行，是指合同债务人按照约定或法律规定全面、适当地完成其合同义务，实现债权人合同权利的行为。它是当事人追求的合同目的得以实现的根本途径，是合同法律效力的体现和必然要求。合同的履行是债务人所为的特定行为，是给付行为与给付结果的统一，合同的履行是合同消灭的一种原因。

第一节　合同履行的一般原则

合同履行的一般原则，是当事人履行义务、行使权利应共同遵守的基本行为准则。合同履行的一般原则主要包括以下几个方面。

一、全面履行原则

《合同法》规定："当事人应当按照约定全面履行自己的义务。"这一规定，确立了全面履行原则。全面履行原则，又称适当履行原则或正确履行原则，它要求当事人按合同约定的标的及其质量、数量，合同约定的履行期限、履行地点，适当的履行方式，全面完成合同义务的履行原则。依法成立的合同，在订立合同的当事人之间具有相当于法律的效

力，因此，合同当事人受合同的约束，履行合同约定的义务应是自明之理。

法律谚语中有“契约必须遵守”的说法，《民法总则》和《合同法》中规定了“全部”和“全面”的差别，明确了合同当事人应当按照合同的约定，全部履行自己的义务。可以认为，《合同法》在合同履行的问题上确认全面履行原则是对《合同法》基本原理的强调和重申。在合同履行的问题上，我国曾经奉行过实际履行原则，是否全面履行原则就是实际履行原则呢？答案是否定的。全面履行原则和实际履行原则尽管有相同之处，但两者不是从同一个角度来认识履行的。按照实际履行原则，合同一经有效成立，合同当事人就必须按照合同的标的履行，不允许以支付违约金或损害赔偿金代替实际履行。全面履行原则在要求合同当事人按合同标的履行合同义务这一点上和实际履行原则的要求相同，但其并不禁止合同当事人变更和解除合同，也允许通过承担违约责任来代替实际履行，因为这也是合同自由的一部分，是市场经济的内在要求。

应该注意的是，全面履行原则尽管要求合同当事人严格履行合同义务，但这只是一个总体性的要求，要避免以单一、片面的观点来理解全面履行原则，而这也正是《合同法》在合同的履行中规定另一个重要原则——诚实信用原则的原因。

二、实际履行原则

实际履行原则，是指合同当事人必须严格按照合同规定的标的履行自己的义务，未经权利人同意，不得以其他标的代替履行或者以支付违约金和赔偿金来免除合同规定的义务。

实际履行基本含义为两个方面：一是当事人应自觉按约定的标的履行，不得任意以其他标的代替约定标的，尤其不能简单地用货币代替合同规定的实物或行为；二是当事人一方不履行或不完全履行时，首先应承担按约履行的责任，不得以偿付违约金或赔偿损失来代替合同标的履行，对方当事人有权要求其实际履行。

如果允许合同债务人随意以支付违约金和赔偿损失来代替实际履行，合同的法律效力也就不存在了，商品交易的秩序也就难以维持。当然，采用实际履行原则也并非坚持一切合同都必须实际履行，双方经协商可以变更或解除合同，债权人若并不要求必须实际履行，也可以用支付违约金和赔偿损失的方法免除债务人的合同义务。在贯彻实际履行原则时，应从实际出发，根据合同的性质和债权人的实际要求确定是否必须履行。

在下列情况下，可以排除实际履行原则的适用。

（1）以特定物为标的的合同，当标的物毁损灭失时，实际履行标的已不可能。

（2）义务人不按期交付标的，使实际履行对权利人已不必要或加害权利人自己的利益。

（3）标的质量不符合合同要求，权利人放弃实际履行的请求。

在合同履行中，贯彻实际履行原则具有以下十分重要的意义。

（1）从根本上说，实际履行原则反映了社会化大生产的根本要求。在社会化大生产条件下，各经济组织之间的依赖关系越来越强，贯彻实际履行原则，有利于各经济组织生产的顺利进行。

（2）实际履行原则是实现社会主义生产目的的需要。为了满足人民群众的物质文化生活需要，必须生产出人们所需物品，所以，实际履行合同会达到企业顺利地生产出预计生产的产品，满足人们不断增长的物质文化生活需要的要求。

（3）贯彻实际履行原则，能够督促合同双方当事人积极改善经营管理，以认真、负责的态度完成合同规定的任务。使双方当事人清楚地认识到如果自己生产经营管理不善，不能履行或者不能完全履行合同时，并非只是偿付对方违约金、赔偿金就可了事，对方当事人有权要求继续履行合同。同时，也可以制止少数当事人故意违约而不履行合同的行为。如有些材料，产品紧缺，有的当事人为牟取私利，宁愿付违约金、赔偿金不交货，而去卖高价，因而取得的非法利益比要偿付违约金和赔偿金的总和还要多。

（4）实际履行原则也是合同本质的要求，合同具备确定性，反映双方当事人所追求的目的，将双方当事人的权利义务确实实现，则维护了市场经济平等主体之间的交易秩序，使商品流转满足当事人生产生活的实际需要，可见，实际履行原则也是我国社会主义市场经济的客观要求。

三、情势变更原则

情势变更原则，是指合同成立后至履行完毕前，合同存在的基础和环境因不可归属于当事人的原因发生变更，若继续履行合同将显失公平，故允许变更合同或者解除合同。在这种情况下，法律允许当事人变更合同的内容或者解除合同，以消除不公平的后果。情势变更的实质，乃是诚实信用原则的具体运用。

情势变更原则的适用应具备以下条件。

（一）须有情势变更的事实

所谓“情势”是指在签订合同时作为合同基础的社会环境。任何合同，都是当事人根据订约时的社会、经济环境而订立的，没有这种环境，或者是环境发生了变化，当事人就不可能签订同样的合同。判断签订合同的基础环境是否发生了变化，应以该变化是否导致当事人的合同目的不能实现作为标准。

（二）情势变更有不可预见的性质

如情势变更可以预见，当事人在签订合同时已将情势变更的因素考虑进去，则不能适用情势变更原则。当事人预见到情势变更，而在合同中约定了处理方法，属于合同所附条件，适用附条件法律行为的规定。

（三）继续维持合同效力会造成显失公平的后果

只有情势变更使合同的履行造成极大的不公平，才可适用情势变更原则。如果情势变

更虽然引起了不公平的后果，但这种不公平并非很大，当事人完全可以消化吸收这种后果，则不应适用情势变更原则。具体判断标准，应依据具体情况分别对待。

（四）该情势变更的发生不可归责于合同当事人

变更是合同当事人以外的原因引起的。如果情势的变更可归责当事人，则该当事人应承担这种后果，而不能适用情势变更原则。

（五）情势变更发生在合同成立并生效以后，履行终止以前

一方面，如果情势变更在合同订立时就已经发生，应认为当事人已经认识到发生的事实，则合同的成立是以已变更的事实为基础的，不发生合同成立后的情势变更问题。在订约时，已变更的情势对当事人不利，而当事人仍以其为合同的内容，则表明当事人自愿承担了风险，事后没有保护的必要。另一方面，情势变更必须发生在合同履行完毕以前，才能适用情势变更原则。如果在履行终止以后发生情势变更，因合同关系已经消灭，则不适用情势变更原则。

房地产合同作为合同的一种类型，受到《合同法》的规制，房地产合同的履行应受到《合同法》履行原则的调整，在房地产合同履行过程中，应将《合同法》履行的基本原则作为其履行的原则，必须严格遵守。

四、诚实信用原则

诚实信用原则是指当事人在履行合同义务过程中，秉承诚实、守信、善意，不滥用权利或者规避义务，根据合同的性质、目的及交易习惯来履行合同。诚实信用原则不仅要求当事人在履行合同过程中不滥用权利或规避义务，而且还要求在合同履行过程中确保当事人合同利益关系的平衡，并履行依据诚实信用原则所产生的附属义务。

《合同法》规定：“当事人应当遵循诚实信用原则，根据合同的性质、目的和交易习惯履行通知、协助、保密等义务。”从字面上看，诚实信用原则就是要求人们在市场活动中讲究信用，恪守诺言，诚实不欺，在不损害他人利益和社会利益的前提下追求自己的利益，以“诚实商人”的形象参加经济活动。从内容上看，诚实信用原则并没有确定的内涵，因而有无限的适用范围。即它实际上是一个抽象的法律概念，内容极富于弹性和不确定，有待于就特定案件予以具体化，并随着社会的变迁而不断修正自己的价值观和道德标准。从功能上看，诚实信用原则兼有法律调节和道德调节的双重功能，在当事人就合同发生争执时，赋予法官较大的公平裁量权，如同给予了法官一张空白委任书，可以由法官根据合同履行过程中出现的具体情况，做出不同的解释，直接调整合同当事人的权利义务。

随着社会的发展、市场经济实践的丰富及理论研究的深化，人们越来越认识到，只有遵守诚实信用才是维护当事人自身利益的最佳方式，才是交易成功的最好保障。因此，诚实信用原则的适用范围逐步扩大，不仅适用于合同的履行，而且扩及合同的订立、解释及所有与合同有关的权利的行使及义务的履行，成为整个《合同法》甚至民法的基本原则。因此，诚实信用原则被奉为《合同法》以至民法的最高指导原则，被称为“帝王原则”或“帝王条款”。

根据诚实信用原则的要求，当事人在履行合同时至少应做到以下几点。

（1）债务人不得履行自己已知有害于债权人的合同，于此种情形，债权人可以请求撤销合同。

（2）在以给付特定物为义务的合同中，债务人于交付物之前，应以善良管理人的注意，妥善保存该物。

（3）在发生不可抗力或者其他原因致使合同不能履行或者不能按预定条件履行时，债务人应及时通知债权人，以便双方协商处理合同债务。

（4）在合同就某一有关事项未规定明确时，债务人应依公平原则并考虑事实状况合理履行。

《合同法》对诚实信用原则做了具体化规定，即根据合同的性质、目的和交易习惯履行通知、协助和保护等义务。在传统民法上，这些基于诚实信用原则而在合同履行过程中发展起来的义务被称为附随义务。此类义务并非自始确定，而是随着合同的发展，于具体情形下要求当事一方有所为或有所不为，以维护相对人的利益，于任何合同都可发生，而不受合同类型的限制。

五、协作履行原则

协作履行原则，是指当事人不仅适当履行自己的合同债务，而且应基于诚实信用原则的要求协助对方当事人履行其债务的履行原则。

合同的履行，只有债务人的给付行为，没有债权人的受领给付，合同的内容仍难实现。不仅如此，在建筑工程合同、技术开发合同、技术转让合同、提供服务合同等场合，债务人实施给付行为也需要债权人的积极配合，否则，合同的内容也难以实现。因此，履行合同，不仅是债务人的义务，也是债权人的责任。只有双方当事人在合同履行过程中相互配合、相互协作，合同才会得到适当履行。

协作履行是诚实信用原则在合同履行方面的具体体现。一方面需要双方当事人之间相互协助，另一方面也表明协助不是无限度的。

在合同履行中，协作履行的具体要求如下。

（1）一方当事人履行合同义务，另一方当事人应尽量为其履行创造必要的方便条件，以使其实际履行得以实现。

（2）一方当事人因客观情况发生变化须变更合同时，应及时通知对方，对方也应及时答复，共同协商妥善的变更办法。

（3）一方当事人确实不能履行合同时，应及时向对方说明情况，对方接到通知后应积极采取补救措施，尽量减少或挽回损失。

（4）一方当事人因过错违约时，对方应尽快协助纠正，并设法防止或减少损失。

（5）合同履行过程中发生争议，双方应本着实事求是的态度，及时协商解决。

应当强调，协作履行原则并不漠视当事人的各自独立的合同利益，不降低债务人所负债务的力度。以协作履行为借口，加重债权人负担，逃避自己义务的行为，与协作履行原则是相悖的。

第二节　合同履行的特殊规定

一、合同履行抗辩权规则

所谓抗辩权，是指妨碍相对人行使其权利的对抗权。合同履行中的抗辩权，是指在符合法定条件时，当事人一方对抗对方当事人的履行请求权，暂时拒绝履行其债务的权利，包括同时履行抗辩权、先履行抗辩权和不安抗辩权。

双务合同履行中的抗辩权，是合同效力的表现。由于行使抗辩权只是在一定期限内中止履行合同，并不终止合同的履行效力，抗辩权事由消除后，债务人仍应履行其合同义务。因此，双方合同履行中的抗辩权在性质上为一时的抗辩权或者延缓的抗辩权。双务合同履行中的抗辩权存在的基础在于双务合同的牵连性。

（一）同时履行抗辩权

同时履行抗辩权，又称为不履行抗辩权，是指双务合同的当事人没有先后履行顺序的，一方在对方未为对待给付以前，可拒绝履行自己债务的权利。同时履行抗辩权是诚实信用原则在合同履行中的体现。《合同法》规定："当事人互负债务，没有先后履行顺序的，应当同时履行。一方在对方履行之前有权拒绝其履行要求。一方在对方履行债务不符合约定时，有权拒绝其相应的履行要求。"同时履行抗辩权的适用条件包括以下方面。

1．必须是由同一双务合同所产生的具有对价关系[①]债务

这一构成要件包括三层含义：（1）同时履行抗辩权仅存在于双务合同中。因为同时履行抗辩权的根据在于双务合同功能上的牵连性，因而它适用于双务合同，而不适用于单务合同。（2）同时履行抗辩权是基于同一双务合同的对价给付。如果双方当事人的债务不是

[①] 对价关系是指双务合同中双方当事人互负的对待给付义务之间的互相依赖关系，即所谓"你与则我与，　你不与则我亦不与"的关系。对价关系是双务合同区别于单务合同的本质特征。

基于同一双务合同而发生，而是基于两个以上的合同产生，那么，即使在事实上有密切关系，也不得主张同时履行抗辩权。（3）同时履行抗辩权行使的前提必须是当事人双方互负债务，即双方所负的债务具有对价或者牵连，否则不成立同时履行抗辩权。

2．必须是双方互负的债务均已届清偿期

同时履行抗辩权制度，旨在使双方当事人所负的债务同时履行，所以，只有双方的债务同时届满到期时，才能行使同时履行抗辩权。如果一方当事人负有先履行的义务，另一方的义务履行在后，义务履行有先后之分，便不能适用同时履行抗辩权，而应适用于先履行抗辩权或先履行抗辩权。因此，是否为同时履行之债至关重要。

一般而言，当事人如果明确约定一方应先履行义务，只要该约定不违反法律的强制性规定，则排除同时履行抗辩权的适用。反之，如果当事人没有约定一方先履行，按照合同的性质也不能确定义务应先后履行的，则推定为同时履行。

3．必须是对方未履行债务或履行债务不符合合同约定

互负义务的一方若向对方请求履行债务时，须自己已为履行或提出履行，若自己未履行或提出履行，而要求对方履行，对方即可行使同时履行抗辩权，拒绝履行自己的债务。这就是同时履行抗辩权的真正意义。若一方已为部分履行，而请求对方为全部履行，对方也可行使同时履行抗辩权，但若已履行部分义务的一方请求对方为相应的部分履行，则对方不能行使同时履行抗辩权。若已为部分履行或全部履行的一方，其义务履行为适当履行，而请求对方为履行，对方仍可行使同时履行抗辩权。

4．必须是对方的对待义务可能履行

《合同法》设置同时履行抗辩权的目的，在于促进双务合同的当事人同时履行其债务。但是，同时履行是以履行可能为前提的。如果对方的履行不可能时，无论是因可归责于或不可归责于对方的原因，同时履行的目的已无法实现时，则应适用其他的救济手段。

在合同的履行过程中，一方当事人适用同时履行抗辩权必须要严格遵守《合同法》的规定，例如，在一方当事人履行存在瑕疵的情况下，另一方当事人即不能适用同时履行抗辩权规则维护自己的合法权益，只能寻求其他途径。

【例 3-1】甲于 2 月 3 日向乙借用一台彩电，乙于 2 月 6 日向甲借用了一部手机。到期后，甲未向乙归还彩电，乙因此也拒绝向甲归还手机。关于乙的行为，下列哪些说法是错误的？（　　）

A．是行使同时履行抗辩权

B．是行使不安抗辩权

C．是行使留置权

D．是行使抵销权

答案：A、B、C、D。

解析：根据《合同法》和《中华人民共和国担保法》（以下简称《担保法》），同时履行抗辩权、不安抗辩权、留置权存在于双务合同中，本案属于两个合同关系，故不符合本案的条件。抵销权必须同种债务，而本案中债务的标的物不同。

（二）先履行抗辩权

先履行抗辩权是指当事人互负债务而有先后履行顺序时，应当先履行一方未履行之前，后履行一方有权拒绝其履行请求，先履行一方履行债务不符合合同的约定时，后履行一方有权拒绝其相应的履行请求。

先履行抗辩权确立的法律依据在于维护诚信原则和切实保护后履行一方的合法权益，也是对本应先为履行一方未履行或虽先为履行但不符合约定的一种法律制裁。根据《合同法》的规定，先履行抗辩权的适用条件包括以下方面。

1．必须是双务合同当事人债务的履行有先后履行顺序

这一适用条件包括几层含义：（1）先履行抗辩权发生的合同必须是双务合同。在单务合同中不可能存在先履行抗辩权。（2）双务合同的履行必须有先后顺序。这是先履行抗辩权的实质要件。所谓履行顺序即债务履行在时间上的先后次序，此种时间上的先后次序通常是由合同约定的，如买卖合同约定先付款后发货，或者相反，先交货而后付款，即为履行顺序的约定。如果虽属双务合同，但双方义务应当同时履行，则仅有同时履行抗辩权产生的可能，而不存在先履行抗辩权。如果合同中没有关于履行顺序的约定，但依交易惯例或合同的相关条款能够推导出履行的先后顺序，或法律直接规定有此方面的先后顺序，则应当适用先履行抗辩权。

2．先履行一方未履行或其履行不符合合同约定

如果先履行一方已经履行了债务，即使后履行一方有不履行情势发生，先履行一方只能通过违约请求保护其权益，而不能主张先履行抗辩权。未履行是指根本未履行义务，履行不符合合同约定是指瑕疵履行、加害给付、部分履行等形态。无论发生哪种情形，后履行一方均可主张先履行抗辩权。

先履行抗辩权可以默示的方式行使，也可以明示的方式行使，取决于应当先履行一方是否向后履行一方提出履行请求。在先履行一方未构成违约时，先履行抗辩权的行使不需要明示。在先履行一方已构成违约并请求后履行一方履行时，先履行抗辩权的行使不需要明示而可在事后主张行使抗辩权，但若先履行一方在应当履行而未履行义务却请求对方为履行时，对方若行使先履行抗辩权，应当以明示的方式为之。

先履行抗辩权的成立并行使，产生后履行一方可暂时中止履行自己债务的效力，对抗先履行一方的履行请求，以此保护自己的顺序利益和期限利益。在先履行一方采取了补救措施，变违约为适当履行的情况下，先履行抗辩权消失，后履行一方须履行其债务。若先履行抗辩权的行使条件消失而继续行使抗辩权，则使自己陷入违约的境地，应当承担违约责任。

（三）不安抗辩权

不安抗辩权是指先履行义务一方在有证据证明后履行义务一方的经营状况严重恶化，或者转移财产、抽逃资金以逃避债务，或者丧失商业信誉，以及其他丧失或者可能丧失履行债务能力的情况时，可中止自己的履行；后履行义务一方在对方中止履行后的合理期限内提供了适当担保的，先履行义务一方应恢复履行其债务；后履行义务一方在合理的期限内未恢复履行能力并且未提供适当担保的，先履行义务一方可以解除合同。

根据《合同法》的规定，先履行抗辩权的适用条件包括以下方面。

1. 须债务的履行有先后履行顺序

如同其他合同抗辩权一样，不安抗辩权的基础乃是双务合同当事人的义务具有牵连性，在单务合同中不可能存在不安抗辩权。虽属双务合同，但双方义务应当同时履行，则仅有同时履行抗辩权产生的可能，而不存在不安抗辩权。

2. 须先履行一方尚未适当履行债务

须先履行一方尚未履行债务，如果先履行的一方已经履行了债务，即使后履行一方有不履行情势发生，先履行一方只能通过违约请求保护其权益，而不能主张不安抗辩权。

所谓后履行义务一方的履行能力明显降低而有无法按约定履行义务的风险，是指其现实地发生了导致其履约能力明显下降的事由，债务履行存在现实的极大风险，其为不安抗辩权的实质要件。根据《合同法》的规定，这些情形包括：（1）经营状况严重恶化；（2）转移财产、抽逃资金，以逃避债务；（3）丧失商业信誉；（4）有丧失或者可能丧失履行债务能力的其他情形。如果后履行义务一方能够证明上述情形在合同成立时即已存在，先履行一方是明知的，则不发生不安抗辩权。

不安抗辩权一旦具备行使条件，先履行一方即可依法行使该抗辩权，但根据《合同法》的规定，主张不安抗辩权的当事人负有两项义务：（1）通知义务，由于不安抗辩权是依据合同约定本来应当先履行义务一方拒绝履行自己的给付义务，该权利的行使将极大地影响本应后履行义务一方的利益，使其合同目的暂时受阻，故为了平衡后履行义务一方的利益，法律规定先履行义务一方行使不安抗辩权时，应当以明示的方式行使，不能以默示的方式行使，即及时通知后履行一方，并负有举证证明后履行一方履行能力明显降低，又不能为对待给付的现实危险的义务。如果先履行义务一方未以明示的方式行使不安抗辩权，在其履行期限届至时拒绝履行自己的义务，事后以不安抗辩权为由主张免除自己的违约责任，不能得到支持。（2）对方提供适当担保时应当恢复履行。对方提供适当担保后，即意味着不安抗辩权的适用条件已经不再具备，因此，先履行一方应当恢复对合同义务的履行。

不安抗辩权具备其成立要件时，一旦先履行一方行使该权利，将会发生如下法律效力：（1）拒绝履行效力，即先履行义务一方在后履行义务一方未为对待给付或提供适当担保前，

有权拒绝自己的履行；（2）恢复履行效力，即后履行义务一方恢复履行能力或者提供了适当担保时，先履行义务一方应当按照约定履行合同；（3）解除合同效力，即后履行义务一方在约定的或合理的期限内未恢复履行能力并且不提供适当担保的，先给付义务人有权解除合同。

【例 3-2】甲公司与乙公司签订钢结构构件加工合同，约定乙公司支付预付款 1 万元，甲公司加工钢结构构件 1 000 套，3 月 10 日交货，乙公司 3 月 15 日支付余款 9 万元。3 月 10 日，甲公司仅加工钢结构构件 900 套，乙公司此时因濒临破产致函甲公司表示无力履行合同。下列哪一说法是正确的？（　　）

A. 因乙公司已支付预付款，甲公司无权中止履行合同

B. 乙公司有权以甲公司仅交付 900 套钢结构构件为由，拒绝支付任何货款

C. 甲公司有权以乙公司已不可能履行合同为由，请求乙公司承担违约责任

D. 因乙公司丧失履行能力，甲公司可行使先履行抗辩权

答案：C。

解析：本题考核预期违约与不安抗辩权的行使。

本题中，甲乙签订的是加工承揽合同，该合同是双务合同，甲负有先履行义务，乙负有后履行义务。在合同履行期限届满前后履行义务人乙明确表示因濒临破产无力履行合同，构成预期违约。甲可以中止履行合同，并向乙主张违约责任。因此，A 项错误，C 项正确。甲交付 900 件已经完成了合同的绝大部分履行义务，乙不能拒绝支付任何货款，乙有义务在甲履行义务的范围内支付相应货款。因此，B 项错误。乙公司丧失履行能力，甲公司行使的是不安抗辩权，而非先履行抗辩权。因此，D 项错误。

【例 3-3】甲与乙公司签订的房屋买卖合同约定：“乙公司收到首期房款后，向甲交付房屋和房屋使用说明书；收到二期房款后，将房屋过户给甲。”甲交纳首期房款后，乙公司交付房屋但未立即交付房屋使用说明书。甲以此为由行使先履行抗辩权而拒不支付二期房款。下列哪一表述是正确的？（　　）

A. 甲的做法正确，因乙公司未完全履行义务

B. 甲不应行使先履行抗辩权，而应行使不安抗辩权，因乙公司有不能交付房屋使用说明书的可能性

C. 甲可主张解除合同，因乙公司未履行义务

D. 甲不能行使先履行抗辩权，因甲的付款义务与乙公司交付房屋使用说明书不形成主给付义务对应关系

答案：D。

解析：在本题房屋买卖关系中，乙公司交付房屋与将房屋过户到甲名下是其主给付义务，甲付购房款是与之相对应的主给付义务，而乙公司交付房屋使用说明书是从给付义务。

C 项：《商品房买卖合同解释》第 25 条规定："出卖人没有履行或者不当履行从给付义务，致使买受人不能实现合同目的，买受人主张解除合同的，人民法院应当根据《合同法》第 94 条第 4 项的规定予以支持。"《合同法》第 94 条规定："有下列情形之一的，当事人可以解除合同……当事人一方迟延履行债务或者有其他违约行为致使不能实现合同目的。"在房屋买卖中，未交付房屋使用说明书不能致使买卖房屋的目的不能实现，因此甲无权主张解除合同。故 C 项错误。

A、B、D 项：如上所述，乙公司给付房屋使用说明书为房屋买卖中的从给付义务且未履行不会导致合同目的不能实现，而甲支付购房款为主给付义务，因此乙公司未交付房屋使用说明书与甲不支付购房款不形成主给付义务对应关系，亦即，二者不构成《合同法》上的对待给付，不产生履行抗辩权。故 A、B 项错误，D 项正确。

（四）房地产合同抗辩权适用规则

房地产合同包括房地产开发与房地产买卖合同，二者在抗辩权适用规则上有所不同。

房地产开发合同由于其特殊性，抗辩权与《合同法》规定的同时履行抗辩权、不安抗辩权不同，其表现为以下特征：一是合同约定履行的义务有先后顺序，这种顺序具有时间性，这种义务具有确定性。时间性，是指这种义务在时间上具有先后顺序，且位置不能相互移动。例如，发包人支付工程款以承包人完成工程为前提，承包人完成工程以发包人支付工程款为前提。但这种义务的时间顺序又是相对的，在前一顺序中，发包人支付工程款是先义务，承包人完成工程是后义务；在后一顺序中，前一顺序的后义务成了后一顺序的先义务，即发包人一定要承包人完成了前一工程后，才会履行支付工程款的义务，然后以下的每一个环节都与此相同。义务的确定性，是指这种义务有量和质的规定性，即这种义务不是可履行可不履行，而是必须履行，而且履行必须符合合同约定的具体的数量和质量的要求。例如，工程款 100 万元就是 100 万元，200 万元就是 200 万元，工程必须按照图纸和合同约定的标准去施工，决不能任意作为。否则，先履行抗辩权就失去了法定的前提。房地产合同的抗辩权是在先履行的一方未履行义务或履行义务不符合约定时后履行一方拒绝履行的权利，发生抗辩权的事由往往就是合同一方的违约行为。《合同法》规定："当事人一方不履行合同义务或者履行合同义务不符合约定的，应当承担继续履行、采取补救措施或者赔偿损失等违约责任。"这就清楚地说明先履行一方不履行合同义务或者履行义务不符合约定的行为是违约行为。"发包人未按照约定的时间的要求提供原材料、设备、场地、资金、技术资料的，承包人可以延顺工程日期，并有权要求赔偿停工、窝工等损失。"为房地产开发合同提供抗辩权提供了依据，在发包人未按照约定的时间的要求提供原材料、设备、场地、资金、技术资料的条件下，可以拒绝履行自己的施工义务，主张延期，并要求发包方承担违约责任，房地产开发合同的抗辩权行使往往与违约责任联系较为密切，形成了房地产开发合同特殊的抗辩权规则。

房地产买卖合同，由于房地产属于一种较为特殊的商品，与一般的商品买卖在规则中没有太大差异，不同往往表现在房地产登记即发生所有权转移的效果，在抗辩权规则的适用中，应按照《合同法》规定的抗辩权规则行使。

二、向第三人履行或者第三人代为履行规则

合同是交易关系，某一合同往往只是连续交易环节的一个环节。例如，甲买货物是为了批发给丙，丙购买是为了零售等。这样，为了节约成本、提高效率，除基于特殊信任的合同外，债权人不一定亲自履行。向第三人履行与由第三人履行，是交易中自然而然的事情。相应地，法律要为这两种行为设定规则，以减少和避免争议。

（一）向第三人履行规则

1. 向第三人履行的含义

向第三人履行的合同，又称为“为第三人的合同”或“利他合同”。狭义而言，它是指将合同权利直接归属于第三人的合同。《合同法》规定：“当事人约定由债务人向第三人履行债务的，债务人未向第三人履行债务或者履行债务不符合约定，应当向债权人承担违约责任。”根据合同的相对性原则，合同一般只在合同的双方当事人之间产生效力，订约当事人订立合同是为自己设定权利，直接取得和享有某种利益，债务人一般也是向债权人履行合同中的债务。但在特殊情况下，订立合同的当事人并非为了自己设定权利，而是为了第三人的利益而订立合同，合同将对第三人产生效力，这就是为第三人利益而订立的合同。例如，甲向乙花店订购鲜花一束，约定请乙花店将花送至甲女友丙处；又如甲向乙约定购买的物品转卖给丙，甲要求乙直接将该物品交付给丙，乙允诺而为之。

向第三人履行的合同具有如下特点。

第一，第三人不是订立合同的当事人，他不需要在合同上签字或者盖章，也不需要通过其代理人参加合同的订立，但却可以依据合同享有接受债务人的履行的权利。

这是与一般合同的最大区别。第三人享有的利益在合同中的体现是多方面的。例如，在货物运输合同中，如果托运人与收货人不一致，则收货人作为利益第二人享有接收货物的权利。再如合同规定债务人应当向第三人做出给付，第三人接受给付，便是享有合同规定的利益。第三人虽然在合同中享有利益，但并不参与合同的订立，他并不是合同所明确规定的债权人，也与合同的债权人并不形成连带债权关系。

第二，这种合同只能给第三人设定权利，而不能为其设定义务。根据《合同法》的一般原理，未经任何其他人同意，都不应为他人设定义务，否则依这类合同应归于无效合同。当然，也不是绝对的，第三人虽然没有约定的义务，但存在法定的义务，第三人应尽债权人所应尽的附随义务。例如，在运输合同中，托运人为了收货人的利益与承运人订立了合同，收货人在受领货物时往往要履行一定的义务（如根据提货凭证的规定交付未交的运费），

但是这种义务行使的前提是不使第三人受到损失。

第三，这种合同的订立，事先不需要通知或者征得第三人的同意。合同一经成立生效，第三人如果不拒绝就可以享受权利。对这种权利第三人可以表示接受，也可以表示不接受，但拒绝必须用明示的方式，在第三人表示拒绝的情况下，就由合同的当事人自己享受权利。

2．未向第三人履行或者履行不符合约定时的责任

当事人约定由债务人向第三人履行债务的，该第三人既可以同意接受也可以拒绝接受，在拒绝接受合同权利的情况下，债务人的债务不能因此而得到免除，他应向合同的债权人履行合同义务。在第三人同意接受合同权利的情况下，他可以请求债务人履行，需要注意的是，该请求是基于当事人约定的由债务人向其履行债务的条款而产生的，而非基于他与债务人或者与债权人之间的合同。债务人如果未按照履行期限向第三人履行的应构成履行迟延。在第三人同意接受合同权利的情况下，债务人则不能向债权人履行合同义务。如果债务人向债权人履行并且为债权人接受的，可以视为双方当事人取消了向第三人履行的约定，仍然构成合同的履行。

债务人未向第三人履行债务或者履行债务不符合约定的，应当向债权人承担违约责任，而不是向该第三人承担违约责任，这是因为其并非是合同的当事人。在第三人同意接受合同权利的情况下，债务人仍然向债权人履行但不为债权人接受并且因此造成未能按时向第三人履行的，应向债权人承担违约责任。第三人如果与债权人订立了债权转让合同，债务人未向第三人履行债务或者履行债务不符合约定的，第三人可以按照其与债权人之间的合同要求债权人向其承担违约责任。

（二）第三人代为履行规则

1．第三人代为履行的含义

第三人代为履行是指在合同履行过程中，履行合同义务的人或接受义务履行的人不是合同当事人，而是合同当事人以外的第三人的情形。只要在合同中有约定，第三人就可以成为合同履行的主体。《合同法》规定，当事人约定由第三人向债权人履行债务的，第三人不履行债务或者履行债务不符合约定，债务人应当向债权人承担违约责任。

由第三人履行债务的合同是指除法律法规规定或合同约定必须由合同当事人履行债务的情况外，根据合同自治（自愿）和保护债权人利益的原则，在不损害债权人利益和不增加债权人合同履行成本的情况下，可以由第三人代替债务人向债权人履行债务。第三人可以是个人、法人或其他经济组织。第三人代为履行的合同具有以下特征。

第一，不发生债务转移。虽然合同双方约定由第三人代为履行合同，但并不表示合同双方当事人之间的债权债务关系发生了改变，债务不因此而转移给第三人。

第二，合同当事人经过协商一致同意由第三人代替债务人履行合同义务，特别要征得债权人的同意。

第三，在这类合同中第三人只是合同的履行主体，而不是合同当事人。

第四，第三人不承担违约责任。债务人的债务虽然由第三人代为履行，但在出现违约情况时，债务人并不因第三人的存在而免除违反合同时应承担的违约责任。这是因为虽然有第三人出现在合同中，但其并非合同当事人，不直接与债权人发生合同法律关系，因此也就不享有合同中规定的权利或承担合同中规定的义务。所以发生违约情况时，债权人只能追究债务人的违约责任。

2．第三人不履行债务或者履行债务不符合约定时的责任

由第三人履行的合同的法律后果可分为：（1）债权人应当接受第三人的履行，由于债务人已经与债权人约定由第三人履行债务，如果债权人不接受第三人的履行视为债务人已经履行了债务而债权人违约。（2）第三人违约时，债务人应向债权人承担违约责任，因此第三人代为履行中的第三人只是替代债务人履行债务，并不是合同的当事人。

第三人履行合同约定内容，债权人应该接受，第三人的履行行为实际上是合同规定内容的一部分，如果债权人不履行自己的接收义务，第三人有权提存或者变价，完成清偿程序，同时，债权人不接受履行是一种违约行为，应向债务人承担违约责任。

第三人履行合同不符合要求或者不履行合同规定的义务，没有义务向债权人承担违约责任，根据合同的相对性原则，债权人和债务人之间形成的合同关系，仅仅对内发生效力，仅约束债权人和债务人双方当事人，是债权人与债务人之间的权利义务关系，与第三人无关，第三人不是合同当事人，因此，第三人没有义务向债权人承担违约责任。但同时，债权人的权利确实因第三人的不履行约定义务的行为而受损，根据合同的相对性原则，债权人有权要求债务人承担违约责任。

【例 3-4】甲、乙双方约定，由丙每月代乙向甲偿还债务 500 元，期限 2 年。丙履行 5 个月后，以自己并不对甲负有债务为由拒绝继续履行。甲遂向法院起诉，要求乙、丙承担违约责任。法院应如何处理？（　　）

A. 判决乙承担违约责任

B. 判决丙承担违约责任

C. 判决乙、丙连带承担违约责任

D. 判决乙、丙分担违约责任

答案：A。

解析：涉他合同是指突破了合同的相对性原则，合同当事人在合同中为第三人设定了权利或约定了义务的合同，包括为第三人利益的合同和由第三人履行的合同。《合同法》规定，当事人一方因第三人的原因造成违约的，应当向对方承担违约责任。当事人一方和第三人之间的纠纷，依照法律规定或者按照约定解决。

三、提前履行与部分履行规则

提前履行是指在合同约定的履行期限届满之前履行合同义务的情况。《合同法》规定，债权人可以拒绝债务人提前履行债务，但提前履行不损害债权人利益的除外。债务人提前履行债务给债权人增加的费用，由债务人负担。部分履行是指合同虽然履行，但履行不符合数量的规定，即履行在数量上存在不足。

（一）提前履行规则

债务人提前履行债务是指债务人在合同约定的履行期限到来之前履行合同。当事人在合同中一般都对履行期间做出了明确的规定，债务人应当按照约定履行。但在有的情况下债务人提前履行债务，对此《合同法》规定："债权人可以拒绝债务人提前履行债务，但提前履行不损害债权人利益的除外。债务人提前履行债务给债权人增加的费用，由债务人负担。"

履行期限，是债务人应当履行债务的期间，其起始应为合同生效之时或者之后。履行期限的确定，应依当事人的约定，未约定或者约定不明确的，应当依照法律的明确规定或者法律规定的原则确立。在履行期限届满以前，债务人履行或者债权人要求履行而会使相对人失去的利益，称为期限利益。当债务人享有期限利益时，债务人可以抛弃期间利益而提前履行，但债权人不能要求债务人抛弃期限利益而提前受领，如无偿保管合同。当期限利益既属于债权人又属于债务人时，当事人一方抛弃期限利益的，应该获得对方当事人的许可。抛弃的期限利益，利益人不得请求返还。对于侵害对方期限利益的，由侵害人负赔偿责任。

债权人可以拒绝债务人提前履行债务，是指债权人享有期限利益的情况下，债权人为了使自己的期限利益不受损害，可以拒绝债务人提前履行债务。提前履行不损害债权人利益是指在债权人不享有期限利益的情况下，债务人提前履行不损害债权人的利益。增加的费用，是指因债务人提前履行债务而导致债权人要比债务人正常履行的情况下多支付的一部分费用。例如，甲方从乙处购买水泥，双方订立买卖合同，合同约定乙在某日将水泥送到甲租用的库房内，而乙提前3天送货导致甲方多付了库房租金，多付的租金即为这种"增加的费用"。债务人提前履行债务给债权人增加的费用如果由债权人自己承担，那么实际是损害了债权人的期限利益，因此该费用由债务人自己承担，这样一来，债权人的利益就没有因债务人的提前履行而受到损害。

（二）部分履行规则

《合同法》规定："债权人可以拒绝债务人部分履行债务，但部分履行不损害债权人利益的除外。债务人部分履行债务给债权人增加的费用，由债务人负担。"部分履行是指

债务人没有按照合同约定履行合同义务而只是履行了一部分合同义务。

部分履行的构成要件如下。

（1）部分履行是在履行期限内的履行，如果债务人在履行期限之前履行则为提前履行，如果是在履行期限之后履行则为迟延履行。

（2）可以部分履行的合同标的物是可分的，也就是说在数量上可以分成不同的部分而不影响其性质和作用。

（3）部分履行有两种情况：一为债务人在履行期限内将应当一次履行的债务采用分批履行的办法而全部履行；二为债务人虽然没有分批履行但履行标的物的数量不够。

债务人应当全面履行合同义务。对于债务人部分履行债务，债权人可以拒绝，因为部分履行债务往往会使债权人的合同目的不能真正实现。当然，如果部分履行不损害债权人利益的，那么债权人应当接受这种部分履行。部分履行不损害债权人利益中的“利益”主要是指债权人的履行利益，履行利益是债权人因债务人履行合同以后所得到的积极利益。债务人部分履行给债权人增加的费用，是指因债务人部分履行而导致债权人比债务人全部履行时多支付的费用。这部分费用应当由债务人负担，因为该费用的产生与债务人的部分履行行为之间具有因果关系。

第三节 合同漏洞及其救济

一、合同漏洞概述

合同当事人需要通过一定的文字来表达合同的内容，但是并不是所有当事人都能很好地表达自身的意思，即使相同的语言所表达的意思也有差异。而且目前我国有不少交易当事人欠缺合同观念和合同法的有关知识，因此人们无法在订立合同前把与合同相关的信息都写进去，难免在合同中出现一些疏漏。

（一）合同漏洞的概念

合同漏洞，是指合同当事人订立合同时，存在疏漏，对合同部分内容没有约定或约定不明的情况。对于房地产合同，尤其如此。由于房地产合同的复杂性，未知因素很多，经常给合同履行带来不便。

合同当事人出现合同漏洞可能有以下几个方面的原因：一是基于缔约人的法律知识局限性和外在世界的不确定性、复杂性，在订立合同时对某些条款会有所疏忽。二是为了能尽快达成协议减少成本，也会疏漏某些条款，同意将来再行协商。所以，合同漏洞有时是当事人故意遗留，成立与否和当事人事前是否知道无关。三是缔约人约定的某些条款由于

违反强制性规范或公序良俗、诚实信用等而无效，也会造成合同漏洞。

（二）合同漏洞补缺性规则

合同是当事人双方合意的结果，所以当合同条款出现不明确的情况时，首先应探求当事人的真实意思。随着法律制度由权利本位向社会本位转变，契约加以公法监督，重视保护经济上的弱者，法官享有更充分的自由裁量权，当事人明示的约定固然重要，但已经不是契约具有法律拘束力的决定性因素。单纯依合意或对价决定契约双方当事人的权利义务关系的法则已被打破了，现代合同法上的发展使法官也拥有对合同漏洞进行补充的权利。

1．依当事人默示表达的真实意思补充

按照合同自由原则，合同的内容应当由当事人自由约定，在当事人就合同的条款规定不明确的情况下，由当事人继续通过协商达成的补充协议来填补合同的漏洞，这就充分体现了合同自由原则。由当事人达成补充协议，需要考虑合同是否已经成立。合同成立的根本标志在于当事人意思表示一致，即达成合意。通过当事人达成协议来解决当事人之间的争议，也是最有效地填补漏洞的方式。

2．按有关条款和交易习惯推定

其含义为法官根据合同的其他条款、交易过程、交易习惯推定空缺条款应具有的内容。依推定意思补充并不旨在依当事人的真实期望补充合同，而是依据客观标准补充合同，即推定第三人处于合同当事人的地位本应具有的期望，法官依据交易习惯或善意义务等原则确定其期望。《合同法》规定：“合同生效后，当事人就质量、价款或者报酬、履行地点等内容没有约定或者约定不明确的，可以协议补充；不能达成补充协议的按照合同有关条款或者交易习惯确定。”该条明确规定法官可以依当事人应当具有的意思补充合同内容。

3．依法律的规定补充，法律规定是合同中的法定默示条款

《合同法》规定是法官补充合同漏洞的依据。该条规定：质量标准不明确的，按照国家标准和行业标准履行，没有国家标准、行业标准的，按照通常标准或者符合合同目的的特别标准履行。价款或者报酬不明确的，按照订立合同时履行地的市场价格履行；依法应当执行政府定价或者政府指导价的，按照规定履行。履行地点不明确，给付货币的，在接受货币一方所在地履行；交付不动产的，在不动产所在地履行；其他标的，在履行义务一方所在地履行。履行期限不明确的，债务人可以随时履行，债权人也可以随时要求履行，但应当给对方必要的准备时间。行为方式不明确的，按照有利于实现合同目的的方式履行。履行费用的负担不明确的，由履行义务一方负担。

二、合同漏洞的解释

尽管法律的补充规则有利于解决合同漏洞，但是《合同法》不可能对所有的合同条款都做出补充规定。合同是当事人意思的表达，但有时表达的语言未必精准，所以在合同订

立、履行过程中难免对其内容、适用范围等有疑义，这使得合同的解释非常必要。所以，对合同的客观规范加以解释，即补充的合同解释也是合同漏洞补救的一个重要措施，而且这种方法更具有灵活性。所谓补充的合同解释是法官依照法律规定的规则进行解释，《合同法》规定：“当事人对合同条款的理解有争议的，应当按照合同所使用的词句、合同的有关条款、合同的目的、交易习惯以及诚实信用原则，确定该条款的真实意思。”据此，法官依照诚实信用原则、探究当事人真实意图原则、整体解释原则、合同目的解释原则、参照交易习惯原则对合同予以解释。解释涉及价值判断，要兼顾公平与效率，在适用补充合同解释时要以当事人在合同上所做的价值判断及利益衡量为出发点，依诚实信用原则并斟酌交易惯例加以确定，更好地体现公平和效率。

三、合同漏洞补救应注意的问题及其解决

《合同法》规定了合同漏洞补缺性规则，然而这些规则在运用中仍存在诸多值得注意的问题。补救性规则的适用是以合同有效成立为前提的，只有当合同中所空缺或不明确的条款是个别的、有限的，不足以影响合同本身的法律效力时，才可适用以使合同得到适当的履行。对于欠缺必要条款而导致不成立的合同、欠缺的条款导致无效的合同、欠缺全部主要条款或全部必要条款的合同，无补救的必要。填补合同漏洞必须按照《合同法》规定的协议补充、习惯确定、补充合同解释等有序地进行。

运用参照习惯或惯例原则补救合同漏洞时应注意几个问题：（1）习惯和惯例必须适法；（2）习惯和惯例应是客观存在的；（3）交易习惯是合同双方当事人共知或应当共知且没有其他合同条款明确排斥的。习惯和惯例的内容是否被参照，取决于当事人双方的认知情况，只有在该习惯或惯例为当事人双方共知时，该习惯或惯例才具有参照的效力。一般来说，某一适法习惯通行于某一地区、行业、阶层或特定交易场所，而当事人双方共处于该地区、行业、阶层或特定交易场所内，则此种习惯或惯例即应当属于当事人已经知道或应当知道之列。

有些规定如在合同价格条款不明确时以履行地市场价格为原则，《合同法》规定：“价款或者报酬不明确的，按照订立合同时履行地的市场价格履行；依法应当执行政府定价或者政府指导价的，按照规定履行。”

合同解释是明确合同内容的重要手段。因为，在实践中当对于已经合法订立而内容不明确的合同，协议补充和法律的补缺性规定在某些特殊的情况下仍然不足以补救，经常是在具体适用补缺性法律规定和合同内容之间，难免存在一定的差距。

四、合同漏洞的法律救济

《合同法》第 61 条（协商或习惯）、第 62 条（分类确定）专门解决合同漏洞。另第

125条（理解争议）也可用来解决合同漏洞。

《合同法》第61条规定："合同生效后，当事人就质量、价款或者报酬、履行地点等内容没有约定或者约定不明确的，可以协议补充；不能达成补充协议的，按照合同有关条款或者交易习惯确定。"

《合同法》第62条规定当事人就有关合同内容约定不明确，依照本法第61条的规定仍不能确定的，适用下列规定。

（1）质量要求不明确的，按照国家标准、行业标准履行；没有国家标准、行业标准的，按照通常标准或者符合合同目的的特定标准履行。

（2）价款或者报酬不明确的，按照订立合同时履行地的市场价格履行；依法应当执行政府定价或者政府指导价的，按照规定履行。

（3）履行地点不明确，给付货币的，在接受货币一方所在地履行；交付不动产的，在不动产所在地履行；其他标的，在履行义务一方所在地履行。

（4）履行期限不明确的，债务人可以随时履行，债权人也可以随时要求履行，但应当给对方必要的准备时间。

（5）履行方式不明确的，按照有利于实现合同目的的方式履行。

（6）履行费用的负担不明确的，由履行义务一方负担。

《合同法》规定："执行政府定价或者政府指导价的，在合同约定的交付期限内政府价格调整时，按照交付时的价格计价。逾期交付标的物的，遇价格上涨时，按照原价格执行；价格下降时，按照新价格执行。逾期提取标的物或者逾期付款的，遇价格上涨时，按照新价格执行；价格下降时，按照原价格执行。"

第四节　合同保全与担保

合同保全制度，是指法律为防止因债务人财产的不当减少致使债权人债权的实现受到危害而设置的保全债务人责任财产的法律制度。《合同法》规定的保全制度主要是第73条、第74条规定的债权人代位权制度和债权人撤销权制度。

一、合同保全制度概述

合同履行的最终目的是实现合同各方当事人的合同利益。因此，为保证合同各方利益的实现，合同财产保全显得极为必要。

（一）合同保全的含义

合同保全是指为防止因债务人的财产不当减少而给债权人的债权带来危害，法律赋予

债权人行使代位权或撤销权，以维护其债权的法律制度。合同保全制度的设立，对于保障合同债务的履行和债权的实现，从而保障市场秩序和交易安全，都具有重要意义。

（二）合同保全的特征

第一，合同保全是债的对外效力的体现，也是合同相对性原则的例外。根据债的相对性和合同相对性的原理，合同之债主要在合同当事人之间产生法律效力。法律赋予债权人在一定条件下行使代位权或撤销权，而行使这两项权利的直接后果就会对当事人以外的第三人产生效力，这就与合同相对性原则不同。因此，合同保全是合同相对性原则的例外。

第二，合同保全主要发生在合同有效成立期间。也即在合同生效之后到履行完毕前，合同保全措施都可以被采用。这说明合同保全措施的运用，与合同履行期间债务人是否实际履行义务，并没有必然的联系。但合同如果没有生效或者已被宣告解除、无效乃至被撤销的，债权人就没有了行使代位权或撤销权的事实和法律依据。

第三，合同保全的基本方法是代位权和撤销权的行使。这两种措施都是通过防止债务人的财产不当减少或恢复债务人的财产，从而保证债权人权益的合法实现。根据合同保全原则，无论债务人是否实施了违约行为，只要债务人采取不正当的手段处分其财产，并且这种行为直接导致债权人的利益受到危害时，债权人就可以行使保全措施。因此可以说，合同保全的根本目的就在于保障合同债权人的权利实现。

（三）合同保全制度的功能

正是基于合同保全是债的对外效力的体现的认识，立法上设置合同保全制度就在于弥补合同担保、强制执行制度和违约责任制度在保证债权实现方面的不足。特别是在市场经济条件下，维护合同交易的安全与便捷正日益成为全社会关注的热点。合同保全制度在这方面无疑会发挥它应有的功能和作用。具体讲，合同保全制度有以下几项功能。

（1）合同保全制度可以有效地防止债务人的财产消极或积极的不正当减少。司法实践中，经常看到在合同关系成立后，一些债务人在欠下债务时，不是想方设法偿还债务，而是采取一些不正当的手法故意躲债。有的是将个人财产非法转让给第三者；有的则明知可以从第三人处取得一定财产，却怠于行使权力，故意不取得；更有甚者还串通他人合谋隐藏、转移财产规避债务。合同保全制度的设置对上述避债行为会起到防范和遏制作用。

（2）合同保全制度使债权人对第三人产生效力，为缓解或减轻当前存在的较严重的“三角债”“连环债”问题提供了法律依据，也有利于充分保障债权人合法权益的实现。

二、代位权

代位权是为保持债务人的责任财产而设的，适用于债务人的财产应增加且能增加而因债务人的懈怠未增加的情形；简言之，债权人的代位权就是债权人代债务人之位以自己名义行使债务人权利的权利。我国《合同法》第 73 条对其做出了规定，它针对近年来我国经

济活动中严重存在的“三角债”和逃债现象而确立的保全制度。

（一）代位权的概念

《合同法》规定：“因债务人怠于行使其到期债权，对债权人造成损害的，债权人可以向人民法院请求以自己的名义代位行使债务人的债权，但该债权专属于债务人自身的除外。代位权的行使范围以债权人的债权为限。债权人行使代位权的必要费用，由债务人负担。”可见，代位权有以下含义。

第一，债权人以自己名义行使债务人的权利。代位权是以行使债务人权利为内容的，而不是行使自己权利的权利。因为债务人的权利是对于第三人的权利，债权人行使代位权也就涉及第三人，也就表现为对第三人行使权利，如图 3-1 所示。

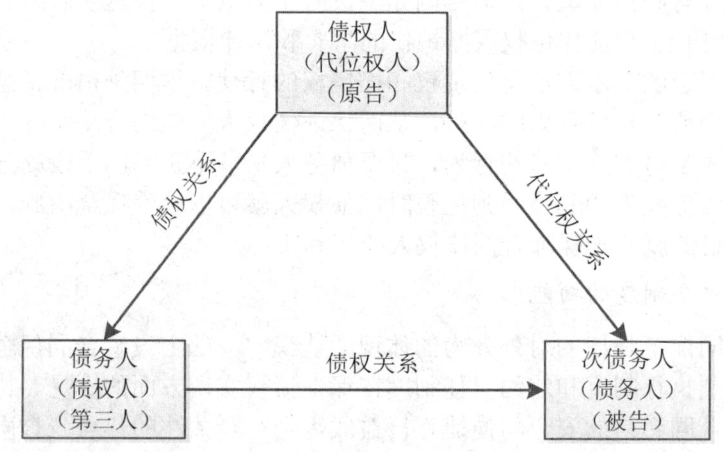

图 3-1　债权人代位权关系

第二，债权人在债务人怠于行使权利而害及自己的权利时得行使。债权人的代位权是为保全债权的，行使的目的是使债务人应增加的财产能够增加，从而保障债权人利益的实现。因此，若债务人自己积极行使了自己的权利，则债权人不能有代位权。

第三，债权人以自己的名义对债务人的义务人行使权利。代位权是债权人代债务人的地位对债务人的义务人行使权利的权利，因而代位权是债权人以自己名义行使他人的权利，债权人行使代位权为行使自己的权利，而不是作为债务人的代理人行使债务人的权利。所以，债权人代位权不同于债务人的代理人的代理权。

第四，须债权人有保全债权的必要。所谓有保全权利的必要，是指债务人怠于行使权利害及债权，使债权人的债权有不能实现的危险。因为代位权是以保全债权为目的的，若无保全债权的必要，也就无成立代位权的必要。例如，债务人虽怠于行使对第三人的权利，但债务人有足够的财产清偿债务，债务人不为清偿时，债权人请求法院强制执行，自可保障其债权的实现。于此情形下，债权人自无保全债权的必要，也就不成立债权人代位权。

《最高人民法院关于适用〈中华人民共和国合同法〉若干问题的解释（一）》（以下简称《合同法解释（一）》）规定，债权人依照《合同法》第73条的规定提起代位权诉讼，应当符合下列条件：债权人对债务人的债权合法；债务人怠于行使其到期债权，对债权人造成损害；债务人的债权已到期；债务人的债权不是专属于债务人自身的债权。据此，债权人代位权的行使必须符合以上要件。

【例3-5】甲企业借给乙企业20万元，期满未还。丙欠乙20万元货款也已到期，乙曾向丙发出催收通知书。乙、丙之间的供货合同约定，若因合同履行发生争议，由某仲裁委员会仲裁。下列选项正确的是（　　）。

A. 若甲对乙的20万元债权不合法，则甲不能行使债权人代位权

B. 乙曾向丙发出债务催收通知书，故甲不能行使债权人代位权

C. 甲应以乙为被告、丙为第三人提起代位权诉讼

D. 乙、丙约定的仲裁条款不影响甲对丙提起代位权诉讼

答案：D。

解析：甲企业和乙企业之间的借款合同无效，但是甲可以要求乙返还不当得利，在符合其他条件的情况下，可以行使债权人代位权，所以A项的说法是错误的。《合同法》第73条规定的“债务人怠于行使其到期债权，对债权人造成损害的”，是指债务人不履行其对债权人的到期债务，又不以诉讼方式或者仲裁方式向其债务人主张其享有的具有金钱给付内容的到期债权，致使债权人的到期债权未能实现。因此乙曾向丙发出债务催收通知书并不能构成其积极行使债权的证据，所以B项也是错误的。根据《合同法解释（一）》第16条的规定，债权人以次债务人为被告向人民法院提起代位权诉讼，未将债务人列为第三人的，人民法院可以追加债务人为第三人。所以C项的说法也是错误的。由于代位权是《合同法》所规定的债权人的法定权利，因此债务人和次债务人之间的约定并不妨碍债权人行使权利，所以D项的说法是正确的。

债权人代位权是为保障债务人的责任财产的增加而设的，因而其标的须为已存在的债务人对第三人享有的财产权，将来存在的、非财产权均不能为代位权的标的。因代位权是债权人代位行使的权利，所以具有专属性的、不得让与的权利，也不能成为债权人代位权的标的。按照《合同法解释（一）》的规定，专属于债务人本身的权利，包括基于扶养关系、抚养关系、赡养关系、继承关系产生的给付请求权和劳动报酬、退休金、养老金、抚恤金、安置费、人寿保险、人身伤害赔偿请求权等权利。这些权利均不得有债权人代位行使。

【例3-6】甲公司欠乙公司货款20万元已有10个月，其资产已不足偿债。乙公司在追债过程中发现，甲公司在一年半之前作为保证人向某银行清偿了丙公司的贷款后没有向其追偿，同时还将自己对丁公司享有的30%的股权无偿转让给了丙公司。下列选项错误的有（　　）。

A. 乙公司可以对丙公司行使代位权

B. 若乙公司对丙公司提起代位权诉讼，法院应当追加甲公司为第三人

C. 乙公司可以请求法院确认甲、丙之间无偿转让股权的合同无效

D. 乙公司有权请求法院撤销甲、丙之间无偿转让股权的合同

答案：B、C、D。

解析：《合同法》第 73 条规定，因债务人怠于行使其到期债权，对债权人造成损害的，债权人可以向人民法院请求以自己的名义代位行使债务人的债权，但该债权专属于债务人自身的除外。本题中，甲公司帮丙公司清偿贷款后却不积极行使其到期债权，给债权人乙公司的利益造成损害，乙公司可以行使代位权，A 的说法正确。《合同法解释（一）》第 16 条第 1 款规定："债权人以次债务人为被告向人民法院提起代位权诉讼，未将债务人列为第三人的，人民法院可以追加债务人为第三人。"所以 B 是错误的。《合同法》第 52 条规定有下列情形之一的，合同无效：（1）一方以欺诈、胁迫的手段订立合同，损害国家利益；（2）恶意串通，损害国家、集体或者第三人利益；（3）以合法形式掩盖非法目的；（4）损害社会公共利益；（5）违反法律、行政法规的强制性规定。本题中，甲公司和丙公司没有恶意串通，所以不可以认定合同无效，C 是错误的。《合同法》第 74 条因债务人放弃其到期债权或者无偿转让财产，对债权人造成损害的，债权人可以请求人民法院撤销债务人的行为。债务人以明显不合理的低价转让财产，对债权人造成损害，并且受让人知道该情形的，债权人也可以请求人民法院撤销债务人的行为。本题中，因为债务人甲公司无偿转让股权的行为发生在一年半以前，那时甲公司尚未对乙公司负债，所以不属于《合同法》第 74 条规定的行使撤销权的情形，所以 D 是错误的。

（二）代位权行使的效力

代位权行使突破了合同的相对性，对债权人、债务人和第三人等的债权债务关系产生直接影响，效力主要体现在以下几个方面。

1. 对于债务人的效力

代位权行使的效果直接归属于债务人。尽管第三人向债务人给付时，若债务人不受领，债权人须代为受领，但债权人受领后，应将其取得的利益归还债务人，债务人也需要请求债权人交付其受领的财产。因为代位权行使的是债务人的权利，其所得利益为债务人的财产。

2. 对于第三人的效力

债权人代位权的行使系代债务人行使对第三人的权利，于此情形下第三人的地位不能较债务人自己行使权利时不利。因此，第三人对于债务人所有的于代位权行使前发生的抗辩，均得以之对抗债权人。

3. 对于债权人的效力

债权人行使代位权是代债务人行使权利，因行使代位权所得的财产为债务人的一般财产，所以债权人不能优先受偿，非经债务人同意也不能直接以代受领的财产受偿。

《合同法》规定：代位权的行使范围以债权人的债权为限。债权人行使代位权的必要费用，由债务人负担。这里的必要费用包括律师代理费和差旅费等，在代位权诉讼中，债权人胜诉的，诉讼费用由次债务人负担，从实现的债权中优先支付。

【例 3-7】李某向王某催还借款 2 万元，宽限期届满后，王某未能归还。李某得知同村周某欠王某 3 万元，就向王某提出要向周某主张“代位权”，王某表示同意，并告诉了周某，李某向周某催还 2 万元。李某的行为能否构成代位权？当债权人行使代位权被人民法院认定成立，做出判决以后，其他债权人能否分一杯羹？

解析：因代位权的行使须以诉讼的方式行使，不能单独以意思表示方式行使，所以李某向王某提出要向周某主张所谓“代位权”，应解释为债权让与合同的要约，王某表示同意为承诺，二人之间成立了债权让与合同，王某通知了周某，债权让与对周某发生了效力。

债权人行使代位权后因行使代位权所得的财产为债务人的一般财产，债权不具有优先效力，所以债权人不能优先受偿，只能其他债权人平等受偿，即其他债权人可以分一杯羹。

三、撤销权

撤销权也是合同相对性的例外，是指有撤销权的当事人基于法律规定事实成就时请求法院所做出的宣告本合同之外债权效力丧失的行为。

（一）撤销权的概念

撤销权是指当债务人所为的减少其财产的行为危害债权实现时，债权人为保全债权而请求法院予以撤销的权利。

《合同法》第 74 条规定：“因债务人放弃其到期债权或者无偿转让财产，对债权人造成损害的，债权人可以请求人民法院撤销债务人的行为。债务人以明显不合理的低价转让财产，对债权人造成损害，并且受让人知道该情形的，债权人也可以请求人民法院撤销债务人的行为。撤销权的行使范围以债权人的债权为限。债权人行使撤销权的必要费用，由债务人负担。”

《合同法解释（二）》第 18 条规定，债务人放弃其未到期的债权或者放弃债权担保，或者恶意延长到期债权的履行期，对债权人造成损害，债权人依照《合同法》第 74 条的规定提起撤销权诉讼的，人民法院应当支持。

撤销权的行使，其效力依判决撤销而发生。其效力及于债务人、受益人及债权人。对于债务人，债务人的行为一经被撤销，视为自始无效。例如，为财产赠与的，视为未赠与；为放弃债权的，视为未放弃。对于受益人，已受领债务人的财产的，应当返还。原物不能返还的，应当折价返还其利益。受益人已向债务人支付对价的，可以向债务人主张返还不当得利。对于债权人，行使撤销权的债权人可以请求受益人将所得利益返还给债务人，也不得请求直接返还给自己。

（二）撤销权的成立要件

撤销权的成立要件分为客观要件与主观要件，并且根据债务人所为的行为是否有偿而有所不同。

1．客观要件

撤销权成立的客观要件为债务人实施了危害债权的行为。该要件包含以下意思。

首先，须债务人实施了行为且该行为是在债权成立后实施。债务人的行为是合同行为还是单方法律行为，是有偿还是无偿，在所不问。但事实行为与无效民事行为，不在此列。因为事实行为无从撤销，无效民事行为无须撤销。其他行为，诸如诉讼上的和解等凡属于处分债务人财产的行为又是可撤销的，皆属之。

其次，债务人的行为须为使其财产减少的财产行为。债务人所为的不以财产为标的的行为，或者虽以财产为标的，但不为使其财产减少的行为（如放弃受遗赠），不得撤销。

最后，须债务人的行为有害债权。所谓有害债权，是指债务人的行为足以减少其一般财产而使债权人不能完全受清偿。若债务人为其行为虽使其财产减少但仍不影响其对债权的清偿时，债权人不能干涉债务人的行为。

2．主观要件

债权人撤销权成立的主观要件，是债务人与第三人主观上有恶意。对于撤销权的主观要件，依债务人所为的行为是有偿或无偿而有所不同。若为有偿行为，则须债务人为恶意，债权人的撤销权才成立，受益人为恶意时，债权人才得行使撤销权。而对于无偿行为，则不以债务人和第三人的恶意为要件。因债务人无资力而为无偿行为，其有害债权，至为明显，况且无偿行为的撤销，仅使受益人失去无偿所得的利益，并未受其他损害，法律理应先考虑保护债权受危害的债权人利益而不应先保护无偿取得利益的第三人。

债务人有无恶意，一般应实行推定原则，即只要债务人实施行为而使其无资力，就推定为有恶意。至于受益人的恶意，则应由债权人证明。受益人的恶意以其知道其所为有偿行为会害及债权为已足，而不须对债务人有害及债权的串通。

【例3-8】甲欠乙1万元到期未还。2016年4月，甲得知乙准备起诉索款，便将自己价值3万元的全部财物以1万元卖给了知悉其欠乙款未还的丙，约定付款期限为2017年年底。乙于2016年5月得知这一情况，于2016年7月决定向法院提起诉讼。乙提出的下列哪一项诉讼请求能够得到法院支持？（　　）

A. 请求宣告甲与丙的行为无效

B. 请求法院或仲裁机构撤销甲与丙的行为

C. 请求以自己的名义行使甲对丙的1万元债权

D. 请求丙承担侵权责任

答案：A。

解析：《合同法》第 74 条规定："因债务人放弃到期债权或者无偿转让财产，对债权人造成损害的，债权人可以请求人民法院撤销债务人的行为。债务人以明显不合理的低价转让财产，对债权人造成损害，并且受让人知道该情形的，债权人也可以请求人民法院撤销债务人的行为。撤销权的行使范围以债权人的债权为限。债权人行使撤销权的必要费用，由债务人承担。"第 75 条规定："撤销权自债权人知道或者应当知道撤销事由之日起一年内行使。自债务人的行为发生之日起五年内没有行使撤销权的，该撤销权消灭。"根据该法第 52 条第（二）项规定，恶意串通，损害国家、集体或者第三人利益的合同无效。《合同法解释（二）》第 18 条规定："债务人放弃其未到期的债权或者放弃债权担保，或者恶意延长到期债权的履行期，对债权人造成损害，债权人依照合同法第七十四条的规定提起撤销权诉讼的，人民法院应当支持。"据此，A 项正确。

债权人的撤销权由债权人行使。凡于债务人为有害债权行为前有效成立的债权，债权人均可行使撤销权。因撤销权的行使于第三人有重大利害关系，因此，为防止债权人权利的滥用，债权人的撤销权，须由债权人以自己的名义依诉讼方式为之。

《合同法解释（一）》第 24 条规定："债权人依照合同法第七十四条的规定提起撤销权诉讼时只以债务人为被告，为将受益人或者受让人列为第三人的，人民法院可以追加该受益人或者受让人为第三人。"由此可见，撤销权诉讼的被告为债务人和受益人或受让人。

债权人的撤销权如同其他撤销权一样，应有除斥期间。债权人自应于权利行使期间内行使，否则，除斥期间届满后，债权人的撤销权即消灭。依《合同法》第 75 条规定，撤销权自债权人知道或者应当知道撤销事由之日起 1 年内行使。自债务人的行为发生之日起 5 年内没有行使撤销权的，该撤销权消灭。

【例 3-9】甲欠乙 40 万元到期无力偿还，其父病故后遗有价值 30 万元的住房一套，甲为唯一继承人。乙得知后与甲联系，希望以房抵债。甲便对好友丙说："反正房子我继承了也要拿去抵债，不如送给你算了。"二人遂订立赠与协议。乙可否行使撤销权？应如何行使？

解析：因甲与丙签订合同为逃避债务，且为恶意，乙可以行使撤销权，但应通过诉讼的方式，请求人民法院撤销甲与丙的合同。

（三）债权人撤销权行使的效力

债权人撤销权的行使，其撤销的效力依判决撤销而发生效力。其效力及于债务人、受益人及债权人。

对于债务人，债务人的行为一经被撤销，视为自始无效。例如，为财产赠与的，视为未赠与；为放弃债权的，视为未放弃。

对于受益人，已受领债务人的财产的，应当返还。原物不能返还的，应当折价返还其利益。受益人已向债务人支付对价的，可向债务人主张返还不当得利。

对于债权人，行使撤销权的债权人得请求受益人将所得利益返还给债务人，不得请求直接返还给自己。但是撤销权的行使，其效力及于全体债权人。由受益人返还的财产为债务人的所有债权的一般担保。因此，行使撤销权的债权人不得从受领的给付物中优先受偿。如该债权人依强制执行程序请求受偿时，全体债权人得申请参与按比例分配。但若行使撤销权的债权人的债权与返还的财产发生抵销状态时，债权人得依抵销方式受偿。

债权人行使撤销权的必要费用由债务人负担，第三人有过错的应当适当分担。

四、合同的担保

合同的担保，是指法律为保证特定债权人利益的实现而规定的以第三人的信用或以特定财产保障债务人履行义务、债权人实现权利的制度。合同的担保方式一般包括人的担保和物的担保两类。

（一）人保

人保即保证担保，是由保证人以自己的信用担保债务人履行债务的担保。保证也是一种债的关系，在债务人不履行债务时，债权人可请求保证人履行。保证是通过保证人对债务人债务的清偿保障债权人的权利实现的。保证的成立扩大了债务人清偿债务的责任财产的范围。因此，保证对于债权人行使权利以保障其利益是十分有利的。

保证是指第三人和债权人约定，当债务人不履行其债务时，由第三人按照约定履行债务或承担责任的担保方式。保证分为一般保证和连带保证。一般保证是指当事人在保证合同中约定，当债务人不履行债务时，由保证人承担保证责任的保证方式。一般保证的保证人在主合同纠纷未经审判或仲裁，并就债务人财产依法强制执行仍不能履行债务前，对债权人可以拒绝承担保证责任。连带保证是指当事人在保证合同中约定保证人与债务人对债务承担连带责任的保证方式。连带责任保证的债务人在主合同规定的债务履行期届满没有履行债务的，债权人可以要求债务人履行债务，也可以要求保证人在其保证范围内承担保证责任。当事人对保证方式没有约定或者约定不明确的，按照连带保证承担保证责任。

【例 3-10】出现下列何种情形时，一般保证的保证人不得行使先诉抗辩权？（　　）

A. 债务人被宣告失踪，且无可供执行的财产

B. 债务人移居国外，但国内有其购买现由亲属居住的住宅

C. 债务人被宣告破产，中止执行程序的

D. 保证人曾以书面方式向主合同当事人以外的第三人表示放弃先诉抗辩权

答案：A、C。

解析：《担保法》规定，当事人在保证合同中约定，债务人不能履行债务时，由保证人承担保证责任的，为一般保证。一般保证的保证人在主合同纠纷未经审判或者仲裁，并就债务人财产依法强制执行仍不能履行债务前，对债权人可以拒绝承担保证责任。有下列情形之一的，保证人不得行使前款规定的权利：（1）债务人住所变更，致使债权人要求其履行债务发生重大困难的；（2）人民法院受理债务人破产案件，中止执行程序的；（3）保证人以书面形式放弃前款规定的权利的。最高人民法院《关于适用〈中华人民共和国担保法〉若干问题的解释》（以下简称《担保法解释》）第25条规定，《担保法》第17条第三款第（一）项规定的债权人要求债务人履行债务发生的重大困难情形，包括债务人下落不明、移居境外，且无财产可供执行。

（二）物保

物保是以债务人或第三人的特定财产作为抵偿债权的标的，在债务人不履行债务时，债权人即可从该财产的变卖价款中优先受偿以保障债权实现的担保形式。它包括抵押权、质权、留置权和优先权等。

（三）金钱担保

金钱担保是以金钱为标的物的担保，即债的当事人一方在债履行前依约交付对方一定金钱作为债权担保的担保方式。

由于金钱也是物，所以从本质上说，金钱担保也可归入物保。但金钱毕竟是一般等价物，以金钱为标的的担保与以其他物为标的的担保有着重要区别。所以，在法律上定金作为一种不同于物的担保的独立的担保方式。金钱担保之所以能成为一种担保的形式，是因为作为担保的金钱的得失与债务履行与否联系在一起，使当事人双方产生心理压力，从而促使其积极履行债务，保障债权实现的制度。金钱担保的主要方式有定金和押金。我国《担保法》只将定金作为一种金钱的担保形式加以规定。

【例3-11】甲与乙签订房屋买卖合同，将一幢房屋卖与乙。双方同时约定，一方违约应支付购房款35%的违约金。但在交房前甲又与丙签订合同，将该房卖予丙，并与丙办理了过户登记手续。下列说法正确的有（　　）。

A. 乙可以自己与甲签订的合同在先，主张甲与丙签订的合同无效

B. 乙有权要求甲收回房屋，实际履行合同

C. 乙不能要求甲实际交付该房屋，但可要求甲承担违约责任

D. 若乙要求甲支付约定的违约金，甲可以请求法院或仲裁机构予以适当减少

答案：C、D。

解析：本题考查关于房屋买卖合同知识。

房屋买卖合同是指出卖人将房屋所有权移转给买受人所有，买受人支付价金的买卖合

同。房屋买卖合同与一般买卖合同的不同之处在于房屋属于不动产，对于不动产买卖法律有如下限制：（1）房屋买卖合同须用书面形式，买卖双方须将买卖房屋的位置、面积、价款等约定于书面；（2）在城镇买卖房屋所有权时，双方当事人均须向主管部门提交有关证件，如房屋所有权证、购房证明信、身份证明等，并须在房屋所在地的房屋登记机构登记，办理过户登记手续后，才发生移转，未经登记即使交付，也不发生权利移转效果；（3）出卖共有房屋或出租房屋时，其他共有人或承租人享有同等条件下的优先购买权。

根据《合同法》第114条规定，当事人可以约定一方违约时应当根据违约情况向对方支付一定数额的违约金，也可以约定因违约产生损失赔偿额的计算方法。约定的违约金低于造成的损失的，当事人可以请求人民法院或者仲裁机构予以增加；约定的违约金过分高于造成的损失的，当事人可以请求人民法院或者仲裁机构予以适当减少。

本题中甲与乙签订房屋买卖合同，并约定了违约金，但在交房前甲将该房卖予丙，因此，甲违反了其与乙签订的房屋买卖合同，应承担违约责任。由于甲与丙办理了房屋过户登记手续，这一行为因符合法定的登记要件而成立，故乙无权要求甲收回房屋并实际履行合同，也不能以自己与甲签订的合同在先，主张甲与丙签订的合同无效。但乙可以要求甲承担违约责任并支付约定的违约金，如果违约金过高，甲可以请求法院或仲裁机构予以适当减少。故选项A、B为错误说法，应予排除。

（四）区分的法律意义

区分人保、物保、金钱担保具有十分重要的意义，主要在于以下方面。

1．性质不同

人保是以保证人的清偿能力和信誉提供的担保，其担保权表现为依担保合同产生的一种请求权，属于债权范畴；而物保则表现为债权人对债务人或第三人提供担保之物的一种支配、控制权，属于担保物权。

2．提供担保的主体不同

人保只能由主债务关系以外的第三人来提供；而物保既可以由主债务人提供，也可以由第三人提供，但留置除外。留置是一种法定的担保，留置义务人只能是债务人。

3．担保的标的不同

人保的标的是担保人的信用，而信用的基础是担保人的一般责任财产；而物保的标的必须是担保人的特定财产。

4．权利设定的公示方法不同

人的担保性质上属债权，无对抗第三人的效力，因而为主债权提供保证，无须登记或进行其他公示。而物的担保性质上属物权，依照物权公示原则，物权的设定、变动或消灭必须进行必要的公示，否则无对抗第三人的效力。因此各类物的担保均要求以登记或交付占有为成立或生效要件。

5. 效力不同

人的担保性质上属债权，而物的担保性质上属物权。在担保的效力上，由于物权优于债权，因而人的担保效力不及物的担保，即在人的担保中，主债权人对担保人的财产并无优先受偿权。而在物的担保中，主债权人对担保物享有优先受偿权。

【例 3-12】甲向乙借款 20 万元，甲的朋友丙、丁二人先后以自己的轿车为乙的债权设定抵押担保并依法办理了抵押登记，但都未与乙约定所担保的债权份额及顺序，两辆轿车价值均为 15 万元。若甲到期未履行债务，下列哪些表述是正确的？（ ）

A. 应先就丙的轿车行使抵押权，再就丁的轿车行使抵押权弥补不足

B. 乙应同时就两辆轿车行使抵押权，各实现 50%债权

C. 乙可以就任一轿车行使抵押权，再就另一轿车行使抵押权弥补不足

D. 乙可同时就两辆轿车行使抵押权，各实现任意比例的不超过债务总额的债权

答案：C、D。

解析：《担保法解释》第 75 条规定，同一债权有两个以上抵押人的，债权人放弃债务人提供的抵押担保的，其他抵押人可以请求人民法院减轻或者免除其应当承担的担保责任。同一债权有两个以上抵押人的，当事人对其提供的抵押财产所担保的债权份额或者顺序没有约定或者约定不明的，抵押权人可以就其中任一或者各个财产行使抵押权。抵押人承担担保责任后，可以向债务人追偿，也可以要求其他抵押人清偿其应当承担的份额。故 C、D 项正确。

本章小结

合同生效后，当事人应当诚实信用地全面、适当履行合同，实现合同各方的履行利益，达到合同订立的根本目的。

本章从合同履行的一般原则着手，详细分析了双务合同中履行抗辩权的规定，并对房地产合同履行抗辩权做了细致阐述。在此基础上，结合房地产法律实践，对提前履行和部分履行中存在的问题进行了描述。而后，深入剖析了合同漏洞的处理并提出了救济原则，并结合案例深入探究。最后对合同保全和合同担保进行了阐述，剖析了代位权、撤销权的行使要件，并对各担保方式的异同进行了介绍。

习题

一、名词解释

全面履行原则　同时履行抗辩权　不安抗辩权　代位权　撤销权　一般保证

二、简答题

1. 阐述合同履行中的情势变更原则。
2. 如何理解不安抗辩权的效力？
3. 合同的提前履行与部分履行有何规定？
4. 合同漏洞救济的途径有哪些？
5. 如何理解一般保证和连带保证的差异？
6. 人保和物保对债权担保的效力有何异同？

三、案例赏析：先履行抗辩权应用

（一）案情介绍

2011 年 2 月，武汉某建筑公司（下称建筑公司）与武汉某房地产开发公司（下称开发商）签订施工合同，承包开发商开发的武汉市某商住楼工程施工，层高 26 层，建筑面积 34 000 余平方米，合同约定“工程完工并验收完毕时，全部工程款付至 90%，30 日内办理竣工工程结算”，“乙方（即建筑公司）在竣工验收后 10 日内向甲方（即开发商）移交完整的竣工图纸一套（含每户水电竣工图，竣工图纸必须准确真实地反映实际施工情况），延误一天，乙方支付违约金 2 000 元”。商住楼于 2011 年 7 月开工，2013 年 6 月竣工，竣工后，建筑公司随即向开发商提交竣工结算资料，但开发商以种种原因拖延办理结算。

2016 年 2 月，建筑公司委托本律师代理本案，向武汉市中级人民法院起诉，请求法院判令开发商支付拖欠工程款本金及利息合计 2 500 余万元。开发商应诉后，于 2016 年 3 月提起反诉，请求法院判令建筑公司支付逾期移交竣工图约违约金 190 余万元。

（二）代理观点

开发商认为，根据施工合同约定，建筑公司应在竣工验收后 10 日内向开发商移交完整的竣工图纸一套，延误一天，支付违约金 2 000 元，建筑公司拖延移交竣工图纸达二年零八个月，应根据合同约定向开发商支付违约金 190 余万元。

本律师作为建筑公司代理人参与了本案诉讼，发表代理意见认为，开发商反诉请求不能成立，理由如下。

双方签订的施工合同约定：“工程完工并验收完毕时，全部工程款付至 90%，30 日内办理竣工工程结算”，这说明，工程验收完毕时，开发商就应付至全部工程款 90%。根据双方诉讼过程中签署的结算资料及工程造价司法鉴定书，商住楼竣工结算价款为 3 800 余万元。根据合同约定，商住楼 2013 年 6 月 29 日竣工时开发商应向建筑公司支付全部工程款的 90%即 3 400 余万元，而截至上述日期，开发商只向建筑公司支付 2 900 余万元，远未达到工程款的 90%，违反合同约定。

《合同法》第 67 条规定：“当事人互负债务，有先后履行顺序，先履行一方未履行的，

后履行一方有权拒绝其履行要求。先履行一方履行债务不符合约定的，后履行一方有权拒绝其相应的履行要求。”根据施工合同约定，开发商支付90%工程款的时间早于建筑公司移交竣工图纸的时间，在开发商未付清90%工程款的情形下，建筑公司有权依据《合同法》的上述规定，主张先履行抗辩权，拒绝向开发商移交竣工图纸，直至开发商付清相应工程款。因此，建筑公司不存在未按期移交竣工图纸的违约行为，开发商要求建筑公司支付未按期移交竣工图纸的违约金190余万元的反诉请求不能成立。

退一步说，即使本案不存在上述先履行抗辩权问题，由于诉讼时效问题，建筑公司无权主张逾期移交竣工图纸的违约金。因为商住楼2013年6月29日已竣工，根据施工合同约定，建筑公司移交竣工图纸的时间为竣工验收后10日内，即2013年6月30日至2013年7月9日，自2013年7月10日开始计算移交竣工图纸的诉讼时效，而开发商至今未向建筑公司主张移交竣工图纸，因此开发商要求建筑公司移交竣工图纸的诉讼时效已届满，其无权再主张移交竣工图纸，自然也无权主张逾期移交竣工图纸的违约金。

再退一步说，即使本案不存在上述顺序履行抗辩权及诉讼时效问题，施工合同约定移交竣工图纸延误一天支付违约金2 000元的违约金标准，过分高于开发商所受损失，法院应当予以适当减少。竣工图纸分为建筑、结构及设备竣工图，竣工图制作目的是为了反映工程竣工时的现状，方便房屋竣工后的使用及物业管理，并不具备经济上的使用价值，建筑公司即使晚交一套竣工图纸，也不会对开发商产生实际损失。《合同法》第114条规定：“约定的违约金过分高于造成的损失的，当事人可以请求人民法院或者仲裁机构予以适当减少。”可见，建筑公司未按期移交一套竣工图纸，并不会造成开发商实际损失，而按上述约定计算出的违约金计算至2016年3月高达190余万元，约定的违约金明显过高，法院应当予以适当减少。

（三）审理结果

本律师代理观点获得了法院的支持，2016年10月，武汉市中级人民法院做出一审判决，认定开发商长期拖欠工程款，故建筑公司未及时移交竣工图纸，责任在开发商，据此驳回开发商此项反诉请求。

一审法院判决后，开发商不服，向湖北省高级人民法院提起上诉，目前此案审理中。

（四）律师评析

本案是一例典型的先履行抗辩权在施工合同履行中的具体运用。《合同法》第66条、第67条对先履行抗辩权做了规定，第66条规定，“当事人互负债务，没有先后履行顺序的，应当同时履行。一方在对方履行之前有权拒绝其履行要求。一方在对方履行债务不符合约定时，有权拒绝其相应的履行要求”，第67条规定，“当事人互负债务，有先后履行顺序，先履行一方未履行的，后履行一方有权拒绝其履行要求。先履行一方履行债务不符合约定的，后履行一方有权拒绝其相应的履行要求”。

施工合同履行过程中，先履行抗辩权的运用是较为常见的。例如，施工合同约定发包人应在开工前向承包人支付一定金额的预付款，如发包人未支付，承包人可以拒绝开工，由发包人承担违约责任。发包人未按照合同约定支付进度款，导致施工无法进行的，承包人可停止施工，由发包人承担违约责任。双方已办理结算，但发包人未按照合同约定支付竣工结算价款的，承包人有权拒绝将工程交付给发包人使用，有权拒绝将有关图纸、资料交付发包人。施工企业在施工合同及其他合同履行过程中，可以充分运用合同法的上述规定维护自身合法权益，防止在发包人或对方当事人违约情形下，自身损失扩大。

第四章　房地产合同责任

学习目标

通过对本章的学习，学生应掌握以下内容：

1. 合同的变更和转让；
2. 合同权利义务的终止；
3. 违约责任的归责原则；
4. 违约责任的承担方式；
5. 违约责任免责的情形。

导言

合同成立后，当事人应当按照合同的约定履行合同。任何一方未经对方同意，都不得改变合同的内容。但是，当事人在订立合同时，有时不可能对涉及合同的所有问题都做出明确的预先的规定；合同签订后，当事人在合同履行前或者履行过程中也会出现一些新的情况，需要对双方的权利义务关系重新进行调整和规定，以适用新的客观情况。

第一节　合同的变更和转让

世界上唯一不变的就是“变”。同样，管理的最高层次就是对变更的管理。合同履行中，当事人要根据动态变化的环境和条件跟踪合同，一定情况下要对合同进行变更，以便更好地实现合同各方的履行利益。

一、房地产合同变更

合同的变更有广义和狭义之分，从广义上讲，是指合同内容和主体发生变化；从狭义上讲，仅指合同内容的变更。《合同法》规定的合同变更仅指合同中权利和义务关系的变更，即狭义的变更，不包括合同主体的变更。而合同主体的变更则称为合同转让，即债权

人和债务人的改变，是通过债权转让和债务转让的制度调整的。

（一）变更的概念

房地产合同变更，是指房地产合同依法成立后，在尚未履行或尚未完全履行时，当事人依法经过协商，对合同的内容进行修订或调整所达成的协议。

应当注意的是，合同主体变更时，一般不发生合同内容的变更，而在合同内容变更之时，合同的主体也是不变的。如果合同的主体和合同的内容同时发生变更，实际上已经是一个新的合同了。

房地产合同变更分为协议变更和法定变更两种情形。协议变更是指合同当事人在合意的基础上，以协议的方式对合同的内容进行变更。一方未经对方同意任意改变合同内容的，变更后的内容不仅对另一方没有约束力，而且这种擅自改变合同的做法也是一种违约行为，当事人应当承担违约责任。法定变更是指在合同成立后，发生法律规定的可以变更合同的事由时，一方当事人可以自己的意志做出变更请求。

（二）变更的要件

1．须原合同有效存在

合同的变更是对原合同内容进行的修订或调整，如果原合同不存在或无效则无变更的必要。合同的变更，是改变原合同关系，无原合同关系便无变更的对象，所以，合同变更以原已存在合同关系为前提。同时，原合同关系若非合法有效，如合同无效、合同被撤销、追认权人拒绝追认效力未定的合同，也无合同变更的前提。

2．须合同内容发生实质性变化

合同的变更，是对原合同关系的内容做某些修改或补充，是对合同内容的局部调整。例如，合同标的数量增减、交货时间、地点的改变，价款和结算方式的改变等。合同变更既可能是合同标的的变更，也可能是合同数量的增加或者减少；既可能是履行地点由北京改为上海，也可能是履行方式的改变，如原订出卖人送货后改为买受人自己提货；既可能是合同履行期的提前或者延期，也可能是违约责任的重新约定。当事人给付价款或者报酬的调整更是合同变更的主要原因。此外，合同担保条款以及解决争议方式的变化也会导致合同的变更。

3．须经当事人协商一致

当事人协商一致是变更合同的一般条件和必要前提。因为合同是在双方当事人协商一致的基础上订立的，是双方当事人意思表示一致的体现。对合同进行变更将使双方当事人权利义务关系发生变化，任何一方均不能将自己的意志强加给对方。未经对方同意而擅自变更合同，不仅不能对合同的另一方产生约束力，而且还可能构成违约。

由于合同是当事人协商一致的产物，所以，当事人在变更合同内容时，也应当本着协商的原则进行。当事人可以依据要约、承诺等有关合同成立的规定，确定是否就变更事项

达成协议。如果双方当事人就变更事项达成了一致意见，变更后的内容就取代了原合同的内容，当事人就应当按照变更后的内容履行合同。

4．须遵守法定的程序和方式

合同变更需要当事人协商一致，但有些情况下，仅有当事人协商一致是不够的，当事人还应当履行法定的程序。

《城市房地产管理法》第 60 条规定："房地产转让或者变更时，应当向县级以上地方人民政府房产管理部门申请房产变更登记，并凭变更后的房屋所有权证书向同级人民政府土地管理部门申请土地使用权变更登记，经同级人民政府土地管理部门核实，由同级人民政府更换或者更改土地使用权证书。"

《合同法》第 77 条第 2 款规定："法律、行政法规规定变更合同应当办理批准、登记等手续的，依照其规定。"因此，法律、行政法规对变更合同事项有具体要求的，当事人应当按照有关规定办理相应的手续。如果没有履行法定程序，即使当事人已协议变更了合同，变更的内容也不发生法律效力。房地产合同作为一类重要的合同，其变更必须经过批准、登记等手续。

（三）变更的效力

1．新变更的内容替代原有内容发生效力

由于合同是当事人协商一致的产物，如果双方当事人就变更事项达成了一致意见，变更后的内容就取代了原合同的内容，当事人应当按照变更后的内容履行合同，即新变更内容代替原有内容发生效力。

2．合同变更不具有溯及力

合同变更没有消灭原合同关系，因此，也就不产生溯及既往的问题。变更的效力一般只涉及合同未履行部分，当事人只按合同变更后的内容履行，变更前已履行的部分则不再变动，未变更的权利义务继续有效，变更前已经履行的债务不因合同的变更而失去合法性。

3．不影响当事人请求损害赔偿的权利

原则上，提出变更的一方对对方因合同变更所受损失应负赔偿责任。

4．主合同变更对从合同的效力问题

主合同发生变化，从合同也随之变化，其效力因合同类型的差异而有巨大不同。例如，《担保法》第 24 条规定，债权人与债务人协议变更主合同的，应当取得保证人书面同意，未经保证人书面同意的，保证人不再承担保证责任。保证合同另有约定的，按照约定。

5．对合同变更内容约定要明确

合同变更的过程，是当事人协商一致的过程。因此，合同中关于要约、承诺的规定也适用于合同变更的情况。当事人在变更合同的过程中，可能出现对需要变更的内容达不成一致意见的情况。为了减少合同变更时可能发生的纠纷，《合同法》明确规定，当事人对

于合同变更的内容约定不明确的，推定为未变更。当事人只需按照原有合同的规定履行即可，任何一方不得要求对方履行变更中约定不明确的内容。

合同的变更会形成新的债权债务内容。由于合同的变更，当事人不能完全按原合同的内容履行，而应按变更后的权利义务关系来履行。但这并不是说在合同变更时，必须首先消灭合同关系。事实上，合同的变更是指在保留原合同的实质内容的基础上，产生一个新的合同关系，它仅仅是在变更的范围内使原债权债务关系发生变化，而变更之外的债权债务关系仍继续有效并应履行。所以说，合同变更只是使原合同关系相对消灭。

二、房地产合同的转让

房地产合同转让是指房地产合同依法成立并生效后，在合同尚未履行或未完全履行之前，根据当事人之间的协议或法律规定，一方当事人将其合同权利、义务全部或部分地让与第三人。

（一）合同权利的转让

权利是可以让渡的，在满足一定程序的前提下，权利让渡产生法律效力。

1．合同权利转让的概念

房地产合同权利转让是指不改变合同权利的内容，由债权人将权利转让给第三人。债权人既可以将合同权利全部转让，也可以将合同权利部分转让。合同权利全部转让的，原合同关系消灭，产生一个新的合同关系，受让人取代原债权人的地位，成为新的债权人。合同权利部分转让的，受让人作为第三人加入原合同关系，与原债权人共同享有债权。

2．合同权利转让的条件

（1）须存在有效债权。《合同法》规定，有效债权的存在是债权让与的根本前提。以不存在或无效的债权让与他人，或者以消灭的债权让与他人，该债权让与无效。

（2）转让双方之间须达成合意。合同的变更实际上是双方当事人达成合意的过程，需要遵循合同订立的基本原则。在转让权利时，任何一方不得将自己的意志强加给他人，应在协商一致的基础上达成合意。

（3）转让的合同权利须具有可让与性。在绝大多数情况下，合同债权是可以转让的。但一方面，合同债权毕竟是特定人之间自由创设的权利，它有时建立在当事人相互信赖或特定利益的基础之上，其可转让性往往受到此种债权之性质的限制；另一方面，法律基于社会政策和保护社会公共秩序的考虑，又不得不禁止一些债权的可转让性。

《合同法》规定，债权人可以将合同的权利全部或者部分转让给第三人，但有下列情形之一的除外：① 根据合同性质不得转让（如赠与合同、委托合同等具有人身性质的合同）；② 按照当事人约定不得转让；③ 依照法律规定不得转让。

① 据合同性质不得转让的。根据合同性质不得转让的权利，主要是指合同是基于特定

当事人的身份关系订立的，合同权利转让给第三人，会使合同的内容发生变化，动摇合同订立的基础，违反了当事人订立合同的目的，使当事人的合法利益得不到应有的保护。根据合同性质不得让与的合同权利主要有以下四种：第一，根据个人信任关系而发生的债权，如雇佣人对受雇人的债权、委托人对受托人的债权等。第二，以选定债权人为基础发生的合同权利，如以某个特定演员的演出活动、某个作家的创作活动为基础所订立的演出合同、出版合同等。第三，合同内容中包括了针对特定当事人的不作为义务，如禁止某人在转让其权利后再将权利转让给他人，禁止某人使用某块土地或某项财产等。第四，属于从权利的合同权利，如保证合同权利等。

【例 4-1】甲委托乙外出办理某一事务，甲已支付代理费。

问：甲可否与丙约定，将其对乙享有的债权转让给丙？

解析：不可以，因为乙受甲的委托，是基于人身信任关系，一般情况下不能转委托。

【例 4-2】甲委托乙画家为其画像，并已支付酬金给画家。

问：乙、丙可否约定，将乙享有的画家为其画像的权利转让给丙？

解析：不可以，因为甲对乙的委托属于专为特定债权利益设定，不能随意转给他人。

② 按照当事人约定不得转让的。当事人在订立合同时可以对权利的转让做出特别约定，禁止债权人将权利转让给第三人。这种约定只要是当事人真实意思的表示，同时不违反法律禁止性规定，那么对当事人就产生法律效力。债权人应当遵守该约定不得再将权利转让给他人，否则其行为构成违约。

但是，合同当事人的这种特别约定，不能对抗善意的第三人。如果债权人不遵守约定，将权利转让给了第三人，使第三人在不知实情的情况下接受了转让的权利，该转让行为就有效，第三人成为新的债权人。转让行为造成债务人利益损害的，原债权人应当承担违约责任。

③ 依照法律规定不得转让的。我国一些法律对某些权利的转让做出了禁止性规定。对于这些规定，当事人应当严格遵守，不得违反法律的规定，擅自转让法律禁止转让的权利。

依据《合同法》第 87 条规定，债权人转让权利或者债务人转移义务，法律、行政法规规定应当办理批准、登记等手续的，依照其规定。如果债权人向批准或者登记机关提出权利转让请求时，批准或者登记机关经审查，未同意其转让的，该合同的权利就属于法律规定不得转让的权利，债权人不得违反法律的规定将权利进行转让。我国文物购销一直实行国家统一管理、收购和经营的政策，禁止私自倒卖文物的行为。因此，公民违反文物法的有关规定，将文物买卖合同中的权利转让给外国人的，其转让所有权的行为是无效的。

（4）应当符合法定程序。《合同法》第 80 条规定：“债权人转让权利的，应当通知债务人。未经通知，该转让对债务人不发生效力。债权人转让权利的通知不得撤销，但经受让人同意的除外。”

考虑到合同双方当事人的利益的平衡，《合同法》在权利转让的问题上确立了权利转让只需通知债务人的原则。通知到达债务人时转让行为生效。未经通知，该转让行为对债务人不发生效力。这些规定一方面尊重了债权人对其权利的行使，另一方面防止了债权人滥用权利损害债务人的利益。同时将权利转让生效的决定权交给债权人行使，也符合其权利本身的属性，有利于促进市场经济的发展。

债务人接到债权人权利转让的通知后，权利转让就生效，随之会引起合同权利和义务关系的一系列变化。原债权人被新的债权人替代或者新债权人的加入使原债权人已不能完全享有原债权。因此，债权人一旦发出转让权利的通知，就意味着合同的权利已归受让人所有或者和受让人分享，债权人不得再对转让的权利进行处置，因此，原债权人无权撤销转让权利的通知。只有在受让人同意的情况下，债权人才能撤销其转让权利的通知。

3．合同权利转让的效力

（1）转让合同权利的内部效力。

其一，合同权利由让与人转让给受让人。如果是全部转让，则受让人取代原债权人的地位而享有合同权利，让与人脱离原合同关系。如果是部分转让，则受让人加入合同关系，成为与原债权人共享合同权利的新债权人。

其二，合同权利转让时，受让人取得与合同债权有关的从权利，如保证债权、担保物权、违约债权等，但该从权利专属于债权人自身的除外。

其三，让与人应将合同权利的证明文件全部交付受让人。其证明文件包括债务人出具的借据、票据、合同文书、往来信函等。

其四，让与人对转让的债权负担保责任，凡因债务人主张可以对抗原债权人的事由而使受让人的利益受到损害的，让与人应当负责。

（2）转让合同权利的外部效力。

其一，在让与人与债务人之间的效力。在让与人与债务人之间，因转让通知，双方完全脱离合同关系。让与人不得再受领债务人的履行，债务人也不得再向让与人履行原来的债务。否则，在前者场合，成立不当得利；在后者场合，不发生清偿效果，债务人仍需向受让人履行债务。但债务人接受转让通知前向原债权人所为的履行仍然有效，原债权人对债务人所为的债务免除也有效。

其二，在受让人与债务人之间的效力。债务人收到转让通知后，即应当将受让人作为债权人而履行债务。受让人取代原债权人而成为新债权人，享有和原债权人同样的权利。

为了保护债务人不因转让合同权利而受损害，债务人接受转让通知时，债务人对让与人的抗辩，均可向受让人主张，此处的抗辩包括债权不发生、债务未届清偿期等。《合同法》第82条规定："债务人接到债权转让通知后，债务人对让与人的抗辩，可以向受让人主张。"《合同法》第83条规定："债务人接到债权转让通知时，债务人对让与人享有债权，并且债务人的债权先于转让的债权到期或者同时到期的，债务人可以向受让人主张抵销。"

合同权利转让后，债务人还可因某种事实取得对受让人的抗辩权。例如合同权利转让后时效完成，债务人依此可拒绝履行；终期到来时，债务人可主张合同终止等。

【例 4-3】甲将其对乙享有的 10 万元货款债权转让给丙，丙再转让给丁，乙均不知情。乙将债务转让给戊，得到了甲的同意。丁要求乙履行债务，乙以其不知情为由抗辩。下列哪一表述是正确的？（　　）

A. 甲将债权转让给丙的行为无效

B. 丙将债权转让给丁的行为无效

C. 乙将债务转让给戊的行为无效

D. 如乙清偿 10 万元债务，则享有对戊的求偿权

答案：D。

解析：债权让与有四个要点：成立生效、通知生效、抗辩延续、抵销延续。本题法律关系简图如下：甲—丙—丁；乙—戊。

A、B 项：考查债权让与的效力。债权转让行为虽然应通知债务人，但是通知不影响债权让与行为的效力。只要让与人和受让人之间达成协议并让与之，即对让与人和受让人产生效力。A、B 项中的债权让与生效而非无效，故 A、B 项错误。

C 项：考查债务承担的效力。《合同法》第 84 条规定，债务人将合同的义务全部或者部分转移给第三人的，应当经债权人同意。所以债务承担行为的生效不仅要债务人和承担人达成合意，而且要经过债权人的同意，本题债务人乙的债务转让给戊已经经过债权人的同意，故而有效，故 C 项错误。

D 项：经过债权让与和债务承担，现在的债权债务存在于丁、戊之间，若乙清偿 10 万元债务，属于第三人代为清偿，乙可依无因管理的规定向戊求偿，故 D 项正确。

综上所述，本题答案为 D。

【例 4-4】2017 年 1 月 1 日甲向乙借款 300 万元，丁提供担保，1 月 8 日乙将债权转让给了丙，并于第 1 月 10 日通知甲，但未告知丁。

解析：成立生效：1 月 8 日债权转让在乙丙之间生效；通知生效：1 月 10 日债权让与对甲生效；抗辩延续：甲对乙的抗辩权可以向丙主张；从随主走：担保物权随从乙转向丙，但未生效。

（二）合同义务的转让

合同义务转移是指债务人经债权人同意，将合同的义务全部或者部分地转让给第三人。正如债权人可以全部或者部分转让权利一样，债务人也可以将合同的义务转移给第三人。转移合同义务也是法律赋予债务人的一项权利。但是，债权人和债务人的合同关系是产生在相互了解的基础上，在订立合同时，债权人一般要对债务人的资信情况和偿还能力进行

了解，而对于取代债务人或者加入债务人中的第三人的资信情况及履行债务的能力，债权人不可能完全清楚。所以，如果债务人不经债权人的同意就将债务转让给了第三人，那么，对于债权人来说显然是不公平的，不利于保障债权人合法利益的实现。

合同义务转移分为两种情况：一种情况是合同义务的全部转移，在这种情况下，新的债务人完全取代了旧的债务人，新的债务人负责全面的履行合同义务；另一种情况是合同义务的部分转移，即新的债务人加入原债务，和原债务人一起向债权人履行义务。债务人不论转移的是全部义务还是部分义务，都需要征得债权人同意。未经债权人同意，债务人转移合同义务的行为对债权人不发生效力。债权人有权拒绝第三人向其履行，同时有权要求债务人履行义务并承担不履行或者迟延履行合同的法律责任。转移义务要经过债权人的同意，这也是合同义务转移制度与合同权利转让制度最主要的区别。

应当指出的是，债务人转移义务有别于第三人替债务人履行债务。《合同法》第65条对第三人替债务人履行债务的问题做出了规定，明确当事人可以约定由第三人向债权人履行债务。第三人不履行或者履行债务不符合的，债务人应当向债权人承担违约责任。

债务人转移义务和第三人替债务人履行债务的区别主要有以下几个方面：（1）在债务人转移义务时，债务人应当征得债权人的同意。在第三人替代履行的情况下，债务人同意第三人代替其履行债务即可，不必经债权人的同意。（2）在债务人转移义务的情况下，债务人全部转移义务后就退出了原合同关系，第三人成为合同新的债务人。在债务人部分转移义务时，第三人加入原合同关系，和债务人共同履行义务。第三人替代履行时，第三人并未加入合同关系，债权人不能把第三人作为合同的主体，直接要求第三人履行义务。（3）在债务人转移义务后，第三人成为合同关系的当事人，如果债务人未能按合同约定履行，债权人可直接请求第三人履行义务，而不能再要求原债务人履行。在合同义务部分转移的情况下，债权人可以向债务人和第三人中的任何一方要求履行。在第三人替代履行的情况下，第三人履行有瑕疵的，债权人只能要求债务人承担违约责任，而不能要求第三人承担违约责任。

债务人的抗辩权不因债务的转移而消灭。新债务人享有的抗辩权包括：同时履行抗辩权、先诉抗辩权、合同撤销的抗辩权、债务已履行完毕的抗辩权、债权无效的抗辩权、诉讼时效已过的抗辩权等。

《合同法》第86条规定：“债务人转移义务的，新债务人应当承担与主债务有关的从债务，但该从债务专属于原债务人自身的除外。”

【例4-5】甲对乙享有10万元到期债权，乙对丙也享有10万元到期债权，三方书面约定，由丙直接向甲清偿。下列说法不正确的是（　　）。

A. 丙可以向甲主张其对乙享有的抗辩权

B. 丙可以向甲主张乙对甲享有的抗辩权

C. 若丙不对甲清偿，甲可以要求乙清偿

D. 若乙对甲清偿，则构成代为清偿

答案：C。

解析：甲、乙、丙三方的约定实际上是一个经过债权人同意的债务承担协议。《合同法》第 85 条规定，债务人转移义务的，新债务人可以主张原债务人对债权人的抗辩。所以丙可以向甲主张乙对甲享有的抗辩权，所以 B 项不能选。同时甲、乙、丙之间的三方约定也具有债权让与的性质，丙可以向甲主张其对乙享有的抗辩权，所以 A 项也不能选。债务承担之后，原债务人乙就不在原债权债务关系中，若丙不对甲清偿，甲也不能要求乙清偿。如果乙对甲清偿，则构成代为清偿。所以 C 项可选，D 项不可选。

【例 4-6】甲经乙公司股东丙介绍购买乙公司矿粉，甲依约预付了 100 万元货款，乙公司仅交付部分矿粉，经结算欠甲 50 万元货款。乙公司与丙商议，由乙公司以欠款人的身份向甲出具欠条。其后，乙公司未按期支付。关于丙在欠条上签名的行为，下列哪一选项是正确的？（　　）

A. 构成第三人代为清偿

B. 构成免责的债务承担

C. 构成并存的债务承担

D. 构成无因管理

答案：C。

解析：A 项：第三人清偿是指合同当事人约定由第三人向债权人履行合同债务。《合同法》第 65 条规定，当事人约定由第三人向债权人履行的，第三人不履行或者履行债务不符合约定，债务人应当向债权人承担违约责任。本题中是由第三人和债务人共同对债务进行履行，并不符合代为清偿构成要件。故 A 项错误。

B、C 项：依据《合同法》第 84 条的规定，债务人将合同的义务全部或者部分转移给第三人的，应当经债权人的同意，此即债务承担。债务承担可以分为免责的债务承担和并存的债务承担。免责的债务承担是指新债务人代替原债务人履行债务原债务人退出债的关系，其原有的履行责任被免除；并存的债务承担，又称债务加入，是指原债务人并没有脱离原债务的关系，而第三人又加入原存的债务关系，并与原债务人共同向同一债权人承担债务。本题中丙加入甲与乙公司之间的债务，与原债务人乙公司共同对债权人甲承担债务，因此属于并存的债务承担。故 B 项错误，C 项正确。

D 项：《民法总则》第 121 条规定，没有法定的或者约定的义务，为避免他人利益受损失而进行管理的人，有权请求受益人偿还由此支出的必要费用。本题中丙的行为并不属于为避免他人利益受损而进行管理，因此不构成无因管理。故 D 项错误。综上所述，本题答案为 C。

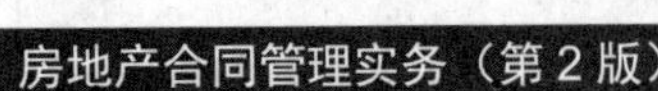

【例 4-7】2017 年 1 月 1 日甲向乙借款 300 万元，丁提供担保，1 月 8 日甲将债务承担转让给了丙，但未告知乙。

解析：成立生效：1 月 8 日债权转让在甲丙之间生效；非经债权人乙同意，对乙不产生效力；抗辩延续：丙对乙可以主张甲对乙的抗辩权；非经担保人丁同意，丁可以免除担保责任。

（三）合同权利义务的概括转移

权利和义务一并转让又称为概括转让，是指房地产合同一方当事人将其权利和义务一并转移给第三人，由第三人全部地承受这些权利和义务。权利和义务一并转让不同于权利转让和义务转让的是，它是合同一方当事人对合同权利和义务的全面处分，其转让的内容实际上包括权利的转让和义务的转移两部分内容。权利义务一并转让的后果，导致原合同关系的消灭，第三人取代了转让方的地位，产生出一种新的合同关系。

《合同法》第 89 条规定，权利和义务一并转让的，适用本法第 79 条、第 81 条至第 83 条、第 85 条至第 87 条的规定。

《合同法》第 90 条规定："当事人订立合同后合并的，由合并后的法人或者其他组织行使合同权利，履行合同义务。当事人订立合同后分立的，除债权人和债务人另有约定的以外，由分立的法人或者其他组织对合同的权利和义务享有连带债权，承担连带债务。"

第二节　合同权利义务终止

合同是工程项目运作的工具，与工程项目一样，合同也具有一定的生命期，基于合同履行完毕或其他法律规定的原因，当相关事件成就时，合同的权利义务终止，也就是合同消灭。

一、合同权利义务终止的概念

合同权利义务终止简称合同的终止，又称合同的消灭，是房地产合同当事人双方之间的权利义务在客观上不复存在。合同终止须基于一定的法律事实，也就是要有合同终止的原因。

二、合同权利义务终止的情形

《合同法》第 91 条规定，有下列情形之一的，合同的权利义务终止：（1）债务已经按照约定履行；（2）合同解除；（3）债务相互抵销；（4）债务人依法将标的物提存；（5）债

权人免除债务；（6）债权债务同归于一人；（7）法律规定或者当事人约定终止的其他情形。

（一）债务已经按照约定履行

债务已经按照约定履行，指债务人按照约定的标的、质量、数量、价款或者报酬、履行期限、履行地点和方式全面履行。

以下情况也属于合同按照约定履行。

1．当事人约定的第三人按照合同内容履行

合同是债权人与债务人之间的协议，其权利义务原则上不涉及合同之外的第三人，合同债务当然应当由债务人履行，但有时为了实现当事人特定目的，法律允许合同债务由当事人约定的第三人履行，第三人履行债务，也产生债务消灭的后果。比如债务人乙和债权人甲约定，由第三人丙偿还乙欠甲的 10 万元人民币的债务，丙将 10 万元人民币偿还给甲后，该合同的权利义务亦终止。

2．债权人同意以他种给付代替合同原定给付

合同的种类不同，债务的内容也不同，如货物买卖合同，债务的内容是交付货物或支付价款；承揽合同，债务的内容是提供劳务或者支付报酬。债务人应当按照合同约定的内容履行，但有时，实际履行债务在法律上或者事实上不可能，如债务履行时，法律规定该履行须经特许，债务人无法得到批准许可，或者标的物已灭失，无法交付；或者实际履行费用过高，比如交付货物的运输费用大大提高，甚至超过合同标的的价格，实际履行极不经济；或者不适于强制履行，如以债务人的具有人身性质的特定行为为标的合同。在实际履行不可能的情况下，经债权人同意，可以采用代物履行的办法，达到债务消灭的目的。

3．当事人之外的第三人接受履行

债务人应当向债权人履行债务，债权人受领后产生债务消灭的后果。但有时，当事人约定由债务人向第三人履行债务，债务人向第三人履行后，也产生债务消灭的后果。比如债务人乙欠债权人甲 1 万元人民币，债权人甲又欠第三人丙的钱，债权人甲请求债务人乙直接将欠款付给丙，乙同意，并按照其欠甲款的数额将钱付给了丙，从而消灭了其对甲的债务。

合同中约定几项债务时，某项债务按照约定履行，产生债务消灭的效果，但并非终止合同。在双务合同中，只有当事人双方都按照约定履行，合同才能终止。任何一方履行有欠缺，都不能达到终止合同的目的。

（二）合同解除

合同的解除，是指合同当事人一方或者双方依照法律规定或者当事人的约定，依法解除合同效力的行为。《合同法》第 94 条规定，有下列情形之一的，当事人可以解除合同。

（1）因不可抗力致使不能实现合同目的。

（2）在履行期限届满之前，当事人一方明确表示或者以自己的行为表明不履行主要债务。

（3）当事人一方迟延履行主要债务，经催告后在合理期限内仍未履行。

（4）当事人一方迟延履行债务或者有其他违约行为致使不能实现合同目的。

（5）法律规定的其他情形。

合同解除具有以下特征。

1. 适用于合法有效的合同

合同只有在生效以后，才存在解除，无效合同、可撤销合同不发生合同解除。

2. 必须具备法律规定的条件

合同一旦生效，即具有法律拘束力，非依法律规定，当事人不得随意解除合同。我国法律规定的合同解除条件主要有约定解除和法定解除。

3. 必须有解除的行为

符合法律规定的解除条件，合同还不能自动解除，不论哪方当事人享有解除合同的权利，主张解除合同的一方，必须向对方提出解除合同的意思表示，才能达到合同解除的法律后果。

4. 使合同关系自始消灭或者向将来消灭

合同的解除，要么视为当事人之间未发生合同关系，要么合同尚存的权利义务不再履行。合同解除与附解除条件的合同，虽然在解除合同的条件成就时，都使合同消灭，但两者有区别，表现在以下方面。

（1）附解除条件，是行为人以意思表示对自己的行为所加的限制性附款；合同的解除不是合同的附款，不仅基于当事人约定发生，也基于法律规定发生。

（2）附解除条件的合同，条件成就时合同自然解除，不需要当事人再有什么意思表示；合同的解除，仅具备条件还不能使合同消灭，必须有解除合同的意思表示。

（3）附解除条件的合同，条件成就时，合同对于将来失其效力；合同解除，合同不仅对于将来失其效力，有些具有溯及既往的效力。

（三）债务相互抵销

抵销，是指同类已到履行期限的对等债务，因当事人相互抵充其债务而同时消灭。用抵销方法消灭债务应符合下列条件：必须是对等债务；必须是同一种类的给付之债；同类的对等之债都已到履行期限。

《合同法》第99条规定："当事人互负到期债务，该债务的标的物种类、品质相同的，任何一方可以将自己的债务与对方的债务抵销，但依照法律规定或者按照合同性质不得抵销的除外。当事人主张抵销的，应当通知对方。通知自到达对方时生效。抵销不得附条件或者附期限。"《合同法》进一步规定："当事人互负债务，标的物种类、品质不相同的，经双方协商一致，也可以抵销。"《合同法解释（二）》同时也规定："对于依照合同法

第九十九条的规定可以抵销的到期债权，当事人约定不得抵销的，人民法院可以认定该约定有效。”

（四）债务人依法将标的物提存

提存，是指债权人无正当理由拒绝接受履行或其下落不明，或数人就同一债权主张权利，债权人一时无法确定，致使债务人一时难以履行债务，经公证机关证明或人民法院的裁决，债务人可以将履行的标的物提交有关部门保存的行为。

提存是债务履行的一种方式。如果超过法律规定的期限，债权人仍不领取提存标的物的，应收归国库所有。

《合同法》第 101 条规定，有下列情形之一，难以履行债务的，债务人可以将标的物提存：（1）债权人无正当理由拒绝受领；（2）债权人下落不明；（3）债权人死亡未确定继承人或者丧失民事行为能力未确定监护人；（4）法律规定的其他情形。标的物不适于提存或者提存费用过高的，债务人依法可以拍卖或者变卖标的物，提存所得的价款。

（五）债权人免除债务

债权人免除债务，指债权人放弃自己的债权。债权人可以免除债务的部分，也可以免除债务的全部。例如，债务人乙应当偿还债权人甲 2 万元人民币，甲表示乙可以少还或者不还，就是债权人免除债务。甲表示只需要偿还 1 万元，是债务的部分免除；表示 2 万元都不必偿还，是债务的全部免除。免除部分债务的，合同部分终止；免除全部债务的，合同全部终止。

免除，是指债权人放弃债权，从而免除债务人所承担的义务。债务人的债务一经债权人解除，债的关系自行解除。

（六）债权和债务同归于一人

债权和债务同归于一人，指由于某种事实的发生，使一项合同中，原本由一方当事人享有的债权，而由另一方当事人负担的债务，统归于一方当事人，使得该当事人既是合同的债权人，又是合同的债务人。例如，甲公司与乙公司签订了房屋租赁合同，在乙公司尚未支付租金时，甲乙二公司合并成立了一个新的公司，甲公司的债权和乙公司的债务都归属于新公司，原甲公司和乙公司之间的合同自然终止。《合同法》第 106 条规定：“债权和债务同归于一人的，合同的权利义务终止，但涉及第三人利益的除外。”

（七）其他情形

除了前述合同的权利义务终止的情形，出现了法律规定的终止的其他情形的，合同的权利义务也可以终止。例如，《民法总则》第 173 条规定，有下列情形之一的，委托代理终止。

（1）代理期间届满或者代理事务完成。

（2）被代理人取消委托或者代理人辞去委托。

（3）代理人丧失民事行为能力。

（4）代理人或者被代理人死亡。

（5）作为代理人或者被代理人的法人、非法人组织终止。

当事人也可以约定合同的权利义务终止的情形。当事人订立的附解除条件的合同，当解除条件成就时，债权债务关系消灭，合同的权利义务终止。比如，赠与人与受赠人约定，赠与人每月负担受赠人的生活费至其 18 周岁，受赠人 18 周岁前参加工作的，自参加工作之日，赠与合同终止。如果受赠人 17 周岁参加工作，赠与人与受赠人之间的合同的权利义务终止。

债因当事人死亡而解除，仅指具有人身性质的合同之债，因为人身关系是不可继承和转让的，所以，委托合同的受托人、出版合同的约稿人等死亡时，其所签订的合同也当然终止。

三、后合同义务

合同基于诚实信用原则而生，同样合同权利义务终止后，当事人基于诚实信用原则仍然承担一定的责任。

1．概念

后合同义务，是指合同的权利义务终止后，当事人依照法律规定，遵循诚实信用原则，根据交易习惯履行的义务。《合同法》第 92 条规定："合同的权利义务终止后，当事人应当遵循诚实信用原则，根据交易习惯履行通知、协助、保密等义务。"

2．特点

后合同义务是根据诚实信用原则产生的合同约定之外的默示义务。它主要有如下特点。

（1）后合同义务是合同的权利义务终止后产生的义务，合同成立前，当事人承担的是先合同义务；合同的权利义务未终止，当事人履行的是合同义务。

（2）后合同义务主要是法律规定的义务。如果当事人在合同中约定履行某项义务，该义务为合同义务，不履行该义务，承担违反合同的损害赔偿责任。

（3）后合同义务是诚实信用原则派生的义务。诚实信用原则要求民事活动的当事人具有诚实、守信、善意的心理状况，不损人利己，不规避法律，在民事活动中维持双方的利益平衡，以及当事人利益与社会利益的平衡。合同的权利义务终止后，当事人应当履行哪些义务，并没有直接规定，依诚实信用原则应履行的义务，均应为后合同义务的范围。

（4）后合同义务的内容根据交易习惯确定。合同的内容不同，后合同义务也不同，法律不可能针对个案确定后合同义务的内容，但按照交易习惯，某类合同终止后，当事人通常的行为准则，应作为后合同义务。所谓交易习惯，一方面指一般的民商事活动应遵循的

习惯，另一方面指当事人双方长期交易关系中形成的习惯。

3．内容

遵循诚实信用原则，根据交易习惯，合同终止后的义务通常有以下几方面。

（1）通知义务。合同权利义务终止后，一方当事人应当将有关情况及时通知另一方当事人。例如，债务人将标的物提存的，应当通知债权人标的物的提存地点和领取方式。

（2）协助义务。合同的权利义务终止后，当事人应当协助对方处理与原合同有关的事务。比如，合同解除后，需要恢复原状的，对于恢复原状给予必要的协助；合同的权利义务终止后，对于需要保管的标的物协助保管。

（3）保密义务。保密指保守国家秘密、商业秘密和合同约定不得泄露的事项。国家秘密，指关系国家的安全和利益，依照法定程序确定，在一定时间内只限于一定范围的人员知悉的事项。国家秘密事关国家安全和利益，合同的权利义务终止后，合法接触。掌握、使用国家秘密的合同当事人，对于保密期内的国家秘密，无权向第三者泄露。泄露了国家秘密，要承担民事责任、行政责任甚至刑事责任。商业秘密，指不为公众所知悉，能为权利人带来经济利益，具有实用性，并经权利人采取保密措施的技术信息和经营信息。商业秘密一旦进入公共领域，就会失去其商业价值，损害合同当事人的经济利益和竞争优势。因此，合同的权利义务终止后，当事人负有保守商业秘密的义务。泄露了商业秘密要承担民事责任。除了国家秘密和商业秘密，当事人在合同中约定保密的特定事项，合同的权利义务终止后，当事人也不得泄露。

第三节　合同违约及其责任承担

房地产合同依法成立后，当事人应当按照约定全面履行自己的义务。当事人一方不履行义务或履行义务不符合约定的，应当承担违约责任。违约责任以合同有效成立为前提，若合同不成立、不生效、无效、被撤销，纵使当事人有过失，对方有损失，也不发生违约责任，而应当承担缔约过失责任。当事人的违约行为有预期违约和实际违约之分，无论何种违约行为，只要不具有法定的和约定的免责事由，违约行为人都应当承担继续履行、支付违约金、损害赔偿等违约责任。

一、概念及特点

违约责任以当事人违约为前提。若合同有效成立后，各当事人依照《合同法》第60条的要求，全面履行自己的义务，包括主给付义务与附随义务，则不会发生违约责任。违约责任的效力原则上只及于合同相对人，不涉及第三人。

违约责任是一部《合同法》的灵魂。若没有违约责任，再精巧的《合同法》也失去意义。若违约责任制度不健全，一部《合同法》也顿时黯然失色。

（一）概念

违约责任是指房地产合同当事人因违反合同义务所承担的责任。房地产合同一旦生效，即在当事人之间产生法律约束力，当事人应当按照合同的约定全面、适当地履行合同义务，任何一方当事人因违反合同所规定的义务均应承担违约责任。

《合同法》第107条规定："当事人一方不履行合同义务或者履行合同义务不符合约定的，应当承担继续履行、采取补救措施或者赔偿损失等违约责任。"

（二）特点

1. 违约责任以履行合同义务不符合约定为条件

这个特点包含两方面意思：其一，违约责任的产生以合同义务的存在为前提，有义务就存在责任的可能性，没有义务，就根本谈不上责任；其二，违约责任以合同当事人不履行义务或履行不符合约定为条件，有效合同约定的义务与法律规定的义务一样，合同当事人必须履行，否则就会产生违约责任。

2. 违约责任具有相对性

违约责任只发生在合同当事人之间。违约责任只能在特定的当事人之间产生，合同关系以外的人不负违约责任。也就是说，合同当事人不得为他人设定合同义务，他人当然没有违约的可能性，从而也就不存在负违约责任的问题。

3. 违约责任具有补偿性

旨在弥补或补偿因违约行为造成的损害后果。违约责任是由于一方不履行或不适当履行合同义务产生的，违约方的行为给守约方带来损失，如果不对守约方进行补偿则会显失公平，因此违约责任是对守约方的一种补偿。

4. 违约责任可以由当事人约定

按照私法自治的基本原则，合同当事人在合同中当然可以约定违约责任的方式、违约金的数额幅度、损害赔偿的计算方法、免责条件等。例如，《合同法》第114条规定："当事人可以约定一方违约时应当根据违约情况向对方支付一定数额的违约金，也可以约定因违约产生的损失赔偿额的计算方法。"

【例 4-8】甲公司未取得商铺预售许可证，便与李某签订了《商铺认购书》，约定李某支付认购金即可取得商铺优先认购权，商铺正式认购时甲公司应优先通如李某选购。双方还约定了认购面积和房价，但对楼号、房型未做约定。李某依约支付了认购金。甲公司取得预售许可后，未通知李某前来认购，将商铺售罄。关于《商铺认购书》，下列哪一表述是正确的？（　　）

A. 无效，因甲公司未取得预售许可证即对外销售

B. 不成立，因合同内容不完整

C. 甲公司未履行通知义务，构成根本违约

D. 甲公司须承担继续履行的违约责任

答案：C。

解析：甲公司和李某签订“认购书”，具有预约的性质，甲公司违反“预约合同”，须承担违约责任。A、B、C 项：未取得预售许可证即对外销售的买卖合同是无效的。但本题中签的是预售合同而非买卖合同，因此有效，故 A、B 项错误。本题中的认购书有效，甲公司应当依约履行。甲公司应优先通知李某选购，甲公司未能预先通知李某，导致合同履行不能，合同目的无法实现，构成了根本违约，故 C 项正确。

二、违约责任的原则

违约责任是一种民事责任。民事责任一般有四项构成要件，违约行为、行为人主观上有过错、存在损害结果、侵权行为与损害结果之间具有因果关系。违约责任归责原则，是指确定违约责任是否成立，即违约行为人是否应对其违约行为承担违约责任的原则。违约责任的归责原则通常有两种：过错责任原则和无过错责任原则。

（一）过错责任原则

过错责任原则也称为过失责任原则，是指在一方违反合同规定的义务，不履行和不适当履行合同时，应当以过错作为确定责任的要件和确定责任范围的依据。具体来说，一方面，过错责任原则要求以过错作为确定责任的构成要件，即确定违约当事人的责任，不仅要考察当事人的违约行为，还要考察违约当事人主观上的过错；另一方面，过错责任原则要求以过错作为确定责任范围的依据，即在已经确定违约当事人应承担违约责任的情况下，还应当根据违约当事人的主观过错程度来确定违约当事人所应承担的责任范围。

《合同法》分则中下列五个有名合同的违约责任采取过错原则：第 189 条的赠与合同，第 303 条的客运合同，第 374 条的保管合同，第 394 条的仓储合同，第 406 条的委托合同。

（二）无过错责任的概念及特点

1．无过错责任的含义

无过错责任，是指一方当事人不履行或者不适当履行合同义务给另一方当事人造成损害，就应当承担违约责任。

根据《合同法》第 107 条规定的“当事人一方不履行合同义务或者履行合同义务不符合约定的，应当承担继续履行、采取补救措施或者赔偿损失等违约责任”，我国《合同法》原则上采取无过错责任，也称严格责任原则。

2．无过错责任的特点

无过错责任具有独特的优点，主要表现在两个方面：一是方便裁判；二是增强合同责任感。前者，无过错责任的逻辑是只要违约就应当承担违约责任，即责任构成仅以不履行或不适当履行为要件，被告免责的可能性仅在于能否证明有免责事由的存在。后者，实行无过错责任，将违约行为与违约责任密切结合起来，有利于促使当事人严肃对待合同。一旦发生违约行为，就会产生违约责任，可以避免在过错责任原则下违约方总是企图寻求无过错的理由以逃避责任的现象。

（三）过错推定

所谓过错推定，是指在某些侵权行为的构成中，法律推定实施该行为时具有过错。这些侵权行为的归责原则仍属于过错责任原则，即构成要件中要求行为人的过错。在一般过错责任原则下，是要由受害人来证明行为人存在过错；而在过错推定的情况下，受害人不需要对行为人的过错举证证明，法律推定行为人存在过错，除非行为人能够证明自己没有过错。适用过错推定的情况，需要有法律的明确规定，其与过错责任和无过错责任区别如表4-1所示。

表4-1　归责原则、构成要件与举证责任

	构 成 要 件	原告证明责任	被告证明责任
过错责任	违约行为、损害结果、因果关系、过错	原告举证证明全部4个要件	对于是否构成违约，被告不承担举证责任
过错推定责任	违约行为、损害结果、因果关系、过错	原告举证证明违约行为、损害结果和因果关系	被告举证证明自己无过错，举证不能，推定为有过错
无过错责任	违约行为、损害结果、因果关系	原告举证证明全部3个要件	被告即使证明自己没有过错也不能免责

三、违约责任的承担要件

违约责任的承担要件是指当事人应具备何种条件才应承担违约责任，违约责任的承担要件可分为一般要件和特殊要件。所谓一般要件，是指违约当事人承担任何违约责任形式都必须具备的要件。所谓特殊要件，是指各种具体的违约责任形式所要求的责任构成要件。赔偿损失责任构成要件包括损害事实、违约行为、违约行为与损害事实之间的因果关系、过错；违约金责任的构成要件是过错和损害行为。各种不同形式的责任承担要件是不同的。

一般要件主要包括：（1）存在违约行为；（2）不存在法定和约定的免责事由。

上述两个要件是违约责任的一般承担要件。但是，当事人要请求违约方承担违反某个具体合同义务的责任，还需要根据该合同特定的性质和内容负不同的举证责任。值得注意的是，非违约方在请求违约方承担违约责任时，是否必须要举证证明损害事实的存在。对此存在着不同的看法。从法律上看，非违约方请求违约方承担赔偿损失责任，毫无疑问应当举证证明损害事实的存在，但损害事实本身并不应成为违约责任的一般承担要件。其原

因在于：一方面，一方当事人违反合同规定的义务，并不一定必然会给另一方带来损害。例如，承租人在订约后无故提出解除合同，但该房屋很快被其他人以更高的租金租用，出租人并未遭受实际损害。另一方面，一方当事人违约给对方造成了损害，但此种损害可能难以确定，特别是要由对方当事人就其遭受的损害数额、损害与违约行为之间的因果关系举证，十分困难，可能使非违约方放弃赔偿损失的请求，而选择其他的请求，如继续履行、违约金责任、定金责任等。赔偿损失以外的责任形式并不要求以实际发生的损害为前提。所以，损害事实不应成为违约责任的一般承担要件。

四、违约责任的承担方式

《合同法》第 107 条规定："当事人一方不履行合同义务或者履行合同义务不符合约定的，应当承担继续履行、采取补救措施或者赔偿损失等违约责任。"由此可见，违约责任的承担方式主要有继续履行、采取补救措施、赔偿损失、违约金和定金等。

（一）继续履行

1．概念

继续履行也称强制实际履行，是指违约方根据对方当事人的请求继续履行房地产合同规定的义务，而非采用其他方式替代履行的违约责任形式。

其特征为：（1）继续履行是一种独立的违约责任形式，不同于一般意义上的合同履行。具体表现在：继续履行以违约为前提；继续履行体现了法的强制；继续履行不依附于其他责任形式。（2）继续履行的内容表现为按合同约定的标的履行义务，这一点与一般履行并无不同。（3）继续履行以对方当事人（守约方）请求为条件，法院不得径行判决。

2．适用

继续履行的适用，因债务性质的不同而不同。

金钱债务，无条件适用继续履行。金钱债务只存在迟延履行，不存在履行不能。因此，应无条件适用继续履行的责任形式。《合同法》第 109 条规定："当事人一方未支付价款或者报酬的，对方可以要求其支付价款或者报酬。"

非金钱债务，有条件适用继续履行。对非金钱债务，原则上可以请求继续履行。《合同法》第 110 条规定，当事人一方不履行非金钱债务或者履行非金钱债务不符合约定的，对方可以要求履行，但有下列情形之一的除外：（1）法律上或者事实上不能履行；（2）债务的标的不适于强制履行或者履行费用过高；（3）债权人在合理期限内未要求履行。

【例 4-9】合同当事人一方违约后，守约方要求其承担继续履行的违约责任，下列情形中法院对守约方的请求不予支持的有（　　）。

A．违约方所负债务为非金钱债务

B. 债务的标的不适于强制履行

C. 继续履行费用过高

D. 违约方已支付违约金或赔偿损失

答案：B、C。

（二）采取补救措施

1. 概念

采取补救措施是专门适用于一方为瑕疵给付时的违约责任承担方式，是矫正合同不适当履行（质量不合格），使履行缺陷得以消除的具体措施。这种责任形式，与继续履行（解决不履行问题）和赔偿损失具有互补性。

2. 类型

关于采取补救措施的具体方式，我国相关法律做了如下规定。

（1）《合同法》第 111 条规定："质量不符合约定的，应当按照当事人的约定承担违约责任。对违约责任没有约定或者约定不明确，依照本法第 61 条的规定仍不能确定的，受损害方根据标的的性质以及损失的大小，可以合理选择要求对方承担修理、更换、重作、退货、减少价款或者报酬等违约责任。"

（2）《中华人民共和国消费者权益保护法》（以下简称《消费者权益保护法》）第 44 条规定了修理、重作、更换、退货、补足商品数量、退还货款和服务费用、赔偿损失等补救措施。

（3）《中华人民共和国产品质量法》第 40 条规定了修理、更换、退货三种补救措施。

例如，在房屋买卖合同中，作为标的物的房屋质量不符合约定，则违约方应采取修理等补救措施，如果采取补救措施后仍未达到要求的，购房人可以要求更换。

3. 适用

在采取补救措施的适用上，应注意以下几点。

（1）采取补救措施的适用以合同对质量不合格的违约责任没有约定或者约定不明确，而依《合同法》第 61 条仍不能确定违约责任为前提。换言之，对于不适当履行的违约责任形式，当事人有约定者应依其约定；没有约定或约定不明者，首先应按照《合同法》第 61 条规定确定违约责任；没有约定或约定不明又不能按照《合同法》第 61 条规定确定违约责任的，才适用这些补救措施。

（2）应以标的物的性质和损失大小为依据，确定与之相适应的补救方式。

（3）受害方对补救措施享有选择权，但选定的方式应当合理。

采取补救措施与赔偿损失可并存，《合同法》第 112 条规定："当事人一方不履行合同义务或者履行合同义务不符合约定的，在履行义务或者采取补救措施后，对方还有其他损失的，应当赔偿损失。"

（三）赔偿损失

损害赔偿，是指违约方因不履行或者不完全履行合同义务而给对方造成损失，依法和依约应承担损害赔偿的责任。

1．概念

《合同法》第 112 条规定："当事人一方不履行合同义务或者履行合同义务不符合约定的，在履行义务或者采取补救措施后，对方还有其他损失的，应当赔偿损失。"损害赔偿原则上仅具有补偿性，而不具有惩罚性。从等价交换原则出发，任何民事主体一旦造成他人损害都必须以等量的财产予以补偿。一方违约后，必须赔偿对方因违约遭受的全部损失。损害赔偿符合这一交易原则。

2．特点

（1）赔偿损失是最重要的违约责任形式。赔偿损失具有根本救济功能，任何其他责任形式都可以转化为损害赔偿。

（2）赔偿损失是以支付金钱的方式弥补损失。金钱为一般等价物，任何损失一般都可以转化为金钱，因此，赔偿损失主要指金钱赔偿。但在特殊情况下，也可以以其他物代替金钱作为赔偿。

（3）赔偿损失是由违约方赔偿守约方因违约所遭受的损失。首先，赔偿损失是对违约行为所造成的损失的赔偿，与违约行为无关的损失不在赔偿之列；其次，赔偿损失是对守约方所遭受损失的一种补偿，而不是对违约行为的惩罚。

（4）赔偿损失责任具有一定的任意性。例如，《合同法》第 114 条规定："当事人可以约定一方违约时应当根据违约情况向对方支付一定数额的违约金，也可以约定因违约产生的损失赔偿额的计算方法。"

3．类型

损害赔偿由法定和约定两种类型，具体阐述如下。

（1）法定损害赔偿。法定损害赔偿是指由法律规定的，由违约方对守约方因其违约行为而对守约方遭受的损失承担的赔偿责任。根据《合同法》的规定，法定损害赔偿应遵循以下原则。

① 完全赔偿原则。违约方对守约方因违约所遭受的全部损失承担的赔偿责任。具体包括：直接损失与间接损失；积极损失与消极损失（可得利益损失）。《合同法》第 113 条规定，损失"包括合同履行后可以获得的利益"，可见其赔偿范围包括现有财产损失和可得利益损失。前者主要表现为标的物灭失、为准备履行合同而支出的费用、停工损失、为减少违约损失而支出的费用、诉讼费用等；后者是指在合同适当履行后可以实现和取得的财产利益。

② 合理预见规则。违约损害赔偿的范围以违约方在订立合同时预见到或者应当预见到

的损失为限。合理预见规则是限制法定违约损害赔偿范围的一项重要规则，其理论基础是意思自治原则和公平原则。对此应把握以下几点：合理预见规则是限制包括现实财产损失和可得利益损失的损失赔偿总额的规则，不仅用以限制可得利益损失的赔偿；合理预见规则不适用于约定损害赔偿；是否预见到或者应当预见到可能的损失，应当根据订立合同时的事实或者情况加以判断。

③ 减轻损失规则。一方违约后，另一方应当及时采取合理措施防止损失的扩大，否则，不得就扩大的损失要求赔偿。其特点是：一方违约导致了损失的发生；相对方未采取适当措施防止损失的扩大；造成了损失的扩大。

（2）约定损害赔偿。约定损害赔偿，是指当事人在订立合同时，预先约定一方违约时应当向对方支付一定数额的赔偿金或约定损害赔偿额的计算方法。它具有预定性（缔约时确定）、从属性（以主合同的有效成立为前提）、附条件性（以损失的发生为条件）。

（四）违约金

违约金，是指当事人预先设定的、在一方违约后做出独立于履行行为以外的给付。违约金主要具有补偿性特征，同时兼有惩罚性。

《合同法》第 114 条第 2、3 款规定：“约定的违约金低于造成的损失的，当事人可以请求人民法院或者仲裁机构予以增加；约定的违约金过分高于造成的损失的，当事人可以请求人民法院或者仲裁机构予以适当减少。当事人就迟延履行约定违约金的，违约方支付违约金后，还应当履行债务。”《最高人民法院关于适用〈中华人民共和国合同法〉若干问题的解释（三）》（以下简称《合同法解释（三）》）第 24 条第 4 款规定：“买卖合同没有约定逾期付款违约金或者该违约金的计算方法，出卖人以买受人违约为由主张赔偿逾期付款损失的，人民法院可以中国人民银行同期同类人民币贷款基准利率为基础，参照逾期罚息利率标准计算。”

违约金调整分三种情况。

第一种，约定的违约金低于造成的损失的——依据完全赔偿规则（填平规则）予以增加，最高增加到实际损失（《合同法解释（三）》第 28 条）。

第二种，约定的约金一般高于造成的损失——维持不变。

第三种，约定的违约金过分高于（大于 30%）造成的损失的——适当减少（《合同法解释（二）》第 29 条）。

【例 4-10】甲乙签订一份房屋买卖合同，后甲违约，造成损失 30 万元，则下列哪一项表达是正确的？（　　）

A. 如果违约金为 25 万元，则乙可以主张增加违约金到 30 万元，不再赔偿损

B. 如果违约金为 37 万元，则甲可以主张适当减少违约金

C. 如果违约金为 39 万元，则甲可以主张适当减少违约金

D. 如果违约金超过 40 万元，则甲可以主张减少违约金到 30 万元

答案：A。

【例 4-11】当事人订立买卖 50 吨某一型号钢材的合同，合同规定每吨价格 4 000 元，履行期到来时，市场价格为 3 000 元，卖方迟延 10 天交付货物，交付时已跌至 2 500 元。

问：买方可获得多少赔偿金？

解析：损害赔偿金应以每吨 3 000−2 500=500 元计算，共 25 000 元；货物从 4 000 元跌至 3 000 元是买卖人应当承担的经营风险。

（五）定金

定金，是指合同当事人为了确保合同的履行，依据法律或者合同的约定，由一方按合同标的额的一定比例预先给付的金钱。定金包括立约定金、成约定金、解约定金和证约定金等。定金罚则是一种惩罚性规定，目的在于督促当事人正确、积极行使权利。

《合同法》第 115 条规定："当事人可以依照《担保法》约定一方向对方给付定金作为债权的担保。债务人履行债务后，定金应当抵作价款或者收回。给付定金的一方不履行约定的债务的，无权要求返还定金；收受定金的一方不履行约定的债务的，应当双倍返还定金。"《合同法》第 116 条规定："当事人既约定违约金，又约定定金的，一方违约时，对方可以选择适用违约金或者定金条款。"《合同法解释（三）》第 28 条规定："买卖合同约定的定金不足以弥补一方违约造成的损失，对方请求赔偿超过定金部分的损失的，人民法院可以并处，但定金和损失赔偿的数额总和不应高于因违约造成的损失。"

《担保法》第 89 条规定："当事人可以约定一方向对方给付定金作为债权的担保。债务人履行债务后，定金应当抵作价款或者收回。给付定金的一方不履行约定的债务的，无权要求返还定金；收受定金的一方不履行约定的债务的，应当双倍返还定金。"据此，在当事人约定了定金担保的情况下，如一方违约，定金罚则即成为一种违约责任形式。《担保法》第 90 条进一步规定："定金应当以书面形式约定。当事人在定金合同中应当约定交付定金的期限，定金合同从实际交付定金之日起生效。"第 91 条规定："定金的数额由当事人约定，但不得超过主合同标的额的百分之二十。"

【例 4-12】6 月 1 日，甲乙双方签订建材买卖合同，总价款为 100 万元，约定由买方支付定金 30 万元，由于资金周转困难，买方于 6 月 10 日交付了 25 万元，卖方予以签收。下列说法正确的有（　　）。

A. 买卖合同是主合同，定金合同是从合同

B. 买卖合同自 6 月 10 日成立

C. 买卖合同自 6 月 1 日成立

D. 若卖方不能交付货物，应返还 50 万元

E. 若买方不履行购买义务，仍可以要求卖方返还 5 万元

答案：A、C、E。

解析：略。

【例 4-13】某材料采购合同中约定如果一方违约，则支付合同价款的 8%作为违约金。同时，该合同还约定了承包商向材料供应商缴纳 500 万元作为定金。结果材料供应商没能按照合同的约定及时提供材料，如果该批材料价值 1 亿元，在保证承包商最大获利的选择下，材料供应商应支付给承包商的金额是（　　）。

A. 800 万元　　B. 1 000 万元　　C. 300 万元　　D. 1 800 万元

答案：C。

解析：略。

五、“三金”的适用关系

根据现有法律法规，“三金”的适用关系暂时还没有定论，下面就通说尝试分析如下。引导案例如例 4-14 所示。

【例 4-14】甲公司与乙公司依法订立一份总货款为 20 万元的购销合同。合同约定违约金为货款总值的 5%。同时，甲公司向乙公司给付定金 5 000 元，后乙公司违约，给甲公司造成损失 2 万元。甲公司依法最多可要求乙公司偿付多少？

（一）违约金与定金关系

由于我国的定金在性质上属违约定金，具有预付违约金的性质，因此它与违约金在目的、性质、功能等方面相同，两者是不可并罚的。违约金的运用并不以实际损害发生为前提，不管是否发生了损害，当事人都应支付违约金。

【例 4-15】甲与乙订立了一份苹果购销合同，约定甲向乙交付 20 万公斤苹果，货款为 40 万元，乙向甲支付定金 4 万元；如任何一方不履行合同应支付违约金 6 万元。甲因将苹果卖于丙而无法向乙交付苹果。假如你是乙，请问如何最大限度地保护自己的利益，又能获得法院支持？

解析：请求甲支付违约金 6 万元，同时请求返还支付的定金 4 万元。

（二）违约金与损害赔偿金关系

一般来说，合同中约定的违约金应视为对损害赔偿金额的预先确定，因而违约金与约定损害赔偿是不可以并存适用的。原则上可以说违约金的运用并不以实际损害发生为前提，不管是否发生了损害，当事人都应支付违约金。

根据《合同法》第 114 条第 2 款规定，违约金低于损失的，可请求适当增加。据此，虽然违约金的适用不以实际损害发生为要件，但最终违约金金额大小的确定与实际损失额

密切相关。实践中，法院或仲裁机构对违约金金额的调整是以实际损失额为参照标准的。

对违约金和法定损害赔偿的适用关系可以概括为：原则上不并存；就高不就低；优先适用违约金责任条款。

【例 4-16】

某总货款 100 万元的买卖合同约定：

（1）定金 10 万元，违约金 30 万元——就高不就低，选择主张违约金（30>10）。

此时可以主张 30 万元的违约金，且可以主张返还 10 万元的定金，故 30+10=40 万元。

（2）定金 30 万元，违约金 10 万元——就高不就低，选择主张定金（20>10）。

此时定金过高，最多可以主张 20%为 20 万元，根据定金罚则可以主张 40 万元，且原支付过高的 10 万元转化为预付款性质，可以主张返还，故 20+20+10=50 万元。

（3）定金 30 万元，违约金 30 万元——就高不就低，选择主张违约金（30>20）。

此时可以主张违约金 30 万元，30 万元的定金转化为预付款性质全部返还，故 30+30=60 万元。

（4）定金 30 万元，违约金 30 万元，实际损失 40 万元——就高不就低（40>20），选择主张违约金。

此时定金 30 万元转为预付款性质全部返还，实际损失 40 万元，约定的违约金低于造成的损失的，应该增加到 40 万元，故 40+30=70 万元。

（三）定金与损害赔偿的适用关系

定金与损害赔偿金可以并存。定金具有非补偿性的特点，其适用不以实际损害的发生为前提，因而是独立于损害赔偿责任的。但也不能认为它与损害赔偿金毫无关系，定金与损害赔偿责任的联系表现在定金责任与损害赔偿责任的并用不能超过全部货款的总值。

应当注意：违约责任形式不包括赔礼道歉、精神损害赔偿等责任形式。强制履行、采取其他补救措施、定金这三种违约责任的运用是不以实际损害发生为要件的，但损害赔偿金则以实际损害发生为适用要件。

第四节　违约责任的免除

我国《合同法》奉行严格责任原则，但并不意味着只要违反了合同义务就应承担合同责任。免责事由也称免责条件，是指当事人对其违约行为免于承担违约责任的事由。《合同法》上的免责事由可分为两大类，即法定免责事由和约定免责事由。法定免责事由是指由法律直接规定、不需要当事人约定即可援用的免责事由，主要指不可抗力；约定免责事由是指当事人约定的免责条款。

一、违约行为的分类

违约行为从不同角度有不同类型。

（一）单方违约和双方违约

按照违约人，可分为单方违约和双方违约。一方当事人违约的，称为单方违约，双方当事人都违约的，称为双方违约。

单方违约的，由违约方承担违约责任。《合同法》第 120 条规定：“当事人双方都违反合同的，应当各自承担相应的责任。”可见，在双方违约的情况下，双方的违约责任不能相互抵销。

（二）预期违约和届期违约

按照违约行为发生的时间，可分为预期违约和届期违约。《合同法》第 108 条规定：“当事人一方明确表示或者以自己的行为表明不履行合同义务的，对方可以在履行期限届满之前要求其承担违约责任。”

违约行为发生于合同履行期届至之前，为预期违约，又称为先期违约。当事人在合同履行期到来之前无正当理由明确表示将不履行合同，或者以自己的行为表明将不履行合同，即构成预期违约。前者的预期违约，发生在履行期届至前，债权人无权请求债务人履行。后者的预期违约，发生在履行期间，债权人可以催促债务人履行。违约行为发生于合同履行期届至以后的，为届期违约。

（三）根本违约和非根本违约

按照违约行为是否完全违背缔约目的，可分为根本违约和非根本违约。完全违背缔约目的的，为根本违约。部分违背缔约目的的，为非根本违约。同样一个违约行为，可以导致根本违约，也可能是非根本违约。

（四）合同不履行和不适当履行

按照合同是否履行与履行状况，违约行为可分为合同不履行和不适当履行。合同不履行，指当事人不履行合同义务。合同不履行包括拒不履行和履行不能，拒不履行指当事人能够履行合同却无正当理由而故意不履行，履行不能指因不可归责于债务人的事由致使合同的履行在事实上已经不可能。合同不适当履行，又称不完全给付，指当事人履行合同义务不符合约定的条件。不适当履行又分为一般瑕疵履行和加害履行，一般瑕疵履行又含迟延履行。

二、预期违约

预期违约（Anticipatory breach）起源于英美法，也是英美法所独有的制度。预期违约

制度自确立以来，对当今世界许多国家的合同立法及实践都产生了重大的影响。预期违约又称先期违约，是指在合同履行期限到来之前，一方虽无正当理由但明确表示其在履行期到来后将不履行合同，或者其行为表明在履行期到来后将不可能履行合同。作为违约行为的形态之一，预期违约当然要负违约责任。

（一）概念

预期违约亦称先期违约，包括明示毁约和默示毁约两种。所谓明示毁约，是指在合同履行期到来之前，一方当事人无正当理由而明确、肯定地向另一方表示将不履行合同。所谓默示毁约，是指在履行期到来之前，一方当事人有确凿的证据证明另一方当事人在履行期到来时将不履行或不能履行合同，而另一方又不愿提供必要的履约担保。预期违约表现为未来将不履行合同义务，而不是实际违反合同义务。

（二）构成要件

1. 明示毁约

明示毁约方必须明确地、肯定地、自愿地、不附加任何条件地向对方提出违约的意思表示，如果毁约方在做出违约表示时附有条件或含糊其辞的话，则其毁约的意图是不确定的，不构成预期违约。

2. 默示毁约

当事人以自己实际行为明确表示不履行合同义务的，并无要求解除合同，一般也不会主动表示承担违约责任。例如，在农副产品买卖合同中，卖方过了季节尚未组织货源，事实上已经不可能再履行供货义务了；又如在加工承揽合同中承揽人的加工设备和技术条件均不能满足合同的要求，在超过合同约定的分期工作的期限内尚未增加新的设备和技术条件的，该事实就可以被视为以自己的行为不履行合同义务，守约方有权请求违约方承担违约责任。

三、违约责任的免除

违约责任的免除，是指在合同履行过程中，因出现法定的或约定的不可归责于债务人的免责事由而导致合同不能履行、迟延履行，债务人免予承担违约责任。

（一）免责事由概念及类型

免责事由，又称免责条件，是指法律规定或者合同约定的当事人对其不履行或者不适当履行合同义务免于承担违约责任的条件。

免责事由包括：（1）不可抗力。所谓不可抗力，是指不能预见、不能避免并不能克服的客观情况。（2）受害人的过错。所谓受害人过错，是指受害人对违约行为或者违约损害后果的发生或者扩大存在过错。（3）免责条款。所谓免责条款，是指合同当事人约定的排除或者限制其将来可能发生的违约责任的条款。

【例 4-17】甲公司要运送一批货物给收货人乙公司，甲公司法定代表人丙电话联系并委托某汽车运输公司运输。汽车运输公司安排本公司司机刘某驾驶。运输过程中，因刘某的过失发生交通事故，致货物受损。乙公司因未能及时收到货物而发生损失。现问，乙公司应向谁要求承担损失？（　　）

A. 甲公司　　B. 丙　　C. 刘某　　D. 汽车运输公司

答案：D。

解析：本题涉及运输合同的责任承担。《合同法》第 311 条规定："承运人对运输过程中货物的毁损、灭失承担损害赔偿责任，但承运人证明货物的毁损、灭失是因不可抗力、货物本身的自然性质或者合理损耗以及托运人、收货人的过错造成的，不承担损害赔偿责任。"本案损失由刘某过失引起，即不存在法条所列免责事由；而刘某乃运输公司工作人员，非合同当事人，运输公司应为其行为对外负责。

（二）不可抗力

不可抗力（force majeure）一词起源于《法国民法典》，后被德国民法理论界所接受。随着国际贸易的发展，英美法系国家在贸易实务上也接受了这一概念和制度。不可抗力作为法定免责事由，在民法理论上已成为定论，且已为世界各国立法所普遍确认。

1. 不可抗力的含义

《合同法》第 117 条规定："不可抗力，是指不能预见、不能避免并不能克服的客观情况。"构成不可抗力，必须符合以下三个条件：（1）不可预见性。它是指以当事人的主观能力，是无法预见事件的发生的。（2）不可避免性。它是指以当事人所处的环境状况，对于发生的事件不能够避免。（3）不可克服性。它是指以当事人的实际状况，对于已发生的事件，没有能力克服。

不可抗力主要包括以下几种情形：（1）自然灾害，如台风、洪水、冰雹；（2）政府行为，如征收、征用；（3）社会异常事件，如罢工、骚乱。

在不可抗力的法律适用上，有以下问题值得注意：（1）合同中是否约定不可抗力条款，不影响直接援用法律规定。（2）不可抗力条款是法定免责条款，约定不可抗力条款如小于法定范围，当事人仍可援用法律规定主张免责；如大于法定范围，超出部分应视为另外成立了免责条款。（3）不可抗力作为免责条款具有强制性，当事人不得约定将不可抗力排除在免责事由之外。

2. 不可抗力的免责效力

因不可抗力不能履行合同的，根据不可抗力的影响，部分或全部免除责任。但有以下例外：（1）金钱债务的迟延责任不得因不可抗力而免除；（2）迟延履行期间发生的不可抗力不具有免责效力。

《合同法》第117条规定："因不可抗力不能履行合同的，根据不可抗力的影响，部分或者全部免除责任，但法律另有规定的除外。当事人迟延履行后发生不可抗力的，不能免除责任。"

（三）受害人过错

受害人的过错致使债务人不履行合同，债务人不负违约责任，我国法律对此有明文规定的有《合同法》第311条（货运合同）、第370条（保管合同）等。

根据《中华人民共和国民法通则》（以下简称《民法通则》）规定："受害人对于损害的发生也有过错的，可以减轻侵害人的民事责任。"和《合同法》规定："……有过错的一方应当赔偿对方因此所受到的损失，双方都有过错的，应当各自承担相应的责任。"债权人过错可以减轻债务人的民事责任。《合同法》分则中对这一问题同样做出了相应规定，详见《合同法》第158条第1款、第302条、第311条、第370条。

（四）免责条款

按照合同自由原则，当事人可以在法律规定的范围内，自由约定合同条款，因此当事人既可以在合同中约定合同义务和违约责任，也可以在合同中约定免责条款。

免责条款是指当事人在合同中约定免除将来可能发生的违约责任的条款，其所规定的免责事由即约定免责事由。《合同法》规定，合同中的下列免责条款无效：（1）造成对方人身伤害的；（2）因故意或重大过失造成对方财产损失的。这就表明我国《合同法》承认当事人可以在不违反《合同法》第53条规定的情况下约定免责条款。

在《合同法》的分则中，对此做出过规定，以下举出较为典型的部分例子进行说明：《合同法》第218条规定："承租人按照约定的方法……使用租赁物，致使租赁物受到损耗的，不承担损害赔偿责任。"

1．免责条款不得违反法律的强制性规定

《合同法》第52条第5项规定，违反法律、行政法规的强制性规定的合同无效。这一规定同样适用于免责条款。因此，当事人订立的免责条款必须符合法律和社会公共利益的要求，而不得通过其自行约定的条款规避法律的强制性规范的适用。同时免责条款不得违反公共秩序和善良风俗。公共秩序和善良风俗体现的是全体人民的共同利益，对此种利益的维护直接关系到社会的安定与秩序的建立，所以当事人不得设立违反公共秩序和善良风俗的免责条款。

2．免责条款不得免除造成对方人身伤害的责任

《合同法》第53条规定，合同中的免责条款免除造成对方人身伤害责任的无效。因此，免责条款不得免除人身伤害的责任。对人类而言，最宝贵和最重要的利益就是人身的安全利益，公民的生命健康权是人权的最核心的内容，保护公民的人身安全是法律的最重要的

任务。如果允许当事人通过免责条款免除造成对方人身伤害的责任，不仅将使侵权法关于不得侵害他人财产和人身的强制性义务形同虚设，使法律对人身的权利保护难以实现，而且将会严重危及法律秩序和社会公共道德。

《合同法》第53条的规定，不仅禁止设立造成对方人身伤害的责任的免责条款，也当然禁止设立免除因侵权行为造成的死亡责任，但并不包括造成对方精神损害的责任。值得注意的是，《合同法》第53条规定免责条款免除造成对方人身伤害的责任的，不管该人身伤害是因故意、重大过失还是一般过失，一律无效。

3．故意或者重大过失造成对方财产损失的免责条款无效

根据《合同法》第53条的规定，合同中的免责条款因故意或者重大过失造成对方财产损失的无效。

4．免责条款不得违背格式条款的相关规定

（1）格式化的免责条款不得不合理地免除条款制作人的责任。法律并不禁止当事人设定免责条款，任何不违反法律规定的免责条款都是有效的，但免责条款制定人应当提请对方注意这些免责条款。如果条款的制定人在格式条款中不合理、不正当地免除其现在应当承担的责任，则该条款是无效的。

（2）格式化的免责条款不得不合理地加重对方的责任。所谓加重对方的责任，是在格式化的免责条款中，不公平、不合理地限制和免除了条款制作人责任，而同时给相对人强加了法律规定的义务之外的责任。为了保护相对人特别是广大消费者的利益，法律禁止条款制作人在法律规定的义务之外对相对人强加责任。

（3）格式化的免责条款不得不合理地排除对方的主要权利。对《合同法》第40条规定的“排除对方主要权利”中的“主要权利”是根据合同的性质本身确定的。合同千差万别，其性质不同，当事人享有的主要权利不可能完全一样。认定主要权利不能仅仅看双方当事人签订的合同的内容是什么，而应就合同本身的性质来考察。如果依据合同的性质能够确定合同的主要内容，则应以此确定当事人所享有的主要权利。

（4）免责条款并非允许当事人无限制地约定。《合同法》第53条对于该问题做出了规定：“合同中的下列免责条款无效：① 造成对方人身伤害的；② 因故意或者重大过失造成对方财产损失的。”

【例4-18】飞跃公司开发某杀毒软件，在安装程序中做了“本软件可能存在风险，继续安装视为同意自己承担一切风险”的声明。黄某购买正版软件，安装时同意了该声明。该软件误将操作系统视为病毒而删除，导致黄某电脑瘫痪并丢失其所有的文件。下列选项正确的是（　　）。

A．因黄某同意飞跃公司的免责声明，可免除飞跃公司的赔偿责任

B．黄某有权要求飞跃公司承担赔偿责任

C. 黄某有权依据《消费者权益保护法》获得双倍赔偿

D. 黄某可同时提起侵权之诉和违约之诉

答案：B。

解析：略。

第五节　合同纠纷及其处理

合同纠纷，是指因合同的生效、解释、履行、变更、终止等行为而引起的合同当事人的所有争议。合同纠纷的内容主要表现在争议主体对于导致合同法律关系产生、变更与消灭的法律事实以及法律关系的内容有着不同的观点与看法。合同纠纷的范围涵盖了一项合同从成立到终止的整个过程。

一、合同纠纷的类型

根据《最高人民法院关于审理涉及国有土地使用权合同纠纷案件适用法律问题的解释》（以下简称《国有土地使用权合同解释》）及相关法律法规的规定，房地产合同纠纷主要包括土地使用权转让合同纠纷、土地使用权转让合同纠纷和合作开发房地产合同纠纷。

（一）土地使用权转让合同纠纷

《国有土地使用权合同解释》第 1 条规定：“本解释所称的土地使用权出让合同，是指市、县人民政府土地管理部门作为出让方将国有土地使用权在一定年限内让与受让方，受让方支付土地使用权出让金的协议。”土地使用权出让合同纠纷主要有以下情形。

1. 主体不符合规定引起纠纷

土地使用权出让合同的出让方只能为市、县人民政府的土地管理部门，其他部门不能作为出让方。另外，出让国有土地使用权的土地面积与政府的级别有关，如果出让方的权限不符合规定的级别、出让的土地不在经批准的总面积方案范围内，将对合同的效力产生影响，从而引起纠纷。

2. 内容违法或约定不明引起纠纷

土地使用权出让合同的标的为国有土地使用权，如以集体土地使用权或者未经批准的国有土地使用权作为该合同标的的，将导致合同无效，从而引起当事人之间的纠纷。在合同中对于一些问题约定不明，在履行合同时同样会引起纠纷。如在合同中只规定每一期付款的数额，没有规定每一期付款的作用，尤其是与分期取得国有土地使用权证的关系对于建设期限的规定不够准确，并且没有留下调整的余地，导致在较长的土地开发周期中因不可预见的因素影响建设开发，而受到法律对于闲置土地的惩罚在合同中，对于土地的位置、边界和面积规定笼统，缺乏可操作性等。

3．受让人擅自改变土地的用途引起纠纷

出让方与受让方订立合同后，未经受让方同意及土地规划部门批准，擅自改变土地用途的，出让方有权解除合同。

《国有土地使用权出让合同》中约定的土地使用权用途有可能规定的不甚明确，如规定商业用地、住宅用地等；有时也可能规定的非常明确，或直接规定什么项目。只要当事人是按照合同的约定用途使用，就不属于擅自变更。

人民法院一般不会对合同中约定的土地用途的合理性进行审查，出让方以此为由，请求人民法院解除合同的，难以得到支持。同时，人民法院也不会支持受让方以出让合同约定的使用用途不合理的抗辩。

根据《最高人民法院 国有土地使用权合同纠纷司法解释的理解与适用》规定："如果出让方在诉讼中就其所出让使用权的地块的用途对受让方提出的要求，与出让合同中的约定不符，例如：出让方提出当时受让方承诺在出让土地上建宾馆，后来却改为建商厦，为此请求解除合同，但出让合同中却只写明'商业用地'，则人民法院也不应支持其解除合同的诉讼请求。"

4．土地使用权出让手续引起的纠纷

《国有土地使用权合同解释》第 4 条规定："土地使用权出让合同的出让方因未办理土地使用权出让批准手续而不能交付土地，受让方请求解除合同的，应予支持。"

（二）土地使用权转让合同纠纷

根据《国有土地使用权合同解释》第 7 条规定："本解释所称的土地使用权转让合同，是指土地使用权人作为转让方将出让土地使用权转让于受让方，受让方支付价款的协议。"土地使用权转让合同大多数发生在合同双方当事人之间，即转让人和受让人之间，但有时也涉及更多的法律主体，如政府主管部门、土地使用权上的他项权利人、被拆迁人等。土地使用权转让合同纠纷，大致有以下几种。

（1）土地使用权存在瑕疵。在土地使用权转让过程中，转让方无土地使用权或只是形式上拥有土地使用权，但没有权属证书，则转让合同会因为转让标的在法律上的虚置或不具备转让要求的主体资格而导致合同无效。另外土地使用权人拥有土地使用权并具备权属证书，但其在转让前在土地使用权上设置了其他的权利负担，如抵押、租赁或存在司法限制（如查封），则在土地使用权转让合同签订后，由于存在法定的权利限制而造成转让合同的目的不能最终实现，在转让人和出让人之间就合同的有效与无效、履行与补正等问题上，必然会出现当事人所不愿见到的矛盾和纠纷。

（2）土地使用权登记纠纷。转让方没有办理土地使用权登记或者变更登记手续，就无

法取得土地使用证，法律则不承认其享有土地使用权。转让方没有土地使用权而签订转让合同，属于无权处分行为，导致该转让合同的效力不确定，从而引起纠纷。

（3）以出让方式取得土地使用权的土地使用者虽已取得土地使用证，但未按土地使用权出让合同约定的期限和条件对土地进行投资开发利用，根据《中华人民共和国城镇国有土地使用权出让和转让暂行条例》（以下简称《城镇国有土地使用权出让和转让暂行条例》）的规定，市、县人民政府土地管理部门应当予以纠正，并根据情节可以给予警告、罚款直至无偿收回土地使用权的处罚。因此如果在这种情况下会有土地使用权被无偿收回的可能，与他人签订土地使用权转让合同可能属于无权处分行为，从而引起纠纷。

（4）以出让方式取得土地使用权的，转让房地产后，受让人改变原土地使用权出让合同约定的土地用途时，必须取得原出让方和市、县人民政府城市规划行政主管部门同意，签订土地使用权出让合同变更协议或者重新签订土地使用权出让合同，相应调整土地使用权出让金。如果土地使用权转让合同擅自改变土地使用权出让合同约定的土地用途，将会因转让合同的内容违反法律、法规而引起关于转让合同效力的纠纷。

（三）合作开发房地产合同纠纷

《国有土地使用权合同解释》第 14 条规定：“本解释所称的合作开发房地产合同，是指当事人订立的以提供出让土地使用权、资金等作为共同投资，共享利润、共担风险合作开发房地产为基本内容的协议。”

（1）房地产联合开发合同的当事人不具备房地产开发活动的主体资格，影响合同效力，从而引起纠纷。

（2）在履行房地产联合开发合同的过程中，享有土地使用权的一方以土地使用权作为投资与他人联合开发，但是不履行办理土地使用权变更登记手续的义务，从而引起纠纷。

（3）以划拨方式取得国有土地使用权的一方未办理土地使用权出让手续，同时以其土地使用权作为投资与他人联合开发，由于其土地使用权存在瑕疵引起纠纷。

（4）因房地产联合开发合同约定不明，引起的关于项目工程建成后所有权归属的纠纷。

（5）房地产联合开发合同约定不明，各方当事人对合作开发项目之外所增设的附属公共服务设施所享有的权利和承担的义务不清引起纠纷。

（6）合同当事人借合作开发之名，行借贷合同或土地使用权转让合同之实引起纠纷。

二、合同纠纷的处理办法

根据《合同法》第 437 条的规定，解决合同纠纷共有四种方式：一是用协商的方式，自行解决，这是最好的方式；二是用调解的方式，由有关部门帮助解决；三是用仲裁的方式由仲裁机关解决；四是用诉讼的方式，即向人民法院提起诉讼以寻求纠纷的解决。

（一）协商

当事人自行协商解决合同纠纷，是指合同纠纷的当事人，在自愿互谅的基础上，按照国家有关法律、政策和合同的约定，通过摆事实、讲道理，达成和解协议，自行解决合同纠纷的一种方式。合同签订之后，在履行过程中，由于各种因素的影响容易产生纠纷。纠纷产生后，应当从有利于维护团结、有利于合同履行的角度出发，怀着互让、互谅的态度，争取在较短的时间内，通过协商寻求纠纷的解决。对于合同纠纷，尽管可以用仲裁、诉讼等方法解决。但由于这样解决不仅费时、费力、费财，而且也不利于团结，不利于以后的合作与往来。

用协商方式解决，程序简便、及时迅速，有利于减轻仲裁和审判机关的压力，节省仲裁、诉讼费用，有效防止经济损失的进一步扩大。同时也有利于增强纠纷当事人之间的友谊，有利于巩固和加强双方的协作关系，扩大往来，推动经济的发展。由于这种处理方法效果良好，在涉外经济合同纠纷的处理中，也相当盛行。合同双方当事人之间自行协商解决纠纷，应当遵守以下原则。

（1）平等自愿原则。不允许任何一方以行政命令手段，强迫对方进行协商，更不能以断绝供应、终止协作等手段相威胁，迫使对方达成只有对方尽义务，没有自己负责任的“霸王协议”。

（2）合法原则。即双方达成的和解协议，其内容要符合法律和政策规定，不能损害国家利益、社会公共利益和他人的利益。否则，当事人之间为解决纠纷达成的协议无效。

发生合同纠纷的双方当事人在自行协商解决纠纷的过程中，应当注意以下问题。

第一，分清责任是非。协商解决纠纷的基础是分清责任是非，当事人双方不能一味地推卸责任，否则，不利于纠纷的解决。因为，如果双方都以为自己有理，责任在对方，则难以做到互相谅解和达成协议。

第二，态度端正，坚持原则。在协商过程中，双方当事人既互相谅解，以诚相待、勇于承担各自的责任，又不能一味地迁就对方，进行无原则的和解。

第三，及时解决。如果当事人双方在协商过程中出现僵局，争议迟迟得不到解决时，就不应该继续坚持协商解决的办法，否则会使合同纠纷进一步扩大，特别是一方当事人有故意的不法侵害行为时，更应当及时采取其他方法解决。

（二）调解

合同纠纷的调解，是指双方当事人自愿在第三者（即调解人）的主持下，在查明事实、分清是非的基础上，由第三者对纠纷双方当事人进行说明劝导，促使他们互谅互让，达成和解协议，从而解决纠纷的活动。调解有以下三个特征。

第一，调解是在第三方的主持下进行的，这与双方自行和解有着明显的不同。

第二，主持调解的第三方在调解中只是说服劝导双方当事人互相谅解，达成调解协议

而不是做出裁决，这表明调解和仲裁不同。

第三，调解是依据事实和法律、政策，进行合法调解，而不是不分是非，不顾法律与政策在“和稀泥”。

发生合同纠纷的双方当事人在通过第三方主持调解解决纠纷时，应当遵守以下原则。

第一，自愿原则。自愿有两方面的含义：一是纠纷发生后，是否采用调解的方式解决，完全依靠当事人的自愿。调解不同于审判，如果纠纷当事人双方根本不愿用调解方式解决纠纷，那么就不能进行调解。二是指调解协议必须是双方当事人自愿达成。调解人在调解过程中要耐心听取双方当事人相关干系人的意见，在查明事实的基础上，对双方当事人进行说服教育，耐心劝导，晓之以理，动之以情，促使双方当事人互相谅解，达成协议。调解人既不能代替当事人达成协议，也不能把自己的意志强加给当事人。如果当事人对协议的内容有意见，则协议不能成立，调解无效。

第二，合法原则。根据合法原则的要求，双方当事人达成协议的内容不得同法律和政策相违背，凡是有法律、法规规定的，依照法律、法规的规定；法律、法规没有明文规定的，应根据党和国家的方针、政策、并参照合同规定和条款进行处理。根据国家有关的法律和法规的规定，合同纠纷的调解，主要有以下三种类型。

1．行政调解

行政调解，是指根据一方或双方当事人的申请，当事人双方在其上级业务主管部门主持下，通过说服教育，自愿达成协议，从而解决纠纷的一种方式。应当注意合同纠纷经业务主管部门调解的，当事人达成调解协议的，要采用书面形式写成调解书作为解决纠纷的依据。

2．仲裁调解

仲裁解决，是指合同当事人在发生纠纷时，依照合同中的仲裁条款或者事先达成的仲裁协议，向仲裁机构提出申请，在仲裁机构的主持下，根据自愿协商、互谅互让的原则，达成解决合同纠纷的协议。

《中华人民共和国仲裁法》（以下简称《仲裁法》）规定，由仲裁机构主持调解形成的调解协议书，与仲裁机构所做的仲裁裁决书具有同等的法律效力。生效后具有法律效力，一方当事人如果不执行，另一方可以向人民法院提出申请，要求对方执行，对方拒不执行的，人民法院可以依法依照生效的调解协议书强制其执行。

3．法院调解

法院调解，又称诉讼中的调解，是指在法院的主持下，双方当事人平等协商，达成协议，经法院认可后，终结诉讼程序的活动。合同纠纷起诉到法院之后，在审理中，法院首先进行调解。在法院主持下达成调解协议，法院据此制作的调解书与判决具有同等效力。调解书只要送达双方当事人，便产生法律效力，双方都必须执行，如不执行，另一方当事人可以向人民法院提出申请，要求人民法院强制执行。根据《中华人民共和国民事诉讼法》

（以下简称《民事诉讼法》）的规定，人民法院进行调解也必须坚持自愿、合法的原则，调解达不成协议或调解无效的，应当及时判决，不应久调不决。

（三）仲裁

仲裁也称公断。合同仲裁，即由第三者依据双方当事人在合同中订立的仲裁条款或自愿达成的仲裁协议，按照法律规定对合同争议事项进行裁决，以解决合同纠纷的一种方式。仲裁是现代世界各国普遍设立的解决争议的一种法律制度。合同争议的仲裁是各国商贸活动中通行的惯例。

根据《仲裁法》的规定，通过仲裁解决的争议事项，一般仅限于在经济、贸易、海事、运输和劳动中产生的纠纷。如果是因人身关系和与人身关系相联系的财产关系而产生的纠纷，则不能通过仲裁解决，而且依法应当由行政机关处理的行政争议，也不能通过仲裁解决。

【例4-19】甲公司与乙公司签订一份购销合同并于合同中订有仲裁条款，后因合同履行发生纠纷，双方经协商同意终止合同。但是，甲方受损失，于是向仲裁机关申请仲裁，而乙方则向仲裁委员会提出异议，认为仲裁条款随合同解除而失去效力，并要求法院确认该仲裁条款失效。请问：该仲裁条款的效力如何？（　　）

A. 随合同终止

B. 仍然有效

C. 由人民法院认定其效力

D. 由仲裁委员会认定其效力

答案：B。

解析：略。

合同仲裁有以下几个特点。

第一，合同仲裁是合同双方当事人自愿选择的一种方法，体现了仲裁的“意思自治”的性质，即合同纠纷发生后，是否通过仲裁解决，完全要根据双方当事人的意愿决定，不得实行强制。如果一方当事人要求仲裁，而另一方当事人不同意，双方又没有达成仲裁协议，则不能进行仲裁，另外仲裁地点、仲裁机构以及需要仲裁的事项，也都需要根据双方当事人的意志在仲裁协议中自主选择决定。

第二，合同纠纷仲裁中，第三者的裁断具有约束力，能够最终解决争议。虽然合同纠纷仲裁是由双方当事人自主约定提交的，但是仲裁裁决一经做出，法律即以国家强制力来保证其实施。合同纠纷经济仲裁做出裁决后，即发生法律效力，双方当事人都必须执行，如果一方当事人不执行裁决，对方当事人则有权请求法院予以强制执行。

第三，合同纠纷的仲裁，方便、简单、专业、快捷。首先，合同仲裁实行一裁终局制度，即仲裁机构做出的裁决，为发生法律效力的裁决，双方当事人对发生法律效力的仲裁

裁决都必须履行，不得再就同一案件起诉。其次，仲裁可以简化诉讼活动的一系列复杂程序和阶段。例如起诉、受理、调查取证、调解、开庭审理、当事人的双方辩论及提起上诉等程序上的规定，往往花费数月或更长的时间，加重当事人的负担。再次，合同纠纷仲裁的收费较低。合同纠纷当事人通过仲裁解决纠纷时，应当遵守一定的原则。仲裁程序的原则主要有以下方面。

（1）当事人自愿原则。《仲裁法》第 4 条规定："当事人采用仲裁方式解决仲裁纠纷，应当双方自愿，达成仲裁协议，没有仲裁协议，一方申请仲裁的，仲裁委员会不予受理。"

（2）仲裁的独立性原则。《仲裁法》第 8 条规定："仲裁依法独立进行，不受行政机关、社会团体和个人的干涉。"从《仲裁法》的精神看，该原则主要表现为仲裁机构的独立性和仲裁员办案的独立性两个方面。

（3）仲裁一裁终局的原则。《仲裁法》第 9 条规定："仲裁实行一裁终局的制度。裁决做出后，当事人就同一纠纷再申请仲裁或者向人民法院起诉的，仲裁委员会或者人民法院不予受理。"

（四）诉讼

诉讼在西方人的观念中，是指法庭处理案件与纠纷的活动过程或程序。在中国人的观念中，诉讼就是国家专门机关在诉讼参与人的参加下，依据法定的权限和程序，解决具体案件的活动。

1. 概念及特点

诉讼是指人民法院根据合同当事人的请求，在所有诉讼参与人的参加下，审理和解决合同争议的活动，以及由此而产生的一系列法律关系的总和。它是民事诉讼的重要组成部分，是解决合同纠纷的一种重要方式。与其他解决合同纠纷的方式相比，诉讼是最有效的一种方式，首先是因为诉讼由国家审判机关依法进行审理裁判，最具有权威化性；其次裁判发生法律效力后，以国家强制力保证裁判的执行。

与其他纠纷解决的方式相比，诉讼具有以下几个特点。

（1）诉讼是法院基于一方当事人的请求而开始的，当事人不提出要求，法院不能依职权主动进行诉讼。当事人不向法院提出诉讼请求，而向其他国家机关提出要求保护其合法权益的不是诉讼，不能适用民事诉讼程序予以保护。

（2）法院是国家的审判机关，它是通过国家赋予的审判权来解决当事人之间的争议的。审判人员是国家权力机关任命的，当事人没有选择审判人员的权利，但是享有申请审判人员回避的权利。

（3）案件具有法定管辖权，只要一方当事人向有管辖权的法院起诉，法院就有权依法受理。

（4）程序比较严格、完整。例如，民事诉讼法规定，审判程序包括第一审程序、第二

审程序，审判监督程序等。第一审程序又包括普通程序和简易程序。另外，还规定了撤诉、上诉、反诉等制度，这些都是其他方式所不具备的。

（5）法院依法对案件进行审理做出的裁判生效后，不仅对当事人具有约束力，而且对社会具有普遍的约束力。当事人不得就该判决中确认的权利义务关系再行起诉，法院也不再对同一案件进行审理。负有义务的一方当事人拒绝履行义务时，权利人有权申请法院强制执行，任何公民、法人包括其他组织都要维护法院的判决，有义务协助执行的单位或个人应积极负责地协助法院执行判决，如果拒不协助执行或者阻碍法院判决的执行，行为人将承担相应的法律后果。

2．基本原则

诉讼是一种有效的“公力救济”方式，有一套法定的程序，是一个系统有序的运作过程。其原则主要有以下方面。

（1）当事人诉讼权利平等。诉权平等原则，主要包含以下几个方面的内容。

① 双方当事人的诉讼地位完全平等。诉讼地位平等，就是诉讼权利和义务平等。当事人的诉讼权利平等，在民事诉讼中表现为两种情况：一是双方当事人享有相同的诉讼权利，如双方当事人都有委托代理、申请回避、提供证据、请求调解、进行辩论、提起上诉、申请执行等权利；二是双方当事人享有对等的诉讼权利，如原告有提起诉讼的权利，被告有提出反驳和反诉的权利。诉讼权利和诉讼义务是互相对应的，双方当事人的诉讼权利平等，承担的诉讼义务也平等，如双方当事人都必须依法行使诉讼权利、履行诉讼义务、遵守诉讼程序等。当然，由于当事人在诉讼中担负的具体角色不同，在某些情况下，他们所承担的诉讼义务也不尽相同，不履行诉讼义务的后果也有差异。因此，无论是从诉讼权利来看，还是从诉讼义务来看，当事人双方平等都不意味着完全相同。

② 双方当事人有平等行使诉讼权利的手段，同时，法院平等地保障双方当事人行使诉讼权利。行使诉讼权利的手段，是实现诉讼权利的具体形式，没有同等地行使诉讼权利的手段，平等的诉讼权利只是纸上谈兵，得不到实现。在立法平等的前提下，法院为当事人创造平等地行使诉讼权利的机会，并且平等地要求当事人履行诉讼义务，不偏袒或者不歧视任何一方。

③ 对当事人在适用法律上一律平等。对一切诉讼当事人，不分民族、种族、性别、职业、社会出身、宗教信仰、受教育的程度、财产状况、居住期限，在适用法律上一律平等。任何公民，都应毫无例外地遵守法律，享受法律规定的权利，履行法律规定的义务。一切当事人的合法权利都应受到保护，一切当事人的违法行为都应受到制裁。只有这样，才能切实保护当事人的合法权益。

（2）同等原则和对等原则。《民事诉讼法》第5条第1款规定：“外国人、无国籍人、外国企业和组织在人民法院起诉、应诉，同中华人民共和国公民、法人和其他组织有同等的诉讼权利义务。”这一规定表明，我国法律对在人民法院进行民事诉讼的外国人、无国

籍人、外国企业和组织，赋予他们同我国公民、法人和其他组织同等的诉讼权利义务，这就是同等原则。

《民事诉讼法》第 5 条第 2 款规定："外国法院对中华人民共和国公民、法人和其他组织的民事诉讼权利加以限制的，中华人民共和国人民法院对该国公民、企业和组织的民事诉讼权利，实行对等原则。"这就是所谓的对等原则，即外国法院对我国公民、法人和其他组织的民事诉讼权利加以限制的，人民法院对该国公民、企业和组织的民事诉讼权利，也采取相应措施，加以限制。实行对等原则，是维护国家主权的需要，也是保护我国公民、法人和其他组织合法权益的需要。

（3）法院调解自愿和合法的原则。法院调解是我国民事审判工作的优良传统和成功经验，民事诉讼把法院调解用法律条文固定下来，并将自愿、合法进行调解确定为一项基本原则。民事诉讼法做如此规定，反映了中国特色。《民事诉讼法》第 9 条规定："人民法院审理民事案件，应当根据自愿和合法的原则进行调解；调解不成的，应当及时判决。"根据这一规定，法院审理民事案件时，要多做说服教育和疏导工作，促使双方达成协议，解决纠纷。

（4）辩论原则。《民事诉讼法》第 12 条规定："民事诉讼当事人有权对争议的问题进行辩论。"辩论原则是指在法院主持下，当事人有权就案件事实和争议问题，各自陈述自己的主张和根据，互相进行反驳和答辩，以维护自己的合法权益。民事诉讼中的辩论原则与刑事诉讼中的辩护原则具有一定的区别。辩护原则建立在公诉权与辩护权分立的基础之上，检察机关代表国家，以公诉人的身份对刑事被告人行使追诉权，被告人处于被控诉和受审判的地位，只能就自己是否犯罪和罪行轻重进行辩护。辩论原则建立在原告和被告诉讼地位平等而又彼此对立的基础之上，双方可以相互反驳、争辩，被告还有权对原告进行反诉。

（5）处分原则。民事诉讼法规定的处分原则，是指民事诉讼当事人有权在法律规定的范围内，处分自己的民事权利和诉讼权利。处分即自由支配，对于权利可行使，也可以放弃。在民事诉讼中，当事人处分的权利对象多种多样，但无非两大类：一是基于实体法律关系而产生的民事实体权利；二是基于民事诉讼法律关系所产生的诉讼权利。对实体权利的处分主要表现在三个方面：第一，诉讼主体在起诉时可以自由地确定请求司法保护的范围和选择保护的方法。在民事权利发生争议或受到侵犯后，权利主体有权决定自己请求司法保护的范围。不仅如此，权利主体还可以在一定程度上自行选择所受保护的方法。例如，在侵害财产所有权的纠纷中，被损害者有权就全部损害提出赔偿要求，也有权以部分损害的赔偿作为诉讼标的；同时，有权请求返还原物，也有权要求侵权人作价赔偿。第二，诉讼开始后，原告可以变更诉讼请求，即将诉讼请求部分或全部撤回，代之以另一诉讼请求；也可以扩大（追加）或缩小（部分放弃）原来的请求范围。第三，在诉讼中，原告可全部放弃其诉讼请求，被告可部分或全部承认原告的诉讼请求；当事人双方可以达成或拒绝达

成调解协议；在判决未执行完毕之前，双方当事人随时可就实体问题自行和解。

（6）检察监督原则。《民事诉讼法》第 14 条规定："人民检察院有权对民事审判活动实行法律监督。"根据检察监督原则的要求，人民检察院实行监督的内容主要有两个方面：① 监督审判人员贪赃枉法、徇私舞弊等违法行为。这方面的监督主要采取消极的方式，即它一般不主动调查和追究司法审判中的不法行为。民事经济案件中的原告和被告或者其他人对审判中的不法行为，对审判人员进行控告、检举，人民检察院应履行法律监督的职责。② 对法院做出的生效判决、裁定是否正确合法进行监督。根据审判监督程序的规定，人民检察院对法院已经发生法律效力的判决、裁定，如果认为有错误，应当提出抗诉，并派员出席再审法庭。

（7）支持起诉原则。《民事诉讼法》第 15 条规定："机关、社会团体、企业事业单位对损害国家、集体或者个人民事权益的行为，可以支持受损害的单位或者个人向法院起诉。"支持起诉必须具备以下三个要件。

① 支持起诉的主体是机关、团体、企业事业单位。支持起诉的主体主要是对受害者负有保护责任的机关、团体和企业事业单位，如妇联支持受害妇女、共青团支持受害青年、企业事业单位支持本单位受害职工向法院起诉，公民个人不能作为支持起诉主体。

② 支持起诉的前提，是法人或者自然人有损害国家、集体或者个人民事权益的违法行为。

③ 支持起诉的场合必须是受损害的单位或个人造成了损害，而又不能、不敢或者不便诉诸法院。如果受损害的单位或个人已向法院起诉，就不需支持起诉。

民事诉讼的发生要有利害关系当事人的起诉，必须出于自愿，通常无须外力的影响。

3．管辖原则

（1）管辖的概念。民事诉讼中的管辖，是指各级法院之间和同级法院之间受理第一审民事案件的分工和权限，它是在法院内部具体确定特定的民事案件由哪个法院行使民事审判权的一项制度。主管只划定了民事审判权作用的范围，只解决了哪些纠纷可以作为民事诉讼受理，而未解决具体由哪个法院来受理这一纠纷。我国的法院有四级，除最高法院外，每一级都有许多个，因此，在解决了某 纠纷属于法院民事诉讼受案范围的问题后，接着就需要对属于法院民事诉讼受案范围的纠纷做进一步划分，将它们具体分配到各个法院。这意味着需要做两次分配：第一次分配发生在不同级别的法院之间，通过分配明确四级法院各自受理一审民事案件的分工和权限；第二次分配是在第一次基础上进行的，也是在同级法院之间进行的，任务是将通过第一次分配划归本级法院受理的一审民事案件进一步分配到同一级中的各个具体法院。管辖制度正是通过这样的分配来使民事审判权得到具体落实的。

主管与管辖是民事诉讼中具有密切联系的两个概念。主管先于管辖发生，它是确定管辖的前提与基础，只有首先确定某一纠纷属于民事诉讼受案范围后，才有必要通过管辖将它具体分配到某个法院，而管辖则是对属于法院民事诉讼主管范围案件的具体落实，确定

由哪个法院来具体行使审判权。

（2）管辖恒定。管辖恒定，是指确定案件的管辖权，以起诉时为标准，起诉时对案件享有管辖权的法院，不因确定管辖的事实在诉讼过程中发生变化而影响其管辖权。管辖恒定反映了诉讼经济的要求，它既可避免管辖变动造成的司法资源的浪费，又可以减少当事人讼累，使诉讼尽快了结。

管辖恒定包括级别管辖恒定和地域管辖恒定，前者主要指级别管辖按起诉时的诉讼标的额确定后，不因为诉讼过程中标的额增加或减少而变动。

（3）级别管辖。级别管辖，是指按照一定的标准，划分各级人民法院之间受理第一审民事案件的分工和权限。对民事案件实行分级管辖的原则，即各级人民法院均可审判第一审民事案件，且绝大多数民事案件由基层人民法院作为第一审。

我国主要根据案件的性质和影响范围确定级别管辖。所谓案件的性质，就是指案件的类型，在类型上案件可有一般的和特殊的之分。特殊类型的案件往往都有一定的审理难度，并且对受诉法院的要求也不同于一般类型的案件。所谓影响的范围，是指案件的涉及方面和人民法院审判后对社会的影响。影响大的案件由级别较高的法院管辖，既可保证案件的审判质量，又可起到较好的社会效果。

（4）地域管辖。地域管辖，是指按照人民法院的辖区和民事案件的隶属关系所划分的管辖，亦即确定同级人民法院之间在各自的区域内受理第一审民事案件的分工和权限。

一般地域管辖，又称普通管辖，是指以当事人所在地为根据确定的管辖。当事人所在地包括住所地和经常居住地，住所地指户籍所在地，经常居住地是公民离开住所地而居住满一年的地方。一般地域管辖通常适用的原则是“原告就被告”，即原告向被告所在地的人民法院起诉。

特殊地域管辖又称特别管辖，是指以诉讼标的所在地、法律事实所在地以及被告住所地为标准确定的管辖。

（5）专属管辖。专属管辖是地域管辖的一种。法律规定某些案件必须由特定的法院管理，当事人不能以协议的方式加以变更。具有强制性和排他性，与特别管辖不完全相同。世界各国对于专属管辖权的规定，主要表现在家庭、继承和不动产等案件方面。

专属管辖分为国内专属管辖与涉外专属管辖。

国内专属管辖的范围如下：① 因不动产纠纷提起的诉讼，由不动产所在地法院管辖。② 因港口作业发生纠纷提起诉讼，由港口作业地法院管辖。③ 因继承遗产提起的诉讼，由被继承人死亡时住所地或主要遗产所在地（由价值大小来认定）管辖。

涉外专属管辖的范围如下：根据我国《民事诉讼法》第 266 条规定，属于我国人民法院专属管辖的涉外民事案件有：① 在我国履行的中外合资经营企业合同纠纷；② 在我国履行的中外合作经营企业合同纠纷；③ 在我国履行的中外合作勘探开发自然资源合同纠纷。

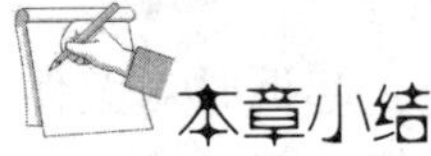

本章小结

合同是对未来交易风险的预先安排。房地产合同履行过程中，由于订立合同时的条件或情况发生重大变化，或合同主体改变，或合同当事人违反合同约定等各种原因，需要按照预先确定的风险承担规则进行责任分配，并在责任承担出现争执时，进行纠纷处理。

本章从合同变更的概念和条件入手，分析了合同变更和转让的条件和程序，系统分析了合同权利义务终止的情形，并对合同违约情形进行了深入分析。而后，针对不同的违约类型，对责任承担归纳整理，提炼出具有实践指导意义的归责原则，并对责任免除进行了界定。最后，对合同纠纷的处理提出了解决途径。

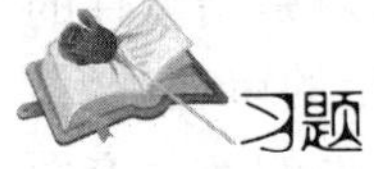

习题

一、名词解释

违约责任　违约金　定金　预期违约　不可抗力　仲裁　诉讼

二、简答题

1．阐述合同变更的类型。

2．阐述合同权利义务终止的情形。

3．合同法定解除的情形有哪些？

4．分析实际违约和预期违约的异同。

5．阐述违约责任的承担方式及其异同。

6．违约责任免除的情形有哪些？

7．阐述合同纠纷的处理类型及其区别。

三、案例分析

案情：A房地产公司（下称A公司）与B建筑公司（下称B公司）达成一项协议，由B公司为A公司承建一栋商品房。合同约定，标的总额6 000万元，工期为8个月，任何一方违约，按合同总标的额的20%支付违约金。合同签订后，为筹集工程建设资金，A公司用其建设用地使用权做抵押向甲银行贷款3 000万元，乙公司为此笔贷款承担保证责任，但对保证方式未做约定。

B公司未经A公司同意，将部分施工任务交给丙建筑公司施工，该公司由张、李、王三人合伙出资组成。施工中，工人刘某不慎掉落手中的砖头，将路过工地的行人陈某砸成重伤，花去医药费50 000元。

A 公司在施工开始后即进行商品房预售。丁某购买了 1 号楼 101 号房屋，预交了 5 万元房款，约定该笔款项作为定金。但不久，A 公司又与汪某签订了一份合同，将上述房屋卖给了汪某，并在房屋竣工后将该房的产权证办理给了汪某。汪某不知该房已经卖给丁某的事实。

汪某入住后，全家人出现皮肤瘙痒、流泪、头晕目眩等不适。经检测，发现室内甲醛等化学指标严重超标。但购房合同中未对化学指标做明确约定。

因 A 公司不能偿还甲银行贷款，甲银行欲对 A 公司开发的商品房行使抵押权。

问题：

（1）若 B 公司延期交付工程半个月，A 公司以此提起仲裁，要求支付合同总标的额 20%即 1 200 万元违约金，你作为 B 公司的律师，拟提出何种请求以维护 B 公司的利益？依据是什么？

（2）对于陈某的损失，应由谁承担责任？如何承担责任？为什么？

（3）对于陈某的赔偿，应当适用何种归责原则？依据是什么？

（4）对于乙公司的保证责任，其性质应如何认定？理由是什么？

（5）若甲银行行使抵押权，其权利标的是什么？甲银行如何实现自己的抵押权？

（6）丁某在得知房屋卖给汪某后，向法院提起诉讼，要求 A 公司履行合同交付房屋，其主张是否得到支持？为什么？

（7）汪某现欲退还房屋，要回房款。你作为汪某的代理人，拟提出何种请求维护汪某的利益？依据是什么？

（8）如果 A 公司不能向 B 公司支付工程款，B 公司可对 A 公司提出什么请求？

第五章 房地产合同体系

学习目标

通过对本章的学习，学生应掌握以下内容：

1. 房地产合同体系的决定因素；
2. 建设工程中的主要合同关系；
3. 主要的房地产合同类型；
4. 国有土地使用权出让和转让合同相关知识；
5. 勘察设计、施工、监理合同的基本知识；
6. 城市房屋拆迁合同的概念。

导言

房地产开发是一个非常复杂的社会生产系统，涉及主体众多，各主体之间存在错综复杂并不断变化的经济关系。而维系各种关系的就是类型各异的合同，合同是工程项目运作的工具，不同类型的合同构成了房地产合同体系。加深对房地产合同体系以及主要合同类型的理解，有利于房地产项目的有效开展。

第一节 房地产合同体系概述

房地产项目的建设过程实质上就是一系列经济合同的签订和履行的过程。因此，首先要全面理解房地产合同体系和主要的合同类型。

一、合同体系的决定因素

对于一个房地产项目，围绕着开发项目建设这个目标，各参与单位之间会签订不同层次和不同类型的房地产合同，而这些合同就组成了该房地产项目的合同体系。

合同体系的决定因素主要包括以下几个方面。

（1）建设项目的工程范围和建设项目管理中的工作分解结构（WBS）。

（2）建设项目的实施策略：如何取得资金？如何发包？开发商管理工程的深度和方式？项目的管理模式？工程的供应方式？

（3）项目管理组织形式。

（4）项目管理的工作程序，如质量管理、付款、工程验收。

（5）决定房地产合同体系的其他因素。

房地产合同体系的决定因素对合同体系的影响，可以通过图 5-1 所示来表示。

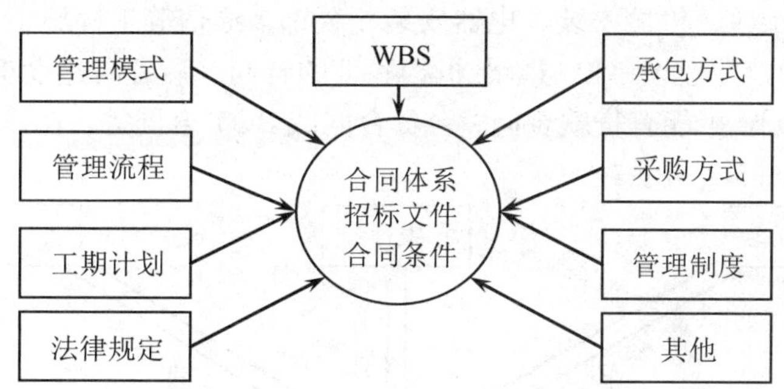

图 5-1　房地产合同体系的决定因素

房地产合同体系是由许多合同组成复杂体系，在一个房地产项目中会涉及多个承包商，而这些承包商之间的相互行为都是由合同来约束的，因此合同体系中隐含着开发项目各参与者之间的合同关系。

二、房地产开发涉及的主要合同体系

房地产开发是一个极为复杂的社会生产系统，它必然经历可行性研究、勘察设计、工程施工和运行等阶段；有土建、水电、机械设备、通信等专业设计和施工活动；需要各种材料、设备、资金和劳动力的供应。由于现代的专业化分工，几乎每一个工程项目都会涉及多方参与单位。主要由合同来维系他们之间的经济关系，在建设项目中就形成了大量的相关合同，在这些合同中涉及的最主要的两方是开发商和承包商。

（一）开发商的合同关系

开发商作为工程的买方，是工程的所有者，他可能是政府、企业、其他投资者，或几个企业的组合，或政府与企业的组合。他投资一个项目，通常委派一个代理人以建设单位的身份进行工程项目的经营管理。建设单位根据对工程的需求，确定工程项目的整体目标。这个目标是所有相关工程合同的核心。

要实现工程总目标，建设单位必须将建筑工程的勘察、设计、各专业工程施工、设备和材料供应、建设过程的咨询与管理等工作委托出去，必须与有关单位签订以下各种合同。

（1）咨询（监理）合同，即建设单位与咨询（监理）公司签订的合同。咨询（监理）公司负责工程的可行性研究、设计监理、招标和施工阶段监理等某一项或几项工作。

（2）勘察设计合同，即建设单位与勘察设计单位签订的合同。勘察设计单位负责工程的地质勘查和技术设计工作。

（3）供应合同，对由建设单位负责提供的材料和设备，他必须与有关的材料和设备供应单位签订供应（采购）合同。

（4）工程施工合同，即建设单位与工程承包商签订的工程施工合同。一个或几个承包商承包或分别承包土建、机械安装、电器安装、装饰、通信等工程施工。

（5）贷款合同，即建设单位与金融机构签订的合同。后者向建设单位提供资金保证。按照资金来源的不同，可能有贷款合同、合资合同或 BOT 合同等。在建筑工程中建设单位的主要合同关系如图 5-2 所示。

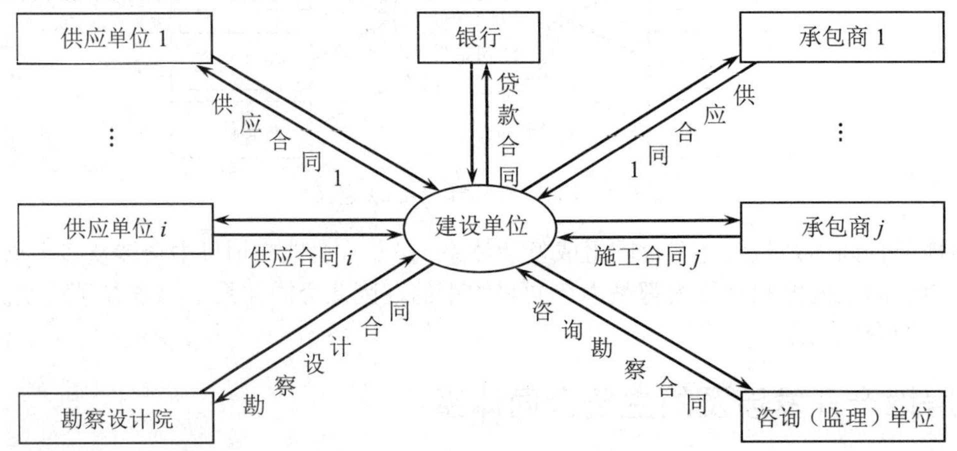

图 5-2　建设单位的主要合同关系

按照工程承包方式和范围的不同，建设单位将会订立几十或成百上千份合同。例如，将工程分专业、分阶段委托，将材料和设备供应分别委托，也可能将上述委托以各种形式合并，如把土建和安装委托给一个承包商，把整个设备供应委托给一个成套设备供应企业。

（二）承包商的合同关系

承包商是工程施工的具体实施者，是工程承包合同的执行者。承包商通过投标接受建设单位的委托，签订工程承包合同。工程承包合同和承包商是建筑工程中必不可少的。承包商要完成承包合同中规定的责任，包括由工程量表所确定的工程范围的施工、竣工和保修，为完成这些工程提供劳动力、施工设备、材料，有时也包括技术设计。任何承包商都不可能，也不必具备所有的专业工程的施工能力、材料和设备的生产和供应能力，他同样可以将许多专业工作委托出去。所以承包商常常又有自己复杂的合同关系，如图 5-3 所示。

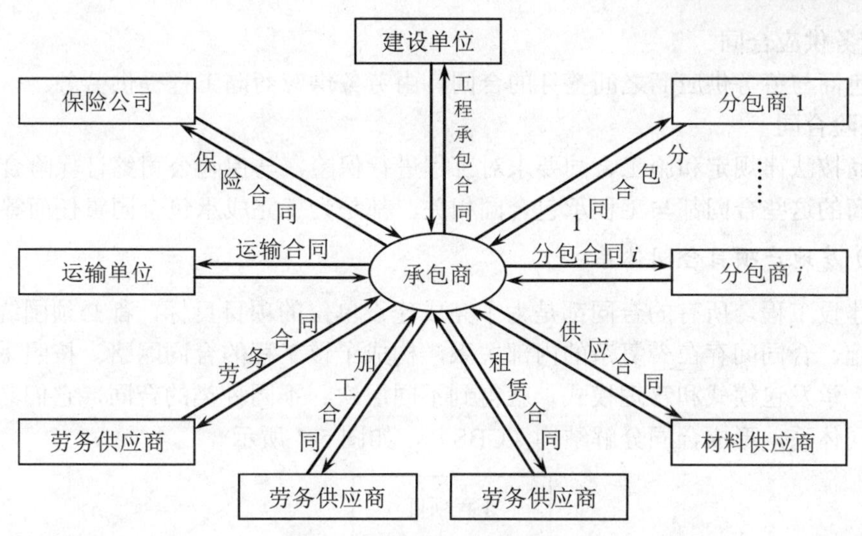

图 5-3　承包商的主要合同关系

1．分包合同

对于一些大的工程，承包商常常必须与其他承包商合作才能完成总包合同责任。承包商把从建设单位那里承接到的工程中的某些分项工程或工作分包给另一承包商来完成，则与他签订分包合同。

承包商在建设单位许可下可能订立许多分包合同，而分包商仅完成分包合同中规定的责任，向总承包商负责，与建设单位无直接的合同关系。承包商仍向建设单位承担全部工程责任，负责工程的管理和所属各分包商工作之间的协调，以及各分包商之间合同责任界面的划分，同时承担协调失误造成损失的责任，向建设单位承担工程风险。在承包商投标书中，必须附上拟定的分包商的名单，供建设单位审查。如果在工程施工中重新委托分包商，必须经过工程师（或建设单位代表）的批准。

2．供应合同

承包商为工程建设所进行的材料和设备的采购和供应，与供应商签订形式各异的合同。

3．运输合同

承包商为解决材料和设备的运输问题而与运输单位签订的合同。

4．加工承揽合同

即承包商将建筑构配件、特殊构件加工任务委托给加工承揽单位而签订的合同。

5．租赁合同

在建筑工程中承包商需要许多施工设备、运输设备、周转材料。有些设备、周转材料在现场使用率较低，或自己购置需要大量资金投入，可以采用租赁的方式，与租赁单位签订租赁合同。

6．劳务供应合同

即承包商与劳务供应商之间签订的合同，由劳务供应商向工程提供劳务。

7．保险合同

承包商按法律规定和施工合同要求对工程进行保险，与保险公司签订保险合同。

承包商的这些合同都与工程承包合同相关，都是为了完成承包合同责任而签订的。

（三）房地产项目合同体系

一个建设工程，所有的合同都是为了完成建设单位的项目目标，都必须围绕这个目标签订和实施，合同间存在着复杂的内部关系，构成了该工程的合同网络。按照采用的不同融资方式、承发包模式和管理模式，就得到不同层次、不同种类的合同，它们共同构成该工程的合同体系，形成合同分解结构（CBS），如图 5-4 所示。

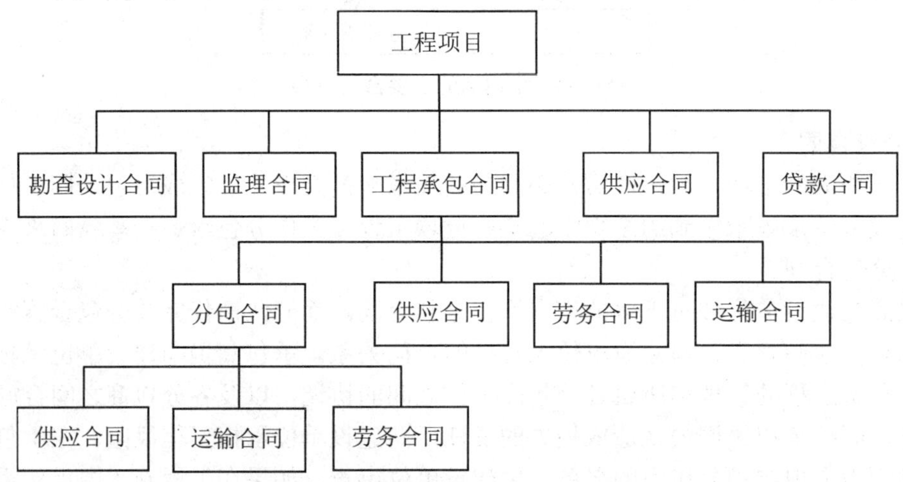

图 5-4　房地产开发合同分解结构

上述合同体系中，工程承包合同是最有代表性、最普遍，也是最复杂的合同类型，在工程项目的合同体系中处于主导地位，是整个工程项目合同管理的重点。无论是建设单位、监理工程师还是承包商都将它作为合同管理的主要对象。

深刻了解承包合同将有助于对整个项目合同体系以及对其他合同的理解。合同体系对整个项目的管理都有深远的影响：它反映了项目任务的范围和划分方式；它反映了项目所采用的管理模式。例如，监理制度，全包方式或平行承包方式。它在很大程度上决定了项目的组织形式。因为不同层次的合同，常常又决定了合同实施者在项目组织结构中的地位。

三、特殊的合同关系形式

（1）设计单位、各供应单位也可能存在各种形式的分包。

（2）承包商联营承包。

（3）如果工程付款条件苛刻，要求承包商带资承包，承包商可能贷款，与金融单位订立借（贷）款合同。

（4）监理和设计组成共同体，实行设计管理总承包合同模式。

（5）在一些大工程中，分包商还可能将自己承包的工程或工作的一部分再分包出去，需要材料和设备的供应，也可能租赁设备，委托加工，需要材料和设备的运输，需要劳务，所以分包商又有自己复杂的合同关系。

（6）CM 模式，即 CM 承包商采取有条件的“边设计、边施工（快速路径法）”的生产组织方式来组织协调设计与施工，通常采用“成本加利润”合同方式的一种承发包和管理模式。CM 商为了推进快速路径法，需要进行一系列分包采购合同的招标工作，从而要求其具备较强的招标组织能力、合同谈判能力及沟通协调能力，此外随着大型项目越来越多地采用进口材料设备及国外专业分包，CM 商还需熟悉国际招标和采购。

第二节　国有土地使用权合同

土地是房地产开发最根本的要素资源，土地获取是房地产开发的首要环节，土地获取是通过土地市场交易完成的。土地市场也称地产市场，土地市场中交易的是国有土地使用权而非土地所有权。土地市场中交易的土地使用权具有期限性。我国的土地市场分为两级：一级市场是政府出让市场，即土地使用权出让市场；二级市场是土地使用权交易市场，包括土地使用权的转让和用地单位土地使用权的有偿置换等。

一、国有土地使用权出让

土地使用权出让市场为一级市场，是土地作为商品进入流通的第一步，反映了国家土地所有者与土地使用者之间的商品经济关系。一级市场是二级市场的前提和基础，没有土地使用权的出让就没有土地使用权的交易。

（一）出让的含义

根据《城市房地产管理法》和《城镇国有土地使用权出让和转让暂行条例》的规定，土地使用权出让是指国家以土地所有者的身份将土地使用权在一定年限内让与土地使用者，并由土地使用者向国家支付土地使用权出让金的行为。

国有土地使用权出让的含义一般包括以下内容。

（1）国有土地使用权由国家出让，由地方人民政府代表，任何单位和个人不得出让土地使用权。

（2）经出让取得土地使用权的单位和个人，只享有使用权，在使用土地期限内行使对土地的占有、使用、收益和一定的处分权。

（3）土地使用者只有向国家支付了全部土地使用权出让金后才能领取土地使用权证书。

（4）集体土地不经征收（成为国有土地）不得出让。

（5）国有土地使用权出让是国家以土地所有者的身份与土地使用者之间关于权利义务的经济关系，具有平等、自愿、有偿、有限期的特点。

（二）出让的方式

国有土地使用权出让的方式，是指国家（由地方人民政府代表）将国有土地使用权出让给土地使用者，所采取的形式或程序。国有土地使用权出让一般有以下几种方式。

1. 协议出让

协议出让，是指政府作为土地所有者的代表，与选定的受让方磋商用地条件及价款，达成协议并签订土地使用权出让合同，出让土地使用权的方式。其程序如下。

（1）申请。即有意受让方向地方人民政府的土地管理部门提出用地申请，并提交相应的申请文件。

（2）协商。即由地方人民政府或其所属土地管理部门与有意受让方就有关事宜协商谈判，达成一致意见。

（3）签约。即由出让方与受让方签订土地使用权出让合同。

（4）领取土地使用证。受让方缴付合同约定的土地使用权出让金后，向土地管理部门办理土地使用登记，领取土地使用证。

2. 招标出让

招标出让，是指政府作为土地所有者的代表向多方土地使用者发出投标邀请，在规定的期限内，由符合条件的单位以书面形式投标，竞投该宗土地的使用权，招标小组通过对标书的评判，择优确定土地使用者的土地出让方式。

招标出让方式引进了市场竞争机制，但获得土地使用权的并不一定是出价最高者，因为，投标人评标时，既需考虑到投标价，也要考虑投标规划设计方案和企业的资信等各方面的情况。这种方式既有利于公平竞争，又有利于土地规划利用的优化。

国有土地使用权招标出让活动，应当有计划地进行。根据《招标拍卖挂牌出让国有土地使用权规定》的规定，招标出让方式的程序是：前期准备；招标；投标；开标；评标小组进行评标；决标；签约。中标人应当按照成交确认书约定的时间，与出让人签订《国有土地使用权出让合同》。

3. 拍卖出让

拍卖出让，是指政府作为国有土地所有者的代表或其委托的拍卖人，发布拍卖公告，在指定的时间和地点由竞买人公开竞价，按“价高者得”的原则，确定土地使用者的出让方式。拍卖出让方式充分引进了竞争机制，由最高报价者取得土地使用权的方式，既排除

了出让方的任何主观因素，也可使政府获得最高收益。

根据《招标拍卖挂牌出让国有土地使用权规定》的规定，拍卖出让的程序是：前期准备；发布拍卖公告；拍卖会进行程序；签约。确定竞得人后，出让人应当与竞得人签订成交确认书。竞得人应当按照成交确认书约定的时间，与出让人签订《国有土地使用权出让合同》。

4. 挂牌出让国有土地使用权

根据国土资源部发布的《招标拍卖挂牌出让国有土地使用权规定》，挂牌出让国有土地使用权，是指政府作为国有土地所有者的代表发布挂牌公告，按公告规定的期限将拟出让宗地的交易条件在指定的土地交易场所挂牌公布，接受竞买人的报价申请并更新挂牌价格，根据挂牌期限截止时的出价结果确定土地使用者的出让方式。

根据《招标拍卖挂牌出让国有土地使用权规定》的规定，挂牌出让的程序是：前期准备；发布挂牌公告；挂牌竞买；成交；签约。确定竞得人后，出让人应当与竞得人签订成交确认书。竞得人应当按照成交确认书约定的时间，与出让人签订《国有土地使用权出让合同》。

国有土地使用权挂牌出让方式具有以下特点。

（1）挂牌时间长，允许多次报价，有利于投资者理性决策和竞争。

（2）操作简便，便于开展。

（3）有利于土地有形市场的形成和运作。

二、国有土地使用权出让合同

国有土地使用权出让合同，是指作为土地所有权人的国家（通过市、县人民政府土地管理部门来代表），作为出让方与受让方（土地使用者）按照平等、自愿、有偿的原则，对出让土地的范围、面积、年限、用途、出让土地的交付、土地使用权出让金的缴纳、土地开发建设与利用、土地使用权转让、出租、抵押、土地使用权期限届满、不可抗力、违约责任等问题，进行友好协商、达成一致意见后，依法签订的书面协议。

国有土地使用权出让合同一般表现为三种具体形式：成片开发土地使用权出让合同、宗地使用权出让合同及划拨土地使用权补办出让合同。

（一）一般规定

1. 合同的主要条款

国有土地使用权出让合同一般应包括以下条款。

（1）合同当事人。

（2）合同标的，即土地的位置、面积、范围等。

（3）出让金的数额、支付方式和支付期限。

（4）出让期限，应注明出让期限的起止日期。

（5）土地使用条件，即对受让方的土地在类别、用途、覆盖率、地上物高度、配套设施等方面的具体要求。

（6）定金，依照规定，签订合同时必须由受让方向出让方交纳相当于出让金总额的定金。

（7）违约责任，出让方不按合同规定提供土地使用权时，受让方有权解除合同，索回定金并请求违约赔偿；受让方不按时交纳出让金，出让方有权解除合同、没收定金并请求违约赔偿；受让方不按合同约定的期限和条件开发、利用土地或非法转让土地使用权的，出让方有权对其实施处罚直至收回土地使用权。

（8）土地使用权转让、出租、抵押的条件。

（9）合同争议的解决。

（10）合同有效文本、签约时间和地点、合同术语定义、合同附件等。

2．合同的效力

合同效力是指依法成立的国有土地使用权出让合同所产生的法律后果，即合同依法产生的具有约束出让方、受让方的强制力。具体表现在以下方面。

（1）在出让方和受让方之间设定一定的权利和义务。

（2）对出让方和受让方具有法律拘束力。

（3）出让方或受让方不全面、适当履行合同，可以依据合同请求强制履行或要求违约方承担违约责任。

（4）产生及时通知、协助、防止损失扩大等合同附随义务。

合同生效后就要由合同的当事人按照合同的约定全面履行合同。受让方要按照合同的约定，支付土地使用权出让金，出让方依照合同约定向受让方提供出让的土地等。

3．合同的变更或解除

国有土地使用权出让合同一经签订，并经一定的法律手续即具有法律效力，合同任何一方不得擅自变更和解除。但是在合同生效后、未全部履行前，基于法定的原因或出让人、受让人一方或双方的意思表示，可以使当事人之间的合同关系发生变更或解除。根据《城镇国有土地使用权出让和转让暂行条例》的规定，变更或解除合同的条件有以下几种情况。

（1）出让方因社会公共利益的需要，可以依照法律程序提前收回土地使用解除原土地使用权出让合同，但需根据土地使用者使用土地的实际年限，开发、利用土地的实际情况给予相应的补偿。

（2）土地使用者需要改变土地使用权出让合同规定的土地用途的，经出让方同意并经政府有关部门批准，可以解除原土地使用权出让合同，重新签订新的土地使用权出让合同。

（3）合同一方违约时，另一方有权解除合同。如受让方逾期未全部支付出让金的，出让方有权解除合同；出让方未依合同提供土地使用权的，受让方有权解除合同等。

（4）因不可抗力或情势变迁，致使合同无法履行的，当事人可以请求变更或解除土地

使用权出让合同。

（二）成片开发土地使用权出让合同

成片开发土地使用权出让合同，是指土地所有权人的国家（通过市、县人民政府土地管理部门来代表），作为出让方与受让方即土地使用者经过协商，达成一致意见将一定规模的国有土地使用权出让给土地使用者，由土地使用者开发经营的协议（或合同）。成片土地出让合同主要是明确土地使用者获得国有土地使用权并进行土地开发经营的法律关系，明确土地使用者开发利用土地的权利和各项限制条件，明确土地出让方与受让方在土地供应、使用中的责任。该合同具有以下特征。

（1）出让方具有确定性。国有土地的出让方是国家，具体而言，是国家依法授权的市、县地方人民政府，由地方人民政府的土地管理部门作为合同签约的甲方。

（2）标的具有限制性。根据国有土地所有权与使用权相分离的原则，出让合同的标的只能是土地使用权，土地所有权仍属于国家。

（3）对象具有唯一性。出让的必须是国有土地，农村集体经济组织所有的土地必须经征用为国有土地后，才能出让。而且出让的一般是毛地，即未进行开发、基础设施建设的土地。

（4）受让方的目的具有间接性。土地的受让者一般并不在整个土地使用期限内直接使用土地，其取得土地使用权的目的是进行土地的开发，使之具有建设条件，进而转让予他方。

（5）土地开发具有漫长性。在成片土地开发过程中，由于土地是国有的，出让的仅仅是土地使用权，行为的发起人是政府，并且土地在开发利用过程中受到一定的法律限制，因此合同的拟定需要花费较长的时间，土地的开发也是一个相对漫长的过程。

（三）宗地使用权出让合同

宗地使用权出让合同，是指土地所有权人的国家（通过市、县人民政府土地管理部门来代表）与土地使用者之间签订的，将国有土地使用权出让给受让人，即土地使用者，由受让人支付土地使用权出让金并开发经营的协议。宗地使用权出让合同主要是明确土地使用者获得国有土地使用权进行土地开发经营的法律关系，明确土地使用者开发利用土地的权利和各项限制条件，明确国家和土地使用者在土地供应、开发利用中的责任。

宗地使用权出让合同与成片开发土地使用权出让合同相比有许多相似性，但也存在明显不同。这些不同主要表现在以下两方面。

（1）由于宗地使用权出让合同的对象是较小规模的国有土地，土地使用者开发土地的时间跨度相对较短，因此土地开发利用的内容比较单一，建设项目一般是确定的。

（2）土地的受让者在合同规定的土地使用期限内，对土地进行开发后，是自用还是转让，或者自用一部分同时转让一部分，可以选择。

（四）划拨土地使用权合同

土地使用权划拨是指县级以上人民政府依法批准，在土地使用者缴纳补偿、安置等费用后将该宗土地交付其使用，或者将国有土地使用权无偿交付给土地使用者使用的行为。

1．划拨的特征

与土地使用权出让相比，土地使用权划拨具有以下特征。

（1）单向性。国家对土地使用权进行划拨，行使的是行政权力，这种行政划拨行为是单向的，国家行政主管机关单方面决定是否批准划拨，不需征求用地人的意见。

（2）无偿性。土地使用权划拨是一种无偿行为，土地使用者取得土地使用权无须支付对价。即使缴纳补偿、安置等费用也不是土地使用权的对价，而只是对原土地使用者损失和重新安置的补偿。

（3）限制性。根据《城市房地产管理法》的规定，通过划拨方式取得的土地主要包括以下几个方面：国家机关用地和军事用地；城市基础设施用地和公益事业用地；国家重点扶持的能源、交通、水利等项目用地；法律、行政法规规定的其他用地。

房地产开发商以行政划拨取得开发土地的途径，费用最低，最能实现其利益的最大化。但是以这种途径取得的土地的使用权，政府常常要向房地产开发商提出种种限制，或不准进入二级市场流转，或限于开发某项微利项目等。

（4）划拨土地使用权具有无限性。通过划拨取得的国有土地使用权，一般是无期限的，但法律、行政法规另有规定的除外。当然，没有使用期限并不等于永久使用。土地所有人可以根据需要收回使用权，这需要严格依照法律规定的条件和程序进行。

2．划拨土地进入土地交易市场的条件

《城市房地产管理法》第40条规定：“以划拨方式取得土地使用权的，转让房地产时，应当按照国务院规定，报有批准权的人民政府审批。有批准权的人民政府准予转让的，应当由受让方办理土地使用权出让手续，并依照国家有关规定缴纳土地使用权出让金。以划拨方式取得土地使用权的，转让房地产报批时，有批准权的人民政府按照国务院规定决定可以不办理土地使用权出让手续的，转让方应当按照国务院规定将转让房地产所获收益中的土地收益上缴国家或者作其他处理。”

3．签订划拨土地使用权补办出让合同的注意事项

（1）申请补办划拨土地使用权出让手续要符合规定的条件：① 土地使用者为公司、企业、其他经济组织和个人；② 领有国有土地使用证；③ 具有合法的地上建筑物、其他附着物产权证明；④ 经济组织外的其他组织需要补办出让手续，须经其上级主管部门批准。

（2）明确土地管理部门的审查要点。土地管理部门补办土地使用权出让手续的审查要点为：① 土地使用者是否具备补办土地使用权出让手续的申请条件；② 土地使用权及地上建筑物、其他附着物产权是否合法、准确；③ 出让宗地实际使用状况与文件、资料所载是否一致，是否对四邻及自身正常工作秩序造成不良影响；④ 已发生划拨土地使用权转让、

出租、抵押行为的，土地使用权转让、租赁、抵押合同书内容是否符合有关规定。

（3）明确土地使用权出让金与支付方式。在土地使用权出让合同签订后，在合同约定付款期限内，土地使用者应向土地所在地市、县土地管理部门缴纳土地使用权出让金。

土地使用权出让金，应区别土地使用权转让、出租、抵押等不同方式，按所标定地价的一定比例收取。标定地价由土地所在地市、县土地管理部门根据基准地价，按土地用途、出让期限和宗地条件核定。

付款方式有直接交付和以转让、出租、抵押所获收益抵交两种。若用所获收益抵交出让金，应在缴付定金的基础上，在合同中约定所获收益应优先用于缴付出让金。

（4）区别办理土地登记的不同情形。土地使用者在缴纳全部土地出让金后，由土地管理部门直接办理土地使用权出让登记。土地使用者在缴纳出让金前已签订土地使用权转让、租赁、抵押合同的，土地管理部门可同时办理土地使用权出让登记与土地使用权转让、出租或抵押登记。

三、国有土地使用权转让

《城镇国有土地使用权出让和转让暂行条例》第 19 条规定："土地使用权转让是指土地使用者将土地使用权再转移的行为，包括出售、交换和赠与。"可以看出，国有土地使用权转让指国有土地使用权人依法将国有土地使用权转移给受让人的行为，是国有土地使用权的一种处分方式。其中，原拥有土地使用权的一方称为转让人，接受土地使用权的一方称为受让人。

（一）转让方式

（1）土地使用权买卖，是指土地使用权人，即转让人以获取价款为目的将土地使用权转移给其他公民或法人，即受让人，后者取得土地使用权并支付相应价款的民事法律行为。这是最主要的土地使用权转让方式。

（2）土地使用权交换，是指两个以上的土地使用权人交换各自的土地使用权的转让方式。

（3）土地使用权赠与，是指土地使用权人将其土地使用权无偿地移转给受赠人的民事法律行为。

（4）土地使用权继承，是指因土地使用权人死亡，依据法律规定其土地使用权由其合法继承人依法取得的民事法律行为。

（5）其他方式，是指除上述方式以外的其他移转土地使用权的方式，如企业合并或分立时，土地使用权转移给新的权利人所有；以土地使用权抵债等。

（二）转让条件

《城镇国有土地使用权出让和转让暂行条例》和《城市房地产管理法》规定有关国有

土地使用权转让的条件，主要包括以下几个方面。

（1）具备法律规定的条件。国有土地使用权人，即转让人要具有土地使用权出让合同书、国有土地使用权证书，并且受让方应为中国境内外的公司、企业、其他经济组织和自然人，但法律另有规定的除外。

（2）完成出让合同规定投资的一定比例。《城市房地产管理法》第39条规定，以出让方式取得土地使用权的，再转让时应当符合的条件包括“按照出让合同约定进行投资开发，属于房屋建设工程的，完成开发投资总额25%以上，属于成片开发土地的，形成工业用地或者其他建设用地条件”。

（3）按出让合同规定的条件投资开发利用土地。地块的用途应按土地使用权出让合同的规定使用，土地使用者不得擅自变更，对擅自变更地块用途者，不允许其转让土地使用权，以适应城市整体建设规划要求。对于建筑面积、建筑物的高度及层数以及建筑物的配套设施建设等都要符合规定的要求。

（三）转让合同

国有土地使用权转让合同是指土地使用人将其土地使用权再转移给他人的合同。《城镇国有土地使用权出让和转让暂行条例》第20条规定：“土地使用权转让应当签订转让合同。”国有土地使用权转让合同，即原国有土地使用者与新的国有土地使用者之间订立的关于转让国有土地使用权和明确双方当事人权利义务关系的协议。在该转让合同中，转让一方即原国有土地使用权者，也就是原国有土地使用权受让人或者再受让人。受让方即新的国有土地使用者，也就是新的国有土地使用权受让人。

1．合同的订立

国有土地使用权转让的，转让人和受让人应当签订国有土地使用权转让合同，并按照法律的有关规定办理过户登记手续。国有土地使用权转让合同的主要内容包括以下方面。

（1）转让土地位置、面积、使用年限、用途。

（2）转让人和受让人的名称。

（3）地上附着物、建筑物或设施的面积、层数、结构、用途。

（4）转让的价格及付款方式。

（5）违约责任。

（6）双方的权利和义务。

（7）争议解决方式。

（8）其他约定事项。

签订土地使用权转让合同还要注意以下问题。

（1）土地使用权转让合同的转让人要有合法资格，须享有土地使用权。因此在订立合同时，须了解转让人是否享有转让的土地的使用权。

（2）法人作为土地使用权转让合同的主体时，经由该法人的法定代表人或法定代表人书面授权委托的承办人签订合同，若是委托代理人订立土地使用权转让合同要有合法手续。

（3）转让人应当依照规定办理登记，否则合同不生法律效力。注意国有土地使用权转让须遵循的原则。

2．合同双方当事人的义务

国有土地使用权转让合同中，转让人和受让人的义务如下。

（1）转让人的义务。① 转让人须转让土地使用权的全部权能。土地使用权转让的效力及于转让的土地使用权的全部，转让人不能只转让其中一部分权能。同样，转让人在合同中对土地出让人承担的义务，也一并转让给受让人。② 国有土地使用权转让合同的有效期限不得超过转让人实际享有的土地使用年限。有效期限应为土地使用权出让合同规定的年限减去原土地使用者已使用年限后的剩余年限。③ 国有土地使用权转让合同的转让人必须依土地使用权出让合同对土地进行投资、开发、利用后，方能转让土地使用权。④ 依土地使用权转让合同转让土地使用权的，其使用范围内的该幅土地上的建筑物，其他附着物的所有权也随之转让。但地上建筑物、其他附着物作为动产转让的除外。

（2）受让人的义务。① 受让人继受土地使用权出让合同所载权利的同时，须承担土地使用权出让合同所负担的全部义务。② 按照合同约定的时间支付价款，及时办理土地使用权过户登记手续，并承担办理土地使用权过户登记手续的有关费用及其他与权利转移相关的费用。③ 受让方改变原土地使用权出让合同约定的土地用途的，必须取得原出让方和市、县人民政府城市规划行政管理部门的同意，签订土地使用出让合同变更协议或者重新签订土地使用权出让合同，相应调整土地使用权出让金。

（3）过户登记。过户登记即指依法取得土地使用权或地上建筑物、附着物所有权的受让人凭有效的土地使用权转让合同以及其他合法文件到法定机关办理土地使用权或地上建筑物、其他附着物所有权变更手续，以依法确定土地使用权或地上建筑物和其他附着物所有权的行为。这里包括两类：一类是由市、县人民政府土地管理部门负责办理的土地使用权过户登记；一类是由市、县人民政府房地产管理部门负责办理的房产过户登记。

第三节　城市房屋拆迁合同

城市发展需要不断进行再建设，有时为了国家建设和城市的整体规划，或者其他工程建设项目，根据城镇规划和国家专项工程的迁建计划及当地政府的用地计划需要对一些房屋进行拆除，需要对于房屋的所有者或者使用者进行迁移安置，并对被拆除房屋的所有人给予安置或补偿。

一、拆迁概述

为了维护被拆迁人的利益，拆迁人和被拆迁人之间要签订城市房屋拆迁合同，规定详细的拆迁事项。同时，拆迁人的拆迁合同也要严格按照法律规定的程序进行。

（一）概念

城市房屋拆迁是指在城市规划区内国有土地上因城市建设需要拆迁房屋及其附属物，由拆迁人依法对被拆除房屋的所有人或者使用人予以迁移安置，并对被拆除房屋的所有人予以经济补偿的活动。

城市房屋拆迁的当事人主要指拆迁人和被拆迁人，他们与城市房屋拆迁有切身的利益关系。拆迁人是指取得房屋拆迁许可证的单位；被拆迁人是指被拆迁房屋的所有人。而房屋拆迁许可证是指房屋拆迁管理部门颁布的，用以证明拆迁人从事房屋拆迁资格的证明文件，是拆迁人拆迁行为获得行政许可的依据。

（二）形式

城市房屋拆迁主要有两种形式。

1. 自行拆迁

自行拆迁是指拆迁人自己对被拆迁人进行拆迁安置和补偿。自行拆迁的拆迁人必须具备以下条件。

（1）自行拆迁的单位必须是具备法人资格的单位。拆迁单位应当具有与拆迁业务相适应的拆迁专业人员和管理人员，对拆迁工作人员进行业务培训，使其掌握拆迁业务知识。同时，还需要具有与拆迁业务相适应的注册资本。

（2）取得房屋拆迁许可证。房屋拆迁许可证的取得是具有拆迁人资格的前提，房屋拆迁许可证是拆迁人的法定资格证明。

（3）取得房屋拆迁主管部门的核准。根据《城市房屋拆迁单位管理规定》的规定，自行拆迁的单位实施本单位建设项目的房屋拆迁前，应当到当地人民政府房屋拆迁主管部门办理核准手续。未经核准的，不得实施拆迁。

2. 委托拆迁

委托拆迁即拆迁人委托具有房屋拆迁资格证书的单位对房屋实施拆除，对被拆迁人实施安置和补偿。拆迁人委托拆迁的，被委托人应当是取得房屋拆迁资格证书的单位（即城市房屋拆迁单位）。房屋拆迁主管部门不得接受拆迁委托成为被委托人。城市房屋拆迁单位是指依法取得房屋拆迁资格证书，接受拆迁人委托，对被拆迁人进行拆迁动员，组织签订和实施安置、补偿协议，组织拆除房屋及其附属物的单位，其设立条件如下。

（1）有上级主管部门同意组建的批准文件。

（2）有明确的名称、组织机构和固定的办公场所。

（3）有与承担拆迁业务相适应的自有资金和技术、经济、财务管理人员。

（三）程序

城市房屋拆迁的程序如下。

1．申领建设用地许可证

城市房屋拆迁，拆迁人首先应当获得被拆迁房屋的土地使用权。拆迁人按规定向有关政府规划管理部门（县级以上政府土地管理部门）申请建设用地规划许可证，经审查符合条件的，由规划管理部门核发建设用地规划许可证，确定拆迁房屋的地域范围。同时，由规划管理部门通知被拆迁人停止房屋及其附属物的改建、扩建等工程。

2．编制拆迁计划和方案

拆迁人在获得土地使用权后，应当到当地公安派出所和房管所摘录拆迁范围内的常住人员及其房产状况，包括到派出所查户口资料，掌握常住人口的状况；到房屋产权登记机关查发证情况，掌握拟拆迁房屋的状况等。对被拆迁人进行逐一采访，摸清要求，并分类做好记录。拆迁人再根据核实的情况和国家、地方有关拆迁补偿安置的规定，具体分析被拆迁人的情况，编制出详细的拆迁计划和方案。

3．申请房屋拆迁许可证

国家对房屋拆迁实行许可制度。拆迁房屋的单位取得房屋拆迁许可证后，方可实施拆迁。拆迁单位需要向县级以上人民政府房屋拆迁主管部门申请房屋拆迁许可证。市、县人民政府房屋拆迁管理部门应当自收到申请之日起一定时间内，对申请事项进行审查；经审查，对符合条件的，颁发房屋拆迁许可证。申请领取房屋拆迁许可证时需要提交下列资料。

（1）建设项目批准文件。

（2）建设用地规划许可证。

（3）国有土地使用权批准文件。

（4）拆迁计划和拆迁方案。

（5）办理存款业务的金融机构出具的拆迁补偿安置资金证明。

拆迁人必须在房屋拆迁许可证规定的范围内从事拆迁工作，不得擅自扩大或缩小，应当在规定的期限内完成拆迁工作，不得擅自延长。由特殊原因需要变更拆迁范围和拆迁期限时，拆迁人应当及时向房屋拆迁主管部门报告、说明原因和理由，并得到拆迁主管部门的许可。

4．发布房屋拆迁公告

房犀拆迁管理部门在发放房屋拆迁许可证的同时，应当将房屋拆迁许可证中载明的拆迁人、拆迁范围、拆迁期限等事项，以房屋拆迁公告的形式予以公布。房屋拆迁管理部门和拆迁人应当及时向被拆迁人做好宣传、解释工作。房屋拆迁公告作用是让被拆迁人了解房屋拆迁的原因，任何单位和个人必须服从于城市规划和城区改建的目的，从而使被拆迁人在规定的搬迁期限内完成搬迁。通过发布房屋拆迁公告，使被拆迁人了解拆迁有关的法律和政策，了解其应当享有的权利和义务，积极争取被拆迁人的支持和配合，减少拆迁工作中不必要的麻烦和纠纷。房屋拆迁公告的内容主要包括：建设项目的名称、拆迁人、拆迁时间、拆迁范围、拆迁的实施单位及其他需要让被拆迁人了解的有关事项。

5．签订房屋拆迁补偿、安置协议

拆迁人与被拆迁人应当就补偿方式和补偿金额、安置用房面积和安置地点、搬迁期限、搬迁过渡方式和过渡期限等事项，订立拆迁补偿安置协议。拆迁租赁房屋的，拆迁人应当与被拆迁人、房屋承租人订立拆迁补偿安置协议。房屋拆迁管理部门代管的房屋需要拆迁的，拆迁补偿安置协议必须经公证机关公证，并办理证据保全。

6．实施拆迁

拆迁人应当在规定的期限内完成拆迁任务。拆迁人无正当理由超过规定的拆迁期限或者擅自延长过渡期限的，由房屋拆迁主管部门对拆迁人予以警告，并可以处以罚款。被拆迁人在房屋拆迁公告规定的或者拆迁主管部门裁决做出的拆迁期限内，无正当理由拒绝拆迁的，县级以上人民政府可以做出责令限期拆迁的决定，逾期不拆的，由县级以上人民政府责成有关部门强制拆迁，或者由房屋拆迁主管部门申请人民法院强制拆迁。拆迁范围确定后，拆迁范围内的单位和个人，不得进行下列活动。

（1）新建、扩建、改建房屋。

（2）改变房屋和土地用途。

（3）租赁房屋。

二、拆迁补偿安置

拆迁补偿涉及众多主体的利益，拆迁实施之前要进行合理规划，保障被拆迁者的合法权利不受侵害。

（一）概述

1．拆迁安置

拆迁安置，是指拆迁人对被拆除房屋的所有人或使用人另外提供房屋以供居住使用，并给予一定的补助费用。

（1）对象。拆迁安置的对象限于被拆迁人和被拆迁房屋的承租人。被拆除房屋使用权人是指在拆迁范围内具有正式户口的公民和在拆迁范围内具有营业执照或者正式办公地的机关、团体、企业、事业单位。

（2）方式。拆迁安置可以一次性安置，即用产权调换的方式一次性解决被拆迁房屋使用人的住房问题，也可以先由拆迁人提供周转房临时过渡，或由被拆迁人自己寻找房屋过

渡，待正式房屋建成后再行迁入。

拆迁人应当提供符合国家质量安全标准的房屋，用于拆迁安置。拆迁人应当对被拆迁人或者房屋承租人支付搬迁补助费。在过渡期限内，被拆迁人或者房屋承租人自行安排住处的，拆迁人应当支付临时安置补助费；被拆迁人或者房屋承租人使用拆迁人提供的周转房的，拆迁人不支付临时安置补助费。搬迁补助费和临时安置补助费的标准，由省、自治区、直辖市人民政府规定。因拆迁人的责任延长过渡期限的，对自行安排住处的被拆迁人或者房屋承租人，应当自逾期之月起增加临时安置补助费；对周转房的使用人，应当自逾期之月起付给临时安置补助费。

2．拆迁补偿

房屋拆迁补偿是指拆迁人对被拆除房屋的所有人，依照我国集体土地和国有土地房屋拆迁补偿标准的规定进行补偿。拆迁补偿的方式，可以实行货币补偿，也可以实行房屋产权调换。

（1）对象。拆迁补偿的对象是指在拆迁中因房屋拆迁而使利益受到损失需要进行补偿的被拆除房屋及其附属物的所有人。根据《国有土地上房屋征收与补偿条例》第 17 条的规定，做出房屋征收决定的市、县级人民政府对被征收人给予的补偿包括：① 被征收房屋价值的补偿；② 因征收房屋造成的搬迁、临时安置的补偿；③ 因征收房屋造成的停产停业损失的补偿。

（2）方式。① 货币补偿，是指拆迁人对依法批准的拆迁范围内的房屋及其附属物进行评估作价后，以货币补偿给被拆迁人，由被拆迁人自行购买房屋的一种安置方式。货币补偿的金额，根据被拆迁房屋的区位、用途、建筑面积等因素，以房地产市场评估价格确定，具体办法由省、自治区、直辖市人民政府指定。② 产权调换，是指拆迁人用异地或者原地重建的房屋与被拆迁人的房屋按一定标准进行交换的一种补偿方式。实行房屋产权调换的，拆迁人与被拆迁人应当计算被拆迁房屋的补偿金额和所调换房屋的价格，结清产权调换的差价。即拆迁人与被拆迁人根据房屋的区位、用途、建筑面积等因素，以房地产市场评估价格计算与被拆迁房屋的补偿金额和所调换房屋的价格，结算产权调换的差价。拆迁人应当提供符合国家质量安全标准的房屋，用于拆迁安置。

根据法律的规定，被拆迁人可以选择拆迁补偿方式，但有两种例外：拆迁非公益事业房屋的附属物，不作产权调换，由拆迁人给予货币补偿；被拆迁人与房屋承租人对解除租赁关系达不成协议的，拆迁人应当对被拆迁人实行房屋产权调换。产权调换的房屋由原房屋承租人承租，被拆迁人应当与原房屋承租人重新订立房屋租赁合同。

（3）范围。房屋拆迁补偿的范围是被拆除的合法房屋及其附属物。被拆迁房屋的附属物是指房屋所有人或使用人在房屋上增加的依附于房屋具有某种用途的设施。但需要注意的是，附属物不得损害其他房屋的安全和使用，如损害其他房屋所有人和使用人的相邻权，该附属物不得列入拆迁补偿范围。拆除违章建筑、超过期限的临时建筑不属于拆迁补偿的范围。未超过批准期限的临时建筑属于补偿的范围，如进行拆除，应当给予适当的补偿。拆迁租赁房屋，被拆迁人与房屋承租人解除租赁关系的，或者被拆迁人对房屋承租人进行安置的，拆迁人对被拆迁人应给予补偿。并且拆迁人对被拆迁人或者房屋承租人应当支付搬迁补助费。搬迁补助费和临时安置补助费的标准由省、自治区、直辖市人民政府规定。

（4）标准。根据《国有土地上房屋征收与补偿条例》第 19 条的规定，对被征收房屋价值的补偿，不得低于房屋征收决定公告之日被征收房屋类似房地产的市场价格。具体办法由省、自治区、直辖市人民政府制定。此外，实行房屋产权调换的，拆迁人与被拆迁人应当依照被拆迁房屋的区位、用途、建筑面积等因素计算被拆迁房屋的补偿金额和所调换房屋的价格，结清产权调换的差价。从上面的法律规定来看，房屋拆迁补偿标准是由房屋的区位、用途和建筑面积等因素决定的。

（二）拆迁补偿安置协议

房屋拆迁补偿安置关系性质上属于民事法律关系，拆迁人与被拆迁人之间法律地位完全平等，但由于房屋拆迁存在的行政强制性和期限性，使得被拆迁人在房屋拆迁中相对于拆迁人来说处于弱势群体地位。因此我们要从法律层面入手，通过签订和严格执行拆迁补偿安置协议，来维护拆迁人与被拆迁人之间的法律地位的实际平等。

1．含义

在房屋拆迁主管部门公布的规定拆迁期限内，拆迁人应与被拆迁人就补偿和安置等问题签订书面协议，即拆迁补偿安置协议书。拆迁补偿安置协议是指拆迁人与被拆迁人依照法律规定就拆迁人拆除被拆迁人的房屋，而对被拆迁人予以补偿和对房屋使用人予以安置等事项所达成的协议。

2．内容

拆迁补偿安置协议的内容包括：被拆迁房屋的基本情况、被拆迁房屋的评估情况、补偿形式和补偿金额、安置用房的面积和安置地点、搬迁过渡方式和过渡期限、搬迁期限、违约责任、当事人认为需要订立的其他条款。

3．主要条款

根据《合同法》和《国有土地上房屋征收与补偿条例》相关条款的规定，签订房屋拆迁补偿安置协议应包括以下几个方面的内容。

（1）当事人的名称或者姓名和住所。由于合同主体是合同约定的权利义务的享有者和承担者，因此对当事人，及拆迁人和被拆迁人的名称、住址详细写明有利于在发生纠纷后准确地确定责任人。

（2）被拆迁房屋的基本情况。被拆迁房屋的基本情况包括：房屋土地使用权取得方式，房屋产权证号码，房屋的结构、面积、地点、层次、朝向、建筑年限及被拆迁人家庭结构等。有附属用房、地下室、附着物的都应列明。同时对房屋内用水、用电、供气、通讯和

其他需列明的重要设施需动迁的，也要在基本情况中注明。

（3）拆迁补偿安置方式。根据被拆迁人的意愿确定拆迁补偿安置方式。如果是实行产权调换的，还应根据实际情况标明安置用房建筑面积、地点、层次、户型结构、朝向、交付时间等。

（4）数量、质量条款。房屋拆迁补偿安置协议中关于数量、质量的条款非常重要，无论拆迁人选择的是货币补偿还是产权调换都需对数量条款进行详细约定，货币补偿需要约定数额，其中产权调换需要约定面积，并且要约定好房屋的种种质量标准，以免出现纠纷时没有解决的依据。

（5）履行的地点、期限和方式。房屋拆迁补偿安置协议的当事人应明确约定合同的履行期限。同时，要约定好合同履行过程中所涉及的产权调换房、周转房的位置、楼层、朝向等问题。合同中要约定好如何办理房屋交割手续，如何支付补偿、补助费等问题。

（6）搬迁期限、过渡方式和期限。搬迁期限是指根据拆迁人和被拆迁人达成的一致意见，自拆迁公告发布之日起一定时间内搬迁完毕。过渡方式是指被拆迁人自行过渡还是拆迁人安置房屋。过渡期限是指签订拆迁协议并搬迁腾空至安置房交付的时间间隔。

（7）违约责任。房屋拆迁补偿安置协议的当事人一方或者双方不履行或不全面履行协议时，其应承担的民事责任，要在合同中对这一责任的承担做出明确的约定。

（8）争议解决方法。房屋拆迁补偿安置协议的当事人，即拆迁人与被拆迁人在合同履行过程中就房屋搬迁期限、周转房过渡期限等问题，以及其他一些实际操作的问题发生争议时的解决办法。双方当事人可以约定当发生争议时，是提交仲裁还是向法院提起诉讼。

第四节　勘察设计施工监理合同

房地产开发项目确立后，开发商根据自有资源状况和公司组织模式确定合适的工程承发包模式，签订勘察设计施工监理等合同，通过合同运作项目。

一、工程勘察设计合同

勘察设计是房地产开发建设的重要基础，对项目的综合技术经济产生重大影响。因此，加强勘察设计管理是房地产开发的重要内容。

（一）概述

建设工程勘察设计合同是指建设人与勘察人、设计人为完成一定的勘察、设计任务，明确双方权利、义务的协议。建设单位或者有关单位称为发包人，勘察、设计单位称为承包人。根据勘察、设计合同，由承包人完成发包人委托的勘察、设计任务，发包人获得符合约定要求的勘察、设计成果，并按约定支付报酬给承包人。

建设工程勘察、设计合同主要具有以下特征。

（1）勘察、设计合同的当事人双方必须是有民事权利能力和民事行为能力的特定的法人资格的组织。如在建设工程勘察、设计合同中的承包人，必须是具备法人资格的单位，同时要持有建设行政主管部门颁布的工程勘察设计资质证书、工程勘察设计收费资格证书和工商行政管理部门核发的企业法人营业执照。

（2）勘察、设计合同必须符合法律规定的基本建设管理程序。

（3）勘察、设计合同的履行受国家主管部门的监督，合同的当事人有义务接受监督。合同的监督检查，主要是工商行政管理机关和各级业务主管部门检查签约双方订立和履行合同的情况，发现违约的立即予以制止。

（二）主要内容

勘察设计合同属于服务采购，客体并不是实体物，其满足合同的程度和“产品”的质量状况更难衡量，因此合同条款设定非常重要。

1．基本条款

（1）建设工程名称、规模、投资额、建设地点。

（2）委托方提供资料的内容、技术要求和期限。

（3）承包方勘察的范围、进度和质量；设计的阶段、进度、质量和设计文件的分数。

（4）勘察设计工作的收费依据、收费标准和拨付办法。

（5）违约责任。

2．必备条款

（1）提交有关基础资料和文件（包括概预算）的期限。这是对勘察人、设计人提交勘察、设计成果时间上的要求。当事人之间应当根据勘察、设计的内容和工作难度确定合理的提交工作成果的期限。勘察人、设计人必须在此期限内完成并向发包人提交工作成果。超过这一期限的，应当承担违约责任。

（2）勘察或者设计的质量要求。这是此类合同中最为重要的合同条款，也是勘察人或者设计人所应承担的最重要的义务。勘察人或者设计人应当对没有达到合同约定质量的勘察或者设计方案承担违约责任。

（3）勘察或者设计费用。这是勘察或者设计合同中的发包人所应承担的最重要的义务。勘察工作的收费标准是按照勘察的内容来决定的，其具体标准和计算办法须按原国家建委颁发的《工程勘察收费标准》中的规定执行。设计工程的收费标准，一般应根据不同行业、不同建设规模和工程内容繁简程度制定不同的收费定额，再根据这些定额收取费用。

（4）双方相互协作条款。双方相互协作条款一般包括双方当事人在施工前的准备工作、施工人及时向发包人提出开工通知书、施工进度报告书、对发包人的监督检查提供必要的

协助等。双方当事人的协作是施工过程的重要组成部分，是工程顺利施工的重要保证。

（三）合同的订立

勘察、设计合同订立的主体必须具有具备相应的资格，且在订立合同的过程中，严格进行合同的管理工作，以保证合同订立的形式和程序符合要求。

1．合同的主体资格

建设工程勘察、设计合同的主体一般是法人。承包方承揽建设工程勘察、设计任务必须具有相应的权利能力和行为能力，必须持有国家颁发的勘察、设计证书。国家对设计市场实行从业单位资质，个人职业资格准入管理制度。委托工程设计任务的建设工程项目应当符合国家有关规定：① 建设工程项目可行性研究报告或项目建议书已经获准；② 已经办理了建设用地规划许可证等手续；③ 法律、法规规定的其他条件。发包方应当持有上级主管部门批准的设计任务书等合同文件。

2．订约阶段的合同管理工作

（1）发包人的工作。

① 对承包人的资格和履约能力的审查。合同签订前，发包人要审查承包人是否是按法律规定符合作为主体签订勘察设计合同的条件。审查承包人是否是依法成立的法人组织；是否持有勘察设计证书、收费资格证书和营业执照等。同时，还要对承包人的资质等级、业务范围及专业能力进行审查，看其是否具备完成合同任务的履约能力。

② 发包人订立设计合同时应提供相应的资料。出具订立合同的不同类型提供相应的基础资料。如勘察合同，提供的资料包括勘察技术要求及勘察范围内的地形图和建筑平面布置图等；初步设计合同，提供的资料包括设计依据文件和资料包括经批准的项目可行性研究报告或项目建议书、批注的选址报告、外部协作条件等。

③ 合同形式的确定及条款的拟定。勘察、设计合同应当采用书面形式，并参照国家有关部门颁布的示范文本的条款明确双方的权利和义务。条款中要明确提出勘察、设计的工作内容及技术要求，包括质量、进度、完成时间及开工日期等事项。对示范文本未列入的事项，当事人认为需要约定的，也应采用书面形式。对可能发生的问题，要约定解决办法及处理原则。双方协商同意的合同修改文件、补充协议均为合同的组成部分。

（2）承包人的工作。

① 对委托方的履约能力及签订合同的相关条件进行审查。承包人在签约前要审查委托方的财务状况、项目资金的落实情况，以确定委托方在资金方面的履约能力。同时，要对委托人的发包资格进行审查，要对项目的有关批准文件进行全面的审查核实，包括上级机关批准的设计任务书和建设规划管理部门批准的用地许可文件等。

② 审查并协商各项合同条款。承包人在签约前要全面审查发包人拟定的各项合同条款，对于合同条款中没有涉及的事项，而这一事项必须由合同规定，以免发生纠纷的，由

承包人与委托方协商一致后，写入合同。

3. 合同订立的形式与程序

建设工程勘察、设计合同必须采用书面形式，并参照国家推荐使用的合同文本签订。建设工程勘察、设计任务通过招标或设计方案的竞投确定勘察、设计单位后，应遵循工程项目建设程序，签订勘察、设计合同。

签订勘察合同，由建设单位、设计单位或有关单位提出委托，经双方协商同意，即可签订。签订设计合同，除双方协商同意外，还必须具有上级机关批准的设计任务书。小型单项工程必须具有上级机关批准的设计文件。

（四）合同的履行

1. 勘察合同的履行

合同履行过程中，委托方和承包方应分别按照合同要求，履行各自的责任、义务。

（1）发包人的责任。

① 在勘察工作开展前，发包人应向承包人提交由设计单位提供、经建设单位同意的勘察范围的地形图和建筑平面布置图各一份，提交由建设单位委托、设计单位填写的勘察技术要求及附图。发包人还需提供的其他资料包括：本工程批准文件，以及用地、施工、勘察许可等批件；本工程勘察任务委托书、技术要求；勘察范围内已有的技术资料及工程所需的坐标与标高资料等。

发包人不能提供上述资料而需由勘察人收集的，发包人须向勘察人支付相应费用。若因未提供上述资料、图纸，或因提供的资料及图纸不准确、地下埋藏物标示不清，致使勘察人在勘察工作过程中发生人身伤亡或造成经济损失的，由发包人承担民事责任。

② 委托方应负责勘查现场的水电供应、平整道路、现场清理等工作，以保证勘察工作的开展。若勘查现场需要看守，特别是在有毒、有害等危险现场作业时，发包人应负责安全保卫工作。

③ 在勘察人员进入现场作业时，委托方应负责提供必要的工作和生活条件。

④ 勘察过程中的任何变更，经办理正式变更手续后，发包人应按实际发生的工作量支付勘察费。

⑤ 发包人应保护勘察人的投标书、勘察方案、报告书、文件、资料图纸、数据、特殊工艺、专利技术和合理化建议。未经勘察人同意，发包人不得复制、泄露、擅自修改及传送，不得向第三人转让或用于本合同外的项目。如发生上述情况，发包人应负法律责任，勘察人有权索赔。

（2）勘察单位的责任。勘察单位应按照合同规定的标准、规范和技术条例，进行工程测量、工程地质、水文地质等勘察工作，并按合同进度、质量要求提交勘察成果。勘察人在合同履行过程中的责任如下。

① 勘察人员应按国家技术规范、标准、规程和发包人的任务委托书、技术要求进行工程勘察，按本合同规定的时间提交质量合格的勘察成果资料，并对其负责。

② 在现场工作的勘察人员，应遵守发包人的安全保卫及其他有关的规章制度，承担有关资料的保密义务。

③ 若勘察人员提供的勘察成果资料质量不合格，勘察人应无偿给予补充完善使其达到合格；若勘察人无力补充完善，须另委托其他单位，勘察人应承担全部勘察费用。

2．设计合同的履行

（1）发包人的责任。

① 发包人应按合同有关条款规定的内容，在规定的时间内向设计人提交资料及文件，并对其完整性、正确性及时效性负责，发包人不得要求设计人违反国家有关标准进行设计。

② 发包人变更委托设计项目，或改变其规模、条件，或提交的资料错误，或对所提交的资料做较大修改，以致设计人须返工时，双方除须另行协商签订补充协议或重新明确有关条款外，发包人还应按设计人所耗工作量向设计人增付设计费。

③ 发包人在委托中要明确设计范围和深度。

④ 发包人应负责及时向有关部门办理各设计阶段设计文件的审批工作。

⑤ 在设计人员进入施工现场工作时，委托方应提供必要的工作和生活条件。

⑥ 发包人应保护设计人的投标书、设计方案、文件、资料图纸、数据、计算软件和专利技术。未经设计人同意，发包人对设计人交付的设计资料及文件不得擅自修改、复制或向第三人转让或用于本合同外的项目。如发生以上情况，发包人应负法律责任，设计人有权向发包人提出索赔。

（2）设计人的责任。

① 设计人应按国家技术规范、标准、规程及发包人提出的设计要求进行工程设计，按合同规定的进度要求提交质量合格的设计资料，并对其负责。

② 设计人交付设计资料及文件后，初步设计经上级主管部门审决后，在原定任务书范围内的必要修改，应由承包方承担。

③ 承包方对所承包设计任务的建设项目应配合施工，进行施工前技术交底，解决施工中的有关设计问题，负责设计变更和修改预算，参加隐蔽工程验收和工程竣工验收。

④ 设计人应保护发包人的知识产权，不得向第三人泄露、转让发包人提交的产品图纸等技术、经济资料。如发生以上情况并给发包人造成经济损失，发包人有权向设计人索赔。

（五）政府机关的监督

勘察、设计合同的管理除承包人、发包人自身管理外，国家有关机构如工商行政管理部门、金融机构、公证机构、主管部门等依据职权划分，也可对勘察、设计合同行使监督权；建设行政主管部门应对勘察设计合同履行情况进行监督，签订勘察设计合同的双方，

应当将合同文本送交工程项目所在地的县级以上人民政府建设行政主管部门或者委托机构备案。

二、工程施工合同

工程施工合同在工程实施中发挥着重要作用，它是缔约双方明确法律关系和一切权利与义务关系的基础，是业主和承包商开展工程施工相关活动的主要依据。有效的合同管理是促进参与工程建设各方全面履行合同约定的义务，确保建设目标的重要手段。

（一）概念

工程施工合同是发包人与承包人之间为完成工程实施商定的建设工程项目，确定双方权利和义务的协议。建设工程施工合同也称为建筑安装承包合同，建筑是指对工程进行营造的行为，安装主要是指与工程有关的线路、管线、设备等设施的装配。

工程施工合同是建设工程的主要合同，是工程建设质量控制、进度控制、投资控制的主要依据。它主要有以下几个特点。

1．合同标的物的特殊性

施工合同的标的物是特定建筑产品，不同于其他一般商品。首先，建筑产品的固定性和施工生产的流动性是区别于其他商品的根本特点。其次，由于建筑产品各有其特定的功能要求，其实物形态千差万别，种类庞杂，其外观、结构、使用目的、使用人等各不相同，这就要求每个建筑产品都需单独设计和施工。最后，建筑产品体积庞大，消耗的人力、物力、财力多，一次性投资额大。

2．合同履行期限的长期性

建筑物的施工由于体积大、建筑材料类型多、结构复杂、工作量大、工期长，而合同履行期限一般会拖延，因为工程建设的施工应当在合同签订后才开始，且需加上合同签订后到正式开工前的一个较长的施工准备时间和工程全部竣工验收后，办理竣工结算及保修期的时间，在工程的施工过程中，还可能因为不可抗力、工程变更、材料供应不及时等原因而导致工期顺延，所有这些情况，决定了施工合同的履行期限具有长期性。

3．合同内容的多样性和复杂性

施工合同涉及的主体很多，主要法律关系包括劳动关系、保险关系和运输关系等，这就要求施工合同的内容尽量详尽，具有多样性和复杂性。因此，施工合同除了应当具备建设工程合同的一般内容外，还应对安全施工、专利技术使用、发现地下障碍物和文区、工程的分包、不可抗力、工程变更以及材料设备的供应、运输、验收等内容做出规定。

4．合同监督的严格性

由于施工合同的履行对国家经济发展、人们的工作和生活都有着很大的影响，国家对施工合同的监督是十分严格的。国家对合同的主体、合同的订立和合同的履行，都应该进

行严格的监督。

（二）《建设工程施工合同（示范文本）》（GF-2017-0201）

《建设工程施工合同（示范文本）》（GF-2017-0201）（以下简称“施工文本”）适用于土木工程，包括各类公用建筑、民用建筑、工业厂房、交通设施及线路、管道的施工和设备的安装。

1．施工文本组成

施工文本由合同协议书、通用合同条款、专用合同条款三部分组成，并附有三个附件。

（1）协议书。协议书是施工文本中总纲性文件，是发包人与承包人依据《合同法》《中华人民共和国建筑法》（以下简称《建筑法》）及其他有关法律法规，遵循平等、自愿、公平和诚实信用的原则，就建设工程施工中最基本、最重要的事项协商一致而订立的合同。内容主要包括工程概况、工程承包范围、合同工期、质量标准、合同价款、组成合同的文件、有关词语含义、双方承诺、合同生效等。

（2）通用合同条款。“通用条款”是根据《合同法》《建筑法》《建设工程施工合同管理办法》等法律、法规对承发包双方的权利、义务做出的规定，除双方协商一致对其中的某些条款作了修改、补充或取消，双方都必须履行。“通用条款”具有很强的通用性，基本适合各类建设工程；“通用条款”共有 11 部分 47 条组成。11 部分内容是：词语定义及合同文件；双方一般权利和义务；施工组织设计和工期；质量与检验；安全施工；合同价款与支付；材料设备供应；工程变更；竣工验收与结算；违约索赔和争议；其他。

（3）专用合同条款。考虑到建设工程的内容各不相同，工期、造价也随之变动，承包人、发包人各自的能力、施工现场的环境和条件也各不相同，“通用条款”不能完全适用于各个具体工程，因此配置以“专用条款”对其做必要的修改和补充，是“通用条款”和“专用条款”称为双方统一意愿的体现。

（4）附件。施工文本的附件是对施工合同当事人的权利、义务的进一步明确，并且使得施工合同当事人的有关工作一目了然，便于执行和管理。附有 3 个附件：附件一是“承包人承揽工程项目一览表”；附件二是“发包人供应材料设备一览表”；附件三是“工程质量保修书”。

2．合同文件解释顺序

施工合同文件应能相互解释、互为说明。除专用条款另有约定外，组成施工合同的文件和优先解释顺序如下。

（1）双方签署的合同协议书。

（2）中标通知书。

（3）投标书及其附件。

（4）本合同专用条款，是对通用条款的具体化、补充或修改。

（5）本合同通用条款，是根据法律、行政法规规定及建设工程是工程的需要订立，通用于建设工程施工的条款。

（6）本工程所使用的标准、规范及有关技术文件。

① 适用的标准、规范的名称。

② 没有国家标准、规范但有行业标准、规范的，则约定适用行业标准、规范的名称。

③ 没有国家和行业标准、规范的，则约定适用于工程所在地的地方标准、规范的名称。

④ 国内没有相应标准、规范的，由发包人按专用条款约定的时间向承包人提出施工技术要求，承包人按约定的时间和要求提出施工工艺，经发包人认可后执行。

⑤ 若发包人要求使用国外标准、规范的，应负责提供中文译本。

（7）图纸。

（8）工程量清单。

（9）工程报价单或预算书。

合同履行中，双方有关工程的洽商、变更等书面协议或文件视为本合同的组成部分，在不违背法律和行政法规的前提下，当事人可以通过协商变更合同内容，这些变更的协议或文件的效力高于其他合同文件，且签署在后的协议或文件的效力高于签署在先的协议或文件。

（三）施工合同双方的一般权利义务

1．发包人的工作

发包人按专用条款约定的内容和时间完成以下工作。

（1）办理土地征用、拆迁补偿、平整施工场地等工作，使施工场地具备施工条件，在开工后继续负责解决以上事项遗留问题。

（2）将施工所需水、电、电信线路从施工场地外部接至专用条款约定地点，保证施工期间的需要。

（3）开通施工场地与城乡公共道路的通道，以及专用条款约定的施工场地内的主要道路，满足施工运输的需要，保证施工期间的畅通。

（4）向承包人提供施工场地的工程地质和地下管线资料，对资料的真实准确性负责。

（5）办理施工许可证及其他施工所需证件、批件和临时用地、停水、停电、中断道路交通、爆破作业等的申请批准手续（证明承包人自身资质的证件除外）。

（6）确定水准点与坐标控制点，以书面形式交给承包人，并进行现场交验。

（7）组织承包人和设计单位进行图纸会审和设计交底。

（8）协调处理施工场地周围地下管线和邻近建筑物、构筑物（包括文物保护建筑）、古树名木的保护工作、承担有关费用。

（9）发包人应做的其他工作，双方在专用条款内约定。

2．承包人的工作

（1）根据发包人委托，在其设计资质等级和业务允许的范围内，完成施工图设计或与工程配套的设计，经工程师确认后使用，发包人承担由此发生的费用。

（2）向工程师提供年、季、月度工程进度计划及相应进度统计报表。

（3）根据工程需要，提供和维修非夜间施工使用的照明、围栏设施，并负责安全保卫。

（4）按专用条款约定的数量和要求，向发包人提供施工现场办公和生活的房屋及设施，发包人承担由此发生的费用。

（5）遵守政府有关主管部门对施工场地交通、施工噪声以及环境保护和安全生产等的管理规定，按规定办理有关手续，并以书面形式通知发包人，发包人承担由此发生的费用。

（6）已竣工工程未交付发包人之前，承包人按专用条款约定负责已完工程的保护工作，保护期间发生损坏，承包人自费予以修复。

（7）按专用条款约定做好施工场地地下管线和邻近建筑物、构筑物（包括文物保护建筑）、古树名木的保护工作。

（8）保证施工场地清洁符合环境卫生管理的有关规定，交工前清理现场达到专用条款约定的要求，承担因自身原因违反有关规定造成的损失和罚款。

（9）承包人应做的其他工作，双方在专用条款内约定。

（四）施工合同的进度控制

进度控制是指对工程项目建设各阶段的工作内容、工作程序、持续时间和衔接关系根据进度总目标及资源优化配置的原则编制计划并付诸实施，然后在进度计划的实施过程中经常检查实际进度是否按计划要求进行，对出现的偏差情况进行分析，采取补救措施或调整原计划后再付诸实施，如此循环，直到建设工程竣工验收交付使用。

1．施工准备阶段的进度控制

（1）合同双方约定合同工期。施工合同工期，是指施工工程从开工起到完成施工合同专用条款双方约定的全部内容，工程达到竣工验收标准时所经历的时间。约定的内容包括开工日期、竣工日期和合同工期的总日历天数。

（2）承包人提交进度计划。承包人应当在专用条款约定的日期，将施工组织设计和工程进度计划提交工程师，工程师收到承包人提交的进度计划后，应当予以确认或者提出修改意见，时间限制则由双方在专用条款中约定。

（3）开工及延期开工。承包人应当按协议书约定的开工日期开始施工；承包人不能按时开工，应在不迟于协议书约定的开工日期前 7 日，以书面形式向工程师提出延期开工的理由和要求。工程师在接到延期开工申请后的 48 小时内以书面形式答复承包人。工程师在接到延期开工申请后的 48 小时内不答复，视为同意承包人的要求，工期相应顺延；如果工程师不同意延期要求，工期不予顺延。如果承包人未在规定时间内提出延期开工要求，工期也不予顺延。

因发包人的原因不能按照协议书约定的开工日期开工，工程师以书面形式通知承包人后，可推迟开工日期。承包人对延期开工的通知没有否决权，但发包人应当赔偿承包人因此造成的损失，相应顺延工期。

2．施工阶段的进度控制

工程开工后，合同履行即进入施工阶段，直至工程竣工控制施工任务在协议书规定的合同工期内完成。

（1）监督进度计划的执行。开工后，承包人必须按照工程师确认的进度计划组织施工，接受工程师对进度的检查、监督。这是工程师进行进度控制的一项日常性工作，检查、监督的依据是已经确认的进度计划。一般情况下，工程师每月检查一次承包人的进度计划执行情况，由承包人提交一份上月进度计划实际执行情况和本月的施工计划。同时，工程师还应进行必要的现场实地检查。

（2）暂停施工。在施工过程中，有些情况会导致暂停施工。虽然暂停施工会影响工程进度，但在工程师认为确有必要时，可以根据现场的实际情况发布暂停施工的指示。发出暂停施工指示的起因可能源于以下三种情况。

① 因发包人违约，承包人主动暂停施工。当发包人出现某些违约情况时，承包人可以暂停施工。这是承包人保护自己权益的有效措施，如发包人不按合同规定及时向承包人支付工程预付款、发包人不按合同规定及时间向承包人支付工程进度款且双方未达成延期付款协议，在承包人发出要求付款通知后仍不付款。经过一定时间后，承包人均可暂停施工。这时，发包人应当承担相应的违约责任。出现这种情况时，工程师应当尽量督促发包人履行合同，以求减少双方的损失。

② 工程师要求的暂停施工。有时工程继续施工会造成更大的损失，工程师在确有必要时，应当以书面形式要求承包人暂停施工，不论暂停施工的责任在发包人还是在承包人，工程师应当在提出暂停施工要求后 48 小时内提出书面处理意见。承包人应当按照工程师的要求停止施工，并妥善保护已完工程，承包人实施工程师做出的处理意见后，可以提出书面复工要求，工程师应当在 48 小时内给予答复。工程师未能在规定时间内提出处理意见，或收到承包人复工要求后 48 小时内未予答复，承包人可自行复工。

如果停工责任在发包人，由发包人承担所发生的追加合同价款，赔偿承包人由此造成的损失，工期相应顺延；如果停工责任在承包人，由承包人承担发生的费用，工期不予顺延。因为工程师不及时做出答复，导致承包人无法复工，由发包人承担违约责任。

③ 意外情况导致的暂停施工。在施工过程中出现一些意外情况，如果需要暂停施工则承包人应暂停施工。在这些情况下，工期是否给予顺延视风险责任承担的承担人确定。如发现有价值的文物、发生不可抗拒事件等，风险责任应当由发包人承担，故应给予承包人工期顺延。

（3）设计变更。在施工前或施工过程中，对设计图纸任何部分的修改或补充都属于设计变更。业主、工程师、设计单位、施工单位均可提出设计变更。如业主对项目功能的局部改变而提出设计变更，设计单位因对原设计图纸修改和完善会提出设计变更，工程师和承包方对项目合理的建议也会产生设计变更。

① 设计变更责任分析。设计变更事件发生后，工程师应分析设计变更产生的原因，设计变更产生原因可归纳为：业主从使用角度出发，改变工程局部功能；勘探、设计图纸深度不够；设计图纸矛盾，方案不合理，设计图纸错误；监理工程师和承包商提出合理化建议；设计规范的修改；监理工程师指令错误或指令不及时；承包商擅自修改设计图纸或不按图施工。对于前 6 种原因，产生工程变更的责任者是业主，设计变更产生费用及工期延误由业主承担；第 7 种原因，工程变更责任者是承包商，变更费用由承包商承担，工期不得顺延。

② 设计变更图纸控制。设计变更涉及设计图纸的修改，设计变更的图纸必须由原设计单位提供，或由承包商提供设计图纸，但必须由设计单位审查并签字确认，除设计单位，任何项目参与者提供的图纸均为无效。这必须形成一项制度，为保证这一制度的贯彻，业主可作这样的规定：设计变更一般情况下若没有设计单位提供的变更图纸，不得进行变更价款的结算。另外，为保证变更设计图纸的合理性及可施工性，设计单位提供的设计变更图纸均应由总监理工程师审查，经审查批准后的图纸才作为承包商实施变更的依据。

（4）工期延误。施工过程中，由于社会条件、人为条件、自然条件和管理水平等因素的影响，可能导致工期延误不能按时竣工。是否应给承包人合理延长工期，应根据合同责任来判定。

因以下原因造成工期延误，经工程师确认工期相应顺延。

① 发包方未能按条款的约定提供图纸及开工条件。

② 发包方未能按约定日期支付工程预付款、进度款，导致施工不能正常进行。

③ 工程师未按合同约定提供所需指令、批准等，致使施工不能正常进行。

④ 设计变更和工程量增加。

⑤ 一周内非承包方原因停水、停电、停气造成停工累计超过 8 小时。

⑥ 不可抗力。

⑦ 条款中约定或工程师同意工程期顺延的其他情况。

这些情况工期可以顺延的根本原因在于：这些情况属于发包人违约或者是应当由发包人承担的风险。反之，如果造成工期延误的原因是承包人的违约或者应当由承包人承担的风险，则工期不能顺延。

承包方在上述 7 款情况发生后 14 天内，就延误工期以书面形式向工程师提出报告。工程师在收到报告后 14 天内予以确认，逾期不予确认也不提出修改意见，视为同意顺延工期。

工程师确认工期是否应予顺延，应当首先考察事件实际造成的延误时间，然后依据合同、施工进度计划、工期定额等进行判定。经工程师确认顺延的工期应纳入合同工期，作为合同工期的一部分。如果承包人不同意工程师的确认结果，则按合同规定的争议解决方式处理。

（5）竣工验收阶段的进度控制。竣工验收是发包人对工程的全面检验，是保修期外的最后阶段。在竣工验收阶段，项目经理进度控制的任务是督促完成扫尾工作，协调竣工验收中的各方关系，参加竣工验收。

工程应当按期竣工。工程按期竣工有两种情况：承包人按照协议书约定的竣工日期或者工程师同意顺延的工期竣工。工程如果不能按期竣工，承包人应当承担违约责任。竣工验收的程序如下。

① 承包人提交竣工验收报告。当工程按合同要求全部完成工程具备竣工验收条件后，承包人按国家工程竣工验收的有关规定，向发包人提供完整的竣工资料和验收报告，并按专用条款要求的日期和份数向发包人提交竣工图。

② 发包人组织验收。发包人在收到竣工验收报告后 28 日内组织有关部门验收，并在验收后 14 日内给予认可或者提出修改意见，承包人应当按要求进行修改，并承担由自身原因造成修改的费用。竣工日期为承包人送交竣工验收报告日期。须修改后才能达到验收要求的，竣工日期为承包人修改后提请发包方验收日期。

③ 发包人不按时组织验收的后果。发包人收到承包人送交的竣工验收报告后 28 日内不组织验收，或者在验收后 14 日内不提出修改意见，则视为竣工验收报告已经被认可；发包人收到承包人送交的竣工验收报告后 28 日内不组织验收，从第 29 日起承担工程保管及一切意外责任。

在施工中，发包人如果要求提前竣工，应当与承包人进行协商，协商一致后应签订提前竣工协议。发包人应为赶工提供方便条件。提前竣工协议应包括以下方面。

① 提前的时间。

② 承包人采取的赶工措施。

③ 发包人为赶工提供的条件。

④ 承包人为保证工程质量采取的措施。

⑤ 提前竣工所需的追加合同价款。

因特殊原因，发包人要求部分单位工程或工程部位甩项竣工的，双方应当另行签订甩项竣工协议，明确各方责任和工程价款的支付方法。

（五）施工合同的质量控制

质量控制是项目的有关主体，为实现特定目标对所控制的对象采取的计划、监督、检查、引导和纠正，使其处于稳定状态的连续管理行为。

1．合同适用标准、规范

在施工过程中，承包人要随时接受工程师对材料、设备、中间部位、隐蔽工程和竣工工程等质量的检查、验收与监督。

按照《中华人民共和国标准化法》第10条的规定，对保障人身健康和生命财产安全、国家安全、生态环境安全以及满足经济社会管理基本需要的技术要求，应当制定强制性国家标准。建设工程施工的技术要求和方法即为强制性标准，施工合同当事人必须执行。《建筑法》第52条也规定，建筑工程施工的质量必须符合国家有关建筑工程安全标准的要求。因此，施工中必须使用国家标准、规范；没有国家标准、规范但有行业标准、规范的，使用行业标准、规范；没有国家和行业标准、规范的，适用工程所在地的地方标准、规范。双方应当在专用条款中约定适用标准、规范的名称。发包人应当按照专用条款约定的时间向承包人提供一式两份约定的标准、规范。

国内没有相应的标准、规范时，可以由合同当事人约定工程适用的标准。首先，应由发包人按照约定的时间向承包人提出施工技术要求，承包人按照约定的时间和要求提出施工工艺，经发包人认可后执行；若发包人要求工程使用国外标准、规范时，发包人应负责提供中文译本。

购买、翻译和制定标准、规范或制定施工工艺的费用，由发包人承担。

2．材料设备供应

（1）发包人供应的材料设备。发包人应按合同约定提供材料设备，并向承包人提供产品合格证明，对其质量负责。发包人在所供材料设备到货前24小时以书面形式通知承包人，由承包人派人与发包人共同清点。

发包人供应的材料设备，承包人派人参加清点后由承包人妥善保管，发包人支付相应保管费用。因承包人原因发生丢失损坏，由承包人负责赔偿。

发包人供应的材料设备使用前，由承包人负责检验或试验，不合格的不得使用，检验或试验费用由发包人承担。

（2）承包人采购材料设备。承包人负责采购材料设备的，应按照专用条款约定及设计和有关标准要求采购，并提供产品合格证明，对材料设备质量负责。

承包人供应的材料设备使用前，承包人应按照工程师的要求进行检验或试验，不合格的不得使用，检验或试验费用由承包人承担。

根据工程需要，承包人需要使用代用材料时应经工程师认可后才能使用。

3．检查和返工

承包人应认真按照标准、规范和设计图纸要求以及工程师依据合同发出的指令施工，随时接受工程师的检查检验，为检查检验提供便利条件。

工程师的检查检验不应影响施工的正常进行。如影响施工正常进行，检查检验不合格时，影响正常施工的费用由承包人承担。除此之外，影响正常施工的追加合同价款由发包人承担，相应顺延工期。

4．隐蔽工程和中间验收

工程具备隐蔽条件或达到专用条款约定的中间验收部位，承包人进行自检，并在隐蔽或中间验收前 48 小时以书面形式通知工程师验收。承包人准备验收记录，验收合格，工程师在验收记录上签字后，承包人方可进行隐蔽和继续施工。验收不合格，承包人在工程师限定的时间内修改后重新验收。

5．重新检验

无论工程师是否进行验收，当其提出对已经隐蔽的工程重新检验的要求时，承包人应按要求进行剥离或开孔，并在检验后重新覆盖或修复。检验合格，发包人承担由此发生的全部追加合同价款，赔偿承包人损失，并相应顺延工期。检验不合格，承包人承担发生的全部费用，工期不予顺延。

6．工程试车

合同双方当事人约定需要试车的，应当组织试车。试车有单机无负荷试车、联动无负荷试车和投料试车。

（1）单机无负荷试车。设备安装工程具备单机无负荷试车条件，由承包人组织试车，并在试车前 48 小时以书面形式通知工程师。

（2）联动无负荷试车。设备安装工程具备联动无负荷试车条件，发包人组织试车，并在试车前 48 小时以书面形式通知承包人。

（3）投料试车。投料试车应在工程竣工验收后由发包人负责。

7．竣工验收

工程未经竣工验收或竣工验收未通过的，发包人不得使用。发包人强行使用时，由此发生的质量问题及其他问题，由发包人承担责任。

8．质量保修

承包人应按照法律、行政法规或国家关于工程质量保修的有关规定，以及合同中有关质量保修要求，对交付发包人使用的工程在质量保修期内承担质量保修责任。承包人应在工程竣工验收之前，与发包人签订质量保修书，作为合同附件，主要内容包括工程质量保修范围和内容、质量保修期、质量保修责任和质量保修金的支付方法等。

（六）施工合同的投资控制

合同实施阶段的投资控制，一般是工程项目建设过程中工作周期最长的阶段，采取十分有效的措施加强该阶段的投资控制，对管好用好资金，经济合理使用，按时支付工程款，对建设单位提高投资效益有着非常重要的意义。

1．施工合同价款的约定

施工合同价款，是指按有关规定和协议条款约定的各种取费标准计算，用以支付承包方按照合同要求完成工程内容的价款总额。这是合同双方关心的核心问题之一，招投标等工作主要是围绕合同价款展开的。合同价款应依据中标通知书中的中标价格或非招标工程的工程预算书确定。合同价款在协议书内约定后，任何一方不得擅自改变。合同价款可以按照固定价格合同、可调价格合同、成本加酬金合同三种方式约定。

（1）固定价格合同。固定价格合同，是指在约定的风险范围内价款不再调整的合同。这种合同的价款并不是绝对不可调整，而是约定范围内的风险由承包人承担。双方应当在专用条款中约定合同价款包括的风险费用和承担风险的范围。风险范围以外的合同价款调整方法，应当在专用条款内约定。

（2）可调价格合同。可调价格合同，是指合同价格可以调整的合同。合同双方应当在专用条款内约定合同价款的调整方法。可调价格合同中价格调整的范围如下。

① 国家法律、法规和政策变化影响合同价款。

② 工程造价管理部门公布的价格调整。

③ 一周内非承包人原因停水、停电、停气造成停工累计超过 8 小时。

④ 双方约定的其他调整或增减。

承包人应当在价款可以调整的情况发生后 14 天内，将调整原因、金额以书面形式通知工程师，工程师确认后作为追加合同价款，与工程款同期支付。工程师收到承包人通知之后 14 天内不作答复也不提出修改意见，视为该项调整已经同意。

（3）成本加酬金合同。成本加酬金合同，是由发包人向承包人支付工程项目的实际成本，并按事先约定的某一种方式支付酬金的合同类型。合同价款包括成本和酬金两部分，合同双方应在专用条款内约定成本构成和酬金的计算方法。

2．工程预付款

预付款是业主为了帮助承包商解决施工前期开展工作时的资金短缺，从未来的工程款中提前支付的一笔款项。合同工程是否有预付款，以及预付款的金额有多少、支付（分期支付的次数及时间）和扣还方式等均要在专用条款内约定。承包商须首先将银行出具的履约保函和预付款保函交给业主并通知工程师，工程师在 21 天内签发“预付款支付证书”，业主按合同约定的数额和外币比例支付预付款。预付款保函金额始终保持与预付款等额，即随着承包商对预付款的偿还逐渐递减保函金额。预付款在分期支付工程进度款的支付中按百分比扣减的方式偿还。自承包商获得工程进度款累计总额（不包括预付款的支付和保留金的扣减）达到合同总价（减去暂定金额）10%那个月起扣。本月证书中承包商应获得的合同款额（不包括预付款及保留金的扣减）中扣除 25%作为预付款的偿还，直至还清全部预付款。

3．工程进度款的支付

（1）工程量计量。工程量清单中所列的工程量仅是对工程的估算量，不能作为承包商完成合同规定施工义务的结算依据。每次支付工程月进度款前，均需通过测量来核实实际

完成的工程量，以计量值作为支付依据。采用单价合同的施工工作内容应以计量的数量作为支付进度款的依据，而总价合同或单价包干混合式合同中按总价承包的部分可以按图纸工程量作为支付依据，仅对变更部分予以计量。

（2）承包商提供报表。每个月的月末，承包商应按工程师规定的格式提交一式 6 份本月支付报表。其内容包括提出本月已完成合格工程的应付款要求和对应扣款的确认。

（3）工程师签证。工程师接到报表后，对承包商完成的工程形象、项目、质量数量以及各项价款的计算进行核查。若有疑问时，可要求承包商共同复核工程量。在收到承包商的支付报表的 28 天内，按核查结果以及总价承包分解表中核实的实际完成情况签发支付证书。工程师可以不签发证书或扣减承包商报表中部分金额的情况包括以下方面。

① 合同内约定有工程师签证的最小金额时，本月应签发的金额小于签证的最小金额，工程师不出具月进度款的支付证书。本月应付款接转下月，超过最小签证金额后一并支付。

② 承包商提供的货物或施工的工程不符合合同要求，可扣发修正或重置相应的费用，直至修整或重置工作完成后再支付。

③ 承包商未能按合同规定进行工作或履行义务，并且工程师已经通知了承包商，则可以扣留该工作或义务的价值，直至工作或义务履行为止。

工程进度款支付证书属于临时支付证书，工程师有权对以前签发过的证书中发现的错、漏或重复进行修正，承包商也有权提出更改或修正，经双方复核同意后，将增加或扣减的金额纳入本次签证中。

（4）业主支付。承包商报表经过工程师认可并签发工程进度款的支付证书后，业主应在接到证书后及时给承包商付款。业主的付款时间不应超过工程师收到承包商的月进度付款申请单后的 56 天。

4．变更估价的程序

设计变更发生后，承包人应在收到变更指示后 14 天内，向监理人提交变更估价申请。监理人应在收到承包人提交的变更估价申请后 7 天内审查完毕并报送发包人，监理人对变更估价申请有异议，通知承包人修改后重新提交。发包人应在承包人提交变更估价申请后 14 天内审批完毕。发包人逾期未完成审批或未提出异议的，视为认可承包人提交的变更估价申请。

5．竣工结算

竣工结算是指已完工程经有关部门验收后承发包双方就最后工程价款进行结算，包括施工结算和项目竣工结算。

（1）竣工结算的程序。

① 承包人递交竣工结算报告。工程竣工验收报告经发包人认可后，承发包双方应当按协议书约定的合同价款及专用条款约定的合同价款调整方式，进行工程竣工结算。工程竣工验收报告经发包人认可后 28 天，承包人向发包人递交竣工结算报告及完整的结算资料。

② 发包人的核实和支付。发包人自收到竣工结算报告及结算资料后 28 天内进行核实，给予确认或提出修改意见。发包人认可竣工结算报告后，及时办理竣工结算价款的支付手续。

③ 移交工程。承包人收到竣工结算价款后 14 天内将竣工工程交付发包人，施工合同即告终止。

（2）竣工结算的违约责任。

① 发包人收到竣工结算报告及结算资料后 28 天内无正当理由不支付工程竣工结算价款，从第 29 天起按承包人同期向银行贷款利率支付拖欠工程价款的利息，并承担违约责任。

② 发包人收到竣工结算报告及结算资料后 28 天内不支付工程竣工结算价款，承包人可以催告发包人支付结算价款。发包人在收到竣工结算报告及结算资料后 56 天内仍不支付，承包人可以与发包人协议将该工程折价，也可以由承包人申请人民法院将该工程依法拍卖，承包人就该工程折价或者拍卖的价款优先受偿。

③ 工程竣工验收报告经发包人认可后 28 天内，承包人未能向发包人递交竣工结算报告及完整的结算资料，造成竣工结算不能正常进行或工程竣工结算价款不能及时支付时，如果发包人要求交付工程，承包人应当交付；发包人不要求交付工程，承包人仍应承担保管责任。

6. 质量保修金

“质量保修金”是指建设单位与施工单位在工程承包合同中约定或施工单位在工程保修书中承诺，在工程竣工验收交付使用后，从应付的建设工程款中预留的用以维修建筑工程在保修期限和保修范围内出现的质量缺陷的资金。发包人应按照合同约定方式预留保证金，保证金总预留比例不得高于工程价款结算总额的 3%；合同约定由承包人以银行保函替代预留保证金的，保函金额不得高于工程价款结算总额的 3%。

（1）质量保修金的支付。保修金由承包人向发包人支付，也可由发包人从应付承包人工程款内预留。

（2）质量保修金的结算与返还。工程的质量保证期满后，发包人应当及时结算和返还质量保修金。发包人应当在质量保证期满后 14 日内，将剩余保修金和按约定利率计算的利息返还承包人。

（七）施工合同的其他约定

1. 不可抗力

不可抗力是指合同当事人不能预见、不能避免、不能克服的客观情况。建设工程施工中的不可抗力包括因战争、动乱、空中飞行物体坠落或其他非发包人承包人责任造成的爆炸、火灾，以及专用条款约定的风、雨、雪、洪、震等自然灾害。

不可抗力事件发生后，承包人应立即通知工程师，并在力所能及的条件下迅速采取措施，尽力减少损失，发包人应协助承包人采取措施。工程师认为应当暂停施工的，承包人应暂停施工。不可抗力事件结束后 48 小时内承包人向工程师通报受害情况和损失情况，预计清理和修复的费用。不可抗力事件持续发生，承包人应每隔 7 天向工程师报告一次受害情况。不可抗力事件结束后 14 天内，承包人向工程师提交清理和修复费用的正式报告及有关资料。

因不可抗力事件导致的费用及延误的工期由双方按以下规定分别承担。

（1）工程本身的损害、因工程损害导致第三人伤亡和财产损失以及运至施工场地用于施工的材料和待安装的设备的损害，由发包人承担。

（2）发包人、承包人人员伤亡由其所在单位负责，并承担相应费用。

（3）承包人机械设备损坏及停工损失，由承包人承担。

（4）停工期间，承包人应工程师要求留在施工场地的必要的管理人员及保卫人员的费用由发包人承担。

（5）工程所需清理、修复费用，由发包人承担。

（6）延误的工期相应顺延。

2．保险

在施工工程中，双方的保险义务分担如下。

（1）工程开工前，发包人应当为建设工程和施工场地内的发包人人员及第三方人员生命财产办理保险，支付保险费用。发包人可以将上述保险事项委托承包人办理，但费用由发包人承担。

（2）承包人必须为从事危险作业的职工办理意外伤害保险，并为施工场地内自有人员生命财产和施工机械设备办理保险，支付保险费用。

（3）运至施工场地内用于工程的材料和待安装设备，不论由承发包双方任何一方保管，都应由发包人（或委托承包人）办理保险，并支付保险费用。

3．工程转包与分包

发包人是在经过资格预审、一系列考察以及投标和评标等活动后选中承包人的，签订合同不仅意味着双方对报价、工期等可定量化因素的认可，也意味着发包人对承包人的信任，因此在一般情况下，承包人应当以自己的力量来完成施工任务。

（1）工程转包。工程转包，是指不行使承包人的管理职能，不承担技术经济责任，将所承包的工程倒手转给他人承包的行为。《建筑法》第 28 条规定：“禁止承包单位将其承包的全部建筑工程转包给他人，禁止承包单位将其承包的全部建筑工程肢解以后以分包的名义分别转包给他人。”工程转包，不仅违反合同，也违反我国有关法律和法规的规定。下列行为均属转包。

① 承包人将承包的工程全部包给其他施工单位，从中提取回扣者。

② 承包人将工程的主要部分或群体工程（指结构技术要求相同的）中半数以上的单位工程包给其他施工单位者。

③ 分包单位将承包的工程再次分包给其他施工单位者。

（2）工程分包。工程分包，是指经合同约定和发包单位认可，从工程承包人承担的工程中承包部分工程的行为。

承包人按专用条款的约定分包所承包的部分工程，并与分包单位签订分包合同。非经发包人同意，承包人不得将承包工程的任何部分分包。承包人不得将其承包的全部工程转包给他人，也不得将其承包的全部工程肢解以后以分包的名义分别转包给他人。

工程分包不能解除承包人任何责任与义务。承包人应在分包场地派驻相应管理人员，保证本合同的履行。分包单位的任何违约行为或疏忽导致工程损害或给发包人造成其他损失，承包人承担连带责任。分包工程价款由承包人与分包单位结算。发包人未经承包人同意不得以任何形式向分包单位支付各种工程款项。

4．违约责任

违约责任，是指合同一方不履行合同义务或履行合同义务不符合约定所应承担的责任。

（1）发包人违约。当发生下列情况时应认为发包人违约。

① 发包人不按时支付工程预付款。

② 发包人不按合同约定支付工程款，导致施工无法进行。

③ 发包人无正当理由不支付工程竣工结算价款。

④ 发包人不履行合同义务或不按合同约定履行义务的其他情况。

发包人承担违约责任的方式有以下四种。

① 赔偿损失。承发包人双方应当在专用条款内约定发包人赔偿承包人损失的计算方法，损失赔偿额应当相当于因违约所造成的损失，包括合同履行后可以获得的利益，但不得超过发包人在订立合同时预见或者应当预见到的因违约可能造成的损失。

② 支付违约金。双方可在专用条款中约定违约金的数额或计算方法。

③ 顺延工期。对于因为发包人违约而延误的工期，应当相应顺延。

④ 继续履行。承包人要求履行合同的，发包人应当在承担上述违约责任后继续履行合同。

（2）承包人违约。当发生下列情况时应认为承包人违约。

① 因承包人原因不能按照合同约定的竣工日期或工程师同意顺延的工期竣工。

② 因承包人原因工程质量达不到合同约定的质量标准。

③ 承包人不履行合同义务或不按合同约定履行义务的其他情况。

承包人承担违约责任的方式有如下四种。

① 赔偿损失。

② 支付违约金。双方可在专用条款中约定违约金的数额或计算方法。

③ 采取补救措施。对于施工质量不符合要求的违约，发包人有权要求承包人采取返工、修理、更换等补救措施。

④ 继续履行。发包人要求履行合同的，承包人应当在承担上述违约责任后继续履行合同。

一方违约后，另一方要求违约方继续履行合同时，违约方承担上述违约责任后仍应继续履行合同。

5. 合同争议的解决

发包人承包人在履行合同时发生争议，可以自行和解或者由有关主管部门调解。当事人不愿和解、调解或者和解、调解不成的，双方可以在合同内约定以下一种方式解决争议。

（1）双方达成仲裁协议，向约定的仲裁委员会申请仲裁。

（2）向有管辖权的人民法院起诉。

发生争议后，除非出现下列情况的，双方都应继续履行合同，保持施工连续，保护好已完工程。

（1）单方违约导致合同确已无法履行，双方协议停止施工。

（2）调解要求停止施工，且为双方接受。

（3）仲裁机构要求停止施工。

（4）法院要求停止施工。

6. 合同解除

施工合同订立后，当事人应当按照合同的约定履行。但是，在一定条件下，合同没有履行或者没有完全履行，当事人也可以解除合同。

（1）可以解除合同的情形。

① 发包人承包人协商一致，可以解除合同。

② 发生不可抗力导致合同的解除。

③ 因一方违约（包括因发包方原因造成工程停建或缓建）致使合同无法履行。

④ 因一方破产或无力偿债致使合同无法履行。

（2）当事人一方解除合同的程序。

一方主张解除合同的，应向对方发出解除合同的书面通知，并在发出通知前 7 日告知对方。对解除合同有异议的，按照解决合同争议程序处理。

（3）合同解除后的善后处理。《最高人民法院关于审理建设工程施工合同纠纷案件适用法律问题的解释》规定，建设工程施工合同解除后，已经完成的建设工程质量合格的，发包人应当按照约定支付相应的工程价款；建设工程施工合同无效，且建设工程经竣工验收不合格的，按照以下情形分别处理：修复后的建设工程经竣工验收合格，发包人请求承包人承担修复费用的，应予支持；修复后的建设工程经竣工验收不合格，承包人请求支付工程价款的，不予支持。因建设工程不合格造成的损失，发包人有过错的，也应承担相应的民事责任。

根据上述规定，在承、发包一方行使解除权后，在发包人与施工单位间仍存在工程结

算、赔偿及其他合同义务的履行。

① 质量验收。质量验收合格与否，将决定承包人是否能取得已完工程量的价款，在一方解除合同后，承、发包应尽快组织相关人员验收已完工程。在实践中，发、承包双方往往因解除合同而导致双方进一步协商困难，从而对已完工程的验收迟迟不能进行。因此，在双方签订合同时应参照示范文本中有关竣工验收的规定，对解除合同后已完工程的验收规定严格的验收时间，对发包人在规定的期限内不组织验收的，视为已完工程质量合格，从而保证验收的及时。

② 工程结算。《建设工程施工合同（示范文本）》（GF-2017-0201）规定："合同解除后，不影响双方在合同约定的结算和清理条款的效力。"对于质量验收合格的，发包人应当按照约定支付相应的工程价款。

③ 赔偿损失。因一方违约导致合同解除的，违约方应当赔偿因此而给对方造成的损失。一般而言，合同解除给施工方造成的损失应包括实际损失及可得利益的损失。对于发包人而言，其直接损失应是因承包人违约导致的延期、复工、延期交楼违约金等费用损失，可得利益损失为按期销售所得利润（实际中多支持按租金计算的损失），对于承包人而言，其中实际损失包括因发包人违约导致停工的人工损失、工地管理费用增加的损失、机械设备租赁费用增加的损失以及因合同解除后撤场引起的费用损失等；而可得利益损失的界定应按整个合同价款的预期利润减去已完工程的利润计算得出。

④ 其他善后工作。《建设工程施工合同（示范文本）》（GF-2017-0201）规定："合同解除后，承包人应妥善做好已完工程和已购材料、设备的保护和移交工作，接发包人要求地自有机械设备和人员撤出施工场地。发包人应为承包人撤出提供必要条件，支付以上所发生的费用，并按合同约定支付已完工程价款。已经订货的材料、设备由订货方负责退货或解除订货合同，不能退还的货款和因退货、解除订货合同发生的费用，由发包人承担，因未及时退货造成的损失由责任方承担。除此之外，有过错的一方应当赔偿因合同解除给对方造成的损失。"

三、建设工程监理合同

建设工程监理合同，是指发包人（委托人）与监理人（受托人）就完成一定的工程监理任务而签订的合同。监理合同是委托合同的一种，所以又称为"委托监理合同"。

《合同法》未将监理合同列入建设工程合同的范围，但在"建设工程合同"一章指出："建设工程实行监理的，发包人应当与监理人采用书面形式订立委托监理合同。发包人与监理人的权利和义务以及法律责任应当依照本法委托合同以及其他有关法律、行政法规的规定。"这就表明监理合同与建设工程合同有紧密的联系，同时又具有委托合同的性质和特点。

监理合同的发包人可以是自然人、法人或其他社会组织，而监理人必须是依法成立且

具有法人资格的监理企业，应持有建设行政主管部门核发的资质证书及工商行政管理部门核发的营业执照，而且其所承担的工程监理业务应与企业的资质等级和业务范围相符合。

（一）监理合同概述

1．监理合同涉及的主要文本

（1）监理投标书。监理投标书是指监理中标人的投标书。监理投标书中的投标函及监理大纲是整个投标文件中具有实质性投标意义的内容。投标函是监理取费的要约和对监理招标文件的响应；而投标监理大纲则是投标人履行监理合同、开展监理工作的具体方法、措施以及组织和人员装备的计划，是投标人的为了取得监理报酬而承诺的付出义务。

（2）中标通知书。监理中标通知书是招标人对监理中标人在投标书中所作要约的全盘接受，是对中标人要约的承诺。中标通知书一旦送达中标人，和中标人的投标书一同构成了对双方都有法律约束力的文件。直到正式的监理合同签订，中标通知书和投标书都是维系和制约监理招投标双方的文件。

（3）监理合同协议书。合同协议书是确定监理合同关系的总括性文件，定义了监理委托人和监理人，界定了监理项目及监理合同文件构成，原则性地约定了双方的权利和义务，规定了合同的履行期。最后由双方当事人或其代理人签订后正式成立。

2．监理合同的标准条件

合同标准条件是针对监理合同文件自身以及监理双方一般性的权利义务确定的合同条款，具有普遍性和通用性。

（1）合同用词的定义。主要是对在工程监理合同中出现的专用名词进行明确、详细和具体的界定。例如，“工程”是指委托人实施监理的工程；“委托人”是指承担直接投资责任和委托监理业务的一方以及其合法继承人。

（2）关于适用法律法规的约定。建设工程委托监理合同适用的法律是指签订合同和履行合同时所依据的法律。在我国境内开展监理，理所当然应遵守中国的法律和行政法规。但由于地方性法规之间和部门规章之间的差异，就需要对监理合同所使用的法律、法规在专用条件的相应条款中说明。

（3）合同使用的语言。国内的监理合同一般都用汉语，当需要使用两种语言或两种以上的语言时，应在相应的专用条件中约定，但汉语仍为解释和说明本合同的标准语言文字。

（4）监理人的权利和义务。监理人的权利和义务要在监理合同中做出明确规定，监理人在行使权利和履行义务的过程中要严格按照法律的规定进行。

（5）委托人的权利和义务。在监理合同中与监理人权利义务相对应的是委托人的权利和义务。监理人的权利和义务是由法律和监理合同共同规定的。

（6）监理合同的生效、变更与终止。监理合同一般以双方签字之日起生效，也有在合同规定生效条件的，如在专用条件中规定，合同通过建设主管部门的审查之日起生效。监

理合同根据法律规定事由，或者当事人约定事由，发生变更或终止。合同协议的终止并不影响各方应有的权利和应当承担的责任。

（7）监理报酬。经招标的监理项目，完成正常监理工作的报酬是由监理投标书或中标通知书确定的。但结算的监理报酬还应包括附加工作和额外工作的报酬。监理报酬应按照专用条件相应条款规定的方法计算，并按约定的时间、币种、数额支付。

（8）合同争议的解决。监理合同的履行同样要强调协作履行的原则，但由于合同各方所处的角度，所代表的利益不同，合同的争议是难免的。本着实事求是、友好协商的原则，一般的争议都能由合同当事人解决。当分歧较大、难以达成协议时，则应按照专用条件约定仲裁或诉讼程序进行。

（9）其他约定。

（二）合同的订立

1．委托工作的范围

监理合同的范围是监理工程师为委托人提供服务的范围和工作量。委托人委托监理业务的范围可以非常广泛。从工程建设各阶段来说，可以包括项目前期立项咨询、设计阶段、实施阶段、保修阶段的全部监理工作或某一阶段的监理工作。在每一阶段内，又可以进行投资、质量、工期的三大控制及信息、合同两项管理。

2．对监理工作的要求

在监理合同中明确约定监理人执行监理工作的要求，应当符合《建设工程监理规范》的规定。例如，针对工程项目的实际情况派出监理工作需要的监理机构及人员，编制监理规划和监理实施细则，采取实现监理工作目标相应的监理措施，从而保证监理合同得到真正的履行。

3．合同的谈判与签订

（1）合同的谈判。无论是直接委托还是通过中标确定的委托，业主和监理人都要就监理合同的主要条款和应负责任进行谈判。在使用《建设工程施工合同（示范文本）》（GF-2017-0201）时，要依据“合同条件”结合“协议条款”逐条加以讨论，通过协商加以落实哪些条款不宜采用，哪些条款需要修改，还需补充哪些内容，如委托监理的业务范围，业主应提供的外部条件的具体内容，应提供的资料及提供的时间等。

（2）合同的签订。经过谈判双方就合同的各项条款达成一致意见，即可正式签订合同文件。

（三）合同的内容

1．委托人的权利和义务

（1）委托人的权利。

① 选定工程总承包人，以及与其订立合同的权利。

② 对工程规划、设计标准、规划设计、生产工艺设计和设计使用功能要求认定权，以及对设计变更的审批权。

③ 监理人调换总监理工程师须事先经委托人同意。

④ 有权要求监理人提交监理工作月报及监理业务范围内的专项报告。

⑤ 当发现监理人员不按监理合同履行监理职责，或与承包人串通给委托人或工程造成损失的，委托人有权要求监理人更换监理人员，直到终止合同并要求监理人承担相应的赔偿责任或连带赔偿责任。

（2）委托人的义务。

① 委托人应在监理人开展监理业务之前向监理人支付预付款。

② 委托人应当负责工程建设的所有外部关系的协调，为监理工作提供外部条件。如果根据需要将部分或全部协调工作委托监理人承担，则应在专用条件中明确委托的工作范围和相应的报酬。

③ 委托人应当在双方约定的时间内免费向监理人提供与工程有关的、为监理工作所需要的工程资料。

④ 委托人应当在专用条件约定的时间内就监理人书面提交并要求做出决定的一切事宜做出书面决定。

⑤ 委托人应当授权一名熟悉工程情况、能在规定时间内做出决定的常驻代表（在专用条件中约定）负责与监理人联系。更换常驻代表的，要提前通知监理人。

⑥ 委托人应当将授予监理人的监理权利、监理人主要成员的职能分工及监理权限及时书面通知已选定的承包合同的承包人，并在与第三人签订的合同中予以明确。

⑦ 委托人应在不影响监理人开展监理工作的时间内提供如下资料：与本工程合作的原材料、构配件、设备等生产厂家名录，与本工程有关的协作单位、配合单位的名录。

⑧ 委托人应免费向监理人提供办公用房、通信设施、监理人员工的住房及合同专用条件约定的设施，对监理人自备的设施给予合理的经济补偿。

⑨ 如果双方约定，根据情况需要，由委托人免费向监理人提供其他人员，应在监理合同专用条件中予以明确。

2．监理人的权利和义务

（1）监理人的权利。

① 选择工程总承包人的建议权。

② 选择工程分包人的认可权。

③ 按照安全和优化的原则，对工程设计中的技术问题向设计人提出建议。

④ 审批工程施工组织设计和设计方案，按照保质量、保工期和降低成本的原则，向承包人提出建议，并向委托人提出书面报告。

⑤ 主持工程建设有关协作单位的组织协调，重要协调事项应当事先向委托人报告。

⑥ 征得委托人同意，监理人发布开工令、停工令、复工令，但应当事先向委托人报告。

⑦ 对工程上使用的材料和施工质量享有检验权。

⑧ 工程施工进度的检查、监督权，以及工程实际竣工日期提前或超过工程施工合同规定的竣工期限的确认权。

⑨ 在工程施工合同约定的工程造价范围内，工程款支付的审核确认权，以及工程结算的复核确认权与否决权。未经总监理工程师签字确认，委托人不得支付工程款。

⑩ 监理人在委托人授权下，可对任何承包合同规定的义务提出变更，如果会严重影响工程费用、质量或进度，则这种变更须经委托人事先批准。

（2）监理人的义务。

① 监理人按合同约定或监理投标书的承诺派出监理工作需要的监理机构及监理人员，向委托人报送委派的总监理工程师及其监理机构主要成员名单、监理规划，完成监理合同约定的监理工程范围内的监理业务。在履行合同义务期间，应按监理合同约定定期向委托人报告监理工作。

② 监理人在履行监理合同的义务期间，应认真、勤奋地工作，为委托人提供咨询意见，并公正维护各方面的合法权益。

③ 监理人所使用的由委托人提供的设施和物品，属于委托人财产，在监理工作完成或中止时，应将其设施和剩余的物品按合同约定的时间和方式移交给委托人。

④ 在合同期内或合同终止后，未征得有关方同意，不得泄露与所监理工程及其监理合同业务有关的保密资料。

3．合同的生效、变更与终止

（1）监理合同的生效。监理合同一般以双方签字之日起生效，也有在合同规定生效条件的，如在专用条件中规定，合同通过建设主管部门的审查之日起生效。

（2）监理合同的变更。

① 在委托监理合同签订后，实际情况发生变化，使得监理人不能全部或部分执行监理业务时，监理人应当立即通知委托人，该监理业务的完成时间应予延长。当恢复执行监理业务时，应当增加不超过 42 日的时间用于恢复执行监理业务，并按双方约定数量支付监理报酬。

② 当事人一方要求变更或解除合同时，应当在 42 日前通知对方，因解除合同使一方遭受损失的，除依法可以免除责任的外，应由责任方负责赔偿。

③ 变更或解除合同通知或协议必须采取书面形式，协议未达成之前，原合同仍然有效。

（3）监理合同的终止。

① 监理人向委托人办理完竣工验收或工程移交手续，承包人和委托人已签订工程保修

责任书，监理人收到监理报酬尾款，本合同即终止。

② 监理人在应当获得监理报酬之日起 30 日内仍未收到支付单据，而委托人又未对监理人提出任何书面解释时，或根据有关条款已暂停执行监理业务时限超过 6 个月的，监理人可向委托人发出终止合同的通知，发出通知后 14 日内仍未得到委托人答复，可进一步发出终止合同的通知，如果第二份通知发出后 42 日内仍未得到委托人答复，可终止合同或自行暂停或继续暂停执行全部或部分监理业务，委托人承担违约责任。

③ 当委托人认为监理人无正当理由而又未履行监理义务时，可向监理人发出指明其未履行义务的通知。若委托人发出通知后 21 日内没有收到答复，可在第一个通知发出后 35 日内发出终止委托监理合同的通知，合同即行终止。监理人承担违约责任。

④ 合同协议的终止并不影响各方应有的权利和应当承担的责任。

第五节　房地产开发涉及的其他合同

房地产开发过程中，除了主要的房地产合同类型，还有其他房地产合同，像建设工程物资采购合同、承揽合同、工程保险合同、工程借款合同等，这些都属于房地产合同的一部分。这些合同对于工程建设的顺利进行都有着重要的作用，共同构成了房地产合同体系。

一、工程物资采购合同

建设工程物资采购合同是指买受人（或称买方）与出卖人（或称卖方）为实现建设工程物资买卖而签订的合同。卖方将建设工程物资的所有权转移给买方，买方向卖方支付价款。建设工程物资采购合同的需方，为建设单位或建筑承包企业；建设工程物资采购合同的供方一般为物资供应部门或建筑材料和设备的生产厂家。

建设工程物资采购合同又分为材料采购合同和设备采购合同。

（一）材料采购合同

建筑材料是构成工程实体的要素资源，材料的质量直接影响甚至决定工程总体质量。同样，建筑材料的采购价格、批量、包装、储存方式等也会对工程进度、投资等产生重大影响。

1．采购方式

（1）公开招标。它与工程招标相似（也属于工程招标的一个部分），需方提出招标文件，详细说明供应条件、品种、数量、质量要求、供应地点等，由供方报价，通过竞争签订供应合同。这种方式适用于大批量采购。

（2）“询价—报价”方式。需方按要求向几个供应商发出询价函，由供应商做出答复

（报价）。需方经过对比分析，选择一个符合要求、资信好、价格合理的供应商签订合同。

（3）邀请招标。即招标人以投标邀请书的方式邀请特定的法人或者其他组织投标，只有接到投标邀请书的法人或其他组织才能参加投标。一般必须向 3 个以上的潜在投标人发出邀请。

（4）直接采购方式。需方直接向供方采购，双方商谈价格，签订供应合同。另外还有大量的零星材料（品种多、价格低），以直接采购形式购买，不需签订书面的供应合同。

2．主要条款

（1）当事人。双方当事人的名称、地址，法定代表人的姓名。委托代理的，应有授权委托书并注明委托代理人的姓名、职务等。

（2）标的。标的是材料采购合同的主要条款。采购合同的标的主要包括购销物资的名称（注明牌号、商标）、品种、型号、规格、等级、花色、技术标准或质量要求等。

（3）数量。数量是供应合同中衡量标的的尺度。供应合同标的数量的计量方法要按照国家或主管部门的规定执行，或按供需双方商定的方法执行，不可以用含糊不清的计量单位。对于某些建筑材料，还应在合同中写明交货数量的正负尾数差、合理磅差和运输途中的自然损耗的规定及计算方法。

（4）技术标准和质量要求。质量条款应明确各类材料的技术要求、试验项目、试验方法、试验频率以及国家强制性标准、行业强制性标准。

（5）材料交付方式。材料交付可采取送货、自提和代运三种不同方式。由于工程用料数量大、体积大、品种繁杂、时间性较强，当事人应采取合理的交付方式，明确交货地点，以便及时、准确、安全、经济地履行合同。

（6）价格。有国家定价的材料，应按国家定价执行；按规定应由国家定价，但国家尚无定价的材料，其价格应报请物价主管部门批准；不属于国家定价的产品，可由供需双方协商确定价格。

（7）结算。结算指供需双方对产品货款、实际支付的运杂费和其他费用进行货币清算和了结的一种形式。我国现行结算方式分为现金结算和转账结算两种。转账结算在异地之间进行，可分为托收承付、委托收款、信用证、汇兑或限额结算等方法；转账结算在同城进行有支票、付款委托书、托收无承付和同城托收承付等。

（8）违约责任。在材料采购合同中，当事人应对违反合同的约定所应承担的责任，做出详细、明确的约定。

（9）争议的解决方式。在合同中，双方当事人还应规定争议解决的方式。在合同的履行过程中如果出现争议，一般先通过协商、调解的方式解决，调解不成的可申请仲裁或依法向人民法院起诉。

3．合同的履行

建筑材料采购合同的供方应当按照合同的约定全面、适当地履行合同。

（1）按合同约定的标的履行。供方交付的货物的名称、品种、规格、型号必须与合同规定相一致，除非需方同意，不允许以其他货物代替合同标的。

（2）按合同规定的数量和质量标准交付货物。对于交付货物的数量，应当当场检验，清点账目后，由双方当事人签字。对质量的检验，外在质量可当场检验，内在质量须做物理或化学试验的，试验的结果为验收的依据。卖主在交货时，应将验收资料交买方据以验收。

（3）按合同规定的交付方式、期限、地点交付货物。按照合同约定的交付方式，交付货物，包括约定的运输方式、交货的方式等。交付货物的日期应在合同规定的交付期限内。实际交付的日期早于或迟于合同规定的交付期限的，即视为违约。同时，还要严格遵守交货地点的约定，除非当事人双方另有协商。

在供方提供货物后，需方应当在约定的验收期间内进行验收，没有约定验收期间的，应当及时验收。

（1）验收的依据。

① 供应合同的具体规定。

② 供方提供的发货单、计量单、装箱单及其他有关凭证。

③ 国家标准或专业标准。

④ 产品合格证、化验单等。

⑤ 图纸及其他技术文件。

⑥ 当事人双方共同封存的样品。

（2）验收的内容。

① 查明产品的名称、规格、型号、数量、质量是否与供应合同及其他技术文件相符。

② 设备的主机、配件是否齐全。

③ 包装是否完整，外表有无损坏。

④ 对需要化验的材料进行必要的物理化学检验。

⑤ 合同规定的其他需要检验事项。

在合同的履行过程中，如果采购合同的一方或双方当事人违反合同约定的，就要承担相应的违约责任。合同当事人违约的情形包括以下两种。

（1）供方的违约责任。供方不能交货的，应向需方支付违约金；供方所交货物与合同规定不符的，应根据情况由供方负责包换、包退，赔偿由此造成的需方损失；供方承担不能按合同规定期限交货的责任或提前交货的责任。

（2）需方的违约责任。需方中途退货的，应向卖方偿付违约金；逾期付款的，应按中国人民银行关于延期付款的规定向供方偿付逾期付款违约金。

（二）设备采购合同

设备采购，是指设备采购方人通过媒体发布采购信息，招请设备生产商或设备供应商参与竞争并做出积极的响应，力求签订设备采购合同的法律行为。

1．设备采购方式

（1）委托承包。由设备成套公司根据发包单位提供的成套设备清单进行承包供应，并收取一定的成套业务费，其费率由双方根据设备供应的时间、供应的难度、是否需要进行技术咨询和开展现场服务的范围等情况商定。

（2）按设备包干。根据发包单位提出的设备清单及双方核定的设备预算总价，由设备成套公司承包供应。

（3）招标投标。发包单位对需要的成套设备进行招标，设备成套公司参加投标，按照中标结果承包供应。

除了上述三种方式外，设备成套公司还可以根据项目建设单位的要求以及自身能力，联合科研单位、设计单位、制造厂家和设备安装企业等，对设备进行从工艺、产品设计到现场设备安装、调试总承包。

2．合同的主要条款

设备采购合同的一般条款可参照前述建筑材料采购合同的一般条款，主要包括以下方面。

（1）设备的名称、型号、技术标准。除应注明成套设备系统的主要技术性能外，还要在合同后附上说明各部分设备的主要技术标准和技术性能的文件。提供和交付货物的技术规范应与合同文件的规定相一致。

（2）设备的包装。卖方提供的货物包装应适应运输、装卸、仓储的要求，确保货物完全无损地运抵现场，并在每个包装箱内附一份详细装箱单和质量合格证，在包装箱表面做醒目的标志。

（3）设备数量。除列明成套设备名称、套数外，还要明确规定随主机的辅机、附件、易损耗备用品、配件和安装修理工具等，并于合同后附详细清单。

（4）设备价格。设备合同价格应根据承包方式确定。用按设备费包干的方式以及招标方式确定合同价格较为简捷，而按委托承包方式确定合同价格较为复杂。在签订合同时确定价格有困难的产品，可由供需双方协商暂定价格，并在合同中注明“按供需双方最后商定的价格（或物价部门批准的价格）结算，多退少补”。

（5）交付。合同中应规定卖方交付设备的期限、地点、方式，并规定买方支付货款的时间、数额、方式。卖方按合同规定履行义务后，可按买方提供的单据，交付资料一套寄给买方，并在发货时另行随货物发运一套。

（6）验收和保修。成套设备的安装是一项复杂的系统工程。安装成功后，试车是关键。因此合同中应详细注明成套设备验收办法。要注意，需方应在项目成套设备安装后才能验收。

（7）违约责任。在履行合同过程中，卖方如果遇到不能按时交货或提供服务的情况，应及时以书面形式通知买方，并说明不能交货的理由及延误时间。买方在收到通知后，可通过修改合同酌情延长交货时间。如果卖方毫无理由地拖延交货，买方可没收履约保证金，加收罚款或终止合同。

（8）争议的解决。执行合同中发生的争议，双方应通过友好协商解决，如协商不能解决，当事人可通过仲裁或诉讼解决，具体解决方式应在合同中明确规定。

3．合同的履行

（1）供方应履行的责任。

① 交付货物：供方应按合同规定，按时、按质、按量地履行供货义务，并做好现场服务工作，及时解决有关设备的技术、质量等问题。

② 参与验收：参与大型、专用、关键设备的开箱验收工作，配合建设单位或安装单位处理在接运、检验过程中发现的设备质量和缺损件等问题，明确设备质量问题的责任。

③ 处理事故：及时向有关主管单位报告重大设备质量问题，以及项目现场不能解决的其他问题。当出现重大意见分歧或争执，而施工单位或建设单位坚持处理时，应及时写出备忘录备查。

④ 违约责任：供方交货不符合合同规定的，如交付的设备不符合合同规定，或交付的设备未达到质量、技术要求，或数量、交货日期等与合同规定不符，卖方应承担违约责任；卖方中途解除合同的，买方可采取合理的补救措施，并要求卖方赔偿损失。

（2）采购方应履行的责任。

① 建设单位应向供方提供设备的详细的技术设计资料和施工要求。

② 应配合供方做好设备的交付工作，协助驻现场的技术服务组开展工作。

③ 组织各有关方面进行工程验收，提出验收报告。

④ 结算。需方检验供方交付的货物没有发现问题时，应按合同的规定及时付款。

⑤ 违约责任。需方在验收货物后，不能按期付款的，应按中国人民银行有关延期付款的规定交付违约金；需方中途退货的，供方可采取合理的补救措施，并要求需方赔偿损失。

二、承揽合同

承揽合同是承揽人按照定做人的要求完成工作，交付工作成果，定做人给付报酬的合同。承揽合同的标的是工作成果，是工作过程和劳务、智力的支出过程。

（一）概述

1．类型

承揽合同根据承揽对象的不同，有不同分类。其主要类型如下。

（1）加工合同。它是指由定做人提供原材料或半成品，承揽人按照定做人的要求，进行加工制作，定做人接受该成品并支付报酬的合同。

（2）定做合同。它是指承揽人以自己的材料，按照定做人的要求为定做人制作产品，

定做人支付报酬的合同。

（3）修理合同。它是指承揽人为定做人修理损坏的物品，由定做人支付约定报酬的合同。

（4）复制合同。它是指承揽人按照定做人的要求，根据定做人提供的样品重新制作类似的成品，定做人接受复制品并支付报酬的合同。

（5）测试合同。它是指承揽人根据定做人的要求，利用自己的技术和设备，对定做人提出的特定物进行测试，定做人接受测试成果并支付报酬的合同。

（6）检验合同。它是指承揽人以自己的技术和仪器、设备等为定做人提出的特定物的性能、问题等进行检查化验，定做人接受检验成果并支付报酬的合同。

2．特征

（1）承揽合同是以完成一定工作为目的，承揽人依照定做人的要求完成一定工作成果。

（2）承揽合同标的具有特殊性。承揽合同的标的是通过来揽人的特殊劳动完成的，不能通过市场大量供应。

（3）承揽合同是诺成、有偿、双务合同。

（二）主要内容

根据《合同法》第 252 条的规定，承揽合同的内容包括承揽的标的、数量、质量、报酬、承揽方式、材料的提供、履行期限、验收标准和方法等条款。其中最基本的内容是承揽的标的和报酬。

1．标的

承揽合同的标的，是定做人要求承揽人完成的工作成果，例如加工或定做的房屋铝合金门窗、玻璃幕墙等。

2．数量和质量

承揽合同标的数量和质量，以标的物的性质和情况不同，可以多种适当方式加以规定，订立承揽合同时，应依照《合同法》对标的物数量和质量基本要求，在合同条款中写明，并考虑承揽合同自身的特点。

3．报酬

承揽合同的报酬条款应包括金额、货币、支付期限、支付方式等。

4．方式

承揽合同有加工、定做、修理、复制形式。承揽方式不同，合同内容也不同，因此要明确承揽方式，以免发生争议。

5．材料的提供

材料是承揽合同中制作定做物所需的原料，它可由定做人自己提供，也可由承揽人提供，因此，材料由谁提供应由双方协商确定，同时对材料的规格、数量、质量加以明确，

以保证定做物质量水平。

6. 履行期限

承揽合同履行期限是检验承揽人和定做人履行合同义务的时间界限和客观标准，合同当事人的违约责任就是一次来划分的，因此，合同中应根据承揽人和定做人的不同情况具体明确地写明合同履行期限。

7. 验收标准和方法

验收时定做人对承揽人所完成的工作，按照一定的标准进行检验而后受领。验收标准和方法一般应采用国家对产品的质量、规格及检验方法所做的技术规定。承揽合同标的具有特定性，它必须严格按照定做人的要求制作，因此，验收标准和方法是保证合同履行避免发生争议的重要措施。我国现行的产品质量标准，按发布单位适用范围不同，分为国家标准、行业标准、企业标准。有上述标准的，应按上述标准加以确定；没有规定标准的，则由定做人和承揽人商定，但不得违反《标准化法》的有关规定。

三、工程保险合同

工程项目建设过程中存在很多不确定因素，这些风险一旦发生往往会造成很大的直接经济损失，因此参与项目建设的业主和承包人经常通过向保险公司投保来转移风险。保险公司承保的工程一切险分为建筑工程一切险和安装工程一切险两类。除了承包工程险外，还将第三者责任险和承包人设备保险包括在其中。

保险合同是投保人与保险人约定保险权利义务关系的协议。保险合同是双务有偿合同，但保险合同的双务有偿较为特殊，投保人给付保险的义务是固定的，保险人赔偿或者给付保险金的义务则是不确定的，只有在保险期内发生保险人承包的事件使被保险人受到损害时才支付保险金。投保人给付保险费只是获得了一个得到保险金的机会。

（一）词语的含义

保险合同权利义务关系的当事人一方为保险人，另一方为投保人、被保险人或受益人。

（1）保险人是指承担保险标的的风险责任，负有赔偿或给付保险金义务的保险公司。

（2）投保人是保险人订立保险合同并按照保险合同负有支付保险费义务的人。

（3）被保险人是指其财产或者人身受保险合同保障，享有保险金请求权的人。在一份保险合同内，可以有若干个被保险人，其中任何一方受到损害后都有权凭借保险合同向保险公司索赔。

（4）保险受益人，是指由被保险人或者投保人指定，在保险事故发生或者约定的保险期限届满时，依照保险合同享有保险金请求权的人。

（5）保险标的。工程项目建设过程中涉及的投保内容主要包括工程险、第三者责任险、承包人设备保险和人身意外伤害保险。第三者责任险是指在施工场地由于施工发生对被保

险人之外的第三人的财产或人员的生命安全、健康造成损害后，由保险公司负责赔偿的保险。

（6）保险金额。保险金额是当事人双方约定，在保险事故或事件发生时保险人应当赔偿或支付的最高限额。保险金额也是计算保险费的标准，直接关系到双方当事人的责任和义务，必须在合同中明确。对于施工中的人身意外伤害保险，由于是局限于项目施工阶段的短期人身保险，保险公司一般规定有一个保险责任限额，不同于长期人寿保险，一般不对保险金额做限制，只取决于投保人支付保险费的能力，确定保险金额。

（7）保险的责任限度。保险合同的条款内部列有保险公司的责任范围和除外责任的条款。除外责任又称责任免除，即指被保险人虽然受到损害但保险公司不承担赔偿责任的事件原因范围。

（二）主要条款

按照《中华人民共和国保险法》的规定，各类保险合同均应包括以下条款。

（1）保险人名称和住所。

（2）投保人、被保险人名称和住所，以及人身保险的受益人的姓名或者名称、住所。

（3）保险标的。

（4）保险责任和责任免除。

（5）保险期间和保险责任开始时间。

（6）保险金额。

（7）保险费以及支付方法。

（8）保险金赔偿或者给付办法。

（9）违约责任和争议处理。

（10）合同订立的年、月、日。

四、工程借款合同

借款合同是指借款人向贷款人借款，到期返还借款并支付利息的合同。工程项目建设过程中业主为了筹集项目建设资金的不足部分，以及承包人为了解决工程前期资金的紧张状况，可与金融机构签订借款合同。

（一）合同的当事人

借款合同的当事人是贷款人和借款人。贷款人是指在中国境内依法设立的经营贷款业务的金融机构。借款人必须符合法律要求的签订借款合同的主体资格，即借款人申请贷款应具备产品有市场、生产经营有效益、不挤占挪用信贷资金、恪守信用等基本条件，并符合下列要求。

（1）有按期还本付息的能力，原应付贷款利息和到期贷款已清偿；没有清偿的，已经做了贷款人认可的还款计划。

（2）应当有经过工商部门办理的年检手续。

（3）已开立基本账户或一般存款账户。

（4）除国务院规定外，有限责任公司和股份有限公司对外股本权益性投资累计未超过其净资产总额50%。

（5）借款人的资产负债符合贷款人的要求。

（6）申请中期、长期贷款时，新建项目的法人所有者权益与项目所需投资的比例不低于国家规定的投资项目的资本金比例。

（二）借款合同的种类

1．按贷款期限划分

（1）短期贷款，指贷款期限在1年以内（含1年）的贷款。

（2）中期贷款，指贷款期限在1年以上5年以下（含5年）的贷款。

（3）长期贷款，指贷款期限在5年以上（不含5年）的贷款。

2．按贷款担保方式或发放形式划分

（1）信用贷款。

（2）担保贷款，进一步可以分为保证贷款、抵押贷款、质押贷款。

（3）票据贴现。

3．借款合同的主要内容

借款合同属于由贷款银行编制的格式合同，但可以通过协商增订必要的条款。借款合同采用书面形式，但自然人之间借款另有约定的除外。中长期借款合同的条款包括以下几个方面的内容。

（1）总则性条款。写明双方当事人、计约日期、借款种类、币种、借款金额、借款用途和借款期限等内容。

（2）提款和还款。

① 提款。具体写明贷款分几次拨付、每次提款的日期和款额。

② 还款。写明借款人分几次还款、还款日期、归还本金的额度。

（3）借款利率和计息。

（4）担保。

（5）双方承诺。双方承诺应履行合同约定的义务。

（6）合同的变更。

① 借款人要求延长借款期限。

② 借款人转让债务。借款人如要将借款合同项下的债务转让给第三者，应经贷款人书面同意，在受让人和贷款人重新签订借款合同前，该合同继续有效。

（7）违约责任。

（8）争议的解决。

（9）其他。

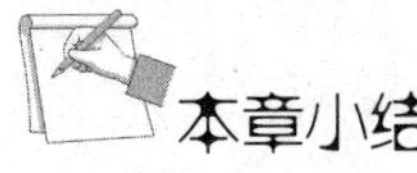

本章小结

房地产开发过程中，开发商为了成功地实现工程目标，必须通过合同运作项目；承包商为了完成承包任务，也需要签订许多合同。这些合同构成项目的合同体系。

本章介绍了房地产合同体系和房地产开发涉及的主要合同类型，阐述了勘察设计合同、监理合同、施工合同、物资采购合同、保险合同、借款合同等不同合同的示范文本，明确了合同中各方当事人的权利与义务，提出了合同履行过程中应该注意的问题，并提出了可靠且可操作性强的措施。

习题

一、名词解释

房地产合同体系　工程施工合同　工程总承包合同　工程分包合同　国有土地使用权转让合同　拆迁补偿安置协议　建设工程监理合同

二、简答题

1．房地产合同体系的决定因素有哪些？

2．建设工程中的主要合同关系有哪几种？

3．阐述工程施工合同中承包商的责任。

4．阐述工程总承包项目中发包方的主要权利和义务。

5．阐述违法分包的类型。

6．成片开发土地使用权出让合同的特点有哪些？

7．结合具体案例分析城市房屋拆迁的程序。

8．如果你是某大型房地产开发企业的合同管理专员，请设定一套合同管理体系，对公司异地开发的房地产项目进行管控。

第六章　房地产合同策划

学习目标

通过对本章的学习，学生应掌握以下内容：

1. 合同总体策划的概念及运行过程；
2. 合同的类型、本质与合同条件的选择；
3. 合同风险策划的概念、意义及合同风险分配的方法与原则；
4. 合同体系的协调包含技术、时间和组织上的协调等相关知识；
5. 合同解释的类别、合同总体分析、合同详细分析以及特殊合同问题分析与解释方法。

导言

在社会经济活动中，合同扮演着保护合同各方利益，约束合同各方履行合同义务的重要角色。在房地产领域，由于合同标的物的特殊性，合同主体、合同关系的复杂性，使得这一现象尤为突出。业主作为建设项目的投资人，如何通过严谨的合同策划与过程控制，有效地发挥合同策划的作用，最大限度地保护业主的利益，控制风险，实现项目和企业的战略目标，追求合同双方在经济合作中的双赢局面，是建筑领域急需解决的问题。

第一节　业主的合同策划

房地产合同总体策划主要确定合同战略问题。对整个项目的计划、组织、控制有决定性的影响。因此，工程项目的上层管理者必须重视。本节主要介绍合同策划的概念、作用、依据以及业主的合同策划等相关知识。

一、合同策划概述

策划就是筹划或谋划，是一项立足现实、面向未来的活动。它根据现实的各种情况与信息，判断事物变化的趋势，围绕某一项活动的特定目标，全面构思、设计、选择合理可行的行动方式，从而形成正确决策和高效工作的过程。

（一）概念

合同策划是指为保证项目总目标的实现，对整个项目合同产生重大影响的项目分解、承发包模式、委托方式、合同各类、风险分配及合同关系协调等问题进行研究分解和选择确定的过程。合同总体策划的目标是通过合同保证项目总目标的实现。它必须反映建筑工程项目战略和企业战略，反映企业的经营指导方针和根本利益。它主要确定如下问题。

（1）如何将项目分解成几个独立的合同每个合同有多大的工程范围。

（2）采用什么样的委托方式和承包方式。

（3）采用什么样的合同种类、形式及条件。

（4）合同中一些重要条款的确定。

（5）合同签订和实施过程中一些重大问题的决策。

（6）工程项目相关各个合同在内容上、时间上、组织上、技术上的协调等。

（二）作用

合同策划是起草招标文件和合同文件的依据，合同策划的作用包括以下方面。

（1）合同策划决定着项目的组织结构及管理体制，决定合同各方面责任、权利和工作的划分，所以对整个项目生产管理产生根本性的影响。业主通过合同委托项目任务，并通过合同实现对项目的目标控制。

（2）通过合同策划，摆正工程过程中各方面的重大关系，防止因缺乏有效协调而导致重大工程障碍，造成严重的损失。

（3）合同是实施项目的手段。无论对业主还是承包商，完善的合同策划能够保证合同的顺利履行，通过合同的履行实现项目的协调运转，减少工程纠纷和矛盾，顺利地实现工程项目的整体目标。

（三）依据

合同策划的依据主要来自业主、承包商、工程和环境四个方面。

1. 业主方面

业主的资信、资金供应能力、管理水平、管理团队、业主的目标以及目标的确定性，期望对工程管理的介入深度，对工程师和承包商的信任程度，业主的企业文化和管理风格，业主对工程的质量和工期要求等。

2. 承包商方面

承包商的能力、资信、企业规划、资金实力、管理风格和水平，在项目中的目标、经营计划、工程经验、企业经营战略、长期动机、承受和抵御风险的能力等。

3. 工程方面

工程的类型、规模、特点、技术复杂程度、招标时间和工期限制、项目的营利性、工程风险程度、资源供应（资金、材料设备等），以及限制条件等。

4．环境方面

工程所处的法律环境，建筑市场竞争激烈程度，物价的稳定性，地质、气候、自然、现场条件的确定性，资源供应的保证程度，获得额外资源的可能性等。

二、合同策划的流程

合同策划的流程就是对工程合同目标进行研究、分解、比较、选择及明确合同处理措施的过程。合同的整个策划流程，可以用图6-1表示，它主要包括了以下一些重要内容。

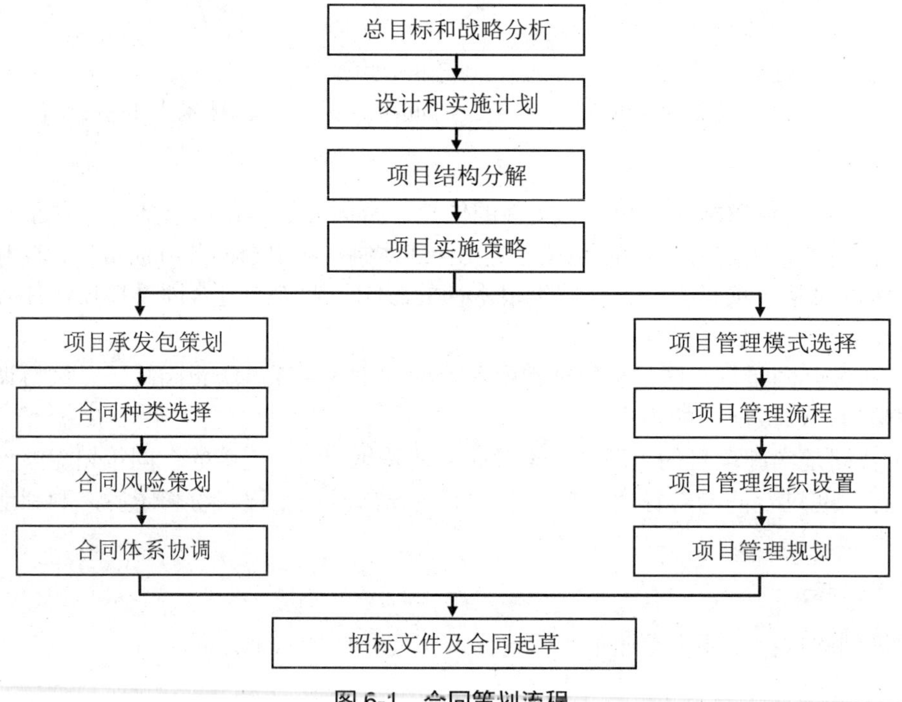

图6-1 合同策划流程

（1）研究企业战略和项目战略，确定企业和项目对合同的要求。

（2）确定合同的总体原则和目标。

（3）分层次、分对象对合同的一些重大问题进行研究，列出各种可能的选择，按照上述策划的依据，综合分析各种选择的利弊得失。

（4）对合同策划的各个重大问题做出决策和安排，提出合同措施。

三、业主的总体合同策划

业主的合同策划是指业主（或其代理机构）结合项目的实际情况，科学地进行项目结构分解，正确地划分标段和选择发包方式，恰当地确定合同类型和条款，合理地分配风险、进行合同关系协调的过程。

在工程中，业主是通过合同分解项目结构，落实承包人，并实施对项目的控制权力。由于业主处于主导地位，他的合同总体策划对整个工程有很大的影响，同时直接影响承包商的合同策划。因此，业主在合同策划之初要对工程项目的结构进行分解（WBS），如图 6-2 所示。

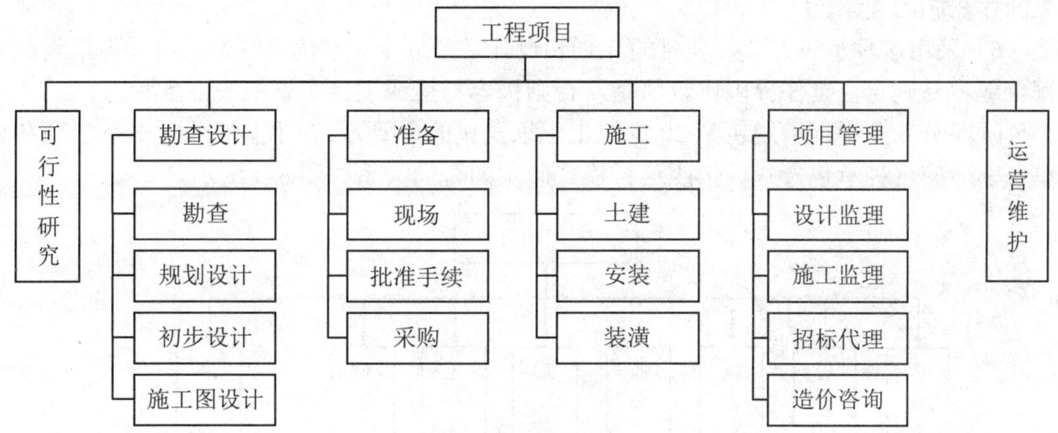

图 6-2 工程项目结构分解

（一）承发包模式

根据业主的项目实施策略，上述项目活动可以采用不同的承发包模式。业主可以将整个工程项目分阶段（设计、采购、施工等）、分专业（土建工程、安装工程、装饰工程等）发包，将材料和设备供应分别委托，也可以将上述工作以各种形式合并发包，甚至可以采用“设计—采购—施工”总承包。

1．分阶段分专业平行承发包

即业主将设计、设备供应、土建、电器安装、机械安装、装饰等工程施工、项目管理分别委托给不同的承包商。各承包商分别与业主签订合同，向业主负责。各承包商之间没有合同关系，其特点如下。

（1）业主有大量的管理工作，有许多次招标，须做比较精细的计划及控制，因此项目前期需要比较充裕的时间。

（2）业主负责各承包商之间的协调工作，对各承包商由于互相干扰所造成的问题承担责任。在整个项目的责任体系中会存在责任的“盲区”。例如由于设计承包商拖延造成施工现场图纸延误，土建和设备安装承包商向业主提出工期和费用索赔。而设计承包商又不承担或承担很少的赔偿责任。所以这类工程合同争执较多，工程过程中的索赔较多，工期比较长。

（3）该承包方式要求业主管理和控制较细，业主必须具备较强的项目管理能力。当然业主可以委托监理工程师进行工程管理。

（4）对于大型工程项目，该承包方式使业主面对众多承包商（包括设计单位、供应单位、施工单位），管理跨度大，协调困难，易造成混乱和失控，且业主管理费用增加，导致总投资增加和工期延长。

（5）采用这种承包方式，业主可以分阶段进行招标，可以通过协调和项目管理加强对工程的干预。同时承包商之间存在着一定的制衡，如各专业设计、设备供应、专业工程施工之间存在制约关系。

（6）采用这种承包方式，项目的计划和设计必须周全、准确、细致。这样各承包商的工程范围容易确定，责任界限比较清楚，否则极容易造成项目实施中的混乱状态。

分阶段分专业平行承发包是20世纪工程承发包的主要方式，我国的业主、承包商和设计单位都适应这种承包方式。按照这种模式确定的合同关系如图6-3所示。

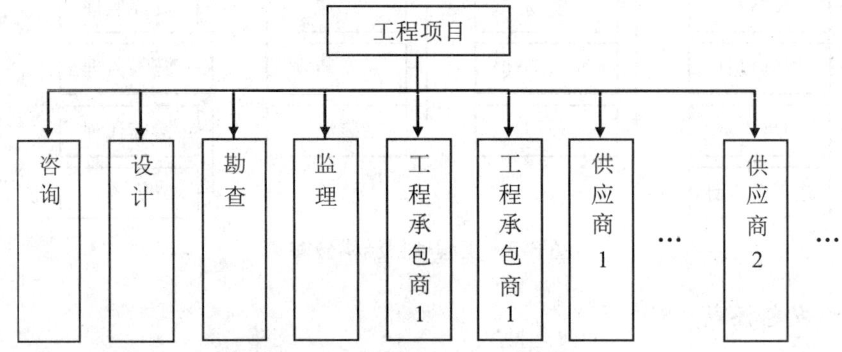

图6-3　分阶段平行承发包模式

在工程实践中，平行承发包模式有很多选择。

（1）工程的设计发包模式。这种模式分为四种：第一种是业主将整个工程的设计委托给一个设计单位。这样设计工作是一体化的，设计责任是完备的。第二种是分阶段委托，如方案设计、技术设计和施工图设计可以委托给不同的设计单位。目前我国的许多标志性建筑是由国外的设计事务所承担的方案设计，我国的设计单位承担的技术设计和施工图设计。而业主和他们之间的合同关系又是多样的。例如，他们分别由业主委托，与业主签订设计合同；他们之中的一方与业主签订设计总承包合同，另一方作为他的分包，或者由业主指定的设计分包；他们之间组成联营体承包设计。第三种是有些工程可以按照专业设计（如建筑设计、结构设计、空调系统设计等）分别由业主发包，而工程的生产装置、控制系统的设计可以由相应的设备供应商完成。第四种是在许多大型工业或者公共工程项目中，设计的承发包模式可能更为复杂。常常需要委托一个设计单位负责工程的总体方案设计和协调（被称为“设计总体”，它有时也承担部分设计任务），业主再将部分工程（标段或专业工程）的设计委托给其他设计单位。

（2）工程施工的发包方式。一般来说，工程施工的发包方式分为三种：一是业主可以

将工程的土建、电气安装、机械安装、装饰等工程施工分别委托给不同的承包商。二是对大型的项目，常常需要划分工程区段（标段）发包，如在地铁建设项目中划分不同的车站和区间段土建工程的施工发包。三是在我国的一些工程中，土建施工分标很细，如分为土方工程、基础维护工程、主体工程等。

（3）采购的承发包方式。按照业主的工程实施策略，材料和设备的供应同样是多样的。一般的建筑材料由相关的承包商负责。而生产设备、成套装置、高等级的材料（如高级装饰材料）、大宗材料等可由业主供应。在我国业主的供应范围很大，所以业主相应的采购合同也很多。业主在采购范围方面，对 WBS 分解的工作主要有工程采购、材料和设备采购、劳务、服务（咨询）、技术（专利等）、软件、资金（贷款，或融资）等。

（4）项目管理工作的承发包方式。在现代工程中，项目管理模式是多样性的，它与工程承发包方式有复杂的关系。

业主将一个建筑工程的项目管理工作全部委托给一个项目管理公司。在这种情况下，工程的设计、施工、采购的发包又可分为：第一，由业主直接发包，签订合同，则项目管理公司仅仅负责项目管理，这属于代理型的项目管理，我国所推行的全过程项目管理（PM 模式）实质上就属于这一类，这是最典型的，项目管理服务内容最完备的项目管理模式。第二，由项目管理公司发包，签订合同。这属于非代理型（风险型）的项目管理承包（即 PMC 模式）。它在形式上与工程总承包相似，业主和项目管理公司之间有风险负担协议。但项目管理公司的责任是代表业主管理工程项目，而不是建造工程。非代理型的 CM 承包模式属于这一类，如图 6-4 所示。第三，在有些建筑工程中可由业主和项目管理公司共同发包。

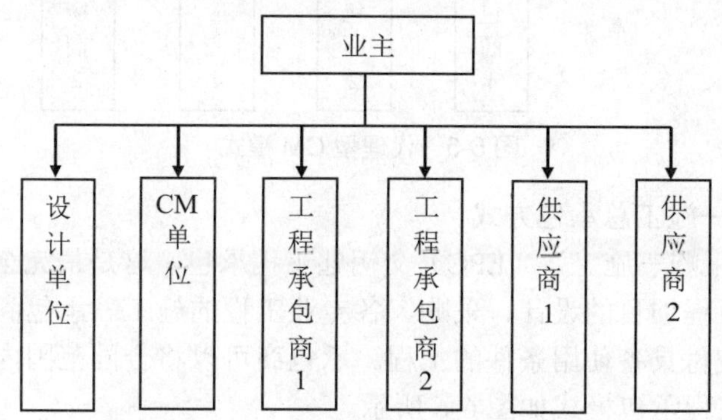

图 6-4 非代理型 CM 承包模式

业主将项目管理工作分阶段，甚至分职能委托，即将项目的可行性研究（咨询）、设计监理、招标代理、造价咨询、施工监理等分别委托给不同单位承担。

在采用“设计—采购—施工”总承包模式时，通常业主要委托一个咨询单位负责工程的咨询工作，如起草招标文件，审查承包商的设计和承包商文件，对工程实施进行监督、质量验收、竣工检验等。其管理工作层次较高，而具体的项目管理工作由承包商承担。

按照对项目经理的授权，又可以分为：第一，项目经理全权管理。最典型的是按照 FIDIC 工程承包合同规定授予工程师权力。在这样的项目中，业主主要负责项目的宏观调控和高层决策，一般与承包商不直接接触。第二，项目经理与业主代表共同管理。业主也可以限定项目经理的权力，可以把部分管理工作和权力收归自己，或工程师在执行某些权力时必须经业主同意。

实质上我国大量的工程都采用这种模式。一方面，我国许多业主具有一定的项目管理能力和队伍，则可以自己承担部分项目管理工作；另一方面，又可以保证业主对项目的有效控制，例如投资控制和合同管理工作，经常由业主代表承担，或双方共同承担。

（5）其他模式，如代理型 CM 模式。CM 承包商接受业主的委托进行整个工程的施工管理，协调设计单位与施工承包商的关系，保证设计和施工过程的搭接和协调。业主直接与工程承包商和供应商签订合同，CM 承包商与设计、施工、供应单位没有合同关系。代理型 CM 模式如图 6-5 所示。

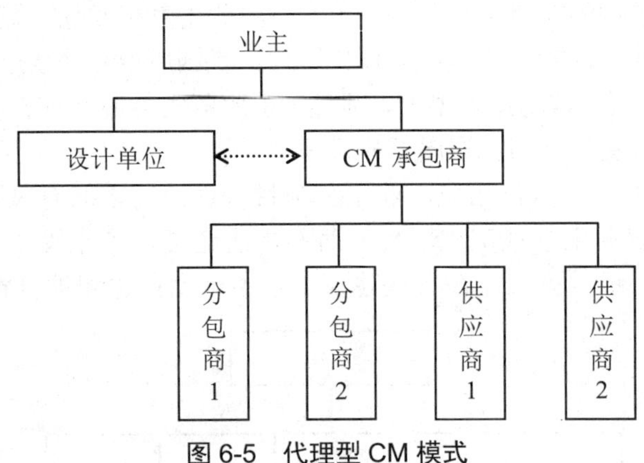

图 6-5　代理型 CM 模式

2．设计—采购—施工总承包方式

（1）“设计—采购—施工”（EPC）交钥匙工程承包。这是最完全的总承包方式，即由一个承包商承包工程项目的设计、采购、各专业工程的施工。承包商向业主承包全部的工程责任，向业主交付具备使用条件的工程。承包商可以将合同范围内的部分工程或工作分包出去，交钥匙工程承包模式如图 6-6 所示。

总承包模式能克服上述分阶段分专业平行承包的缺点，它的优点有以下几个方面。

第一，通过总承包可以减少业主面对的承包商数量和事务性管理工作，如只需要一次招标，给业主带来极大的便利。在工程中业主的责任较小，主要提出工程总体要求（如工程的功能要求、设计标准、材料标准的说明），进行宏观控制、验收成果，通常不干涉承包商的工作，因而合同纠纷和索赔较少。采用这种模式能够让工程尽快开工，缩短工期，能尽早确定工程项目的造价。

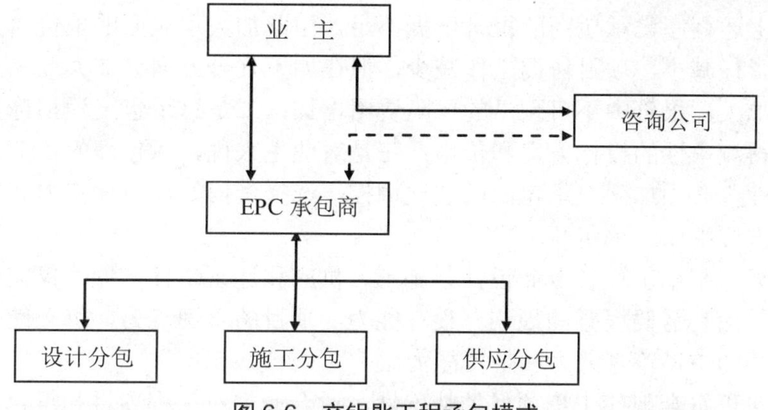

图 6-6　交钥匙工程承包模式

第二，对业主来说，有一个对工程整体功能负责的总承包商，承包商对工程整体功能和运营责任加强，项目的责任体系明确且完备。各专业工程的设计、采购和施工的界面协调都由总承包商负责，工程中的责任盲区大大减少。无论是设计、施工、供应之间的互相干扰，还是不同专业之间的干扰，都由总承包商负责，业主不承担任何责任。这样有效减少工程变更、合同纠纷和索赔，工程更容易获得圆满成功，能确保工程项目总目标实现。

第三，承包商有充分的自主权完成项目，但同时加大了承包商的风险责任。承包商承担许多在工程施工中的不可预见的经济风险、工程范围风险、自然条件风险等，能够最大限度地发挥承包商在设计、采购、施工和项目管理中优化的积极性和创造性。

第四，这种总承包模式使得承包商能将整个项目管理形成一个统一的系统，避免多头领导，降低管理费用；方便协调和控制，减少大量的重复管理工作，减少花费，使得信息沟通方便、快捷、不失真；它有利于施工现场的管理，减少中间检查和交接环节和手续，避免由此引起的工程拖延，从而工期（招标投标和建设期）大大缩短。

第五，通常总承包合同采用固定总价形式，工程的总目标（功能、工期和合同价格）是确定的。这样有利于降低工程造价和方便工程结算，有利于项目全过程的优化。

（2）采用总承包方式的基本问题。总承包模式的优点固然很多，但也存在一些问题。总承包合同实施在程序上存在矛盾性。在项目书完成后，业主提出要求，承包商以此报价，而且签订总价合同。承包商的报价在很大程度上是依据自己对业主要求的理解，而业主要求是比较粗略的。工程的详细设计是在报价以后完成，而且设计文件和相应的计划文件都必须经过业主代表的批准。总承包合同运作过程如图 6-7 所示。

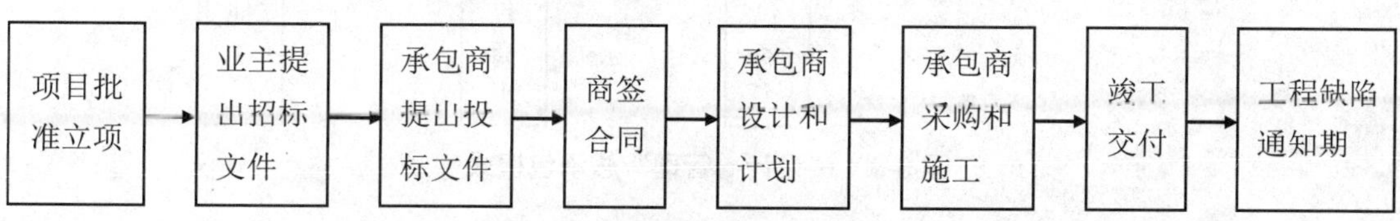

图 6-7　总承包合同运作过程

虽然按照上述程序，承包商的报价依据不足，由此加大承包商的报价风险；虽然总承包使业主工程责任减小，项目协调工作减少，但在如下几个方面会加大业主的风险：一是由于承包风险加大，报价中不可预见的风险费用增加；二是总承包工程招标常常竞争不充分，比较难获得竞争性的投标方案和价格；三是对业主来说，承包商的资信、能力的风险加大。因此，业主必须加强对承包商的宏观调控，选择资信好、总体实力和技术性强、素质高、适应全方位工作的承包商。

总承包商承担整个工程各专业设计、施工、供应和运营责任，他不仅需要具备各专业工程施工力量，而且需要很强的规划、设计能力，项目的管理能力，供应能力和运营管理能力，甚至很强的市场策划能力和融资能力。

工程总承包更符合现代工程项目的特殊性，适合业主对工程项目和承包商的要求。这是工程总承包发展的根本动力。20 世纪 80 年代末，国内外工程专家调查了许多工程的经验和教训，得出结论：业主要使工程顺利实施，必须减少他所面对的承包商数量，越少越好。目前，国际上普遍欢迎这种承包方式。

3．其他的承发包方式

在现代工程中，在 EPC 和分散平行承包之间有许多中间形式。

（1）将工程的整个设计委托给一个设计承包商，施工（包括土建、安装、装饰）委托给一个施工总承包商，设备的采购委托给一个供应商。

（2）“设计—施工”（DB）总承包：承包商负责工程项目的设计和施工。

（3）“设计—采购”（EP）总承包：承包商对工程的设计和采购进行承包，还可能在施工阶段向业主提供咨询服务，或负责施工管理。工程施工由其他承包商负责。

（4）“设计—管理”总承包：由一个承包商承包设计和项目管理。供应和施工由其他承包商承担，模型如图 6-8 所示。

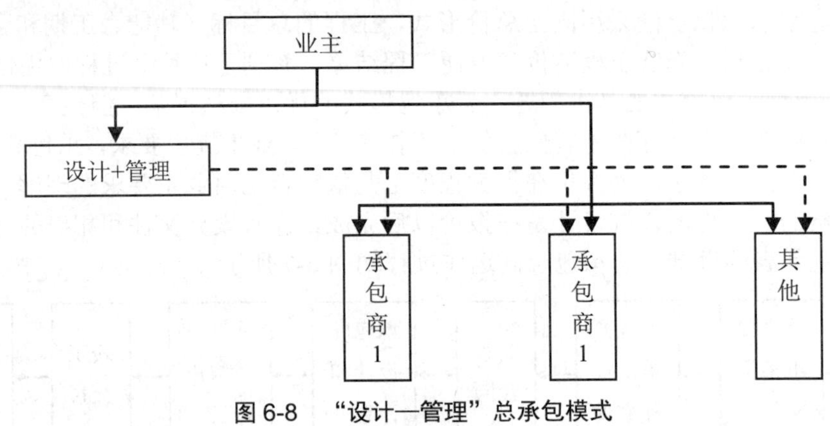

图 6-8　“设计—管理”总承包模式

（5）承包商联营承包：联营承包是指两家或两家以上的承包商（最常见的为设计承

包商、设备供应商、工程施工承包商）联合投标，共同承接工程。联营承包合同如图 6-9 所示。

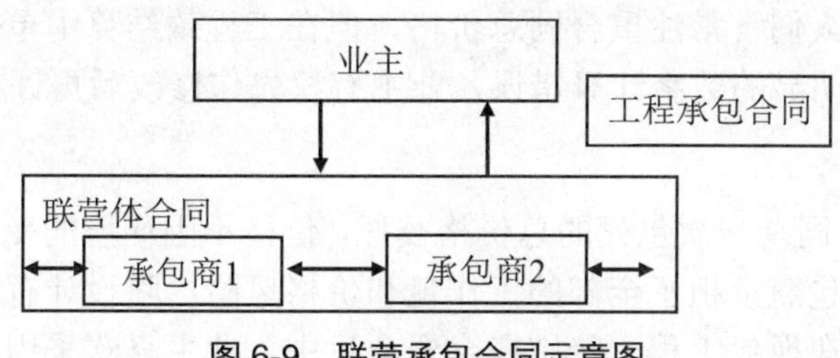

图 6-9　联营承包合同示意图

（二）招标方式的确定

招标方式有公开招标、有限招标（选择性竞争招标）、议标等，各种招标方式有其特点及适用范围。一般要根据承包形式、合同类型、业主所拥有的招标时间（工程紧迫程度）、业主的项目管理能力和期望控制工程建设的程度等决定。

第二节　合同类型及选择

合同作为法律形式的存在，由于合同内容的多样化和复杂化，其类型各不相同。业主选择何种合同类型，对于规避额外风险、保障工程顺利完成，至关重要。合同本质上作为双方达成的一种协议，为了使之更加高效，在合同条件的选择上尤其值得注意。

一、合同类型

在实际工程中，合同计价方式很多，目前超过 20 种，随着发展，还将不断有新的计价方式出现。不同种类的合同，有不同的应用条件，有不同的权力和责任的分配，有不同的付款方式，对合同双方有不同的风险。应按具体情况选择合同类型。有时在一个工程承包合同中，不同的工程分项可能采用不同的计价方式。现代工程中最典型的合同类型如下。

（一）单价合同

这是最常见的合同种类，适用范围广，如 FIDIC 施工合同，我国的建设工程施工合同也主要是这一类合同。在这种合同中，承包商仅按合同规定承担报价的风险，即对报价（主要为单价）的正确性和适宜性承担责任；而工程量变化的风险由业主承担。由于风险分配比较合理，能够适应大多数工程，能够调动承包商和业主双方的管理积极性。单价合同又分为固定单价和可调单价等形式。

单价合同的特点是单价优先，如FIDIC施工合同，业主给出的工程量表中工程量是参考数字，而实际合同价款按实际完成的工程量和承包商所报的单价计算。虽然在投标报价、评标、签订合同中，人们常常注重合同总价格，但在工程款结算中单价优先，所以单价不能错。对于投标书中明显的数字计算错误，业主有权先作修改后再评标。

（二）总价合同

（1）固定总价合同是一次包死的总价格委托，价格不因环境的变化和工程量增减而变化。在这类合同中承包商承担了全部的工作量和价格风险。除设计有重大变更外，一般不允许调整合同价格。在现代工程，特别在合资项目中，业主喜欢采用这种合同形式，原因如下：① 工程中双方结算方式较为简单。② 在固定总价合同的执行中，承包商的索赔机会较少（但不可能根除索赔）。在正常情况下，可以免除业主由于要追加合同价款、追加投资带来的须上级（如董事会，甚至股东大会）审批的麻烦。但由于承包商承担了全部风险，报价中不可预见风险费用较高。承包商报价的确定必须考虑施工期间物价变化以及工程量变化带来的影响。在这种合同的实施中，由于业主没有风险，所以业主干预工程的权力较小，仅关注总的目标和要求。

（2）固定总价合同中：① 工程范围必须清楚明确，报价的工程量应准确而不是估计数字，对此承包商必须认真复核；② 工程设计较细，图纸完整、详细、清楚；③ 工程量小、工期短，估计在工程过程中环境因素（特别是物价）变化小，工程条件稳定合理；④ 工程结构、技术简单，风险小，报价估算方便。

目前国内外的工程中，固定总价合同的使用范围有扩大的趋势。甚至一些大型的全包工程和工业项目也使用总价合同。有些工程中业主只用初步设计资料招标，却要求承包商以固定总价合同承包，这个风险非常大。

（3）固定总价合同的计价有如下形式：① 招标文件中有工作量表。业主为了方便承包商投标，给出工程量表，但业主对工程量表中的数量不承担责任，承包商必须复核。承包商报出每一个分项工程的固定总价。它们之和即为整个工程的价格。② 招标文件中没有给出工程量清单，而由承包商制定。工程量表仅仅作为付款文件，而不属于合同规定的工程资料，不作为承包商完成工程或设计的全部内容。

合同价款总额由每一分项工程的包干价款（固定总价）构成。承包商必须自己根据工程信息计算工程量。如果承包商分项工程量有漏项或计算不正确，则被认为已包括在整个合同总价中。由于国际通用的工程量计算规则适用于业主提供全部设计文件的单价合同（我国的工程量计算规则也有这个问题），采用这种合同类型时要注意应对工程量计算规则做出详细说明、修改或用专门的计量方法：一方面，承包商的工程责任范围扩大，通用规则的划分难以包容。例如，由承包商承担大量的设计，在投标时承包商无法计算工程量，工程量清单的编制应考虑到这些情况。另一方面，通常合同采用阶段付款。如果工程分项在工程量表中已

经被定义，只有在该工程分项完成后承包商才能得到相应付款。则工程量表的划分应与工程的施工阶段相对应，必须与施工进度一致，否则会带来付款的困难。同时工程量划分应注意承包商的现金流量，如设立搭设临时工程、材料采购、设计等分项，这样可以及早付款。

（4）固定总价合同和单价合同有时在形式上非常相似。例如，在有的总价合同招标文件中也有工作量表，也要求承包商提出各分项的报价，但它们是性质上完全不同的合同类型。

固定总价合同是总价优先，承包商报总价，双方商讨并确定合同总价，最终按总价结算。通常只有设计变更，或合同中规定的调价条件，如法律变化，才允许调整合同价格。固定总价合同在招标投标中与单价合同的处理有区别。

（5）对于固定总价合同，承包商要承担两个方面的风险：① 价格风险。包括报价计算错误；漏报项目，例如在某国际工程中，工程范围为一政府的办公楼建筑群，采用固定总价合同。承包商计算投标价格时遗漏了其中的一座景观用的亭阁，这一项使承包商损失了上百万美元；此外，工程过程中物价和人工费涨价也将带来价格风险。② 工作量风险。主要表现为工作量计算的错误。对固定总价合同，业主有时也给工作量清单，有时仅给图纸、规范让承包商算标，则承包商必须对工作量作认真复核和计算。如果工作量有错误，由承包商负责。

由于工程范围不确定或预算时工程项目未列出全部的可能的损失。例如，在某固定总价合同中，工程范围条款为："合同价款所定义的工程范围包括工作量表中列出的，以及工作量表中未列出的但为本工程安全、稳定、高效率运行所必需的工程和供应。"在该工程中，业主指令增加了许多新的分项工程，但设计并未变更，所以承包商得不到相应的付款。

又如某国际工程分包合同采用总价合同形式，工程变更条款为："总包指令的工程变更及其相应的费用补偿仅限于重大的变更，而且仅按每单个建筑物和设施地平以上外部体积的增加量计算补偿。"在合同实施中，总承包商指定分包商大量增加地平以下建筑工程量，而不给分包商任何补偿。

由于投标报价时设计深度不够所造成的工程量计算误差。对固定总价合同，如果业主用初步设计文件招标，让承包商计算工作量报价，或尽管施工图设计已经完成，但做标期太短，承包商无法详细核算，通常只有按经验或统计资料估算工作量。这时承包商处于两难的境地：若工作量计算过高，报价没有竞争力，不易中标；若工作量计算偏低，承包商便可能要承担风险和亏损。在实际工程中，这是一个用固定总价合同带来的普遍性问题。在这方面承包商的损失常常很大。

（三）成本加酬金合同

这是与固定总价合同截然相反的合同类型。工程最终合同价格按承包商的实际成本加一定比率的酬金（间接费）计算。在合同签订时不能确定一个具体的合同价格，只能确定酬金的比率。由于合同价格按承包商的实际成本结算，所以在这类合同中，承包商不承担

任何风险，而业主承担了全部工作量和价格风险，所以承包商在工程中没有成本控制的积极性，常常不仅不愿意压缩成本，相反期望提高成本以提高他自己的工程经济效益，这样会损害工程的整体效益。所以这类合同的使用应受到严格限制，通常应用于如下情况。

（1）投标阶段依据不准，工程的范围无法界定，无法准确估价，缺少工程的详细说明。

（2）工程特别复杂，工程技术、结构方案不能预先确定。它们可能按工程中出现的新的情况确定。例如在国外这一类合同经常被用于一些带研究、开发性质的工程中。

（3）时间特别紧急，要求尽快开工。例如，抢救、抢险工程，人们无法详细地计划和商谈。

为了克服成本加酬金合同的缺点，扩大它的使用范围，人们对该种合同又作了许多改进，以调动承包商成本控制的积极性。例如，事先确定目标成本，实际成本在目标成本范围内按比例支付酬金，如果超过目标成本，酬金不再增加；如果实际成本低于目标成本，除支付合同规定的酬金外，另给承包商一定比例的奖励；成本加固定额度的酬金，即酬金是定值，不随实际成本数量的变化而变化等。在这种合同中，合同条款应十分严格。由于业主承担全部风险，所以他应加强对工程的控制，参与工程方案（如施工方案、采购、分包等）的选择和决策，否则容易造成不应有的损失。同时，合同中应明确规定成本的开支和间接费范围，规定业主有权对成本开支做决策、监督和审查。使用这类合同的招标文件应说明中标的依据。一般授标的标准为间接费率和作为成本组成的各项费率。这类合同也应规定开工日和竣工日，以假设的合同工程量为基础，否则工期罚款的条款就不适用。成本加酬金合同中酬金与成本的关系如图6-10所示。

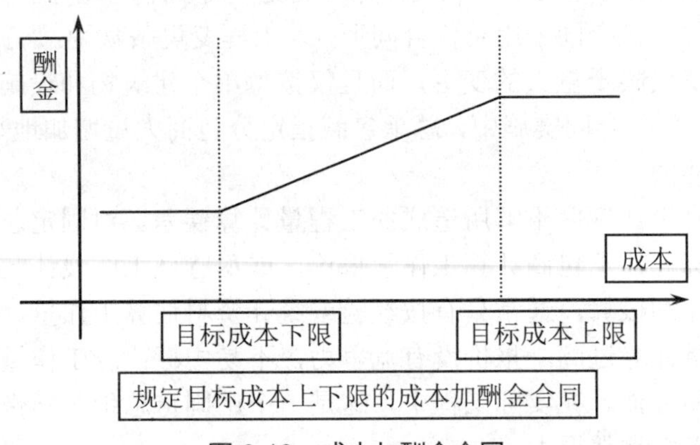

图6-10　成本加酬金合同

（四）目标合同

在一些发达国家，目标合同广泛使用于工业项目、研究和开发项目、军事工程项目中。它是固定总价合同和成本加酬金合同的结合和改进形式。在这些项目中承包商在项目可行性研究阶段，甚至在目标设计阶段就介入工程，并以全包的形式承包工程。

目标合同也有多种形式。通常合同规定承包商对工程建成后的生产能力（或使用功能）、工程总成本（或总价格）、工期目标承担责任。如果工程投产后一定时间内达不到预定的生产能力，则按一定的比例扣减合同价格；如果工期拖延，则承包商承担工期拖延违约金。如果实际总成本低于预定总成本，则节约的部分按预定的比例给承包商奖励；反之，超支的部分由承包商按比例承担。

目标合同能够最大限度地发挥承包商工程管理的积极性，适用于工程范围没有完全界定或预测风险较大的情况。目标合同工程计价方法如下。

（1）承包商以合同价款总额的形式报出目标价格，包括估算的直接成本、其他成本、间接费（现场管理费、企业管理费和利润），确定间接费率。由于业主原因导致工程变更，工期拖延或业主要求赶工等造成承包商实际成本增加，应修改目标价格。

（2）通常目标合同也用分项工程表（或工程量表）决定目标价格（合同价款总额），合同价款为每一分项工程的包干价款总和。而该分项工程表的制定并非以付款为目的，它仅用于索赔事件发生时，调整合同价款总额和承包商应分担的份额。

二、合同的本质

在《合同法》理论上，合同也称为契约，我国学者一般认为，合同在本质上是一种合意或者协议。《民法总则》第 133 条规定："民事法律行为是民事主体通过意思表示设立、变更、终止民事法律关系的行为。"我国《合同法》继续沿用了《民法总则》的规定。据此可见，合同具有以下法律特征。

（1）合同是平等主体的自然人、法人和其他组织所实施的一种民事法律行为。合同是由平等主体的自然人、法人或其他组织所订立的，这就是说，订立合同的主体在法律地位上是平等的，任何一方都不得将自己的意志强加给另一方。

（2）合同以设立、变更或终止民事权利义务关系为目的。所谓设立民事权利义务关系，是指当事人订立合同旨在形成某种法律关系（如买卖关系），从而具体地享受民事权利、承担民事义务。所谓变更民事权利义务关系，是指当事人通过订立合同使原有的合同关系在内容上发生变化。变更合同关系通常是在继续保持原合同关系效力的前提下变更合同内容，如果因为变更使原合同关系消灭并产生一个新的合同关系，则不属于变更的范畴。所谓终止民事权利义务关系，是指当事人通过订立合同，旨在消灭原合同关系。

（3）合同是当事人协商一致的产物，是意思表示一致达成的协议。合同是合意的结果，它必须包括以下要素：第一，合同的成立必须要有两个以上的当事人；第二，各方当事人须互相做出意思表示；第三，各个意思表示达成一致。

由此可见，合同的本质是指规定合同当事人的权利、义务以及保证实现此类权利和义务的可靠且可操作的程序。合同管理的本质是指以合同为保障机制，保证自己一方达到最佳利益，服务于整个项目管理目标。

三、合同条件的选择

合同条件是合同文件中最重要的部分。在实际工程中，业主可以按照需要自己但通常委托咨询公司起草合同条件，也可以选择标准的合同条件。在使用标准的合同条件时，可以按照自己的需要通过专用条款对标准的条件做出修改、限定或补充。

对于一个工程，特别是在国际工程中，有时会有多个相同类型的合同标准条件可供选择。合同条件的选择应注意以下问题。

（1）合同条件要与双方的管理水平相配套。双方的管理水平很低，却使用十分完备、周密，规定十分严格的合同条件，必然导致该种合同条件没有可执行性。如果选用FIDIC合同条件，合同双方必须能够执行它的管理程序，要有相应的信息反馈速度，业主、承包商、工程师的决策过程必须很快，否则双方都不能准确地执行合同。

（2）选用双方都熟悉的合同条件。如果双方来自不同的国家，因为承包商是工程合同的具体实施者，选用合同条件时应更多地考虑承包商的因素，不能仅从业主自身的角度考虑问题，使用承包商熟悉的合同条件。在实际工程中，许多业主都选择了自己熟悉的合同条件，以保证自己在工程管理中有利的地位和主动权，但往往导致工程不能顺利进行。当然更不能选择仅有监理工程师熟悉的合同条件。

【例6-1】在国内某合资项目中，业主为美国人，承包商为中国的一个建筑公司，工程范围为一个工厂的土建施工，合同工期为7个月。业主不顾承包商的要求，坚持用ICE合同条件，而承包商在此前未承接过国际工程。承包商从做报价开始，在整个工程施工过程中一直不顺利，对自己的责任范围，对工程施工中许多问题的处理方法和程序不了解，业主代表和承包商代表之间对工程问题的处理差异很大。最终承包商受到很大的损失，许多索赔不能得到解决。而业主的工程质量很差，工期拖延了一年多。由于工程迟迟不能交付使用，业主不得已又委托其他承包商进场施工，对工程的整体效应产生了极大的影响。

（3）合同条件的使用应注意到其他方面的制约。例如，我国工程估价有一整套定额和取费标准，这是与我国所采用的施工合同文本相配套的。如果在我国工程中使用FIDIC合同条件，或在使用我国的施工合同示范文本时，业主要求对合同双方的责任权利关系做重大的调整，则必须让承包商自由报价，不能使用定额和规定取费标准；而如果要求承包商按定额和取费标准计价，则不能随便修改标注的合同条件。

第三节　合同风险策划

众所周知，项目实施过程中面临着各种各样确定和不确定风险的挑战，如何规避风险，

并把其发生的概率降至最低，不仅关系着项目的成败，而且牵动着合同各方的利益。要做到这一点，必须针对该项目合同进行全面的风险策划。在此基础上，保证整个合同体系的协调。

一、风险概述

风险大致有两种定义：一种定义强调了风险表现为不确定性；而另一种定义则强调风险表现为损失的不确定性。若风险表现为不确定性，说明风险只能表现出损失，没有从风险中获利的可能性，属于狭义风险。而风险表现为损失的不确定性，说明风险产生的结果可能带来损失、获利或是无损失也无获利，属于广义风险。

（一）风险

风险是项目实施过程中的不确定因素。工程中的风险是多角度的，主要有以下方面。

（1）工程的技术、经济、法律等方面的风险。

（2）承包商和业主的资信与能力风险。

（3）外界环境的风险。

（4）合同风险。

（二）合同风险

合同风险是指与合同相关的，或由合同引起的不确定性。它包括以下两类。

（1）上述列举的风险，通过合同定义和分配，规定风险承担者，称为合同风险。

工程风险分担首先决定于所签订合同的类型。如果签订固定总价合同，则承包商承担全部物价和工作量变化的风险；而对成本加酬金合同，承包商不承担任何风险；对常见的单价合同，承包商承担报价风险，业主承担工作量风险。合同条款明确规定的应由一方承担的风险，如有业主风险，工程变更的条款，以及允许承包商增加合同价格和延长工期的条款等。

（2）合同缺陷导致的风险，包括以下几种情况。

① 条文不全面，不完整，没有将合同双方的责权利关系全面表达清楚，没有预计到合同实施过程中可能发生的各种情况。这样会导致合同过程中激烈的争执，最终导致损失。

② 合同表达不清晰，不细致，不严密，有错误，矛盾，二义性。由此导致双方错误的计划和实施准备，推卸合同责任，引起合同争执的情况。

③ 合同签订、合同实施控制中的问题，对合同内容理解错误，不完善的沟通和不适宜的合同管理等可能引起的失误。合同文件的语言表达方式、表达能力，承包商的外语水平、专业理解能力或工作细致程度，以及作标期和评标期的长短等原因都可能导致合同风险。

④ 合同之间界面不明确，各合同描述的工程范围有重叠或遗漏，合同之间有矛盾、不统一，由此导致工程实施过程中大量的变更和争执。

（三）工程中常见合同风险

（1）合同中明确规定承包商应承担的风险，具体包括以下方面。

① 工程变更的补偿范围和补偿条件。例如，某合同规定，工程量变更在5%的范围内，承包商得不到任何补偿，则在这个范围内工程量可能的增加是承包商的风险。

② 合同价格的调整条件。例如，对通货膨胀、汇率变化、税收增加等，合同规定不予调整，则承包商必须承担全部风险；如果在一定范围内可以调整，则承担部分风险。

③ 工程范围不确定，特别对固定总价合同。例如，某固定总价合同规定："承包商的工程范围包括工程量表中所列的各个分项，以及在工程量表中没有包括的，但为工程安全、经济、高效率运行所必要的附加工程和供应。"由于工程范围不确定、做标时设计图纸不完备，承包商无法精确计算工程量，也无法预测物价上涨幅度。而在该工程中，由于这两方面的风险造成承包商严重损失。

④ 业主和工程师对设计、施工、材料供应的认可权和各种检查权。在国际工程中，合同条件常赋予业主和工程师对承包商工程和工作的认可权和各种检查权。但这必须有一定的限制和条件，应防止写有"严格遵守工程师对本工程任何事项（不论本合同是否提出）所做的指示和指导"。特别当投标时设计深度不够，施工图纸和规范不完备时，如果有上述规定，业主可能使用"认可权"或"满意权"提高工程的设计、施工、材料标准，而不对承包商补偿。则承包商必须承担这方面变更风险。

⑤ 其他形式的风险型条款，如索赔有效期限制等。

（2）合同缺陷。条文不全面，不完整，没有将合同双方的责权利关系全面表达清楚，没有预计到合同实施过程中可能发生的各种情况。这样导致合同过程中的激烈争执，最终导致承包商的损失。例如，缺少工期拖延违约金的最高限额的条款或限额太高；缺少工期提前的奖励条款；缺少业主拖欠工程款的处罚条款。又如，对工程量变更、通货膨胀、汇率变化等引起的合同价格的调整没有具体规定调整方法，计算公式，计算基数等；对材料价差的调整没有具体说明是否对所有的材料，是否对所有相关费用（包括基价、运输费、税收、采购保管费等）做调整，以及价差支付时间。合同中缺少对承包商权益的保护条款，如在工程受到外界干扰情况下的工期和费用的索赔权等。在某国际工程施工合同中遗漏工程价款的外汇额度条款，结果承包商无法获得已商定好的外汇款额。由于没有具体规定，如果发生这些情况，业主完全可以以"合同中没有明确规定"为理由，推卸自己的合同责任，使承包商受到损失。

（3）合同条文不清楚，不细致，不严密。承包商不能清楚地理解合同内容，造成失误。这里有招标文件的语言表达方式，表达能力，承包商的外语水平，专业理解能力或工作不细致，以及投标准备期太短等原因所致。

例如，在某些工程承包合同中有如下条款："承包商为施工方便而设置的任何设施，均由他自己付款。"这种提法对承包商很不利，在该工程过程中业主对承包商在施工中需要使用的某些永久性设施以“施工方便”为借口而拒绝支付。又如合同中对一些问题不作具体规定，仅用“另行协商解决”等字眼。业主要求承包商提供业主的现场管理人员（包括监理工程师）的办公和生活设施，但又没有明确列出提供的具体内容和水准，承包商无法准确报价。对业主供应的材料和生产设备，合同中未明确规定详细的送达地点，没有“必须送达施工和安装现场”的规定。这样很容易对场内运输，甚至场外运输责任引起争执。

付款条款不清楚，付款程序不明确。例如，某合同中对付款条款规定：“工程款根据工程进度和合同价格，按照当月完成的工程量支付。乙方在月底提交当月工程款账单，在经过业主上级主管审批后，业主在 15 天内支付。”由于没有业主上级主管的审批时间限定，所以在该工程中，业主上级利用拖延审批的办法大量拖欠工程款，而承包商无法对业主进行约束。

（4）发包商为了转嫁风险提出单方面约束性的、过于苛刻的、责权利不平衡的合同条款，明显属于这类条款的是：对业主责任的开脱条款；业主对工程实施中发生的不可预见风险不负责；对由于第三方干扰造成的工期拖延不负责等。

业主对任何潜在的问题，如工期拖延、施工缺陷、付款不及时等所引起的损失不负责；业主对招标文件中所提供的地质资料、试验数据、工程环境资料的准确性不负责。

这样将许多属于业主责任的风险推给承包商。与这一类条款相似的表达形式有：“在……情况下不得调整合同价格”或“在……情况下，一切损失由承包商负责”。

例如，某合同规定：“乙方无权以任何理由要求增加合同价格，如市场物价上涨，货币价格浮动，生活费用提高，工资的基限提高，调整税法，关税，国家增加新的赋税等。”

这类风险型条款在分包合同中也特别明显。例如，某分包合同规定：“总承包商同意在分包商完成工程，经监理工程师签发证书并在业主支付总承包商该项工程款后×天内，向分包商付款。”这样，如果总包其他方面工程出现问题如业主拒绝付款，则分包商尽管按分包合同完成工程，但仍得不到相应的工程款。

例如，某分包合同规定：“对总承包商因管理失误造成的违约责任，仅当这种违约造成分包商人员和物品的损害时，总承包商才给分包商以赔偿，而其他情况不予赔偿。”这样，总承包商管理失误造成分包商成本和费用的增加不在赔偿之内。

有时有些特殊的规定应注意。例如某承包合同规定，合同变更的仅补偿重大的变更，且仅按单个建筑物和设施地平以上体积变化量计算补偿。这实质上排除了工程变更索赔的可能，在这种情况下承包商的风险很大。

（5）其他对承包商苛刻的要求，如要承包商大量垫资承包，工期要求太紧，过于苛刻的质量要求等。

二、合同风险管理

风险问题是战略问题，经营问题，理念问题。合同对风险的规定、分配和管理作用是

决定合同形式主要影响因素的一部分。

（一）风险分配的基本理念

根据环境风险的类型、风险源的位置、风险大小以及影响风险源的环境管理的技术和经济承受能力等因素，以税收与补偿的分配模式为基本指导思想，对区域的环境风险进行合理的配置，以便以公平合理且用最小的费用达到区域的经济、环境和社会发展目标。

1. 重要性

合同的起草和谈判实质上在很大程度上是风险的分配问题。作为一份完备的合同，不仅应对风险有全面的预测和定义，而且应全面地落实风险责任，在合同双方之间公平合理地分配风险。

要实现合同管理的目标，在签订和实施合同时必须考虑到双方的利益，达到公平合理。

核心是适度。风险与承包商的管理积极性相关，让承包商承担尽可能多的风险以调动他的积极性，但不能让承包商冒险，将他打倒。业主应理性分配风险，包括以下方面。

（1）积极的风险分配。合同文本要使风险归属清楚，责任明确，而不是回避、推卸。明确索赔事件和业主风险，能使承包商放心地计划、报价和组织工程的实施。

（2）灵活的风险分摊策略，以适合工程、环境、业主和承包商的具体情况。

（3）通过合理的风险分配鼓励各方面工程实施和管理的积极性，促使各方积极工作。由于工程是承包商完成的，尤其应使理性、诚实和有能力的承包商易于中标，通过努力获得利润，不能鼓励投机和冒险。

（4）保护各方利益，达到公平合理。不应该仅仅考虑保护业主利益，应该更多考虑如何使工程高效率，且比较稳妥地完成。风险与承包商管理积极性相关。让承包商承担尽可能多的风险以调动他的积极系，但是不能让他冒险。

实践中不存在最好的风险分配方法，任何一种分配方法都有它的问题和不足。合同风险分配要适度，应防止以下两种倾向。

（1）在合同中过于迁就和宽容承包商，不让承包商承担任何风险，承包商常会得寸进尺，会利用合同赋予的权力推卸工程责任或进行索赔，最终工程整体效益不好。例如订立成本加酬金合同，承包商没有成本控制积极性，不仅不努力降低成本，反而积极提高成本以争取自己的收益；如果承包商不承担报价和对招标文件理解的风险，则丧失了报价和评标的基本尺度，各承包商投标之间毫无公平可言。

（2）如果业主在合同中过于推卸风险，压低价格，用不平等的单方面约束性条款对待承包商，例如采用固定总价合同让承包商承担所有风险，则通常承包商报价中的不可预见风险费加大，业主也会有损失。如果业主不承担风险，则业主也可能缺乏工程控制的积极性和内在动力，工程也不能顺利。如果由于合同不平等，承包商没有合理的利润，不可预见的风险太大，则会对工程缺乏信心和缺乏履约的积极性。如果风险发生，不可预见风险

费又不足以弥补承包商的损失，则承包商将会想办法弥补损失，或减少开支。例如偷工减料、减少工作量、降低材料设备和施工的质量标准以降低成本，甚至放慢施工速度，或停工要求业主给予额外补偿。最终影响工程的整体效益。如果合同所定义的风险没有发生，则业主多支付了报价中的不可预见风险费，承包商取得了超额利润。

从工程整体效益的角度出发，最大限度发挥双方的积极性，合理地分配风险有如下好处。

（1）承包商报价中的不可预见风险费较少，业主可以得到一个合理的报价。

（2）承包商可以准确地计划和安排工程施工，减少合同的不确定性。

（3）可以最大限度地发挥合同双方风险控制和履约的积极性。

从这个角度出发分配风险的原则是：谁能最有效地防止和控制风险，或能将风险转移给其他方面，则应由其承担相应的风险责任；承担者控制相关风险是经济的、有效的、方便的、可行的；通过风险分配，加强责任，能更好地计划、发挥双方管理和技术革新的积极性等。

所以国际工程专家告诫：业主应公平合理地善待承包商，公平合理地分担风险责任。一个苛刻的、责权利关系严重不平衡的合同往往是一个“两面刃”，不仅伤害承包商，而且最终会损害工程的整体利益，伤害业主自己。因此，要实现合同管理的目标，在签订和实施合同时必须考虑到双方的利益，达到公平合理。

2. 风险偏好

通常不同的人对风险有不同的主观偏好，常见的有如下三类。

（1）风险喜好。在风险中更愿意得到期望收入而不是风险的期望值收入，对于风险爱好者来说，期望值的效用大于风险本身的期望效用。面对具有相同预期价值的投机时，风险爱好者喜欢结果不那么确定的投机，而不喜欢较稳定但低收益的结果。

（2）风险中性。风险中性的投资者对自己承担的风险并不要求风险补偿。把每个人都是风险中性的世界称之为风险中性世界（Risk-Neutral World），这样的世界里，风险中性者并不介意一项投机是否具有比较确定或者不那么确定的结果。他们只是根据预期的货币价值来选择投机，特别而言，他们要使期望货币价值最大化。

（3）风险厌恶。风险厌恶是投资者对投资风险反感的态度。一般来说，投资者普遍不愿承担风险。对于具有相同收益率的不同投资项目，投资者首先选择风险小的投资项目。为了吸引投资者在风险大的投资项目中投资，必须保证投资项目有较高的预期收益，即付给投资者风险酬金。

3. 风险可能存在不同的偏好

工程项目参加者对风险可能存在不同的偏好。这种偏好不仅受他个人的性格、在项目中的角色和企业的抗风险能力的影响，并且受工程项目本身的特点（如赢利性）的制约。

风险偏好的不同会导致对风险不同的策略选择、不同的措施、不同的风险管理和承担风险的成本（如报价），一旦忽视人们对风险的偏好，会导致非理性且低效率的风险分配。

（1）承包商的风险偏好。典型的风险厌恶型，他不希望自己承担很大的风险，原因是：其一，承包商的富裕程度不如业主，自我抗风险能力较差。如果要承包商承担较大风险，他必然会大幅度提高报价，导致承包商承担风险的成本较高；其二，承包商的利润率很低，抗风险的能力很弱。若承包商对风险的评估过低，可能会给他带来灾难性后果，尤其在现行行业利润率极低的情况下；其三，对承包商来说，按照惯例，从工程投标开始风险就很大，大量的风险都由他承担；其四，不同类型的承包商的风险偏好状况不同。专业工程施工承包商比工程总承包商更是风险厌恶型的、集团型的、智力密集型的、资金密集型的承包商趋于风险中性。风险偏好的不同承担风险的成本（如报价）也是不同的。

（2）业主的风险偏好。对大型项目的业主，由于财力雄厚，自我保险能力大于承包商，属于风险中性。则他应承担较大的风险，让承包商承担风险的成本会比业主高。而不同类型的工程业主，风险偏好也不同。例如，信息工程领域的业主，由于工程价款在他的总投资中份额不大，而且信息工程的产品利润率很高，对工程建设他偏向风险中性。他希望承担较大的价格风险，而希望承包商承担较大的工期和质量相关的风险。但获利很低的业主属于风险厌恶型的。

（3）项目管理公司的风险偏好。项目管理公司的风险承担压力大，权利义务不对等；同样，FIDIC合同加大工程师的权力，而减少他的责任是被批评，但又无奈的。这是因为：其一，它的工作作用大，对工程项目的影响很大。如果它不承担风险，则它的积极性和创造性难以发挥，而且加大业主风险；其二，项目管理公司合同营业额小，所以它自身抗风险能力和自我保险能力都很弱，是风险厌恶型的；其三，由于项目管理公司的工作属于咨询性工作，在工程中，其承担风险的明确定义、状态描述、责任划分、损失的量度都很困难；其四，如果让项目管理公司承担过大的风险，则其必将提高报价，损害到业主利益。而且若让项目管理公司承担风险，会影响其工作热情和积极性。在它应承担的风险发生时，它首先要自保。这样会失去项目管理公司作为工程师的公正性和为项目总目标服务的宗旨，会更大程度地损害项目总目标；其五，项目管理公司仅承担职业疏忽风险，即过错风险，远远小于承包商的风险。业主可以通过其他途径，如项目管理公司的职业道德规范、信誉、资质来保证业主的利益。

（二）合同风险的分配方法

1. 合理预见方法

合理预见方法，即一个有经验的承包商可以预见的风险，就应该分配给他承担，否则不行。如对不可抗力，恶劣的气候条件承包商能够获得额外费用补偿。FIDIC 采用的这个原则，即使对EPC合同对地下条件的风险，承包商还是不能预见的。

但它在一些情况下效率低。

（1）导致工期和费用的不确定性。业主必须赔偿损害。业主希望有确定的工期和费用，则反对这种合同。特别是 BOT/EPC/PPP/PFI 项目中。

（2）容易引起争议。“有经验的”“合理预见”界限不明。

（3）低效率。

2．可管理性方法

根据广泛接受的风险分配原理将可识别的风险进行分析并分配，美国土木工程师协会总结如下。

（1）风险属于能够最佳评价、控制、承担费用以及从中获利的一方。

（2）每个风险都会产生不可避免的费用，且这些费用必须在过程中由某一方承担。谁能最有效地防止和控制风险，或能将风险转移给其他方面，则应由他承担相应的风险责任；承担者控制相关风险是经济的、有效的、方便的、可行的；通过风险分配，加强责任，能更好地计划，发挥双方管理的和技术革新的积极性等。

（3）按照可管理性风险分配，风险的分担为：① 不可抗力：共担（业主承担时间、业主和承包商各自承担费用）。② 恶劣的气候条件：共担（业主承担时间、业主和承包商各自承担费用）。③ 环境限制和适应性：共担（承包商承担识别和预警要求）。④ 汇率、政府行为、政府稳定性：共担。

（4）可管理性分配风险的方法应用：在 NEC 合同中体现这种方法。但是这种方法有两个局限，一是忽视了当事人一方的应警告义务；二是忽视了业主和承包商对风险的偏好，对有些不预见风险同样无法理性分配且有效率分配。

3．经济法学方法

风险应该由超级风险承担（低成本）的当事人承担。风险承担有三个判断指标。

（1）损失程度。

（2）可能性发生的概率。

（3）自我保险和市场保险的成本。

标准效率定义：如果一项法律制度的改变导致获利方的获得超过损失方的损失，因而获利方能够理论上在赔偿损失方的损失后仍然获利，创造理论上 POSNER 最优，则该法律制度的改变是有效率的（社会成本最低）。

POSNER 最优：以福利最大化为目标的产出经济学的任务就是透过影响个体从而达到他们产出的最大化。

（三）合同风险分配的原则

1．效率原则

谁能最有效地合理地（有能力和经验）预测、防止和控制风险，或能够有效地降低风险损失，或能将风险转移给其他方面，则应由他承担相应的风险责任。

承担者控制相关风险是经济的，即能够以最低的成本来承担风险损失，同时他管理风险的成本、自我防范和市场保险费用最低。

采取风险措施是有效的、方便的、可行的。

从项目整体来说，风险承担者的风险损失低于其他方的因风险得到的收益，在收益方赔偿损失方的损失后仍然获利，这样的分配是合理的。

通过风险分配，加强责任，更好地计划和控制，发挥双方管理的和技术革新的积极性等。

2．公平合理，责权利平衡

对工程合同，风险分配必须符合公平原则。

（1）承包商承担的风险与业主支付的价格之间应体现公平，合同价格中应该有合理的风险准备金。

（2）风险责任与权力之间应平衡。

（3）风险责任与机会对等即风险承担者同时应能享有风险控制的获得收益和机会收益。

（4）承担的可能性和合理性，即给风险承担者以风险预测、计划、控制的条件和可能性，不鼓励承包商冒险和投机。

（5）在实际工程中，公平合理往往难以评价和衡量。

3．现代工程管理理念和理论的应用

在风险分配中要考虑现代工程管理理念和理论的应用，如合作伙伴关系、风险共担，达到双赢的目标等。

在国外一些新的合同中，将许多不可预见的风险由双方共同承担，如不可抗力、恶劣的气候条件、汇率、政府行为、政府稳定性、环境限制和适应性等。

让承包商承担或者与业主共同承担不可预见的风险有许多优点，特别是在一些大型的总承包项目中，承包商的抗风险能力和预测风险的能力远远高于业主。但这种风险分配方式也有很大的弊端，如果不可预见的风险太大，承包商会加大不可预见的风险费，使中标的可能性降低，这样会使严谨的、有经验的承包商不能中标，而没有经验的承包商可能会因报价低容易中标，这样会对业主不利。

4．符合工程惯例

符合工程惯例，即符合通常的工程处理方法，原因如下。

（1）惯例比较公平合理，较好地反映双方的要求。

（2）合同双方对惯例都比较熟悉，工程更容易顺利实施。

按照惯例，承包商承担的风险如下。

（1）对招标文件理解，环境调查风险。

（2）报价的完备性和正确性风险。

（3）施工方案的安全性、完备性、效率的风险，材料和设备采购风险。

（4）自己的分包商、供应商、雇佣的工作人员的风险，工程进度和质量风险等。

业主承担的风险如下。

（1）招标文件及所提供资料的正确性风险。

（2）工程变动、合同缺陷（设计错误、图纸修改、合同条款矛盾、二义性等）风险。

（3）国家法律变更的风险。

（4）一个有经验的承包商不能预测情况的风险。

（5）不可抗力因素作用。

（6）业主雇用的工程师和其他承包商风险等。

由于物价风险的分担比较灵活，可由一方承担，也可划定范围双方共同承担。

三、合同体系的协调

风险是对工程项目管理、项目组织、项目组织行为、合同和合同管理有根本影响的问题，因此，关于合同策划和合同条款的任何选择都会涉及这个问题。由于合同风险的分配具有多种选择性，因此合同风险分配的过程就是一个合同各方复杂博弈的过程。

微观上每个合同都定义并安排了一些工程活动；宏观上工程的所有合同构成项目的合同体系，共同构成项目的实施过程，形成工程的合同网络。因此，在工程项目中这个合同网络的建立和协调是十分重要的，要保证项目顺利实施，就必须对此做出周密的计划和安排。在实际工作中由于这几方面的不协调而造成的工程失误是很多的。由此可见，合同之间关系的安排及协调是合同策划的重要内容。

1．保证工程和工作内容的完整性

业主的所有合同确定的工程或工作范围应能涵盖项目的所有工作，即只要完成各个合同，就可实现项目总目标；承包商的各个分包合同与拟由自己完成的工程（或工作）都应该能涵盖总承包合同责任。在工作内容上不应有缺陷或遗漏。为了防止遗漏，应做好以下工作。

（1）在招标前认真地进行总项目的系统分析，确定总项目的系统范围。

（2）系统地进行项目的结构分解，并在此基础上列出各个合同的工程量表。

（3）进行项目任务（各个合同或各个承包单位）之间的界面分析；划定他们的工作责任、成本、工期、质量的界面。

2．技术上的协调

技术上的协调包括极其复杂的内容，例如：（1）几个主合同之间技术标准的一致性，如土建、设备、材料、安装等应有统一的质量、技术标准和要求。各专业工程之间，如建筑、结构、水、电、通信之间应有很好的协调。（2）分包合同必须按照总承包合同的条件订立，全面反映总合同相关内容。采购合同的技术要求必须符合承包合同中的技术规范。

总包合同风险要反映在分包合同中，由相关的分包商承担。（3）各合同所定义的专业工程之间应有明确的界面和合理的搭接。例如，供应合同与运输合同，土建承包合同和安装合同，安装合同和设备供应合同之间存在责任界面和搭接。合同只有在技术上协调，才能共同构成符合总目标的工程技术系统。

3．价格上的协调

一般在总承包合同估价前，就应向各分包商（供应商）询价，或进行洽商，在分包报价的基础上考虑到管理费等因素，作为总包报价。

（1）对大的分包（或供应）工程如果时间充足，也应进行招标，通过竞争降低价格。

（2）作为总承包商，周围最好要有一批长期合作的分包商和供应商作为忠实的伙伴，这样可以保证分包价格的稳定性。

（3）对承包商来说，由于与业主的承包合同先订，而与分包商和供应商的合同后订，一般在签订承包合同前先向分包商和供应商询价；待承包合同签订后，再签订分包合同和供应合同。一般可先订分包（或供应）意向书，既要确定价格，又要留有活口，防止总合同不能签订。

4．时间上的协调

由各个合同所确定的工程活动不仅要与项目计划（或总合同）的时间要求一致，而且它们之间时间上要协调，即各种工程活动形成一个有序的、有计划的实施过程。例如设计图纸供应与施工、设备、材料供应与运输、土建和安装施工、工程交付与运行等之间应合理搭接。常见的设计图纸拖延，材料、设备供应脱节等都是这种不协调的表现。

（1）按照项目的总进度目标和实施计划确定各个施工合同的实施时间安排，在相应的招标文件上提出合同工期要求。这样每个合同的实施能够满足项目目标和计划要求。

（2）按照各个施工合同的实施计划（开工要求）安排该合同的招标工作，由于招标经过一个过程，需要一定的时间。这样保证签约后合同便能符合总体计划的要求。

（3）与各个施工合同配套工作的安排。例如，对一个施工合同，业主负责材料和生产设备的供应，现场的提供等责任，则必须系统地安排这些配套工作计划。

（4）有些配套工作计划是通过其他合同安排的。对这些合同也必须做出相应的计划。即各种工程活动形成一个有序的、有计划的实施过程，如图6-11所示。

5．合同管理的组织协调

由于工程合同体系中的各个合同并非同时签订、执行时间不一致而且也不是由一个部门统一管理，因此对它们进行协调显得更为重要。例如，承包商对一份供应合同，必须在总承包合同技术文件分析后提出供应的数量和质量要求，向供应商询价，或签订意向书；供应时间按总合同施工计划确定；付款方式和付款时间应与财务人员商量；供应合同签订前后，应就运输等合同做出安排，并报财务备案，做资金计划或划拨款项；施工现场应就材料的进场和储存做出安排。这样就形成了一个有序的管理过程。

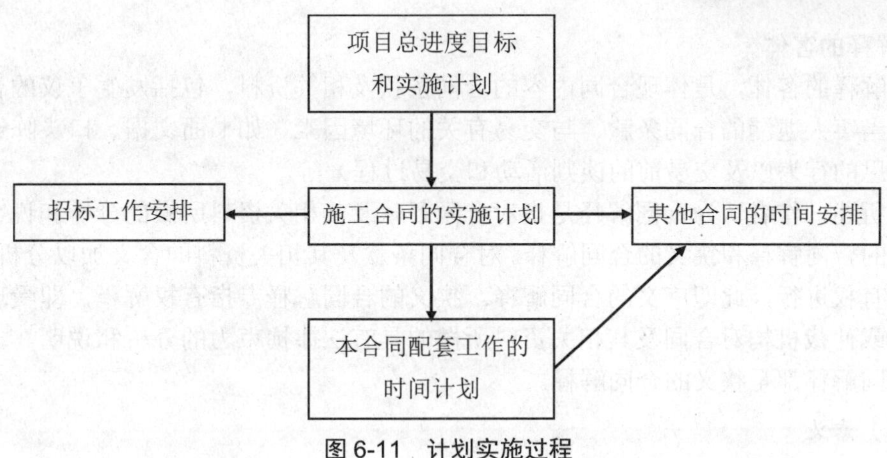

图 6-11　计划实施过程

第四节　合同解释及合同分析

英国著名法官丹宁曾经说过："在法律的日常实践中，最重要的是对文件的解释。"在市场经济体制下，合同已经成为经济生活的中心，由于当事人之间理解的差异，经常需要用合同解释来解决纠纷。因此，在合同的订立或履行过程中，对合同进行解释和消除纠纷显得非常重要。

一、合同解释

合同解释是指阐明合同条款的含义，从而确定当事人在合同中的权利、义务的活动。

（一）概念

关于合同的解释，有人认为，合同解释是对合同内容及含义的理解和探讨；有人则主张：合同解释，不是指合同当事人或其他任何人对合同条文或所用文句所做的解释，而是指受理案件的法院或仲裁机构依其职权对合同条文所用文句的正确含义所做的解释。由此可见，从不同角度对合同解释的定义也不同。

1. 解释的主体

合同解释的主体有广义和狭义之分。广义的合同解释主体为任何人，当事人、诉讼代理人、公证人、鉴证人员、证人、鉴定人、法官、仲裁员、学者都可以从不同的角度对合同进行解释。狭义合同解释的主体，仅指对合同及其相关资料所做的具有法律拘束力解释的受理合同纠纷的法院或仲裁机构。狭义合同解释主体对合同进行的解释具有强制执行的法律拘束力，是调解书、判决书和仲裁裁决书的重要依据之一。

2．解释的客体

合同解释的客体，是体现合同内容的合同条款及相关资料，包括发生争议的合同条款和文字、当事人遗漏的合同条款、与交易有关的环境因素（如书面文据、口头陈述、双方表现其意思的行为以及交易前的谈判活动和交易过程）等。

综上所述，作者认为合同解释是指对合同条款及其相关资料所做的分析和说明，可以分为广义的合同解释和狭义的合同解释。对合同条款及其相关资料的含义加以分析和说明，任何人都有权进行，此即广义的合同解释。狭义的合同解释专指有权解释，即受理合同纠纷的法院或仲裁机构对合同及其相关资料所做的具有法律拘束力的分析和说明。一般我们所说的合同解释都是狭义的合同解释。

（二）意义

（1）明确合同内容，使合同内容更加符合法律要求。例如，当事人在涉及质量条款时，不能用“也许”“基本上”等似是而非、模棱两可的文字。再如，当事人双方在确定数量条款时，计量单位确定不明确，使用“一堆”“一把”等字眼时，由于言辞不准确，而使合同的内容不明确，从而影响合同的理解和执行。因此，合同内容的语言表达应力求准确明了，规范清晰。

（2）有助于不完整的合同内容得到补充。从理论上说，法制实践对合同内容的完整性要求是有层次性的，它们可大体概括为法律的要求、避免争议的要求和交易安全的要求。但在合同的实践中，因为当事人之间往往只考虑法律对合同内容的基本要求，而忽略了合同内容的详略往往受到习惯和环境的影响这一事实，从而导致合同内容的不完整，尤其是造成某些事项规定上的疏漏，因此，当合同内容所表示的行为、事项有不完整的地方时，由合同解释的方法予以补充说明，将是十分必要的。

（3）有助于不统一或互相矛盾的合同内容得以统一。

（三）原则

《合同法》规定：“当事人对合同条款的理解有争议的，应当按照合同所使用的词句、合同的有关条款、合同的目的、交易习惯以及诚实信用原则，确定该条款的真实意思。”

作为市场交易必要工具的合同，其解释原则及方法是相互统一的，是指导精神和具体规则的关系，不能孑然分开来讲。此外也不能单纯从法律角度考虑，还应从经济的角度来分析。合同解释并非一个封闭的体系，这些原则和方法在解释过程中，是分工合作地担任不同的任务，发挥不同的功能，从而在共同协作下完成发现合同意旨的任务。因此，它们在解释的过程中不能被孤立地考虑。根据《合同法》的规定及解释，合同解释应遵循以下原则。

1．以合同文义为出发点，客观主义结合主观主义原则

格式条款之所以采取客观解释的原则，是因为它是当事人一方制定的，其内容未经过单个、具体协商，具有交易上的制度或规范的性质，从消极方面说，应不受交易当事人个

别主观事情的影响；从积极方面讲，则应使将来不特定多数的交易具有统一的内容。这就要求解释格式条款不考虑订立合同的单个因素[①]和具体因素[②]，即不采取主观解释。

在格式条款场合，存在个别商议条款的优先性问题。应联系个别商议条款解释格式条款，而个别商议条款是可以做主观解释的。因此，格式条款的客观解释是在符合个别商议条款的条件下的客观解释。我们称之为合理的客观性标准解释原则。

2．体系解释原则

体系解释，又称整体解释，是指把全部合同条款和构成部分看作一个统一的整体，从各个合同条款及构成部分的相互关联、所处的地位和总体联系上阐明当事人有争议的合同用语的含义。《合同法》关于按照合同有关条款予以解释的规定，可看作是肯定了体系解释原则。

关于合同解释应贯彻体系解释原则的理由：第一，合同条款经双方当事人协商议定，自然须平等对待，视同一体。第二，表达和传递当事人合同意图所使用的语言文字，在合同的整个内容中是有组织的，而不是毫无联系、彼此分离的词语排列。因而，如果不把争议的条款或词语与其上下文所使用的其他词语联系起来，而是孤立地探究它的一般意思或可能具有的意思，就很难正确、合理地确定当事人的实际意图，相反，还会产生不该有的误解。第三，合同内容通常是单纯的合同文本所难以完全涵盖的，而是由诸多的其他行为和书面材料所组成，诸如双方的初步谈判、要约、反要约、信件、电报、电传等，其中可能包含对合同的担保、特殊信用要求等。因此，在确定某一条款或词语的意思过程中，应该把这些材料都放在一起进行解释，以便通过其他合同成分中证据材料的帮助，明确争议内容所具有的意义。第四，订立合同，要求当事人把所有的合同内容都毫无遗漏地落实到书面上是非常困难的，当合同的某方面内容没有规定或规定不明确时，整体地把握合同内容，或者进而联系该种合同的法律制度，按照有关合同条款或法律规定的内容、精神来理解合同，都有一定的意义和价值。

3．历史解释原则

所谓历史解释，是指结合订立合同时的事实和资料，确定合同条款含义的方法。合同为当事人交易的过程，因而解释合同不能掐头去尾，而应推敲签订合同时的事实和资料，如磋商过程、来往文件和合同草案等，加以解释。合同是当事人协商一致的结果，是当事人各方的合意。但在实际的合同订立过程中，这种合意的形成，通常要经过要约，反要约，再反要约直至承诺的过程。因此，在当事人对合同条款的理解产生歧义，回到双方的缔约过程中，借助双方在缔约过程中做出的意思表示来求证合同词句的意思，是符合交易规律的，也比较容易得到当事人的认同。

历史解释也有其局限性，在合同解释原则上有主观说和客观说之争。依主观说，合同

---

① 单个因素，是指合同当事人的看法、意图和理解力。

② 具体因素，是指订立合同的个案情势。

解释的目的在于探究当事人的真实意思，而客观说认为当事人的真意是捉摸不定的，合同解释的目的不是探求当事人想的是什么，而是探究当事人做的是什么，合同解释应依客观标准来解释。所以，在做历史解释时，必须依社会现有的观念，对合同订立前后的资料予以重新估计，进行价值衡量，历史解释只是帮助我们了解合同当事人当时的旨意。

4．符合合同目的原则

当事人订立合同均为达到一定目的，合同的各项条款及其用语均是达到该目的的手段。因此，确定合同用语的含义乃至整个合同内容自然须适合于合同目的。《合同法》明确规定了符合合同目的原则。

符合合同目的解释，就是依照当事人所欲达到的经济的或社会的效果而对合同进行解释。合同目的可分为抽象目的和具体目的。前者是指当事人订立合同时有使合同有效的目的，它是合同解释的粗略方向。如果合同条款相互矛盾有使合同有效与无效两种解释，那么应从使合同有效的解释。具体目的是指合同本身所欲追求的具体的经济或社会的效果，这是合同目的意思的内容。它可以分以下情况加以确定。

（1）合同目的应是当事人双方在合同中通过一致的意思表示而确定的目的。

（2）当事人双方内心所欲达到的目的不一致时，从双方均已知或应知的表示于外部的目的。例如，甲与其单位订有委托培养合同，合同载明“学成回原单位工作”，但甲回原单位后工作了 3 个月便离职，声称已履约。应依合同目的解释，单位目的是培养合格人才在单位长期工作，其时间应与单位所花代价相一致，甲应知道单位培养目的，故甲的行为为违约。

（3）合同目的不仅指合同整体目的，还可区分部分合同目的和条款目的。

符合合同目的原则的功能，是其解释结果可以用来印证文义解释、体系解释、习惯解释的结果是否正确。合同目的应被认为是当事人真意的核心，是决定合同条款内容的指针。如果文义解释、体系解释、习惯解释的结果与依合同目的解释的结果不一致，应取后者，可认为当事人缔约时不愿依文字的通常含义或习惯确定合同用语的含义。不过，如果合同目的模糊，通常会寻求文义解释等方法；合同目的违法，更不得依合同目的解释；适用情事变更原则，也不依合同目的解释合同条款。

5．参照习惯或惯例原则

参照习惯或惯例原则，是指在合同文字或条款的含义发生歧义时，按照习惯或惯例的含义予以明确；在合同存在漏洞，致使当事人的权利义务不明确时，参照习惯或惯例加以补充。

《合同法》规定按照交易习惯解释合同，值得肯定：首先，习惯和惯例是在人们长期反复实践的基础上形成的，在某一地域、某一行业或某一类经济流转关系中普遍采用的做法、方法或规则，能够被广大的合同当事人所认知、接受和遵从。一些与现行法律、法规等规范性文件不相抵触、经国家认可的某些习惯，还常常成为民事法律的渊源。因此，在

合同解释中，参照一定的习惯和惯例，不仅符合合同当事人的利益和愿望，而且符合社会正义的法律要求。其次，随着改革开放的逐步深化和扩展，我国的国际经济交往将得到进一步增强，涉外合同的数目也必将随之增加。在此场合，出现合同解释问题时，运用国际通用的解释原则界定当事人双方的权利义务，至为重要。运用参照习惯或惯例原则，必须确认习惯或惯例的适用效力。对此，应当注意以下问题。

（1）习惯或惯例应当是客观存在的，主张习惯或惯例存在的当事人有当然的举证责任。

（2）习惯或惯例必须合法。首先，习惯或惯例的意思违反强行性规范者，应确认它为无效。纵使合同当事人有依此习惯或惯例的意思，也不能以此确定或填补合同的含义及内容。其次，习惯或惯例的内容不违反强行性规范者，是否被参照，取决于当事人双方的认知情况。在该习惯或惯例为当事人双方所共知时，优越于任意规范，具有参照解释的效力；在当事人双方均不知道该习惯或惯例存在时，则应参照任意性规范，补充合同内容，该习惯或惯例则不具有参照的效力。再次，习惯或惯例的内容既不违反强行性规范，又不违反任意性规范者，除当事人明示排斥，或在当事人的职业、阶层、地域等关系中非普遍而不被双方所知悉者外，该习惯或惯例即有参照适用的效力。

（3）习惯或惯例应是当事人双方已经知道或应当知道而又没有明示排斥者。

（4）习惯依其范围可分为一般习惯（通行于全国或全行业的习惯）、特殊习惯（地域习惯或特殊群习惯）和当事人之间的习惯。在合同解释中，其效力依序增强：在合同文义无明示反对该习惯解释的前提下，当事人之间的习惯优于特殊习惯，特殊习惯优于一般习惯。但如果当事人一方仅有一般习惯而另一方有特殊习惯，或者当事人来自不同地域或群体而有不同特殊习惯，则应视具体情况而定：当事人一方将特殊习惯在缔约时或其后告知对方，对方未表示反对的则依双方明知的习惯解释；一方虽未积极地将其意指的特殊习惯通知对方，但对方对此理应知晓的，仍应依该特殊习惯予以解释；如果当事人双方互不了解各自意指的特殊习惯，或一方不知或不应知对方的特殊习惯，则依一般习惯而不是依特殊习惯解释合同，地域习惯与群体习惯冲突时，适用上述规则加以确定。

6．公平合理原则

该原则要求合同解释既要合乎公平，又要合乎事理，具体方法要求表现在以下方面。

（1）解释合同时应综合所有资料予以判断，以尽可能准确地确定当事人真意。这些情况包括：当事人之间最初接触情况，已确定的习惯性做法、订约后当事人的行为、合同性质和目的、通常所赋予合同条款或陈述的含义，交易惯例等。

（2）解释合同时应符合社会经验。社会经验是为大多数人所肯定或视为当然的事项，解释合同也必须符合社会经验，凡与社会经验不相符合的判断不能成立。

（3）解释合同应依公平合理要求。合同条款有两种或两种以上含义时，应取对双方均有利的解释；可做有效解释也可做无效解释时，应取有效解释；条款含义不明时，应做不利于条款提出者或合同起草者的解释；有歧义时，应做不利于债权人的解释，但无偿合同例外。

（四）合同解释的方法

合同解释的访求亦即合同解释的具体规则，它是在合同解释原则指导下产生的合同解释的具体手段。根据实践经验和学者归纳，常用的合同解释规则如下。

（1）“明示其一即排除其他”规则。如果当事人在合同中列明了特定的款项，未采用更为一般性的术语，其意图就是排除未列明的项目，尽管未列明的项目与列明的项目相类似。

（2）特定性条款优于一般性条款规则。条款内容越具体特定，就越可能反映当事人的真实意图。

（3）手写条款（评语）优于印刷条款规则。手写条款往往是当事人在印刷条款形成之后通过单独谈判而达到的条款，故应优于印刷条款。

（4）不利解释规则。如果一方提供的条款或用语可合理地做出两种解释时，应选择不利于条款或用语提供人的解释。

【例6-2】2013年8月，浙江某进出口公司（下称被告）与匈牙利布达佩斯某公司签订了三份服装出口合同，合同总价款为16.8万美元。由于被告资金周转困难，该公司向杭州某贸易集团公司（下称原告）筹集资金。2013年9月6日，被告与原告签订了三份《合作协议》。协议约定，原告按1∶9的汇率计150万元人民币出借给被告。具体计算时间为：在出货前五天支付总价款的20%作为定金，在出货后五个工作日内支付全部款项，否则，被告扣留定金并将货物运回；出口货物产品责任由被告方承担；原告为该货物的意外货损的保险收益人；原告方在收到布达佩斯公司的16.8万美元货款后五个工作日内，向原告退回所有的借款本金，逾期承担相应的滞纳金。

协议签订后，原告依约支付给被告150万元人民币，被告自行采购出口服装，并派员跟单，将服装出口到匈牙利。但实际出口货物的金额不到16.8万美元。后被告以未收到外方付款为由拒绝归还借款。双方多次交涉后，被告归还已收回的4.5万美元以及出口货物的实际价款与借款之间的差价，拒绝支付余款。2015年7月，原告起诉要求还款。法庭调查还表明，匈牙利布达佩斯公司是原告开办的合资公司。原告一方面希望通过该出口业务了解东欧国家的服装市场信息，另一方面也为合资公司增加业务。

【争议焦点】

合同所确定双方当事人之间是何种法律关系。具体有以下几种观点。

（1）双方为委托出口关系。根据被告未收汇的事实以及协议未约定收汇不成由被告承担，主张依照《合同法》第402～403条判决驳回原告诉讼请求。

（2）双方为借款关系。由于双方为非金融企业法人，按照企业不得非法拆借的规定，认定合同无效。原告的借款利息不予保护，判令归还借款本金。

（3）双方为联营关系或合作关系。按照共同经营、共担风险的原则，原告应承担不能收汇的损失。

在法院主持下双方达成调解协议：被告归还余款的三分之二，原告自行承担三分之一的损失。

【分析】

本案涉及合同解释问题。

所谓合同解释，是指为了使合同条文的意义特定化，使当事人权利义务明确化，以便消除纠纷，使合同顺利履行，实现合同的目的，针对合同条款相互之间的冲突和矛盾，而运用各种解释规则和方法，对晦涩、模糊的条款做出说明，以探究合同条款真意的过程。从解释的主体上看，合同解释的主体仅指合同纠纷受理的法院或仲裁庭。该合同解释具有法律约束力。从客体上看，合同解释的对象是指那些含糊不清、模棱两可或相互冲突易引起争议的合同条文。从合同解释产生的原因上看，一方面是当事人在签约时怀有各自不同的目的；另一方面是语言本身的局限性。在语言学家眼里，语言是人们认识世界时赋予某一词意义的一个过程。一个词的意义仅仅反映了社会一般共识，并非具有绝对的唯一性。同时，当事人语言能力各异，理解的方向不同，更加深了词义的多样性。

就本案而言，双方签订的协议书条文不明，且相互冲突，以至于双方当事人、代理人、合议庭都存在分歧。例如，原告首付总款的20%为“定金”，余款在被告出口货物后五天内付清。协议未约定被告还款时向原告支付利息。这些约定与通常的借款合同条款不同。倘若理解为委托出口，协议既未约定原告参与出口事务，也无委托的条款。这又与典型的委托出口合同不符。再从合作或联营来看，双方除了资金上的借与还以外，无任何共同合作的约定，且协议也缺乏共担风险的明确规定。这与一般的联营合作协议也不相同。因此，该协议仅从字面上理解不能解决彼此之间的分歧，应根据《合同法》第 125 条关于合同解释的原则，对该协议条文予以正确地解释。该条规定了以下主要原则。

（1）主客观结合的文义解释原则。文义解释是最基础的解释。它要求解释主体以一个普通的、理性的人的身份，置身于合同的情境中，结合条文表示出来的意思，探求当事人内心真意。

（2）整体解释原则。这是各国普遍确立的原则。它要求解释者将合同的单个条款视为合同整体的一个有机组成部分，考察条款之间的关系，甚至不能局限于正式合同条款本身，还应将与合同有关的草案、谈判记录、电传等一同参照，从而在整体上把握条款用语。

（3）交易习惯解释原则。交易习惯是指人们在反复实践过程中形成的，在某一地域、某一行业中被普遍适用，并为绝大多数交易者认同和遵循的方法和做法。

（4）诚实信用解释原则。诚实信用原则作为民法的“帝王原则”同样体现在合同解释之中。它强调合同解释中要探究当事人的真意，强调自由与公平以及当事人之间的利益平衡。

（5）合同目的解释原则。合同目的解释原则是最重要的解释原则。该原则认为合同解释要符合当事人缔约的目的。合同只是实现双方交易目的的手段或内心目的的外部表现。该解释原则还是用来印证其他解释和消除多个解释的手段。

结合本案，双方签订的协议应解释为合作经营关系或联营关系更符合该合同的目的以及诚实信用原则。具体分析如下。

（1）该合同不属于委托合同，即当事人双方不存在委托关系。

所谓委托合同（《合同法》第 396 条），是指双方当事人约定，一方为他方处理事务，他方允诺为他方处理事务的合同。委托他人者为委托人，允诺者为受托人。在本案中，协议第一条的词义表述非常明确，即“由乙方（被告）与匈签订出口合同并办理一切出口手续”。相反，协议中无任何委托与受托的表述。在履行过程中，被告自行组织货源，订立购销合同，并派人跟单。自始至终原告都未参与。被告以“付款在先，采购在后”为由将该协议解释为委托合同，不符合文义解释原则。而且，时间先后并不是委托合同的根本特征。从交易习惯看，外贸出口中一般采购货物往往是委托人，产品质量等问题也往往由委托人承担，除非特别约定。而本协议第五条恰恰作了相反约定。虽然协议第五条约定，原告不付清余款，被告有权将货物运回，似乎表明货物归原告所有。但从合同目的上看，通过被告出口服装来了解东欧市场信息，并使其国外合资企业获利才是原告的缔约真意。就被告而言，通过合作获得购货资金，并获得外汇收入。合同符合双方缔约目的。从整体解释看，条文之间相互印证也说明该协议不是委托合同。

（2）该协议不属借款合同，即当事人之间不存在借款关系。

《合同法》第 196 条规定，借款合同是借款人向贷款人借款，到期返还借款并支付利息的合同。借款合同被称为典型的双务有偿合同。将该协议解释为借款合同也存在以下问题：第一，协议并未约定利息；第二，协议将首付 20%约定为“定金”；第三，付款、收款与出口、收汇行为相关联。例如，被告若不能在收定金后五天内发货，原告有权撤销协议；原告不按时付款，则被告有权运回货物等。显然，从词义上分析，双方将付款称为“定金”而不是“借款”（见协议第二条）；第 6 条约定，在货款付清后，由意外的货损导致的保险理赔，原告为保险受益人。这都表明双方缔约的目的不是纯粹的借款，还隐含其他意思表示。原告认为将首付称为定金以及与出口关联只表明该款属专款专用的借款。而且认为，约定借款利息在该条文中并非一定要具备，属非强制性条款，是否为借款关键在于“借”与“还”。笔者认为虽然特殊借款并不一定约定利息，但当事人有权放弃利息。在从前文分析的合同目的上看，双方并非为了借款，借款的目的是促成双方合作，实现各自不同的目的。从条款整体理解，借款关系是得不到印证的。

（3）合同属于合作经营合同，即双方存在合作关系。

所谓联营合同，其根本特征在于通过相互合作实现各自不同的目的，即共同经营，同时对合作中的结果共担风险。首先，从文义上解释，该协议的标题即为“合作协议”。合作的内容为：被告单方负责全部采购、出口收汇等事务，原告按时提供资金；其次，从合同整体上解释，原告按出口步骤付钱，并约定彼此的制约措施，而且将收汇成功约定为还款的条件以表明双方风险共担。从诚实信用的解释原则看，一方面约定采购货物人承担货

物本身的责任，出借款项一方在发生货损而得不到还款时，获得货物的保险收益：在外方不付款时，双方共担风险。这都体现了双方利益上的平衡以及当事人的真意。从合同目的解释原则看，原告不收取“借钱”而不收取利息的缔约正是为了更为长远和间接的利益——获得市场信息及合资企业获利。而这个目的也符合被告创汇的目的，这是该协议的真正意思表示。

因此，将该协议解释为共担风险的合作经营关系，应依法判决驳回原告诉讼请求。当然，本案双方自愿达成调解协议，也是合法有效的。

二、合同分析

合同分析是从合同执行的角度去分析、补充和解释合同的具体内容，将合同目标和合同规定落实到合同实施的具体问题和具体时间上，用以指导具体工作，使合同能符合日常工程管理的需要，使工程按合同要求实施，为合同执行和控制确定依据。

（一）概述

1. 必要性

承包商在合同实施过程中的基本任务是使自己圆满地完成合同责任。整个合同责任的完成是由在一段时间内，完成一项工程和一个工程活动实现的，所以合同目标和责任必须贯彻落实在合同实施的具体问题上和各工程小组以及各分包商的具体工程活动中。承包商的各职能人员和各工程小组都必须熟练地掌握合同，用合同指导工程实施和工作，以合同作为行为准则。国外的承包商都强调必须“天天念合同经”。

但在实际工作中，承包商的各职能人员和各工程小组不能都手执一份合同，遇到具体问题都由各人查阅合同，因为合同本身有如下不足之处。

（1）合同条文往往不直观明了，一些法律语言不容易理解。只有在合同实施前进行合同分析，将合同规定用最简单易懂的语言和形式表达出来，使人一目了然，这样才能方便日常管理工作。承包商、项目经理、各职能人员和各工程小组也不必经常为合同文本和合同式的语言所累。

工程参加者各方，以及各层管理人员对合同条文的解释必须有统一性和同一性。在业主与承包商之间，合同解释权归工程师。而在承包商的施工组织中，合同解释权必须归合同管理人员。如果在合同实施前，不对合同做分析和统一的解释，而让各人在执行中翻阅合同文本，极容易造成解释不统一，而导致工程实施中的混乱。特别对复杂的合同，或承包商不熟悉的合同条件，各方面合同关系比较复杂的工程，这个工作极为重要。

（2）在一个工程中，合同是一个复杂的体系，几份、十几份甚至几十份合同之间有十分复杂的关系。即使对同一份工程承包合同，它的内容没有条理性，有时某一个问题可能在许多条款，甚至在许多合同文件中规定，在实际工作中使用极不方便。例如，对一分项工程，工程量和单价在工程量清单中，质量要求包含在工程图纸和规范中，工期按进度计划，

而合同双方的责任、价格结算等又在合同文本的不同条款中。这容易导致执行中的混乱。

（3）合同事件和工程活动的具体要求（如工期、质量、费用等），合同各方的责任关系，事件和活动之间的逻辑关系极为复杂。要使工程按计划有条理地进行，必须在工程开始前落实各项关系，并从工期、质量、成本、相互关系等各方面予以定义。

（4）许多工程小组，项目管理职能人员所涉及的活动和问题不是全部合同文件，而仅为合同的部分内容。他们没有必要在工程实施中死抱合同文件。通常比较好的办法是由合同管理专家先做全面分析，再向各职能人员和工程小组进行合同交底。

（5）在合同中依然存在问题和风险，包括合同审查时已经发现的风险和还可能隐藏着的尚未发现的风险。合同中还必然存在用词含糊，规定不具体、不全面、甚至矛盾的条款。在合同实施前有必要做进一步的全面分析，对风险进行确认和定界，具体落实对策措施。风险控制，在合同控制中占有十分重要的地位。如果不能透彻地分析出风险，就不可能对风险有充分的准备，则在实施中很难进行有效的控制。

（6）合同分析实质上又是合同执行的计划，在分析过程中应具体落实合同执行战略。

（7）在合同实施过程中，合同双方会有许多争执。合同争执常常起因于合同双方对合同条款理解的不一致。要解决这些争执，首先必须做合同分析，按合同条文的表达，分析它的意思，以判定争执的性质。要解决争执，双方必须就合同条文的理解达成一致。

在索赔中，索赔要求必须符合合同规定，通过合同分析可以提供索赔理由和根据。这里的合同分析，与前述招标文件分析的内容和侧重点略有不同。

2．基本要求

合同分析是解决“如何做”的问题，是从执行的角度解释合同，它是将合同目标和合同规定落实到合同实施的具体问题上和具体事件上，用以指导具体工作，使合同能符合日常工程管理的需要，使工程按合同施工。合同分析应作为承包商项目管理的起点。

（1）准确性和客观性。合同分析的结果应准确、全面地反映合同内容。如果分析中出现误差，它必然反映在执行中，导致合同实施更大的失误。所以不能透彻、准确地分析合同，就不能有效、全面地执行合同。许多工程失误和争执都起源于不能准确地理解合同。

客观性，即合同分析不能自以为是和“想当然”。对合同的风险分析，合同双方责任和权益的划分，都必须实事求是地按照合同条文，按合同精神进行，而不能依据当事人的主观愿望，否则，必然导致实施过程中的合同争执。合同争执的最终解决不是以单方面对合同理解为依据的。

（2）简易性。合同分析的结果必须采用使不同层次的管理人员、工作人员能够接受的表达方式，使用简单易懂的工程语言，对不同层次的管理人员提供不同要求、不同内容的分析资料。

（3）一致性。合同双方，承包商的所有工程小组、分包商等对合同理解应有一致性。合同分析实质上是承包商单方面对合同的详细解释。分析中要落实各方面的责任界面，这

极容易引起争执，所以合同分析结果应能为对方认可。如有不一致，应在合同实施前，最好在合同签订前解决，以避免合同执行中的争执和损失，这对双方都有利。

（4）全面性。合同分析应是全面的，对全部的合同文件做解释。对合同中的每一条款、每句话，甚至每个词都应认真推敲，细心琢磨。合同分析是一项非常细致的工作，不能只观其大略，不能错过一些细节问题。在实际工作中，常常一个词，甚至一个标点就能关系到争执的性质，关系到一项索赔的成败，关系到工程的盈亏。全面地、整体地理解，不能断章取义，特别当不同文件、不同合同条款之间规定不一致、有矛盾时，更要注意这一点。

3．内容和过程

按合同分析的性质、对象和内容，它可以分为以下方面。

（1）合同总体分析。

（2）合同详细分析。

（3）特殊问题的合同扩展分析。

合同分析的信息处理过程如图 6-12 所示。

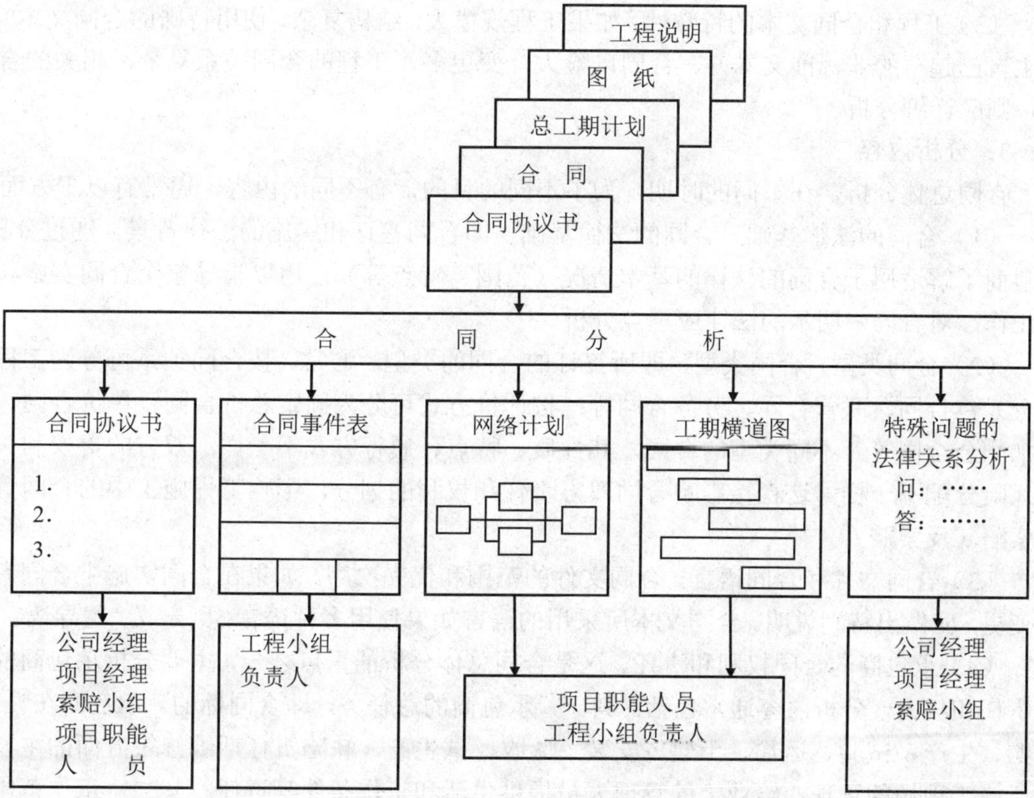

工程说明
图　纸
总工期计划
合　同
合同协议书

合　同　分　析

合同协议书
1.
2.
3.

合同事件表

网络计划

工期横道图

特殊问题的
法律关系分析
问：……
答：……

公司经理
项目经理
索赔小组
项目职能
人　　员

工程小组
负责人

项目职能人员
工程小组负责人

公司经理
项目经理
索赔小组

图 6-12　合同分析信息处理过程

（二）合同总体分析

1．主要对象

合同总体分析的主要对象是合同协议书和合同条件等。通过合同总体分析，将合同条款和合同规定落实到一些带全局性的具体问题上。它通常在如下两种情况下进行。

（1）合同签订后实施前，承包商首先必须做合同总体分析。

（2）在重大的争执处理过程中，例如在重大的或一揽子索赔处理中，首先必做合同总体分析。

2．分析深度

（1）分析目的。如果在合同履行前做总体分析，一般比较详细、全面；而在处理重大索赔和合同争执时做总体分析，一般仅需分析与索赔和争执相关的内容。

（2）承包商的职能人员、分包商和工程小组对合同文本的熟悉程度。如果是一个熟悉的，以前经常采用的文本（如在国际工程中使用FIDIC文本），则分析可简略，重点分析特殊条款和应重视的条款。

（3）工程和合同文本的特殊性。如果工程规模大，结构复杂，使用特殊的合同文本（如业主自己起草的非标准文本），合同风险大，变更多，工程的合同关系复杂，相关的合同多，则应详细分析。

3．分析内容

合同总体分析，在不同的时期，为了不同的目的，有不同的内容，通常有以下方面。

（1）合同的法律基础。合同的法律基础，即合同签订和实施的法律背景。通过分析，承包商了解适用于合同的法律的基本情况（范围、特点等），用以指导整个合同实施和索赔工作，对合同中明示的法律应重点分析。

（2）合同类型。合同类型，即所签订的合同的类型。通常，按合同关系可分为工程承（分）包合同、联营合同、劳务合同等；按计价方式可分为固定总价合同、单价合同、成本加酬金合同等。不同类型的合同，其性质、特点、履行方式不一样，双方的责权利关系和风险分配不一样。这直接影响合同双方责任和权利的划分，影响工程施工中的合同管理和索赔（反索赔）。

（3）合同文件和合同语言。合同文件的范围和优先次序。如果在合同实施中合同有重大变更，应做出特别说明。合同文本所采用的语言如果使用多种语言，则定义“主导语言”。

（4）承包商的合同权利和责任。这是合同总体分析的重点之一，主要分析承包商的合同责任和权力，分析内容通常包括：其一，承包商的总任务，即合同标的。承包商在设计、采购、生产、试验、运输、土建、安装、验收、试生产、缺陷责任期维修等方面的主要责任，施工现场的管理，给业主的管理人员提供生活和工作条件等责任。其二，工作范围。它通常由合同中的工程量清单、图纸、工程说明、技术规范所定义。工程范围的界限应很

清楚，否则会影响工程变更和索赔，特别对固定总价合同。

在合同实施中，如果工程师指令的工程变更属于合同规定的工程范围，则承包商必须无条件执行；若工程变更超过承包商应承担的风险范围，则可向业主提出工程变更的补偿要求。

如果工程师指令的附加工程不在合同规定的工程范围内，承包商有权拒绝执行业主的变更指令，或坚持先签订补充协议，重新商定价格，然后再执行。确定一个附加工程是否属于合同范围内，通常要看该附加工程是否为合同工程安全地、经济地、高效率地运行，或更完美地使用所必需的，或为合同工程的总功能服务的。

关于工程变更的规定，在合同管理和索赔处理中极为重要，要重点分析。

第一，工程变更程序。在合同实施过程中，变更程序非常重要，通常要做工程变更工作流程图，并交付相关的职能人员。工程变更通常须由业主的工程师下达书面指令，出具书面证明，承包商开始执行变更，同时进行费用补偿谈判，在一定期限内达成补偿协议。这里要特别注意工程变更的实施，价格谈判和业主批准价格补偿三者之间在时间上的矛盾性。这里常常会有较大的风险。

第二，工程变更的补偿范围，通常以合同金额一定的百分比表示。例如某承包合同规定，工程变更在合同价的5%范围内为承包商的风险或机会。在这范围内，承包商无权要求任何补偿。通常这个百分比越大，承包商的风险越大。

有时有些特殊的规定应重点分析。例如，有一承包合同规定，业主有权指令进行工程变更，业主对所指令的工程变更的补偿范围是，仅对重大的变更，且仅按单个建筑物和设施地平以上体积变化量计算补偿费用，这实质上排除了工程变更索赔的可能。

第三，工程变更的索赔有效期，由合同具体规定，一般为28天，也有14天的。一般这个时间越短，对承包商管理水平的要求越高，对承包商越不利。这是索赔有效性的保证，应落实在具体工作中。

（5）业主的权利和责任。这里主要分析业主的权利和合作责任。业主作为工程的发包人选择承包商，向承包商颁发中标函。业主的合作责任是承包商顺利地完成合同所规定任务的前提，同时又是进行索赔的理由和推卸工程拖延责任的托词；而业主的权利又是承包商的合同责任，是承包商容易产生违约行为的地方。通常包括以下几个方面。

第一，业主雇用工程师并委托他全权履行业主的合同责任。在合同实施中要注意工程师的职权范围，这在FIDIC中有比较全面的规定。但每个合同又有它自己独特的规定，业主一般不会给工程师授予FIDIC规定的全部权力，对此要做专门分析。

第二，业主和工程师有责任对平行的各承包商和供应商之间的责任界限做出划分，对这方面的争执做出裁决，对他们的工作进行协调，并承担管理和协调失误造成的损失，如设计单位、施工单位、供应单位之间的互相干扰由业主承担责任。这也是承包商工期索赔的理由。

第三，及时做出承包商履行合同所必需的决策，如下达指令、履行各种批准手续、做出认可、答复请示，完成各种检查和验收手续等。应分析它们的实施程序和期限。

第四，提供施工条件，如及时提供设计资料、图纸、施工场地、道路等。

第五，按合同规定及时支付工程款，及时接收已完工程等。

（6）工程质量管理的验收、移交和保修。工程质量管理的程序和方法，工程师质量管理的权力和工程不符合合同要求的处理方法和程序。

验收。验收包括许多内容，如材料和机械设备的进场验收，隐蔽工程验收，单项工程验收，全部工程竣工验收等。在合同分析中，应对重要的验收要求、时间、程序以及验收所带来的法律后果做说明。

移交。竣工验收合格即办理移交。移交作为一个重要的合同事件，同时又是一个重要的法律概念。它表示：第一，业主认可并接收工程，承包商工程施工任务的完结；第二，工程所有权的转让；第三，承包商工程照管责任的结束和业主工程照管责任的开始；第四，保修责任的开始；第五，合同规定的工程款支付条款有效。

当然对工程尚存在的缺陷、不足之处以及应由承包商完成的剩余工作，业主可保留其权利，并指令承包商限期完成，承包商应在移交证书上注明的日期内尽快地完成这些剩余工程或工作；如果不声明保留意见或权力，一般认为业主已无障碍地接收整个工程。

保修。工程的保修期一般为 1 年。在国际工程合同中也有要求保修 2 年甚至更长时间的苛刻条款。对保修容易引起争执的是，在工程使用中出现问题的责任划分。通常，由于承包商的施工质量低劣、材料不合格、设计错误等原因造成的质量问题，必须由承包商负责维修。而因业主的使用和管理造成的问题不属于维修范围，承包商也必须修复，但费用由业主支付。另外，通常要求承包商在接到业主维修通知后一定期限内完成修理。否则，业主请他人维修，费用由承包商支付。

（7）合同价格。对合同价格进行分析时，应重点分析以下几个方面。

① 合同所采用的计价方法及合同价格所包括的范围，如固定总价合同、单价合同、成本加酬金合同或目标合同等。

② 工程量量方程序，工程款结算（包括进度付款、竣工结算、最终结算）方法和程序。

③ 合同价格的调整，即费用索赔的条件、价格调整方法，计价依据，索赔有效期规定。

其中，对合同价格调整进行分析时，应考虑以下方面。

第一，合同实施的环境的变化对合同价格的影响，如通货膨胀、汇率变化、国家税收政策变化、法律变化时合同价格的调整条件和调整方法。

第二，附加工程的价格确定方法。通常，如果合同中有同类分项工程，则可以直接使用它的单价；若仅有相似的分项工程，则可对它的单价做相应调整后使用；如果既无相同

又无相似的分项工程，则应重新决定价格。

第三，工程量增加幅度与价格的关系。对此，不同的合同会有不同的规定。例如，FIDIC规定，工程师有权变更工程。工程变更不得超过整个有效合同额的15%。在此范围内合同工程量增减，单价不变。超过这个界限，应对合同价格中的固定费用进行调整。

如某合同规定，如果某项工程量增减超过原合同工程量的25%，则可以重新商定单价；或承包商必须在工程施工中完成由业主的工程师书面指令的工程变更和附加工程，前提为变更净增加不超过25%，净减少不超过10%的合同价格。如果承包商同意，工程变更总价可突破上述界限，相应合同单价可做适当调整。

（8）施工工期。在实际工程中，工期拖延极为常见和频繁，而且对合同实施和索赔的影响很大，所以要特别重视。重点分析合同规定的开竣工日期、主要工程活动的工期、工期的影响因素、获得工期补偿的条件和可能等。列出可能进行工期索赔的所有条款。

对工程暂停，承包商不仅可以进行工期索赔，还可能有费用索赔和终止合同的权利。FIDIC和我国的施工合同都有相关规定，如在某合同中规定："只有根据甲方的书面指令，才允许乙方停工。在停工期间，乙方负责保护工程。""如果停工的责任不在乙方，则甲方应向乙方补足相当于停工时间的工期。如果这种停工超过六个月，则乙方有权要求终止合同。""在这种情况下，乙方有权要求索取他已经施工的工程费用和停工期间的实际损失，但不许要求其他方面的赔偿。"

（9）违约责任。如果合同一方未遵守合同规定，造成对方损失，应受到相应的合同处罚。这是合同总体分析的重点之一。其中常常会隐藏着较大的风险，通常分析如下。

① 承包商不能按合同规定工期完成工程的违约金或承担业主损失的条款。

② 由于管理上的疏忽造成对方人员和财产损失的赔偿条款。

③ 由于预谋或故意行为造成对方损失的处罚和赔偿条款等。

④ 由于承包商不履行或不能正确地履行合同责任，或出现严重违约时的处理规定。

⑤ 由于业主不履行或不能正确地履行合同责任，或出现严重违约时的处理规定，特别是对业主不及时支付工程款的处理规定。

例如，某分包合同规定，对总承包商因管理失误造成的违约责任，仅当这种违约造成分包商人员和物品的损害时，总承包商才给分包商以赔偿，否则不予赔偿。这样，总承包商管理失误造成分包商成本和费用的增加不在赔偿之内。

（10）索赔程序和争执的解决。它决定索赔的解决方法。这里要分析：索赔的程序、争执的解决方式和程序及仲裁条款。包括仲裁所依据的法律、仲裁地点、方式和程序、仲裁结果的约束力等。如果没有上述仲裁条款，或争议发生后未签订仲裁协议，则不能用仲裁的方法解决争执。这在很大程度上决定了承包商的索赔策略。

（三）合同详细分析

承包合同的实施由许多具体的工程活动和合同双方的其他经济活动构成。这些活动也都是为了实现合同目的，履行合同责任，也必须受合同的制约和控制。为了使工程有计划、有秩序、按合同实施，必须将承包合同目标、要求和合同双方的责权利关系分解落实到具体的工程活动上，这就是合同详细分析。

合同详细分析的对象是合同协议书、合同条件、规范、图纸、工作量表。它主要通过合同事件表、网络图、横道图等定义各工程活动。合同详细分析的结果最重要的部分是合同工作包说明表，如图 6-13 所示。

<table>
<tr><th colspan="3">合同工作包说明表</th></tr>
<tr><td>子项目：</td><td>编码：</td><td>日期：
变更次数：</td></tr>
<tr><td>名称和简要说明</td><td colspan="2"></td></tr>
<tr><td>内容说明</td><td colspan="2"></td></tr>
<tr><td>前提条件</td><td colspan="2"></td></tr>
<tr><td>主要活动</td><td colspan="2"></td></tr>
<tr><td>负责人（单位）</td><td colspan="2"></td></tr>
<tr><td>费用：
计划：
实际：</td><td>其他参加者：
1.
2.</td><td>工期：
计划：
实际：</td></tr>
</table>

图 6-13　合同工作说明

（1）编码。这是为了计算机数据处理的需要，对事件的各种数据处理都靠编码识别。所以编码要能反映这事件的各种特性，如所属的项目、单项工程、单位工程、专业性质、空间位置等。通常它应与网络事件（或活动）的编码一致。

（2）工作包名称和简要说明。

（3）变更次数和最近一次的变更日期。它记载着与本事件相关的工程变更。在接到变更指令后，应落实变更，修改相应栏目的内容。最近一次的变更日期表示，从这一天以来的变更尚未考虑到。这样可以检查每个变更指令落实情况，既防止重复，又防止遗漏。

（4）工作包的内容说明。这里主要为该工作包的目标，如某一分项工程的数量、质量、技术要求以及其他方面的要求。这由合同的工程量清单、工程说明、图纸、规范等定义，是承包商应完成的任务。

（5）前提条件。它记录着本事件的前导事件或活动，即本事件开始前应具备的准备工作或条件。它不仅确定事件之间的逻辑关系，是构成网络计划的基础，而且确定了各参加

者之间的责任界限。

【例 6-3】某工程中，承包商承包了设备基础的土建和设备的安装。按合同和施工进度计划规定如下。

在设备安装前 3 天，基础土建施工完成，并交付安装场地。

在设备安装前 3 天，业主应负责将生产设备运送到安装现场，同时由工程师、承包商和设备供应商一齐开箱检验。

在设备安装前 15 天，业主应向承包商交付全部的安装图纸。

在安装前，安装工程小组应做好各种技术的和物资的准备工作等。

这样对设备安装这个事件可以确定它的前提条件（见图 6-14），而且各方面的责任界限十分清楚。

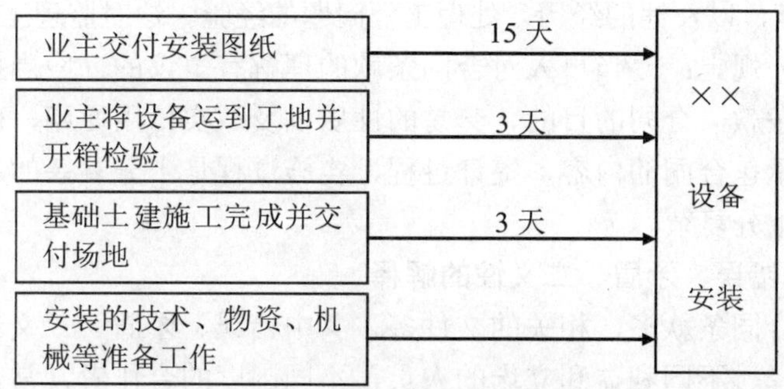

图 6-14　设备安装流程表

（6）计划和实际的工期。计划工期由网络分析得到。这里有计划开始期、结束期和持续时间。实际工期按实际情况，在该工作包结束后填写。

（7）其他参加人。即对该工作包的实施提供帮助的其他人员。

从上述内容可见，合同工作包表从各个方面定义了合同事件。合同详细分析是承包商的合同执行计划，它包容了工程施工前的整个计划工作。

① 工程项目的结构分解，即工程活动的分解和工程活动逻辑关系的安排。

② 技术会审工作。

③ 工程实施方案、总体计划和施工组织计划。在投标书中已包括这些内容，但在施工前，应进一步细化，做详细的安排。

④ 工程的成本计划。

⑤ 合同详细分析不仅针对承包合同，而且包括与承包合同同级的各个合同的协调，包括各个分合同的工作安排和各分合同之间的协调。

所以合同详细分析是整个项目组的工作，应由合同管理人员、工程技术人员、计划师、预算师（员）共同完成。

合同工作包说明表对项目的目标分解，任务的委托（分包），合同交底，落实责任，安排工作，进行合同监督、跟踪、分析，处理索赔（反索赔）非常重要。

（四）特殊问题的合同分析和解释

人们不能指望合同能明确定义和解释工程中发生的所有问题。在实际工程合同的签订和实施过程中，常常会有一些特殊问题发生。例如：① 合同中出现错误、矛盾和二义性的解释；② 有许多工程问题合同中未明确规定，出现事先未预料到的情况；③ 工程施工中出现超过合同范围的事件，包括发生民事侵权行为，整个合同或合同的部分内容由于违反法律而无效等。

这些问题通常属于实际工程中的合同解释问题。由于实际工程问题非常复杂，所以特殊问题的合同分析和解释常常反映出一个工程管理者对合同的理解水平，对本工程合同签订和实施过程的熟悉程度，以及他的经历，处理工程问题的经验。这对监理工程师尤为重要。

我国《合同法》规定：“当事人对合同条款的理解有争议的，应当按照合同所使用的词句、合同的有关条款，合同的目的、交易的性质以及诚实信用原则，确定该条款的真实意思。”但是工程承包合同的内容，签订过程，实施过程是十分复杂的，有其特殊性，对施工合同的解释也十分复杂。

1. 合同中出现错误、矛盾、二义性的解释

由于建筑工程合同条款多，相关的文件多，其中错误、矛盾、二义性常常是难免的；不同语言之间的翻译、不同利益和立场的人员，不同国度的合作者常常会对同一合同条款产生不同的理解。这些不同的理解又会导致工程过程中行为的不一致，最终产生合同争执。按照一般的合同原则，承包商对合同的理解负责，即由于自己理解错误造成报价、施工方案错误由承包商负责。但业主作为合同文件的起草者，应对合同文件的正确性负责，如果出现错误，含义不明，则应由工程师给出解释。通常情况下，由此造成承包商额外费用的增加，承包商可以提出索赔要求。由于工程实际情况是极其复杂的，对合同的解释很难提出一些规定性的方法，甚至对一个特定的工程案例无法提出一个确定的、标准的、能为各方面接收的解决结果。所以对合同的解释人们通常只能通过总结过去工程案例和经验提出一些处理问题的基本原则和程序。图6-15是人们通过对许多实际工程案例研究得出的对这类分析的流程。

（1）字面解释为准。任何调解人、仲裁人或法官在解决合同问题时都不能脱离合同文件中的文字表示的意思。如果合同文件规定清楚无误，并不含糊，则以字面解释为准。这是首先使用的，也是最重要的原则，但通常在合同争执中，合同用语很少是含义清晰、一读就懂的，都会有这样或那样的问题。则其解释又有如下规定。

① 如果合同文件具有多种语言的文本，不同语言的翻译文本之间可能出现不一致的解释，则以合同条款所定义的“主导语言”的文本解释为准。

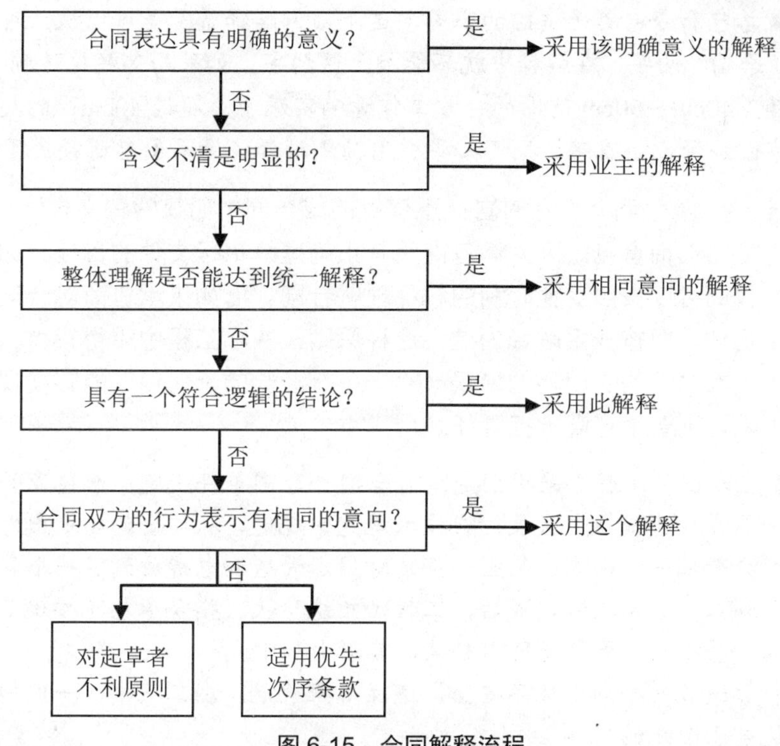

图 6-15　合同解释流程

② 顾及某些合同用语或工程用语在本行业中的专门的含义和习惯用法。由于建筑工程合同应符合建筑工程惯例，则在建筑工程领域有些名词在一定的地域、一定的专业范围内有特指的意义。这个意义应作为合同解释的支持，在这里不仅包括常用的技术术语，也包括一些非技术术语。因为它们是在特定的工程背景下被使用的，有一定的技术的或管理的规范支持。例如，合同中规定“楼地面必须是平整的”，这个平整不是绝对的水平和平整，而是在规范所允许的高低差别范围内的平整。在现代工程中，人们通过在合同中增加名词解释和定义，以及使用统一的规范避免因语言的不一致导致双方对合同解释的不一致性。

【例 6-4】在我国的某水电工程中，承包商为国外某公司，我国某承包公司分包了隧道工程。分包合同规定：在隧道挖掘中，在设计挖方尺寸基础上，超挖不得超过 40cm，在 40cm 以内的超挖工作量由总包负责，超过 40cm 的超挖由分包负责。

由于地质条件复杂，工期要求紧，分包商在施工中出现许多局部超挖超过 40cm 的情况，总包拒付超挖超过 40cm 部分的工程款。分包就此向总包提出索赔，因为分包商一直认为合同所规定的“40cm 以内”，是指平均的概念，即只要总超挖量在 40cm 之内，则不是分包的责任，总包应付款。而且分包商强调，这是我国水电工程中的惯例解释。

当然，如果总包和分包都是中国的公司，这个惯例解释常常是可以被认可的。但在本合同中，没有“平均”两字，在解释中就不能加上这两字。如果局部超挖达到 50cm，则按本合同字面解释，40cm～50cm 范围的挖方工作量确实属于“超过 40cm”的超挖，应由分包负责。既然字面解释已经准确，则不必再引用惯例解释。结果承包商损失了数百万元。

（2）通常认为，承包商有责任对自己不理解的或合同中明显的意义含糊，或矛盾，或错误之处向业主提出征询意见。因为承包商负有正确理解招标文件的责任。如果业主未积极地答复，则承包商可以按照对他有利的解释理解合同。而如果承包商对合同问题未作询问，有时会承担责任，即按业主解释为准。这种原则在实际工程中用得较少，主要当工程图纸或规范中出现常识性的、明显的错误（“一个有经验的承包商”能够发现的），而承包商按错实施工程，则要承包商承担责任。

【例 6-5】在我国某工程中采用固定总价合同，合同条件规定，承包商若发现施工图中的任何错误和异常应通知业主代表。在技术规范中规定，从安全的要求出发，消防用水管道必须与电缆分开铺设；而在图纸上，将消防用水管道和电缆放到了一个管道沟中。承包商按图报价并施工，该项工程完成后，工程师拒绝验收，指令承包商按规范要求施工，重新铺设管道沟，并拒绝给承包商任何补偿，其理由如下。

第一，两种管道放一个沟中极不安全，违反工程规范。在工程中，一般规范（即本工程的说明）是优先于图纸的。

第二，即使施工图上注明两管放在一个管道沟中，这是一个设计错误。但作为一个有经验的承包商是应该能够发现这个常识性的错误的。而且合同中规定，承包商若发现施工图中有任何错误和异常，应及时通知业主代表。承包商没有遵守合同规定。

当然，工程师这种处理是比较苛刻而且存在推卸责任的行为，原因如下。

第一，设计责任应由业主承担，图纸错误应由业主负责。

第二，施工中，工程师一直在“监理”，他应当能够发现承包商施工中出现的问题，应及时发出指令纠正。

第三，在本原则使用时应该注意到承包商承担这个责任的合理性和可能性。例如必须考虑承包商投标时有无合理的做标期。如果做标期太短，则这个责任就不应该由承包商负担。

在国外工程中也有不少这样处理的案例。所以对招标文件中发现的问题、错误、不一致，特别是施工图与规范之间的不一致，在投标前应向业主澄清，以获得正确的解释，否则承包商可能处于不利的地位。

（3）顾及合同签订前后双方的书面文字及行为。虽然对合同的不同解释常常是在工程过程中才暴露出来的，但问题在合同签订前已经存在，而由于如下原因使问题没有暴露。

其一，双方未能很好沟通，双方都自以为是地解释合同。

其二，合同事件尚未发生，或工程活动尚未开始，矛盾没有暴露出来，大家都未注意到。对此有如下几种处理。

第一，如果在合同签订前双方对此有过解释或说明，例如承包商分析招标文件后，在标前会议上提出了疑问，业主做了书面解释，则这个解释是有效的。

第二，尽管合同中存在含糊之处，但当事人双方在合同实施中已有共同意向的行为，则应按共同的意向解释合同，即事实决定对合同的解释。我国的《合同法》也有相似的规定。

【例 6-6】在一钢筋混凝土框架结构工程中，有钢结构杆件的安装分项工程。钢结构杆件由业主提供，承包商负责安装。在业主提供的技术文件上，仅用一道弧线表示了钢杆件，而没有详细的图纸或说明。施工中业主将杆件提供到现场，两端有螺纹，承包商接收了这些杆件，没有提出异议，在混凝土框架上用了螺母和子杆进行连接。在工程检查中承包商也没提出额外的要求。但当整个工程快完工时，承包商提出，原安装图纸表示不清楚，自己因工程难度增加导致费用超支，要求索赔。法院调查后表示，虽然合同曾对结构杆系的种类有含糊，但当业主提供了杆系，承包商无异议地接收了杆系，则这方面的疑问就不存在了。合同已因双方的行为得到了一致的解释，即业主提供的杆系符合合同要求。所以承包商索赔无效。

第三，推定变更。当事人一方对另一方的行为和提议在规定的时间内未提出异议或表示赞同时，对合同的修改或放弃权益的事实已经成立。所以对对方行为的沉默常常被认为是同意，是双方一致的意向，则形成对合同新的解释。

第四，按照合同的目的解释合同。对合同中出现矛盾、错误，或双方对合同的解释不一致，不能导致违背，或放弃，或损害合同目标的解决结果。这是合同解释的一个重要原则。

（4）整体地解释合同。即将合同作为一个有机的整体，而不能只抓住某一条、某一个文件，断章取义。每一条款，只要被写入合同中，都应被赋予一定的含义和目的，应该有所指，不能是无用的或无意义的。所以任何一个单词、短语、句子、条款都不能超越合同的其余部分进行解释。不能用某一个条款来否定另一个条款。所以当合同条款出现矛盾时，首先要决定每一个条款的目的、含义、适用范围，再将表面上有矛盾的条款的目的和含义、特指的范围进行对照，找出它们的一致性，以得到不相矛盾的解释。

（5）二义性解决。如果经过上面的分析仍没得到一个统一的解释，则可采用如下原则。

第一，优先次序原则。合同是由一系列文件组成的，应有相应的合同文件优先次序的规定。例如按 FIDIC 合同的定义，合同文件包括合同协议书、中标函、投标书、合同文件、规范、图纸、工程量表等。实质还包括合同签订后的变更文件及新的附加协议，合同签订前，双方达成一致的附加协议。当矛盾和含糊出现在不同的文件之间时，则可适用优先次序原则。

第二，对起草者不利的原则。尽管合同文件是双方协商一致确定的，但起草合同文件又是买方（业主、总包）的一项权利，他可以按照自己的要求提出文件。按照责权利平衡的原则，他又应承担相应的责任。如果合同中出现二义性，即一个表达有两种不同的解释，可以认为二义性是起草者的失误，或他有意设置的陷阱，则以对他不利的解释为准。这是合理的，我国的《合同法》[①]也有相似的规定。

【例 6-7】在某供应合同中，付款条款对付款期的定义是“货到全付款”。而该供应是分批进行的。在合同执行中，供应方认为，合同解释为“货到，全付款”，即只要第一批货到，购买方即“全付款”，而购买方认为，合同解释为“货到全，付款”，即货到全后，再付款。从字面上看，两种解释都可以，双方争执不下，各不让步，最终法院判定本合同双方当事人对合同的内容存在重大误解，是一份可撤销合同，不予执行。实质上本案例还可以追溯合同的起草者。如果供应方起草了合同，则应理解为“货到全，付款”；如果是购买方起草，则可以理解为“货到，全付款”。

2．合同中未明确规定问题的处理

在合同实施过程中经常会出现一些合同中未明确规定的特殊细节问题，它们会影响工程施工和双方合同责任界限的划分。因为合同中没有明确规定，很容易引起争执。在这种情况下，一般依照以下几个方面对它们进行分析。

（1）按照工程惯例解释。

（2）按照公平原则和诚实信用原则解释合同。

（3）按照合同的目的解释合同。

以上原则与调解人或仲裁人分析和解决问题的方法和思路是一致的。

由于实际工程非常复杂，这类问题非常复杂，这类问题面广量大，稍有不慎就会导致经济损失。特殊问题的合同分析一般采用问答的形式进行。

【例 6-8】在中美贸易博弈的大背景下，中方建筑公司承接了印度的一个地铁建设项目，采用固定总价合同。合同规定由业主支付海关税。合同规定索赔有效期为 10 天。在承包商投标书中附有建筑材料、设备表，这已被业主批准。在工程中承包商进口材料大大超过投标书附表中所列的数量。在承包商向业主要求支付海关税时，业主拒绝支付超过部分的材料的海关税。对此，承包商提出如下问题。

（1）业主有没有理由拒绝支付超过部分材料的海关税？

（2）承包商向业主索取这部分海关税受不受索赔有效期限制？

答：在工程中材料超量进口可能由如下原因造成。

[①] 《合同法》第 41 条规定：对格式条款的理解发生争议的，应当按照通常理解予以解释。对格式条款有两种以上解释的，应当做出不利于提供格式条款一方的解释。格式条款和非格式条款不一致的，应当采用非格式条款。

（1）建筑材料设备表不准确。

（2）业主指令工程变更造成工程量的增加，由此导致材料用量的增加。

（3）其他原因，如承包商施工失误造成返工、施工中材料浪费，或承包商企图多进口材料，待施工结束后再做处理或用于其他工程，以取得海关税方面的利益等。

对于上述情况，分别分析如下。

首先，与业主提供的工程量表中的数字一样，材料、设备表也是一个估计的值，而不是固定的、准确的值，所以误差是允许的，对误差业主也不能推卸他的合同责任。

其次，业主所批准增加的工程量是有效的，属于合同内的工程，则对这些材料，合同所规定的由业主支付海关税的条款也是有效的。所以对工程量增加所需要增加的进口材料，业主必须支付相应的海关税。

最后，对于由承包商责任引起的其他情况，应由承包商承担。对于超量采购的材料，承包商最后处理（如变卖、用于其他工程）时，业主有权收回已支付的相应的海关税。由于要求业主支付超量材料的海关税并不是由于业主违约引起的，所以这项索赔不受索赔有效期的限制。

【例 6-9】某工程合同规定，进口材料由承包商负责采购，但材料的关税不包括在承包商的材料报价中，由业主支付。合同未规定业主支付海关税的日期，仅规定，业主应在接到承包商提交的到货通知单后 30 天内完成海关放行的一切手续。现由于承包商采购的材料到货太迟，到港后工程施工中急需这批材料，承包商先垫支关税，并完成入关手续，以便及早取得材料，避免现场停工待料。

问：对此，承包商是否可向业主提出补偿海关税的要求？这项索赔是否也要受合同规定的索赔有效期的限制？

分析：对此，如果业主拖延海关放行手续超过 30 天，造成现场停工待料，则承包商可将它作为不可预见事件，在合同规定的索赔有效期内提出工期和费用索赔。而承包商先垫付了关税，以便及早取得材料，对此承包商可向业主提出海关税的补偿要求。因为按照国际工程惯例，如果业主妨碍承包商正确地履行合同，或尽管业主未违约，但在特殊情况下，为了保证工程整体目标的实现，承包商有责任和权力为降低损失采取措施。由于承包商的这些措施使业主得到利益或减少损失，业主应给予承包商补偿。本案例中，承包商为了保证工程整体目标的实现，为业主完成了部分合同责任，业主应予以如数补偿。而业主行为对承包商并非违约，故这项索赔不受合同所规定的索赔有效期限制。

3．特殊问题的合同法律扩展分析

在工程承包合同的签订、实施或争执处理、索赔（反索赔）中，有时会遇到重大的法律问题。这通常有以下两种情况。

（1）这些问题已超过合同的范围，超过承包合同条款本身，如有的干扰事件的处理在合同中未规定，或已构成民事侵权行为。

（2）承包商签订的是一个无效合同，或部分内容无效的合同，则相关问题必须按照合同所适用的法律来解决。

在工程中，这些都是重大问题，对承包商非常重要。但由于承包商对它们把握不准，则必须对它们做合同法律的扩展分析，即分析合同的法律基础，在适用于合同关系的法律中寻求解答。对此通常要请法律专家做咨询或法律鉴定。

例如，某国一公司总承包伊朗的一项工程。由于在合同实施中出现许多问题，有难以继续履行合同的可能，合同双方出现大的分歧和争议。承包商想解约，提出这方面的问题请法律专家做鉴定：在伊朗法律中是否存在合同解约的规定？伊朗法律中是否允许承包商提出解约？解约的条件是什么？解约的程序是什么？

法律专家必须精通适用于合同关系的法律，对这些问题做出明确答复，并对问题的解决提供意见或建议。在此基础上，承包商才能决定处理问题的方针、策略和具体措施。

由于这些问题常常关系到承包工程的盈亏成败，所以必须认真对待。

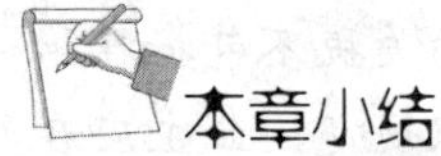

本章小结

策划是立足现实，面向未来的活动。合同策划是开发商根据企业战略和公司现有资源状况，结合外部环境做出的合同安排。通过合同运作项目，通过合同转嫁风险等，实现开发项目总体利益。

本章从合同策划的概念入手，介绍了决定开发商合同体系的因素，分析了开发商的总体合同体系，并对合同类型进行了剖析，对合同的本质和合同条件选择进行了探讨。而后提出了合同风险策划的概念，提炼出合同风险分配的方法。最后，对合同解释、合同分析进行了程序性的界定，为准确把握和适用合同打好了基础。本章属于合同实务的重要内容，理论与案例密切结合，兼具理论和实际操作价值。

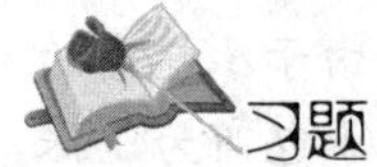

习题

一、名词解释

合同策划　合同的本质　合同风险　合同解释　合同分析

二、简答题

1．合同策划有什么作用？其依据是什么？

2．为什么说合同总体策划对整个项目管理有重大影响？

3．合同的类型有哪些？如何选择？

4．合同条件在选择时应当注意什么问题？

5．合同风险管理的基本理念有哪些？

6．合同风险的分配原则及方法是什么？

7．“固定总价合同由承包商承担全部风险，则采用固定总价合同对业主最有利”，你觉得这种说法对吗？为什么？

8．合同解释依据什么原则？

第七章　房地产合同控制

学习目标

通过对本章的学习，学生应掌握以下内容：

1. 房地产合同管理体系的建立；
2. 房地产合同管理的主要工作；
3. 房地产合同变更的种类以及变更责任的承担；
4. 承包商的优先受偿权及行使技巧；
5. 房地产阴阳合同及其效力评判。

导言

在我国，房地产合同控制越来越受到重视，已经成为保证合同实施，顺利完成建设项目，降低工程风险的重要手段。通过合同控制不仅可以圆满地完成合同责任，而且可以挽回合同签订中的损失，改变自己的不利地位，通过索赔等手段增加工程利润。本章通过对房地产合同管理的体系和工作、房地产合同的变更、承包商的优先受偿权以及建设工程中的阴阳合同进行阐述，来进行对房地产合同控制的理解。

第一节　房地产合同管理

房地产合同管理是房地产项目管理的灵魂，加强合同管理对于项目建设的顺利进行具有重要的作用和意义。在市场经济的环境下，建筑市场竞争激烈，利润率降低，合同风险加大。只有重视合同的管理，才能变不利为有利，降低工程风险，增加项目的利润。

一、房地产合同管理概述

工程项目管理中，合同管理是同成本、组织、工期管理并列的一大管理职能，对项目的进度控制、质量控制、成本管理有总控制和总协调的作用，它是工程项目管理的核心和

灵魂，又是综合性的、全面的、高层次的管理工作。

（一）合同管理概述

合同管理是指开发商对以自身为当事人的合同依法进行订立、履行、变更、解除、转让、终止以及审查、监督、控制等一系列行为的总称。

其中，订立、履行、变更、解除、转让、终止是合同管理的内容；审查、监督、控制是合同管理的手段。合同管理必须是全过程的、系统性的、动态性的。

（二）合同管理体系

在工程项目中建立的合同体系，特别是在大型项目中，合同关系非常复杂，因此，对合同体系的协调十分重要。要保证项目的顺利实施，就必须对此做出周密的计划和安排，这就要求我们建立完善的房地产合同管理体系。

完善的合同管理体系应包含工程合同总体策划、投标阶段的合同管理，工程合同的分析、解释以及合同实施中的控制等整个过程，从而能够从更高的层面控制合同风险，更合理地建立一套科学的合同管理体系。合同总体策划、工程合同的分析、解释在前面已经进行了阐述，本章主要从合同实施过程中的管理，来阐述合同控制。

建立房地产合同管理体系，需要做好以下工作。

（1）合同分析和交底，保证合同管理的连续性和一致性。

（2）将各种合同事件的责任分解落实到各工程小组或分包商。

（3）在合同实施前与其他相关的各方面，如业主、监理工程师、承包商沟通，召开协调会议，落实各种安排。

（4）在合同实施过程中还必须进行经常性的检查、监督，对合同做解释。

（5）必须通过其他经济手段来保证合同责任的完成。

二、合同管理的任务

合同管理的主要任务可分以下两个阶段。

（一）合同签订前

（1）对招标文件进行分析和合同文本审查，并做出相应的分析报告。

（2）对合同的风险性及可以取得的利润做出评估。

（3）进行工程合同的策划，如分包合同策划，并对分包合同进行审查。

（4）为工程预算、报价、合同谈判和合同签订提供决策的信息、建议、意见等。

（5）对合同修改进行法律方面的审查，配合企业制定报价策略，配合合同谈判。

（二）合同签订后

（1）给项目经理和项目管理职能人员、各工程小组、所属的分包商在合同关系上以帮助，进行工作上的指导，如经常性地解释合同，对来往信件、会谈纪要等进行合同法律审查。

（2）对工程实施进行有力的合同控制，保证承包商正确履行合同，保证整个工程按合同、按计划、有步骤、有秩序地施工，防止工程中的失控现象。

（3）及时预见和防止合同问题，以及由此引起的各种责任，防止合同争执和避免合同争执造成的损失。对因干扰事件造成的损失进行索赔，同时又应使承包商免于对干扰事件和合同争执的责任，处于不能被索赔的地位。

（4）向各级管理人员和业主提供工程合同实施的情况报告，提供用于决策的资料、建议和意见。

三、合同管理的主要工作

合同管理全过程就是由洽谈、草拟、签订、生效开始，直至合同失效为止。不仅要重视签订前的管理，更要重视签订后的管理。系统性就是凡涉及合同条款内容的各部门都要一起来管理。动态性就是注重履约全过程的情况变化，特别要掌握对自己不利的变化，及时对合同进行修改、变更、补充或中止和终止。

（一）“合同交底”，落实责任

1．合同（实施）分析

合同和合同分析的资料是工程实施管理的依据。合同分析作为招标投标与工程施工的过渡，在合同管理中有重要的作用。在我国传统的施工项目管理系统中，人们十分注重“图纸交底”工作，但却没有“合同交底”工作，所以项目组和各工程小组对项目的合同体系、合同基本内容不甚了解。我国工程管理者和技术人员有十分牢固的“按图施工”的观念，但在现代市场经济中必须转变到“按合同施工”上来。特别在工程使用非标准的合同文本或项目组不熟悉的合同文本时，这个“合同交底”工作就显得更为重要。

2．合同签订和谈判情况介绍

对项目管理人员和各工程小组负责人进行“合同交底”，对合同的签订和谈判情况进行介绍，对合同的主要内容做出解释和说明，使大家熟悉合同中的主要内容、各种规定、管理程序，了解承包商的合同责任和工程范围，各种行为的法律后果等。使大家都树立全局观念，工作协调一致，避免在执行中的违约行为。

3．合同执行的具体安排

将各种合同事件的责任分解落实到各工程小组或分包商，使他们对合同事件表（任务单，分包合同）、施工图纸、设备安装图纸、详细施工说明等，有十分详细的了解。在合同实施前与其他相关的各方面，如业主、监理工程师、承包商沟通，召开协调会议，落实各种安排。

4．合同执行的建议和警告

对工程实施中的具体事项以及技术的和法律的问题进行解释和说明，如工程的质量、技术要求和实施中的注意点、工期要求、消耗标准、相关事件之间的搭接关系、各工程小组（分包商）责任界限的划分、完不成责任的影响和法律后果等。

5．施工企业的项目管理模式

施工企业采取何种项目管理模式，应做出明确的说明，并要向各方责任主体做出介绍，使他们明晰项目的管理模式。

6．企业投标，签订合同后项目经理部施工

“合同交底”可以使项目部了解合同的签订过程，保证管理的连续性、一致性，包括合同的签订过程的信息，如图 7-1 所示。

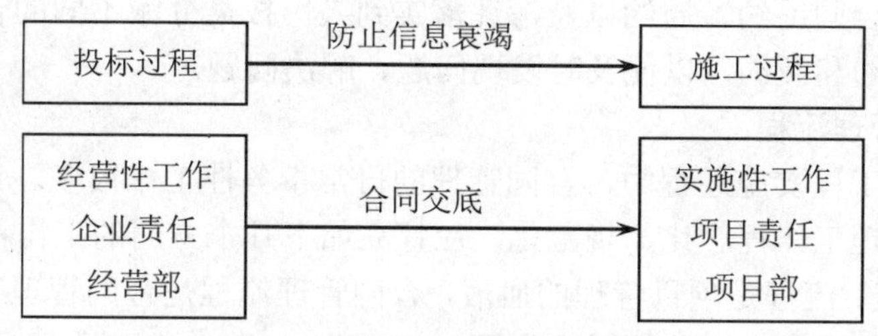

图 7-1　签订过程信息流通

（二）构建合同实施管理体系

构建合同实施管理体系，以保证合同实施过程中的一切日常事务性工作有序进行，使工程项目的全部合同事件处于控制中，保证合同目标的实现。

1．构建合同管理机构

（1）应建立有效的合同管理机构。目前，房地产开发企业中，集团性大型企业较多，对于他们来说，应建立二级管理制度，即在集团和其子公司中分别设立各自的合同管理机构，工作相对独立，但又应当及时联络，形成统分灵活的管理模式。对于中小型企业也必须设立合同管理机构和合同管理人员，统一管理工程承发包和重大物资采购合同，制定合同评审制度，切忌将合同管理下放到某个项目部，以强化规范管理。

（2）应配备适合的合同管理人员。合同管理工作由合同管理机构统一操作，应当落实到具体人员。对于合同管理工作较繁重的集团型企业，应当配以多人，明确分工，做好各自的合同管理工作；对于中小型的企业，可以根据具体的合同管理工作量决定合同管理人员的数量。合同管理人员的分工可以根据合同性质、种类划分，也可以根据合同实施阶段划分，具体由企业根据自身实际情况和企业经营传统决定。

2．制定合同管理制度

合同管理制度是合同管理活动及其运行过程的行为规范，合同管理制度是否健全是合

同管理的关键所在。开发企业只有拥有一套完善、合理的合同管理制度以供合同管理机构和人员在工作中参照执行，才能将合同管理工作落实到实处。

开发企业合同管理制度的基础和核心是合同管理质量责任制度。它具体规定企业内部具有合同管理任务的部门和合同管理人员的工作范围，履行合同中应负的责任，以及拥有的职权。这一制度有利于企业内部合同管理工作分工协作，责任明确，任务落实，逐级负责，人人负责，从而调动企业合同管理人员以及合同履行中涉及的有关人员的积极性，督促企业合同管理工作正常开展，保证合同圆满完成。合同管理人员是具体实施合同管理工作的特定人员，其工作的好坏直接影响到合同管理的质量。开发企业应当建立完善的合同管理质量制度，确保人员、部门、制度三落实，一方面把合同管理的质量责任落实到人，让合同管理部门的主管人员和合同管理员的工作质量与奖惩挂钩，以引起具体人员的真正重视；另一方面把合同签约、履约以及考评落实到人，按类分派不同的合同管理员全过程负责不同的合同签约和履约，以便及时发现问题、解决问题。

3．形成合同管理流程

在项目拓展和工程实施过程中，合同管理的日常事务性工作很多。为了协调好各方面的工作，使合同管理工作程序化、规范化，应订立如下几个方面的工作程序。

（1）一般流程。流程是项目管理的血液，合同管理流程是合同管理工作有效开展的催化器。合同管理一般流程主要包括以下方面。

① 制定合同实施目标。合同的总目标是满足投资者的投资目标，对工程项目来讲，具体为质量目标，投资目标，进度目标、安全健康环境目标。合同具体描述了一定范围工程或工作的目标，但合同目标必须通过具体的工程活动才能得以实现。

② 确定合同控制的主要内容。投资控制、质量控制、进度控制和安全控制是合同控制的四大方面的内容。投资控制的目的是保证按合同计划投资内完成工程，防止超支和费用增加；质量控制的目的是保证按合同规定的质量完成工程，使工程顺利通过验收，实现预期租售目标，达到规定的功能要求；进度控制的目的是按预定进度计划进行工程实施，实现集控项目总体最优；安全控制的目的是按预定的合同安全要求，加强对各参与主体的监控管理，减少人员伤亡和财产损失事故。

③ 选用合同控制方法。合同控制方法分为主动控制和被动控制，应以主动控制为主，同时强化合同被动控制。合同主动控制是预先分析合同目标偏离的可能性，并拟定和采取各项预防性措施，以保证合同计划目标得以实现。例如，进行深入调查，科学进行风险分析，强化协调，制订必备的应急方案等。被动控制是控制者从计划的实际输出中发现偏差，对偏差采取措施及时纠正的控制方式。例如，进行合同实施跟踪，收集信息，找出偏差，分析、纠正等。

④ 合同实施监督。工程实施监督是合同管理的日常事务性工作。合同监督可以保证合同实施按合同和合同分析的结果进行。合同监督规范管理的工作主要有：协调业主、工程

师、项目管理各职能人员、所属的各工程小组和分包商之间的工作关系，解决相互之间出现的问题；对各工程小组和分包商进行工作指导或做经常性的合同解释，使工程小组都有全局观念；会同项目管理的有关人员每天检查、监督各工程小组和分包商的合同实施情况。

⑤ 合同实施跟踪。在工程实施过程中，由于实际情况的复杂性，可能导致合同实施与预定目标偏离。这就需要合同实施情况跟踪，以便尽早发现并纠正偏离。而合同实施的跟踪是判断实际情况与计划情况是否存在差异的主要手段。合同跟踪的对象主要有：具体的合同事件、工程小组或分包商的工程和工作、业主和工程师的工作、工程总的实施状况。

⑥ 合同诊断。在合同跟踪的基础上可进行合同诊断。合同诊断是对合同执行情况的评价、判断和趋向分析、预测。其具体内容主要包括合同执行差异的原因分析、合同差异的责任分析以及合同实施趋向的预测。

（2）特殊工作程序。对于一些经常性工作应订立工作程序，使大家有章可循，合同管理人员也不必进行经常性的解释和指导，如项目拓展，图纸批准程序，工程变更程序，承包商的索赔程序，承包商的账单审查程序，材料、设备、隐蔽工程、已完工程的检查验收程序，工程进度付款账单的审查批准程序，工程问题的请示报告程序等。

这些程序在合同中一般都有总体规定，在这里必须细化、具体化。在程序上更为详细，并落实到具体人员。在合同实施中，承包商的合同管理人员、成本、质量（技术）、进度、安全，信息管理人员都必须脚踏现场，他们之间应进行经常性的沟通。

4．推行检查验收制度

合同管理人员应主动地抓好工程和工作质量，协助做好全面质量管理工作，建立一整套质量检查和验收制度，例如：（1）每道工序结束应有严格的检查和验收。（2）工序之间、工程小组之间应有交接制度。（3）材料进场和使用应有一定的检验措施。

防止由于承包商自己的工程质量问题造成被工程师检查验收不合格，试生产失败而承担违约责任。在工程中，由此引起的返工、窝工损失，工期的拖延应由承包商自己负责，得不到赔偿。

5．实现报告和行文体制

开发商和承包商、监理工程师、供应商之间的沟通应以书面形式进行，或以书面形式作为最终依据。这是合同的要求，也是法律及工程管理的需要。在实际工作中这项工作特别容易被忽略，报告和行文制度包括如下几个方面的内容。

（1）定期的项目拓展报告，如不同区域、不同时间、不同公司层面等。应规定报告内容、格式、报告方式、时间以及负责人。

（2）定期的工程实施情况报告，如日报、周报、旬报、月报等。应规定报告内容、格式、报告方式、时间以及负责人。

（3）工程过程中发生的特殊情况及其处理的书面文件，如特殊的气候条件，工程环境的变化等，应有书面记录，并由监理工程师签署。对在工程中合同双方的任何协商、意见、请示、指示等都应落实在书面上。

（4）工程中所有涉及双方的工程活动，如材料、设备、各种工程的检查验收，场地、图纸的交接，各种文件（如会议纪要，索赔和反索赔报告，账单）的交接，都应有相应的手续，应有签收证据。这样双方的各种工程活动才有根有据。

（三）合同实施监督

合同责任是通过具体的合同实施工作完成的。承包商应以积极合作的态度完成自己的合同责任，努力做好自我监督。监督承包商的工程小组和分包商按合同施工，并做好各分合同的协调和管理工作。合同监督可以保证合同实施按合同和合同分析的结果进行。合同监督的主要工作有以下方面。

（1）合同管理人员与项目的其他职能人员一齐落实合同实施计划，为各工程小组、分包商的工作提供必要的保证。例如，施工现场的安排，人工、材料、机械等计划的落实，工序间的搭接关系的安排和其他一些必要的准备工作。

（2）在合同范围内协调业主、工程师、项目管理各职能人员、所属的各工程小组和分包商之间的工作关系，解决合同实施中出现的问题，如承包商与业主、与业主的其他承包商、与材料和设备供应商、与分包商，以及承包商的分包商之间，工程小组与分包商之间常常互相推卸一些合同中或合同事件表中未明确划定的工程活动的责任。对此合同管理人员应该做好协调工作。

（3）对各工程小组和分包商进行工作指导，做经常性的合同解释，使各工程小组都有全局观念。对工程中发现的问题提出意见、建议或警告。合同管理人员在工程实施中起“漏洞工程师”的作用，但他不是寻求与业主、与工程师、与各工程小组、与分包商的对立，他的目标不仅仅是索赔和反索赔，而是将各方面在合同关系上联系起来，防止漏洞和弥补损失，更完美地完成工程。

（4）合同项目管理的有关职能人员检查、监督各工程小组和分包商的合同实施情况，对照合同要求的数量、质量、技术标准和工程进度，发现问题并及时采取对策措施。对他们的已完工程做最后的检查核对，对未完成的工程，或有缺陷的工程指令限期采取补救措施，防止影响整个工期。

（5）按合同要求，会同业主及工程师等对工程所用材料和设备开箱检查或做验收，看是否符合质量，符合图纸和技术规范等的要求。进行隐蔽工程和已完工程的检查验收，负责验收文件的起草和验收的组织工作。

（6）合同估算师对向业主提出的工程款账单和分包商提交的收款账单进行审查和确认。

（7）合同管理工作一经进入施工现场后，合同的任何变更，都应由合同管理人员负责提出；对向分包商的任何指令，向业主的任何文字答复、请示，都需经合同管理人员审查，并记录在案。承包商与业主、与分包商的任何争议的协商和解决都必须有合同管理人员的参与，并对解决结果进行合同和法律方面的审查、分析和评价。这样不仅保证工程施工一直处于严格的合同控制中，而且使承包商的各项工作更有预见性，更能及早预测行为的法律后果。

【例 7-1】在一个建筑工程项目中，业主与承包商协商采取加速措施，将工期提前3个月，双方签署加速协议，由业主支付一笔赶工费用。但加速协议过于简单，未能详细分清双方责任，特别是业主的合作责任、没有承包商权益保护条款、没有赶工费的支付时间的规定。承包商采取了加速措施，但由于气候、业主的干扰、承包商责任等原因使总工期未能提前。

此种情况下，承包商不能得到补偿，可以通过有效的合同管理来避免这一情况的发生。

（四）合同跟踪

在工程实施过程中，由于实际情况千变万化，合同的实施一直处在动态的变化中，会导致合同实施与预定目标偏离。因此，对合同也要实行动态控制，这就要求我们要对合同的实施过程进行动态追踪。

1．合同跟踪的依据

（1）合同和合同分析的结果，如各种计划、方案、合同变更文件等，它们是比较的基础，是合同实施的目标和依据。

（2）各种实际的工程文件，如原始记录、各种工程报表、报告、验收结果等。

（3）工程管理人员每天对现场情况的直观了解，如通过施工现场的巡视、与各类工作人员的谈话、召集小组会议、检查工程质量、量方等，这是最直观的感性知识。通常可以比通过报表、报告更快地发现问题，更能透彻地了解问题，有助于迅速采取措施减少损失。

2．合同跟踪的对象

合同跟踪的对象，通常有如下几个层次。

（1）具体的合同事件。对具体的合同事件，如工程数量、质量要求、工期等进行跟踪，这样可以检查每个合同事件的执行情况，对一些有异常情况的特殊事件，即实际和计划存在较大偏离的事件，可以做出特别标注，经过这样的分析可以得到偏差的原因和责任。

（2）对工程小组或分包商的工程和工作进行跟踪。一个工程小组或分包商可能承担许多专业相同、工艺相近的分项工程或许多合同事件，所以必须对它们实施的总情况进行检查分析。在实际工程中常常因为某一工程小组或分包商的工作质量不高或进度拖延而影响整个工程施工。合同管理人员在这方面应给他们提供帮助，如协调他们之间的工作；对工程缺陷提出意见、建议或警告；责成他们在一定时间内提高质量、加快工程进度等。

作为分包合同的发包商，总承包商必须对分包合同的实施进行有效的控制。这是总承包商合同管理的重要任务之一。分包合同控制的目的如下。

① 控制分包商的工作，严格监督他们按分包合同完成工程。分包合同是总承包合同的

一部分，如果分包商完不成他的合同责任，则总包就不能顺利完成总包合同责任。

② 为向分包商索赔和对分包商反索赔做准备。总包和分包之间利益是不一致的，双方之间常常有尖锐的利益争执。在合同实施中，双方都在进行合同管理，都在寻求向对方索赔的机会。所以双方都有索赔和反索赔的任务。

③ 对分包商的工程和工作，总承包商负有协调和管理的责任，并承担由此造成的损失。所以分包商的工程和工作必须纳入总承包工程的计划和控制中，防止因分包商工程管理失误而影响全局。

（3）对业主和工程师的工作进行跟踪。对业主和工程师的工作进行跟踪，主要体现在以下几个方面。

① 业主和工程师必须正确地、及时地履行合同责任，及时提供各种工程实施条件，如及时发布图纸、提供场地、下达指令、做出答复、及时支付工程款等。在这里，合同工程师作为漏洞工程师寻找合同中以及对方合同执行中的漏洞。

② 在工程中承包商应积极主动地做好工作，如提前催要图纸、材料，对工作事先通知。这样不仅可以让业主和工程师及早准备，建立良好的合作关系，保证工程顺利实施。

③ 有问题及时与工程师沟通，多汇报，及时听取他的指示。

④ 及时收集各种工程资料，对各种活动，双方的交流做出记录。

⑤ 对有恶意的业主提前防范，以及早采取措施。

（五）合同诊断

在合同跟踪的基础上可以进行合同诊断。合同诊断是对合同执行情况的评价、判断和趋向分析、预测。它包括如下内容。

1．合同执行差异的原因分析

通过对不同监督和跟踪对象的计划和实际的对比分析，不仅可以得到差异，而且可以探索引起这个差异的原因。

2．合同差异责任分析

合同差异责任分析，即这些原因由谁引起，该由谁承担责任，这常常是索赔的理由。一般只要原因分析详细，有根有据，则责任分析自然清楚。责任分析必须以合同为依据，按合同规定落实双方的责任。

3．合同实施趋向预测

分别考虑不采取调控措施和采取调控措施，以及采取不同的调控措施情况下，合同的最终执行结果如下。

（1）最终的工程状况，包括总工期的延误，总成本的超支，质量标准，所能达到的生产能力等。

（2）承包商将承担什么样的后果，如被罚款，被清算，甚至被起诉，对承包商资信、企业形象、经营战略的影响等。

（3）最终工程经济效益（利润）水平。

综合上述各方面，即可以对合同执行情况做出综合评价和判断。

4. 工程问题的处理措施选择

在合同诊断的基础上，要对在合同实施中发生的工程问题提出处理措施。在施工过程中，会有许多问题发生，需要承包商提出解决措施。在现代工程中，承包商不仅有责任对将影响工程成本、竣工日期、工程质量的一切事件及早发出警告，以减少补偿事件及其影响；而且有责任提出处理缺陷、延误的建议，及早研究影响，寻求最佳的解决办法，及时采取行动。通常对工程问题有如下四类措施。

（1）技术措施。例如，变更技术方案，采用新的更高效率的施工方案。

（2）组织措施。例如，增加人员投入、重新进行计划或调整计划、派遣得力的管理人员。在施工中经常修订进度计划对承包商来说是有利的。

（3）经济措施。例如，增加投入、对工作人员进行经济激励等。

（4）合同措施。例如，进行合同变更、签订新的附加协议、备忘录、通过索赔解决费用超支问题等。

与合同签订前情况不同，在施工中出现任何工程问题和风险，承包商首先采取的是合同措施，而不是技术或组织措施。通常首先考虑以下方面。

（1）如何保护和充分行使自己的合同权力，例如通过索赔降低自己的损失。

（2）如何利用合同使对方的要求（权利）降到最低，即如何找出业主的责任，充分限制对方的合同权力。

而业主和工程师遇到工程问题和风险通常首先着眼于解决问题，排除干扰，使工程顺利实施，然后才考虑到责任和赔偿问题。这是由于业主和工程师考虑问题是从工程整体利益角度出发的。

如果通过合同诊断，承包商已经发现业主有恶意，不支付工程款或自己已经坠入合同陷阱中，或已经发现合同亏损，而且估计亏损会越来越大，则要及早确定合同执行战略，采取措施。在这种情况下，常常承包商投入资金越多，工程完成得越多，承包商就越被动，损失会越大。

（六）合同资料的管理

1. 合同资料

（1）合同资料的表现形式。在实际工程中与合同相关的资料面广量大，形式多样，主要有以下方面。

① 合同资料，如各种合同文本、招标文件、投标文件、总进度计划、图纸、工程说明等。

② 合同分析资料，如合同总体分析、合同事件表、网络图、横道图等。

③ 工程实施中产生的各种资料。例如，业主的各种工作指令、工程签证、信件、会谈纪要和其他协议，各种变更指令、申请、变更记录，各种检查验收报告、鉴定报告；工程

实施中的各种记录、施工日记等，官方的各种文件、批件，反映工程实施情况的报表、报告、图片等。

在工程实施中，现场记录必须到位、完备，必须对所有合同事件和合同相关的各种活动的情况加以记录，收集整理相关资料。

（2）合同资料的基本要求。

① 专业对口，实用。不同专业的工程小组，不同项目的管理职能人员需要的资料不同，资料首先要满足各种专业工作的要求。

② 反映实际情况。这里有两方面要求：各种合同文件、工程文件、报表、报告要实事求是，反映客观，不能弄虚作假；各种计划、指令、协调方案也要符合实际，切实可行。

③ 及时提供。资料过时，则会失去它的作用，造成损失。如索赔证据提供过迟，失去索赔机会；合同要求业主代表、监理工程师、承包商对函件应在答复期内答复，否则承担相应的责任；工程师必须及时认可或拒绝承包商的建议文件、请示文件。

④ 简单明了，便于理解。

2．合同资料的重要性

人们忽视记录及信息整理和储存工作是因为许多记录和文件在当时看来是没有价值的。如果工程一切顺利，双方不产生争执，一般大量的记录确实没有价值，而且这项工作十分麻烦，花费不少。但实践证明，任何工程都会有这样或那样的风险，都可能产生争执，甚至会有重大的争执，这时都会用到大量的证据。如果不重视合同资料的管理，最终会导致削弱自己的合同地位，损害自己的合同权益，特别妨碍索赔和争执的顺利解决。因此，在房地产项目建设中，做好合同资料的整理工作非常重要。

合同管理者负责合同资料和与合同有关的工程资料的收集、整理和保管工作。这不仅是他的工作责任，而且是他的工作需要。他的工作以这些资料为基础，同时又靠资料来实施。这里有以下两方面作用。

（1）在合同签订、合同分析、合同监督、合同跟踪、变更和索赔中需要资料，同时又产生大量资料。

（2）合同管理者要做出各种工程报表，向项目经理提出意见和建议，向工程小组落实工程责任，做协调方案等。

3．合同资料管理的主要工作

（1）合同资料的收集。合同包括许多资料、文件；合同分析又产生许多分析文件；在合同实施中每天又产生许多资料，如记工单、领料单、图纸、报告、指令、信件等。首先必须落实这些资料的收集工作，应由相应的职能人员每天收集这些原始资料交合同管理人员。

（2）资料加工。原始资料必须经过信息加工才能成为可供决策的信息，成为工程报表或报告文件。

（3）资料的储存。所有合同管理中涉及的资料不仅目前使用，而且必须保存，直到合

同结束。为了查找和使用方便必须建立资料的文档系统。

（4）资料的提供、调用和输出。合同管理人员有责任向项目经理、向业主做工程实施情况报告；向各职能人员和各工程小组、分包商提供资料；为工程的各种验收、为索赔和反索赔提供资料和证据。

（七）进行合同变更管理

进行合同变更管理主要包括参与变更谈判，对合同变更进行事务性处理；落实变更措施，修改变更相关的资料，检查变更措施落实情况。合同的变更在第三节中进行阐述。

（八）日常的索赔和反索赔

这方面的内容在第八章中进行专门介绍。

第二节 房地产合同变更

由于工程建设的周期长，涉及的经济关系和法律关系复杂，受自然条件和客观因素的影响大，导致合同的实际履行情况与签订合同时的情况相比会发生一些变化。合同变更是工程合同履行过程中不可避免的，合同变更管理属于合同履行过程中的正常管理工作。

一、合同变更概述

变更，是指合同依法成立后，在尚未履行或尚未完全履行时，当事人依法经过协商，对合同的内容进行修订或调整所达成的协议。

（一）概念

合同变更指有效成立的合同在尚未履行或未履行完毕之前，由于一定法律事实的出现而使合同内容发生改变。例如，对原合同中规定的标的数量、质量、履行期限、地点和方式，违约责任、解决争议的方法等做出变更。当事人对合同内容变更取得一致意见时方为有效。

有效的合同变更，必须有明确的合同内容的变更。合同的变更，是指合同内容局部的、非实质性的变更，也即合同内容的变更并不会导致原合同关系的消灭和新的合同关系的产生。合同内容的变更，是在保持原合同效力的基础上，所形成的新的合同关系。此种新的合同关系应当包括原合同的实质性条款的内容。

（二）起因

合同变更主要是指合同的文件内容的增加、删减和修改，包括合同条件和合同协议书所定义的双方责权利或一些重大问题的变更。合同内容频繁的变更是工程合同的特点之一。一个较为复杂的工程合同，实施中的变更可能有几百项。合同变更一般主要有如下几方面原因。

（1）业主新的变更指令，对建筑新的要求。例如，业主有新的主意，业主修改项目总计划，增加项目、削减预算、对项目进度有新的要求等。

（2）由于设计的错误，必须对设计图纸做修改。这可能是由于业主要求变化，也可能是设计人员，监理工程师或承包商事先没能很好地理解业主的意图。

（3）工程环境的变化，预定的工程条件不准确，要求实施方案或计划变更。

（4）由于产生新的技术和知识，有必要改变原设计、实施方案或实施计划，或由于业主指令，或由于业主的原因造成承包商施工方案的变更。

（5）政府部门对工程新的要求，如国家计划变化、环境保护要求、城市规划变动等。

（6）由于合同实施出现问题，必须调整合同目标，或修改合同条款。

（7）合同双方当事人由于倒闭或其他原因转让合同，造成合同当事人的变化。这通常是比较少的。

各种变更之间有如图 7-2 所示关系，通常反向变动是很少的。

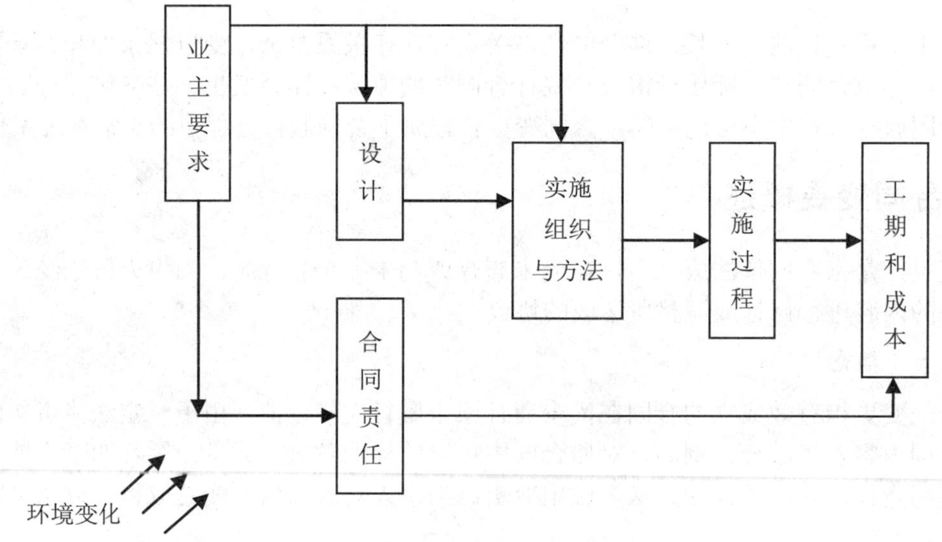

图 7-2　合同变更动力机制

（三）影响

合同变更实质上是对合同的修改，是双方新的要约和承诺。这种修改通常不能免除或改变承包商的合同责任，但对合同实施影响很大，造成原“合同状态”的变化，必须对原合同规定的内容做相应的调整。它主要表现在如下几个方面。

（1）定义工程目标和工程实施情况的各种文件，如设计图纸、成本计划和支付计划、工期计划、施工方案、技术说明和适用的规范等，都应做相应的修改和变更。合同变更最

常见和最多的是工程变更。

当然相关的其他计划也应做相应调整，如材料采购计划、劳动力安排、机械使用计划等。它不仅引起与承包合同平行的其他合同的变化，而且会引起所属的各个分合同，如供应合同、租赁合同、分包合同的变更。有些重大的变更会打乱整个施工部署。

（2）引起合同双方，承包商的工程小组之间，总承包商和分包商之间合同责任的变化，如工程量增加，则增加了承包商的工程责任，增加了费用开支和延长了工期。

（3）有些工程变更还会引起已完工程的返工，现场工程施工的停滞，施工秩序打乱，已购材料的损失等。

（4）增加监理工程师的组织协调工作。

（四）处理原则

1．变更应及时做出

在实际工作中，变更决策时间过长和变更程序太慢会造成很大的损失，常有以下两种现象。

（1）施工停止，承包商等待变更指令或变更会谈决议。等待变更为业主责任，通常可提出索赔。

（2）变更指令不能迅速做出，而现场继续施工，造成更大的返工损失。

2．系统落实变更指令

变更指令做出后，承包商应迅速、全面、系统地落实变更指令。

（1）全面修改相关的各种文件，例如图纸、规范、施工计划、采购计划等，使它们一直反映和包容最新的变更。

（2）在相关的各工程小组和分包商的工作中落实变更指令，并提出相应的措施，对新出现的问题做解释和对策，同时又要协调好各方面工作。

合同变更指令应立即在工程实施中得到贯彻。在实际工程中，这方面问题常常很多。由于合同变更与合同签订不一样，没有一个合理的计划期，变更时间紧，难以详细地计划和分析，很难全面落实责任，就容易造成计划、安排、协调方面的漏洞，引起混乱，导致损失。而这个损失往往被认为是承包商管理失误造成的，难以得到补偿。所以合同管理人员在这方面起着很大的作用。只有合同变更得到迅速落实和执行，合同监督和跟踪才可能以最新的合同内容作为目标，这是合同动态管理的要求。

3．变更影响分析

合同变更是索赔机会，应在合同规定的索赔有效期内完成对它的索赔处理。在合同变更过程中就应记录、收集、整理所涉及的各种文件，如图纸、各种计划、技术说明、规范和业主的变更指令，以作为进一步分析的依据和索赔的证据。在实际工作中，合同变更必须与提出索赔同步进行，甚至先进行索赔谈判，待达成一致后，再进行合同变更。在这里赔偿协议是关于合同变更的处理结果，也作为合同的一部分。

由于合同变更对工程施工过程的影响大，会造成工期的拖延和费用的增加，容易引起双方的争执。所以合同双方都应十分慎重地对待合同变更问题。按照国际工程统计，工程变更是索赔的主要起因。

在一个工程中，合同变更的次数、范围和影响的大小与该工程招标文件（特别是合同条件）的完备性、技术设计的正确性以及实施方案和实施计划的科学性直接相关。

二、合同变更范围和程序

合同变更应有一定的范围限制，有一个正规的程序，应有一整套申请、审查、批准手续。

（一）合同变更范围（根据《建设工程施工合同（示范文本）》GF-2017-0201）

合同变更的范围很广，一般在合同签订后，所有工程范围、进度、质量、条款内容，合同双方责权利关系的变化等都可以被看作为合同变更。最常见的变更有以下两种。

（1）涉及合同条款的变更，合同条件和合同协议书所定义的双方责权利关系，或一些重大问题的变更。这是狭义的合同变更，以前人们定义合同变更即为这一类。

（2）工程变更，即工程的质量、数量、性质、功能、施工次序和实施方案的变化。工程变更主要是由设计变更和施工条件变化引起的，具体包括以下方面。

① 设计变更。它主要是指项目投资估算时，项目计划、设计的深度不够；在测算项目投资时，基础数据失真、漏项少算；新技术、新材料和新规定的出台以及设计错误等。在施工中出现这些情况后，就必须对设计图纸进行补充、修改。

② 进度计划变更。它主要包括业主没有及时交付设计资料、设计图纸；没有按规定交付施工场地、水、电、道路等；由于产生新的施工技术，有必要改变原实施方案以及业主或监理工程师的指令改变了原合同规定的施工顺序，打乱施工部署等。

③ 施工条件变更。它往往是指未能预见的现场条件或不利的自然条件，表现在施工中实际遇到的现场条件同招标文件中描述的现场条件有本质的差异，或发生不可抗力等，使承包人向业主提出施工单价和施工时间的变更要求。

④ 新增工程。业主对工程项目有了新的要求，包括原招标文件和工程量清单中没有包括的工程项目，如扩大建设规模，增加建设内容，提高或降低建设标准，项目用途发生变化以及提供合同以外的服务项目；也包括政府部门对工程项目有新的要求等。

（二）变更程序

1. 对重大的合同变更，由双方签署变更协议确定

合同双方经过会谈，对变更所涉及的问题，如变更措施、变更的工作安排、变更所涉及的工期和费用索赔的处理等，达成一致。然后双方签署备忘录、修正案等变更协议。

在合同实施中，工程参加者各方定期会商（一般每周一次），探讨新出现的问题，讨论对新问题的解决办法。如业主希望工程提前竣工，要求承包商采取加速措施，则可以对加速所采取的措施和费用补偿等进行具体协商和安排，在合同双方达成一致后签署赶工协议。

有时对于重大问题，须多次会议协商，通常在最后一次会议上签署变更协议。双方签署的合同变更协议与合同一样有法律约束力，而且法律效力优先于合同文本。所以，对它也应与对待合同一样，进行认真研究，审查分析，及时答复。

2．业主或工程师行使合同赋予的权力，发出工程变更指令

在实际工程中，这种变更在数量上极多，情况比较复杂。

（1）与变更相关的分项工程尚未开始，只需对工程设计做修改或补充。如事前发现图纸错误，业主对工程有新的要求等。在这种情况下，工程变更时间比较充裕，价格谈判和变更的落实可有条不紊地进行。

（2）变更所涉及的工程正在进行施工，如在施工中发现设计错误或业主突然有新的要求。这种变更通常时间很紧迫，甚至可能发生现场停工，等待变更指令。

（3）对已经完工的工程进行变更，必须做返工处理。

工程变更的程序一般由合同规定。在合同分析中常常须做出工程变更程序图。最理想的变更程序是，在变更执行前，合同双方已就工程变更中涉及的费用增加和工期延误的补偿协商达成一致。工程变更程序如图 7-3 所示。

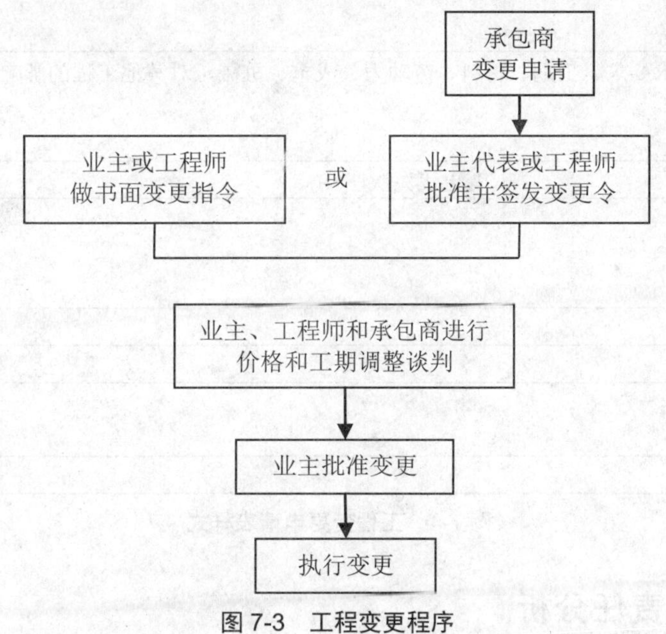

图 7-3　工程变更程序

但按这个程序实施变更，时间太长。合同双方对于费用和工期补偿谈判常常会有反复和争执，这会影响变更的实施和整个工程施工进度。所以在一般工程中，特别在国际工程中较少采用这种程序。

在国际工程中，承包合同通常都赋予业主（或工程师）以直接指令变更工程的权力。承包商在接到指令后必须执行，而合同价格和工期调整由工程师和承包商与业主协商后确定。

（三）工程变更申请

在工程项目管理中，工程变更通常要经过一定的手续，如申请、审查、批准、通知（指令）等。工程变更申请表的格式和内容可以按具体工程需要设计。如图 7-4 所示为某工程项目的工程变更申请表样式。

<table>
<tr><td>申请人</td><td>申请表编号</td><td>合同号</td></tr>
<tr><td colspan="3">相关的分项工程和该工程的技术资料说明
工程号　　　　　图号
施工段号</td></tr>
<tr><td>变更的依据</td><td colspan="2">变更说明</td></tr>
<tr><td colspan="3">变更涉及的标准</td></tr>
<tr><td colspan="3">变更所设计的资料</td></tr>
<tr><td colspan="3">变更影响（包括技术要求、工期、材料、劳动力、成本、机械、对其他工程的影响等）</td></tr>
<tr><td>变更类型</td><td colspan="2">变更优先次序</td></tr>
<tr><td colspan="3">审查意见：

计划变更实施日期：</td></tr>
<tr><td colspan="3">变更申请人（签字）</td></tr>
<tr><td colspan="3">变更批准人（签字）</td></tr>
<tr><td colspan="3">变更实施决策/变更会议</td></tr>
<tr><td colspan="3">备注</td></tr>
</table>

图 7-4　工程变更申请表样式

三、工程变更责任分析

在合同变更中，量最大、最频繁的是工程变更，它在工程索赔中所占的份额也最大。

工程变更的责任分析是工程变更起因与工程变更问题处理，即确定赔偿问题的桥梁。工程变更中有两大类变更。

（一）设计变更

设计变更会引起工程量的增加、减少，新增或删除工程分项，工程质量和进度的变化，实施方案的变化。一般工程施工合同赋予业主（工程师）这方面的变更权力，可以直接通过下达指令，重新发布图纸，或规范实现变更。它的起因可能如下。

（1）由于业主要求、政府相关部门的要求、环境变化（如地质条件变化）、不可抗力、原设计错误等导致设计的修改，必须由业主承担责任。

（2）由于承包商施工过程、施工方案出现错误、疏忽而导致设计的修改，必须由承包商负责。例如，在某桥梁工程中采用混凝土灌注桩。在钻孔尚未达到设计深度时，钻头脱落，无法取出，桩孔报废。经设计单位重新设计，改在原桩两边各打一个小桩承受上部荷载。则由此造成的费用损失由承包商承担。

（3）在现代工程中，承包商承担的设计工作逐渐增多。承包商提出的设计必须经过工程师（或业主代表）的批准。对不符合业主在招标文件中提出的工程要求的设计，工程师有权不认可。这种不认可不属于索赔事件。

（二）施工方案的变更

施工方案变更的责任分析有时比较复杂。

（1）在投标文件中，承包商就在施工组织设计中提出比较完备的施工方案，但施工组织设计不作为合同文件的一部分。对此有如下问题应注意。

① 施工方案虽不是合同文件，但它也有约束力。业主向承包商授标就表示对这个方案的认可。当然在授标前，在澄清会议上，业主也可以要求承包商对施工方案做出说明，甚至可以要求修改方案，以符合业主的目标、业主的配合和供应能力（如图纸、场地、资金等）。一般承包商会积极迎合业主的要求，以争取中标。

② 施工合同规定，承包商应对所有现场作业和施工方法的完备、安全、稳定负全部责任。这一责任表示在通常情况下由于承包商自身原因（如失误或风险）修改施工方案所造成的损失由承包商负责。

③ 在作为承包商责任的同时，又隐含着承包商对决定和修改施工方案具有相应的权利，业主不能随便干预承包商的施工方案；为了更好地完成合同目标（如缩短工期），或在不影响合同目标的前提下承包商有权采用更为科学和经济合理的施工方案，业主也不得随便干预。当然承包商承担重新选择施工方案的风险和机会收益。

④ 在工程中承包商采用或修改实施方案都要经过工程师的批准或同意。如果工程师无正当理由不同意可能会导致产生变更指令，这里的正当理由通常有：工程师有证据证明或认为，使用这种方案承包商不能圆满完成合同责任，如不能保证质量、保证工期等；承包

商要求变更方案（如变更施工次序、缩短工期），而业主无法完成合同规定的配合责任。例如，无法按这个方案及时提供图纸、场地、资金、设备，则有权要求承包商执行原定方案。

【例 7-2】在一国际工程中，按合同规定的总工期计划，应于 2016 年 7 月 8 日开始现场搅拌混凝土。因承包商的混凝土拌和设备迟迟运不到工地，承包商决定使用商品混凝土，但被业主否决。而在承包合同中未明确规定使用何种混凝土。承包商不得已，只有继续组织设备进场，由此导致施工现场停工、工期拖延和费用增加。对此承包商提出工期和费用索赔。而业主以如下两点理由否定承包商的索赔要求。

① 已批准的施工进度计划中确定承包商用现场搅拌混凝土，承包商应遵守。

② 拌和设备运不到工地是承包商的失误，他无权要求赔偿。

最终将争执提交调解人。调解人认为：因为合同中未明确规定一定要用工地现场搅拌的混凝土（施工方案不是合同文件），则商品混凝土只要符合合同规定的质量标准也可以使用，不必经业主批准。因为按照惯例，实施工程的方法由承包商负责。他在不影响或为了更好地保证合同总目标的前提下，可以选择更为经济合理的施工方案，业主不得随便干预。在这前提下，业主拒绝承包商使用商品混凝土，是一个变更指令，对此可以进行工期和费用索赔。但该项索赔必须在合同规定的索赔有效期内提出。当然承包商不能因为用商品混凝土要求业主补偿任何费用。

最终承包商获得了工期和费用补偿。

（2）重大的设计变更常常会导致施工方案的变更。如果设计变更应由业主承担责任，则相应的施工方案的变更也由业主负责。反之，则由承包商负责。

（3）对不利的异常地质条件所引起的施工方案的变更，一般作为业主的责任。一方面这是一个有经验的承包商无法预料现场气候条件除外的障碍或条件，另一方面业主负责地质勘查和提供地质报告，则他应对报告的正确性和完备性承担责任。

（4）施工进度的变更。施工进度的变更是十分频繁的：在招标文件中，业主给出工程的总工期目标；承包商在投标书中有一个总进度计划（一般以横道图形式表示）；中标后承包商还要提出详细的进度计划，由工程师批准（或同意）；在工程开工后，每月都可能有进度的调整。通常只要工程师（或业主）批准（或同意）承包商的进度计划（或调整后的进度计划），则新进度计划就成为有约束力的。如果业主不能按照新进度计划完成按合同应由业主完成的责任，如及时提供图纸、施工场地、水电等，则属业主的违约行为。

【例 7-3】在某工程中，业主在招标文件中提出工期为 24 个月。在投标书中，承包商的进度计划也是 24 个月。中标后承包商向工程师提交一份详细进度计划，说明 18 个月即可竣工，并论述了 18 个月工期的可行性。工程师认可了承包商的计划。

在工程中由于业主原因（设计图纸拖延等）造成工程停工，影响了工期，虽然实际总工期仍小于 24 个月，但承包商仍成功地进行了工期和与工期相关的费用索赔，因为 18 个

月工期计划是有约束力的。

这里有如下几个问题。

① 合同规定，承包商必须于合同规定竣工之日或之前完成工程，合同鼓励承包商提前竣工（提前竣工奖励条款）。承包商为了追求最低费用（或奖励）可以进行工期优化，这属实施方案，是承包商的权力，只要他保证不拖延合同工期和不影响工程质量。

② 承包商不能因自身原因采用新的方案向业主要求追加费用，但工期奖励除外。所以，业主代表（监理工程师）在同意承包商的新方案时必须注明“费用不予补偿”，否则在事后容易引起不必要的纠纷。

③ 承包商在做出新计划前，必须考虑他所属分合同计划的修改。如供应提前，分包工程加速等。同样，业主在做出同意（批准，认可）前要考虑到对业主的其他合同，如供应合同、其他承包合同、设计合同的影响。如果业主不能或无法做好协调，则可以不同意承包商的方案，要求承包商按原合同工期执行，这不属于变更。

④ 不可抗力。

⑤ 其他情况。

【例 7-4】在某房地产开发项目中，业主提供了地质勘查报告，证明地下土质很好。承包商做施工方案，用挖方的余土作通往住宅区道路基础的填方。由于基础开挖施工时正值雨季，开挖后土方潮湿，且易碎，不符合道路填筑要求。承包商不得不将余土外运，另外取土作为道路填方材料。

对此承包商提出索赔要求。工程师否定了该索赔要求，理由是，填方的取土作为承包商的施工方案，它因受到气候条件的影响而改变，不能提出索赔要求。

在本案例中即使没有下雨，而因业主提供的地质报告有误，地下土质过差不能用于填方，承包商也不能因为另外取土而提出索赔要求。因为：① 合同规定承包商对业主提供的水文地质资料的理解负责。而地下土质可否用于填方，这是承包商对地质报告的理解，应由承包商自己负责。② 取土填方作为承包商的施工方案，也应由他负责。

本案例的性质完全不同于由于地质条件恶劣造成基础设计方案变化，或造成基础施工方案变化的情况。

（三）合同变更中应注意的问题

（1）对业主（工程师）的口头变更指令，按施工合同规定，承包商也必须遵照执行，但应在 7 天内向工程师索取书面确认。而如果工程师在 7 天内未予书面否决，则承包商的书面要求信即可作为工程师对该工程变更的书面指令。工程师的书面变更指令是支付变更工程款的先决条件之一。作为承包商在施工现场应积极主动，当工程师下达口头指令时，为了防止拖延和遗忘，承包商的合同管理人员可以立刻起草一份书面确认信让工程师签字。因为不管工程师怎样忙碌，签字的时间总是有的。

（2）业主和他的工程师的认可权必须限制。在国际工程中，业主常常通过工程师对材料的认可权提高材料的质量标准、对设计的认可权提高设计质量标准、对施工工艺的认可权提高施工质量标准。如果合同条文规定比较含糊，或设计不详细，则容易产生争执。当认可超过合同明确规定的范围和标准时，它即为变更指令，应争取业主或工程师的书面确认，进而提出工期和费用索赔。

（3）在国际工程中工程变更不能免去承包商的合同责任，而且对方应有变更的主观意图。所以对已收到的变更指令，特别对重大的变更指令或在图纸上做出的修改意见，应予以核实。对涉及双方责权利关系的重大变更，必须有双方签署的变更协议。

（4）工程变更不能超过合同规定的工程范围。如果超过这个范围，承包商有权不执行变更或坚持先商定价格后再进行变更。

（5）应注意工程变更的实施，价格谈判和业主批准三者之间在时间上的矛盾性。在国际工程中，合同通常都规定，承包商必须无条件执行业主代表或工程师的变更指令（即使是口头指令），工程变更已成为事实，工程师再发出价格和费率的调整通知，价格谈判常常迟迟达不成协议，或业主对承包商的补偿要求不批准，价格的最终决定权却在工程师。这样承包商处于十分被动的地位。

（6）在工程中，承包商都不能擅自进行工程变更。施工中发现图纸错误或其他问题，须进行变更，首先应通知工程师，经工程师同意或通过变更程序再进行变更。

第三节　优先受偿权与开发策略

目前，虽然我国建筑和房地产业发展日趋规范，但工程承包人的工程价款却常常被严重拖欠，合同权益经常难以保障，严重影响着建筑业企业的健康稳定发展。优先受偿权的规定给了承包商一“尚方宝剑”，如何利用这把“宝剑”，成了开发商和承包商的博弈问题。

一、优先受偿权概述

所谓优先受偿权，是指某种特殊债权的效力优先于一般的债权，能在一般债权之前先得到满足。建设工程优先受偿权是指承包人对于建设工程的价款就该工程折价或者拍卖的价款享有优先受偿的权利。

建设工程优先受偿权[①]是一种法定优先权而不是设定或约定权，该优先受偿权具有以下

① 《合同法》第286条规定：发包人未按照约定支付价款的，承包人可以催告发包人在合理期限内支付价款。发包人逾期不支付的，除按照建设工程的性质不宜折价、拍卖的以外，承包人可以与发包人协议将该工程折价，也可以申请人民法院将该工程依法拍卖。建设工程的价款就该工程折价或者拍卖的价款优先受偿。

的法律特征。

（一）建设工程优先受偿权是一种优先权

所谓优先权即先取特权，是指由法律直接规定的担保特种债权的债权人享有的优先受偿的权利。法国民法典规定：“优先权是指依据债权的性质，给予某一债权人先于其他债权人，甚至先于抵押权人，受清偿的权利。”该法中明确规定了建筑工程的优先权。之所以规定优先权，是法律为了维护社会的公平和秩序，赋予债权人对某种特殊的债权享有优先于一般债权人而优先受偿的权利，其设立的目的是对某种特殊的债权加以特别的保护，而不是在当事人平等的基础上成立的对某一特定债权的特别保护。民法总则和担保法中未规定优先权，但现行的其他法律则有关于优先权的规定。

（二）建设工程优先受偿权是由法律直接规定而取得的，不以占有或者登记为要件

优先权不能由当事人私自约定或者相互之间达成合意，而是基于法律的直接明确的规定，因而与担保法中的抵押、质押不同，而有点类似于留置权。上述担保物权中的抵押和质押都是可以由当事人之间约定或设定，而明显地，建筑工程价款的优先受偿权在合同法中有明确的规定，这既是法律对建筑工程价款优先权的第一次明确的规定，也是建设工程价款优先受偿权的法律渊源。建设工程价款优先受偿权的法定性包括以下特征。

（1）工程优先受偿权是一种法定权利，是法律规定的建筑工程价款在诸多建筑纠纷中居优先受偿的地位，这一规定不是当事人可以选择的条款，而是赋予承包人的一项法定权利。

（2）工程优先受偿权的性质属于担保物权，带有某种程度的强制性。这种强制性不但可以对建筑物进行拍卖或折价并进行优先受偿，还主要体现在法院的强制执行中。

（3）工程优先受偿权是以建筑物为担保的债权，它是通过设置于建筑物上的优先权的标的物——建筑物之上的，权利人对建筑物的所有人的追偿，可以通过建筑物得到担保，而且这种担保是无须登记和公示的。

（4）优先受偿权可随建筑物所有权转移而转移，效力一直追及于该建筑物。但也受到一定的限制，即当该建筑物作为商品房时，消费者在交付购买商品房的全部或者大部分款项后，权利人就该商品房享有的工程价款优先受偿权不得对抗买受人。

（5）优先受偿权的行使受时效限制，逾期行使则产生放弃该权利的效果，与其他权利受偿属同一顺序。

（三）工程优先受偿权“优先权”

工程优先受偿权先于当事人之间设定的担保物权，如抵押、质押和留置等权利，也同样优先于破产企业中的职工工资、劳动保险和国家税收等。关于这一点，在最高法院的司法解释出台后，目前法学理论和实践方面都取得较为一致的意见。

（四）工程优先受偿权大多是无须公示的担保物权中的一种

民法上担保物权的设定，原则上需要以登记或者公示为生效要件，并以此来对抗第三人，否则，担保物权不能成立或者不能产生对抗善意第三人的效力。若抵押未经过有关部门的登记，其当事人之间私下设定的抵押权是无效的，不能对抗第三人的请求权，而优先权基于其权利的法定性，大多数国家法律规定无须登记，也不以占有债务人的财产为公示要件。根据《合同法》的规定，建设工程优先受偿权也是无须经过登记或公示就直接成立的，只要确认为建设工程价款，其优先性不容置疑。

二、优先受偿权的适用范围

建设工程优先受偿权的主体为建设工程合同的承包人。合同法规定了建设工程价款优先受偿权由建设工程合同的“承包人”享有和行使。实践中对于界定“承包人”，应从以下方面加以理解。

（一）权利主体是工程承包人

《合同法》第269条中还规定：“建设工程合同包括工程勘察、设计、施工合同。”因此，工程勘察人、设计人与施工人一样，同样属于工程承包人，对应的业主同样属于发包人，因勘察、设计合同拖欠工程款性质的勘察费、设计费，同样属于工程款的一部分，所以被拖欠工程价款的勘察人、设计人同样可行使相应的优先受偿权。

（二）主体应包括建筑装修合同

随着大量建筑施工合同和装修合同的签订，权利人主张工程价款和装修款优先受偿的情形也时有发生，准确认定优先受偿的主体，在执行工作中尤为重要。显而易见，承包人承揽土地之上的建筑物所生的债权，直接依据法律规定对其工作物的不动产享有法定抵押权，承包工程的承包人是享有优先受偿权的适合主体。

建筑装修合同的优先受偿权，应限定在修缮和添附的价值范围内，当建筑施工价款优先受偿权与建筑装修合同的优先受偿权发生竞合时，应各自按其优先受偿的范围，行使优先受偿权。在现实中，建设工程一般由勘察、土建、装饰几部分工程组成，较多的情况是拖欠土建施工款和装饰工程款。当土建施工的承包人对建筑物行使优先受偿权，对建筑物折价或拍卖，涉及装饰增值问题时，因未凝结土建承包人的劳动力价值及原材料价值，土建承包人不得享有优先权比较容易操作，只要将增值的部分估价后从拍卖所得的价款中分离即可。而如果发包人仅仅拖欠装饰工程承包人的工程款，而该建筑物又被发包人抵押，通常此种情况下实现承包人有限受偿权有两种方式，即承包方与发包方协议将工程折价或法院依法拍卖。协议将工程折价可以是承包方与发包方协议，将相当于尚欠工程款价值部分的装饰工程一般与建筑物具有不可分性，装饰工程的承包人虽然按合同法规定可以行使优先受偿权，但工程的其他部分未凝结装饰承包人的劳动力价值及原材料价值，其不应享有优先受偿权。而事实上装饰承包人又难以对自己的劳动成果部分单独行使优先权，故装

饰承包人要实现优先受偿权，应待抵押权人对建筑物行使抵押权时，对自己承包的装饰工程价值进行评估后，才能对装饰工程价值部分行使优先受偿权。

最高人民法院《关于装修装饰工程款是否享有合同法第 286 条规定的优先受偿权的函复》中认为："装饰装修工程属于建设工程，可以适用《合同法》第 286 条关于优先受偿权的规定，但装饰装修工程的发包人不是该建筑物所有权人或者承包人与该建筑物的所有权人之间没有合同关系的除外。享有优先受偿权的承包人只能在建筑物因装饰装修而增加价值的范围内优先受偿。"

（三）分包人不应作为优先受偿权的行使主体

根据前文所述，建设工程欠款优先权的成立，须因合同之债而生，其权利义务的双方当事人为发包人与承包人，这也是建设工程承包人基于合同之债而对发包人所享有的一项法定权利。反之，与发包人不存在建设工程合同关系的任何一方当事人，均无法享有基于合同之债而形成的优先受偿权。我国《建筑法》第 29 条规定："建筑工程总承包单位按照总承包合同的约定对建设单位负责；分包单位按照分包合同约定对总承包单位负责。"可见，在建设单位（发包人）与总承包单位、总承包单位与分包单位之间存在两个独立的合同法律关系，发包人与分包单位之间并不存在基于合同关系而直接形成的权利义务关系，发包人也就不会对分包人形成迟延支付工程价款的违约行为。因此，建设工程的分包人只能向总承包人主张合同之债，而不能就该债务对工程本身行使优先受偿权，反之，如果赋予分包单位对工程欠款的法定优先权，将给司法实践带来操作上的困难。

《合同法》第 272 条第 2 款中规定："总承包人或者勘察、设计、施工承包人经发包人同意，可以将自己承包的部分工作交由第三人完成。""承包人不得将其承包的全部建设工程转包给第三人或者将其承包的全部建设工程肢解以后以分包的名义分别转包给第三人。"因此，分包单位可能享有的债权金额，仅为建设工程总价款的极小部分。而且不动产具有不可分割性，若允许分包单位就极小部分债权对全部工程行使优先受偿的权利，其权利的单独行使必将严重损害不动产所有权的稳定性。同样，若任由各分包单位行使对工程欠款的法定优先权，可能导致主要债权人（总承包单位）的权利落空，还会产生各分包单位之间到底哪方更"优先"的疑问，形成各分包单位之间的优先权对抗问题。因此，建设工程的分包人不应作为优先受偿权的行使主体。

三、优先受偿权的适用条件

根据相关法律法规的规定，结合建设工程的特点，承包人必须符合以下条件方可行使工程优先受偿权。

（一）承包合同合法有效，且承包人没有放弃优先受偿权

首先，合同法只保护承包人追偿工程价款的合法权利。如果合同是无效的，承包人的

权利不再是追偿工程价款的权利，而是请求“折价补偿”的权利，这一权利不具有优先性。

其次，合同法中对承包人“优先受偿权”的规定是承包人的一项民事权利，是否行使由当事人选择。如果承包人在合同中放弃了优先受偿权，只要不违反国家法律的强制性规定和社会公共利益，那么法律是尊重当事人意志的，也意味着承包人只能以一般的债权人身份来要求偿还工程价款。

（二）工程竣工且验收合格

《合同法》第 279 条规定：“建设工程竣工后，发包人应当根据施工图纸及说明书、国家颁发的施工验收规范和质量检验标准及时进行验收。验收合格的，发包人应当按照约定支付价款，并接收该建设工程。建设工程竣工经验收合格后，方可交付使用；未经验收或者验收不合格的，不得交付使用。”可见，工程竣工并经验收合格是发包人按照约定支付工程价款的前提条件。工程的验收是发包人对承包人所建工程的质量符合合同约定和法律规定的标准的确认，也是发包人的法定义务。只有在建设工程经由发包方组织国家有关质检机构验收合格交付发包人后，才产生了发包人向承包人付清工程款的义务。若验收不合格，承包人不仅无权主张偿付工程款，还可能要承担向发包人支付违约金或赔偿金的责任。

但实践中因发包人在履行建设工程合同时严重违约或拖欠工程进度款或丢弃工程逃匿致使建设工程被迫停工的现象时有发生，对于出现因发包人的过错造成建设工程未能竣工验收的情况，如果严格限制承包人行使工程款优先受偿权在竣工验收后，对承包人是极不公平的，不利于保护承包人的合法利益。因而，《最高人民法院关于建设工程价款优先受偿权问题的批复》（以下简称《批复》）第 4 条中明确规定：“建设工程承包人行使优先权的期限为 6 个月，自建设工程竣工之日或者建设工程合同约定的竣工之日起计算”，之所以加上“或者建设工程合同约定的竣工之日”这种情况，就是针对由于非承包人的原因导致工程未竣工，但合同约定的竣工日期届满的情况时保护承包人的优先受偿权。

（三）建设工程所有权须为发包人所有

建设工程承包人施工的内容，不仅包括新建建筑物，还包括在原建筑物上所做的增建或修缮等。同时，鉴于所有权与使用权的相分离性，某一建筑物可能被所有权人以外的第三人（包括租赁人、典权人[①]）实际使用并占有。而在租赁人或典权人与建设工程承包人签订建设工程合同，要求承包人对已建成的工程进行局部性施工或修缮而产生工程欠款时，由于建筑工程的不可分性，承包人显然不能对所建设的工程主张物上请求权，否则，违背了物权的基本原理和不动产所有权的保护制度。

[①] 所谓典权，是指占有、使用、收益他人不动产的一种物权。占有他人不动产而享有使用收益权利的一方为典权人；收取典价而将自己的不动产交典权人占有、使用、收益的一方为出典人。

由于债权不具有公示性，工程所有权人除非亲自发包，往往不容易了解到是否存在以其所有的不动产为标的物的建设工程合同的存在。于是，可能在所有权人未知的情况下，其所拥有的不动产已成为法定优先担保物权的标的物，也非常可能因此而导致不动产所有权的变更。在房屋的承租人或典权人将部分工程发包且未支付工程款时，若允许承包人于该房屋上成立优先受偿权并优先行使，则房屋真正所有权人的合法权益势必遭受严重侵害。可见，允许在非发包人所有的建设工程上成立法定优先权，有害于不动产的安全，也有悖于意思自治原则。再者，不动产所有权人并非建设工程合同的当事人，其与工程承包人之间没有直接的法律关系，并不需要承担支付工程款的义务。如果要以其所有的不动产来担保此等义务的实现，无形中把所有权人也追加为连带债务人，也有违债权相对性原则和法律保护善意当事人的原则。因此，承包人享有优先权的标的物，应仅限于发包人所有的建设工程。

（四）发包人未在约定期限内支付工程价款

此处的“价款”是指建设工程承包合同约定的承包费，包括承包人因施工而支付的劳动报酬、所投入的材料费和所垫付的其他合理费用以及因合同所发生的损害赔偿；此处的“约定期限”是指承包合同所规定的支付价款的期限。在发包人与承包人就工程价款结算完毕，双方的债权、债务关系明确，欠款数额经发包人确认之后，若发包人未按照约定支付价款的，承包人才具有行使优先受偿权的条件。如果发包人按照约定支付了价款，承包人的债权已实现，也就没有行使该权利的必要了。

适用合同法中承包商的“优先受偿权”的规定的前提条件之一是发包人未按照约定支付建设工程价款。具体而言，第一，发包人未付价款是特定的建设工程价款，不包括承包人承建的发包人的其他建设工程价款，更不包括发包人因其他原因形成的对承包人的未付款。第二，该建设工程价款是确定的。如果工程已经竣工，该价款应是合同约定的包干价或者依照合同约定经竣工决算确定的价款扣除发包人已付部分；如果工程尚未竣工，该价款应是根据合同可以确定的进度款或备料款。第三，该建设工程价款应是已届清偿期的。合同应当明确约定建设工程价款的支付期限，特别应当明确备料款、进度款以及尾款的支付期限；如果合同约定不明确，则承包人可以按照合同法的相关规定[①]向发包人确定履行期限。值得指出的是，如果发包人因失去清偿能力而被宣告破产，那么即使未到期的建设工程价款也应视为已届清偿期。

（五）经承包人催告后发包人仍不支付价款

优先受偿权的行使，对发包人的利益影响很大，将使发包人丧失对建设工程的所有权。

[①] 《合同法》第 62 条规定：履行期限不明确的，债务人可以随时履行，债权人也可以随时要求履行，但应当给对方必要的准备时间。

若规定一旦逾期支付，承包人即可行使优先受偿权，则对于发包人过于苛刻。所以我国《合同法》为发包人留有余地，设立了催告制度，即发包人未按约定支付价款，承包人不能立即行使优先受偿权，即将该工程折价、拍卖，而是应向发包人催告，督促其履行到期价款，同时给予发包人履行义务的合理期限。如果在该期限内，发包人已经支付了价款，承包人只能请求发包人承担按照支付约定的违约金或者逾期支付的利息，赔偿其他损失等违约责任。只有超过合理期限仍不支付的，承包人才能行使优先受偿权。另外，承包人对工程依法折价或者拍卖的，应当遵循一定的程序。发包人对工程折价的，应当与发包人达成协议，参照市场价格确定一定的价款把该工程的所有权由发包人转移给承包人，从而使承包人的债权得以实现。承包人因与发包人达不成折价协议而采取拍卖方式的，只能申请人民法院将该工程予以拍卖，不得自行将工程变卖或者委托拍卖公司拍卖。

（六）建设工程适合公开市场交易

此处的“不宜折价、拍卖的建设工程”，主要是从其功能上讲的，主要包括两种：一种是具有公益性质的建筑，如公共道路、国家机关办公楼、城市及乡村的社会公益设施、军事设施、机场、车站等。这些设施不能被拍卖或折价，否则将影响国家机关职能的行使和危害社会公共利益。另一种是自然人的生活住宅，这类建筑如被拍卖，将可能会造成社会的不稳定，也违背我国保护基本人权的法律政策。若债务人还另有住处则另当别论。

（七）建设工程价款不包括消费者已经交付款项的商品房

最高人民法院《批复》第 2 条规定：“消费者交付购买商品房的全部或者大部分款项后，承包人就该商品房享有的工程价款优先受偿权不得对抗买受人。”在此，“消费者”应当作狭义的理解，应当是为生活需要而购买商品房的个人，不包括单位，也应当将购买商品房用于出租或转售以牟利的个人排除在外。消费者的居住权是一种生存权。司法解释的这一条规定表明了法律在企业的合法利益和人的生存权利发生冲突时首先保护人的生存权利。但是法律对商品房的消费者的保护是有限度的。如果消费者只交了很少一部分房款，这时消费者的利益没有多少理由来对抗建筑企业职工的工资利益。因此，最高法院的解释在这两种利益之间进行了平衡：保护商品房消费者的居住权利但是以消费者已经缴纳了全部或大部分房款为限。

四、优先受偿权的受偿范围

建设工程优先受偿权的范围并没有具体规定。根据合同法的规定，承包人只能就建设工程价款行使优先受偿权。因此，承包人优先受偿权的债权范围也就是建设工程价款所包括的范围。

（一）建设工程价款的范围应以合同为基础

建设工程价款的优先受偿权，基于发包人对建设工程合同的违约行为而产生。承包人所主张优先受偿权的标的，也应基于对建设工程合同的违约而产生的债务。建设工程价款优先权的范围，应以合同所约定的内容为依据，可参考建设工程合同的工程造价拨款及最终的工程结算等条款为据，来最终确定可主张优先权的建设工程价款。

（二）建设工程价款应是合理且实际发生的费用

最高人民法院《批复》第 3 条规定："建筑工程价款包括承包人为建设工程应当支付的工作人员报酬、材料款等实际支出的费用，不包括承包人因发包人违约造成的损失。"实践中，依照应当支出和实际支出原则来界定"建设工程价款"的范围。根据《批复》的规定，主张优先权的工程价款应当同时具备以下两个条件：一是享有优先受偿权的建设工程价款应当是建设工程中应当支出的费用，也就是对于建设工程过程中不合理发生的费用，就不能主张优先受偿权。二是建设工程价款应当是施工过程中应建设该工程项目而实际支出的费用。建筑企业日常管理支出的费用不能享有优先受偿权。同时，如果该建设工程项目没有竣工但已过了约定竣工日期，则逾期为了以后完成该项目而要支出的费用也不在优先受偿权之列。

根据《建设工程施工发包与承包价格管理暂行规定》，建设工程价款包括"成本（直接成本、间接成本）、利润（酬金）和税金"。这种价款的表现形式有工程估算价、设计概算价、施工图预算价、施工预算价和竣工结算价五种。若工程已竣工，则工程价款应指竣工结算价；若工程未竣工，则应以施工预算价为基础评估工程价款。并且建设部有关工程造价的规定，也明确了工程价款包括四部分：直接费、间接费、利润、税金，这四部分构成工程价款的整体，且不可分。因此，《批复》中所提及的工程价款的范围应做如下界定：一是承包人为建设工程应当支付的劳动报酬，包括已支付和未支付的，都属于工程价款；二是承包人已为建设工程支出的材料款等费用也属于工程价款，该费用不能仅指材料款，还包括其他实际支出的直接费、间接费等费用，应与建设部门工程造价规定的工程价款相一致，但这里强调的是实际支出的费用。承包人因发包人违约所造成的损失（违约金、赔偿金等），不属于优先受偿的范围。

（三）迟延利息列入优先受偿范围

合同法未明确规定建设工程价款迟延利息的优先受偿问题，但根据我国民法的相关规定工程款的迟延利息属于其法定孳息①，与工程款本为一体。因此建设工程价款的迟延利息理应属于法定优先权的受偿范围。另外，承包人因发包人违约，所造成的包括违约金利息等损失，不属于直接的工程价款，本身更具有一般债权的性质。因此，不应列入工程价款

① 法定孳息指因法律关系所获得的收益，如出租人根据租赁合同收取的租金、贷款人根据贷款合同取得的利息等。

的范围而受到优先受偿权的保护。

五、优先受偿权的实现程序

承包人对建设工程款优先受偿权的实现程序有协议方式和司法程序两种形式。

（一）协议方式

根据合同法，有两种协议方式可以实现优先受偿权：其一是协议折价。在具备了优先权行使条件的情况下，承包人可以与发包人协议将建设工程本身或建设工程的一部分折价归承包人所有，以抵偿发包人所欠承包人的工程款。也可以协议将建筑物卖于第三人，由承包人从卖得的价款中优先受偿。但应当注意协议折价不得损害其他债权人的利益。若侵害了其他债权人的利益，则其他债权人可根据合同法的规定行使撤销权[①]。其二是申请人民法院拍卖。在优先权成立后，承包人可以申请法院拍卖该建设工程，并就拍卖的价款优先受偿。在此需要注意的是，此与一般抵押权的行使方式有所不同。一般抵押权人需要向法院提起诉讼，而不能直接申请法院拍卖；而建设工程价款优先受偿权人可以向法院直接申请拍卖，但应向法院提出证据证明优先受偿权已经具备条件。这一点与担保法“债务履行期限届满抵押权人未受偿的，可以与抵押人协议以抵押物折价或者以拍卖、变卖该抵押物所得的价款优先受偿；协议不成的，抵押权人可以向人民法院提起诉讼”的规定是不同的。担保法规定的是对“人的诉讼”，债权人可以把债务人告上法庭通过审判来行使抵押权；而合同法对“优先受偿权”实现程序所做的规定不是“提起诉讼”，而是“申请法院拍卖”，无须通过诉讼程序。有关具体申请拍卖的程序，目前无专门规定，承包人可参照民事诉讼法的有关规定执行。

（二）司法程序

《批复》第 1 条规定“人民法院在审理房地产纠纷案件和办理执行案件中，应当依照《中华人民共和国合同法》第 286 条的规定，认定建筑工程的承包人的优先受偿权优于抵押权和其他债权。”可见最高人民法院在《批复》中明确规定了实现法定优先受偿权的司法程序有两种：一是审判程序。承包人如果有拖欠工程款的案件诉讼到法院的，必须在诉讼中明确提出要求适用合同法优先受偿的诉讼请求。这是由法院的民事审判原则确定的，即“不告不理”的原则。也就是说，虽然法律给予了承包人法定优先受偿权，但是民事权利是可以放弃的，承包人不在诉讼中提出适用《合同法》第 286 条的请求，法院不会主动依职权判决，甚至可视为承包人放弃了相应权利。另一方面，结合《最高人民法院关于民

[①] 《合同法》第 74 条规定：因债务人放弃其到期债权或者无偿转让财产，对债权人造成损害的，债权人可以请求人民法院撤销债务人的行为。债务人以明显不合理的低价转让财产，对债权人造成损害，并且受让人知道该情形的，债权人也可以请求人民法院撤销债务人的行为。

事诉讼证据的若干规定》第 34 条规定：“……当事人增加、变更诉讼请求或者提起反诉的，应当在举证期限届满前提出。”也就是说，如果承包人在组织诉讼请求时没有明确提出适用《合同法》第 286 条的请求，又不在举证期限届满前提出，而直到在开庭审理过程中才以增加诉讼请求的方式提出的话，这一请求将得不到法院的支持。二是执行程序。在诉讼中如果没有提出适用优先受偿权的请求，是不是就导致权利的必然失去呢？根据《批复》，在执行程序中仍然可以提出要求适用《合同法》第 286 条优先受偿，但在执行程序中提出的方式就应该是在执行申请中作为一个明确的请求提出。从上述两方面来讲，具体到《批复》中的规定就是承包人提出请求，人民法院依法“认定”，而如果承包人自己不提出请求，法院就可以依据“不告不理”的原则不予处理。

【例 7-5】基本案情：一审原告建发公司认为西岳山庄违反合同约定，拖欠工程款并造成窝工损失，遂向一审法院提起诉讼，请求：（1）依法判令西岳山庄依约支付拖欠建发公司工程款及窝工损失共计 23 213 450 元；（2）由西岳山庄承担本案的诉讼费、保全费及律师费用等全部诉讼费用；（3）建发公司对所承接的工程依法享有优先受偿权。

一审被告西岳山庄提起反诉，认为三公司违反合同约定，迟延交付涉案工程，给西岳山庄造成了经济损失，请求依法判令建发公司与三公司：（1）向西岳山庄赔偿拖延工期罚金 1 552 460 元；（2）赔偿西岳山庄额外支出的工程款 1 472 921 元；（3）赔偿西岳山庄因工程拖延交付使用造成的不能营业的经济损失 8 558 237 元；（4）承担本案全部诉讼费用。

裁判主旨：一审法院判决：（1）自该判决生效之日起 30 日内，西岳山庄支付建发公司工程款 9 719 565.73 元；（2）建发公司在西岳山庄欠付的工程款范围内，对该工程享有优先受偿权；（3）驳回建发公司的其余诉讼请求；（4）驳回西岳山庄的反诉请求。一审案件受理费 126 077.25 元，鉴定费 16.5 万元，共计 291 077.25 元由建发公司承担 174 646.35 元，西岳山庄承担 116 430.90 元；反诉费 67 928.08 元，由西岳山庄公司承担；诉讼保全费 109 738 元，由建发公司承担。

二审法院认为，三公司向建发公司转让债权合法有效，建发公司具有诉讼主体资格。西岳山庄与三公司在履行《施工合同》过程中均有违约行为，对工程延期完工均有责任。但由于西岳山庄违约在先，并长期拖欠工程款，也不存在额外支出，故对西岳山庄的反诉请求，一审法院不予支持是正确的。鉴于《施工合同》确已无法履行，三公司依约有权解除合同。合同解除后，未履行的部分不再履行。由于《施工合同》约定的工程保质期已过，质保金不再从工程款中扣除。建发公司基于债权受让，在合同解除前已提起诉讼，对涉案工程享有优先受偿权。原判决认定事实基本清楚，适用法律正确。二审中，建发公司提出在本案执行阶段放弃 20 万元文明工地定额费用，并在申请执行时予以扣除，依法应予准许。依据《民事诉讼法》第 153 条第 1 款第 1 项的规定，二审判决：驳回上诉，维持原判。逾

期不履行判决确定的金钱给付义务，应当依照《民事诉讼法》第232条的规定，加倍支付迟延履行期间的债务利息。

六、优先受偿权与其他权利的竞合

（一）建设工程价款优先受偿权与一般抵押权之间冲突时的处理

在实践中，发包人全部使用自有资金投入房产项目是不多见的，绝大多数单位采用抵押贷款的办法筹措建设资金。因此建设工程承包人的优先受偿权与抵押权发生冲突特别是与银行的抵押权发生冲突的可能性很大。

在建工程[①]抵押是房地产开发商为取得在建工程继续建造资金的贷款，以其合法方式取得的土地使用权连同在建工程的投入资产，以不转移占有的方式抵押给贷款银行作为偿还贷款履行担保的行为。《担保法解释》规定："以依法获准尚未建造的或者正在建造中的房屋或者其他建筑物抵押的，当事人办理了抵押物登记，人民法院可以认定抵押有效。"从而在司法上确认了在建工程抵押的法律效力。在实践中，房地产开发商为筹集建设所需资金，通常会为其开发的房地产设定在建工程抵押。根据合同法规定，如果发包人（开发商）未按约定支付工程款，承包人可以对该工程主张优先受偿权，而且，承包人行使该权利并不以登记为要件。于是，在该建设工程上就既存在已登记的一般抵押权，又存在未经登记的承包人对工程的优先受偿权。在这两种权利发生竞合时，其优先受偿次序如何确定？

承包人的建设工程价款优先受偿权优先于一般抵押权。其依据如下。

（1）建设工程是以承包人及建筑工人付出的劳动为前提的，没有承包人和工人的劳动及投入，发包方就不可能有作为抵押物的建设工程的存在，如果抵押权人对拖欠承包款的抵押物行使优先于承包人的优先权，这实际上就是以建设工程承包人的付出为发包人清偿债务，不符合民法的公平原则。

（2）法定优先权应具有对抗其他担保物权的效力。例如，《中华人民共和国海商法》第25条规定："船舶优先权先于船舶留置权受偿，船舶抵押权后于船舶留置权受偿，该规定确立了法定优先权高于法定担保物权、意定担保物权低于法定担保物权的权利效力位序。"

（3）建设工程是由承包人所雇劳动者劳动所累积。我国现阶段，民工工资拖欠严重的社会问题的一个重要根源就是因发包人拖欠承包人工程款所致。从立法保护劳动者基本生活安全及鼓励建设者创造社会财富的政策目的角度来说，承包人优先受偿权的实现具有重大的生存保障意义。而一般抵押权所保障的是民事主体的普通利益。因此，当承包人优先

[①] 在建工程，是指正在建设、尚未竣工的房屋等建筑物，包括处于施工前期准备、正在施工中和虽已完工但尚未交付使用的建设工程和安装工程。

受偿权与银行抵押权等一般抵押权发生冲突时，承包人优先受偿权优先于一般抵押权。

（二）多个承包人同时主张优先权的竞合处理

建设工程价款优先受偿权的标的物为不动产，因此与通常以不动产为标的物的抵押权和一般债权有发生竞合的可能，包括建设工程价款优先受偿权与一般债权的竞合、与一般抵押权的竞合以及该优先受偿权之间的竞合（由于我国现行法律不承认不动产的留置权①，故不存在与留置权的竞合）。虽然国外立法中由于优先权存在着一般优先权和动产、不动产优先权的区分，不动产优先权又有登记与否的差别，故在发生权利竞合时有着较复杂的情形，但是，我国合同法中的建设工程价款优先受偿权作为一种法定优先权，并不以登记为要件，因此在发生上述权利竞合时的情形就相对简单得多。根据优先权的立法目的和法定担保物权的属性，在建设工程价款优先受偿权与以该工程为标的物的一般抵押权、一般债权发生竞合时，该优先受偿权应优先于一般抵押权和一般债权，最高人民法院《批复》的第 1 条对此已做了非常明确的规定。而对于两个以上建设工程价款优先受偿权发生竞合（即两个以上承包人对同一建设工程享有工程价款优先受偿权）的情形，最高人民法院《批复》则还没有做出规定。

一个建设工程的建造是非常复杂的，其可能涉及基础工程、土木工程、装修工程、给排水工程、供电工程、消防工程、中央空调安装工程、电梯安装工程等。如果仅是某施工承包人在总包后再分包给各分项工程的，则只存在总包人一方享有建设工程价款优先受偿权并独立行使的问题（而其他分包人无权独立行使该优先受偿权），并不会出现优先受偿权的竞合问题；但如果发包人除了和主体工程承包人（一般指土木工程承包人）签订主体建设工程承发包合同以外还分别与各分项工程承包人各自签订独立的分项建设工程承发包合同的，就会出现两个以上建设工程价款优先受偿权发生竞合的情形；此外，发包人把一个大型或结构复杂的建设工程分开不同部分发包给两个以上承包人，或者一个承包人做了一部分工程以后因故退场而余下部分由另一个承包人完成，同样也会出现两个以上建设工程价款优先受偿权发生竞合的情形。

（三）优先受偿权与商品房买受人的权利发生冲突时的处理

最高人民法院《批复》中的消费者的含义与消费者权益保障法的含义相同，即为生活消费需要购买商品房的消费者，不包括为经营目的而购买商品房的消费者。消费者购买商品房与承包人优先受偿权的关系可分以下两种情形。

（1）房屋的所有权尚未转移给买受人时，存在承包人的优先受偿权与买受人的商品房交付请求权之间的冲突。房屋所有权尚未转移给买受人的情形包括：尚未竣工，或者虽已

---

① 留置权是指债权人按照合同的约定占有债务人的动产，债务人不按照合同约定的期限履行债务的，债权人有权依照法律规定留置财产，以该财产折价或者以拍卖、变卖该财产的价款优先受偿。

竣工但尚未交付房屋，或者虽已交付但尚未办理过户登记。根据《城市房地产管理法》及有关商品房预售登记管理办法的规定，预售人应在预售合同订立后30天内向房地产管理部门和土地管理部门办理登记备案。预售合同的登记备案是将物权公示手段运用于债权法的请求权，使买受人对预购商品房的请求权具有对抗第三人的效力，从而具有保全买受人请求预售人交付商品房的债权实现的作用。换言之，通过登记备案，买受人对预购商品房的请求权已具有了一定的物权排他效力。

（2）商品房的所有权已转移给消费者时，承包人的优先受偿权不可对抗消费者的房屋所有权。根据《合同法》第286条的规定，承包人的优先受偿权仅限于建设工程折价或者拍卖所得价款，也就是说，承包人的优先权只能存在于属于发包人所有的建筑物或者建设工程上，如果商品房的所有权已转移，承包人的优先受偿权即不存在。此外，保护消费者的利益有利于稳定社会秩序。

【例7-6】2013年6月8日，甲公司作为承包方与乙公司签订建设工程施工合同。同年2月1日，乙公司欲以在建工程为抵押向丙银行申请贷款，甲公司向丙银行出具了承诺书，承诺在工程款范围内放弃建设工程价款优先受偿权（以下简称优先受偿权）。之后乙公司获得贷款，并办理了在建工程的抵押登记。工程竣工验收后，因工程款纠纷，甲公司诉至法院，要求乙公司支付工程余款，并在其承建工程范围内享有优先受偿权。丙银行认为甲公司已经承诺放弃优先受偿权，其不应再享有该权利。

甲公司承诺放弃优先受偿权是否有效？

一种观点认为，甲公司承诺放弃优先受偿权，系对自身权利的自由处分，符合私法自治的原则，是有效的。甲公司承诺放弃该权利，后又主张无效，违背诚实信用原则，且会对丙银行的权益造成严重损害。另一种观点认为，优先受偿权系《合同法》规定的法定优先受偿权，保护的不仅是建筑施工企业的利益，还有效保护工人工资和材料商的货款，涉及社会公共利益，当事人不得约定或者承诺放弃。

实践中，开发商为筹措资金，往往将在建工程抵押至银行贷款，而银行为了预防可能发生的风险，会要求建筑施工企业出具承诺函放弃优先受偿权。如果开发商无力偿还银行贷款，又拖欠建筑施工企业工程款时就发生了抵押权与优先受偿权的冲突。对此问题，《批复》已经做了解答，即人民法院在审理房地产纠纷案件和办理执行案件中，应当依照《合同法》第286条的规定，认定建设工程承包人的优先受偿权优于抵押权和其他债权。但是承包人的优先受偿权是否可以放弃却颇具争议。笔者认为甲公司自愿放弃优先受偿权应为有效，理由如下。

（1）优先受偿权属于私权，当事人可以自由处分。优先受偿权是指当不同性质民事权利发生冲突时，某种权利依据法律规定，优先于其他民事权利实现的民事权利。虽然关于该项权利的性质在学理上存在着法定抵押权说、留置权说、优先权说等观点，但不管何种

观点，不可否认的是优先受偿权属于民事权利。民事权利的行使由权利人的意思决定，任何人和任何组织不得干涉。意思自治原则赋予民事主体充分的意志自主和自由，有利于充分调动民事主体积极性、主动性和创造性，保障民事主体经济利益充分实现。建筑施工企业放弃优先受偿权系对自身权利的处分，符合意思自治原则。

（2）建筑施工企业放弃优先受偿权之后又主张放弃无效的，有违诚实信用原则。合同当事人应当恪守诺言，履行义务，谨慎维护对方的利益，满足对方的正当期待。银行基于建筑施工企业自愿放弃优先受偿权而向发包人出借款项，在银行于在建工程之上设立抵押权发放贷款后，如果认为建筑施工企业自愿放弃优先受偿权的行为无效，则对银行可能产生不利影响，不仅违背诚实信用原则，而且不利于交易的安全，体现为过多地干涉平等民事主体的交易行为。处理民事案件应贯彻诚实信用原则，特别是在法律没有明确规定时，更应以诚实信用为判断标准，以事实为依据来调整各方当事人的权利义务关系，以达到平等、充分地保护各方当事人利益的目的。

（3）《批复》第 4 条规定，建设工程承包人行使优先受偿权的期限为 6 个月，自建设工程竣工之日或者建设工程合同约定的竣工之日起计算。因此，虽然 6 个月期限的规定是为了督促建筑施工企业及时行使权利，但如果建筑施工企业超过 6 个月未行使优先受偿权的，优先受偿权丧失。从上述规定可以看出，优先受偿权并没有绝对的排他性。《物权法》第 177 条第（三）项规定，债权人放弃担保物权的，担保物权消灭。既然担保物权可以因债权人的放弃而归于消灭，则优先受偿权因建筑施工企业的放弃而归于消灭并无不妥。且建筑施工企业放弃的仅仅是针对抵押权的优先受偿权，并未放弃自身的债权。

（4）主张优先受偿权不能放弃的观点认为建筑施工企业的放弃行为直接影响到工人工资的发放、材料商货款的回笼等。笔者认为该理由不能成立。上述款项的支付，受到《中华人民共和国劳动法》、《中华人民共和国劳动合同法》和《合同法》等法律保护，自有其救济途径，将其完全归于优先受偿权的实现，过分夸大了该权利的效应，也弱化了其他法律对民事权利的救济。

【例 7-7】A 银行诉 B 房地产公司借款纠纷一案中，诉讼过程中查封了 B 公司开发的一个楼盘，该楼盘已办理了预售许可证。现该案进入执行程序。

C 建筑工程公司诉 B 房地产公司拖欠工程款（上述楼盘）纠纷一案，法院做出的判决确认 B 公司拖欠 C 公司一定数额的工程款，但对该工程款有无优先受偿权没有确认。C 公司就该工程款向执行机构主张优先权，该如何处理？在执行过程中如何认定工程优先受偿权？

解析：（1）执行过程中涉及工程款优先权的几种情况。

在执行过程中涉及当事人主张工程款优先权的主要有以下三种情况。

① 承包人的工程款及优先权的请求已由法院生效判决予以确认。

② 承包人的工程款请求已由法院生效判决予以确认，但有关工程款优先权的主张在诉

讼中并未提出，而只是在执行过程中提出。

③ 承包人的工程款及优先权的请求均未向法院主张，而直接以案外人的身份在执行过程中主张工程款优先受偿权。

此案例实际就属于第二种情况。执行局在办理该类案件过程中，认为原判并没有确认该工程价款享有优先受偿权，对该工程价款的优先受偿的数额和性质难于确认，无法进行执行分配，并认为该类案件属于确认之诉，执行局没有审判权，无法对该工程价款性质和数额进行确认，要求原告再向法院提出确认之诉。原告在工程价款得不到执行的情况下，只能又向原审法院提出确认之诉。但原审法院立案庭却以原被告的工程价款纠纷案已经审结并发生法律效力，现原告就同一事实、同一法律关系重复起诉，不符合法律关于受理的规定为理由，裁定不予受理。这样一来，原告进退维谷，不知如何救济。这并不是一个个案，而是带有一定普遍性的问题。

（2）认为由执行机构认定工程款优先权的观点及理由。

① 有关工程款的纠纷已进入执行程序，关于该工程款的优先权问题应通过执行程序解决。承包人的工程款纠纷案已进入执行程序，承包人请求确认其对诉争工程享有工程款的优先受偿权，可按《批复》的规定在执行过程中提出申请处理，而无须另行提起确认优先权之诉。至于该工程款纠纷是否适用《合同法》的规定，该工程款能否享有优先受偿权的问题，应当由执行机构审查后做出裁定。因此对承包人的起诉应予驳回。

② 工程款优先权作为一种法定权利，从性质上来说，这种权利是无须法院判决加以确认的。作为一种法定权利，只要法定条件具备，如主体资格、客观条件等一旦具备，即可拥有，该权利既不需要主动争取，也不需要依附于判决或者其他载体。

③ 通过执行程序解决工程款优先权纠纷，可起到减少讼累的作用。

（3）执行过程中涉及工程款优先权的解决方案。

对于第 1 种情况可直接根据生效法院判决在执行过程中予以确认。对于第 2 种情况，可要求承包人在限定期间（时间可由执行机构根据具体时间确定，但该时间不会太长，因为《批复》中对工程款优先权的主张有 6 个月时间的限制，不会拖延执行的进程）内就工程款优先权提起诉讼，诉讼期间法院对涉案标的物的拍卖款暂缓分配（或采取保留相应分额的方法）。对于第 3 种情况，可要求承包人在限定期间内就工程款及优先权提起诉讼，诉讼期间法院对涉案标的物的拍卖款暂缓分配。综上所述，执行过程中，有关工程款优先权的主张应告知承包人另行起诉解决，不宜由执行机构直接予以认定。

【例 7-8】基本案情：原、被告双方于 2012 年 5 月 1 日签订《建设工程施工合同》，由原告施工被告开发的某小区房地产项目 A 区 C 座。建设工程于 2013 年 8 月 1 日通过竣工验收。截至当年 10 月 1 日，被告尚欠原告工程款 2 800 万元。原告起诉要求就其开发的建筑物行使优先受偿权，一审法院根据原告申请对涉案建筑物进行了财产保全另据法院查

明，涉案建筑物的一部分已经出售给众多购房人办理了银行贷款手续，出售部分的房产已经交付给购房人，但尚未办理房屋产权变更登记，众多购房人的产权证也未办理。涉案建筑物尚有 48 套房屋未出售。再者，被告将涉案建筑物所属的建设用地使用权抵押给第三人丙银行借款。丙银行已经在审理过程中申请对涉案建筑物进行了查封。

裁判主旨：一审法院判决被告支付工程欠款，并支持了原告对尚未出售的 48 套房屋的优先受偿权。判决后丙银行提出上诉，提出原告的优先权仅及于扣除建设用地使用权价值的工程部分，请求改判原告在涉案保全建筑物扣除土地价值部分享有优先受偿权。二审法院认为，《合同法》第 286 条规定的优先权客体“工程”不包括土地价值部分，一审认定的原告对建筑的优先权也应该指勾出了土地价值部分的“工程”，只是表述的用语不明确而已，因此变更为原告对某小区房地产项目 A 区 C 座未出售部分的工程的拍卖价款有优先受偿权。

【例 7-9】周正良诉陕西中拓力实业有限公司等建设工程价款优先受偿权纠纷案：2013 年 10 月 26 日，周正良与中拓公司签订《水、电、暖安装工程内部承包协议书》，该协议未约定明确的竣工日期。2013 年 10 月 19 日周依照约定进场施工，施工中因中拓公司一直未支付材料款和劳务费而于 2014 年 6 月 30 日停工。

法院认为，周正良与中拓公司签订的《水、电、暖安装工程内部承包协议书》系双方当事人真实意思表示，且并未违反法律、行政法规的强制性规定，合法有效，应予保护，双方均应按照约定履行义务。合同签订后，周进场施工后因中拓公司未及时支付工程款而停工，中拓公司理应支付周已经完成工程量对应的工程价款。现周要求依法行使建设工程价款优先受偿权，根据《合同法》第 286 条的规定，只有总承包人享有建设工程价款有优先受偿权，分包人不能主张该优先权。因为建设工程价款优先受偿权的成立，须因合同之债而生，其权利义务的双方当事人为发包方与承包方，这也是建设工程承包人基于合同之债而对发包人所享有的一项法定权利。与发包人不存在建设工程合同关系的任何一方当事人，均无法享有基于合同之债而形成的优先受偿权。《建筑法》第 29 条第 2 款规定：“建筑工程总承包单位按照总承包合同的约定对建设单位负责；分包单位按照分包合同对总承包单位负责。”可见，在建设单位（发包人）与总承包单位、总承包单位与分包单位之间存在两个独立的合同法律关系，发包人与分包单位之间并不存在基于合同关系而直接形成的权利义务关系，发包人也就不会对分包人形成迟延支付工程价款的违约行为。因此，建设工程的分包人只能向总承包人主张合同之债，而不能就该债务对工程本身行使优先受偿权。在本案中，因周正良系建设工程分包人，故其并不享有建设工程价款优先受偿权。

第四节　房地产开发中的阴阳合同

“阴阳合同”（又称“黑白合同”）并非法律术语，其概念主要明确于《招标投标法》颁行之后。“阳合同”为建设单位、施工单位按照《招标投标法》的规定，依据招投标文件签订的在建设工程管理部门备案的建设工程施工合同。与之相反，“阴合同”是双方为规避政府管理，私下签订的建设工程施工合同，未经过合法的招投标程序且该合同未在建设工程行政管理部门备案。

一、阴阳合同的含义

阴阳合同主要出现在《招标投标法》实施之后，它是“阴合同”和“阳合同”的总称，并且这两种合同是并存的。其中，“阳合同”是指工程建设单位（发包人）与施工单位（承包人）按照《招标投标法》的规定，依照招投标程序及招投标文件签订的在建设工程管理部门备案的建设工程施工合同。它通常是使用建设部的示范文本订立并经过登记备案的合同。这种合同在形式和内容上一般是合法的，经得起法定主管部门的公开审核和检查，故称之为“阳合同”。而“阴合同”则是指工程建设单位（发包人）与承建单位（承包人）为规避政府管理，未经过合法的招投标程序在私下订立的且未在建设工程行政管理部门备案的建设工程施工合同。

【例7-10】2013年12月，某地方政府公开招标建设政府大楼，某建筑公司中标，遂签订《建设工程合同》。2014年1月，建筑公司在某地方政府的授意下将工程分包给三个小型建筑公司，并做出让利5%的承诺。如上述概念所言，前者的建设合同即属于房地产合同中的“阳合同”，而后者的承诺即为“阴合同”。

虽然“阴合同”与“阳合同”的标的完全一样，但在具体的价款、酬金、履行期限和方式、工期、质量等许多实质内容方面则有较大差异。两者最大的区别就是前者是依照合法的投标程序签订且在建设工程主管部门备案形式合法；而后者则未经合法的招投标程序签订且未在建设工程主管部门进行备案或变更登记。不仅如此，“阴合同”往往要求承建单位垫资、降低承建费用、付款时间滞后，甚至采用分包、转包等形式以实现建设单位即发包人自身利益的最大化。很显然，阴阳合同其实是为了规避相关部门的监管和实现双方的非法目的，建设单位表面上和承建单位签订一份合理的施工合同（阳合同），背地里却在改变合同实质内容后与施工单位另签一份合同（阴合同）。

二、阴阳合同的表现形式

（1）招投标人均依照造价管理的规定计算工程造价和进行招投标，并将中标结果备案。然后，招标人与中标人又通过补充协议等形式，修改招投标合同即“阳合同”的主要条款，包括承包范围、合同价款、工期、质量等级、工程款付款期限等。旨在大幅降低承包人的利润比例，提高发包人的利润比例。同时，基本上都约定了要求承包人垫资、延长付款期限等对承包人不利的内容。

（2）招投标人均按造价管理的规定计算工程造价和进行招投标，并将中标结果备案。然后，招标人与中标人私下又签订一份合同，即“阴合同”，约定承包人中标后进行一定程度的让利等许多对承包人不利的内容，并明确约定中标合同仅为在政府备案使用，双方一切权利义务以私下合同为准。此种情形与上述第一种情形的主要区别在于：第一种情形在某些方面还是依据“阳合同”确定当事人双方的具体权利和义务，而第二种情形则是事实上完全废止了“阳合同”，当事人双方的权利义务完全依据“阴合同”来确定。

（3）招标人在发布招标公告前，向拟投标人发出调查表，内容涉及让利，给发包方特别回扣等，并以此作为参加投标的先决条件，促使投标人互相压价。此种情形的最大特点在于：用公开的“阳合同”的形式掩盖了事实上的“阴合同”意欲达到的非法目的，即将本来应当通过“阴合同”确定的内容通过“阳合同”反映出来，并以此欺骗政府主管部门的监管。

三、阴阳合同的社会危害性

工程开展过程中，合同各方应当追求阳光下的交易，签订“阳合同”，即“桌面上的合同”，避免或取缔“抽屉里的合同”，禁止或避免标后谈判，严禁签订“阴合同”。

1．易引发质量危机

由于工程建设本身的复杂性，造成工程质量问题的原因往往是多方面的，但建设经费不足是其主要原因之一。而上述情况的出现，在很大程度上是直接源于承包人与发包人签订的无利可图的“阴合同”。“阴合同”中约定的工程造价通常要比“阳合同”中约定的价格低得多。目前的建筑市场竞争非常激烈，通常承包人在投标报价时，就已经精打细算，报价的水分较少，在确定中标单位后、施工合同签订以前，发包人通常还会要求承包人直接让利或通过降低施工单位的收费等级来降低工程款，承包人通常不敢不答应发包人的要求。过分压低工程款或强制让利严重地影响了承包人（施工企业）的盈利空间，使得施工过程中偷工减料的概率大大增加，工程质量难以得到保证，为人们的生命和财产安全带来了潜在的威胁。

2．工程款拖欠危害

从发包人到总承包商、分包商，再到项目经理、施工队，层层拖欠，形成了一个庞大的“债务”连环套。拖欠工程款问题，已经成为阻碍经济发展，扰乱建筑市场秩序的重大问题。拖欠工程款的建设单位得到了很大的利益，不断地有开发项目继续获益，没有拖欠工程款的建设单位就必须一步步地稳健发展，必然落后于那些拖欠工程款的建设单位，使得他们无法与前者竞争而退出市场。不仅严重影响了工程建设的顺利实施，破坏了正常的社会经济秩序，恶化了社会信用环境，还导致了承包人大量拖欠农民工工资的问题，影响了社会的稳定，已成为社会的一大公害，并到了非整治不可的程度。

建筑行业拖欠工程款正是承包人被迫与发包人签订“阴合同”的必然结果。发包人在招投标阶段为规避招标程序在招标过程中“暗箱操作”问题严重，迫使承包人签订“城下之盟”即“阴合同”，纷纷约定延期支付工程款项，从而造成了建设项目实施过程中，发包人拖欠承包人工程款的问题越来越严重。招投标阶段的弄虚作假和“暗箱操作”，意味着中标的承包人要付出一定的代价才能得到工程的承包权，而付出的代价则必然意味着一份不平等的合同，即接受发包人压低工程造价和拖欠工程款等多种不正当的要求。因此，招投标阶段发包人违反国家规定，要求中标单位垫资或者要求其签订阴阳合同，为发包人拖欠施工方工程款埋下了隐患。

3．严重影响建筑市场的有效监管

依据《建设工程质量管理条例》[①]和《房屋建筑和市政基础设施工程施工分包管理办法》[②]的相关规定，转包是法律禁止的行为，分包则有合法与违法之分，经发包人同意可以将工程分包给具有相应资质的分包人，这种分包合法有效。

建设工程施工合同的履行尤其是大型建设工程的建设涉及众多的专业技能，要求承包人具备实施全部工程业务的能力是不现实的，尤其是一些专业工程，如幕墙安装、智能电气安装等，很多施工企业是不具备此种能力的，因此分包就在所难免。施工分包原则上为

---

① 《建设工程质量管理条例》第 78 条规定：……本条例所称违法分包，是指下列行为：（1）总承包单位将建设工程分包给不具备相应资质条件的单位的；（2）趁设工程总承包合同中未有约定，又未经建设单位，承包单位将其承包的部分建设工程交由其他单位完成；（3）施工总承包单位将趁设工程主体结构的施工分包给其他单位的；（4）分包单位将其承包的建设工程再分包的。本条例所称转包，是指承包单位承包邃设工程后，不足行合同约定的资任和义务，将其承包的全部建设工程转给他人或者将其承包的趁设工程肢解以后以分包的名义分别转始其他单位承包的行为。

② 《房屋建筑和市政基础设施工程施工分包管理办法》第 13 条规定：禁止将承包的工程进行转包。不履行合同约定，将其承包的全部工程发包给他人，或者将其承包的全部工程肢解后以分包的名义分别发包给他人的，属于转包行为。第 14 条规定：禁止将承包的工程进行违法分包。下列行为，属于违法分包：（1）分包工程发包人将专业工程或者劳务作业分包给不具备相应资质条件的分包工程承包人的；（2）施工总承包合同中未有约定，又未经建设单位认可，分包工程发包人将承包工程中的部分专业工程分包给他人的。

法律所允许，但为了规范建设工程市场，避免分包演变为变相转包[①]。《合同法》《建筑法》对施工分包进行了严格限制，规定分包应满足下列条件：第一，分包须经发包人同意；第二，分包的只能是部分工作，而且是非主体结构部分；第三，分包商必须具有相应的施工资质；第四，分包商不得将工程再行分包。上述条件须同时具备，否则即构成违法分包而致分包合同无效。总承包人与分包人就分包工程对发包人承担连带责任。为制止建设单位肢解发包的行为，保证建设工程质量，法律明确禁止建设单位将应当由一个承包单位完成的建设工程肢解成若干部分分包给几个承包单位，否则，所签订的施工合同无效。

建设工程经过层层转包、违法分包，层层盘剥，一方面会导致实际投入项目中的资金大大缩水，实际用于工程建设的费用远远低于最初的施工合同的约定，使得工程偷工减料现象大量存在；另一方面，层层转包、违法分包以后，责、权、利主体关系变得复杂多变，极不明朗，一旦出现问题，就很难追查责任，为工程质量埋下隐患，危及社会公共利益和人民群众的生命财产安全，也严重影响了建筑市场的有效监管。而这些情况的出现在很大程度上也是“阴合同”的使然。

四、阴阳合同的法律效力

在实践中，究竟是在行政机关备案的“阳合同”有效，还是当事人私下签订的“阴合同”有效，始终是一个“剪不断、理还乱”的难题。

在过去的实践中，审判机构往往从民法的基本原理出发，倾向于认定实际履行的合同为有效合同，也就是说，如无其他重大违法事项，“阴合同”常常被认定为有效。

《建设工程施工合同解释》规定：“当事人就同一建设工程另行订立的建设工程施工合同与经过备案的中标合同实质性内容不一致的，应当以备案的中标合同作为结算工程价款的根据。”《建设工程施工合同解释》没有直接对阴阳合同的效力问题在“阴合同”与“阳合同”之间做出有效或无效的取舍，而只对工程款结算的根据给出了一个答案：应当以备案的中标合同为准，即以“阳合同”为准。对施工合同效力问题，《建设工程施工合同解释》还规定了五大类无效合同，其中三类是因为施工单位主体资格不合格、从事工程施工活动的民事权利能力有障碍而无效，另有两类则是因违背《招标投标法》的规定而无效。

上述《建设工程施工合同解释》采取了以“阳合同”作为工程款结算依据的表述方式。在建设工程施工合同纠纷中，由于阴阳合同对有关工程款结算的约定差距较大，往往使纠纷久拖不决，这成为工程款拖欠的重要因素。《建设工程施工合同解释》从指导法律适用

[①] 转包是承包人取得建设工程承包权之后，将其承建的建设工程倒手转让给第三人，使他人成为该建设工程新的承包人的行为，包括将全部工程整体转包和肢解转包两种形式。

的角度出发，明确了工程款的结算依据。这为司法实践中迅速解决双方争议焦点创造了条件，使得大量的施工合同纠纷案件不至于因为工程款结算方面的争议而陷入漫长的、反复的工程款鉴定中，从而影响案件的及时审理。工程款结算依据的确定，也为双方通过协商尽快完成工程结算工作提供了依据，在一定意义上缓解了施工单位的结算难题。

五、“阴合同”的消除策略

虽然目前我国制定了多项法律法规对阴阳合同进行规制，但“阴合同”仍屡禁不止；这主要是由于整个建筑市场契约信用缺失，工程资金匮乏，风险无法有效转移造成的。要根除“阴合同”，必须从源头上建立起工程契约信用制度，再以建设工程担保制度为助力，营造一个契约信用至上的大环境，并以建设工程担保来有效降低风险，从而使得各主体不再签订“阴合同”。

（一）建立工程契约信用制度

建设工程契约信用制度是指为了改善建筑市场交易中的信息不对称状况，约束建筑市场主体在交易过程中的机会主义行为，而制定的一系列法律、法规和规范的有机组合，是敦促建筑市场主体按约行事、降低建筑市场交易费用的有力保证，是关于信用制度的一种正式制度安排。

1. 建立现代产权制度

“信用的本质是一种产权关系，产权的清晰界定及财产分属于不同的主体是信用产生和发展的前提。”目前存在的主要问题是：由于没有明晰的产权制度，人们无法建立起对长期利益的预期和信心，建筑市场信用缺失严重，契约信用制度也无法建立。

目前，我国建设工程投资主体主要有三个：一是政府部门及国有企业事业单位投资；二是集体经济投资；三是个体私营经济和外商投资。由此引发的问题是，那些没有进行产权制度改革的国有的和集体的建设单位，由于主体产权不清，这些单位的负责人利益、小团体利益与国家利益、集体利益是不一致的。致使为了个人和小团体的局部、短期利益而牺牲国家和集体利益的事例屡见不鲜。尽管在合同管理上国家制定了许多规定，但作为具体履行合同的经济主体在实践中却搞假招标、假投标、阴阳合同。而作为发包人的国有或集体施工企业的负责人，为了谋求私利或所谓的政绩，承担了很多明显吃亏的合同，即使对方违约也视而不见，不进行索赔。以上种种行为纵容了建设工程契约中的失信行为。

“建立归属清晰、权责明确、保护有力、流转顺畅的有效的现代产权制度，有利于形成良好的市场秩序，有利于信用关系健康发展。”只有产权清晰的经济主体才有履行合同的愿望和实力，合同是这些经济主体之间的经济利益关系的代表，合同能否履行直接关系经济主体自身的利益。所以经济主体与合同之间的经济利益的密切联系，使之能够自觉自愿地履行合同。可以说，明晰的产权使经济主体有一种对合同管理的自律性，它内在地要

求对合同进行严密管理，信守合同信用。

2．加大违规交易成本

根据经济学理论，市场中的企业都是“经济人”，而“经济人”的基本特征就是追逐利润，甚至可能会不择手段。因此，在不够成熟的市场中，一旦失信成本低于守信成本，企业在利益的驱使下，必然会选择失信。

从社会现实状况看，我国目前正处于社会转型期，一些旧的体制仍然存在或产生负面影响，而新的社会规范还没有及时形成，人们的信仰、信念容易缺失或动摇。在这个社会大背景下，人们的价值取向就往往是一元化的，即以最小的成本去追逐利益的最大化。一旦人们发现弄虚作假、投机取巧对自己或企业这个小集体而言有更大的实际利益可图，往往就会背弃良心，大量背信弃约行为由此出现。

在建筑市场还不成熟，特别是在当前“僧多粥少”的建筑市场环境下，假如只有一个企业讲诚实守信，在激烈的建筑市场竞争中它可能承揽不到工程，即使承揽到了，它也可能因为守信而没有利润可图。因此，加大对违反契约者的处罚力度是必需的，这样才会使得企业有动力去遵守契约。

“阴合同”的签订显然违背了《招标投标法》《建筑法》《中华人民共和国反不正当竞争法》（以下简称《反不正当竞争法》）等法律及其他行政法规、行政规章的规定，当事人应当承担相应的行政责任。建设行政主管部门和工商部门应当依法加强对建筑市场中签订“阴合同”行为的监管，严格执法、严格处罚签订“阴合同”的建设单位，同时提高处罚额度。

3．建立长效重复博弈机制

根据博弈论相关理论，在工程建设领域，建设单位同施工单位签订建设工程施工合同是一个完全信息或是不完全信息的静态博弈。如果发包人同承包人长期合作，双方都比较了解，信息相对完全，这时的博弈就是完全信息的静态博弈。当双方不太了解时，在这个博弈中，发包人不能完全了解承包人的经营状况。发包人可以通过各种调研方式来了解承包人的技术、人员和经济等情况以及施工单位的企业信誉等，但是不能完全了解施工单位所有的企业信息，也不会完全了解作为承包人乙方的企业的经营战略；承包人也不可能完全了解发包人的经济实力、经营状况。在这个过程中，信息的不完全是明显的，而且对于承包人来说，一般是处在相对被动的情况，因为承包人的信息相对发包人来说更加透明一些，发包人的各种信息更加难于掌握和控制。在这种信息不完全的条件下，双方要签订施工合同，双方就必须考虑具体的施工合同条款的规定对自己以及对方的影响，例如合同中规定的付款方式、工期条件，以及完成合同的奖励和违约的处罚条件等。签约前有些信息是只有一方当事人知道，而另一方当事人不知道，属于隐藏知识；而另一种是签约时，交易双方都了解相关知识，但签约后有一方可以利用对方不了解签约后信息，采取“不尽力”行为，给对方带来损失，属于隐藏行动。

在发包人与承包人的单次博弈中，发包人的最佳选择是尽量延期付款，承包人的最佳选择是减少劳动力和资金的投入，尽量地降低施工成本，获取最大的利润。如果两个参与者都有占优战略存在，那么占优战略是可预测的唯一的均衡，没有一个理性的参与人会选择劣战略的，所以发包人同承包人的博弈的均衡就是：发包人延期付款而承包人不积极施工。

这个均衡对于博弈的某一方来说是理性的选择，但是对于集体来说是一个最差的结果。发包人和承包人走入了“囚徒”的困境。在重复博弈中，博弈的双方在决策时不仅考虑本阶段的短期利益，还要考虑到以后阶段的长期利益。这种博弈结构的改变引起了博弈参与人决策的改变，相应地引起了博弈的结果的改变。

与其他经济合同不同，建设工程合同是基于工程项目的，而工程项目本身的最大特点是具有一次性。工程项目发包人基于自己的需要进行招标活动，发包给承包人进行工程项目建设。项目一旦完工，发包人交付工程款，承包人交付工程，交易至此完结。如果没有外部干预，在交易只进行一次的情况下，就会出现发包人与承包人之间的单次博弈（守信还是失信）。根据信用关系的博弈模型分析，只有在多次博弈情况下，发包人与承包人双方才能出于谋求长期利益的最大化，而选择守信。同样，市场经济发展的历史也表明，交易双方在以后交易中再次相遇的概率越低，存在欺骗的可能性就越大。相反，在多次或重复交易中，某一方实施欺骗的可能性和动机会大大减少。这样，单次博弈的结果往往是发包人不考虑承包人的选择，而出于自身利益，做出违反契约选择，即承包人面临发包人契约信用的失信风险，相反亦然。而只有在发包人和承包人无限次重复博弈过程中，才有可能实现合作。

4．加大合同监管力度

（1）建设工程施工合同监管的主体。在建设工程施工合同的信用监管主体缺位的情况下，订立合同的双方都面临着相对一方违反契约的风险，这也使得建设工程施工合同的监管成为空谈。

《合同法》规定，对合同进行行政监管的主体应是工商行政管理部门和其他行政主管部门（如金融监管机构、建设主管部门、科技主管部门和国家公证机关）。对建设工程施工合同来说，其监管主体为应由建设工程主管部门和工商行政主管部门。这两者是有着明确分工的，前者主要对施工合同主体是否具备相应资格、招投标程序是否合法、有效进行监管和审核，且对合同履行过程中合同主体的行为是否合法也要进行监管和审核，如有不合法行为会及时责令其整改并处以相应的行政处罚，对于严重不合法行为达到犯罪程度的还要交由司法机关；后者则是以合同本身是否合法、有效为监管核心。相比之下，对建筑工程项目的监管，前者应该占有主导性，这是由于建筑工程项目对专业要求强、建设主管机关相关经验丰富的特性所决定。但是对建筑工程合同主体的行为应该进行全面考察，工程施工合同的监管仅靠行政主管部门负责是远远不够的。综合考量进行监管的难度和效果，完善的监管主体应达到高效、广覆盖、成本少的要求。因此，除行政监管以外，还应涵盖

以下几部分监管主体。

第一，司法部门监管。司法部门的监管主要体现在对有关的立法进一步加强和完善，以及当建设工程施工合同当事人契约信用失信行为造成的社会负效益超过一定程度，如累计拖欠合同款、由业主契约信用失信原因造成其他方经济损失达到一定的数额，司法行政部门应对这类事件进行立案审查，追究其法律责任。

第二，行业监管。行业监管的主体包括行业信用管理协会和项目管理咨询服务机构专业人士。行业信用管理协会有权对所掌握的建设工程合同主体不良契约信用信息向建筑市场的其他参与方公示。项目管理咨询服务机构专业人士的监管：不论是业主代表、招标代理机构、项目管理公司还是监理公司，作为咨询机构的专业人士，他们有义务提醒建设工程合同主体的失信行为，必要时可以向建设行政主管部门进行反映。

第三，其他监管。其他监管的主体包括银行、律师协会和社会民众。银行不仅要负责监督建设工程合同主体的经济信用状况，还应对建设工程合同主体的契约信用加以监督。工程合同主体作为一个独立的经济实体，必须在银行拥有独立的账户，以方便银行对建设工程合同主体进行监控，查阅其经济往来情况、财务状况，以保障合同的顺利进行。政府建设行政主管部门应不定期委派律师对建设工程合同主体的契约信用状况进行抽查。此外，可以通过监督电话、公共媒体、群众来信等渠道的举报，充分发挥社会公众的监督作用，在整个建筑行业上倡导诚实守信的道德意识。

（2）建设工程合同监管的内容。由于建设工程投资额巨大，直接关系到国计民生，建设工程合同的失信行为会直接危及国家和人民的生命、财产安全，一旦出现问题，后果严重，难以弥补。因此，必须加大建设工程合同的监管力度，对建设工程合同监管主要包括以下几方面内容。

第一，合同主体资格的监管。合同主体是否合格，直接关系到合同是否有效，合同能否得到公正合理的履行，不合格的合同主体订立阴阳合同的概率相当大。因此，必须建立工程许可制度，加强从事建设工程活动的单位市场准入与清出管理，凡从事勘察、设计、施工、监理、造价咨询等活动的单位，必须依法取得相应的资质证书，严禁无证、越级和超范围承接工程任务。同时，与其他行政主管部门一起，加强对建设单位主体的确认工作。

第二，招标投标工作的监管。《招标投标法》规定，大中型建设项目的主体工程设计、施工、监理等，必须实行招标投标。为了保证招标投标工作公平、公正、公开开展，工商行政管理部门和建设行政主管部门应当加强对招标投标活动的监督，杜绝违法违规现象发生。

第三，合同的登记、备案和鉴证。合同的登记、备案和鉴证工作，将合同当事人的有关情况及合同的主要内容记录在案，对合同的合法性及有效性进行实质性审查，一方面可以对合同当事人产生公信力，另一方面为以后行政监管部门履行监督管理职责提供资料信息来源。有些地区的工商行政管理部门对建设工程承包合同等要求进行鉴证。这样，可以

建立预防机制，在很大程度上将不合格主体排除在外，把合同可能造成的危害后果消灭在萌芽状态。

第四，合同履行的跟踪检查。合同行政监管部门依据登记、备案和鉴证所提供的资料，对合同的履行进行跟踪检查，发现不法行为及时纠正，及时处理；如果构成犯罪的，移交司法机关处理。特别应当加大对重大工程建设过程的监督检查力度，及时发现违法违规现象及工程隐患，避免或减少国家和人民生命财产遭受损失。

第五，合同履行后的审查。行政主管部门对履行完毕的合同进行审查，察看有无违法违规行为，如发现问题，及时处理并予以行政处罚；构成犯罪的，移交司法机关处理。当然，行政主管部门应当严格按照职权范围行使监管职责，不得随意扩大职权甚至践踏法律。同时，如果合同当事人对行政监管执法持有异议，可以提起行政复议或行政诉讼，通过合法手段保护自己的合法权益。

（二）进一步推行工程担保制度

工程保证担保，是指在工程建设活动中保证人应工程合同一方（债务人、被保证人）的要求向合同另一方（债权人）做出书面承诺，当被保证人不履行合同或不支付债务，以致债务债权人遭受损失时，保证人在一定金额、一定期限内代为履行合同或支付债务的一种工程保障机制。引进工程担保机制，增加合同履行的责任主体，根据企业实力和信誉的不同实行有差别的担保，用市场手段加大违约失信的成本和惩戒力度，使工程建设各方主体行为更加规范透明，有利于转变建筑市场监管方式，有利于促进建筑市场优胜劣汰，有利于推动建设领域治理商业贿赂工作。

作为一种经济手段，工程担保可通过“守信者得酬偿，失信者受惩罚”的原则，建立起优胜劣汰的市场机制。为维护自身经济利益，担保人在提供工程担保时，必须要全面审核申请人的资信、实力、履约记录，通过制约机制和经济杠杆监督其履约过程，从而迫使当事人规范行为，保证工程质量、工期和施工安全。

建立工程保证担保体制，需要建立一套市场机制来约束承发包双方的行为，树立良好的信誉，促进双方更好的合作。一个完善的工程担保体系是贯穿整个工程的全过程。在工程招投标阶段，投标人在提交投标的同时，提交投标担保，投标人承诺此次投标行为；在业主与承包人签订合同时，承包人提交履约担保，保证履行合同义务；按照《招标投标法》的规定，当承包人提交履约担保时，业主相应地要提交支付担保，以保证有充足的资金完成工程担保项目，相应降低承包人垫资的风险以及为日后的工程款兑现提供保证；在工程竣工后，承包人提交保修担保，以保障在合同规定的保修期内工程日常的维护。通过这一系列的工程担保来维护建筑市场的正常运作和健康发展。

工程担保是一个高风险的行业，推广的目的主要是分散、转移建设工程各方当事人所承受的风险，进一步规范建筑市场秩序、确保工程质量与施工安全，并在最大程度上减少风险产生所带来的损失。具体表现为以下方面。

第一，对建筑工程中的风险进行有力的控制，提高建设工程的质量和安全。工程质量责任事故发生的原因：其一是建筑业的门槛太低，造成建筑行业内的恶性竞争。一些建筑企业为了中标，其投标价大大低于建筑产品质量的市场平均价格或成本价格，因此中标后采用质量低劣的材料导致出现工程质量问题。其二是建筑行业内的违法转包、挂靠。工程担保制度要求投标人在投标的同时出具投标担保，在签订工程承包合同的同时出具承包商履约担保。这些担保品种用市场的手段建立起了一道“硬性”的市场准入门槛。如果投标人在投标时采取恶性竞争，担保人在审查其投标担保申请时出于自身利益和信誉的考虑，为避免出现代偿，将不予担保；同样当投标人中标后向担保人申请履约担保时，担保人也不予担保。

此外，担保人在预防事故发生方面，会通过风险评估和风险管理采用一切必要的手段要求投保人采取有力措施避免或减少事故的发生，提高工程质量。

第二，规范建筑市场主体行为，建立市场信用体系。担保人在为投保人出具担保前，首先要对投保人的财务状况、经营管理能力、诚信记录进行详细的调查和评价，以便确定担保后的风险程度，并根据担保的风险程度制定不同的风险控制措施和差额担保费率。这样，有实力、有信誉的建筑开发企业和建筑施工企业就容易取得担保人的担保，而资金薄弱、经营能力不强、诚信记录差的企业就不容易或无法获得担保人的担保，因而起到了规范市场投标活动的作用。

被担保的建筑企业面对履约担保的机制和自身经济利益与信誉的巨大风险，也会抑制将工程非法转包给其他无施工资质或低施工资质的企业或个人，这样就逐步遏制了工程的非法转包、分包、挂靠等现象。特别是实行工程担保制度后，担保人为了积累投保人的信用资料，以便对投保人进行正确的信用评价，必将建立投保人的信用档案。投保人为了取得自己在建筑市场的竞争优势，降低取得工程担保的成本，会越来越重视自己的信誉。当被保证人发生违约后，为避免合同的另一方担保人提出索赔而影响自身的信用记录，则会千方百计地履行合同，或主动赔偿对方损失。

第三，转移工程风险。工程项目潜伏的风险因素较多，建筑各方均需面临风险。采用工程保证担保，向工程各方主体对等出具履约保函、业主支付保函，就是将承包商可能出现的履约风险和业主可能出现的支付风险转移给工程担保公司或银行，促使担保公司或银行对被担保人加强监管，用信用的手段，加强工程各方的责任关系，有效地转移工程风险，保障工程的顺利进行。如果被担保人不履行合同，则失去信誉，不能再得到担保而被行业淘汰。

第四，降低事故处理成本，将政府有关部门解脱出来。工程担保可以将可能发生的事故与损失事先用合同的形式确定下来，事故发生后处理起来简单而规范，避免了无谓的纠

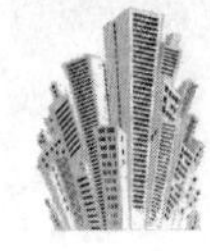

纷，从而也将政府有关部门从以往的协调仲裁等纠纷中解脱出来。

【例7-11】

原告：上海某置业顾问有限公司

被告：张某某、王某某（夫妻关系）

2015年2月24日，在上海某置业顾问有限公司（以下简称“某置业公司”）的介绍下，张某某（买方）与陈某某（卖方）签订了《房地产买卖居间协议》，主要内容为：陈某某向张某某出售本市南丹东路××号××室房屋一套（以下简称“该房屋”），房价款为277万元；卖方同意买方通过向银行申请贷款方式支付部分房款；如果买方的贷款申请未获通过或通过的额度不足，则买方应在向交易中心送件前补足；双方同意在2015年4月29日前签订《上海市房地产买卖合同》。同时，张某某向某置业公司签署了《佣金确认书》，确认佣金金额为1万元，在2015年4月29日前支付。2015年3月28日，买卖双方根据居间协议的约定，由陈某某（卖方）与王某某（买方）签订了该房屋的《上海市房地产买卖合同》，约定房价款为352万元。同月30日，陈某某与王某某又签订《房地产买卖合同备忘录》，双方同意变更该房屋房价款为277万元。签订合同后，因王某某没有办出贷款，导致双方没有实际履行合同，张某某、王某某也未向某置业公司支付佣金。

据此，某置业公司起诉张某某、王某某，要求按照《佣金确认书》的约定支付佣金人民币1万元。

张某某、王某某不同意某置业公司的诉讼请求，认为某置业公司服务存在重大瑕疵。首先，某置业公司没有向张某某如实报告签订合同的事项；其次，某置业公司唆使张某某、王某某签订虚假价格的买卖合同，提高贷款金额；最后，某置业公司为促成合同成立，违反法律规定，为买卖双方制作备忘录。

某置业公司则认为，张某某委托公司购买房屋，在其居间介绍下，买卖双方已签订了买卖合同，故某置业公司的居间义务已经完成，根据《合同法》的规定，有权收取报酬。

法院判决：

一审法院认为，某置业公司与张某某、王某某签订的《房地产买卖居间协议》《佣金确认书》系当事人真实意思表示，合法有效。本案属于居间合同纠纷，根据《合同法》的规定，居间人促成合同成立的，委托人应当按照约定支付报酬。因被告张某某未按约支付佣金，故应承担相应的民事责任。被告王某某不是居间协议的签约方，也未在《佣金确认书》上签字，故在本案中不应承担责任。据此，法院判决如下：被告张某某支付原告某置业公司佣金1万元，驳回正华置业公司要求被告王晓云支付佣金的诉讼请求。

被告不服，上诉至二审法院，二审法院审理后认为，某置业公司作为专业的房地产居间人接受张某某的委托提供订约的媒介服务，以促成委托人与出售方订立合同。在居间过程中，某置业公司提供的信息应当真实和可靠，以使买卖双方对是否进行房屋买卖有着真

实的判断。在某置业公司居间下，张某某与陈某某签订了《房地产买卖居间协议》，买卖双方对房屋以277万元的价格进行交易达成一致意见。然而时隔几天，在正华置业公司的撮合下双方签订的《上海市房地产买卖合同》中约定的房价为352万元，后买卖双方又以备忘录的方式约定该房屋的交易价为277万元。可见，《上海市房地产买卖合同》中约定的房价是基于一定的目的形成的，并非是买卖双方真正的交易价。现该房屋的买卖合同因王某某未办出贷款、实际未履行而解除，对此后果，某置业公司、王某某及陈某某均有过错。某置业公司作为居间人，其在居间过程中未按照法律规定和行业规范从事居间活动，且某置业公司不规范的居间行为亦是买卖双方解除合同的原因之一。现王某某与陈某某确实未履行买卖合同，故某置业公司根据居间协议要求张建锋支付佣金，本院不予支持。二审法院判决：撤销原审判决，某置业公司的诉讼请求不予支持。

案件分析：

1. 阴阳合同及其可能存在的法律风险

顾名思义，阴阳合同就是针对同一个履行事项存在两份合同，一阴一阳，内容不一样，“阴合同”是双方实际履行的合同，“阳合同”是用于应付备案、报批等监控措施而不准备履行的合同。

阴阳合同都是有目的的，一般都是应付合同公开的需要。例如，在建筑工程施工合同中，因为发包人与承包人签订的施工合同是要经过备案的，双方为了隐瞒真实的合同条件，往往会根据招投标的内容制作一份仅用于备案的合同，而私下又签订一份施工合同补充协议用于实际履行。又如房屋拆迁，也因为拆迁协议需要公示的，拆迁人往往要求被拆迁人与之签订一份严格按照国家规定标准补偿的拆迁协议用于公示，而在拆迁协议之外又按照双方谈判的结果另外进行补偿。在房屋买卖中的阴阳合同，则是为了实现交易当事人的特殊需求，一是偷税，二是增加贷款额。

举例来说。假设一个交易的真实价格是100万元，如果把“阳合同”价格做成80万元，那么双方把“阳合同”提交交易中心办理过户时，国家即按照80万元的价格收取税费，交易双方也就达到了少交税费的目的。反之，仍然是100万元的交易，如果买方资金不足，想多贷些款，则把“阳合同”的价格做成120万元，按照60%的贷款比例，买方可以贷款72万元，比真实情况下可以多贷12万元，虽然税费也会相应地增加，但买方的主要目的已经实现了。

正因为阴阳合同是对同一履行事项约定不同履行内容，签订阴阳合同的行为就不可避免地给合同双方当事人带来重大风险，主要有以下方面。

第一，对履行哪个合同发生争议的风险。因为阴阳合同的履行内容不同，就一定会产生对合同当事人利益的不同影响，从而引发合同双方对于应当履行哪个合同的争议。例如，100万元的房地产交易，分别签订了房价款为80万元和100万元的两个合同，履行100万元的合同，对卖方有利，而履行80万元的合同，对买方有利。如果在签订合同时没有做出任何书面说明，仅仅就这两份合同来看，就极易引起卖方主张履行 100 万元价格的合同，而买方主张履行 80 万元价格的合同的争议。在存在争议而又无法排除的情况下，合同必然面临无法履行、一方当事人承担违约责任的风险。

第二，合同无效的风险。签订阴阳合同的双方，都抱着一定的目的，该目的并不是正当的，因此在发生争议时，任何一方想通过合同条款保护自己的权益时，都将面临合同是否有效的风险。比如，刻意做高合同价格，是为了多贷款，而签订高价合同的行为就属于买卖双方故意串通，欺骗银行的行为。按照《合同法》的规定，恶意串通，损害国家、集体或者第三人利益的合同无效，因此高价合同无效。而另一份正常价格的合同即使有效，由于买方凭此无法贷到足够数量的贷款来履行该合同，交易也不能继续。本案即是属于这种情况。

2. 居间人居间义务的完成是否以促成合同成立为唯一标准

在本案中，张某某与陈某某签订居间协议时，约定的房价款是 277 万元，而在张某某的丈夫王某某与陈某某签订买卖合同时，房价款突然变成了 352 万元，两天之后，王某某与陈某某又签订了买卖合同备忘录，将房价款改回 277 万元。这其实就是阴阳合同，该房屋真实的交易价格为 277 万元，但为了使王某某多贷款，双方串通做高了合同的价格，将高价格的合同作为“阳合同”，用于申请贷款，而私下签订买卖合同备忘录作为“阴合同”，用于实际履行。如果还原实际情况，可以发现其实买卖合同以及买卖合同备忘录都是同时形成的，只是双方为了刻意营造一种交易意志的转变过程，将备忘录的时间往后签了两天，于是形成了本案当中的情况。即使如此，交易也没有随着双方当事人的设想进行下去，王某某的收入情况使其无法按 352 万元的房价款申请出贷款，交易就此搁浅。不久后，陈某某将该房屋另行出售给了他人。

针对这样一个没有实际履行的交易合同，某置业公司是否有权收取佣金？由此引申出来的一个问题是，在房地产居间活动中，居间人义务完成的标准是什么？

《合同法》规定，居间合同是居间人向委托人报告订立合同的机会或者提供订立合同的媒介服务，委托人支付报酬的合同；居间人促成合同成立后，委托人应当按照约定支付报酬。根据该规定，居间人义务完成的标准即是“促成合同成立”，至于合同成立后发生的变化，与居间人无关，自然不影响居间人收取报酬。本案中，某置业公司正是持这样的观点，因此才不顾买卖双方最终是否成交，执意要求支付佣金。那么，房地产居间中，“促成合同成立”是否为房地产中介完成中介义务的唯一标准呢？

司法实践中，法院对于房地产中介的义务往往有着高于一般居间人要求，因此在没有特别约定的情况下，不能简单地认为房地产中介“促成合同成立”即完成了一切义务。原因如下。

首先，《合同法》规定的居间，主要是指服务内容比较简单的居间服务，居间人报告订立合同的机会或提供订立合同的媒介服务，其目的直指“订立合同”。之所以出现这种服务

方式，只因交易双方互不相识，必须通过中间人"牵线搭桥"才能相互认识、相互信任。交易双方希望通过中间人获得协商的机会，并且愿意为此支付给中间人一定的报酬。而交易双方一旦订立了合同，剩下的工作就由交易双方按约履行，中间人并无必要参与到合同的履行过程中。正是鉴于交易双方对于中间人的作用有着充分的认识，且中间人对于合同的履行无法控制的情况，《合同法》以"促成合同成立"作为中间人完成义务的标准是有充分依据的。而对于比较复杂，中间人的作用又比较重要的交易而言，"促成合同成立"也不是一刀切的标准，《合同法》的条文是："居间人促成合同成立后，委托人应当按照约定支付报酬。"标准的灵活性就体现在"按照约定"四个字上。例如，交易双方对于中间人的要求不仅在于促成合同成立，而且需要中间人协助履行合同，于是就可以在居间合同中约定：买卖双方签订合同，且卖方收到首付款后，向中间人支付佣金。由于有这样的约定，中间人完成义务的标准除了"促成合同成立"外，增加了一项买方支付首付款的条件。

其次，在房地产行业，中介是一个规模化、规范化的服务种类，从收集房源信息看整个交易完成，都已经形成了比较固定的服务模式。从交易双方找中介提供服务的目的来看，迅速找到合适的交易相对人固然是重要目的，最终目的却是顺利成交。因此，中介公司促成双方签订了合同只实现了交易人目的的一半，目的的另一半，即合同成立后付款、过户、交房的顺利进行，也是交易双方寄希望于中介配合实现的。在这样的共识下，房地产中介的居间义务，就不仅仅是"促成合同成立"，而且还要为成立后的合同履行提供后续服务。后续服务的履行与否，也即是交易是否完成、买卖双方的目的是否达到，也就成为中介公司能收取全额佣金的标准之一了。

3. 居间人唆使、帮助交易双方签订阴阳合同应承担的责任

本案中，某置业公司在前一阶段，即促成房屋买卖双方进行交易、签订合同上已经成功。但为了完成后一阶段的目标，却唆使、帮助交易双方签订阴阳合同，最终导致合同无法履行。这里应予探讨的一个问题是，中介公司唆使、帮助交易双方签订阴阳合同应当在多大范围内承担责任，是仅仅丧失自己的佣金请求权，还是也要对由此造成双方当事人的损失承担赔偿责任？

按照《合同法》的规定，居间人的义务是如实向委托人报告订立合同的事项、提供订立合同的媒介服务。如果居间人故意隐瞒与订立合同有关的重要事实或者提供虚假情况，损害委托人利益的，不得要求支付报酬并应当承担损害赔偿责任。可见，如果由于居间人的故意隐瞒或欺骗导致委托人损害的，居间人的责任范围不仅仅是丧失自己的佣金请求权，并且要对委托人的损失进行赔偿。但是，唆使、帮助交易双方签订阴阳合同是否属于"隐瞒与订立合同有关的重要事实或者提供虚假情况"的行为，是否可以适用该条款呢？这就要看"唆使、帮助交易双方签订阴阳合同"与"隐瞒与订立合同有关的重要事实或者提供虚假情况"是否相同的性质。"隐瞒与订立合同有关的重要事实或者提供虚假情况"是使交易双方因为不能掌握信息或掌握错误信息而做出错误判决的行为，而"唆使、帮助交易双

方签订阴阳合同”是配合交易双方采用不合法手段达成交易的行为，虽然在程度上有差异，但这些行为都能使交易双方对于交易真实的情况及可能面临的风险失去判断力，而且都是违背居间人诚实信用义务的，因此，《合同法》关于“隐瞒与订立合同有关的重要事实或者提供虚假情况”违约责任的规定是可以类推适用于“唆使、帮助交易双方签订阴阳合同”的。《合同法》中关于居间合同的规定只有寥寥数条，只能规定其中最重要和最关键性的条款，一些没有具体规定，但在性质上又相同行为，便可以参考《合同法》的规定。

《合同法》规定的承担违约赔偿责任的原则是，赔偿数额以所受损失为标准，同时尊重合同双方对于违约金的约定。这条原则隐藏的一个前提条件是：所受的损失都是由于违约行为所造成的。如果违约行为不是造成损失的唯一原因，或者违约行为不足以造成这样的损失，那就必须对违约责任进行调整。总之，要体现行为与责任相对应的法则。

本案就是一个混合过错的例子。买卖双方达成的真实交易价格是277万元，假设买方自有资金充足，他就不可能提出多贷款的设想，中介公司也没必要安排双方签订阴阳合同。可见，签订阴阳合同的动机，只能发端于买方。

如果买方的自有资金确实不足以支付277万元房屋的首付款，那么在签订居间协议时，这个问题就会是一个能否达成交易意向的关键问题，不解决则不能达成交易意向。中介公司为了促成交易意向的达成，可能会向买卖双方推荐签订阴阳合同的解决方案，并极力说服打消买卖双方对采用这一方式存在的顾虑。这便是中介公司唆使的行为，在唆使行为下，中介公司对于签订阴阳合同所起的作用无疑是最大的，因此责任也是最大的。但是，因为签订阴阳合同的动机仍然来源于买方，获利也是买方，就不能把全部责任推给中介。在中介公司唆使的情况下，中介公司当然丧失了获得报酬的权利，同此由此造成买卖双方损失的，中介公司还应当在一定比例上进行赔偿，但是赔偿的比例肯定不能达到100%。

如果买方的自有资金基本上可以支付277万元房屋的首付款，但是基于留有余地的考虑，买方希望最好能够多贷一些款以减轻自己首付的压力。首付款这个问题就不至于成为双方达成交易意向的关键问题，双方可能在签订居间协议、确定交易价格的情况下再来谈如何帮助买方多贷款的问题。在这种情况下中介公司提出签订阴阳合同的方案，则只能算是其在促成合同成立的义务之外提出的一种建议了。这便是中介公司帮助的行为，在帮助行为下，签订阴阳合同的主要责任在于买卖双方，中介公司只是提供了技术上的支持，因此它的责任是很小的，中介公司也会丧失获得报酬的权利，但是无须承担买卖双方由此遭受的损失。

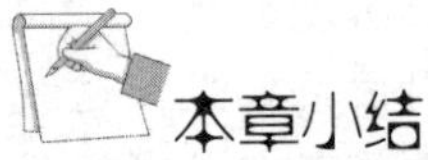

本章小结

合同控制是指在合同实施过程中，将合同目标与实际实施状况相比较，发现问题及时纠正或引导，通过监管、诊断、跟踪、变更等方式实现合同各方履行利益的行为。

本章从合同控制的概念着手，深入分析了合同管理的对象、任务、工作及资料管理的内容，剖析了合同变更的程序和方法，并对合同变更责任进行了探讨。作为合同双方权利的重要保障机制，本章深入探究了建筑工程优先受偿权及开发商所能采取的策略，最后对阴阳合同问题进行了介绍，并对其效力判定和实施策略提出了建议。房地产合同中的各方当事人，都需要做好合同控制，这对于自身合同责任的履行、合同纠纷中责任的免责以及索赔与反索赔具有重要的作用。合同管理这方面问题的处理和控制内容丰富多彩。

习题

一、名词解释

合同控制　合同诊断　合同跟踪　合同变更　优先受偿权　阴阳合同　工程担保

二、本章基本思考题

1. 建立房地产合同管理体系，需要做好哪些方面的工作？
2. 如何建立合同实施管理体系？
3. 合同跟踪的依据是什么？
4. 合同变更对项目产生什么影响？
5. 工程师指令工程变更包括哪些内容？
6. 合同变更中应注意哪些问题？
7. 阴阳合同的社会危害性有哪些？
8. 如何建立工程契约信用制度？
9. 推行工程担保制度有哪些重要意义？

第八章　房地产合同索赔

学习目标

通过对本章的学习，学生应掌握以下内容：

1. 房地产合同索赔的含义和特点；
2. 房地产合同索赔的起因和分类；
3. 房地产合同索赔的程序和方法；
4. 房地产合同索赔管理索赔争端的解决。

导言

工程索赔在国际建筑市场上是承包商保护自身正当权益、弥补工程损失、提高经济效益的重要和有效手段。许多工程项目，通过成功的索赔能使工程收入的改善达到工程造价的10%～20%，有些工程的索赔额甚至超过了工程合同额本身。索赔管理以其花费较小、经济效果明显而受到承包商的高度重视。

第一节　合同索赔概述

承包商在激烈的投标竞争中以较低价格得标，实施过程中稍遇条件的变化即要处于亏损的威胁之下，因此承包商必然寻找一切可能的机会来减少自己的风险，索赔正是帮助承包商实现自身权益维护的方式之一。

一、索赔概述

在建筑市场中，“中标靠低价，盈利靠索赔”已被广泛认可，要想靠索赔实现盈利，必须要对索赔有全面的把握。

（一）索赔的概念

1. 索赔的含义

索赔一词具有较为广泛的含义，这个词已越来越为人们所熟悉，其含义是指对某事、

某物权利的一种主张、要求、坚持等。仅从字面意思看，索赔即索取赔偿，也就是指交易一方不履行或未正确履行契约上规定的义务而受到损失，向对方提出赔偿的要求。

建设工程索赔通常是指在工程合同履行过程中，合同当事人一方因非自身因素或对方不履行或未能履行合同而受到经济损失或权利损害时，通过一定的合法程序向对方提出经济或时间补偿要求。索赔是一种正当的权利要求，它是业主方、监理工程师和承包方之间一项正常的、大量发生而且普遍存在的合同管理业务，是一种以法律和合同为依据的、合理的行为。

在工程建设的各个阶段都有可能发生索赔，但施工阶段索赔发生较多。在实际工程中，对承包商而言，索赔的范围更为广泛。一般只要不是承包商自身的责任造成工期延长和成本增加，都可以通过合法的途径与方式提出索赔要求。索赔主要有以下几类情形。

（1）业主或业主代表违约，未履行合同责任。如未按合同规定及时交付设计图纸造成工程拖延，未及时支付工程款。

（2）业主行使合同规定的权力。最常见的有业主行使合同赋予的权力指令变更工程，暂停工程施工等。

（3）发生应由业主承担责任的特殊风险事件。常见的如事先未能预料的不利的自然条件、与勘查报告不同的地质情况、国际法令的修改、物价上涨、汇率变化等。

2．索赔的特征

索赔以工程实施状况为依据，以合同责任为前提，是双向的、以对实际损失或支出补偿为目的的行为过程。

（1）索赔是双向的，不仅承包商可以向发包人索赔，发包人同样也可以向承包商索赔。由于实践中发包人向承包商索赔发生的频率相对较低，而且在索赔处理中，发包人始终处于主动和有利的地位，他可以直接从应付工程款中扣抵或没收履约保函、扣留保留金甚至留置承包商的材料设备作为抵押等来实现自己的索赔要求，不存在“索”，因此在工程实践中，大量发生的、处理比较困难的是承包商向发包人的索赔，这也是索赔管理的主要对象和重点内容。承包商的索赔范围非常广泛，一般认为，只要因非承包商自身责任造成工程工期延长或成本增加，都有可能向发包人提出索赔。

（2）只有实际发生了经济损失或权利损害，一方才能向对方索赔。经济损失是指发生了合同以外的额外支出，如人工费、材料费、机械费、管理费等额外开支；权利损害是指虽然没有经济上的损失，但造成了一方权利上的损害，如由于恶劣气候条件对工程进度的不利影响，承包商有权要求工期延长等。因此，发生了实际的经济损失或权利损害，应是一方提出索赔的一个基本前提条件。

（3）索赔是一种未经对方确认的单方行为，它与工程签证不同。在施工过程中签证是承发包双方就额外费用补偿或工期延长等达成一致的书面证明材料和补充协议，它可以直接作为工程款结算或最终增减工程造价的依据；而索赔则是单方面行为，对对方尚未形成

约束力，这种索赔要求能否得到最终实现，必须要通过确认（如双方协商、谈判、调解或仲裁、诉讼）后才能实现。

归纳起来，索赔具有如下本质特征。

① 索赔是要求给予补偿（赔偿）的一种权利、主张。

② 索赔的依据是法律法规、合同文件及工程建设惯例，但主要是合同文件。

③ 索赔是因非自身原因导致的，要求索赔方没有过错。

④ 与原合同相比较，已经发生了额外的经济损失或工期损害。

⑤ 索赔必须有切实有效的证据。

⑥ 索赔是单方行为，双方还没有达成协议。

许多人一听到“索赔”二字，就很容易联想到争议的仲裁、诉讼或双方激烈的对抗，因此往往认为应当尽可能避免索赔，担心因索赔而影响双方的合作或感情。实质上，索赔的性质属于经济补偿行为，而不具有惩罚性。索赔是一种正当的权利或要求，是合情、合理、合法的行为，是在正确履行合同的基础上争取合理的偿付，不是无中生有、无理争利。索赔同守约、合作并不矛盾或者对立，索赔本身就是市场经济中合作的一部分，只要是符合有关规定的、合法的或者符合有关惯例的，就应该理直气壮地、主动地向对方索赔。大部分索赔都可以通过和解或调解等方式获得解决，只有在双方坚持己见而无法达成一致时才会提交仲裁或诉诸法院求得解决，即使诉诸法律程序，也应当把它看成是遵法守约的正当行为。索赔的关键在于“索”，你不“索”，对方就没有任何义务主动地来“赔”。同样，“索”得乏力、无力，即索赔依据不充分、证据不足、方式方法不当，也是很难成功的。工程承包的实践经验告诉我们，一个不敢、不会索赔的承包商是很难获利的。

3．索赔与违约责任的区别

索赔是对自己已完成工作所发生的损失的权利主张，而违约是对对方违反合同约定所做的追偿，两者有很大的差别。

（1）索赔事件的发生，不一定在合同文件中有约定；而工程合同的违约责任，则必然是合同所约定的。

（2）索赔事件的发生，既可以是一定行为造成的（包括作为和不作为），也可以是不可抗力事件所引起的；而追究违约责任，必须要有合同不能履行或不能完全履行的违约事实的存在，发生不可抗力可以免除追究当事人的违约责任。

（3）索赔事件的发生，可以是合同当事人一方引起，也可以是任何第三人行为引起；而违反合同则是由于当事人一方或双方的过错造成的。

（4）一定要有造成损失的结果才能提出索赔，因此索赔具有补偿性；而合同违约不一定要造成损失结果，因为违约（如违约金）具有惩罚性。

（5）索赔的损失结果与被索赔人的行为不一定存在法律上的因果关系，如因业主（发包人）指定分包人原因造成承包商损失的，承包商可以向业主索赔等；而违反合同的行为

与违约事实之间存在因果关系。

（二）索赔的起因

引起工程索赔的原因多而复杂，主要包括以下几个方面。

1．工程项目的特殊性

一般的工程规模大，技术性强，投资额大，并且需要很长的工期；这使得工程项目在实施过程中存在许多不确定的变化因素，而合同则必须在工程开始前签订，它不可能对工程项目所有的问题都能做出合理的预见和规定，而且业主在实施过程中还会有许多新的决策，这一切使得合同变更极为频繁，而合同变更必然导致项目工期和成本的变化。

2．参与工程建设主体的多元化

由于工程参与单位多，一个工程项目往往有业主、总承包商、监理单位、分包商以及材料设备供应商等众多单位参与，各方面的技术和经济关系非常复杂，相互联系并且相互影响，只要一方有个别的失误，不仅会造成自己的损失，而且会影响其他合作者，造成他人损失，从而导致索赔和争执。

3．工程项目所处环境的复杂性

工程项目的技术环境、经济环境、社会环境以及法律环境的变化，会在工程实施过程中经常发生，使得工程计划实施过程与实际情况不一致，这些因素同样会导致工程工期和费用的变化。

4．工程合同的复杂性

建设工程合同文件多而且复杂，经常会出现缺陷以及合同前后自相矛盾等问题，容易造成合同双方对合同文件理解不一致，从而出现索赔。

5．投标的竞争性

现代工程市场竞争激烈，承包商的利润水平降低，在竞标时，大部分靠低标价甚至保本价中标，回旋余地较小。特别是在招标投标过程中，每个合同专用文件内的具体条款，一般是由发包人自己或委托工程师、咨询单位编写后列入招标文件，编制过程中承包商没有发言权，虽然承包商在投标书的致函内及与发包人进行谈判过程中，可以要求修改某些对其风险较大的条款的内容，但要求修改的条款数目不能过多，否则就形成对招标文件实质上的背离而被发包人拒绝，因而工程合同在实践中往往发包人与承包商风险分担不公，把主要风险转嫁于承包商一方，稍遇条件变化，承包商即处于亏损的边缘，这必然迫使承包商寻找一切可能的索赔机会来减轻自己承担的风险。因此，索赔实质上是工程实施阶段承包商和发包人之间在承担工程风险比例上的合理再分配，这也是目前国内外土木工程市场上，索赔在数量、款额上呈增长趋势的一个重要原因。

以上这些问题会随着工程的逐步开展而不断暴露出来，使工程项目必然受到影响，导致工程项目成本和工期的变化，这就是索赔形成的根源。因此，索赔的发生，不仅是一个索赔意识或合同观念的问题，从本质上讲，索赔也是一种客观存在。

（三）索赔的分类

由于索赔贯穿工程项目全过程，可能发生的范围比较广泛，其分类随标准、方法不同而不同，主要有以下几种分类方法。

1．按索赔当事人分类

按索赔的有关当事人分类，索赔可以分为以下几种。

（1）总承包合同索赔，即承包商和业主之间的索赔。这类索赔大多是有关工程量计算、变更、质量和价格方面的争议，也有中断或终止合同等其他违约行为的索赔。

（2）分包合同索赔，即总承包商和分包商之间的索赔。其内容与第（1）项大致相似，但大多数是分包人向总承包商索要付款或赔偿，以及总包向分包罚款或扣留支付款等。

（3）联营承包合同索赔，即联营成员之间的索赔。

（4）劳务合同索赔，即承包商与劳务供应商之间的索赔。

（5）其他合同索赔，如承包商与材料设备供应商之间的索赔。

2．按索赔目的分类

按索赔目的，索赔可分为工期索赔和费用索赔。

（1）工期索赔。由于非承包商责任的原因导致施工进度延误，要求批准顺延合同工期的索赔，称之为工期索赔。工期索赔形式上是对权利的要求，以避免在原定合同竣工日不能完工时，被业主追究延期违约责任。一旦获得批准合同工期顺延后，承包商不仅免除了承担延期违约赔偿的风险，还可能因提前完工得到奖励。

（2）费用索赔。费用索赔的目的是要得到经济补偿。当施工的客观条件发生变化导致承包商增加开支，承包商对超出计划成本的附加开支要求给予补偿，以挽回不应由他承担的经济损失就属于费用索赔。

3．按索赔事件的性质分类

按照索赔事件的性质，索赔可分为以下几种。

（1）工程延期索赔。因发包人未按合同要求提供施工条件，如未及时交付设计图纸、施工现场、道路等，或因发包人指令工程暂停或不可抗力事件等原因造成工期拖延的，承包商对此提出索赔；如果由于承包商原因导致工期拖延，发包人可以向承包商提出索赔；由于非分包人的原因导致工期拖延，分包人可以向承包商提出索赔。

（2）工程变更索赔。由于发包人或工程师指令增加或减少工程量或增加附加工程、修改设计、变更施工顺序等造成工期延长和费用增加，承包商对此提出索赔。分包人也可对此向承包商提出索赔。

（3）工程终止索赔。由于发包人违约或发生了不可抗力事件等造成工程非正常终止，承包商因蒙受经济损失而提出索赔；如果由于承包商或者分包人的原因导致工程非正常终止，或者合同无法继续履行，发包人可以对此提出索赔。

（4）工程加速索赔。由于发包人或工程师指令承包商加快施工速度，缩短工期，引起承包商人、财、物的额外开支而提出的索赔。

（5）意外风险和不可预见因素索赔。在工程实施过程中，因人力不可抗拒的自然灾害、特殊风险以及一个有经验承包商通常不能合理预见的不利施工条件或客观障碍，如地下水、地质断层、溶洞、地下障碍物等引起的索赔。

（6）其他索赔。如因货币贬值、汇率变化、物价、工资上涨、政策法令变化等原因引起的索赔。这种分类能明确指出每一项索赔的根源所在，使发包人和工程师便于审核分析。

4．按索赔处理方式分类

按索赔的处理方式和处理时间，索赔又可分为以下两种。

（1）单项索赔。单项索赔是针对某一干扰事件提出的，在影响原合同正常运行的干扰事件发生时或者发生后，由于合同管理人员及时处理，并在合同规定的索赔有效期内向业主或监理工程师提交索赔要求和索赔报告。

（2）综合索赔。综合索赔又称一揽子索赔，一般在工程竣工前和工程移交前，承包商将工程实施过程中因各种原因未能及时解决的单项索赔集中起来进行综合分析考虑，提出一份综合报告，由合同双方在工程交付前后进行最终谈判，以一揽子方案解决索赔问题。由于在一揽子索赔中许多干扰事件交织在一起，影响因素比较复杂而且相互交叉，责任分析和索赔值计算都很困难，索赔涉及的金额往往又很大，双方都不愿意或不容易做出让步，使索赔的谈判和处理都很困难。因此，综合索赔的成功率比单项索赔要低得多。

二、索赔管理

要健康地开展索赔工作，必须全面认识索赔，完整理解索赔，端正索赔动机，才能正确对待索赔，规范索赔行为，合理处理索赔业务。因此，业主、监理方和承包商应对索赔工作进行全面认识和理解。

（一）索赔意识

对承包商而言，在市场经济环境下，要提高工程经济效益必须重视索赔问题，必须有索赔意识，主要有以下三个方面。

1．法律意识

索赔是法律赋予承包商的正当权利，是保护自己正当权益的手段。强化索赔意识，实质上是强化承包商的法律意识。这不仅可以加强承包商的自我保护意识，提高自我保护能力，而且还能提高承包商履约的自觉性，自觉地防止侵害他人的利益，有利于合同总目标的实现。

2．市场经济意识

在市场经济环境下，承包企业以追求经济效益为目标，索赔是在合同规定的范围内，合理地追求经济效益的手段。通过索赔可提高合同价格，增加收益，不讲索赔，放弃索赔

机会，是不讲经济效益的表现。

3．工程管理意识

索赔工作涉及工程项目管理的各个方面。要取得索赔的成功，必须提高整个工程项目的管理水平，进一步健全和完善管理机制。在工程管理中，必须有专人负责索赔管理工作，将索赔管理贯穿工程项目全过程和工程实施的各个环节和各个阶段。所以搞好索赔能带动企业管理和工程项目管理整体水平的提高。

承包商应正确地对待索赔问题。在任何工程中，索赔是不可避免的，通过索赔能保护自身利益，使损失得到补偿，增加收益，所以不能不重视索赔问题。但从根本上说，索赔是由于工程受干扰引起的。这些干扰事件对双方都可能造成损失，影响工程的正常施工，造成混乱的局面和拖延。所以从合同双方整体利益的角度出发，应极力避免干扰事件的发生，避免索赔的产生。而且对一具体的干扰事件，能否取得索赔的成功，能否及时地获得补偿，是很难预料的，也很难把握。这里有许多风险，所以承包商不能以索赔为取得利润的基本手段，尤其不应预先寄希望于索赔。现在有很多承包商在投标中故意压低报价而获得工程，希望能通过索赔弥补损失，这是非常危险的 ，也是不正常的。

（二）索赔要求

在工程中，索赔要求通常有以下两种。

1．延长工期

承包合同中都有工期和工程拖延的违约责任条款。如果工程拖延是由承包商管理不善造成的，则他必须承担责任，接受合同规定的处罚。而对外界干扰引起的工期拖延，承包商可以通过索赔，取得业主对合同工期延长的认可，则在这个范围内可免去他的合同处罚。

2．费用补偿

由于非承包商自身责任造成工程成本增加，使承包商增加额外费用，遭受经济损失，可以根据合同规定提出费用或利润索赔要求。如果该要求得到业主的认可，业主应向他追加支付这笔费用用以补偿损失。这样，实质上承包商通过索赔提高了合同价格，常常不仅可以弥补损失，而且还能增加工程利润。

（三）索赔的意义

1．索赔是合同管理的重要环节

索赔和合同管理有直接的联系，工程合同是索赔的直接依据。整个索赔处理的过程就是执行合同的过程，从项目开工后，合同人员就必须将每日的实施合同的情况与原合同分析，若出现索赔事件，就应当研究是否提出索赔。

2．索赔有利于合同各方自身素质和管理水平的提高

工程索赔直接关系到建设单位和施工单位的双方利益，索赔和处理索赔的过程实质上是双方管理水平的综合体现。对建设单位来说为使工程顺利进行，如期完成，早日投产取

得收益，就必须加强自身管理，做好资金、技术等各项有关工作，保证工程中各项问题及时解决；对施工单位来说要实现合同目标，取得索赔，争取自己的应得利益，就必须加强各项基础管理工作，对工程的质量、进度、变更等进行更严格、更细致的管理，进而推动建筑行业管理的加强与提高。

3．索赔是合同双方利益的体现

从某种意义上讲，索赔是一种风险费用的转移或再分配，如果施工单位利用索赔的方法使自己尽可能的损失得到补偿，就会降低工程报价中的风险费用，从而使建设单位得到相对较低的报价，当工程施工中发生这种费用时可以按实际支出给予补偿，也使工程造价更趋于合理。作为施工单位，要取得索赔，保证自己应得的利益，就必须做到自身不违约，全力保证工程质量和进度，实现合同目标。同样，作为建设单位，要通过索赔的处理和解决，保证工程质量和进度，实现合同目标，并可通过索赔的处理和解决，保证工程顺利进行，使建设项目按期完工，早日投产取得经济收益。

4．索赔是挽回成本损失的重要手段

在合同实施过程中，由于项目的主客观条件发生了与原合同不一致的情况，使施工单位的实际工程成本增加，施工单位为了挽回损失，通过索赔加以解决，显然，索赔是以赔偿实际损失为原则的，施工单位必须准确地提供整个工程成本的分析和管理，以便确定挽回损失的数量。

5．索赔有利于与国际惯例接轨

索赔是国际工程建设中非常普遍的做法，尽快学习、掌握运用国际上工程建设管理的通行做法，不仅有利于我国企业工程建设管理水平的提高，而且对我国企业顺利参与国际工程承包、国外工程建设都有着重要的意义。

（四）索赔的依据和证据

1．索赔依据

总体而言，索赔的依据主要有三个方面。

（1）合同文件。

（2）法律、法规。

（3）工程建设惯例。

针对具体的索赔要求（工期或者费用），索赔的具体依据也不相同。其中合同文件是索赔最主要的依据，包括以下方面。

（1）合同协议书。

（2）中标通知书。

（3）投标书及其附件。

（4）合同专用条款。

（5）合同通用条款。

（6）标准、规范及有关技术文件。

（7）图纸。

（8）工程量清单。

（9）工程量报价单或预算书。

2．索赔证据

索赔证据是当事人用来支持其索赔成立或和索赔有关的证明文件和资料。索赔证据作为索赔文件的组成部分，在很大程度上关系到索赔的成功与否。证据不足或没有证据，索赔是不可能获得成功的。作为索赔证据既要真实全面又要具有法律证明的效力。

在工程项目实施过程中，常见的索赔证据有：各种工程合同文件；施工记录；工程照片及声像资料；来往信件及电话记录；会谈纪要；气象报告和资料；工程进度计划；投标前业主提供的参考资料和现场资料；工程备忘录及各种签证；工程结算资料和有关财务报告；各种检查验收报告和技术鉴定报告等。

（五）索赔管理的特点

（1）索赔工作贯穿工程项目的各个阶段。根据索赔的特点可知，合同管理者要做好索赔工作，必须从签订合同起，一直到执行合同的全过程中，采取预防保护措施，建立健全索赔业务的各项管理制度。

（2）影响索赔成功的相关因素多。索赔能否取得成功，除了本身的特点之外，还与企业的项目管理基础工作密切相关，如企业的合同管理能力；工程进度管理；项目的成本管理和信息管理等因素。

（3）索赔管理是一门综合的学问和艺术。索赔涉及的问题的层面相当广泛，既要求索赔人员具备丰富的工程技术知识与实际施工经验，使得索赔问题的提出具有科学性和合理性，符合工程实际情况，又要求索赔人员通晓法律与合同知识，使得索赔的问题具有法律依据和事实证据，并且还要求在索赔文件的准备和编制以及谈判等方面具有一定的艺术性，让索赔的最终解决表现出一定程度的伸缩性和灵活性。这对索赔人员的素质提出了很高的要求，要求具有多种才能的综合人才。

三、反索赔

反索赔是对索赔而言的。在国际工程合同中，对合同双方均赋予提出合理索赔的权利，以维护受损害一方的正当利益。

（一）反索赔的含义

反索赔，顾名思义就是反驳、反击或防止对方提出的索赔，不让对方索赔成功或全部成功。对于反索赔的含义一般有两种理解：一是认为承包商向业主提出补偿要求即为索赔，而业主向承包商提出补偿要求则认为是反索赔；二是认为索赔是双向的，业主和承包商都

可以向对方提出索赔要求，任何一方对对方提出的索赔要求的反驳、反击则认为是反索赔。本书采用后者对反索赔的理解。认为承包商向业主在工程项目实施过程中，当合同一方提出索赔，合同另一方面对对方提出的索赔要求和索赔文件，可能会有以下三种选择。

（1）全部认可对方的索赔，包括索赔值数额。

（2）全部否决对方的索赔。

（3）部分否决对方的索赔。

如果对方提出的索赔依据充分、证据确凿、计算合理，另一方应实事求是地认可对方的索赔要求，赔偿或补偿对方的经济损失或损害；反之，则应以事实为根据，以法律（合同）为准绳，反驳、拒绝对方不合理的索赔要求或索赔要求中不合理部分，这就是反索赔。

（二）反索赔的内容

反索赔工作可包括两方面：一是防止对方提出索赔；二是反击或反驳对方的索赔要求。

1. 防止对方提出索赔

要成功地防止对方提出索赔，应采取积极防御的策略。

（1）严格履行合同中规定的各项义务，防止自己违约，并通过加强合同管理，使对方找不到索赔的理由和根据，使自己处于不能被索赔的地位。如果合同双方都能很好地履行合同义务，没有损失发生，也没有合同争议，索赔与反索赔从根本上也就不会产生。

（2）如果在工程实施过程中发生了干扰事件，则应立即着手研究和分析合同依据，收集证据，为提出索赔或反击对手的索赔做好两手准备。

（3）体现积极防御策略的常用手段是先发制人，首先向对方提出索赔。因为在实际工作中干扰事件的产生常常是双方均负有责任，原因错综复杂且互相交叉，一时很难分清谁是谁非。先提出索赔，既可以防止自己因超过索赔时限而失去索赔机会，又可争取索赔中的有利地位，打乱对方的工作步骤，争取主动权，为索赔问题的最终处理留下一定的余地。

2. 反击或反驳对方的索赔要求

如果对方先提出了索赔要求或索赔报告，则自己一方应采取各种措施来反击或反驳对方的索赔要求。常用的措施如下。

（1）抓住对方的失误，直接向对方提出索赔，以对抗或平衡对方的索赔要求，达到最终解决索赔时互作让步或互不支付的目的。例如，业主常常通过找出工程中的质量问题、工程延期等问题，对承包商处以罚款，以对抗承包商的索赔要求，达到少支付或不支付的目的。

（2）针对对方的索赔报告，进行仔细、认真的研究和分析，找出理由和证据，证明对方索赔要求或索赔报告不符合实际情况和合同规定、没有合同依据或事实证据、索赔值计算不合理或不准确等问题，反击对方不合理的索赔要求或索赔要求中的不合理部分，推卸或减轻自己的赔偿责任，使自己不受或少受损失。

（三）索赔与反索赔的辩证关系

索赔表现为当事人自觉地将索赔管理作为工程及合同管理的重要组成部分，成立专门机构研究索赔方法，总结索赔经验，不断提高索赔成功率；在工程实施过程中，能仔细分析合同缺陷，主动寻找索赔机会，为己方争取应得利益。而反索赔在索赔管理策略上表现为防止被索赔，不给对方留下可以索赔的漏洞，使对方找不到索赔机会；在工程管理中体现为签署严密合理、责任明确的合同条款，并在合同实施过程中，避免己方违约；在索赔解决过程中，表现为当对方提出索赔时，对其索赔理由予以反驳，对其索赔证据进行质疑，指出其索赔计算的问题，以达到尽量减少索赔额度，甚至完全否定对方索赔要求的目的。

因此，完整的索赔管理应该包括索赔和反索赔两个方面，两者密不可分，相互影响、相互作用。通过索赔可以追索损失，获得合理的经济补偿，而通过反索赔则可以防止损失发生，保证工程项目的经济利益。如果把索赔比作进攻，则反索赔就是防御，没有积极的进攻，就没有有效的防御。同样，没有积极的防御，也就没有有效的进攻。在工程合同实施过程中，一方提出索赔，一般都会遇到对方的反索赔，对方不太可能立即予以认可，索赔和反索赔都不太可能一次成功，合同当事人须能攻善守，攻守相济，才能立于不败之地。

综上所述，索赔是双向的，不仅承包商可以向业主索赔，业主也同样可以向承包商索赔，因此反索赔也是双向的。例如，在工程项目实施过程中承包商向业主提出索赔，而业主则反索赔；同时，业主又可能向承包商提出索赔，承包商则必须反索赔。索赔与反索赔之间的关系有时是错综复杂的。由于工程项目的复杂性，对于干扰事件常常双方都负有责任，所以索赔中有反索赔，反索赔中又有索赔。业主或承包商不仅要对对方提出的索赔进行反驳，而且要反驳对方对己方索赔的反驳。

第二节　合同索赔的程序和方法

索赔工作实质上是承包商和业主在分担工程风险方面的重新分配过程，涉及双方的众多经济利益，是一项烦琐、细致、耗费精力和时间的过程。因此，合同双方必须严格按照合同规定办事，按规定的索赔程序和合理的索赔计算方法进行索赔工作，成功索赔。

一、合同索赔的程序

索赔管理包括索赔和反索赔两个方面，同样，合同索赔的程序由于主体的不同，合同索赔分为承包商索赔和发包商索赔。

（一）承包商索赔的程序

索赔工作程序是指从索赔事件产生到最终处理全过程所包括的工作内容和工作步骤，具体工程的索赔工作程序，应根据双方签订的施工合同产生。图 8-1 给出了国内某工程项目承包商的索赔工作流程，可供参考。

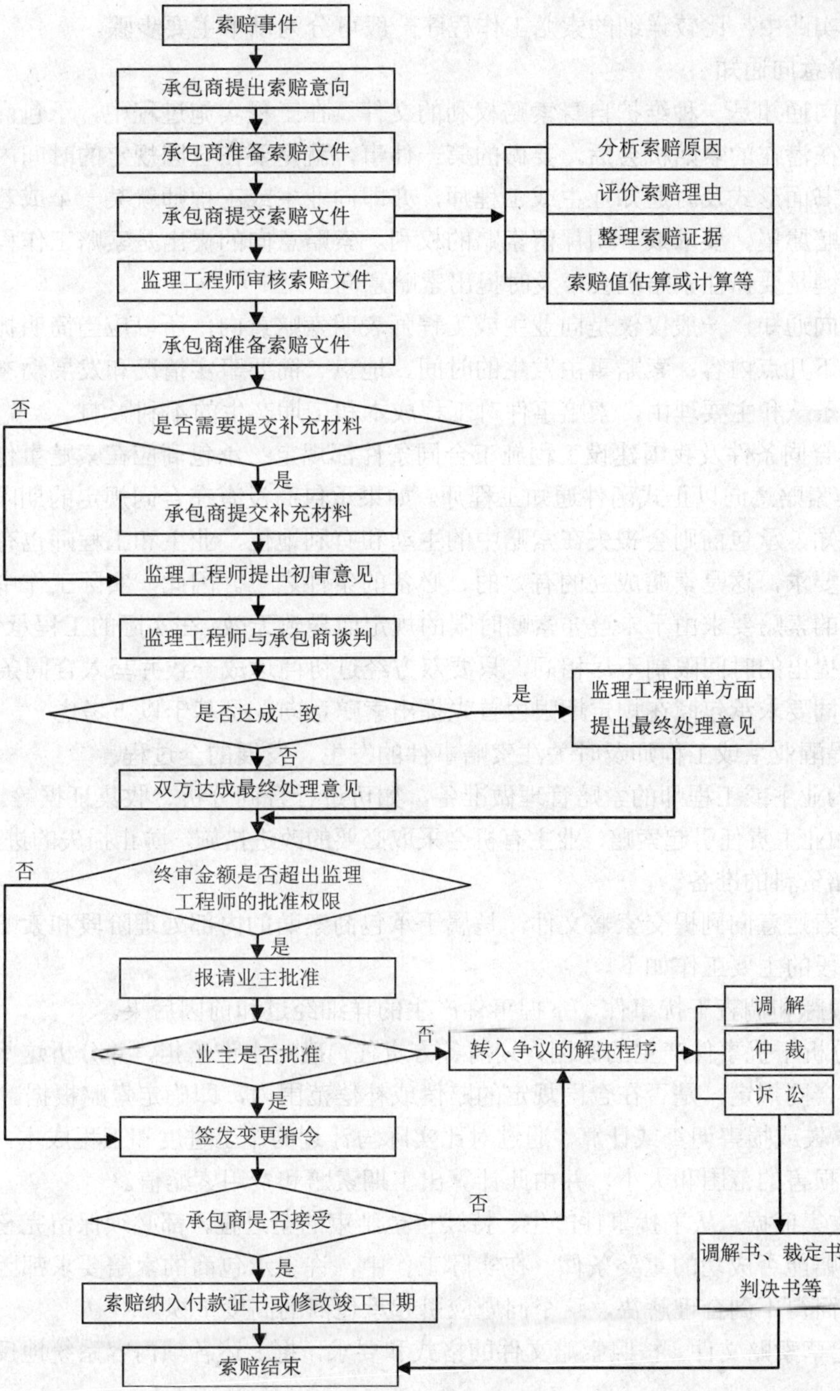

索赔事件

承包商提出索赔意向

承包商准备索赔文件

承包商提交索赔文件

分析索赔原因

评价索赔理由

整理索赔证据

索赔值估算或计算等

监理工程师审核索赔文件

承包商准备索赔文件

是否需要提交补充材料

否

是

承包商提交补充材料

监理工程师提出初审意见

监理工程师与承包商谈判

是否达成一致

是

监理工程师单方面提出最终处理意见

否

双方达成最终处理意见

终审金额是否超出监理工程师的批准权限

否

是

报请业主批准

业主是否批准

否

转入争议的解决程序

调 解

仲 裁

诉 讼

是

签发变更指令

承包商是否接受

否

调解书、裁定书、判决书等

是

索赔纳入付款证书或修改竣工日期

索赔结束

图 8-1 索赔流程

在工程实践中，比较详细的索赔工作程序一般可分为以下主要步骤。

1．索赔意向通知

索赔意向通知是一种维护自身索赔权利的文件。在工程实施过程中，承包商发现索赔或意识到存在潜在的索赔机会后，要做的第一件事，就是要在合同规定的时间内将自己的索赔意向用书面形式及时通知业主或工程师，亦即向业主或工程师就某一个或若干个索赔事件表示索赔愿望、要求或声明保留索赔的权利。索赔意向的提出是索赔工作程序中的第一步，其关键是要抓住索赔机会，及时提出索赔意向。

索赔意向通知，一般仅仅是向业主或工程师表明索赔意向，所以应当简明扼要。通常只要说明以下几点内容：索赔事由发生的时间、地点、简要事实情况和发展动态，索赔所依据的合同条款和主要理由，索赔事件对工程成本和工期产生的不利影响。

FIDIC 合同条件及我国建设工程施工合同条件都规定：承包商应在索赔事件发生后的 28 天内将其索赔意向以正式函件通知工程师。如果承包商没有在合同规定的期限内提出索赔意向或通知，承包商则会丧失在索赔中的主动和有利地位，业主和工程师也有权拒绝承包商的索赔要求，这是索赔成立的有效的、必备的条件之一。因此，实际工作中，承包商应避免合理的索赔要求由于未遵守索赔时限的规定而导致无效。在实际的工程承包合同中，对索赔意向提出的时间限制不尽相同，只要双方经过协商达成一致并写入合同条款即可。

施工合同要求承包商在规定期限内首先提出索赔意向，是基于以下考虑。

（1）提醒业主或工程师及时关注索赔事件的发生、发展的全过程。

（2）为业主或工程师的索赔管理做准备，如可进行合同分析、收集证据等。

（3）如业主责任引起索赔，业主有机会采取必要的改进措施，防止损失的进一步扩大。

2．索赔资料的准备

从提出索赔意向到提交索赔文件，是属于承包商索赔的内部处理阶段和索赔资料准备阶段。此阶段的主要工作如下。

（1）跟踪和调查干扰事件，掌握事件产生的详细经过和前因后果。

（2）分析干扰事件产生的原因，划清各方责任，确定由谁承担，并分析这些干扰事件是否违反了合同规定，是否在合同规定的赔偿或补偿范围内，即确定索赔根据。

（3）损失或损害调查或计算。通过对比实际与计划的施工进度和工程成本，分析经济损失或权利损害的范围和大小，并由此计算出工期索赔和费用索赔值。

（4）收集证据。从干扰事件产生、持续直至结束的全过程，都必须保留完整的文档记录，这是索赔能否成功的重要条件。在实际工作中，许多承包商的索赔要求都因没有或缺少书面证据而得不到合理解决，这个问题应引起承包商的高度重视。

（5）起草索赔文件。按照索赔文件的格式和要求，将上述各项内容系统地反映在索赔文件中。

索赔的成功很大程度上取决于承包商对索赔做出的解释和真实可信的证明材料。即使抓住合同履行中的索赔机会，如果拿不出索赔证据或证据不充分，其索赔要求也难以成功或大打折扣。因此，承包商在正式提出索赔报告前的资料准备工作极为重要。这就要求承包商注意记录和积累工程施工过程中的各种资料，并可随时从中提取与索赔事件有关的证明资料。

3．索赔文件的提交

承包商必须在合同规定的索赔时限内向业主或工程师提交正式的书面索赔文件。FIDIC合同条件和我国建设工程施工合同条件都规定，承包商必须在发出索赔意向通知后的28天内或经工程师同意的其他合理时间内，向工程师提交一份详细的索赔文件和有关资料。如果干扰事件对工程的影响持续时间长，承包商则应按工程师要求的合理间隔（一般为28天），提交中间索赔报告，并在干扰事件影响结束后的28天内提交一份最终索赔报告。如果承包商未能按规定时间提交索赔报告，就失去了该项事件请求补偿的索赔权利，此时他所受到损害的补偿，将不超过工程师认为应主动给予的补偿额，或把该事件损害提交仲裁解决时，仲裁机构依据合同和同期记录可以证明的损害补偿额。

4．工程师对索赔文件的审核

工程师是受业主的委托和聘请，对工程项目的实施进行组织、监督和控制工作。在业主与承包商之间的索赔事件发生、处理和解决过程中，工程师是个核心人物。工程师在接到承包商的索赔文件后，必须以完全独立的身份，站在客观公正的立场上审查索赔要求的正当性，必须对合同条件、协议条款等有详细的了解，以合同为依据来公平处理合同双方的利益纠纷。工程师应该建立自己的索赔档案，密切关注事件的影响和发展，有权检查承包商的有关同期记录材料，随时就记录内容提出他的不同意见或他认为应予以增加的记录项目。工程师根据业主的委托或授权，对承包商索赔的审核工作主要分为判定索赔事件是否成立和核查承包商的索赔计算是否正确、合理两个方面，并可在业主授权的范围内做出自己独立的判断。

承包商索赔要求的成立必须同时具备如下四个条件。

（1）与合同相比较，事件已经造成了承包商实际的额外费用增加或工期损失。

（2）费用增加或工期损失的原因不是由于承包商自身的责任所造成。

（3）这种经济损失或权利损害不是由承包商应承担的风险所造成。

（4）承包商在合同规定的期限内提交了书面的索赔意向通知和索赔文件。

上述四个条件没有先后主次之分，并且必须同时具备，承包商的索赔才能成立。其后，工程师对索赔文件的审查重点主要有两步。

第一步，重点审查承包商的申请是否有理有据，即承包商的索赔要求是否有合同依据、所受损失确属不应由承包商负责的原因造成、提供的证据是否足以证明索赔要求成立、是否需要提交其他补充材料等。

第二步，工程师应以公正的立场、科学的态度，重点审查并核算索赔值的计算是否正确、合理，分清责任，对不合理的索赔要求或不明确的地方提出反驳和质疑，或要求承包商做出进一步的解释和补充，并拟定自己计算的合理索赔款项和工期延展天数。

5．工程师与承包商协商补偿额和工程师索赔处理意见

工程师核查后初步确定应予以补偿的额度，往往与承包商索赔报告中要求的额度不一致，甚至差额较大，主要原因大多为对承担事件损害责任的界限划分不一致、索赔证据不充分、索赔计算的依据和方法分歧较大等，因此双方应就索赔的处理进行协商。通过协商达不成共识的，工程师有权单方面做出处理决定，承包商仅有权得到所提供的证据满足工程师认为索赔成立部分的付款和工期延展。不论工程师通过协商与承包商达成一致，还是单方面做出的处理决定，批准给予补偿的款额和延展工期的天数如果在授权范围之内，则可将此结果通知承包商，并抄送业主。补偿款将计入下月支付工程进度款的支付证书内，业主应在合同规定的期限内支付，延长的工期加到原合同工期中去。如果批准的额度超过工程师的权限，则应报请业主批准。

对于持续影响时间超过28天以上的工期延误事件，当工期索赔条件成立时，对承包商每隔28天报送的阶段索赔临时报告审查后，每次均应做出批准临时延长工期的决定，并于事件影响结束后28天内承包商提出最终的索赔报告后，批准延展工期总天数。应当注意的是，最终批准的总延展天数，不应少于以前各阶段已同意延长天数之和。规定承包商在事件影响期间每隔28天提出一次阶段报告，可以使工程师能及时根据同期记录批准该阶段应予延展工期的天数，避免事件影响时间太长而不能准确确定索赔值。

工程师经过对索赔文件的认真评审，并与业主、承包商进行了较充分的讨论后，应提出自己的索赔处理决定。通常，工程师的处理决定不是终局性的，对业主和承包商都不具有强制性的约束力。

我国建设工程施工合同条件规定，工程师收到承包商送交的索赔报告和有关资料后应在28天内给予答复，或要求承包商进一步补充索赔理由和证据。如果在28天内既未予答复也未对承包商做出进一步要求，则视为承包商提出的该项索赔要求已经认可。

6．业主审查索赔处理

当索赔数额超过工程师权限范围时，由业主直接审查索赔报告，并与承包商谈判解决，工程师应参加业主与承包商之间的谈判，工程师也可以作为索赔争议的调解人。业主首先根据事件发生的原因、责任范围、合同条款审核承包商的索赔文件和工程师的处理报告，再依据工程建设的目的、投资控制、竣工投产日期要求以及针对承包商在施工中的缺陷或违反合同规定等的有关情况，决定是否批准工程师的处理决定。例如，承包商某项索赔理由成立，工程师根据相应条款的规定，既同意给予一定的费用补偿，也批准延展相应的工

期，但业主权衡了施工的实际情况和外部条件的要求后，可能不同意延展工期，而宁愿给承包商增加费用补偿额，要求其采取赶工措施，按期或提前完工，这样的决定只有业主才有权做出。索赔报告经业主批准后，工程师即可签发有关证书。对于数额比较大的索赔，一般需要业主、承包商和工程师三方反复协商。

7．承包商是否接受最终索赔处理，或裁或审

如果承包商同意接受最终的处理决定，索赔事件的处理即告结束。如果承包商不同意，则可根据合同约定，将索赔争议提交仲裁或诉讼，使索赔问题得到最终解决。在仲裁或诉讼过程中，工程师作为工程全过程的参与者和管理者，可以作为见证人提供证据，做答辩。工程项目实施中会发生各种各样、大大小小的索赔、争议等问题，应该强调：合同各方应该争取尽量在最早的时间、最低的层次，最大可能以友好协商的方式解决索赔问题，不要轻易提交仲裁或诉讼。因为对工程争议的仲裁或诉讼往往是非常复杂的，要花费大量的人力、物力、财力和精力，对工程建设也会带来不利，有时甚至是严重的影响。

（二）发包人的索赔

根据我国《建设工程施工合同》规定，因承包商原因不能按照协议书约定的竣工日期或工程师同意顺延的工期竣工，或因承包商原因工程质量达不到协议书约定的质量标准，或承包商不履行合同义务或不按合同约定履行义务或发生错误而给发包人造成损失时，发包人也应按合同约定的索赔时限要求，向承包商提出索赔。

二、索赔的方法

无论是承包商的索赔还是发包人的索赔，索赔的内容主要表现有工期索赔、费用索赔或者工期与费用的双索赔。

（一）工期索赔

工期索赔，一般是指承包商根据合同对于非自身的原因而导致的工期延误向业主提出的工期顺延要求。

1．工期索赔分析

工期索赔分析包括延误原因分析、延误责任界定、网络计划分析、索赔结果分析等步骤，具体内容如图 8-2 所示。

2．工期索赔的原则

（1）不同类型工期拖延的处理原则。工期拖延可以分为可原谅的延期和不可原谅的延误。可原谅的延期是由于非承包商原因造成的工程拖期，不可原谅的延误一般是承包商原因造成的工程拖期。这两类工程拖期的处理原则及结果均不同，详见表 8-1。

（2）共同延误下的工期索赔的处理原则。在实际施工过程中，工期拖期很少是只由一方造成的，往往是两三种原因同时发生（或相互作用）而形成的，故称为“共同延误”。在这种情况下，要具体分析哪一种情况延误是有效的，应依据以下原则。

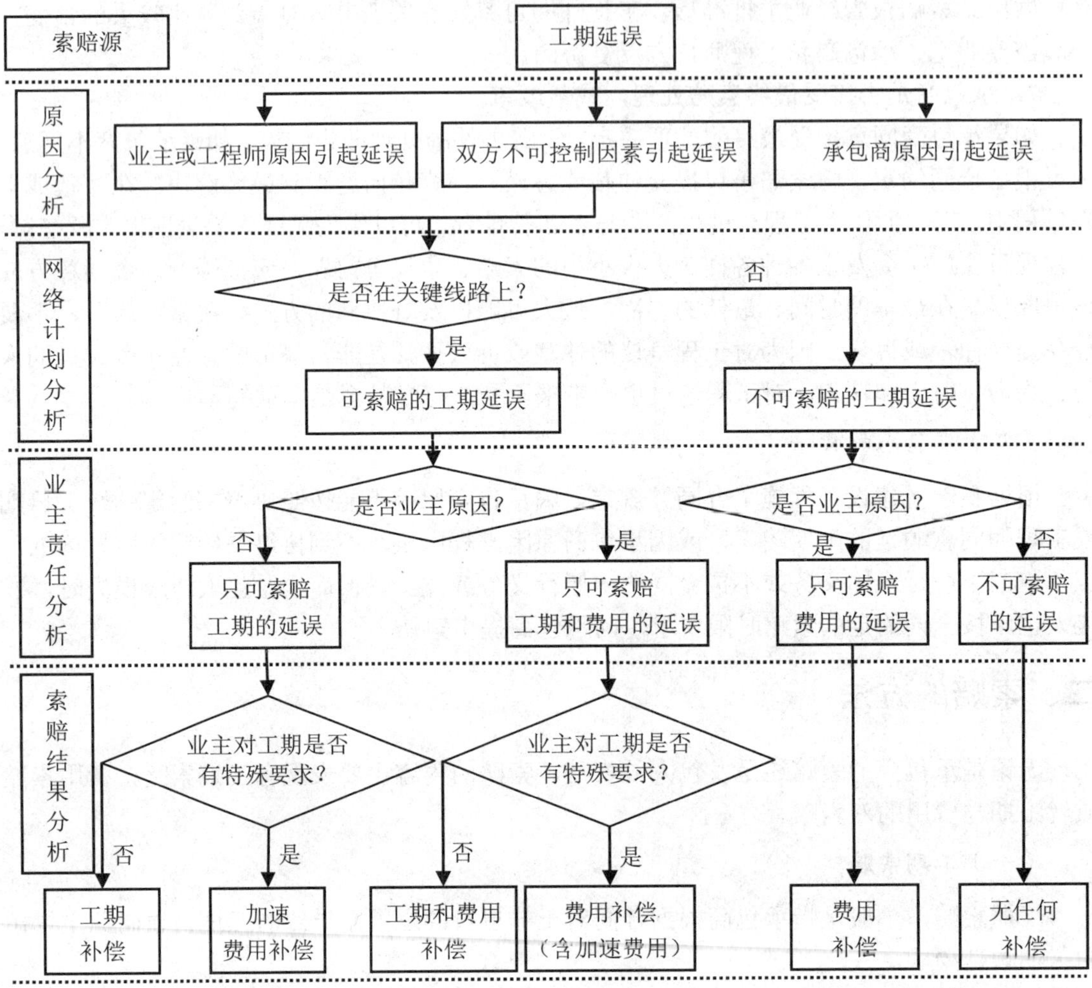

索赔源
工期延误
原因分析
业主或工程师原因引起延误
双方不可控制因素引起延误
承包商原因引起延误
网络计划分析
是否在关键线路上？
是
否
可索赔的工期延误
不可索赔的工期延误
业主责任分析
是否业主原因？
否
是
只可索赔工期的延误
只可索赔工期和费用的延误
是否业主原因？
是
否
只可索赔费用的延误
不可索赔的延误
索赔结果分析
业主对工期是否有特殊要求？
否
是
业主对工期是否有特殊要求？
否
是
工期补偿
加速费用补偿
工期和费用补偿
费用补偿（含加速费用）
费用补偿
无任何补偿

图8-2 工期索赔分析

① 首先判断造成拖期的哪一种原因是最先发生的，即确定“初始延误”者，它应对工程拖期负责。在初始延误发生作用期间，其他并发的延误者不承担拖期责任。

② 如果初始延误者是业主，则在业主造成的延误期内且发生在关键线路上的工期，承包商既可得到工期延长，又可得到经济补偿。

③ 如果初始延误者是客观原因，则在客观因素发生影响的时间段内，承包商可以得到工期延长，但很难得到费用补偿。

表 8-1　工期索赔处理原则

索赔原因	是否可原谅	拖期原因	责任者	处理原则	索赔结果
工程进度索赔	可原谅的延期	1．修改设计 2．施工条件变化 3．业主原因拖期 4．工程师原因拖期	业主/工程师	可给予工期延长，可补偿经济损失	工期+经济补偿
		1．异常恶劣气候 2．工人罢工 3．天灾	客观原因	可给予工期延长，不给予经济补偿	工期
	不可原谅的延误	1．工效不高 2．施工组织不好 3．设备材料供应不及时	承包商	不延长工期，不补偿经济损失，向业主支付误期损失赔偿费	索赔失败 无权索赔

3．工期索赔的计算方法

工期索赔的主要计算方法有网络分析法、比例类推法和直接法。

（1）网络分析法。承包商提出工期索赔，必须确定干扰事件对工期的影响值，即工期索赔值。工期索赔分析的一般思路是：假设工程一直按原网络计划确定的施工顺序和事件施工，当一个或一些干扰事件发生后，使网络中的某个或某些活动受到干扰而延长施工持续时间。将这些活动受干扰后新的持续时间代入网络中，重新进行网络分析和计算，即会得到一个新工期。新工期与原工期之差即为干扰事件对总工期的影响，即为承包商的工期索赔值。

换句话说，网络分析法是利用进度计划的网络图，分析其关键线路。如果延误的工作为关键工作，则延误的时间为索赔的工期；如果延误的工作为非关键工作，当该工作由于延误超过时限制而成为关键工作时，可以索赔延误时间与时差的差值；若该工作延误后仍为非关键工作，则不存在工期索赔问题。可以看出，网络分析要求承包商切实使用网络技术进行进度控制，才能依据网络计划提出工期索赔。按照网络分析得出的工期索赔值是科学合理的，容易得到认可。

网络分析是一种科学、合理的计算方法，它是通过分析干扰事件发生前、后网络计划的差异来计算工期索赔值的，通常可适用于各种干扰事件引起的工期索赔。但对于大型、复杂的工程，手工计算比较困难，须借助计算机来完成。

（2）比例类推法。前述的网络分析方法是最科学的，也是最合理的。但它需要的条件是，必须有计算机的网络分析程序，否则分析极为困难，甚至不可能。

在实际工程中，干扰事件常常仅影响某些单项工程、单位工程，或分部分项工程的工期，要分析它们对总工期的影响，可以采用更为简单的比例分析方法。比例类推法可以分以下为两种情况。

① 以合同价所占比例计算。

【例 8-1】在某工程施工中，业主推迟办公楼工程基础设计图纸的批准，使该单项工程延期 10 周。该单项工程合同价为 80 万美元，而整个工程合同总价为 400 万美元。

则承包商提出工期索赔为

$$总工期索赔=受干扰部分的工程合同价\times\frac{该部分工程受干扰工期拖延量}{整个工程合同总价}=80万\times\frac{10周}{400万}=2周$$

【例 8-2】某工程合同总价为 380 万元，总工期为 15 个月。现业主指令增加附加工程的价格为 76 万元，则承包商提出：

总工期索赔=附加工程或新赠工程量价款×原合同总工期/原合同总价

=76 万×15 个月/380 万=3 个月

② 按工程量进行比例类推。

【例 8-3】某工程的基础施工中，出现了不利的地质障碍，业主指令承包商进行处理，土方工程量由原来的 2 950m^3 增加至 3 470m^3，原定工期为 48 天。因此，承包商可提出工期索赔值为

$$工期索赔值=原工期\times\frac{额外或新增工程量}{原工程量}=48\times\frac{3\,470-2\,950}{2\,950}=8.46\approx8.5（天）$$

比例类推法的特点有：计算简单、方便，不需进行复杂的网络分析，也容易接受，所以用得也比较多；但常常不符合实际情况，不太合理，不太科学。因为从网络分析可以看到，关键线路活动的任何延长，即为总工期的延长；而非关键线路活动延长常常对总工期没有影响，所以不能统一以合同价格比例折算。按单项工程平均值计算同样有问题；这种分析方法对有些情况不适用，如业主变更工程施工次序，业主指令采取加速措施，业主指令删减工程量或部分工程等，如果仍用这种方法，会得到错误的结果。这在实际工作中应予以注意；对工程变更，特别是工程量增加所引起的工期索赔，采用比例类推法存在一个很大的缺陷。由于干扰事件是在工程过程中发生的，承包商没有一个合理的计划期，而合同工期和价格是在合同签订前确定的，承包商有一个做标期，所以它们是不可比的。工程变更指令会造成施工现场的停工、返工，计划要重新修改，承包商要增加或重新安排劳动力、材料和设备，会引起施工现场的混乱和低效率。这样工程变更的实际影响比按比例类推法计算的结果要大得多。在这种情况下，工期索赔常常是由施工现场的实际记录决定的。

（3）直接法。有时干扰事件直接发生在关键线路上或一次性地发生在一个项目上，造成总工期的延误，这时可以通过查看施工日志、变更指令等资料，直接将这些资料中记载的延误事件作为工期索赔值。如承包商按工程师的书面工程变更指令，完成变更工程所用

的实际工时即为工期索赔值。

（二）费用索赔

费用索赔是指承包商在非自身因素影响下而遭受经济损失时向业主提出补充其额外费用损失的要求。因此，费用索赔应是承包商根据合同条款的有关规定，向业主索取的合同价款以外的费用。

索赔费用不应被视为承包商的额外收入，也不应被视为业主的不必要开支。实际上，索赔费用的存在是由于建立合同时还无法确定的某些应由业主承担的风险因素导致的结果。承包商的投标报价中一般不考虑应由业主承担的风险对报价的影响，因此一旦这类风险发生并影响承包商的工程成本时，承包商提出费用索赔是一种正常的、合情合理的行为。

1．费用索赔的起因

引起费用索赔的原因由于合同环境发生变化使承包商遭受了额外的经济损失。归纳起来，费用索赔产生的常见原因主要有：业主违约索赔；工程变更索赔；业主拖延支付工程款或预付款；工程加速；业主或工程师责任造成的可补偿费用的延误；工程中断或终止；工程量增加；业主指定分包商违约；合同缺陷；国家政策及法律、法令变更等。

2．索赔费用的组成

索赔费用的主要组成部分，同工程款的计价内容相似。按我国现行规定，建安工程合同价包括直接费、间接费、利润和税金。我国的这种规定，同国际上通行的做法还不完全一致。按国际惯例，建安工程直接费包括人工费、材料费和机械使用费；间接费包括现场管理费、保险费、利息等。一般承包商可索赔的具体费用如图 8-3 所示。

从原则上说，承包商有索赔权利的工程成本增加，都是可以索赔的费用。但是，对于不同原因引起的索赔，承包商可索赔的具体费用内容是不完全一样的。哪些内容可索赔，要按照各项费用的特点、条件进行分析论证。

（1）人工费。人工费包括施工人员的基本工资、工资性津贴、加班费、奖金以及法定的安全福利等费用。对于索赔费用中的人工费部分而言，是指完成合同之外的额外工作所花费的人工费；由于非承包商责任的工效降低所增加的人工费用；超过法定工作时间加班劳动；法定人工费增长以及非承包商责任工程延期导致的人员窝工费和工资上涨费等。

（2）材料费。材料费的索赔包括：由于索赔事项材料实际用量超过计划用量而增加的费用；由于客观原因材料价格大幅度上涨；由于非承包商责任工程延期导致的材料价格上涨和超期储存费用。材料费中应包括运输费、仓储费以及合理的损耗费用。如果由于承包商管理不善，造成材料损坏失效，则不能列入索赔计价。承包商应该建立健全的物资管理制度，记录建筑材料的进货日期和价格，建立领料耗用制度，以便索赔时能准确地分离出索赔事项所引起的材料额外耗用量。为了证明材料单价的上涨，承包商应提供可靠的订货单、采购单，或官方公布的材料价格调整指数。

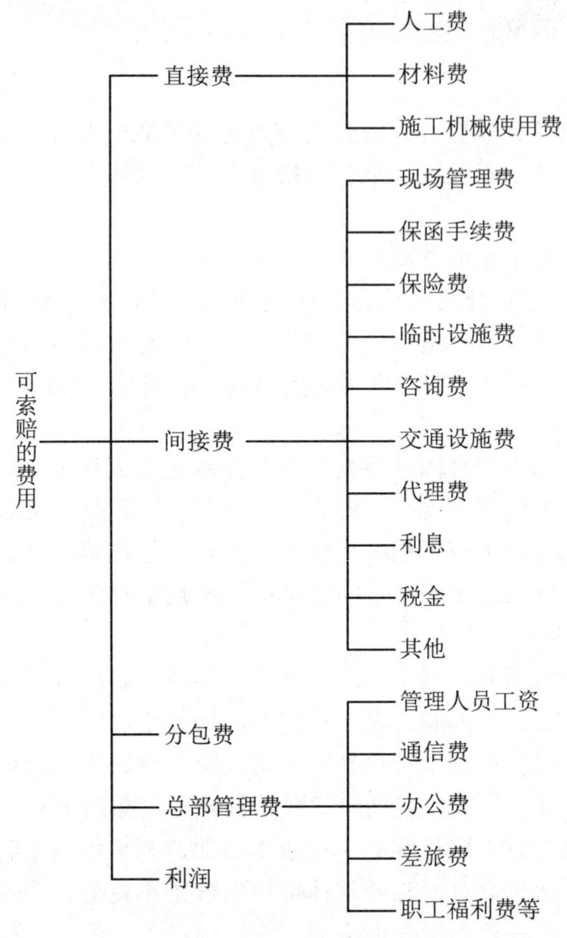

图 8-3　可索赔的费用分析

（3）施工机械使用费。施工机械使用费的索赔包括：由于完成额外工作增加的机械使用费；非承包商责任工效降低增加的机械使用费；由于业主或监理工程师原因导致机械停工的窝工费。窝工费的计算，如系租赁设备，一般按实际租金和调进调出费的分摊计算；如系承包商自有设备，一般按台班折旧费计算，而不能按台班费计算，因台班费中包括了设备使用费。

（4）分包费。分包费索赔是指分包商的索赔费，一般也包括人工、材料、机械使用费的索赔。分包商的索赔应如数列入总承包商的索赔款总额以内。

（5）现场管理费。索赔款中的现场管理费是指承包商完成额外工程、索赔事项工作以及工期延长期间的现场管理费，包括管理人员工资、办公、通信、交通费等。

（6）利息。计算中，经常包括利息。利息的索赔通常发生于下列情况：延期付款的利

息；由于工程变更和工程延期增加投资的利息；索赔款的利息；错误扣款的利息。至于具体利率应是多少，在实践中可采用不同的标准，主要有以下几种规定。

① 按当时的银行贷款利率。

② 按当时的银行透支利率。

③ 按合同双方协议的利率。

④ 按中央银行贴现率加三个百分点。

（7）总部（企业）管理费。索赔款中的总部管理费主要指的是工程延期期间所增加的管理费。它包括总部职工工资、办公大楼、办公用品、财务管理、通信设施以及总部领导人员赴工地检查指导工作等开支。这项索赔款的计算，目前没有统一的方法。在国际工程施工索赔中总部管理费的计算有以下几种。

① 按照投标书中总部管理费的比例（3%～8%）计算：

总部管理费=合同中总部管理费比率（%）×（直接费索赔款+现场管理费索赔款额等）

② 按照公司总部统一规定的管理费比率计算：

总部管理费=公司管理费比率（%）×（直接费索赔款额+现场管理费索赔款额等）

③ 以工程延期的总天数为基础，计算总部管理费的索赔额，计算步骤如下：

$$对某一工程提取的管理费=同期内公司的总管理费\times\frac{该工程的合同额}{同期内公司的总合同额}$$

索赔的总部管理费=该工程的每日管理费×工程延期的天数

（8）利润。一般来说，由于工程范围的变更、文件有缺陷或技术性错误、业主未能提供现场等引起的索赔，承包商可以列入利润。但对于工程暂停的索赔，由于利润通常是包括在每项实施工程内容的价格之内的，而延长工期并未影响削减某些项目的实施，也未导致利润减少。所以，一般监理工程师很难同意在工程暂停的费用索赔中加进利润索赔。

索赔利润的款额计算通常是与原报价单中的利润百分率保持一致。

3．费用索赔计算方法

索赔费用的计算方法有实际费用法、总费用法和修正的总费用法。

（1）实际费用法。实际费用法是计算工程索赔时最常用的方法。这种方法的计算原则是以承包商为某项索赔工作所支付的实际开支为依据，向业主要求费用索赔。

用实际费用法计算时，在直接费的额外费用部分的基础上，再加上应得的间接费和利润，即是承包商应得的索赔金额。由于实际费用法所依据的是实际发生的成本记录或单据，所以，在施工过程中准确地积累记录资料是非常重要的。

（2）总费用法。总费用法就是当发生多次索赔事件以后，重新计算该工程的实际总费用，实际总费用减去投标报价时的估算总费用，即为索赔金额：

索赔金额=实际总费用-投标报价时估算总费用

一般认为在具备以下条件时，采用总费用法是合理的。

① 已开支的实际总费用经过审核，认为是比较合理的。

② 承包商的原始报价是比较合理的。

③ 费用的增加是由于对方原因造成的，其中没有承包商管理不善的责任。

④ 由于该项索赔事件的性质以及现场记录的不足，难于采用更精确的计算方法。

不少人对采用该方法计算索赔费用持批评态度，因为实际发生的总费用中可能包括了承包商的原因，如施工组织不善而增加的费用；同时投标报价估算的总费用也可能为了中标而过低。所以这种方法只有在难以采用实际费用时才应用。

（3）修正的总费用法。修正的总费用法是对总费用的改进，即在总费用计算的原则上，去掉一些不合理的因素，使其更加合理。修正的内容如下：第一，将计算索赔款的时段局限于受到外界影响的时间，而不是整个施工期；第二，只计算受影响时段内的某项工作所受影响的损失，而不是计算该时段内所有施工工作所受的损失；第三，与该项工作无关的费用不列入总费用中；第四，对投标报价费用重新进行核算：按受影响时间段内该工作的实际单价进行核算，乘以实际完成的该项工作的工程量，得出调整后的报价费用。

按修正的总费用计算索赔额的公式如下：

索赔金额=某项工作调整后的实际总费用−该项工作的报价费用

修正的总费用法比总费用法有了实质性的改进，它的准确程度已经接近实际费用法。

【例 8-4】某城市地下工程，业主与施工单位参照 FIDIC 合同条件签订了施工合同，除税金外的合同总价为 8 600 万元，其中：现场管理费率 15%，企业管理费率 8%，利润率 5%，合同工期 730 天。为保证施工安全，合同中规定施工单位应安装满足最小排水能力 1.5t/min 的排水设施，并安装 1.5t/min 的备用排水设施，两套设施合计 15 900 元。合同中还规定，施工中如遇业主原因造成工程停工或窝工，业主对施工单位自有机械按台班单价的 60%给予补偿，对施工单位租赁机械按租赁费给予补偿（不包括运转费用）。

该工程施工过程中发生以下三项事件。

事件 1：施工过程中业主通知施工单位某分项工程（非关键工作）须进行设计变更，由此造成施工单位的机械设备窝工 12 天。

事件 2：施工过程中遇到了非季节性大暴雨天气，由于地下断层相互贯通及地下水位不断上升等不利条件，原有排水设施满足不了排水要求，施工工区涌水量逐渐增加，使施工单位被迫停工，并造成施工设备被淹没。

为保证施工安全和施工进度，业主指令施工单位紧急增加购买额外排水设施，尽快恢复施工，施工单位按业主要求购买并安装了两套 1.5t/min 的排水设施，恢复了施工。

事件 3：施工中发现地下文物，处理地下文物工作造成工期拖延 40 天。

事件 1，由于业主修改工程设计 12 天，造成施工单位机械设备窝工费用索赔（见表 8-2）。

表 8-2 施工单位机械设备窝工费用索赔情况

项 目	机械台班单价/（元/台班）	时间/天	金额/元
$9m^3$ 空压机	310	12	3 720
25t 履带吊车（租赁）	1 500	12	18 000
塔吊	1 000	12	12 000
混凝土泵车（租赁）	600	12	7 200
合计			40 920

现场管理费：40 920 元×15%=6 138 元

企业管理费：（40 920+6 138）元× 8%=3 764.64 元

利润：（40 920+6 138+3 764.64）元×5%=2 541.13 元

合计：12 443.77 元

事件 2，由于非季节性大暴雨天气费用索赔。

（1）备用排水设施及额外增加排水设施费：（15 900÷2×3）元=23 850 元。

（2）被地下涌水淹没的机械设备损失费 16 000 元。

（3）额外排水工作的劳务费 8 650 元。

合计：48 500 元

事件 3，由于处理地下文物，工期、费用索赔。

延长工期 40 天

索赔现场管理费增加额：

现场管理费：8 600 万元×15%=1 290 万元

相当于每天：（1 290×10 000÷730）元/天=17 671.23 元/天

40 天合计：（17 671.23×40）元=706 849.20 元

问题：

（1）指出事件 1 中施工单位的哪些索赔要求不合理，为什么？造价工程师审核施工单位机械设备窝工费用索赔时，核定施工单位提供的机械台班单价属实，并核定机械台班单价中运转费用分别为：$9m^3$ 空压机为 93 元/台班，25t 履带吊车为 300 元/台班，塔吊为 190 元/台班，混凝土泵车为 140 元/台班，造价工程师应核定的索赔费用应是多少？

（2）事件 2 中施工单位可获得哪几项费用的索赔？核定的索赔费用应是多少？

（3）事件 3 中造价工程师是否应同意 40 天的工期延长？为什么？补偿的现场管理费如何计算，应补偿多少元？

答案及分析：

（1）事件 1：

① 自有机械索赔要求不合理。因合同规定业主应按自有机械使用费的 60%补偿。

② 租赁机械索赔要求不合理。因合同规定租赁机械业主按租赁费补偿。

③ 现场管理费、企业管理费索赔要求不合理，因分项工程窝工没有造成全工地的停工。

④ 利润索赔要求不合理，因机械窝工并未造成利润的减少。

造价工程师核定的索赔费用为

3 720 元×60%=2 232 元

（18 000−300×12）元=14 400 元

12 000 元×60%=7 200 元

（7 200−140×12）元=5 520 元

2 232 元+14 400 元+7 200 元+5 520 元=29 352 元

（2）事件 2:

① 可索赔额外增加的排水设施费；可索赔额外增加的排水工作劳务费。

② 核定的索赔费用应为 15 900 元+8 650 元=24 550 元。

（3）事件 3:

① 应同意 40 天工期延长，因地下文物处理是有经验的承包商不可预见的（或：地下文物处理是业主应承担的风险）。

② 现场管理费应补偿额为

现场管理费：86 000 000.00÷（1.15×1.08×1.05）×0.15 元=9 891 879.46 元

每天的现场管理费：9 891 879.46 元÷730=13 550.52 元

应补偿的现场管理费：13 550.52 元×40=542 020.80 元

或：合同价中的 8 600 万元减去 5%的利润为

86 000 000 元×0.05÷1.05=4 095 238.10 元

86 000 000 元−4 095 238.10 元=81 904 761.90 元

减去 8%的企业管理费：

81 904 761.90 元×0.08÷1.08=6 067 019.4 元

81 904 761.90 元−6 067 019.4 元=75 837 742.50 元

现场管理费：75 837 742.50 元×0.15÷1.15=9 891 879.46 元

每天的现场管理费：9 891 879.46 元÷730=13 550.52 元

应补偿的现场管理费：13 550.52 元×40=542 020.80 元

三、索赔策略

索赔策略是承包商经营策略的一部分。对重大的索赔（反索赔），必须进行策略研究，作为制订索赔方案、索赔谈判和解决计划的依据，以指导索赔小组工作。索赔策略必须体现承包商的整个经营战略，体现承包商长远利益和当前利益、全局利益和局部利益的统一。通常由承包商亲自把握并制定，而项目的合同管理人员则提供索赔策略制定所需要的信息和资料，并对它提出意见和建议。

索赔（反索赔）的策略研究，对不同的情况，包含着不同的内容，有不同的重点。

（一）确定目标

（1）提出任务，确定索赔所要达到的目标。承包商的索赔目标即为承包商的索赔基本要求，是承包商对索赔的最终期望。它由承包商根据合同实施状况，承包商所受的损失和总的经营战略确定，对各个目标应分析其实现的可能性。

（2）分析实现目标的基本条件。除了进行认真的、有策略的索赔处理外，承包商特别应重视在索赔谈判期间的工程施工管理。在这时期，若承包商能更顺利地、圆满地履行自己的合同责任，使业主对工程满意，这对谈判是个促进。相反，如果这时出现承包商违约或工程管理失误，工程不能按业主要求完成，这会给谈判甚至给整个索赔带来负面影响。当然，反过来说，对于不讲信誉的业主（如严重拖欠工程款，拒不承认承包商合理的索赔要求），则承包商要注意控制（放慢）工程进度。一般施工合同规定，承包商在索赔解决期间，仍应继续努力履行合同，不得中止施工。但工程越接近完成，承包商的索赔地位越不利，主动权越少。对此，承包商可以提出理由，如由于索赔解决不了，造成财务困难，无力支付分包工程款，无钱购买材料，发放工资等，工程无法进行，或只有放慢速度。

（3）分析实现目标的风险。在索赔过程中的风险是很多的，如承包商在履行合同责任时的失误；工地上的风险；或者其他方面可能有不利于承包商索赔的证词或证据等。

（二）针对对方的分析

（1）分析对方的利益所在，可以研究双方利益的一致性、不一致性和矛盾性。这样在谈判中，可以在对方感兴趣的地方，而又不过多地损害承包商自己利益的情况下做让步，使双方都能满意。

（2）分析合同的法律基础的特点和对方商业习惯、文化特点、民族特性，这对索赔处理方法影响很大。如果对方来自法制健全的工业发达国家，则应多花时间在合同分析和合同法律的分析上，这样提出的索赔法律理由充足。

（3）对业主（对方）的社会心理、价值观念、传统文化、生活习惯，甚至包括业主本人的兴趣、爱好的了解和尊重，对索赔的处理和解决有极大的影响，有时直接关系到索赔甚至整个项目的成败。现在西方的（包括日本的）承包商在工程投标、洽商、施工、索赔（反索赔）中特别注重研究这方面的内容。实践证明，他们更容易取得成功。

（三）承包商的经营战略分析

承包商的经营战略直接制约着索赔策略和计划。在分析业主的目标、业主的情况和工程所在地（国）的情况后，承包商应考虑如下问题：有无可能与业主继续进行新的合作，如业主有无新的工程项目；承包商是否打算在当地继续扩展业务，或扩展业务的前景如何；承包商与业主之间的关系对在当地扩展业务有何影响；这些问题是承包商决定整个索赔要求、解决方法和解决期望的基本点，由此决定承包商对整个索赔的基本方针。

（四）承包商的主要对外关系分析

在合同实施过程中，承包商有多方面的合作关系，如与业主、监理工程师、设计单位、业主的其他承包商和供应商、承包商的代理人或担保人、业主的上级主管部门或政府机关等。承包商对各方面要进行详细分析，利用这些关系，争取各方面的同情、合作和支持，造成有利于承包商的氛围，从各方面向业主施加影响。这往往比直接与业主谈判更为有效。

在索赔过程中，以至在整个工程过程中，承包商与监理工程师的关系一直起关键作用。因为监理工程师代表业主做工程管理，许多作为证据的工程资料须监理工程师认可，签证才有效。监理工程师可以直接下达变更指令、提出有指令作用的工程问题处理意见、验收隐蔽工程等。索赔文件首先由监理工程师审阅、签字，才交业主处理。出现争执，监理工程师又首先作为调解人，提出调解方案。所以，与监理工程师建立友好和谐的合作关系，取得他的理解和帮助，不仅对整个合同的顺利履行影响极大，而且常常决定索赔的成败。

在实际工程中，与业主上级的交往，或双方高层的接触，常常有利于问题的解决。许多工程索赔问题，双方具体工作人员谈不成，争执很长时间，但在双方高层人员的眼中，从战略的角度看都是小问题，故很容易得到解决。

所以承包商在索赔处理中要广泛地接触、宣传、提供各种说明信息，以争取广泛的同情和支持。

（五）对方索赔的估计

在工程问题比较复杂，双方都有责任，或工程索赔以一揽子方案解决的情况下，应对对方已提出的或可能还要提出的索赔进行分析和估算。在国际承包工程中，常常有这种情况：在承包商提出索赔后，业主做出反索赔对策和措施，如找一些借口提出罚款和扣款，在工程验收时挑毛病，提出索赔，用以平衡承包商的索赔。这是必须充分估计到的。对业主已经提出的和可能还将提出的索赔项目进行分析，列出分析表，并分析业主这些索赔要求的合理性，即自己反驳的可能性。

（六）承包商索赔的估计

承包商对自己已经提出的及准备提出的索赔进行分析。其分析方法和费用的分项与上面对对方索赔估计一致。这里还要分析可能的最大值和最小值，这些索赔要求的合理性和业主反驳的可能性。

（七）合同双方索赔对比分析

将上述分析结果合于一表中，可以看出双方要求的差异。有两种情况：一是提出索赔的一方，目的是通过索赔得到费用补偿，则两估计值对比后，提出索赔一方应有余额；二是若提出索赔的一方为反索赔，目的是反击对方的索赔要求，不给对方以费用补偿，则两估计值对比后至少应平衡。

（八）可能的谈判过程

一般索赔最终都在谈判桌上解决。索赔谈判是合同双方面对面的较量，是索赔能否取得成功的关键。一切索赔计划和策略都要在此付诸实施，接受检验；索赔（反索赔）文件在此交换，推敲，反驳。双方都派最精明强干的专家参加谈判。索赔谈判属于合同谈判，更大范围地说，属于商务谈判。因此需要掌握大量信息，充分了解问题所在；了解对手情况及谈判心理；使用简单语言，富有逻辑性；掌握时机，行动迅速掌握谈判的时机。

（九）可能的谈判结果分析

谈判结果与前面分析的承包商索赔目标相对应。用分析的结果说明这些目标实现的可能性，以及实现的困难和障碍，如果目标不符合实际，则可进行调整，重新确定新的目标。

第三节　索赔争议的解决

合同争端和索赔基本上是同时产生的，合同争端最常见的形式是索赔处理争端；索赔的处理程序直接连接着合同争端的解决程序；在工程合同中，如果不涉及赔偿问题，则任何争端就没有意义了。

一、承包商对索赔处理的态度

索赔管理不仅是工程项目管理的一部分，而且是承包商经营管理的一部分。如何看待和处理索赔，实际上是个经营战略问题，是承包商对利益和关系、利益和信誉的权衡。不能积极有效地进行索赔，承包商会蒙受经济损失；进行索赔，或多或少地会影响合同双方的合作关系；而索赔过多过滥，会损害承包商的信誉，影响承包商的长远利益。因此对承包商而言，正确的索赔处理尤其重要。

在处理索赔过程中，承包商要注意以下几个问题。

（1）承包商应以积极合作的态度完成合同责任，主动配合业主完成各项工程，建立良好的合作关系。

（2）对已经出现的干扰事件或对方违约行为的索赔，一般着眼于重大的、有影响的、索赔额大的事件。索赔次数太多，太频繁，容易引起对方的反感。但承包商对这些“小事”又不能不问，应做相应的处理，告诉主业，出于友好合作的诚意，放弃这些索赔要求。有时又可作为索赔谈判中让步的余地。

（3）在具体的索赔处理过程中要有灵活性，讲究策略，要准备并能够做让步，力求使索赔的解决双方都满意。承包商的索赔要求能够获得业主的认可，而业主又对承包商的工程和工作很满意，这是索赔的最佳解决。这看起来是一对矛盾，但争取能够统一。

（4）争取以和平的方式解决争端。无论在国际、还是在国内工程中，承包商都应争取以和平的方式解决索赔争端，这对双方都有利。当然，具体采用什么方法还应审时度势，从承包商的利益出发。在索赔中“以战取胜”，即用尖锐对抗的形式，在谈判中以凌厉的攻势压倒对方，或在一开始就企图用仲裁或诉讼的方式解决索赔问题，是不可取的。

（5）变不利为有利，变被动为主动。在工程承包活动中，承包商常常处于不利的和被动的地位。从根本上说，这是由于建筑市场激烈竞争造成的，具体表现在招标文件的一些规定和合同的一些不平等的对承包商单方面约束性条款上。而这些条款几乎都与索赔有关，要改变这种状况，在索赔中争取有利地位，争取索赔的成功，承包商主要应在工程施工中要抓好资料收集工作，为索赔（反索赔）准备证据；经常与监理工程师和业主沟通，遇到问题多书面请示，以避免自己的违约责任。这不仅与索赔数量有关，而且与承包商的索赔策略、索赔处理的技巧有关。

二、索赔争端的解决程序

承包商提出索赔，将索赔报告提交业主委托的工程师。经工程师检查、审核索赔报告，再交业主审查。如果业主和工程师不提出疑问或反驳意见，也不要求补充或核实证明材料和数据，表示认可，则索赔成功。而如果业主不认可，全部地或部分地否定索赔报告，不承认承包商的索赔要求，则产生了索赔争端。在实际工程中，直接地、全部地认可索赔要求的情况是极少的。所以绝大多数索赔都会导致争端，特别当干扰事件原因比较复杂、索赔额比较大的时候。

合同争端的解决是一个复杂、细致的过程，它占用承包商大量的时间和金钱。对于大的复杂的项目或出现大的索赔争端，有时不得不请索赔专家或委托咨询公司进行索赔管理，这在国际承包工程中是常见的。争端的解决有各种途径，可双方商讨，也可请他人调解，这完全由合同双方决定，它一般受争端的额度、事态的发展状况、双方的索赔要求、实际的期望值、期望的满足程度、双方在处理索赔问题上的策略（灵活性）等因素的影响。

三、争端解决的新机制

合同法规定当事人可以通过和解或者调解解决合同争议。当事人不愿和解、调解或者和解、调解不成的，可以根据仲裁协议向仲裁机构申请仲裁。涉外合同的当事人可以根据仲裁协议向中国仲裁机构或者其他仲裁机构申请仲裁。当事人没有订立仲裁协议或者仲裁协议无效的，可以向人民法院起诉。当事人应当履行发生法律效力的判决、仲裁裁决、调解书，拒不履行的，对方可以请求人民法院执行。在我国，合同争议解决的方式主要有和解、调解、仲裁和诉讼四种，本部分内容在第四章已经介绍，此处不再赘述。

近年来，欧美许多国家对合同争端的解决提出了许多新的方式，并取得了很好的效果。除了上述谈判、调解、仲裁外，还有微型谈判（Mini-trial）、争端裁决委员会（DAB）、雇

佣法官（Rent-a-judge）、专家解决（Expert）、法庭指定导师（Court-ap-pointed master）等。

DAB，即争端裁决委员会（Dispute Adjudication Board）方法，是指争议双方通过事前的协商，选定独立公正的第三人对其争议做出决定，并约定双方都愿意接受该决定的约束的一种解决争议的程序。

DAB 机制在国际工程合同争议解决中用得较多，并且已在 FIDIC 施工合同条件中明确规定。其特点介于调解与仲裁之间，但与两者又有所不同，效力如何在我国尚无定论。如果双方愿意采取该方式解决争议，而又考虑到它将受到某些法律的限制，可以采取一些措施以加强 DAB 的有效性。例如，双方可以在其解决争议的协议中，约定争议双方不能在以后的仲裁程序或诉讼程序中对争端裁决委员会做出的事实调查提出异议；甚至可以约定，如当事各方不执行争端裁决委员会的决定，即为不履行合同规定的义务等。

争端裁决委员会的机制与仲裁相似，如果为 5 人小组，则合同双方各推举 2 人。人选要征得双方同意，而最后一人由双方共同协商决定。

在已采用 DAB 处理争议机制的项目中，建设主管部门、业主、承包商和贷款金融机构等各方面的反映都是良好的。归纳起来，争端裁决委员会机制具有以下优点。

（1）技术专家的参与，处理方案符合实际。由于争端裁决委员会成员都是具有施工和管理经验的技术专家，比起将争议交给仲裁或诉讼中的法律专家、律师和法官，仅凭法律条款去处理复杂的技术问题，更令人放心，即其处理结果更符合实际，并有利于执行。

（2）节省时间，解决争议便捷。由于争端裁决委员会成员定期到现场考察情况，他们对争议起因和争议引起的后果了解得更为清楚，无须大量准备文字材料和费尽口舌向仲裁庭或法院解释和陈述；争端裁决委员会的决策很快，可以节省很多时间。争端裁决委员会可以在工程施工期间直接在现场处理大量常见争议，避免了争议的拖延解决而导致工期延误；也可防止由于争议的积累而使之扩大化、更为复杂化，是一种事前预防纠纷产生、扩大的合同控制方法。

（3）争端裁决委员会方式的成本比仲裁和诉讼更便宜。不仅总费用较少，而且所花费用是由争议双方平均分摊的。而在仲裁或诉讼中，则任何一方都有可能要承担双方为处理争议而花费的 切费用的风险。

（4）争端裁决委员会方式并不妨碍再进行仲裁或诉讼。即使争端裁决委员会的建议不具有终局性和约束力，或者一方不满意而不接受该建议，仍然可以再诉诸仲裁或诉讼。

第四节 索赔案例分析

案例分析 1

某建设项目在实施过程中发生了三个事件。

事件1：该建设项目的业主提供了地质勘查报告，报告显示地下土质很好。承包商依此做了施工方案，拟用挖方余土做通往项目所在地道路基础的填方。由于基础开挖施工时正值雨季，开挖后土方潮湿，且易破碎，不符合道路填筑要求。承包商不得不将余土外运，另外取土做道路填方材料。

事件2：该工程按全月规定的总工期计划，应于某年某月某日开始现场搅拌混凝土。因承包商的混凝土搅拌设备迟迟不能运往工地，承包商决定使用商品混凝土，但被业主否决。而在承包合同中未明确规定使用何种混凝土。承包商不得已，只有继续组织混凝土搅拌设备进场，由此导致施工现场停工，工期拖延和费用增加。

事件3：该工程设备有地下室，属隐蔽工程，因而在建设工程合同中，双方约定了对隐蔽工程（地下室）的验收检查条款。规定：地下室的验收检查工作由双方共同负责，检查费用由业主承担。地下室竣工后，承包商通知业主检查验收，业主答复：因业主事务繁忙，由承包商自己检查出具检查记录即可。其后15日，业主又聘请专业人员对地下室质量进行检查，发现没有达到合同规定的标准，遂要求承包商负担此次检查费用，并对地下室工程返工。

问题：

（1）对于事件1，承包商是否可以提出赔偿要求？为什么？

（2）对于事件2，承包商是否可以提出索赔要求？并说明理由。

（3）对于事件3，承包商应如何处理？业主的事后检查费用应由谁负担？

答案及分析：

（1）在本事件中即使没有下雨，而因业主提供的地质报告有误，地下土质过差不能用于填方，承包商也不能就另外取土填方而提出索赔要求。

因为：① 合同规定承包商对业主提供的水文地质资料的理解负责。而地下土质可用于填方，这是承包商对地质报告的理解，应由他自己负责；② 取土填方作为承包商的施工方案，也应由他自己负责。本案例的性质完全不同于由于地质条件恶劣造成基础设计方案变化，或造成基础施工方案变化的情况。

（2）承包商可以要求工期和费用索赔。因为合同中未明确规定一定要用工地现场搅拌的混凝土（施工方案不是合同文件），则商品混凝土只要符合合同规定的质量标准也可以使用，不必经业主批准。因为按照惯例，施工工程的方法由承包商负责。他在不影响或为了更好地保证合同总目标的前提下，可以选择更为经济合理的施工方案，业主不得随便干预。在这前提下，业主拒绝承包商使用商品混凝土，是一个变更指令，对此可以进行工期和费用索赔。但该项索赔必须在合同规定的索赔有效期内提出。当然承包商不能因为用商品混凝土要求业主补偿任何费用。

（3）本事件的焦点在于隐蔽工程（地下室）隐蔽后，发包方事后检查的费用由哪方承担的问题。按《合同法》的规定，承包方在隐蔽工程竣工后，应通知发包方检查，发包方

未按时检查，承包方可以停工。在本事件中，对于业主方不履行检查义务的行为，承包商有权停工待查，停工造成的损失应当由业主方承担。但承包商未这样做，反而自行检查，并出具检查记录交与业主方后，继续进行施工。对此，双方均有过错，至于业主方的事后检查费用，则应视检查结果而定，如果检查结果是地下室质量未达到标准，那因这一后果是承包商所致，检查费用应由承包商承担；如果检查质量符合标准，重复检查的结果是业主方未履行义务所致，则检查费用应由业主方承担。

案例分析 2

某建筑公司（乙方）于某年 4 月 20 日与某方（甲方）签订了修建建筑面积为 3 000m^2 工业厂房（带地下室）的施工合同，乙方编制的施工方案和进度计划已获监理工程师批准。该工程的基坑开挖土方量为 4 500m^3，假设直接费单价为 4.2 元/m^3，综合费率为直接费的 20%。该工程的基坑施工方案规定：土方工程采用租赁一台斗容量为 1m^3 的反铲挖土机施工（租赁费 450 元/台班）。甲、乙双方合同约定 5 月 11 日开工，5 月 20 日完工。在实际施工中发生如下几项事件。

（1）因租赁的挖土机大修，晚开工 2 天，造成人员窝工 10 个工日。

（2）基坑开挖后，因遇软土层，接到监理工程师 5 月 15 日停工的指令，进行地质复查，配合用工 15 个工日。

（3）5 月 19 日接到监理工程师于 5 月 20 日复工令，同时提出基坑开挖深度加深 2m 的设计变更通知单，由此增加土方开挖量 900m^3。

（4）5 月 20 日—5 月 22 日，因下罕见的大雨迫使基坑开挖暂停，造成人员窝工 10 个工日。

（5）5 月 23 日用 30 个工日修复冲坏的永久道路，5 月 24 日恢复挖掘工作，最终基坑于 5 月 30 日挖坑完毕。

问题：

（1）建筑公司对上述哪些事件可以向乙方要求索赔，哪些事件不可索赔，并说明原因。

（2）每项事件工期索赔各多少天？总计工期索赔是多少天？

（3）假设人工费单价为 23 元/工日，因增加用工所需的管理费为增加人工费的 30%，则合理的费用索赔总额是多少？

（4）在工程施工中，通常可以提供的索赔证据有哪些？

答案及分析：

（1）事件 1：索赔不成立。因为租赁的挖土机大修延迟开工属于承包商的自身责任。

事件 2：索赔成立。因为施工地质条件变化是一个有经验承包商无法合理预见的。

事件 3：索赔成立。因为这是由设计变更引起的，应由业主承担责任。

事件 4：索赔成立。因特殊反常的恶劣天气造成的工程延误，业主应承担责任。

事件 5：索赔成立。因恶劣的自然条件或不可抗力引起的工程损坏及修复应由业主承担责任。

（2）事件 2：可索赔工期 5 天（15—19 日）

事件 3：可索赔工期 2 天：$900m^3$/（4 500m^3/10 天）=2 天

事件 4：可索赔工期 3 天（20—22 日）

事件 5：可索赔工期 1 天（23 日）

共计索赔工期 5+2+3+1=11 天

（3）事件 2：人工费：15 工日×23 元/工日×（1+30%）=448.5 元

机械费：450 元/台班×5 天=2 250 元

事件 3：（$900m^3$×4.2 元/m^3）×（1+20%）=4 536 元

事件 5：人工费： 30 工日×23 元/工日×（1+30%）= 897 元

机械费：450 元/台班×1 天 = 450 元

可索赔费用总额为：448.5 +2 250 +4 536+897+450=8 581.5 元

（4）可以提供的索赔证据有以下方面。

① 招标文件、工程合同及附件、业主认可的施工组织设计、工程图纸、技术规范；工程图纸、图纸变更、交底记录的送达份数及日期记录。

② 各项经业主或监理工程师签认的签证；工程预付款、进度款拨付的数额及日期记录；

③ 工程各项往来信件、指令、信函、通知、答复及工程各项会议纪要。

④ 施工计划及现场实施情况记录；施工日报及工长工作日志、备忘录；工程现场气候记录，有关天气的温度、风力、降雨雪量等。

⑤ 工程送电、送水、道路开通、封闭的日期及数量记录；工程停水、停电和干扰事件影响的日期及恢复施工的日期。

⑥ 工程有关部位的照片及录像等。

⑦ 工程验收报告及各项技术鉴定报告等。

⑧ 工程材料采购、订货、运输、进场、验收、使用等方面的凭据。

⑨ 工程会计核算资料。

⑩ 国家、省、市有关影响工程造价、工期的文件、规定等。

案例分析 3

2013 年 4 月，C 建筑公司承包了 8 栋住宅楼工程的施工任务。C 建筑公司项目经理找到了与之长期合作的包工头刘某，将 8 栋住宅楼的主体结构的劳务作业任务分包给了刘某，双方以每栋楼为一个计量单位签订了 8 份劳务分包合同，合同总额 547 万元。刘某签订合同后，又将其中编号为 1#、2#、3#楼（合同总额 235 万元）劳务合同的作业内容以 3 份《施工任务书》形式转包给了王某，但该三份《施工任务书》的劳务费总额只有 96 万元。王某

获得三份《施工任务书》后，又将其分别转包给三个施工班长。该三个施工班长获得的三份《施工任务书》的劳务费总额只剩下 76 万元。

施工过程中，刘某以王某组织施工不力为由，中途解除了与王某签订的《施工任务书》，将已完劳务作业量的劳务费用合计 52 万余元结算给了王某，王某在签署结算单和收款收条后离开了工地。随后，刘某又将该三份尚未完成的《施工任务书》直接交给了王某原来带领的三个施工班长继续施工。在 1#、2#、3#楼主体结构工程完工后，刘某与三个施工班长分别办理了合计 36 万元的劳务结算书，三个施工班长也签署了收款收条。至此，刘某累计向王某和三个施工班长实际支付劳务费合计 88 万余元。

在其余住宅楼工程还在进行主体结构施工时，C 公司项目经理接到上级通知：要求项目经理部做好各项准备工作，迎接当地建委组织的安全文明施工大检查。C 公司项目经理担心违法使用劳务队伍的事情暴露，就让刘某找一个有资质的劳务公司来完善原先签订的劳务合同。

刘某找到 D 劳务公司，双方签订了内部承包合同，其中约定：D 劳务公司从每份劳务合同中提取 8%的管理费后，其余费用都由刘某支配，劳务作业人员全部由刘某自行组织。随后，刘某以 D 劳务公司的名义与 C 建筑公司又补签了 8 份劳务作业分包合同，新补签的合同在承包内容及金额上都与原先合同一致，并在建设行政主管部门进行了备案。刘某也被 D 劳务公司任命为派驻该施工项目的施工负责人，全权负责该 8 份劳务合同的履行。

索赔事件过程描述：

2014 年 11 月，本案 8 栋住宅楼工程竣工验收后，C 建筑公司与 D 劳务公司就总额为 547 万元的 8 份劳务分包合同进行了全额结算，双方对结算金额无异议。同时，C 建筑公司和 D 劳务公司还签署了《合同履行终止协议》，其中载明："双方所签 8 份合同权利义务已履行完毕。合同终止。"C 建筑公司、D 劳务公司及刘某都在结算书和协议书上签字、盖章。

工程竣工不久，王某获得了刘某属于挂靠在 D 劳务公司名下承揽工程的证据，就带领三个施工班长找到刘某，表示原先按《施工任务书》支付的劳务费太低，要求按照 1#～3#楼三份劳务合同价格即 235 万元的标准补偿劳务费。在遭到刘某的拒绝后，王某就带领 100 余名农民工到政府相关部门集会，并扬言要游行。在有关部门多次协调不成的情况下，王某拿着有 167 名农民工（包括其本人及上述三个施工班长）签名并公证的公证书，于 2008 年 3 月以 167 名农民工的名义，将 C 建筑公司、D 劳务公司及刘某等一并起诉到某基层人民法院，要求前述三个被告人按照 1#～3#三份劳务合同价格即 235 万元的标准支付被拖欠的"农民工薪金"劳务费合计 147 万余元及逾期付款利息。

案件审理及判决情况：

王某等 167 人起诉理由是：

（1）刘某是挂靠在 D 劳务公司名下与 C 建筑公司签订的劳务合同，根据我国《建筑法》的规定，该挂靠及借用资质行为签订的合同无效。

（2）刘某以《施工任务书》形式将劳务分包合同再次转给王某及三个班长行为无效，该《施工任务书》不能作为结算劳务价款的依据。

（3）1#～3#楼三份劳务合同都是王某及其雇佣人员实际完成的，因此该三份合同总额235万元的劳务合同才是王某等167人进行结算劳务费用的依据。

（4）刘某收取劳务结算价款后，仅支付了88万元劳务费，拖欠“农民工薪金”劳务费合计147万余元。

（5）C建筑公司和D劳务公司在劳务分包过程中均有过错，应当对刘某拖欠劳务费的行为承担连带责任。

刘某辩称：刘某与王某及其三个施工班长之间签订的《施工任务书》是有效的，已经履行和结算完毕，也按照约定全额支付了劳务费，不存在拖欠劳务费问题。劳务作业人员是王某自己雇佣的，工资问题应当由王某自行解决。

D劳务公司辩称：D劳务公司收到C建筑公司支付的全部款项并按照内部承包协议扣除管理费后，其余款项都付给了刘某，不存在拖欠和克扣农民工工资问题。工程所需劳务人员都是刘某自己找的，与D劳务公司没有劳动合同关系。

C建筑公司辩称：C建筑公司与D劳务公司签订的劳务合同是经过备案的有效合同，而且C建筑公司按照劳务分包合同全额支付了劳务费，不存在拖欠款问题，不应当对刘某与王某等167人之间的劳务费争议承担任何责任。

本案历时二年，于2016年6月做出二审终审判决。二审法院认为：

刘某在挂靠在D劳务公司名下承揽劳务工程的行为属于借用资质承揽工程的行为，依法认定无效；

王某等167人是该1#、2#、3#楼三份劳务合同的实际施工人，因此D劳务公司应当按照三份合同总价款235万元对王某等167人进行结算，减去已支付的88万元，尚欠147万余元；

C建筑公司和D劳务公司允许借用资质挂靠承揽工程，违反《建筑法》强制性规定，且未能保证刘某将劳务费余款支付给王某等167人，应当对刘某拖欠劳务费行为承担连带责任。

二审法院终审决要点为：（1）刘某以D劳务公司名义与C建筑公司签订的劳务合同无效；（2）刘某应向王某等167人支付剩余劳务费147万元；（3）C建筑公司和D劳务公司对刘某拖欠行为承担连带责任。

终审判决生效后，王某等人申请强制执行。因刘某和D劳务公司没有可供执行的财产，法院就直接从C建筑公司账上划走了147万元。本案给C建筑公司造成了巨大损失。C建筑公司正在进行艰难申诉。

案件分析：

C 和 D 公司在已付清劳务费后，仍然承担连带责任的原因。

（1）C 建筑公司在劳务分包方面存在错误，是导致其承担法律责任的根源。

根据我国《建筑法》的规定，从事建筑活动的主体只能是依法取得相应资质等级证书的企业或者单位，我国法律是禁止以个人（自然人）名义从事建筑活动的。C 建筑公司的项目经理明知相关法律规定却仍然与刘某签订劳务分包合同的行为，以及刘某又将劳务合同以《施工任务书》的形式层层转包，劳务费用被层层克扣的事实，才导致本案纠纷的发生。我国《建筑法》第 29 条第 3 款规定："禁止总承包单位将工程分包给不具备相应资质条件的单位。"因此，C 建筑公司违反法律强制性规定与刘某签订劳务分包合同的行为，是导致其承担法律责任的根本原因。

（2）C 建筑公司疏于对劳务作业人员进行管理，是导致其承担法律责任的根源。

刘某先前是以个人名义与 C 建筑公司签订的劳务分包合同，并非代表 D 劳务公司。因此，C 建筑公司与刘某签订非法劳务分包合同及其实施劳务作业的行为，可以视为 C 建筑公司与刘某及其带领的众多农民工之间形成了事实上的劳动关系。但是，由于 C 建筑公司对劳动队伍疏于管理，没有发现劳务分包合同被层层转包、劳务费用被层层克扣的情形，也没有与农民工签订劳务合同，因此在诉讼中，C 建筑公司无法说明以低于劳务分包合同价格 139 万元（235-96=139）的差价签订三份《施工任务书》的合理性，也无法证明每一名农民工的工资标准是多少，更无法证明是否拖欠每一名农民工的工资。

在这种情形下，根据王某及其三个施工班长只领到 88 万元的事实，法院参照 C 建筑公司与 D 劳务公司签订的劳务分包合同（也是与刘某签订的合同）的价格来处理王某等 167 人提出的工资或劳务费用争议具有其合理性。因此，法院判决 C 建筑公司对付款承担连带责任也就成为必然。

我国《建筑法》第 26 条第 2 款规定："……禁止建筑施工企业以任何形式允许其他单位或者个人使用本企业资质证书、营业执照，以本企业的名义承揽工程。"

《建设工程施工合同解释》第 1 条规定："建筑工程施工合同具有下列情形之一的，应当根据《合同法》第 52 条第（五）项的规定认定无效：……（二）没有资质的实际施工人借用有资质的建筑施工企业名义的。"因此，劳务公司出借资质、允许挂靠的行为一旦被发现，就会被认定是违法分包，必然导致合同无效。而且该行为也将被视为与全体农民工之间形成了事实上的劳动关系。当 D 劳务公司疏于劳资管理，不能证明已经向每一名工人发放工资，不能证明每一名工人都得到了合理报酬的情况下，法院判决 D 劳务公司对于付款承担连带责任也就成为必然。

案例分析 4

某工程项目施工采用了包工包全部材料的固定单价合同。工程招标文件参考资料中提

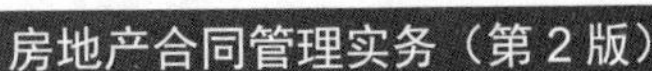

供的用砂地点距工地 4 千米。但是开工后，检查该砂质量不符合要求，承包商只得从另一距工地 20 千米的供砂地点采购。而在一个关键工作面上又发生了几种原因造成的临时停工：5 月 20 日至 5 月 26 日承包商的施工设备出现了从未出现过的故障；应于 5 月 24 日交给承包商的后续图纸直到 6 月 10 日才交给承包商；6 月 7 日到 6 月 12 日施工现场下了罕见的特大暴雨，造成了 6 月 11 日到 6 月 14 日的该地区的供电全面中断。

问题：

（1）承包商的索赔要求成立的条件是什么？

（2）由于供砂距离的增大，必然引起费用的增加，承包商经过仔细认真计算后，在业主指令下达的第 3 天，向业主的造价工程师提交了将原用砂单价每吨提高 5 元人民币的索赔要求。作为一名造价工程师你批准该索赔要求吗？为什么？

（3）若承包商对因业主原因造成窝工损失进行索赔时，要求设备窝工损失按台班计算，人工的窝工损失按日工资标准计算是否合理？如不合理应怎样计算？

（4）由于几种情况的暂时停工，承包商在 6 月 25 日向业主的造价工程师提出延长工期 26 天，成本损失费人民币 2 万元/天（此费率已经造价工程师核准）和利润损失费人民币 2 000 元/天的索赔要求，共计索赔款 57.2 万元。作为一名造价工程师你批准延长工期多少天？索赔款额多少万元？

答案及分析：

（1）承包商的索赔要求成立必须同时具备一下条件：与合同相比较，已造成了实际的额外费用或工期损失；造成费用增加或工期损失的原因不是由于承包商的过失；造成的费用增加或工期损失不是应由承包商承担的风险；承包商在事件发生后的规定时间内提出了索赔的书面意向通知和索赔报告。

（2）因砂场地点的变化提出的索赔不能被批准，原因是：① 承包商应对自己就招标文件的解释负责；② 承包商应对自己报价的正确性与完备性负责；③ 作为一个有经验的承包商可以通过现场踏勘确认招标文件参考资料中提供的用砂质量是否合格，若承包商没有通过现场踏勘发现用砂质量问题，其相关风险应由承包商承担。

（3）不合理。因窝工闲置的设备按折旧费或租赁费计算，不包括运转费部分；人工费损失应考虑这部分工作的工人调做其他工作时工效降低的损失费用，一般用工日单价乘以一个测算的降效系数计算。

（4）可以批准的延长工期为 19 天，费用索赔额为 32 万元人民币。原因是：① 5 月 20 日至 5 月 26 日出现的设备故障，属于承包商应承担的风险，不应考虑承包商的延长工期和费用索赔要求。② 5 月 27 日至 6 月 9 日是由于业主迟交图纸引起的，为业主应承担的风险，应延长工期为 14 天。成本损失索赔额为 14 天×2 万/天=28 万元，但不应考虑承包商的利润要求。③ 6 月 10 日至 6 月 12 日的特大暴雨属于双方共同的风险，应延长工期为 3 天。但无承包商的费用索赔。④ 6 月 13 日至 6 月 14 日的停电属于有经验的承包商无法

预见的自然条件变化，为业主应承担的风险，应延长工期为 2 天，索赔额为 2 天×2 万/天=4 万元。但不应考虑承包商的利润要求。

案例分析 5

某工程由土建工程和设备安装工程两部分组成，业主与某建筑公司和某安装公司分别签订了施工合同和设备安装合同。土建承包商将桩基础部分分包给某基础工程公司，桩为预制钢筋混凝土桩共计 1 200 根，每根的混凝土量 0.8m^3，承包商对此所报单价为 500 元/m^3，预制桩由甲方供应，每根价格为 350 元/根。桩基础按施工进度计划规定：从 7 月 10 日开工至 7 月 20 日结束。在桩基础施工过程中，由于业主方供应的预制桩不及时，使桩基础 7 月 13 日才开工，7 月 13 日至 7 月 18 日基础公司的打桩设备出现故障，7 月 19 日至 7 月 22 日出现了属于不可抗力的恶劣天气无法施工。合同约定：业主违约一天应补偿承包方 5 000 元；承包方违约一天应罚款 5 000 元。

问题：

（1）桩基部分的价格为多少？承包方此项应得款为多少？

（2）土建承包商应获得的工期补偿和费用补偿各为多少？

答案及分析：

（1）桩基部分价格：1 200×0.8×500=48 万元。

（2）承包方此项应得款：① 从 7 月 10 日至 7 月 12 日共 3 天，给予补偿费用的拖期为 3 天，应给承包商补偿 3×5 000=1.5 万元；② 从 7 月 13 日至 7 月 18 日共 6 天，拖期共 6 天，应对承包商罚款 6×5 000=3.0 万元；③ 从 7 月 19 日至 7 月 22 日共 4 天，不予补偿费用的拖期（不可抗力原因）；④ 承包商此项应得款 48−(1 200×350/10 000)+1.5−3.0=4.5 万元。

（3）土建承包商应获得的工期补偿为 3+4=7 天；土建承包商应获得费用补偿为 3×5 000−6×5 000=−15 000 元，即应扣款 1.5 万元。

案例分析 6

某建筑公司于 2013 年 3 月 8 日与某建设单位签订了修建建筑面积为 3 000m^2 工业厂房（带地下室）的施工合同。该建筑公司编制的施工方案和进度计划已获监理工程师批准。施工进度计划已经达成一致意见。合同规定由于建设单位责任造成施工窝工时，窝工费用按原人工费、机械台班费 60%计算。工程师应在收到索赔报告之日起 28 天内予以确认，工程师无正当理由不确认时，自索赔报告送达之日起 28 天后视为索赔已经被确认。根据双方商定，人工费定额为 30 元/工日，机械台班费为 1 000 元/台班。建筑公司在履行施工合同的过程中发生以下事件。

事件 1：基坑开挖后发现地下情况和发包商提供的地质资料不符，有古河道，须将河道中的淤泥清除并对地基进行二次处理。为此业主以书面形式通知施工单位停工 10 天，窝工费用合计为 3 000 元。

事件 2：2013 年 5 月 18 日下罕见大暴雨，一直到 5 月 21 日开始施工，造成 20 名工人窝工。

事件 3：5 月 21 日用 30 个工日修复因大雨冲坏的永久道路，5 月 22 日恢复正常挖掘工作。

事件 4：5 月 27 日因租赁的挖掘机大修，挖掘工作停工 2 天，造成人员窝工 10 个工日。

事件 5：5 月 29 日因外部供电故障，使工期延误 2 天造成共计 20 人和 2 台班施工机械窝工。

事件 6：在施工过程中，发现因业主提供的图纸存在问题，故停工 3 天进行设计变更，造成窝工 60 个工日，机械窝工 9 个台班。

问题：

（1）分别说明事件 1 至事件 6 的工期延误和费用增加应由谁承担，并说明理由。如是建设单位的责任应向承包单位补偿工期和费用分别为多少？

（2）建设单位应给予承包单位补偿工期多少天？补偿费用多少元？

答案及分析：

（1）工期延误和费用增加的承担责任划分。

事件 1：应由建设单位承担延误的工期和增加的费用，是因建设单位造成的施工临时中断，从而导致承包商的工期延误和费用的增加。建设单位应补偿承包单位工期 10 天，费用 3 000 元。

事件 2：工期延误 3 天应由建设单位承担，造成 20 人窝工的费用应由承包单位承担。因罕见大暴雨，按合同约定属不可抗力。建设单位应补偿承包单位的工期 3 天。

事件 3：应由建设单位承担修复冲坏的永久道路所延误的工期和增加的费用。冲坏的永久道路是由于不可抗力（罕见大暴雨）引起的道路损坏，应由建设单位承担其责任。建设单位应补偿承包单位工期 1 天。建设单位应补偿承包单位的费用 30 元×30 元/工日=900 元。

事件 4：应由承包单位承担由此造成的工期延误和增加费用。该事件的发生原因属承包商自身的责任。

事件 5：应由建设单位承担责任。建设单位应补偿承包单位工期 2 天，补偿承包单位费用为 20×30×60%+1 000×2×60%=1 560 元。

事件 6：应由建设单位承担工期的延误和费用增加的责任。施工图纸是由建设单位提供的，停工待图属于建设单位应承担的责任。建设单位应补偿承包单位工期 3 天。建设单位应补偿承包单位费用为 60×30×60%+1 000×9×60%=6 480 元。

（2）总计：工期补偿 19 天，费用补偿 21 940 元。

案例分析 7

某工程在施工过程中发生如下事件。

1．基坑开挖后发现有古河道，须将河道中的淤泥清除并对地基进行二次处理。

2．业主因资金困难，在应支付工程月进度款的时间内未支付，承包方停工 20 天。

3．在主体施工期间，施工单位与某材料供应商签订了室内隔墙板供销合同。

在合同内约定：如供方不能按约定时间供货，每天赔偿订购方合同价万分之五的违约金。供货方因原材料问题未能按时供货，拖延 10 天。在上述事件发生后，承包方及时向业主提交了工期和费用索赔要求文件，向供货方提出了费用索赔要求。

问题：

（1）施工单位的索赔能否成立？为什么？

（2）按索赔当事人分类，索赔可分为哪几种？

（3）在工程施工中，通常可以提供的索赔证据有哪些？

答案与分析：

（1）承包方向业主提出的索赔成立，这是因业主的原因造成的施工临时中断，从而导致承包商工期的拖延和费用支出的增加，因而承包商可提出索赔；向供货方提出的费用索赔要求成立，因为供货方因自己原因违约。

（2）按索赔当事人分类，索赔可分承包人与发包人之间的索赔；承包人与分包人之间的索赔；承包人与供货人之间的索赔；承包人与保险人之间可索赔等。

（3）可以提供的索赔证据有：① 招标文件、合同文件及附件，其他的各种签约（备忘录、修正案等），发包人认可的工程实施计划，各种工程图纸（包括图纸修改指令），技术规范等。② 来往信件，如发包人的变更指令，各种认可信、通知、对承包人问题的答复信等。③ 各种会谈纪要。④ 施工进度计划和实际施工进度记录。⑤ 施工现场的工程文件。⑥ 工程照片。⑦ 气候报告。⑧ 工程中的各种检查验收报告和各种技术鉴定报告。⑨ 工地的交接记录（应注明交接日期，场地平整情况，水、电、路情况等），图纸和各种资料交接记录。⑩ 市场行情资料，包括市场价格、官方的物价指数、工资指数、中央银行的外汇比率等公布资料；各种会计核算资料、国家法律、法令、政策文件。

案例分析 8

某建设单位有一宾馆大楼的装饰装修和设备安装工程，经公开招标投标确定了由某建筑装饰装修工程公司和设备安装公司承包工程施工，并签订了施工承包合同。合同价为 1 600 万元，工期为 130 天。合同规定：业主与承包方“每提前或延误工期一天，按合同价的万分之二进行奖罚”“石材及主要设备由业主提供，其他材料由承包商采购”。施工方与石材厂商签订了石材购销合同；业主经与设计方商定，对主要装饰石料指定了材质、颜色和样品。施工进行到 22 天时，由于设计变更，造成工程停工 9 天，施工方 8 天内提出了索赔意向通知；施工进行到 36 天时，因业主方挑选确定石材，使部分工程停工累计达 16 天（均位于关键线路上），施工方 10 天内提出了索赔意向通知；施工进行到 52 天时，业主方挑选确定的石材送达现场，进场验收时发现该批石材大部分不符合质量要求，监理工程师通知承包方该批石材不得使用。承包方要求将不符合要求的石材退换，因此延误工期 5 天。石材厂商要求承包方支付退货运费，承包方拒绝。工程结算时，承包方因此向业主方要求索赔；施工进行到 73 天时，该地遭受罕见暴风雨袭击，施工无法进行，延误工期 2 天，施工方 5 天内提出了索赔意向通知；施工进行到 137 天时，施工方因人员调配原因，延误工期 3 天；最后，工程在 152 天后竣工。工程结算时，施工方向业主方提出了索赔报告并附索赔有关的材料和证据，各项索赔要求如下。

（1）工期索赔

① 因设计变更造成工程停工，索赔工期 9 天。

② 因业主方挑选确定石材造成工程停工，索赔工期 16 天。

③ 因石材退换造成工程停工，索赔工期 5 天。

④ 因遭受罕见暴风雨袭击造成工程停工，索赔工期 2 天。

⑤ 因施工方人员调配造成工程停工，索赔工期 3 天。

（2）经济索赔 35×1 600 万元×0.02%=11.2 万元

（3）工期奖励 13×1 600 万元×0.02%=4.16 万元

问题：

（1）哪些索赔要求能够成立？哪些不能成立？为什么？

（2）上述工期延误索赔中，哪些应由业主方承担？哪些应由施工方承担？

（3）施工方应获得的工期补偿和经济补偿各为多少？工期奖励应为多少？

（4）不可抗力发生风险承担的原则是什么？

答案及分析：

（1）能够成立的索赔有：① 因设计变更造成工期停工的索赔；② 因业主方挑选确定石材造成工程停工的索赔；③ 因遭受罕见暴风雨袭击造成工程停工的索赔。

不能够成立的索赔有：① 因石材退换造成工程停工的索赔（应由施工方向石材厂商按合同索赔）；② 因施工方人员调配造成工程停工的索赔。

（2）应由业主方承担的有：① 因设计变更造成工程停工，按合同补偿，工期顺延；② 因业主方挑选确定石材造成工程停工，按合同补偿，工期顺延；③ 因遭受罕见暴风雨袭击造成的停工，承担工程损失，工期顺延。

应由施工方承担的有：① 因遭受罕见暴风雨袭击造成的施工方损失；② 因施工方人员调配造成的停工，自行承担施工方损失，工期不予顺延。

（3）施工方应获得的工期补偿为 27 天，经济补偿为 27×1 600×0.02%=8.64（万元），工期奖励为 [(130+27)−152]×1 600×0.02%=1.6（万元）。

（4）不可抗力发生风险承担的原则是：① 工程本身的损害由业主方承担；② 人员伤亡由其所在方负责，并承担相应费用；③ 施工方的机械设备损坏及停工损失，由施工方承担；④ 工程所需清理修复费用，由业主方承担；⑤ 延误的工期顺延。

案例分析 9

某工程项目，业主通过招标与甲建筑公司签订了土建工程施工合同，包括 A、B、C、D、E、F、G、H 八项工作，合同工期 360 天。业主与乙安装公司签订了设备安装施工合同，包括设备安装与调试工作，合同工期 180 天。通过相互协调，编制了如图 8-4 所示的网络进度计划。

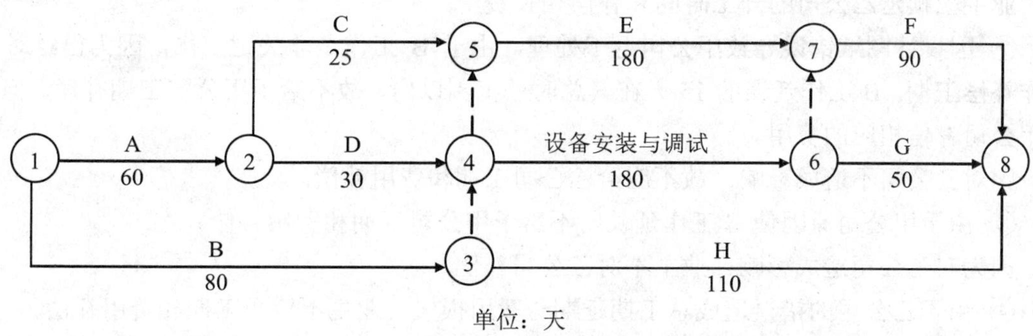

图 8-4　网络进度计划

该工程施工过程中发生了以下事件。

（1）基础工程施工时，业主负责供应的钢筋混凝土预制桩供应不及时，A 工作延误 7 天。

（2）B 工作施工后进行检查验收时，发现一预埋件埋置位置有误，经核查，是由于设计图纸中预埋件位置标注错误所致。甲建筑公司进行了返工处理，损失 5 万元，且使 B 工作延误 15 天。

（3）甲建筑公司因人员与机械调配问题造成 C 工作增加工作时间 5 天，窝工损失 2 万元。

（4）乙安装公司设备安装时，因接线错误造成设备损坏，使乙安装公司安装调试工作延误 5 天，损失 12 万元。

发生以上事件后，施工单位均及时向业主提出了索赔要求。

问题：

（1）施工单位对以上各事件提出索赔要求，分析业主是否应给予甲建筑公司和乙安装公司工期和费用补偿。

（2）如果合同中约定，由于业主原因造成延期开工或工期延期，每延期一天补偿施工

单位 6 000 元，由于施工单位原因造成延期开工或工期延误，每延误一天罚款 6 000 元。计算施工单位应得的工期与费用补偿各是多少？

（3）该项目采用预制钢筋混凝土桩基础，共有 800 根桩，桩长 9 米。合同规定：桩基分项工程的综合单价为 180 元/m；预制桩由业主购买供应，每根桩按 950 元计。计算甲建筑公司桩基础施工应得的工程款是多少？注：计算结果保留一位小数。

答案及分析：

（1）① 业主钢筋混凝土预制桩供应不及时，造成 A 工作延误，因 A 工作是关键工作，业主应给甲公司补偿工期和相应费用。

业主应顺延乙公司的开工时间和补偿相关费用。

② 因设计图纸错误导致甲公司返工处理，由于 B 工作是非关键工作，因为已经对 A 工作补偿工期，B 工作延误的 15 天在其总时差范围以内，故不给予甲公司工期补偿，但应给甲公司补偿相应的费用。

因对乙公司不造成影响，故不应给乙公司工期和费用补偿。

③ 由于甲公司原因使 C 工作延长，不给予甲公司工期和费用补偿。

因为对乙公司造成影响，业主不对乙公司补偿。

④ 由于乙公司的错误造成总工期延期与费用损失，业主不给予工期和费用补偿。

由此引起的对甲公司的工期延误和费用损失，业主应给予补偿。

（2）① 甲公司应得到的工期补偿为

事件 1：业主预制桩供应不及时补偿工期 7 天。

事件 4：安装公司原因给甲公司造成工期延误 5 天。

共计：7+5=12（天）

甲公司应得到的费用补偿为

事件 1：7×6 000=4.2（万元）

事件 2：5.0 万元

事件 4：5×6 000=3.0（万元）

共计：4.2+5.0+3.0=12.2（万元）

② 乙公司应得到的工期补偿为

因业主预制桩供应不及时补偿延迟开工时间 7 天。

乙公司应得到的费用补偿为

补偿：7×6 000=4.2（万元）　罚款：5×6 000=3.0（万元）共计：4.2−3.0=1.2（万元）

（3）桩价：800×950=76（万元）

桩基费：800×9×180=129.6（万元）　甲公司桩施工应得工程款：129.6−76=53.6（万元）

案例分析 10

某建筑工程，建筑面积 3.8 万 m^2，地下一层，地上十六层。施工单位（以下简称“乙方”）与建设单位（以下简称“甲方”）签订了施工总承包合同，合同期 600 天。合同约定工期每提前（或拖后）1 天奖励（或罚款）1 万元。乙方将屋面工程的劳务进行了分包，分包合同约定，若造成乙方关键工作的工期延误，每延误一天，分包方应赔偿损失 1 万元。主体结构混凝土施工使用的大模板采用租赁方式，租赁合同约定，大模板到货每延误一天，供货方赔偿 1 万元。乙方提交了施工网络计划，并得到了监理单位和甲方的批准。网络计划示意图如图 8-5 所示。

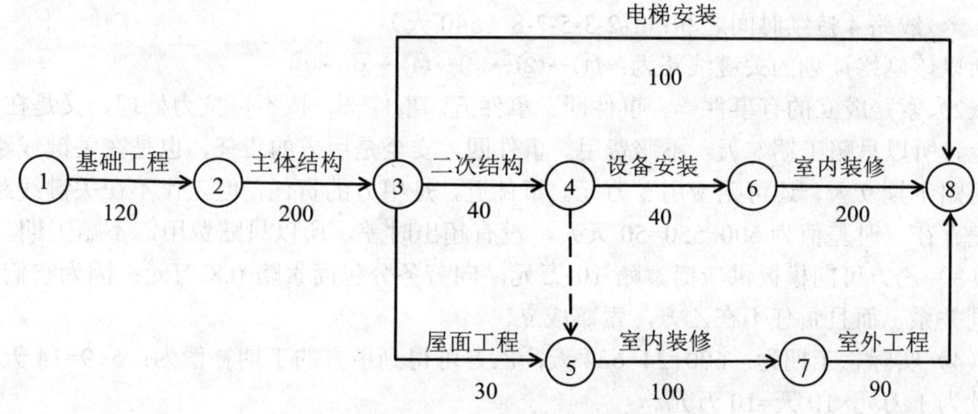

图 8-5　网络计划示意图（单位：天）

施工过程中发生了以下事件。

事件一，基础底板防水工程施工时，因特大暴雨突发洪水原因，造成基础工程施工工期延长 5 天，因人员窝工和施工机械闲置造成乙方直接经济损失 10 万元。

事件二，主体结构施工时，大模板未能按期到货，造成乙方主体结构施工工期延长 10 天，乙方要求模板方赔偿 20 万元。

事件三，屋面工程施工时，乙方的劳务分包方不服从指挥，造成乙方返工，屋面工程施工工期延长 3 天，直接经济损失 0.8 万元。

事件四，中央空调设备安装过程中，甲方采购的制冷机组因质量问题退换货，造成乙方设备安装工期延长 9 天，直接费用增加 3 万元。

事件五，因为甲方对外装修设计的色彩不满意，局部设计变更通过审批后，使乙方外装修晚开工 30 天，直接费损失 0.5 万元；其余各项工作，实际完成工期和费用与原计划相符。

问题：

（1）用文字或符号标出该网络计划的关键线路。

（2）指出乙方向甲方索赔成立的事件，并分别说明索赔内容和理由。

（3）分别指出乙方可以向大模板供货方和屋面工程劳务分包方索赔的内容和理由。

（4）该工程实际总工期多少天？乙方可得到甲方的工期补偿为多少天？工期奖（罚）款是多少万元？

（5）乙方可得到各劳务分包方和大模板供货方的费用赔偿各是多少万元？

答案及分析：

（1）线路1持续时间之和：1-2-3-8（420天）

线路2持续时间之和：1-2-3-4-6-8（600天）

线路3持续时间之和：1-2-3-4-5-7-8（550天）

线路4持续时间之和：1-2-3-5-7-8（540天）

所以该网络计划的关键线路为：①→②→③→④→⑥→⑧

（2）索赔成立的有事件一、事件四、事件五。事件一，按不可抗力处理，又是在关键线路上，所以只赔工期5天，不赔费用。事件四，安全是甲方的责任，也是在关键线路上，所以可赔工期9天，还可赔费用3万元。事件五，是甲方的责任，但工作不在关键线路上，有时差存在（时差值为600−550=50天），没有超出时差，所以只赔费用，不赔工期。

（3）乙方可向模板供应商索赔10万元，向劳务分包商索赔0.8万元；因为它们之间有合同关系，而且责任不在乙方，索赔成立。

（4）实际总工期为：600+24=624天，乙方可得到甲方的工期补偿为：5+9=14天，工期罚款为1万元×10天=10万元。

说明：实际延误的时间24天=5+9+10（事件二），其中事件三虽延误，但没有超出总时差（TF=600−540=60天）。

（5）乙方可向模板供应商索赔10万元，向劳务分包商索赔0.8万元，总计10.8万元。

本章小结

索赔是一种正当的权利要求，同守约并不矛盾。索赔是承包商和业主之间承担风险比例的合理再分配，是承发包双方之间经常发生的管理业务，是双方合作的方式，而不是对立。实践证明，索赔的健康开展对于培养和发展社会主义建设市场，促进建筑业的发展，提高工程建设的效益，起着非常重要的作用。

本章从索赔基本概念入手，介绍了索赔的特点、起因、分类，并对索赔与违约，索赔与反索赔的关系进行了论证；详细阐述了索赔的程序，对索赔的方法、策略进行了分析；由于业主和承包商对义务和权利的理解的偏差，可能会导致索赔过程中的争执，本章比较详细地介绍了索赔中合同争执的解决方法。此外，本章给出了索赔的具体案例，以求做到理论联系实际。

习题

一、名词解释

建筑工程索赔　反索赔　工期索赔　费用索赔

二、简答题

1．什么是索赔？索赔有哪些特征？索赔管理有哪些特点？
2．索赔发生的主要原因有哪些？
3．索赔技巧包括的内容有哪些？
4．试分析我国工程索赔的现状与存在的问题。
5．结合具体工程项目，分析索赔工作的基本程序。

第九章　房地产合同风险防控策略

学习目标

通过对本章的学习，学生应掌握以下内容：

1. 风险防控意识的构建；
2. 合同签订中的风险防控；
3. 合同履行中的风险防控；
4. 合同纠纷处理中的风险防控；
5. 合同风险防控体系的构建。

导言

在日常商业往来中，风险无处不在，从合同签订开始到履行结束，风险形影相随。英国前首相撒切尔夫人说过："不可能的事情经常发生，你最好有所准备。"在合同签订过程中未雨绸缪，在合同履行中洞察秋毫，在合同纠纷处理中客观冷静，构建系统有效的合同风险防控体系并彻底、本能地执行是合同风险防控的关键，也是项目健康运营和企业持续经营的重点。

第一节　合同签订中的风险防控策略

一、合同签订前风险防控关键

现实中很多官司打完以后很难执行，还有很多诉讼本身很难打赢，好不容易打赢了最后根本执行不了，所以为防止这种状况发生，应当把法律服务放到预防阶段，尽量阻止不好后果的发生。

所谓预防阶段，对合同而言，就是签订阶段。签订合同有许多需要注意的问题，比如合同签订前要做什么？合同签订时对合同的条款怎样审查？合同签订的时候要注意哪些细

节问题？风险点在哪里？在履行中有什么样的法律风险？如图 9-1 所示为合同签订前风险防控的关键要点，也是实务中运筹于帷幄之中而决胜于千里之外的法宝。

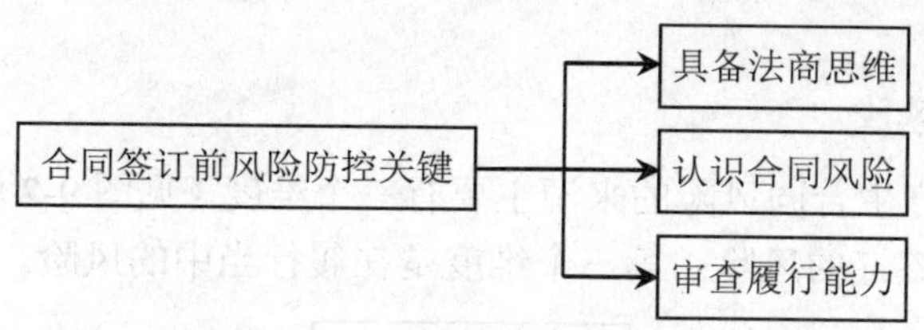

图 9-1　合同签订前风险防控关键

（一）具备法商思维

法商思维是思维意识上对法的内心体认和自觉践行，融合了以追求效率为目的的商业的方法与价值观和以追求公平为目的的法治的方法与价值观的思维，是法律思维和商务思维的融合。实际上很多人都有这样一种意识，比如要准备投资了，首先考虑到的是这个投资的项目能否找到认识的官员，有没有各种人脉资源。在这种思维模式下就会产生很多问题。例如，当已经投资了一家建筑类企业，计划建一个地标性建筑，因为领导干部的出面干预，顺利地开始动工，挖好了地基，并开始了楼宇建设，当建到第七层的时候，领导干部被双规了。紧接着的后果是，这个楼就被叫停，因为经查发现土地没有在项目公司名下，甚至没有规划证、开工证，所有的证件都没有，陷入了僵局。所以通过这个案例，可以发现这种通常先考虑到人脉资源的项目决定，结果十分糟糕。但换作是一家国外的企业来到中国，他们通常第一件事是要找律师来分析，中国的法律是否允许做这个投资和项目。所以首先要分析的是法律可行性调研报告，但在现实中，企业家们很多情况下考虑的是利润会有多少、商业模式如何等。这些都在说明，现在的社会，逐渐地把权力、规则都放到一个法律允许的范围内。

企业在经营管理当中，最大的风险就是法律风险。如果说政策、法律都不允许，而只看到经济层面上的可行性，企业就盲目地去投资，比如去产能的、高耗能的、高污染的行业，这些行业是与国家政策相违背的，慢慢地就会衰减，可知前景并不好。当拿到一份项目可行性调研报告或者投资人的建议书，表面看上去很好，收益很快就来，但投资进去的结果很可能就是失败。过去从来没有像今天这样，法律已经步入我们每一个人的生产、生活和工作当中。

2015 年，习近平总书记在全国领导干部会议上讲到："全面依法治国，县级人民政府都必须要聘请法律顾问。"国有企业和民营企业现在逐渐意识到，原来经营当中最重要的一个要素就是法。所以今天的企业家们要明白，我们在日常的生产经营管理当中，要用规则去管理，没有规则即使企业跑得很快，遇到一个小的问题可能就会毁于一旦。在这个过程当中，最应该转变的是由原有的人情因素和人际勾兑变成一种法治的思维。

公司承担的是有限责任，有限责任就是该公司所有的资产对其所有债务负责，即使资不抵债，从法律上看也是清归为零。所以在现实当中，如何去把控合同风险产生的原因就很重要。

（二）认识合同风险

在具体合同中，产生合同风险的来源主要有三个维度（见图 9-2）：第一个维度是主体风险；第二个维度是签订的风险；第三个维度是在履行当中的风险。

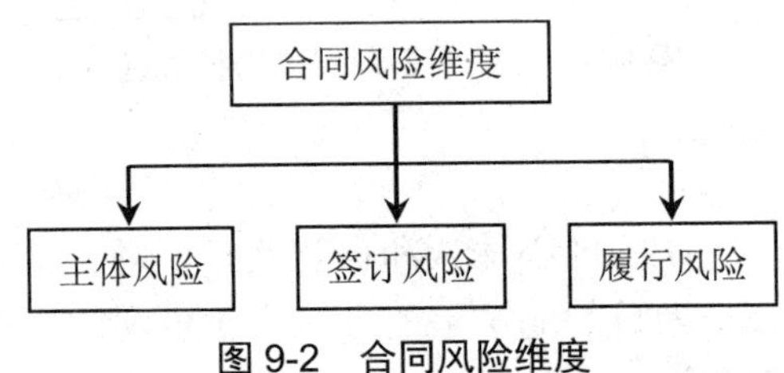

图 9-2　合同风险维度

例如，A 公司要做整个屋顶的重新装修，装修的标准要求有古色古香的效果，这就需要买艺术瓦片和琉璃瓦。该公司采购部的人员在网上查到，恰好某省有一个 B 公司专门生产琉璃瓦，非常精美。又查了信息，确认 B 公司真实存在且是十多年的企业，联系过后，对方也表示完全可满足需求，A 公司便打过去 100 万元定金，约定两个月后交货。但是三个月过去了，B 公司并没有按时交货，多次联系 B 公司都收到了再等等的答复。因为 A 公司的人工和架子在持续制造成本，并且如果逾期完工要向甲方赔偿损失。待 A 公司人员到达 B 公司时，发现这里没生产过一片琉璃瓦。原来 B 公司以前是生产长方形土砖的，因为要做产业升级，所以做了一个非常精美的网站，把各种琉璃瓦、艺术瓦片全部放到网站上。其是一个乡镇集体企业，确实是有接近 20 年的时间了，工商局也查得到，并且没有不良记录，因此 A 公司采购部经理就确信公司合法存在。当询问 B 公司为何生产不出时，B 公司的解释是他们已经订了模具，但生产模具的这家公司的产品总不符合技术指标和要求，B 公司跟模具公司还打起了官司，造成延误。

当 A 公司找的律师取完证后，第一件事就是马上起诉财产保全，冻结对方的资产。但是当法官去做财产保全，查封银行账户的时候发现，账上只有几百元。这个案件打完官司许多年后，也没有执行回一分钱。

这个例子，是值得每一位领导者、合同管理人去思考的。问题就出在企业在签订合同之前主体的风险把控方面，一个完全没有履行能力的公司，注定了不能履行合同；即要思考主体的风险该怎么去审查，合同中有哪些风险的问题。

所有的企业家，要解决两个问题：第一是利润；第二是风险。被世界认为是 CEO 管理之父的杰克韦尔奇说过一句话，大意是这样的：我不担心我既有的现存的业务会对我的公司造成什么样的影响，我最担心的是我下面的员工干了一件法律上极其愚蠢的事，让我的

企业毁于一旦。现在可以明显看到，国有企业、大型民营企业、外资企业，甚至初创型企业，都越来越重视风险的管控，很多公司都是董事长或一把手亲自担任风险管理组的组长。因为他们慢慢意识到，一个企业所有的利润都是靠风险管理，风险是锁住利润的根本保障，风险一旦来临，一切利润皆归为空，这就是现代企业家意识到的。所以我们讲企业家两个手要解决两个问题，一手要解决利润问题，一手要解决风险问题，这两者是同时并行的，缺一不可。利润因为有一套商业的规则反而简单，现在难办的是风险，如何对其进行识别和有效地管控。风险其实可分为两个层级，第一个层级是经营层面上的风险，第二个层级是法律层面上的风险。但不管是经营层面上的风险，还是法律层面上的风险，风险的表现形式最后的落脚点只有一个，全是法律风险。那么反过来即使是经营层面上的风险，法律层面解决好了也可能迅速地识别和提出一些管控的建议。

（三）审查履行能力

履行能力主要包括支付能力和生产能力两方面的内容。在审查支付能力时，主要审查对方当事人的注册资本、资金来源、银行存款、交款能力等情况；在审查生产能力时，主要审查对方当事人的生产能力、生产规模、技术水平、产品质量、交货能力等情况。审查履行能力的目的是提高经济合同的真实性和可行性。

1．标的物审查

标的物审查是指对当事人双方权利义务所指的对象进行可行性审查，商业买卖合同中的标的物指买卖合同中所指的物体或商品。

标的物审查的方法，比如要买水杯，就要看其能否生产水杯；要买一种机械零件，就要看其产品是否合格；要买生产流水线，就要看有没有生产流水线；要委托开发软件，就要看有没有开发软件的团队，有没有技术人员。这些叫作标的物审查法。要做什么前先判断对方有没有足够的能力和服务。

再看经营状况是好还是坏，是不是在正常经营；第三看他的资产；第四是标的物的审查，怎么审查，如果是有形财产就看存不存在。有这样一起重大的商业欺诈案件，一个A公司，接了煤的订单，但本身没有存储煤，他就又找了一家声称自己有煤的公司B，这家B公司，虽然声称自己有煤但其实也没有煤，B公司又找到另外一个矿，这个矿生产的量远远达不到需要。B公司大胆地接手过来，最后当然是不能交付，造成了几千万元的损失，就面临着被追责。这里的问题就是以小博大，是作为合同签订前首先需要审查的。这是一般物，如果是特定物，如商品房，我们会看，这个房能不能买，合不合法，在谁的名下等。如果一看房屋很符合心意，很喜欢，便直接买了，过两年别人可能会主张退房。北京宋庄、画家村就是如此，很多人买了农民的四合院，买完以后装修得很好，使用了几年后房屋价值飙升。这样一来农民就开始要买家把房退还，买家以买卖协议为由不同意。起诉到法院，法院全部判买卖协议无效，全部返还。原因就是我国禁止农村宅基地在自由市场流转，如要使用必须经过国家的批准，即通过划拨、出让等方式才能使用。

针对特定物如房屋、土地、船舶、车辆等，这些怎么去审查对方有没有履行能力？第一，要看他有没有权属凭证。如租房，首先要看这个房能不能租，是集体土地上盖的，还是国有土地上盖的，有没有产权证。这个审查清楚后，也并不是就可以签协议了，还要看在谁名下，如果是委托了一个物业公司，物业公司来出租，就要审查他与物业公司签的合同，是否委托物业公司来代管。那么你要审查真正的产权有没有授权给他，如果没有授权，即使合同再天衣无缝，依然可能是无效的，所以在这个环节中要审查这个特定物，看权属凭证，是否能交易，出卖人是否享有完全的权利，并且权利上不存在瑕疵。举个例子，比如买二手房，不去实际审查，这个二手房处于什么状态，当买方去收房的时候，发现房里面住着一家人，他们自称是有协议的，给原来的产权人交了二十年的租金。而法律上有“买卖不破租赁”的规定，即产权可以变更，变更成不同的人，但是原有产权人跟承租人签订的协议对新的产权人是有效的。所以当买二手房的时候要审查里面有没有房客，协议当中要加一个条款，必须是腾空，如果不腾空可要求按天数支付违约金。像这种实体存在的东西可以实地去考察，多次去考察，还有看不见也摸不着的东西，如无形资产、商标、专利等的价值。这些便是在合同签订前审查标的物的方法。

2．经营状况审查

经营状况审查是指对企业的生产、经营、管理等多方面进行审计和核查。

经营状况怎么审查？高水平律师诉讼的特点是，诉讼只是依流程上法庭，但所有诉讼的思路，全是在诉讼前就策划好了。所以法律风险的管控其实没那么难，审查是否为正常经营的，就去实地认真考察。当投资人想投资一个项目的时候，会委托律师做尽职调查。尽职调查就是靠律师去审查。可以提前几天赶到，亲身走访落实一下，而不是仅仅被高规格地接待后，走马观花似地看一看。去看了之后，对方实际的情况就被你掌握了。所以合同风险管理，在合同审查前的管控，就是在这些细节，包括有没有拖欠工资、水电费，有没有不良记录信息，生产、经营、管理，这些都是要去考察的。

3．资产调查

资产调查是指对被调查对象的资本、投资、负债等进行调查，掌握其现有的资产情况。

考察经营管理情况的时候，核心和关键就是资产，一个公司怎么判断它有钱有价值？这里提出两个概念，第一个概念叫作公司的注册资本金。假如签协议时，对方发过来的营业执照注册资本金为 7 亿元，大部分人会觉得这个公司太有实力了，但现今甚至 1 分钱不用都可以成立公司，实缴注册资本金改为认缴注册资本金了。今天的合同参与者们，要牢牢记住，衡量一个公司有没有钱，不要看营业执照，因为最近这几年成立的公司，注册资本金不论是 50 万元，5 000 万元，5 亿元，绝大多数的实缴注册资本金都为零。如果只看营业执照，上面可能写着 5 000 万元、5 亿元，所以看营业执照来衡量这个公司的方法，已经彻底被摧毁，这个方法是判断不出公司有没有实力的。那么如何去审查一个公司是否有实力？大的项目要收购，首先要审查有没有不动产的问题，有没有房屋，有没有土地，有

没有在建工程，有没有重大的股权投资，重大运营的项目，包括机器、设备、库房、厂房、产品、库存，查看各种报表。这里面最应该注意的是，公司资产不等于公司的净资产，公司的股份是否值钱，是看它有没有净资产，净资产是公司所有的资产减去所有的负债，剩下的钱才是公司的净资产。如果这些资产全是从银行贷的款，做得再大也全是负债，全部材料也是别人赊销过来的，工人的工资还没结算，实际上净资产为负数，这样公司的股权，在评估当中其实是负数。所以 1 元钱转让股份那只是名义上听着好听，还是有偿转让。所以我们衡量一个公司资产的情况，要从这几个维度去关注和考察。

4．审查方法

审查方法是指究竟要运用什么样的方法来对合同对象的履行能力进行审查。审查主体有六大方法（见图 9-3）：第一就是实地考察对方的经营情况、不动产、机器、设备、投资，以及资信情况如何；第二是通过专门的资信调查；第三个就是查看工商档案，这里指的工商档案是书面的，有的工商局是对外开放一些基本的书面纸质档案可以去查询，查询不到也可以委托律师；第四就是在签订协议之前，要在一些黑名单网站和其他的查询信誉不良的网站上查看一下，最关键是要看看行业的评价，同行业里面有没有对他不良的评价。最后是涉诉调查，看过往有没有重大恶性诉讼。

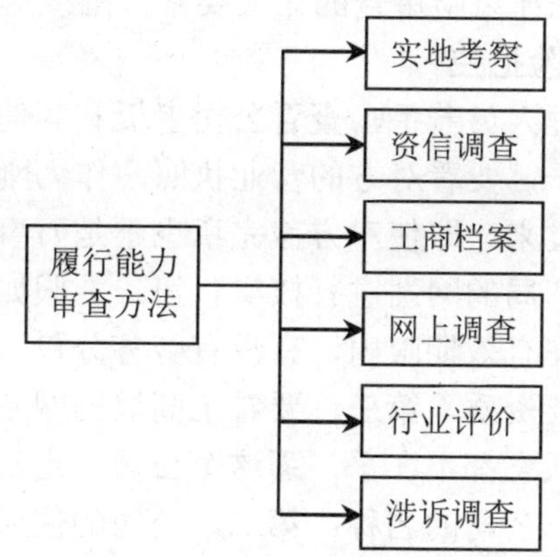

图 9-3　履行能力审查方法

二、合同签订时风险防控要点

（一）主体及标的物法律风险

主体及标的物法律风险，是指合同主体与合同标的物会存在什么样的法律风险。

对于主体不存在的风险，如果一旦出现主体不存在的情况，那就是所有的一切通通归零，即已经被商业欺诈了，也就是俗称的诈骗。审查一个主体，有三个维度去审查主体的风险防控，如图 9-4 所示，第一个是真实性，第二个是合法性，第三个是履行能力，这三个维度就构成了整个合同在签订前的审查内容。

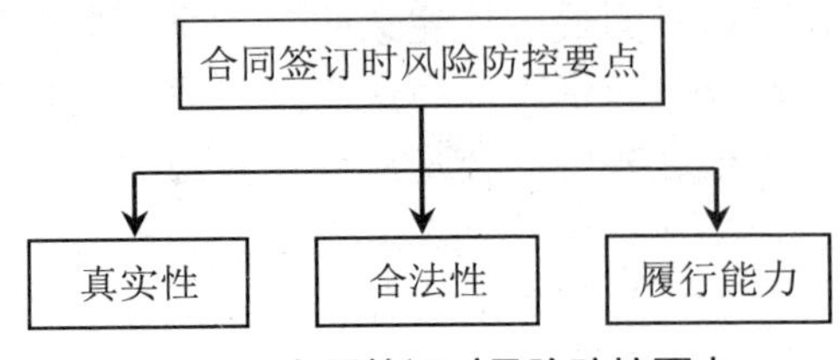

图 9-4　合同签订时风险防控要点

1．合同主体审查的三大要素

围绕着这三个维度的风险，首先要识别的是真实性，要查一个公司最简单的方法是登录国家工商总局的网站，在这个网站上就能够迅速地查到这个公司，看看该公司是否存在。第二要看这个公司是否合法，能否做这个买卖。专业资质是很好的一个方面。但这两个问题只解决掉合同主体的风险，绝大多数的风险来源并没有审查到。所以第三个就是合同履行环节如何去监管的问题。比如要买一百台电脑，就看有没有生产电脑的能力；提供软件服务的，看他有没有开发和技术团队，看他的履行能力。这三个维度，真实性、合法性和履行能力，是合同主体防控法律风险审查的三大要素，围绕这三大要素再层层展开。

2．真实性审查方法与风险把控

从公司创办人和主要管理人员着手，查看公司老板和其他相关管理人员身份和履历。如何去审查对方的主体？第一，要看对方的营业执照，作为刚性需求，第一件事就要让合同的经办人把营业执照传真过来。即使对方盖完章也不是万事大吉，对方盖完章没有经过核实是不行的，自己要上工商局的网站进行核实。第二，假如是建筑工程，那要看有没有专业资质，专业资质是不是在有效期限内，有没有劳务分包，有没有专项分包的资质，道路、桥梁、工程等这些都需要资质。第三，要看工商局的网站上该公司是否有年报，如果一个公司对自己公司的法律状态都不在乎，那这个公司一定是有重大风险的。在工商局的网站上查什么内容呢？第一，公司的名称；第二，公司的住所地；第三，公司的法定代表人；第四，公司的联系电话；第五，公司的经营范围，经营范围是否在你所签合同的允许范围之内；第六，查他有没有不良信息记录。现在的大数据时代，工商行政管理局已经把一些不良的信息记录放到工商局的网站上，仔细查询能查到相关信息。这个就是在合同签订前要做的工作。

如果在工商局网站上查到一个公司被吊销了怎么办？吊销是一种行政处罚，被吊销的公司依然是存在的，只是不能再经营，被吊销主体也还存在，比如别人欠他的钱他可以签还款协议，到法院去打官司可以作为诉讼主体，唯一不行的就是不能再经营。当从工商局网站上查询到企业已被吊销，则买卖不能做了，但是他所欠的钱，还可以签还款协议。

注销就是所有的权利都已经终结，即主体已不存在，不能再签订任何合同。

歇业不是法律上一个标准的法律概念，但是在有的法院内部的指导意见里面提到了歇业的概念，即没有注销，也没有吊销，不开展业务等。这些都是在签订合同之前必须要识别出来的。假如在国有企业中，由于疏忽大意没有识别到这些特定的情况而签了协议，导致国有资产流失，就可能被定以签订合同失职被骗罪，后果是非常严重的。

（二）审查合同主体真实性的简易方法

国家企业信用信息公示系统，这是国家市场监督管理总局（原国家工商行政管理总局）主办的权威网站，可以查询到最权威的、官方的、准确的全国企业信息。通过以上信息，这个公司就基本上可以判断了，但也有例外的情况，就是在这个网站上，公司成立了不是马上就显示的，有的省的数据没有这么快，还有的公司变更的信息也没有这么快更新，系统录入时间有可能是十多天，也有可能是一两个月才录上去，各地不一样，但总体来说这个信息是非常准确的。

法律风险的管理，即“三式”管理：傻瓜式、机械式、呆板式，严格地机械地去执行，一切的风险基本上就能够有效地进行管控。从两个方面去看，要么看营业执照，要么就看公章，通过这两个维度，准确无误地找到公司的名称，输到这里面去。把公民个人的姓名、身份证号输进去，就可以知道该人是不是老赖，是不是已经上了黑名单。如果上了黑名单，那这个人和公司名下所有的资产，就都已经被法院系统地查了一遍，无财产可供执行，这个时候就不要跟他签协议。

如果只是查市场监督管理局的网站，还远远不足以防控合同签订之前主体的法律风险，必须要去查对方是否已经成为被执行人，看法院是否限制。前面讲了两类性质，一个是工商性质，一个是法院性质，法院性质是查其是否成为被执行人，如果是，代表着无法执行。也可以登录中国裁判文书网，在该网站上搜索，因为审判信息公开透明，除了涉及国家机密、商业秘密、个人隐私及特殊的案件之外，大多数的裁判文书是可以查到的。作为商业贸易中的合同，基本上都能够在这个网站上查得到。

违法的行为都要纳入诚信体系，比如说闯红灯的记录，扣满十二分的记录，可能要纳入诚信体系中，就会造成贷不了房款，工作、就业方方面面受限制，所以当国家的诚信体系慢慢建立起来以后，人们会像爱护自己的生命一样去爱护信誉。很多单位不愿意打官司的原因也是不想在中国裁判文书网上留有记录，每打完一场官司就有一个案底留在法院，特别是当被告，以后再跟别人合作就很难。

（三）个人的主体审查方法与风险把控

对个人而言，可以看三样东西，第一是身份证，第二是护照/军官证，第三是户口本，这是三种法定文件，其他不需要看。身边的很多人，即使是自己的朋友，也不一定知道他的真名实姓。如果这样，借出去的钱谈何收回。但知道了也并不代表没有风险，签字的环节十分重要，比如公司的名称错一个字，有的法院会以起诉主体错误，而撤诉或裁定没有

这个单位。再比如上海市铭豪芯片设计有限公司，查了后发现没有上海市铭豪芯片设计有限公司，只有一个上海铭豪芯片设计有限公司，多了一个“市”字，法律上就不认可这个签字。法律中的字，要准确无误，多音字、同音字、错别字通通不行。

公民对外发生的某些民事行为，往往会跟配偶有关系。比如钱借出去后，对方不还款，原因是他将钱用于买房了。这里要注意的是：“明确借款用途，扩大还款主体。”即虽然把钱借给了对方，不好意思让对方的妻子签字，那借条上就要写清楚，借钱的目的是用于家庭购买房屋，用于小孩治病等，不管是什么样的用途，抓住核心和关键，是用于家庭。第二个要件，他的配偶也要知道此事，即知道其家庭要买房所以才发生的借钱。这就可以使证据形成关联锁链，其妻子虽然没签字，但知道此事，借条上写的也是买房。现在有一些情况是，通过离婚把所有的财产转移到妻子名下，自己成为光杆司令，执行不到老婆的财产，但只要注意了这些问题，就可以把其妻子也作为被告，是百分之百地承担，不管你的财产在谁名下，也不管谁的银行卡有钱，都可以冻结，这些方法都是在签订之前形成的。所以与对方打交道时，也要了解他配偶的姓名。

另外有两层级。第一个层级，就是个体工商户，因为交易的主体一般是公司，公司可能主要以有限公司为特点；第二个层级就是公民个人。个体工商户的责任是以公民个人来承担，所以对个体工商户的审查也是放到公民个人这个范畴。所以如果看到有一个营业执照上面写着个体工商户，那么是他个人承担责任。除了个体工商户，还需要知道的就是家庭住址。假如你知道跟你产生交易买卖的这个人的家，那么他欠钱不还的时候就可以去他家里。重点关注资产，所以风险的防控，90%在前面，10%在后面，然而现在很多企业却把 90%的重点全部放在了事后救火。

总结一下上述内容，第一是合同签订主体真实性的审查，公司是否存在不看名片看证照，为什么这个公司叫这个名称，用上文介绍的方法来证明这个公司是不是存在。第二，要了解企业信息，可以在市场监督管理局网站查询。第三，单位的性质要搞清楚，生意伙伴承担的是有限责任，还是无限责任；是个体的，还是合伙的；如果是承担有限责任那就要更加小心。即使是承担无限责任，如果没有资产也没用。所以第三，要看他的性质，在签协议时，尽量不要去跟分支部门或分公司签订，而是要与总公司签订。

（四）专业资质

专业资质的重要性，在于专业资质直接涉及合同的有效性。在很多人的理解里面，专业资质可能就只有建筑工程，其实不然，专业资质有几个维度，细分下来的话，非常庞杂。其中一个维度，叫作总承包资质。有水利工程、公路工程的，有机电工程的、通信工程的、建筑工程的、电力工程的、铁道工程的、市政工程的，除了这些，还有专业承包的、钢筋混凝土搅拌的、建筑机电安装的、砌墙的、搭设脚手架的等，这些都涉及专业资质，还有很多其他的，消防、医疗、卫生、教育、园林绿化、安全生产、施工等。所以企业在签合

同的时候，不能单纯地在签订之前只关注对方主体存不存在，还要关注真实性、合法性、履行能力三方面维度的审查。这里的合法性，指的就是有没有专业资质，所以真实性、专业资质、履行能力，是我们审查的顺序。怎样审查有没有履行能力，这是关键。

现实中，认真全面地去审查主体的不到10%，在这10%当中，只审查主体是不是存在，通过工商局的网站去审查的，又占 80%～90%，所以审查对方有没有履行能力这个环节只有10%～20%的公司，这10%又是在10%当中的10%，所以合同履行能力的审查，是所有公司在风险管控合同风险当中一个盲区，正是这样的盲区，是产生合同风险来源90%的地方，即 90%的风险没有被管控。所以一定要在签订合同之前，有意识地关注对方的履行能力。

三、合同签订时风险防控注意事项

合同签订时风险防控的关键在于合同条款的设计和审查，讲解合同在签订前怎样去审查合同条款，合同条款当中什么条款是最重要的，怎样预防合同条款当中的风险。

（一）《合同法》规定的必备条款

究竟合同需要确定哪些内容？需要核定什么样的条款？实际上《合同法》里有明确的规定。比如合同的主体、标的、数量、质量、价款、酬金、履行期限、地点、违约责任、解决争议的方式。这些固然是合同当中最关键、最重要的必备条款，但是总结后可将其集中为三大条款。这三大条款中有两个在合同里面是没有明确规定的，特别是其中有一个条款，在传统的《合同法》里没有规定，但是在防控合同履行风险当中又是极其重要的。

这个合同条款的风险当然是普遍和大量存在的，例如数量的问题。比如热电厂要买煤，送煤的货车进来了，而过磅的秤坏了，这时候库管员不知道具体数量就计入了一车次。最后在统计数量时，没法确定这一车运来多少数量，会产生争议。所以对数量的要求务必精准。土地也是这样，在农村，要承包一块土地，首先要知道这块土地有多少亩？是在什么位置？所以在合同中，会出现一些约定不明的内容，这些都是合同中的真实的合同条款风险。

（二）如何审查合同条款

当起草或者审查修改合同的时候，对于合同条款有哪些原则？现实中普遍是将文本发给律师来修改，让法务来把关。很多律师会觉得只要把合同中有风险的地方都提出来和修改掉，不管合同相对方是否愿意签订，自己的任务就算完成了。其实这样并不合适。法律不只是简单地避免纠纷、减少损失，它也可以直接带来经济价值和利润的。所以审查合同条款的风险，并不是说所有的合同条款只要有风险就要把它改过来。企业的法务人员不仅需要具备法律的思维，还要具备商业思维。因为所有的合同的目的是要交易，交易完了才有获利，所以合同修改的第一个原则是促进交易。如果违反了这个原则，导致法律阻碍交易、阻碍生产，是不合适的。所以修改、审查、防控法律风险的第一个原则就是促进交易原则。

同时风险管理不代表把所有的风险全部杜绝，风险评价的目的和意义也不是在于让合同经办人但凡有风险全部要杜绝，那样买卖就没法做了。风险管理是要在可控的合理的范围内，让企业冒一定的风险追求高额的利润。所以风险跟利润之间是要权衡的。这个观点在合同管理、审查、交易这个环节中要了解清楚，如果生意买卖都搞破产了，就没有利润了。促进交易是第一原则，在这个前提下考虑合理倾向，考虑怎么样在公平合理的基础上倾向于己方，而这个合理倾向的程度是有技巧的。合同是有合理倾向的，比如在租房合同中，有的倾向于出租方，有的倾向于承租方，这样的合同才是有生命力的。

能不能给出一个标准的合同，比如要把钱借出去，需要签一个借款协议。那要问清楚了，交易背景是什么？强弱势双方各是谁？如果对方非常强势，这个时候如果把合同改得面目全非，对己方特别有利，拿去以后对方也不会签。所以合同签订的第一件事就是要了解对方跟自己到底谁在交易当中占有强势地位。供需双方地位是否平等，倾斜度是多少，决定了修改合同条款的多少，所以改好一份合同太不容易了。常说合同需要“两审”，所谓两审，首先是合同的经办人要对自己的商务条款、技术条款进行把关和审核，主管领导要对多少钱、多长期限交货进行把关。同时还要进行外部的审核，外部审核往往是重大合同要聘请法律人员来进行法务条款的审查。所以一份合同，其实在审查修改的环节中相当不容易。光从法律上看是根本改不好合同的，也防控不了风险。如果只懂经营，把法律抛到一边，容易留下重大的漏洞。因为法律、合同都是为了锁住交易的利润，法律上的瑕疵，哪怕是一个标点符号，甚至都会成为在法庭上打官司的一个争议焦点。

（三）合同条款分类审查

把所有的合同条款分为两类条款。一类条款叫作商务技术性条款，如合同法里面规定的标的、价款、数量、酬金、履行方式、履行地点、期限等。比如在房屋买卖中，如果标的不明、数量不明，就要明确房屋位置和产权证号。把房屋的地址按照产权证号上载明的地址准确无误地写在合同里面，再把产权证号和面积写进去，这样才能做到准确。公司商务人员在审核合同时，如果发现商务技术性条款约定不明存在法律风险，合同要做出提醒提示，指导相关人员如何去明确和细化。

另一类条款叫作法务条款，是法务人员和律师必须重点审查和修改的地方。很多法务条款是通用的：第一是违约条款，第二是管辖条款，第三是不可抗力，第四是送达代表，第五是知识产权，最后一个是变更生效。其中的送达代表条款是平时很少见却很重要的。

合同条款审查要善于归类总结，把这些条款拆解和分类了，哪些属于商务人员去把关的，哪些属于法务人员审查的。商务的归合同的具体承办部门，经办人、主管领导去决策

这份合同相关的实质性的内容。法务人员只是为了保证这个交易能够正常进行，防止不利情况发生。

（四）合同审查五步法

合同摆到面前时，怎样去审查合同呢？拿到一份合同后先看标题，当看到合同标题后可以回想《合同法》里面专门的有名合同里，手里这份合同符合哪一种呢？就像渔网在收网时是由一根主绳牵带着很多细绳，每一个网格相互关联，最后统归于这根绳，而这根绳就是法律关系，也即权利义务关系。所以在审查修改合同的时候，要牢牢地抓住这根绳。比如出租方应该做什么呢？出租方应该保证房屋是合法的，是可以出租的，同时也是安全的。出租方的权利是什么呢？是收租金。承租方应保证租金能够按时缴付，同时有权利要求保持房屋的完整性，不准进行违法建设等。所以每一个合同都有权利义务。对承租人来说，目的就是要租房。租房当中关心什么呢？第一，出租的房屋是否合法，是否有产权证？第二，租完后中途是否会被赶走不让承租了？第三，从法务条款里面如何保证自己的利益？所以一看标题，二闭眼。闭眼就是闭上眼睛去想一想这一个标题下面这份合同是什么法律关系，是什么权利义务关系，合同双方当事人你该做什么，我该做什么，你不能做什么，我不能做什么，立马就想出权利和义务。然后一定要了解的，是交易背景。如果不了解而单纯地对合同条款进行审查修改，这个是做不好的。不了解交易背景，根本改不好这份合同。

熟悉了法律关系，同时也知道了合同的交易背景，再想这份合同有什么样的风险？这时候大脑需要找出来，比如租赁合同中承租人，会担心被赶走，所以改合同的方法是要找风险点。要去想这份合同将来在履行当中，根据以往的惯例，容易产生风险点的地方。形成了风险点的思维，改合同就易如反掌。在这个过程当中，风险点有了，就根据风险点去查找合同相应的条款，有缺失的完善，写得不明确的，要合理倾向地调整和修改。所以改合同的方法就是风险点的归类和风险点的破解以及运用的方法。

找到风险点合同怎么改？就是要把可能存在的这些风险点破解掉，通过条款去把它破解，最后再形成条文。所以前面三分钟都是闭上眼睛的，法律关系你要闭眼睛想，交易要闭上眼睛想，风险点要闭上眼睛想。当然个人情况会有差别，在没想出来以前就不要先下笔，先找合同的经办人去了解这份合同的情况，谁是强势的，谁是弱势的，决定合同条款修改内容的多与少，修改幅度的大与小。

在审查修改活动中，熟悉交易背景非常重要，熟悉的方法很简单，找活动经办人。假如你是律师，帮别人审查修改一份合同；或者假如你是法务，在没有办法去了解下面分公司、分厂、子公司的交易模式，又要审查修改这份合同时，怎么办呢？可以通过百度，选择百度后面的文库，里面有很多资料。比如，租赁合同，可以就“租赁合同”四个字，加上“法律风险”，搜索关于租赁合同风险的各种文章。看了别人总结的东西后，就可以很快知道风险点在哪里了。

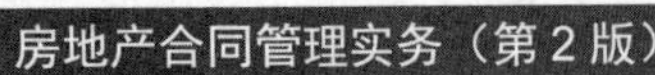

所以在确认风险点的时候是有技巧的。当把这些全部都熟悉完，确认了风险点，再去看合同开始审查。审查时也要注意要有逻辑关系，带着思路去审视合同。

第二节　合同履行中风险防控策略

合同风险的 10%存在于条款，而 90%是履行当中产生的风险。履行义务没有凭证，缺少对方违约的证据，没有固定证据的方法，合同的经办人根本就缺乏法律意识，业务员对债台高筑、被多家起诉、停止生产、拖欠大量员工工资等现象不重视，没有及时向领导去汇报并采取有效的管控措施，这些问题都是在合同履行过程中存在的风险。合同目的需要履行来实现，因此履行当中如何去防控风险，有哪些关键和要点，正是本节要研究的问题。

一、合同履行前风险防控关键

合同在履行之前，必然要签订合同，签订环节也有很多细节需要注意，很多重大的诉讼争议纠纷恰恰是到签订环节当中产生的风险。在实际合同风险防控过程中，合同相关人员的法律意识以及责任意识不够明确必然会在很大程度上提高风险控制的难度，并且严重阻碍风险管理工作的顺利开展。风险意识缺失导致相关人员在工作过程中对合同内容掌握不够详细，合同中存在的一些隐藏风险未发掘，影响合同的正常履行。法律意识缺失是指合同在制定的过程中没有严格按照法律的要求进行，从而导致双方或者单方利益受损，影响合同的公平性。以往的合同管理多是事务性的，多在遇事后再解决。风险隐患不能事先排除，随着合同的履行，风险事项像一颗颗预埋的炸弹，随时引爆从而影响合同目的的实现。在合同履行前要搜寻锁定风险因素，合同履行时要排除风险炸弹，合同履行中要降低风险发生的可能性。

合同的细节决定成败，如图 9-5 所示，在合同履行前的签订环节，要紧抓风险防控的关键，如果签订出现了问题，必然会导致合同根本无法成立，甚至有时会导致已经签订的合同是无效的。即使合同条款设计得再完美，最后的结果也是无法产生法律效力，不能达到签订的目的，无法实现预期目标。

（一）合同盖章

公司一般都有一枚行政章就是公章，一枚财务章，一枚合同专用章。合同签订的时候只有两个章可以盖，盖其他章是不行的，第一是公章，第二是合同专用章，但是现实中看到的章是五花八门，各种各样。比如财务章、发票专用章等，各种定制的长方形、三角形的章。例如一个材料供应商，把建筑材料送到工地以后，收货人员在收据上盖了一个库管

员项目部或某某项目部材料收讫的章，最后一打官司，对方说单位根本就没有这个章，经过调查后发现没有备案，这个章是自己私刻的，像这样的章是没有合同效力的。所以牢牢记住签约只能盖两个章，要么公章，要么合同专用章，其他章是不能盖的。

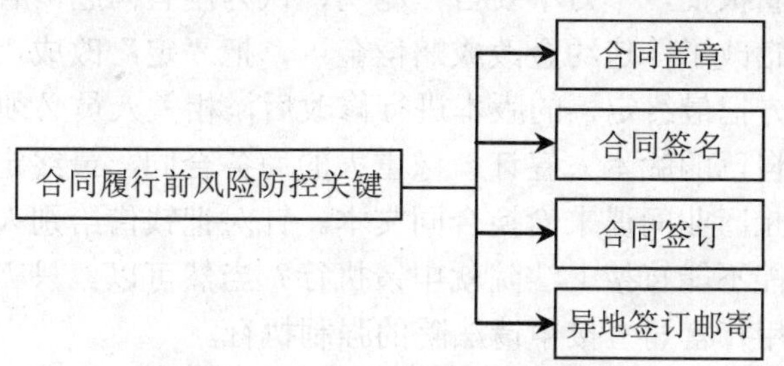

图 9-5　合同履行前风险防控关键

（二）合同签名

公司正在商务谈判，合同对方是远道而来的，来得匆忙没有带章，但是谈判的成果得马上固定下来，合同成立以后才能马上执行，所以这个时候没有章怎么签合同？对方签字行不行，生不生效？《合同法》第 23 条的规定，签字或盖章是选择关系，意味着要么签字，要么盖章，要么签字盖章同时具备，这三种情况对于合同成立的意义是相同的。在实际签订合同时，人们往往重视盖章的作用与意义，甚至有的认为盖章比签字重要，其实这是误解。印章的使用（即盖章）就等于印章所有者（即印章名义人）的签名，盖章的效力就等于签名的效力。印章之所以具有证明功能，不过是使用印章能够代替并可以反复代替签名，且有时具有省力之效。由于印章极易被伪造，并且印章的名义所有者（即印文所表示其姓名或名称的印章拥有者）与实际控制者极易分离，所以，印章的证明力在本质上低于签名的证明力。因此，在交易活动中应当更加重视签名，因为签名与签名人之间联系的确定性要远远大于印章与印章名义人之间的联系，对方当事人只要当面签名，就可以在相当程度上保证其签名的效力与证明力。

如果签字可以，那么谁可以签字？假如没有公章，只有签名，只有两个人可以签，其他人通通无效。第一是营业执照上的法定代表人、营业执照上的负责人、营业执照上的业主，因为他们是在工商行政管理局登记的这个单位的代表人。第二个人是书面授权的人，书面授权的人又有两种，一种是在合同条款里面直接写明的人，另一种是书面加盖公章授权的人。对方要来进行商务谈判，别忘了提醒他，一定要带上你单位的授权委托书。对方拿来了授权委托书，你必须把授权委托书的原件收下并检查，有授权原件才能证明这个人的身份。有了原件以后，是不是就可以了？错了，你要看写的是什么内容。因此当对方出具授权委托书时，一定要明确委托事项和委托权限。有签名权利的人合理合法地签订合同才有法律效力，才是合同的有效签订。

（三）合同签订时应当注意的问题

除了刚才这些问题，在合同签订环节还有一些其他问题需要留心观察和注意。合同签订时修改了条款要重新报批，千万不要自作聪明，认为没有问题，看似这个条款没有什么风险，签回来一看管辖改了，违约金改成赔偿金了，把“定”改成“订”了，一字之差，谬误万里。所以当对方把最终定稿的版本进行修改后，相关人员必须要重新报批。

合同签订时要用自己的版本去签订，像重大的商务合同，最终定稿的版本，在签订以前一定要保存好，防止商业间谍来偷换合同文本。针对把钱借给别人，对方不还钱了，又不想打官司的问题，能不能直接上法院就申请执行？当然可以。只需要求做一个公证的债权文书就可以实现不用打官司直接申请法院的强制执行。

（四）异地合同签订及信件邮寄的风险防控

合同中的各种条款经过双方协议之后，各个条款均经过双方同意，就符合双方自愿签署合同的前提。然后一方先盖章签字，经过快递的方式发给另一方，另一方盖章签字之后将原件发回即可。例如，一个律师自述：我在北京，上海的客户要跟我在北京的客户签协议，双方在签订合同过程中相互较劲，我要求上海这一方盖完章然后合同寄给我，我再盖章后回寄。在这个过程当中出了一个案件，我在法庭上说被告拖欠我们的货款 7 000 多万元，应当向我们支付，被告也拿出三张纸的合同，向法官主张不应该支付，因为付款的前提条件还没有完全实现。法官发现，两份合同的第一页和最后一页完全一样，两份合同双方都承认签字盖章是真实的，唯独中间这一页不一样，付款条款不一样。我们这边合同写的是某年某月某日付多少，对方合同写的是完成出租率还要达到其他条件以后才付我们这个款，而这个条件是没法成就，也没有办法去证明的。所以第二笔款的 7 000 多万元就拿不回来。法官很着急，我也很着急，但是原告当事人坚持说证据没有问题，也有文件的原件。问题就出现在中间的这一页，有可能被告将这一页内容偷换了。但是必须要有证据证明才行，双方都在最后一页签字盖章了，你凭什么说他偷换了呢？为了寻找证据，选择了做专业鉴定，耗费了很多时间精力。

问题出在签订合同的时候缺少一个非常小的环节，那就是盖骑缝章。什么叫骑缝章，除了在最后一页盖章，还要将这三张纸错开，在错开的地方再盖一个章。公民个人每页都要签名，或者签一个骑缝签名。简单的一件事就可以解决问题，降低了合同纠纷发生的风险。

异地签合同怎么办？明明寄过去的合同全部是机打的，对方却在每份合同上都手写了一个条款，盖完章寄回来，这个条款是有效还是无效？ 如果是刚学法律的，或者说法学院的学生可能回答是无效的。为什么？合同是要约跟承诺，要完全满足别人要约的承诺才能使合同成立，对方的行为改变了要约，就变成了新的要约因此无效。但在实践当中关键问题是你没有证据来证明这个手写条款到底是不是对方添加的。针对这样的风险我们怎么防

控？简单得很，遇到这种情况，在合同签字的上方机打八个字：全为机打，手写无效。或者到公证处去办理邮寄送达的公证，当着本公证员的面，当着本公证书所附的合同文本寄往什么省什么市什么区，收件人是谁，电话号码是多少，公证处会出具一份公证书。通过这两个方式就可以很好地解决在异地合同签订、邮寄信件的风险防控问题。

二、合同履行中风险防控要点

合同法律风险管理最关键之处在于“履行义务，保留凭证；对方违约，固定证据”，把握好这16个字就可以解决合同中90%的纠纷。合同当事人履行相应义务是合同目的实现的根本途径，义务的履行是为了更好地行使权利，达到预期的合同目标。在义务履行过程中要注重履行凭证的收集和留存，通过签收单据、付款收据等凭证证明自己的履行是符合合同要求的，可以有效地避免相关合同纠纷问题的发生。对方违约致使合同目的不能实现的，要及时收集保留相关违约证据，固定证据有利于己方权利的主张。

（一）履行义务

合同的履行，是指债务人全面地、适当地完成其合同义务，债权人的合同债权得到完全实现。例如，交付约定的标的物，完成约定的工作并交付工作成果，提供约定的服务等。合同的履行是债务人的给付行为，这是合同履行的起码要求。合同关系存在的法律目的，即是将合同债权转变成物权或与物权具有相等价值的权利，从合同效力方面观察，合同的履行是依法成立的合同所必然发生的法律效果，并且是构成合同法律效力的主要内容。合同的履行不仅是合同的法律效力的主要内容，而且是整个合同法的核心。合同的成立是合同履行的前提，合同的法律效力既含有合同履行之意，又是合同履行的依据和动力所在。

《合同法》第60条规定：“当事人应当按照约定全面履行自己的义务。当事人应当遵循诚实信用原则，根据合同的性质、目的和交易习惯履行通知、协助、保密等义务。”第107条规定：“当事人一方不履行合同义务或者履行合同义务不符合约定的，应当承担继续履行、采取补救措施或者赔偿损失等违约责任。”因此，未全部履行合同义务的，应当承担继续履行、采取补救措施或者赔偿损失等违约责任。如果构成违约的，应当承担继续履行、采取补救措施或者赔偿损失等违约责任。对于违约责任的承担，首先可以由双方当事人协商处理，如果协商不成的，可以向法院起诉，要求按合同约定和法律规定来追究对方的违约责任。

（二）保留凭证

证据事实是决定案件胜败的法宝。在合同履行过程中要时刻牢记“留住证据就留住权利的思想”，不管是对方还是己方的履行内容，都要尽可能地取证。打官司讲的是法律事实，有证据足以证明的事实才称为法律事实，法官审案、判案、定案按照的是在证据导向

下定事实，有什么样的证据定什么样的事实，因此，证据为王的思想观点是合同法律风险管控的精髓和核心。为了便于合同履行中的证据保留，可以将证据分为两大类，如图 9-6 所示。

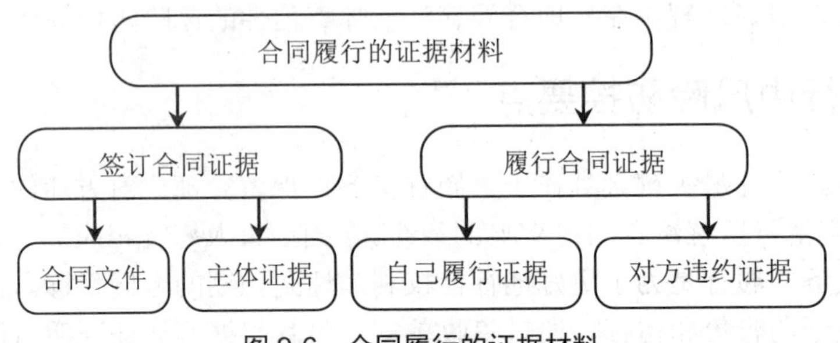

图 9-6　合同履行的证据材料

第一类证据是合同签订的证据，又细分为合同文件证据和主体证据。合同文件证据有签订的合同文本、协议书、合同书、附件、招投标文件、图纸、技术资料、产品明细、产品技术指标、设计指标、工程图纸等，这些都属于合同的要求要保管的，将来打官司必须要的证据。主体证据是在合同签订环节要保留下来的，如对方的营业执照、资质证明等。

第二类是履行证据，履行证据分为两个层级，一个层级是自己履行了，且有证据证明；第二个层级是对方没有履行相应义务，我方有充分证据来证明。因此在合同履行阶段，要重点保留和收集这两个维度的证据。

合同作为约定双方权利义务的协议，其履行证据的取得方式多种多样，证据的形式也是五花八门，不管证据以什么形式出现，都要在最短的时间内记录并保存完整的信息。首先要提高证据意识。在经济往来合同中，当事人之间经常使用口头、电话等方式进行沟通时，法律意识比较淡漠，一旦合同履行中出现问题涉及诉讼，举证就很困难。因此在合同履行过程中，应当培养证据意识。其次合同中的验收条款要谨慎制定，《合同法》对承揽、建设工程等合同的验收均做出了明确的规定。例如，《合同法》第 261 条、第 279 条分别规定了订作人、发包人应当及时进行验收。此类合同中，验收即是成果接受方的一项权利，也是一项义务。如果成果接受方在合同约定的期限内或合理的期限内没有进行验收，视为其怠于行使自己的权利。双方当事人在合同中对于验收方式有约定的，从其约定。因此，合同内容定制的时候就可以对履行的义务和取证的关键履行节点进行有效的判断。

最后，根据实际的合同内容，对具体的履行证据进行完整的保存。例如，货物买卖合同，要求对方当事人到场对产品瑕疵问题进行确认，并采取产品共同检验记录，由双方当事人签字；发出质量异议通知书，要求在通知书上记载质量问题属实；对产品质量问题进行拍照；对产品质量交由双方约定的质检机构进行检验，并对取样过程进行公证；双方共同交由事先或事后约定的质检机构进行质检等。

（三）对方违约，固定证据

证据是合同风险管理的关键，合同里面的送达代表条款是解决条款履行过程中证据收集固定的有效方式。合同的风险 90%来源于履行，履行当中证据的固定是防控的唯一手段。为了实现证据的固定，它要有有形的载体和方式，这个有形的载体和方式即送达代表条款。

所谓送达条款就是在合同条文中列一条：为了方便合同的履行，乙方指派某某作为本合同履行乙方的授权代表人，固定电话号是什么，手机号是什么，微信号是什么，电子邮箱是什么，QQ 号是什么，乙方指派代表人代表乙方发出指令，确认合同履行过程当中相关事宜，签收往来函件，变更调整合同条款，甚至解除终止本合同条款及其他相关事宜的确认。99%的企业对合同的管理仅仅停留在条款的管理上，但管控不到位，下面的业务员、库房管理员、各个合同经办人的一言一行得不到有效的监管。代表条款的魅力就在这个地方。3 月 3 日该交货了，我方有送达代表条款，代表条款里面有李某，这个时候就给李某打电话。“李经理，你好啊，合同约定 3 月 3 日该给你交货，想跟你协商一下，把它调整为 5 月 5 日你看是否可以？”李经理说，“可以，我们这边也暂时不需要，那就按照 5 月 5 日，但是不能再晚了。”把原先签合同时双方争议的交货期限多三天五天都很难实现，但最后在履行当中通过一个电话，把 3 月 3 日的交货期变更为 5 月 5 日，是合法有效的。这个时候我方去告对方给付货款。对方代理人在法庭诉我方 3 月 3 日应该交货，但是 5 月 5 日才交的，要求主张每天 10 万元的违约金。然而此时，双方的交货时限已经变更为 5 月 5 日，我方手上有跟对方的通话录音，并且通话录音拨打的这个号码是写在送达代表条款中的。此时法官按照相关法律规定，只能判定我方不存在违约。履行阶段的法律风险防控，首先要以书面形式确定，如往来函件、各种确认函、各种质量意义函等。书面还需要盖章，如果要签字，只有两个人可以签：法定代表人和授权的人。授权的人只有两种：协议合同上指明的代表人和单独的加盖公章的授权委托书当中指定的合同经办人。

三、合同履行中风险防控注意事项

（一）付款风险与防控

几乎每一份合同都要涉及收付款，这是一个共性的问题。想要控制好风险就必须把握住以下几个关键点。

第一就是要按照合同约定的时间和金额付款。有人说，作为付款方根本不用着急，实际上并非如此。在一个公司甲的房屋租赁合同中，乙方的出纳打电话给甲方想送支票过来，甲方说不着急，公司会计出差了，半个月才能返回，过一段时间再来交支票。乙方会计一看这是好事，钱还在自己单位账上，可以作为流动资金进行资本运转。十天后，乙方会计

支付租金，甲方以逾期缴纳租金超过合同约定的七天期限为由，主张解除合同。乙方会计签收后赶紧拿回单位与老板协商，他以为是个简单的事，回来以后老板一看吓出一身冷汗，原来这个楼是个毛坯房，是乙方自己去精装修进行招商。现在产权人以乙方违约为由将其赶走，合同里面写得很清楚，安装的电梯、工装所有东西就无偿归产权人所有。因为未在合同规定的期限内交纳租金致使产生严重的法律后果。

第二是要明确付款的主体和付款对象。甲单位被查封，法院将其账号冻结，乙不能正常付款，按照甲单位的要求付款到其会计的个人名下，可是到最后甲单位以没有收到乙的付款为由起诉。乙有什么样的证据证明已经付款呢？乙的付款对象是会计王某，款项没有在甲单位名下。所以在收付款当中记住主体一定要匹配，一定要跟合同上的名称完全对应，如果有改变，必须要对方出具加盖公章的指定第三方收款的文件，有明确的账户信息、开户行、账号，盖上公章，确认无误拿到原件，你才能按照他的指令收付款。

第三是要注意付款有名称。租金、服务费、管理费、废物费、设备款、施工工程进度款、验收款等一定要跟合同的名称完全匹配，要求财务人员必须要了解合同。付款的时候牢牢记住，不管是转账还是网银，一定要附言，有的称摘要，在这上面要讲清楚付的是什么款，这个款项的名称以及时间节点。

（二）交付货物风险与防控

加强送货单的管理是降低交货风险的关键，送货单里面有很多要素，有送货时间、货物名称、规格、型号、数量、价款等。对方一定要签收，签收有两种方式：一是公章，现实当中不太多；二是签名，谁来签名最重要，签名的人一定是两种人，即营业执照上的法定代表人和授权的代表人。授权的代表人又有两种形式，一是合同条款里面指定的代表人，和单独的加盖公章的授权委托书中所指定的代表人。收条上添加一句话，“已收到符合合同约定的全部货物”，大量的案例说明，这句话的含金量相当高。

（三）防控合同经办人法律风险的措施

合同管理中最大的风险就是自己单位的合同经办人不懂得法律规定，导致了单位的损失。不该说的话说了，不该签的字签了，不该发的电子邮件发了，最后导致承认了质量问题，承认了产品问题，承认了预期交货。本来是对方的违约，反而对方违约的证据没有固定，自己的违约被对方固定，甚至是夸大。公司不是个人而是一个组织，但要靠具体的人去履行公司的行为和义务，因此有以下几个方面要注意。

第一，合同条款的限制。要设计专门条款限制自己的员工没有权力去改变合同条款。

第二，管理流程控制。在管理流程当中，要做岗位标准化管理、流程管理、委托书管理、合同审批流程管理等。

第三，法律培训、风险意识、掌握方法。如果说没有法律意识，没有一种思维和方法，那就加强法律培训。

第四，控制授权委托书。授权委托书必须由专人开具、限定专人使用，不得由其他人代管代办。

第五，经办人未经许可，不得对外签署任何确认函，如欠款金额、质量异议等。

第五项是一个重大风险源，很多合同发生过这样的问题。譬如甲单位提供的涂料给乙造成了损失，乙自己说我所有的家具颜色全部变黄了，脱落了，都是甲供涂料的原因导致的。甲单位派工程师去实地考察，并确定现销往欧美国家的这些家具也全是这样，签字确认。然而，这个字工程师是不能签的，涂料有可能是存在问题，但也可能涂料没问题，是施工的工艺问题，可能是多因一果。像这种重大风险来临的时候，任何一个员工都不要轻易去发送任何电子邮件，甚至微信、短信都不要发送。这个时候一定要启动法务应急机制，启动完以后，由法务人员会同专业律师拿出一套解决的方案，不容许在纠纷来临的时候让合同经办人直接去面对和处理。

（四）来往函件五个注意

来往函件十分重要，有一个单位非常礼貌客气：我们对产品质量存在的问题，给贵公司带来了不便表示深深的歉意。礼貌客气并表示深深的歉意就不是违约吗？你以为道歉就完了，商场如战场，商业有商业的规则，出现质量问题必须是要承担后果的。所以在往来函件中有以下五个注意事项。

（1）自己违约行为不写。

（2）没有足够证据证明的事情不写。

（3）需要再搜集补充证据的事情不写。

（4）通过指定的送达条款送达，或者公证送达，或者对方签收。如果对方不签收，不得带走。

（5）对方的函件不能签，不能盖章后让对方给带走了。

（五）录音证据的获取

录音也是固定证据的一种方式，那么录音怎么做才是有效的？证据除了书面文本之外，还有电子邮件、QQ 聊天记录、微信聊天记录、录音文件等。很多情况下你凭什么说你把钱还给对方了呢？你打的借条是 100 万元，你把这 20 万元现金还给他，实际上还欠 80 万元，你有证据证明把这 20 万元还给他了吗？对方说我有。有什么证据啊？我有录音。我说你放给我听听。开始放录音，“你看我欠你的钱我都已经还了 20 万元了，我只欠你 80 万元了”。还有的人不录音，把钱借给朋友，然后没有任何证据，事后补救打电话。“李总你看你借我 3 000 多万元什么时间该还了，你得还我的钱”。朋友借钱，“小王你借我的钱，10 万元，当时为孩子读书，你什么时候还我？”对方在电话当中说“嗯、啊，完了，挂了”。从头到尾都是你自己在说，对方只说嗯啊，到底是认可还是语气助词？往往这些录音没有用。还有你打的是哪个电话号码？这个号码是不是对方指定的？如果你打的是他

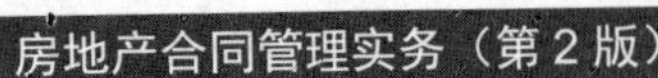

下面员工的，录音录完了，对方说我单位根本就没有这个员工，对方不认，你怎么办？你拿这个录音没有办法。所以在录音的这个环节里有非常重要的要素要掌握，第一个要素是主体，“李总你好，你是李总吗？”明明他是，你可以说“这个声音怎么变了，听得不太清楚，你是吗？”“我是啊。”对方确认致使满足了对方是谁这个条件，什么公司甚至也可以说一下，你假装听不清楚啊，“今天是 2018 年 12 月几号了？”对方说了，“今天是 31 号。”所有的录音作为证据最关键的要素之一就是时间没法确认，特别是过了诉讼时效，你明明是一年前录的，别人说你是刚刚录的，你无法说得清楚。

录音前要写出一个提纲，要演练，哪些该说，哪些不该说，怎么说，引导对方形成互动，这样的录音才是有价值的。要让对方认可已经还了 20 万元，要让对方承认已经借款 10 万元，要通过他的嘴说出来才是有效的，不能是你说，他只是“嗯、啊”解决不了问题。录音要有完整性，要有结尾，不能提供给法院掐头去尾，更不能两头再合并。录音是可以作为证据的。但是如果你潜伏到别人家里面去，把别人的门锁打开了，在他家里或车里面安窃听器，那么取证形式不合法，以违法犯罪的行为来取证是不行的，这样的证据就不能够再作为有效的证据。在录音取证的这个环节中，巧用公证来固定证据。到公证处很简单，当着公证员的面，用手机拨通对方的电话号码，制作形成公证书所附密封光盘的录音，就可以解决录音的真实性和时效性。录音作为视听资料，如果有瑕疵，有合理怀疑，往往很难作为定案的依据。但是真实性和时间问题，通过公证就全解决了，只要你的内容设计得合理，对方的回答是你待证的事实，那就没有问题。

第三节　合同纠纷处理中风险防控策略

即使合同签订、履行过程中风险管控工作都落实到位，也不可能杜绝所有风险。故在合同管理中难免产生纠纷、争执，纠纷解决最后可能演变成仲裁或诉讼。因此，在最后这个环节依然涉及管理的问题。合同纠纷实际上最怕的是意识不到纠纷的出现，意识不到风险的来临，风险就在你的身边你却不知道它是风险，这就是最大的风险。

一、合同纠纷处理前风险防控关键

风险的来临是有征兆的，当破解了这些征兆信号后就能有效地应对将来可能发生的重大风险，并进行提前介入和管控。在合同的签订、履行当中，有哪些信号会预示着风险要来呢？

第一，逾期付款超过三次。有人说这不算风险，一个有良好信誉的公司应当是按时付款的，如果违约一次你给他发函了，第二次发函还是违约，经过三次之后还是不给你钱，

此时就要启动预警机制，就要启动风险防控的机制，要搞清他为什么不给钱，是有意不给还是没钱，还是经营不善，或者销售业绩下滑，真的就没有资金给付了。然后采取对应的措施。所以，凡是超过三次以上没有按照约定付款的，三次违约的这种情况下就应当启动风险预警机制，寻求专业的法务人员参与。

第二，一套人马多块牌子。按道理说成立一个公司就可以了，一个公司门口挂了七八块牌子，又没有七八波的人来做，只有这一帮人在维系着这七八块牌子，即一套人马多块牌子。也有可能是他生产经营的需要，但对相对方来说可能是重大风险来临的象征，所以直接地简单地去识别风险，防控风险的第一步就是要识别，这具有极其重要的作用。

第三，收货的是一个单位，付款的是另外一个单位，这个风险是巨大的，发现这种情况要高度警惕。

第四，营业执照有没有年报。假如说一看这个公司已经被移到异常名录里面去了，它没有年报，或者说已经被吊销了，则应当立即启动应急预案，停止所有的业务往来，公司执照一旦被吊销就丧失经营的能力和资格了，所以这个时候要高度地唤起风险意识。

第五，拖欠多数人的工资。拖欠工资这个事应该说是比较明显的，拖欠少数人的，可能是员工个人问题，但是一个单位对于大量的员工拖欠工资，这种情况是不正常的。

第六，未按时支付货款且突然大量要货。突然要货量又增大，但又没有付款，这些都是重大风险来临的一种征兆。

第七，拖欠多人货款。当跟这样的公司打交道得到这样的信息以后，立即要警觉，这是履行能力出问题，即将要崩盘的前兆。

第八，生产、经营突然萎缩，甚至停止生产和经营。这个时候要及时有效地采取管控措施，要提前保全冻结资产或者做其他的。

第九，提出质量异议。当对方对于我方提供的产品或服务提出质量异议的时候，这个时候再也不是简单的正常的经营合同履行管控了。凡是出现对方提出质量异议的立即上报，必须要由相关人员来进行处理，因为质量异议背后可能就是潜在的纠纷，潜在纠纷里面就连着公司的损失。这个时候处理的一言一行都会关系到这个合同能不能有效地收回货款和利润。

第十，高级管理人员频繁更换。高管频繁地更换，甚至股东频繁地更换，当你发现今天去是张厂长，明天去是李厂长，后天去是王厂长，再去一调工商档案，这是股东权变了，可能卖给其他人了或是新人来收购了，或者说是为了逃避债务怕股东承担责任，将股份都转给其他无法执行的人，像这些问题发现了以后立即要启动预案。

第十一，经常使用现金结款。这个风险也非常大。有的人会更喜欢收到现金的款项，觉得这样可以受更少的监管。但一个正常良性的公司付款的时候一定是要通过公司公对公账户往来。还有一点就是合同履行当中通过银行的资金流向可以说明很多问题，当用现金的时候无法说明，所以在这个环节中，尽可能地要使用公司对公账户。

第十二，使用其他单位的支票支付货款。这个也是风险来临的象征。

二、合同纠纷处理中风险防控要点

在合同管理中，一旦产生以上风险征兆怎么办？如何应对？因此，要有一套应急预案流程和机制。首先业务员要限时上报领导，要把具体情况讲清楚。这个时候不是靠领导的智慧和支持去解决问题，因为领导只能解决纠纷里面的商务部分，而这种纠纷往往跟法务工作密切相关，所以法务部门必须要介入和参与，如果仍然不能解决问题则必须要通过外聘的律师来共同会商，分析研究并拿出一套完整的意见方案。切忌业务员擅自做主，自己解决这些存在潜在风险的问题。擅自解决问题的风险非常大，一旦形成诉讼往往对自己极其不利。

加强合同管理，重视合同风险的防范，对于维护企业权益、信誉和形象至关重要。风险管理是企业管理工作的重要组成部分，管理者应该时刻具备风险意识。在企业纠纷处理中要注重以下四个要点。

（一）合同全过程的纠纷防控

企业与外部进行经济往来，除即时结清方式外，应当订立书面合同。合同订立前，应当充分了解合同对方的主体资格、信用状况等有关内容，确保对方当事人具备履约能力。对于影响重大、涉及较高专业技术或法律关系复杂的合同，应当组织法律、技术、财会等专业人员参与谈判，必要时可聘请外部专家参与相关工作。谈判过程中的重要事项和参与谈判人员的主要意见，应当予以记录并妥善保存。企业应当根据协商、谈判等的结果，拟订合同文本，按照自愿、公平原则，明确双方的权利义务和违约责任，做到条款内容完整，表述严谨准确，相关手续齐备，避免出现重大疏漏。企业要对合同文本进行严格审核，重点关注合同的主体、内容和形式是否合法，合同内容是否符合企业的经济利益，对方当事人是否具有履约能力，合同权利和义务、违约责任和争议解决条款是否明确等。加强合同信息安全保密工作，未经批准，不得以任何形式泄露合同订立与履行过程中涉及的商业秘密或国家机密。遵循诚实信用原则严格履行合同，对合同履行实施有效监控，强化对合同履行情况及合同生效后，企业就质量、价款、履行地点等内容与合同对方没有约定或者约定不明确的，可以协议补充；不能达成补充协议的，按照国家相关法律法规、合同有关条款或者交易习惯确定。在合同履行过程中发现有显失公平、条款有误或对方有欺诈行为等情形，或因政策调整、市场变化等客观因素，已经或可能导致企业利益受损，应当按规定程序及时报告，并经双方协商一致，按照规定权限和程序办理合同变更或解除事宜。企业应当加强合同纠纷管理，在履行合同过程中发生纠纷的，应当依据国家相关法律法规，在规定时效内与对方当事人协商并按规定权限和程序及时报告。合同纠纷经协商一致的，双方应当签订书面协议。合同纠纷经协商无法解决的，应当根据合同约定选择仲裁或诉讼方式解决。

（二）律师函的使用策略

纠纷产生后往往会发律师函，当事人找自己的律师或法律顾问，给对方当事人发一封函。然而对方当事人连法院的那个强制执行通知书都不害怕，还怕你的一封函吗？有些单位的决策人不愿意打官司，认为发一封律师函，也许就把问题解决了。然而，律师函不是轻易发的，发出去很多情况会起反作用。

第一证据不充分不发。发函前必须要保证证据是非常充分的，对方将来如果不认可，从理论上分析打官司百分百是能胜诉的，才能够去发这个函。否则打草惊蛇，适得其反。

第二对方资信不良不发。发函要发给有信用之人，重视商业信誉的，不想诉讼的，甚至有的人做了担保人，他是事业单位机关的行政人员，有头有脸的大老板。这个时候你发函他会想方设法跟你谈怎么去解决这个纠纷。但如果根本就没有办法履行的合同，发函没有任何意义，只会浪费时间。

第三，可能影响诉讼保全的不发。

第四，送达要对方签收或者公证送达。

想要证明向对方主张过返还借款，可以通过公证处向对方发函，此时公证处会留存案底，且有公证文书和档案，便于对权利的主张。

（三）质量条款的风险防控

质量条款的风险防控分两个层级：一个是卖方，另一个是买方。

卖方在产生质量异议以后，可以从两个维度解决问题：第一个是在合同条款里面要设定一个质量异议条款，即收到货以后如果认为产品质量有问题，应当在规定的时间内提出质量异议，如果逾期不提出就视为合格，这叫作质量异议条款。在质量异议条款里面注意几个问题，第一个提出质量异议的期限要相对公平合理。例如，一套生产流水线，货到现场三天不提出质量异议视为合格，显然时间太短，三天时间都还没有安装完，安装完还要运行调试才可以。所以质量的验收其实是分两个层级：一个是外在的验收，产品的名称、规格、型号、数量、外观、包装；另一个是内在本身质量的验收。有的产品一眼看过去就能看得见内在的质量，当场可以及时验收。有的是需要通过使用、安装，运行一段时间才能发现质量问题的。作为卖方来讲，要防止对方以质量异议为由来拒付货款，此时只出具送货单就能够有效地主张货款，防止质量异议纠纷。

作为买方，希望在收货单签收的时候，能够当场验收质量，如果存在问题当然不会签收。如果签收不了，要把这两种验收分为外在的验收和内在的验收，外在的验收要注明仅对产品的名称、规格、型号、数量进行验收，其他内容不予确认。内在验收主要通过检测设备、用户体验以及隐蔽位置检测等方法进行验收。

第二个是当对方的质量确实存在问题的时候要保留有效的凭证，必要的时候要通过公证的方式。验收过程中要通过书面的方式表现出双方都确认的问题。表现出来以后，要及时给他提出违约责任追究的书面函，要向他发函，要求追究违约责任。

（四）诉讼流程与技巧

打官司是讲究技巧的，很多人把诉状写得非常完美，事实证据、证人名单、证据全部罗列出来，把事实的经过和整个案件的理论全说一遍，这个时候考试是可以达到 100 分的，因为他上面还按照《民事诉讼法》的规定，把证据详细列明，但是在司法实践当中可能要计 0 分，甚至要计负分。那为什么会出现这样一种情况呢？因为原告写的诉状是要给法院，法院要给被告的，给到被告以后，被告有 15 天的答辩期。你把整个案件的事实，你的观点、证据全部写到诉状里面，相当于赤身裸体地站到别人面前，让别人看得清清楚楚的，对方就会收集反证来反驳你的诉讼请求。起诉状只解决立案的问题，起诉状的书写有以下几个原则。

第一个原则，宜简不宜繁，越简单越好。但这个简不是简单得连基本事实都没有，这是第一个原则，宜简不宜繁。

第二个原则，只写对自己有利的事实，不写对自己有任何不利的事实。

第三个原则，只写有证据证明的事实，没有证据证明的事实不要去写。因为法庭上打官司，你每说一句话都是需要对应做一份证据的。

第四个原则，如果一个事实对我方特别有利，对方知道，我方也知道，写到诉状当中去。如果一个事实对我方是有利还是不利，现在无法判断，原则上不写。

第五个原则，对我方不利的绝对不能写。

立案是打官司的手段不是目的，例如，一个欠款诉讼其目的就是要拿到钱。拿到钱的重要手段叫作财产保全，诉前财产保全是在对方还不知道被起诉时，其财产已经被法院依法冻结了，在这种情况下我们可以保证打赢了官司拿回钱。所以财产保全是诉讼必然要做的。实践中做一个财产保全比做两个诉状还要麻烦，所以很多情况下律师不愿意去做财产保全，但是必须要知道的是，打官司是手段不是目的，目的是要拿到钱，所以凡是涉及要给钞票的案件，能做保全的尽量保全。只有做完保全才能对以后在执行环节当中产生的风险提前进行有效的防控，这是作为原告起诉管控风险的一些技巧。

作为合同打官司要准备什么样的证据呢？两个证据：第一个是合同约定的证据。有合同协议、招投标文件、图纸、合同的附件，确认的、技术的、商务的、补充的过程文件，都属于合同签订文本这一类的证据，也称契约证据。第二个证据是履行证据。我方履行完义务的证据、对方违约的证据。送达、代表条款可以很好地解决合同在履行当中的证据收集，解决了将来一旦产生纠纷要打官司，必然需要的证据。这些证据就是从合同履行中点点滴滴的管控中收集来的。所有的合同证据、履行证据都是为了解决一个问题，即能不能

打赢官司。分析完了能打赢，是不是就要起诉？那未必，要看对方的经营情况和财产状况，要分析打赢了能把钱拿回来的可能性和概率。在这两个维度的分析都可行的情况下再提出诉讼，财产保全一般是要你去冻结别人的资产，要向法院去申请的，但是法院不审核这个要财产保全的官司将来能不能够胜诉。只要你提供了担保，你要冻结与诉讼请求相匹配和关联的银行账号、存款，法院就可以去帮你冻结。为防止冻结错了，原告必须要自行提供担保，也可以到保险公司去申请一个担保函，由保险公司来担保。

作为被告去法院要拿到起诉状。首先要分析两个问题：第一，这个法院有没有权利管辖，如果没有权利管辖，这个法院管辖对我方不利，必须在收到起诉状以后 15 天内提出管辖权异议；第二，根据实际情况看是否可以提出反诉，对方打我，我也要寻找机会打他；第三，代理人去法院阅卷并检查对方提交的证据。一般情况下原告把起诉状副本给了被告，会连同证据一并给到代理人和被告，也不排除只给诉状没有证据的情况。还有一种意外，即立案的时候提交一份证据，过几天又提交了两份证据，因此在开庭前要去法院阅卷，看对方有没有新的证据提交给法院。要收集大量的证据，并按照法院所要求的举证的时间提交，拿到对方的起诉状后首先要分析，法院有没有要求举证的期间，如果有要求，必须在这个时间内把证据交到法院，延迟提交，法院不予受理。拿到诉状一看管辖，二看是否反诉，三看举证期限。这三步是作为被告必须要去思考和判断的，在这种情况下再考虑这个案件是胜还是败，再做相应的措施。

三、合同风险防控体系的构建

风险一旦来临利润很可能会立刻为零，甚至连成本都收不回来。那么，什么是合同的风险呢？在这个问题上，可以举例说明，例如在地铁里面有一个小孩在哇哇大哭，所有的乘客都在想为什么他的父亲不制止呢，他的父亲就站在一边，任由孩子哇哇大哭。后来有人就问，你为什么不劝一下小孩，让他别哭了，这个公共的乘车环境很重要啊。他父亲说，我也想哭，因为他的妈妈昨天刚去世，所有的人全部同情了，这个时候小孩的哭泣声不但没有停止，反而更大了。开始时所有乘客的目标是要让小孩不要再哭泣了，谁知道小孩哭声越来越大了。为什么？因为中间杀出来一个因素，甚至给人感觉是一个合情合理的因素，这个因素导致了所有的人改变了目标。因此这也是风险，凡是阻碍目标实现的各种因素就是风险。

（一）风险管理的流程

风险分为两类：合理性风险和非合理性风险。现实当中，真正阻碍利润实现的绝大多数是合理性风险出现了。总是要找各种理由，如库管员素质低，没有办法对产品、对送货单进行确认和验收，这个地方还要增加一个人力资源成本，会增加开支等各种理由，最后

忘掉了进行风险管控是要实现利润的保障和锁定，干脆到最后遇到这种障碍是合理的时候，忘掉了合同最终的目的。所以阻碍合同利润实现的各种因素都叫风险。

合同管理过程中怎样构建合理的合同风险管理流程呢？合同风险管理流程包括四个程序：风险识别、风险评估、风险响应和风险处置，如图 9-7 所示。

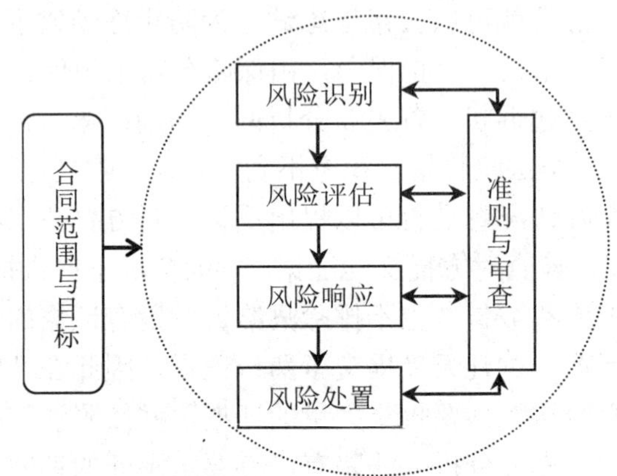

图 9-7　合同风险管理流程图

1．风险识别

风险识别是指在风险事故发生之前，运用各种方法系统地、连续地认识所面临的各种风险以及分析风险事故发生的潜在原因。风险识别过程包含感知风险和分析风险两个环节。感知风险即了解客观存在的各种风险，是风险识别的基础，只有通过感知风险，才能进一步在此基础上进行分析，寻找导致风险事故发生的条件因素，为拟定风险处理方案，进行风险管理决策服务。分析风险即分析引起风险事故的各种因素，它是风险识别的关键。

风险识别的内容包括环境风险、技术风险、生产风险、财务风险和人事风险。风险的识别是风险管理的前提和基础，识别的准确与否在很大程度上决定风险管理效果的好坏。为了保证最初分析的准确程度，就应该进行全面系统的调查分析，将风险进行综合归类，揭示其性质、类型及后果。如果没有科学系统的方法来识别和衡量，就不可能对风险有一个总体的综合认识，就难以确定哪种风险是可能发生的，也不可能较合理地选择控制和处置的方法。这就是风险的系统化原则。此外，由于风险随时存在于单位的生产经营（包括资金的借贷与经营）活动之中，因此，风险的识别和衡量也必须是一个连续不断的、制度化的过程。这就是风险识别的制度化、经常化原则。

在辨识合同管理风险的基础上，采用科学的评价分析法测评企业的合同管理风险，以使管理者可以清楚地了解合同的管理难点和重点，进而做出具有针对性的改善措施。在合同管理流程过程当中风险主要有招投标风险、合同签订风险以及合同履行风险三大类型（见表 9-1）。

表 9-1　合同风险类型

招投标风险	合同签订风险	合同履行风险
招标项目未投标	合同相对人风险	履行风险
合法性风险	书面签约风险	变更风险
项目未评标、定标	合同审查风险	解除风险
规范性风险	合同文本风险	纠纷风险
投标人风险	表见代理风险	
评标专家风险		

为了更详细地了解合同流程风险的发展规律，需要从两个维度——风险的危害程度和风险的发生概率将风险分解，以便于按照风险发生的特点采取相应的解决措施。经过专家对招投标风险、合同签订风险以及合同履行风险当中 15 个风险点进行分析和归纳，可将其分为五类（见表 9-2）。

表 9-2　合同风险内容及特点对照表

类　别	内　容	特　点
1	招标项目未投标；合法性风险；项目未评价、定标；投标人风险；解除风险	发生频率小，危害程度低，属于次要风险，可控
2	评价专家风险；合同文本风险；履行风险；变更风险	发生频率较高，危害程度低，属于次要风险，流程改善可以控制该风险
3	合同相对人风险；合同审查风险；纠纷风险	发生频率高，危害程度高，属于次要风险，流程改善可以控制该风险
4	规范性风险；履行风险	发生频率低，危害程度高，属于次要风险，流程完善可以控制该风险
5	书面签约风险	发生频率高，危害程度高，属于主要风险，需对流程完善和改善进行控制

2．风险评估

通过风险评估，计算出较为准确的损失概率，提示风险管理者事先安排，降低损失的不确定性。对损失程度的预测，可以使风险管理者了解风险所带来的损失后果，进而集中力量处理损失后果严重的风险，对企业影响小的风险则不必过多投入。

风险评估所要解决的两个问题是损失概率和损失严重程度，其最终目的是为风险决策提供信息。风险评估所提供的主要信息有以下几个方面。

（1）每一风险所引起的致损事故发生的概率和损失分布。

（2）几种风险对同一单位所致损失的概率和损失分布。

（3）单一风险单位的损失程度，并在此基础上进一步估测整个企业发生致损事故的概率和总损失分布，以及某一时期内的损失金额。

（4）所有风险单位损失的期望值和标准差。

3．风险响应

风险响应指的是针对风险而采取的相应对策。常用的风险对策包括风险利用、规避、减轻、接受、转移及其组合等策略，如对难以控制的风险向保险公司投保是风险转移的一种措施。一旦风险被识别和评估出来，就必须决定其处理方法。企业将如何响应风险呢？一般有如下几种方式。

（1）利用。承受风险是业务成功的基础，不过厌恶风险的人一直都存在。例如，一些大型传媒公司过分关注其数字权限管理，所以未将其信息在线利用，从而迫使部分需要电子信息的客户通过非法手段获取信息，反而减少了公司的收入。相反，那些能关注数字传输风险，同时又善于把握和利用机会的公司则开发出可行的业务模式，扩大了客户群体。

（2）避免。避免风险是常见的应对措施，如一些电信企业因为意识到地区性政治风险而选择不进入某些市场。能引起地区性政治风险的因素很多，如社会动荡、政治不稳、不友善的政治体制、战争、叛乱和恐怖主义等。此外，较差的基础设施、教育的缺乏、政府腐败、市场不成熟和其他因素也可能阻碍公司进入或扩展某些特定市场，尽管该市场存在巨大发展潜力。

（3）接受。当然，总有许多不得不接受的外在风险因素。例如，电信公司可能在花费几十亿美元建设光纤网络之后，发现客户仅仅购买网络容量，却没有购买先进的产品和应用软件。众所周知，应用软件价值不菲，而其他公司无须像电信公司那样投资基础设施就可以进行销售。

（4）转移。当暴露的风险超出公司的风险承受能力，或者企业希望消除突发事件的影响或降低成本时，就会采用风险转移的方法。保险和期货合同是风险转移的两个最常用方法。公司应当确保风险转移符合其预期，例如，计算机顾问和软件研发人员应详察任何异常事项，以便及时发现并更正错误。

4．风险处置

风险处置是制订并实施控制风险的计划，确定降低风险发生的可能性并减少其不良影响的方法。

（1）风险回避。对一些不可控制的风险应该采取回避措施。坚持避免不必要的风险，如所有的创业活动要在国家有关的法律、法规允许的范围内进行。用法律、法规来保护自己的合法经营，如某人用低价向当地乡村购得防洪滩涂上的 10 亩土地办起了机械厂。省市在防洪执法检查中查出他选址不当，必须搬迁，他的这份损失本来是可以避免的。回避风险还要做到拒绝与不讲信用厂商业务的往来，在创业开始阶段发现问题即果断停止等。

（2）风险减轻。对于一些无法简单回避的风险，可以设法减少风险。例如，企业建立风险预警机制和风险控制体系；及时与政府部门沟通获取政策信息；在开发新产品前，充分进行市场调研，决策多方案优选、相机替代等。创业企业减少风险，还可以通过多元化的方式，开展多种经营，如在金融、证券投资上进行品种、期限、币种多元化组合。

（3）风险转移。转移风险也称分散风险，如企业把工程和产品零部件的生产制造转包给其他企业。把部分风险分散出去，转移风险的有效办法是去保险公司投保。企业的财产和责任，员工的健康，职工失业，人寿均可进行保险。例如，长途运输是个赢利可观的行业。业主应对汽车进行乘客人身、车损等项目进行保险。

（4）风险自留。风险与收益并存，一分风险，一分报酬。创业者每天都生活在风险之中，没有担当风险的勇气，企业的利润就会很低。企业要量力而行，在力所能及的范围内承担风险。企业可用自我保险把风险接受下来，如每月积存一笔基金用于发生事故时抵偿损失。

综上所述，合同管理风险辨识与评价作为公司合同管理工作中的重要内容，其对于合同管理、公司的经济效益以及未来发展都有着至关重要的作用。本文通过对合同风险管理中的要素风险和流程风险辨识的分析与探讨以及有效评价，从定量的角度研究了管理风险的综合评价，总结出合同管理中风险的特点和规律，为企业合同管理人员对合同风险进行有效的辨识和评价提供帮助，从而降低企业的运行风险，为企业的健康发展提供保障。

面对风险，管理者要去发现和探寻各种潜在的对策和可能发生的风险，并能充分运用各种科学知识和技术手段，形成比较全面系统的管理方法和技术，使风险具有可控性，管理具有可操作性。

（二）合同风险防控体系

合同风险防控体系是指为系统防范和控制合同风险而建立的多维度、防控结合的组织体系。在合同风险防控体系里面，法律风险管理贯穿始终。所谓法律风险管理，是指“在对法律风险主体的自身目标、状况及其所处环境进行充分了解的基础上，围绕企业的总目标，结合企业及所处行业的特点、企业外部因素等，采取综合、系统的手段充分利用法律所赋予的权利，以事前控制为主避免或降低企业法律风险不利后果的法律事务处理全过程”。企业的法律风险防控分为三个维度（见图9-8）：经营、法务和财务。法务是其中一个纽带，它既是连接财务又是连接经营管理的。在这个板块下分为合同管理、劳动人事、知识产权、合规管理和诉讼管理五个方面。站在法律风险管理的视角下建立一套完整的风险防控的流程，即观察、分析、判断、制订、执行、考核。将流程运用到各个维度，形成一套完整的防控体系，公司的高管和员工严格地去执行，就能够实现对风险的防控。

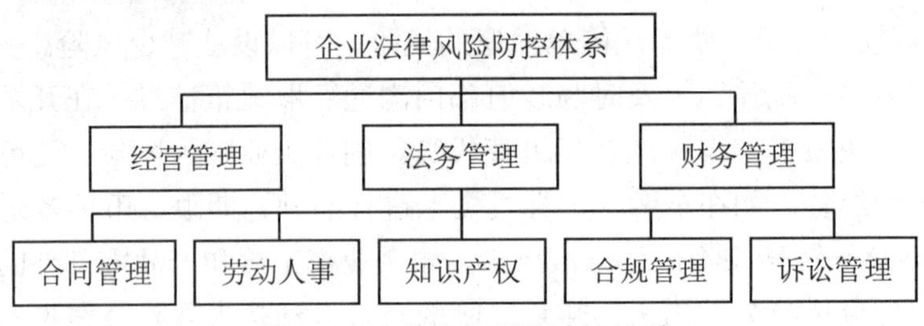

图 9-8　企业法律风险防控体系

1．合同管理

合同管理全过程就是由洽谈、草拟、签订、生效开始，直至合同失效为止，不仅要重视合同签订前的管理，更要重视签订后的管理。系统性就是凡涉及合同条款内容的各部门都要一起来管理。动态性就是注重履约全过程的情况变化，特别要掌握对自己不利的变化，及时对合同进行修改、变更、补充或中止和终止。如果对合同管控流程再深挖和细化一下，可运用五步法（见图 9-9）来管理。第一步签订，签订环节主体审查，合法性审查，履行能力审查，合同签订环节风险点的管控，盖骑缝章，签名盖章处代表人电话、电子邮箱的确定。合同签完后，第二步归档，按照合同的性质进行保存，并根据时间节点进行分类，保证合同保存的完整性和条理性。第三步履行，合同履行后，要保证业务员至少要复印一份，合同履行的人员要完全知道这个合同到底是写了什么内容，根据时间节点、事项结点、证据要求，做出一张表，将这份合同拆解了，用一张图管控法律风险。每天明确自己要做什么，把合同里面的己方义务拆解为一张表，按照这张表来执行。第四步检查，执行结束后，各种收据要及时拿到合同管理部门检查归档，合同管理的核心就是签订合同文本的归档，履行合同证据的归档。第五步收集证据，在这个过程当中要检查是不是所有的证据都已经有了，如果对方违约了，要收集并保留对方的违约证据，把己方履行义务的证据和对方违约的证据叠加在一起，变成了证据再放到档案里面。以上五步法构成了合同管理的核心和关键。

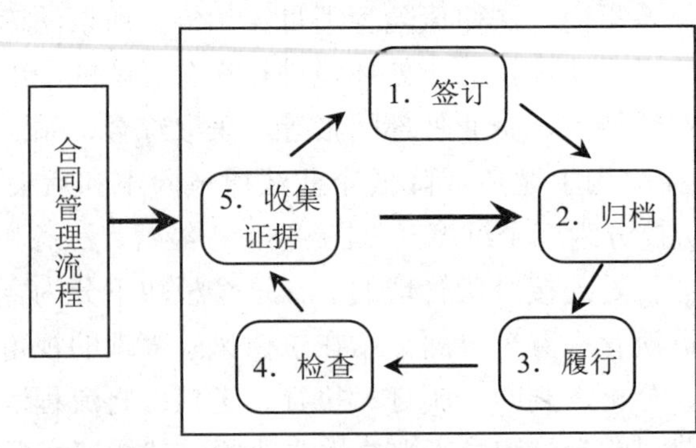

图 9-9　合同管理流程

2．劳动人事

劳动人事工作主要是对员工进行选拔、使用、培养、考核、奖惩等一系列的管理活动。通过科学的方法、正确的用人原则及合理的管理制度，调整人与人、人与事、人与组织的关系，以充分利用人力资源。管理好员工，是减少风险发生的重要内容，员工要有单独解决问题的能力和权力，同时还要受到合理的控制，在一定范围内行使决定权。

（1）规划组织架构。组织架构是企业运作的基本，身为经营者必须花心思进行规划设计，依据企业短、中、长期的经营目标，来规划设计组织架构，以体现人力资源管理的重要精神——因事设人。

（2）工作分析决定工作职位。组织架构建立之后，根据企业需求的评估而设定职位数，方能达到因事设人，而不是因人设事的效果。

（3）建立工作（或职位）说明书。企业必须针对每一职位的性质与工作内容详细地建立作业说明书，表明每一职位的工作内容与工作重点，甚至何时应提交何种报表。

（4）设定工作规范（亦即资格条件）。有了工作说明书，管理者就可依此为标准制订出必须具备何种资格条件及何种人格特质方能胜任此项工作职位的要求。

（5）进行人力配置。在上述程序完成后，便开始将企业现有人力依其特质或经历或其具备的资历等，一一安排配置于其最胜任的工作上。在人力配置中，人才库建设也是非常重要的一个环节。帮助企业建立自己的人才储备库，以备不时之需，是人力资源配置的一个重要环节。

企业管理者要组织相关人员采取科学的技术和方法对企业进行组织设计和工作分析，制定出合理的部门职责规范和岗位工作规范，使得组织架构趋于合理，职责划分得科学。这样，各岗位的任职人员就能按照清晰的职责要求，在权力范围内可以大胆做出决定，超出范围必须及时上报，将风险控制在可预测的范围之内，极大地降低风险损害的可能性。

3．知识产权

知识产权是关于人类在社会实践中创造的智力劳动成果的专有权利。随着科技的发展，为了更好地保护产权人的利益，知识产权制度应运而生并不断完善。如今侵犯专利权、著作权、商标权等侵犯知识产权的行为越来越多。企业发展过程中，要加强对知识产权的保护，公司的核心竞争力是科技的创新，知识产权的保护是公司面对风险挑战的堡垒，是面对风险竞争的保障。改进知识产权管理战略：吸收管理人才，建立管理部门；制订管理制度，规范管理行为；完善档案，跟踪动态；组织申报，引进保护措施；提出保护诉讼，进行诉讼抗辩。

完善知识产权保护战略：专利未报，保密先行；产品未销，专利先有；市场未明，防御先做；合同未签，文献先查；诉讼未提，漏洞先补；官司未应，无效先得；销路未衰，技改先出；广告未出，外观先递。在公司内部形成知识产权的应用及保护的管理系统，根据具体的知识产权类型进行有效的保护，是应对风险和危机的优良战略。

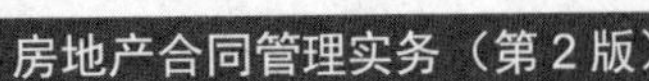

4．合规管理

合规管理与业务管理、财务管理并称企业管理的三大支柱。区别于财务管理告诉企业“做什么”“怎样回顾”“建立企业短期目标”的特点，合规管理是从法律角度出发告诉企业“怎么做”“如何前瞻”“建立企业的长期目标”。

合规管理的重点在于企业应如何开展经营活动，其首要内容包括公司治理（对上市公司而言，主要涉及在证券监管方面的合规事务）、行业监管方面的其他合规事务、法律风险防范、其他内部道德规范和规章制度。

合规管理的对外任务是保证企业妥善履行其对外部利害关系人所承担的责任，如信息披露、保护公共利益、公平竞争、保护股东利益、不侵犯第三方权益等；对内任务是从整体上改善内部管理控制，进而提高企业的全球竞争力。

5．诉讼管理

诉讼管理是法务部在面临一场诉讼或仲裁时，经过集体讨论所拟定的，并经企业决策层认可的解决方案。完整的诉讼策略，包括前期的诉讼风险分析、中期的庭审技巧，以及后期的裁决执行方案。

首先，在诉讼或仲裁之初，无论企业是原告还是被告，法务总监都必须组织负责案件的法务人员，通过比较诉讼成本、胜诉率、可能的责任及结果或其他救济途径等因素，进行诉讼风险评估，对案件的处理策略做出决策。前述风险评估和策略设计，均需依赖于法务总监和法务人员的办案经验和专业能力。诉讼风险分析尽可能量化，对案件的每种可能结果最好用经济数值表述，并对每种结果出现的概率进行预测。例如，某采购合同履行过程中，企业作为买方，卖方交付的产品质量不合格，导致买方发生损失，最后双方打官司。在这个诉讼中，买方企业可提起违约诉讼，也可以产品质量不合格要求得到消费者权益保护。合同约定，产品质量不合格的违约金为产品价款的 20%；同时约定，买方逾期付款的按日万分之五计算违约金。买方事实上逾期付款达到 30 日。所以，对于买方来说，提起违约诉讼，有可能会遭到卖方的反诉。己方是以违约提起诉讼，还是以侵权提起诉讼；在诉讼中对方是否会提出反诉，如遭到反诉，又该如何应对等问题，都必须在诉讼前有所预判，并预测出每种可能的成本和费用。在前例中，如提起违约诉讼且胜诉，可得到对方 20 万元的违约金赔偿（产品总价款为 100 万元），并可能支付 15 万元的逾期付款违约金，但如果违约诉讼输了，那么将得不到一分钱的赔偿。如提起产品质量侵权诉讼，则要求提出遭受实际损失的证据材料。如证据不充分，那么也得不到赔偿。承办本案件的法务人员必须对此种情况都要有一定的预测，才能从企业整体经济利益的角度，做出正确的案件处理决策。

其次，对于诉讼或仲裁过程中的庭审，也是相当讲究技巧的。在开庭之前，法务人员应反复阅看案卷材料，对案情中的薄弱环节尤其是对己方不利的环节，要多思考、多假设，预测庭审中对方可能提出的发问，做到有备无患。在应答时，力求洞察发问者的动机、问话的真正涵义。对与案情无关的发问可以明确拒绝应答，并向审判长声明，争取庭审主动

权。对不便直接回答的问题，可以采用迂回的方法应答。对隐含前提的发问，应对前提予以否定，并揭露对方的真正用心。庭审技巧是一种纯粹的经验性工作，必须有大量的实践体验过程。为使法务人员能满足企业对该诉讼技能的需求，法务总监可在法律培训中加入模拟法庭、庭前预演等活动。当然，这需要法务总监自身对诉讼庭审有足够的实践。如果缺乏这方面的经历，也可以多聘请专业咨询机构提供庭审技能的培训。在案件开庭前，通过创造一个与庭审类似的对话环节，能使法务人员在法庭上的发言、证据组织等都做到有的放矢，提高其庭审技巧和庭审效果。

最后，企业诉讼或仲裁庭审完毕，法院或仲裁委员会下达裁决书，后期如何执行裁决也应构成诉讼策略的部分。这可能是中国目前司法实践较为突出的问题。很多时候，企业费尽周折赢得一场诉讼官司，在要求对方按诉讼裁决书执行时，却又是另一幅场景，其难度甚至不亚于另一场诉讼。企业作为一个经济实体，其最终目的不是打赢官司，而是通过打官司获得本应有的经济利益或其他利益。如果官司胜诉，却无法执行到位，这无异于败诉。因此，裁决的执行是法务部诉讼管理的重要工作。在企业是执行申请人的情况下，要尽可能地执行裁决书。第一，要仔细研读司法机关的执行程序规定，充分利用制度赋予的权利，督促执行机构第一时间启动执行。第二，主动收集被执行人的财产线索，提供给执行机构。第三，一旦发现财产线索或执行机构依职权发现财产线索，则应立即要求执行员采取财产控制措施。第四，在已具备被执行财产的情况下，要求执行机构尽快进行财产变现。如变现的财产不足于偿还判决书所记载债权的，则应立即要求执行机构穷尽财产调查手段，以最终能全面执行。

本章小结

孙子兵法曰：胜兵先胜而后求战，败兵先战而后求胜。合同胜为先胜，要实现不战而屈人之兵就需要在合同订立前充分考虑各个方面的风险，要具有风险防控的意识，具备法商思维，在合同签订中避免风险，重点审查；在合同履行中感知风险，固定证据；在合同纠纷出现时要化解风险，实现合同目标。

本章注重房地产合同风险的全过程把控，从法律角度入手，系统地阐述合同签订、履行、纠纷中的风险防控知识，提供风险管理的方法，最终建构完整的合同风险防控体系，由部分到整体地讲解了实践中风险防控的重点和难点，为实务中合同风险的防控提供了有效途径。

习题

一、名词解释

法商思维　证据固定　送达代表条款　合同风险防控体系

二、简答题

1. 通过文献阅读，阐述合同履行前风险防控的关键是什么？
2. 通过案例分析，阐述合同履行中风险防控的关键是什么？
3. 查阅相关资料，结合具体案例，阐述合同履行中风险来临的预兆有哪些？
4. 通过文献调查和案例分析，列举合同管理中证据有哪些类型？并举例说明。
5. 结合合同管理实践，阐述合同纠纷处理中风险防控要点有哪些？
6. 结合具体案例，阐述如何设置合同风险管理的流程？

第十章　房地产合同经典50问

学习目标

通过对本章的学习，学生应掌握以下内容：

1. 房地产合同在实践中的应用；
2. 房地产合同中霸王条款的解决思路；
3. 房地产合同中责权利的分配原则；
4. 最高法院指导案例中的房地产纠纷解决思路；
5. 房地产开发过程中综合案例研判及分析。

导言

合同管理是房地产开发管理的灵魂，是房地产项目运作的工具。房地产项目开发就是开发商在分析研判政策、市场、供需、局势等基础上与各类主体进行沟通谈判，而后通过形式各样的合同的订立、履行、违约处理，甚至合同解除等实现的。本章系统梳理了房地产开发中的经典案例，筛选提炼出最常见也最易混淆的50个问题，通过问答的方式，密切理论和实践的融合，启发读者解决房地产纠纷的思路，并通过深入浅出及通俗易懂的方式引导读者享受在房地产合同实践的海洋中的冲浪和遨游的乐趣。

第一节　房地产合同经典名词应用辨析

1．商品房交易中定金与订金、意向金的区别是什么？

定金是合同当事人为了确保合同的履行，依据法律规定或者当事人双方的约定，由卖方在合同订立前按合同标的额的一定比例（不超过 20%），预先给付于卖方的金钱。定金合同是实践合同，定金交付后才生效，是一种法律上的担保方式，目的在于促使购房人履行债务，保障开发商的债权得以实现。定金必须以书面形式进行约定，同时还应约定定金的数额和交付期限。买方如果不履行债务，无权要求卖方返还定金；卖方如果不履行债务，

须向买方双倍返还定金。买方履行债务后，依照约定，定金应抵作价款或者收回。

“订金”，目前我国法律没有对其进行明确规定，它不具备定金所具有的担保性质，可视为“预付款”，出现在房屋认购书中的“订金”，其赔偿仅是单方的，是买方对卖方的保证。在卖方违约是否双倍返还的问题上并不明确。如果卖方违约，只要退还订金即可。

意向金既不是定金也非订金，严格地说它不是一个法律概念，但意向金可以理解为附条件的定金。意向金是购买房屋的意向表示。在买方有购买意向后，委托中介公司以书面形式确定下来，并支付一定金额的意向金。如果卖方同意买方的购买条件（要约），中介公司将意向金转交给卖方，此时意向金性质就发生变化，自动转换成定金，意向金协议也自动转换为定金协议。如果买卖双方没有达成协议，中介公司将把意向金返还给买方，若意向金协议转换为定金协议那么将对买卖双方产生约束力，买卖双方必须按约定履行义务，否则将承担法律后果。买方如果不按协议的约定签订买卖合同或不购买的，卖方可以没收买方的定金；卖方如果不按协议的约定履行签订买卖合同义务或不出售的，应双倍返还定金。

2. 借条与欠条的区别是什么？

借条是借、贷双方在设立权利义务关系时，由债务人向债权人出具的债权凭证，其内容基本上具有借贷合同的几个要素，它是由债权人实施将自己的钱物借给债务人的行为所引起的。借条须写明今“借到”某某多少钱，避免产生歧义。今借某某三千元可以解析为借到某某三千元或借予某某三千元，从而出现纠纷。欠条是由于债务人应当向债权人履行债务时，因其自身原因不能按时偿还而向债权人出具的债权凭证。

借条证明借款关系，欠条证明欠款关系。借款肯定是欠款，但欠款则不一定是借款。借条形成的原因是特定的借款事实。欠条形成的原因很多，可以基于多种事实而产生，如因买卖产生的欠款，因劳务产生的欠款，因企业承包产生的欠款，因损害赔偿产生的欠款等。

在未注明偿还日期的情况下，二者的诉讼时效期间的起始时间是不同的。约定了还款期的借条和欠条，时效是一样的；没有约定还款期的借条和欠条，则是有区别的。

“借条”，债务人未在借条中写明具体偿还日期的，只是属于双方对此债务的履行期限约定不明。《民法通则》第88条第2款第2项规定：“履行期限不明确的，债务人可以随时向债权人履行义务，债权人可以随时要求债务人履行义务，但应当给对方必要的准备时间。”《民法总则》第188条规定：“向人民法院请求保护民事权利的诉讼时效期间为三年。法律另有规定的，依照其规定。诉讼时效期间自权利人知道或者应当知道权利受到损害以及义务人之日起计算。法律另有规定的，依照其规定。但是自权利受到损害之日起超过二十年的，人民法院不予保护；有特殊情况的，人民法院可以根据权利人的申请决定延长。”第195条规定，有下列情形之一的，诉讼时效中断，从中断、有关程序终结时起，诉讼时效期间重新计算：（1）权利人向义务人提出履行请求；（2）义务人同意履行义务；（3）权利人提起诉讼或者申请仲裁；（4）与提起诉讼或者申请仲裁具有同等效力的其他

情形。由此可见，债权人将自己的钱款借给债务人时，其权利不可能受到债务人的侵害，债权人的权利只有在其要求债务人偿还而被债务人拒绝时才被侵害，诉讼时效期间应从债务人拒绝偿还之次日起开始计算，诉讼时效期间两年。

生活中，很多人对借条与欠条的法律含义缺乏应有的认识，致使在出具条据时，误将借条写成欠条，或者误将欠条写成借条的情况时有发生。因此，在要求借款人或欠款人打条时一定要写明是欠条还是借条，在条上还要注明借款人、欠款人、借款时间、借款金额、金额大写、还款时间、签字、捺指纹、盖章等基本项目。

3. 违约金、定金、损害赔偿金“三金”关系如何界定？

《合同法》第 114 条第 2 款明确规定：“约定的违约金低于造成的损失的，当事人可以请求人民法院或者仲裁机构予以增加；约定的违约金过分高于造成的损失的，当事人可以请求人民法院或者仲裁机构予以适当减少。”由此可见，违约金制度已经能很好地将守约方的损失进行弥补，因此守约方不可以在主张赔偿损失的同时，又主张违约金。

定金具有惩罚性的特点，它的适用不以实际损害的发生为前提，是独立于损害赔偿责任的。定金与损害赔偿金可以并用，若定金收益高于实际损失额，可直接适用定金罚则。若定金收益小于实际损失，当事人适用定金罚则后，仍可以请求赔偿超出定金之外的损失。

《合同法》第 116 条规定：“当事人既约定违约金，又约定定金的，一方违约时，对方可以选择适用违约金或者定金条款。”因此，违约金和定金不能同时主张。如果违约金和定金高于造成的实际损失，守约方只需主张违约金或者定金（选择较高者进行主张）即可，如果违约金低于造成的实际损失，当事人可以选择只主张赔偿损失，或者主张违约金的同时申请法院调高违约金；如果定金低于造成的实际损失，当事人也可以选择只主张赔偿损失，或者主张定金罚则的同时要求违约方对超出定金部分的损害进行赔偿。

例如，某总货款 100 万元的买卖合同约定：

（1）定金 10 万元，违约金 30 万元。则就高不就低，选择主张违约金（30>10）。此时可以主张 30 万元的违约金，且可以主张返还 10 万元的定金，故 30+10=40 万元。

（2）定金 30 万元，违约金 10 万元。则就高不就低，选择主张定金（20>10）。此时定金过高，最多可以主张标的额的 20%为 20 万元，根据定金罚则可以主张 40 万元，且原支付过高的 10 万元转化为预付款性质，可以主张返还，故 20+20+10=50 万元。

（3）定金 30 万元，违约金 30 万元。则就高不就低，选择主张违约金（30>20）。此时可以主张违约金 30 万元，30 万元的定金转化为预付款性质全部返还，故 30+30=60 万元。

（4）定金 30 万元，违约金 30 万元，实际损失 40 万元。则就高不就低（40>20），选择主张违约金。此时定金 30 万元转为预付款性质全部返还，实际损失 40 万元，约定的违约金低于造成的损失的，应该增加到 40 万元，故 40+30=70 万元。

4. 预售合同登记与预告登记的区别是什么？

商品房预售合同备案，是指房地产开发企业取得了《商品房预（销）售许可证》和预登记通知单后，在与承购人签订《商品房买卖合同》之日起30日内，由房地产开发企业向项目管辖范围的房产交易管理部门申请办理商品房预售合同备案手续。

预告登记指当事人签订买卖房屋或者其他不动产物权的协议，为保障将来实现物权，而按照约定可以向登记机关申请预告登记。

商品房预售合同登记与不动产预告登记是不同的两种登记制度，二者并不存在种属关系，预售登记不属于不动产权属登记，而预告登记则是不动产登记中重要的制度。预售登记后购房者拥有的仍然是债权，而预告登记是对房屋享有请求权的权利人的请求权登记，并且预告登记后，债务人未经债权人同意，不得处分该不动产。不能把商品房预售合同登记视为不动产预告登记。

5. 商品房认购书与买卖合同有何区别？

商品房认购书是商品房买卖双方在签订商品房预售合同或商品房现房买卖合同之前所签订的文书，是对双方交易房屋有关事宜的初步确认。认购书内容一般包括买卖双方当事人的基本情况，房屋的基本情况（如房屋位置、面积等），房屋价款计算，定金，签署正式买卖合同的期限。

商品房买卖合同是指房地产开发企业将尚未建成或者已经竣工的房屋向社会销售，转移房屋所有权于买受人，买受人支付价款的合同。

商品房认购书是预约合同，即为将来订立商品房买卖合同为目的而签订的合同，属于前契约阶段合同；商品房买卖合同是本约合同，是为商品房买卖这一目的确定权利义务的合同。认购书通常是在商品房可以预售前签订，这是开发商为了能尽快回笼资金和稳定客户的方法；买卖合同的签订则是在开发商取得商品房预售许可证后或在现房销售的情况下签订。

6. 除斥期间与诉讼时效有何区别？

除斥期间是指法律规定某种民事实体权利存在的期间。权利人在此期间内不行使相应的民事权利，则在该法定期间届满时导致该民事权利的消灭。

诉讼时效是指民事权利受到侵害的权利人在法定的时效期间内不行使权利，当时效期间届满时，债务人获得诉讼时效抗辩权。

诉讼时效又称消灭时效，针对的是“请求权”，除斥期间针对的是“形成权”。诉讼时效经过后请求权依然存在，但是对方取得“时效经过的抗辩权”，除斥期间经过后形成权消灭。诉讼时效期间是可变期间，存在中断、中止、延长的情况，而除斥期间是不变期间。

甲乙在订立借款合同时，乙对合同存在某种重大误解，属于可撤销合同，乙可在知道或应该知道误解事项之日起 1 年内可行使撤销权，这个 1 年即是除斥期间，过了此期间就不得再行使撤销权。该期间也不得中断、中止、延长。还款期到后，乙 3 年内未向甲追索，超过诉讼时效，则债权成为自然债权，法律不再保护。此期间可以因法定事由中断、中止、延长，如果 3 年内乙向甲主张还款，则诉讼时效从中断之日起重新计算 3 年的时效。

7. 合同成立与合同生效有何区别？

合同成立是指订约当事人经由要约、承诺，就合同的主要条款达成合意而建立的合同关系，表明合同订立过程的完结。合同生效是指已成立的合同在当事人之间产生一定的法律拘束力。合同成立是合同生效的前提，合同生效是合同成立的目的。通常合同成立与合同生效的时间点是一致的，合同成立与合同生效都需要当事人协商一致。无论合同成立还是合同生效，在当事人违约时均应承担相应的违约责任。合同成立与合同生效构成要件均应遵守法律、行政法规，尊重社会公德，不得扰乱社会经济秩序，损害社会公共利益。

合同成立的条件为：订约主体存在双方或多方当事人且订约当事人就合同的主要条款达成合意。至于当事人意思表示是否真实，则在所不问，它着重强调合同的外在形式表现。而合同生效的条件为：行为人具有相应的民事行为能力、意思表示真实、不违反法律行政法规的强制性规定，不违反公序良俗，它更加强调意思表示的完整性、准确性、合法性。

合同成立的意义在于表明当事人双方已就特定的权利义务关系取得共识，合同生效则体现的是合同守法原则，在于表明当事人的意志已与国家意志和社会利益实现了统一。合同生效表明合同已获得国家法律的确认和保障，当事人应全面履行合同以实现缔约目的，合同成立标志着当事人双方经过协商一致达成协议，合同内容所反映的当事人双方的权利义务关系已经明确。合同成立未生效，当事人要承担的是缔约过失责任，赔偿范围只限于信赖利益损失。合同生效后，出现纠纷当事人要承担违约责任，既包括现有财产直接损失，也包括可得利益损失。

8. 合同磋商意向与签约意向有何区别？

合同磋商意向是当事人之间的一种合意，内容是约定双方于未来“磋商”某一合同。磋商意向没有法律意义，不属于民事法律事实。

签约意向也是当事人之间的一种合意，内容是于未来“订立”某一合同。签约意向具有预约性质，属于法律事实。当事人在签约意向中所约定的、应于未来订立的合同，则为本约。

9. “大产权房”与“小产权房”有何区别？

“大产权”与“小产权”是民间的一种通俗叫法，在我国房地产相关法律、法规和制度上并没有这个概念。

所谓“大产权房”就是交易房屋既有《不动产权证书》，单独或包含有《国有土地使用权证书》，则可以进行合法房屋交易。大产权房具有占有、使用、收益和处分四项完整的权能。

小产权房，是经过国家相关政府部门的土地、规划、建设环节审批，建设在农村集体建设用地上的城中村改造房产，以及未经任何国家相关部门和环节审批，建设在租用土地或非法侵占的土地上的房屋产权。

大产权又称为单独产权，由国家发产权证，个人对房屋拥有所有的处分、收益权利，是有房产证的，可以抵押贷款，而且有房产证的房子可以落户，后期升值潜力较大，一般所购买的普通商品房均属于大产权房，大产权房的期限为50年或70年。小产权的房子是没有房产证的，其所谓的产权证也不是真正和有效的产权证，而且后期也不会补发证件，也无法抵押贷款，占地为农村集体所有的土地，没有缴纳土地出让金等费用，其产权证不是由国家房管部门颁发，而是由乡或村颁发，所以也称之为乡产权房。没有国家颁发的土地使用证和预售许可证，且购房合同在国土房管局不会备案。

10. 建筑面积、套内建筑面积、套内使用面积有何区别?

房屋建筑面积为各层建筑面积，包括地下室面积的总和。单层房屋不论其高度如何均按一层计算。单层房屋和多层房屋的底层，按房屋外墙勒脚以上外围水平面积计算，多层的二层及以上按外墙外围水平面积计算。地下室按其上口外墙外围的水平面积计算。计算建筑面积的范围，应按国家颁发的《建筑面积计算规则》办理。

套内建筑面积，指的是套内房屋使用空间的面积，以水平投影面积计算。其是由套内房屋使用面积、套内墙体面积和套内阳台建筑面积三部分组成。

套内使用面积指室内实际能使用的面积，不包括墙体、柱子等结构面积。商品房销售以建筑面积为面积计算单位，商品房销售面积（建筑面积）=套内建筑面积+分摊的公用建筑面积。

11 房屋按揭贷款与房产抵押贷款有何区别?

房屋按揭贷款是指个人购买具有房屋产权证、能在市场上流通交易的住房或商业用房时，自己支付一定比例首付款，其余部分以要购买的房产作为抵押，向合作机构申请的贷款。

房产抵押贷款是银行为保证贷款的安全，把借款人的房地产、有价证券及其他凭证，通过一定的契约合同，合法取得对借款人财产的留置权和质押权而向其提供的一种贷款。这种贷款实际上是债务人（抵押人） 在法律上把财产所有权转让给债权人（抵押权人）以取得贷款，这期间如果债务人不能按期偿还贷款本金和利息，债权人有权处分抵押物，并可优先受偿的贷款方式。

房屋按揭贷款主要用于购房；而房产抵押贷款主要用于经营、消费用途上的资金周转。

申请房屋按揭贷款的借款人必须提供首付款证明、购房合同等资料，而申请房产抵押贷款的借款人需要提供房产证、国有土地证、贷款用途证明等资料。房屋按揭贷款最长期限可达30年，而房产抵押贷款一般最长期限可达10年。房屋按揭贷款利率可以打折，当然也可以上浮，或按照基准利率执行，而房产抵押贷款一般都在基准利率上上浮。房屋按揭贷款会受到限贷限购政策影响；而房产抵押贷款没有这么多规矩，只要贷款机构愿意接受你的房产，你就能获得贷款。

12. 房地产合同签字中代理与代表有何区别？

代理，是指代理人在代理权限内以被代理人的名义与第三人为民事法律行为，由此产生的法律后果由被代理人承担的法律制度。

代表，是指代表人可以代表行为主体从事客观的行为，其法律后果由代表人和被代表人共同承担。

在代表中，“代表人”与“被代表人”是局部与整体的关系。在代理情况下，“代理人”与“被代理人”是两个人的关系。代表人与被代表的主体之间是同一个民事主体，代理人与被代理人是两个民事主体间的关系，是两个独立的民事主体。代表人实施的民事法律行为就是被代表人实施的民事法律行为，不存在效力归属问题，代理人从事的法律行为不是被代理人的法律行为，只是其效力归属于被代理人。

13. 建设用地与房地产用地有何区别？

建设用地是指建造建筑物、构筑物的土地，是城乡住宅和公共设施用地，工矿用地，能源、交通、水利、通信等基础设施用地，旅游用地，军事用地等，付出一定投资（土地开发建设费用），通过工程手段，为各项建设提供的土地。它是利用土地的承载能力或建筑空间，不以取得生物产品为主要目的的用地。

房地产用地是指用于商品住宅、商业用房（办公楼、写字楼）和其他经营性用途并形成不动产的项目建设用地。也即建设用地包括了六类用地：军事、水利、旅游、工业、交通等基础设施和房地产。房地产所占比重更少，不到建设用地的六分之一，房地产用地中还分为商业、办公、公共建筑、保障性住房和房地产开发等多类。

14. 建设用地抵押后新增房产的抵押权如何实现？

《物权法》第200条规定：“建设用地使用权抵押后，该土地上新增的建筑物不属于抵押财产。该建设用地使用权实现抵押权时，应当将该土地上新增的建筑物与建设用地使用权一并处分，但新增建筑物所得的价款，抵押权人无权优先受偿。”土地抵押时，地上已有的房屋，应随之抵押。土地抵押后，地上新建房屋，纵然修建在抵押土地上，也不是抵押物。土地变价时，地上已有房屋随之变价。在土地、房屋变价所得价款中，抵押物的价款，抵押权人可优先受偿；不是抵押物的价款，抵押权人不得优先受偿。因此，抵押用

地上的新增房产随抵押的土地一并处分但不优先受偿。

案例研判：丙在 B 地上建有 A 房，A 房、B 地均价值 300 万元。丙将 A 房抵押给甲用于担保甲的 400 万元债权并进行了抵押登记，第二天丙又将 A 房抵押给乙用于担保乙的 300 万元债权并进行了抵押登记。后丙在 B 地上新建了 C 房，C 房价值 300 万元。之后丙将 B 地的建设用地使用权抵押给丁，担保丁的 200 万元债权并办理了抵押登记。债务到期后，丙无力偿还，则：

（1）甲和乙仅对 A 房、B 地、C 房拍卖所得的 900 万元中的 600 万元享有优先受偿权。且按照抵押登记顺序，甲受偿 400 万元，乙受偿 200 万元。

（2）丁对 A 房、B 地、C 房拍卖所得的 900 万元中的 200 万元享有优先受偿权。

（3）乙剩下的 100 万元债权应该和其他债权人平等地按比例受偿。

15. 房地产装修采购合同中“货到全付款”类条款该如何理解和落实？

买卖双方在合同执行中，供应方认为该款项解释为“货到，全付款”，而买方则认为合同的解释应为“货到全，付款”。句读的不同致使合同双方当事人对该条款的理解出现歧义，导致合同不能履行，出现严重的合同纠纷。例如，张某装修房屋时向振华涂料公司购买了 10 桶单价 300 元的立邦漆，约定货到全付款，并要求分两批运送。第一次送货后振华公司要求张某支付 3 000 元材料费，并让其承担运输费用。张某主张“货到全，付款”即 10 桶立邦漆全部送达之后再支付费用，振华公司主张“货到，全付款”即立邦漆已经到达张某家中，应当支付所有价款。

为避免类似问题的发生，双方当事人在订立合同时应进一步阐释货物运输和付款的内容或者采用分项规定的合同书写方式分别对运输与付款的关系加以规定，防止合同条款在文理解释上的歧义。

第二节　房地产合同经典纠纷问答

16. 住宅小区车位权属到底归谁？

对于如今的有房一族来说，有车占了绝大多数，所以买房的同时附带买车位是非常常见的。小区车位分为产权车位、公共车位和人防车位。

公共车位包括：敞开式车位，即根据《物权法》第 74 条第 3 款规定：“占用业主共有的道路或者其他场地用于停放汽车的车位，属于业主共有。”计入公摊面积的车位，已算入公摊面积的车位开发商无权出售，车位归全体业主所共有。

产权车位包括：建筑区划内规划建设的车位，即在规划之初，该地块就被规划设计为车位，也未计入业主的购房面积之中，在交易前属于开发商所有；未计入公摊面积的车位，

车位所占用的面积没有被计入业主的公摊面积之中，车位产权在交易之后归买受人所有。

《中华人民共和国人民防空法》第 5 条第 2 款规定：“国家鼓励、支持企业事业组织、社会团体和个人，通过多种途径，投资进行人民防空工程建设；人民防空工程平时由投资者使用管理，收益归投资者所有。”开发商投资建设的人民防空地下车位，产权不属于业主和开发商，而是属于国家，开发商仅可以暂时用作车位，并可以取得收益。人防车位由于产权归属于国家，因此只能租赁不得买卖，依照《合同法》第 214 条规定：租赁期限不得超过 20 年，超过 20 年的，超过部分无效。

公共车位多用于地上停车，业主可根据具体情况区分使用类型。产权车位是开发商用于出售给业主的，车位所在的土地使用权年限与车位所在的土地使用权年限相同。产权车位都是一般的车位形态，主要是看开发商能否办理产权证书。人防工程的车位都属于人防车位，可从建筑结构上来确定，如果在地下室里面划分区域建设人防地下室，那么人防防护门（防护门和密闭防护门）围合空间里面的车位就是人防车位。

杭州某住宅小区，位于西子湖畔，周边风景优美，于 2015 年 6 月交房，直至 2016 年 7 月地下车位才安装道闸。此间，业主的车辆都可免费停放。交房时开发商称车位不多了，一部分业主购买了地下车位。小区内除了 23 个路面访客车位外，配有 508 个地下车位，已出售和订购的车位是 253 个。该小区地下车位价格为 118 000 元，并且小区开发商还规定地下车位只卖不租。部分希望“租”而不买的业主，曾与开发商进行过数次谈判。业主认为，开发商不顾业主质疑，单方口头宣布地下车位“只卖不租”不合法。

后来在小区大部分业主与开发商谈判下，开发商贴出告示同意出租车位 300 元/月，但是仅过了 1 个月，开发商再次贴出告示，不同意出租了。物业启用道闸开始拦车，没有购买车位的就不能停到地下车库中。物业将没有购置车位的业主堵在小区门外，而采取这一措施前，事先没有以任何形式通知业主，使得未买车位的业主无法回家，最终导致业主与物业公司发生冲突事件。该小区因车库“租售”问题已发生多次纠纷，部分业主为了车库的“只售不租”多次与物业公司发生拦车冲突。

针对上述案例，《物权法》对车位的归属并没有做出强制性规定，而是由开发商和购房者在合同中进行约定，通过出售、附赠和出租等方式确定车位的所有权和使用权。根据《物权法》和《最高人民法院关于审理建筑物区分所有权纠纷案件具体应用法律若干问题的解释》，对确属开发商所有的车库处置，并没有“租”与“售”的硬性规定。

《物权法》第 74 条规定：“建筑区划内，规划用于停放汽车的车位、车库应当首先满足业主的需要。建筑区划内，规划用于停放汽车的车位、车库的归属，由当事人通过出售、附赠或者出租等方式约定。占用业主共有的道路或者其他场地用于停放汽车的车位，属于业主共有。”对开发商是否真正拥有完全的车位所有权，还必须考虑开发商是否将车位建设费用纳入房产销售成本，车位是否合理分摊了土地出让金。如果开发商拥有了车位的完全的、合法的所有权，应当首先满足业主的需要。

17. 住宅小区内广告满天飞，收益归属如何确认？

现在利用小区楼宇内外墙、电梯轿厢做广告已经非常普遍。楼宇外墙属于全体业主共同共有的部分，即使广告只占用了其中一户业主的外墙，但仍然应当认定为全体业主共同收益。电梯轿厢内张贴各种小广告的现象非常普遍，根据《物业管理条例》第 55 条的规定：“利用物业共用部位、共用设施设备进行经营的，应当在征得相关业主、业主大会、物业服务企业的同意后，按照规定办理有关手续。业主所得收益应当主要用于补充专项维修资金，也可以按照业主大会的决定使用。”

物业在小区广告方面的收益应该向业主公布，并写明该笔款项将作何用。物业违反上述相关规定，业主可要求其公布并交出收益，如果物业公司拒交这些收入，业主可通过法律途径进行维权。利用小区业主公摊面积做广告，无论是楼宇内外墙，还是电梯轿厢，其收益理所当然都应由业主共享，物业对该笔收益只有收取权，无处分权。

18. 含有“霸王条款”的认购书是否有效？

商品房认购书采用格式合同形式，含有约定单方权利的条款，加重了对方的责任，排除了对方的主要权利，该认购书应为无效，否则则认定有效。

提供格式条款一方免除己方责任，加重对方责任，排除对方主要权利的，该条款无效。完整和定型化的特点是指格式合同的内容具有稳定性和不变性，普遍适用于一切要求与起草人订立合同的不特定的相对人，相对人虽没有参与合同的制定，对合同的内容只能表示完全同意或拒绝，而不能变更合同的内容。相对人在格式合同中处于从属地位，对一方事先已经制定的格式合同条款，只能全部接受或者不接受，如果以格式合同出现的商品房认购书中单方权利约定的条款，加重了对方的责任，排除了对方的主要权利，该认购书应为无效。

譬如：甲与乙公司订立家庭清洁服务协议，约定服务期为半年，服务费预收后逐次计扣，乙公司提供的协议格式条款中载明“如甲单方放弃服务，余款不退”（并注明该条款不得更改）。协议订立后，甲依约支付 5 万元服务费。在接受服务 1 个月并发生费用 8 000 元后，甲感觉清洁效果不理想，单方放弃服务并要求退款，乙公司不同意。甲起诉乙公司要求返还余款。对该事件如何分析？

《合同法》第 40 条规定，格式条款具有本法第 52 条和第 53 条规定情形的，或者提供格式条款一方免除其责任，加重对方责任，排除对方主要权利的，该条款无效。案例中乙公司的格式条款属于排除对方主要权利，因此无效。《合同法》第 56 条规定，无效的合同或者被撤销的合同自始没有法律约束力。合同部分无效，不影响其他部分效力的，其他部分仍然有效。本题中的格式条款是无效的，但其无效并不会导致整个合同的无效，所以清洁服务协议依然有效。

19. 买受人因受限购政策的制约致使无法办理过户登记，如何处理？

住房限购政策不属于《合同法》规定的不可抗力，在合同签订后由于住房限购政策的实施致使购房人无法办理过户手续，属于因不可归责于双方当事人的原因导致买受人合同目的无法实现，当事人要求解除合同，除合同另有约定外，一般应予支持。出卖人应当退还购房人的购房款或者定金，但是不适用违约责任和定金罚则。

房屋买卖合同依约定能够实际履行，但由于一方当事人的原因致使合同迟延履行，在此期间由于住房限购政策的实施导致合同无法继续履行的，守约方有权要求解除合同，并要求违约方承担违约责任、承担损失。

在住房限购政策实施后，一方隐瞒或者虚构相关事实，导致订立的房屋买卖合同违反住房限购政策而无法实际继续履行的，另一方当事人有权请求解除或者撤销合同，并要求对方当事人赔偿因此造成的损失

20. 租赁期限之内房子被出售，承租人租赁权如何保障？

《合同法》第 229 条规定“租赁物在租赁期间发生所有权变动的，不影响租赁合同的效力”，即俗称的“买卖不破租赁”。在租赁关系存续期间，即使所有权人将租赁物让与他人，对租赁关系也不产生任何影响，买受人不能以其已成为租赁物的所有人为由否认原租赁关系的存在并要求承租人返还租赁物，这是债权优先物权的表现。因此承租人有权要求新房主继续房屋的出租。

张三于 2013 年 1 月 15 日与李四签订了房屋租赁合同，约定张三将位于徐州市一处门面房出租给李四，二者签订了房屋租赁合同，租期三年，到期日为 2016 年 1 月 14 日，租金按年支付，合同明确约定，承租人在租赁期间可以转租。后张三因经济紧张，首先通知了李四，李四明确不购买后将房屋售于王五，房屋价格 50 万元，并于 2013 年 8 月 14 日办理了房屋过户手续。现在房屋产权登记人于王五了，那么李四还需要向王五支付房屋租金吗？法律告诉你：需要。《最高人民法院关于贯彻执行〈中华人民共和国民法通则〉若干问题的意见（试行）》第 119 条第 2 款规定：“私有房屋在租赁期间，因买卖、赠与或者继承发生房屋产权转移的，原租赁合同对承租人和新房主继续有效。”《最高人民法院关于审理城镇房屋租赁合同纠纷案件具体应用法律若干问题的解释》（以下简称《城镇房屋租赁合同解释》）第 20 条规定：租赁房屋在租赁期间发生所有权变动，承租人请求房屋受让人继续履行原租赁合同的，人民法院应予支持。但租赁房屋具有下列情形或者当事人另有约定的除外：（1）房屋在出租前已设立抵押权，因抵押权人实现抵押权发生所有权变动的；（2）房屋在出租前已被人民法院依法查封的。

21. 利用他人名义购房后发生纠纷如何处理？

由于购房资格限制、逃避债务、获取贷款等原因，买卖双方约定，一方以他人名义购

买房屋，并将房屋登记在他人名下，借名人实际享有房屋权益。当事人之间关于借名买房的约定，只要不违反法律、行政法规的强制性规定，即属有效，当事人应当依据约定履行。因此，在不涉及善意交易第三人，且房屋依法能够办理转移登记的情况下，借名人依据约定要求登记人办理房屋所有权转移登记的，应予支持。对于当事人一方提供的证据能够证明其对房屋的购买确实存在出资关系，但不足以证明双方之间存在借名登记意思表示的，房屋应归登记人所有，出资人只能依据出资的性质向登记人主张债权。

实践中，还经常出现借名人违反相关政策、法规的规定，借他人之名购买经济适用住房等政策性保障住房的情形。由于政策性保障住房的购买对于购房资格有特殊的要求和严格的审查公示程序，双方之间的借名购房行为属违法行为，但买受人与出卖人之间的房屋买卖合同有效。借名人主张确认房屋归其所有或者依据双方之间的约定要求登记名义人办理房屋所有权转移登记的，不应得到支持。在登记人依约定将房屋所有权转移登记到借名人名下前，登记人是《物权法》意义上的房屋所有权人，其对外转让房屋不属于《合同法》第 51 条规定的无权处分行为，借名人以其对房屋享有实际权利为由，要求确认房屋买卖合同无效的，不应支持。当然，为保护借名人的利益，如果借名人能够证明买受人知道或者应当知道房屋存在借名登记，买受人为恶意的，房屋买卖合同无效。

22. 由于卖家隐瞒信息，购房者买到“凶宅”后该如何救济?

购买了“凶宅”可以通过认定卖房人故意隐瞒房屋有关真实情况构成欺诈，来保障购房人的合理利益。欺诈一经确认，买房人可以通过撤销房屋买卖合同来维护自己的权益，出卖人应承担缔约过失责任。

出卖方当事人故意告知对方虚假情况，或者故意隐瞒真实情况，诱使对方当事人做出错误的意思表示的，可以认定为欺诈。买房人若要证明卖房人构成欺诈，须证明卖房人有故意隐瞒的行为，且被告的隐瞒行为致使买房人误认为买入的房屋没有任何瑕疵。换言之，买房人需要证明卖房人在缔约过程中存在过错，并且是违反法律以及诚实信用原则的过错，这种过错足以违反交易诚信。

如果卖房人抗辩，对房屋内发生“非正常死亡”事件并不知情，其所有的“凶宅”也是通过二手房交易方式取得但并不了解其中实情，此种情况下并不构成欺诈，买房人也就无法向其主张缔约责任。要求卖房人减少出售房款是违约责任中的请求，很难在缔约过失责任中主张。如果买房人仅有减少价款的需求而不要求退房，此时主张欺诈成立只能导致合同的撤销，而无法将减少购房款作为救济手段。

法院判例：原告李先生诉称，因自己要结婚，相中了张女士的房屋，双方顺利签订房屋买卖合同，并完成了房屋过户手续，但在办理入住手续时，听说该房屋发生过非正常死亡事件，后经多方打听，初步核实了该信息，李先生只好将张女士及中介公司诉至法院，要求撤销房屋买卖合同，并要求张女士和中介公司连带赔偿相应损失。被告张女士辩称，

李先生在购房时没有对房屋提出特别要求，也没有主动询问房屋的历史情况，该房屋确有过高坠事件，但发生在室外，不属于“凶宅”范畴，且其出售给李先生的房屋手续齐全，也没有质量问题，已经履行完毕，故不同意李先生的全部诉讼请求。被告中介公司辩称，不同意承担连带责任，但同意李先生的其他诉讼请求。

法院经审理后认为，涉案房屋发生的高坠事件虽然不影响房屋的实际使用价值，但会严重影响购房人的购房意愿，属于与订立合同有关的重要事实，故张女士有披露涉案房屋发生高坠事件的义务。现张女士没有向李先生披露该事实，属于民事欺诈行为，应当承担民事责任，而中介公司是否担责，与本案不属于同一法律关系，应另行解决。最后，法院判决撤销双方签订的房屋买卖合同，并由张女士向李先生返还已付购房款并赔偿相关利息损失、购房支出费用等损失。

23. 商品房租赁期间的装修纠纷如何解决？

租赁的房屋装修，承租人与出租人有相关装修约定的从其约定，当事人之间没有约定的要遵从出租人意愿，否则将追究承租人的违约责任。

根据《合同法》第 223 条第 2 款及《城镇房屋租赁合同解释》第 13 条的规定，承租人未经出租人同意对租赁房屋进行装饰装修，且出租人不同意装修的，承租人应当自行拆除装饰装修物并将租赁房屋恢复原状，如因拆除行为导致租赁房屋损毁的，还应当恢复原状或赔偿损失。若出租人不追究承租人的装修责任，承租人可以免除恢复原状义务和损失赔偿，但不得要求出租人支付相关的装修费用。

24. 开发商售楼广告注水，购房者如何维权？

在购买商品房时，大部分购房者会研究房屋销售广告，开放商也往往会制作出精美的广告来吸引消费者的注意，但当交房时很可能发现实际的房子与广告中的有很大差距。针对商品房销售虚假广告引起的纠纷，在其责任承担过程中不能一概而论，应当根据具体情况，综合运用违约责任、缔约过失责任，甚至《消费者权益保护法》的归责原则具体确定。

如果把商品房销售广告认定为要约，受要约的法律拘束力，一般情况下开发商承担两种责任：一是违约责任。《商品房买卖合同解释》第 3 条规定：“商品房的销售广告和宣传资料为要约邀请，但是出卖人就商品房开发规划范围内的房屋及相关设施所作的说明和允诺具体确定，并对商品房买卖合同的订立以及房屋价格的确定有重大影响的，应当视为要约。该说明和允诺即使未载入商品房买卖合同，亦应当视为合同内容，当事人违反的，应当承担违约责任。”《合同法》第 107 规定：“当事人一方不履行合同义务或者履行合同义务不符合约定的，应当承担继续履行、采取补救措施或者赔偿损失等违约责任。”违约责任的承担形式主要包括继续履行、采取补救措施、赔偿损失、违约金、定金罚则，购房人应当结合自身实际做出选择。二是缔约过失责任。《合同法》第 42 条规定，当事人在订立合同过程中有下列情形之一，给对方造成损失的，应当承担损害赔偿责任：（1）假借

订立合同，恶意进行磋商；（2）故意隐瞒与订立合同有关的重要事实或者提供虚假情况；（3）有其他违背诚实信用原则的行为。缔约过失责任，是在订立合同的过程中，由于一方当事人的过错，使合同无效、被撤销或未成立，并给对方造成损失的情况下所承担的一种民事赔偿责任，具有补偿性。违约责任救济的是履行利益，而缔约过失责任救济的是法律肯定的信赖利益。

如果开发商做出的宣传广告为要约邀请，并没有实际履行，理论上并不承担民事责任。商品房销售广告和宣传资料俗称“楼盘广告”，广告中过分夸大“理想居所”“居家首选之地”“星级服务”“帝王享受”等词语，大多属于开发商夸张性宣传所需的文字，目的是引起注意，制造气氛，并没有明确的目标，这种广告仅仅构成了要约邀请，在法律上没有约束力。

但是，有些楼盘广告标明了价格、位置、装修条件、物业管理条件、配套设施设备、赠送的物品或优惠等具体确定的内容，根据《合同法》第15条第2款的规定“商业广告的内容符合要约规定的，视为要约”，这些广告内容在符合上述规定条件下就是要约而不是要约邀请，具有法律效力，适用“容纳规则”，也就是楼盘广告的说明和允诺即使未载入商品房买卖合同，亦应当视为合同内容，当事人违反的，应当承担违约责任。

25. “一房数卖”中，买受人能否主张用同款商品房代替违约赔偿？

在“一房数卖”中，如果买受人不愿意接受金钱给付的赔偿方式，而要求得到另一套出卖人开发的同一小区内楼层、户型、面积、朝向与原合同标的相同或相似的房屋，即买受人提出对原合同进行变更，法院应该支持。

《合同法》第54条规定，下列合同，当事人一方有权请求人民法院或者仲裁机构变更或者撤销：（1）因重大误解订立的；（2）在订立合同时显失公平的。一方以欺诈、胁迫的手段或者乘人之危，使对方在违背真实意思的情况下订立的合同，损害方有权请求人民法院或者仲裁机构变更或者撤销。当事人请求变更的，人民法院或者仲裁机构不得撤销。根据以上规定，买受人因出卖人欺诈而订立的合同，有权要求变更，且一旦提出变更要求，则人民法院不得再将原合同撤销。

买受人合同变更请求权在实践中的可行性还表现在：商品房买卖有其特殊性，尤其是在出卖人为房地产开发商的情况下，具有同等条件、同等价格的商品房往往不止一套，开发商与买受人签订购房合同的时候一般也是以楼层、户型、面积、朝向、装修标准等量化指标来明确合同房屋的条件，可以说，在这种情况下，合同房屋在一定程度上具有种类物的特征，具有一定的可替代性。因此，从保护善意买受人的角度出发，法院不应过分拘泥于法理上的种类物与特定物、可代替物与不可代替物之分，而应根据实际情况，在查明确实存在可调换房屋的情况下，支持买受人变更合同的请求，这也是符合我国法律保护交易、鼓励交易、保护合同当事人合法权益的立法要求的。

26. 房屋建成前的购房合同性质如何认定?

房屋建成前，房地产公司与购房者签订了《购房合同》，实践中对于该协议的性质是《商品房预约合同》还是《房屋买卖合同》存在多种见解。

如果协议中约定了当事人基本情况、商品房基本情况、销售方式、价款、交房时间和条件、违约责任等条款，应认定为房屋买卖合同。虽然双方当事人在签订合同时房地产公司未取得项目的规划、报建的审批手续，但双方在合同中就当事人名称、商品房基本情况，购买房屋的位置、面积、价格、房屋交付条件、违约责任等均进行了约定，而且房地产公司已取得了项目的相关批准手续及商品房预售许可证。双方当事人所签订的《购房合同》具备了房屋买卖的实质性要件，且房屋正在建设之中，合同约定的房屋能够得到实际履行。

27. 如何认定未取得产权证书的存量房屋买卖合同的效力?

房屋买卖合同签订后，当事人（出卖人、买受人）以房屋尚未取得房产证为由主张买卖合同无效的，不予支持。

《物权法》第 15 条规定：“当事人之间订立有关设立、变更、转让和消灭不动产物权的合同，除法律另有规定或者合同另有约定外，自合同成立时生效；未办理物权登记的，不影响合同效力。”因此应当明确区分房屋买卖的合同行为与办理过户登记的物权变动的行为。合同成立的要件为：行为人具有相应的民事行为能力；意思表示真实；不违反法律、行政法规的强制性规定，不违背公序良俗。在不损害国家利益与社会公共利益的前提下，应当以鼓励交易与诚实信用为原则，尊重合同交易当事人的意思表示，承认合同的效力。所以以房屋尚未取得房产证为由而主张买卖合同无效的，不予支持。

28. 开发商将不具备交付条件的房屋进行交接，是否需要承担逾期违约责任?

开发商不能交付经验收合格的房屋，是指开发商于交付期满前未取得建设行政主管部门核发的《商品房竣工验收备案表》。这又区分为两种情形：一是交付期满前，房屋虽不具备交房条件但已交付给购房者使用；二是交付期满后，购房者由于房屋不具备交房条件而拒绝收房。上述两种情况开发商都应承担逾期违约责任。

购房者对房屋的接收不影响开发商在不具备交付条件时交房应承担的违约责任。法律对商品房交付条件的规定是强制性的，任何违反法律法规强制性规定的约定应属无效，开发商应承担的违约责任性质属于延期履行责任。

根据《城市房地产开发经营管理条例》规定，商品房的交付日期在商品房不符合交付条件，但“已实际交付的情况下，如果出卖人能够完成办理房地产权证的，以符合交付条件之日为交付日，不能完成办理房地产权证的，以未交付论”。说明符合交付条件的转移占有日期才是合法有效的“交付日期”，如果合法的“交付日期”都迟于约定的交付日期，因此都属于逾期交付行为，都要承担逾期交付违约责任。

29．开发商逾期交房，购房者如何维权？

开发商延期交房的，违约金首先按照双方签订的商品房买卖合同的约定进行支付，如果没有约定，按照逾期交付使用房屋期间有关主管部门公布或者有资格的房地产评估机构评定的同地段同类房屋租金标准确定。

出卖人迟延交付房屋或者买受人迟延支付购房款，经催告后在三个月的合理期限内仍未履行，当事人一方请求解除合同的，应予支持，但当事人另有约定的除外。法律没有规定或者当事人没有约定，经对方当事人催告后，解除权行使的合理期限为三个月。对方当事人没有催告的，解除权应当在解除权发生之日起一年内行使；逾期不行使的，解除权消灭。

当事人以约定的违约金过高为由请求减少的，应当以违约金超过造成的损失 30%为标准适当减少；当事人以约定的违约金低于造成的损失为由请求增加的，应当以违约造成的损失确定违约金数额。

30．如何界定商品房的交付时间？

对于商品房交付的时间如何界定，司法实践中有以下三种观点。

（1）购房者的最终目的是居住，当其占有房屋时，其最终目的已经实现，故房屋的交付时间是指商品房实物的交付，其外在表现就是将房屋的钥匙交付给购房者。

（2）任何买卖合同的目的是为了转移标的物的所有权，故房屋的交付时间是指房屋所有权的交付，即交付商品房所有权证书。

（3）房屋的交付时间是房屋实物和所有权转移的完全交付之时。

上述的三种观点均有一定道理，但如何界定，应当做具体分析。

物权的转移可以由当事人进行约定，但是房屋权属的转移应当以登记过户为准。房屋的所有权包括占有、使用、收益及处分，所以房屋的交付就可以分为房屋的实际交付与权利交付。通常情况下，房屋的实际交付使买受人获得占有、使用、收益的权能，而权利交付则使买受人取得所有的权能。因此在房屋买卖合同条款中要明确说明是以何种方式作为交付的标准，可以有效避免因房屋交付理解不清而产生的纠纷。

31．出卖人在交付房屋时增加交房条件，应如何应对？

商品房买卖合同签订后，双方当事人应该严格按照合同的约定履行自己的义务，否则应该承担违约责任。在履约阶段，有以下步骤：（1）交付购房款；（2）办理入住手续；（3）申领产权证；（4）取得《不动产权证书》。

关于出卖人在交付房屋时，经常要求买受人按照出卖人制定的房屋交付流程先行预缴物业费、代办产权证费用、公共维修基金等其他费用后，才能交付房屋钥匙。实际上，买卖双方应当严格按照商品房买卖合同的约定来履行。如果合同中未明确约定买受人支付上述费用的义务应当先于或与出卖人的交付义务同时履行的，出卖人无权未经买受人同意单

方制定收房条件和流程，买受人也有权拒绝按照该收房条件和流程接收房屋，如果出卖人因此延期交房，应当承担逾期交房的违约责任。实践中经常存在出卖人要求买受人先签订物业服务合同并交纳物业费，再行交付房屋的情况，将其作为出卖人交房的条件，对业主将极不公平，因此，买受人在此类情况下有权拒绝接受房屋，并要求出卖人承担逾期交房的违约责任。

32. 办理房屋权属证书的义务是否适用3年诉讼时效的规定？

《民法总则》第188条规定："向人民法院请求保护民事权利的诉讼时效期间为三年。法律另有规定的，依照其规定。诉讼时效期间自权利人知道或者应当知道权利受到损害以及义务人之日起计算。法律另有规定的，依照其规定。但是自权利受到损害之日起超过二十年的，人民法院不予保护；有特殊情况的，人民法院可以根据权利人的申请决定延长。"商品房买卖合同约定的出卖人交付房屋的期限届满，买受人根据合同约定可以请求出卖人交付房屋。其请求权属于债权请求权，应当适用该诉讼时效的规定。

但在诉讼时效期间的起算上，应当区分具体情况：房屋具备法定交付条件，诉讼时效期间自合同约定的交付期限届满之日起计算；如果房屋尚不具备法定的交付条件，诉讼时效期间应从房屋具备法定的交付条件之日起计算。

33. 开发商擅自销售包销商品房，包销人可否解除合同？

根据《合同法》第94条第1款第4项的规定，当事人一方迟延履行债务或者有其他违约行为致使不能实现合同目的的，另一方当事人可以解除合同。如果开发商擅自销售应当由包销人包销的商品房达到一定数量，并且对包销人履约造成实质性影响的构成违约，可以要求解除合同。

包销人订立包销合同的目的是获得差额利润，开发商擅自销售全部包销商品房当然会致使包销人的合同目的不能实现。开发商擅自销售部分包销商品房是否构成根本违约的问题，应当考虑两层因素：其一，违约部分的价款、金额与整个合同价金之间的比例；其二，违约部分与合同目的的实现的关系。以上两点为"数量"及"质量"的问题。数量上，一般体现为开发商擅自销售大部分包销商品房；质量上，应考虑开发商销售包销商品房在整体包销合同的商品房中的条件是否优惠，以及对于包销人往后销售的影响程度。因此应当综合评定开发商的部分履行是否影响包销人的合同目的的实现，如果影响了合同目的的实现，则可以要求解除合同。

34. "一房二卖"的所有权归属问题

商品房预售应实行登记备案制度，商品房预售登记后，未经预告登记的权利人同意，处分该不动产的，不发生物权效力。

一房二卖中，两个房屋买卖合同均属有效。若成立在后的合同已经履行完毕，该合同中的买受人已实际取得房屋所有权。此时，前后两个买受人享有的请求权性质是不同的。后买受人因其债权已得到满足，已经是该房屋的所有权人，故其享有的是基于对该房屋所有权上产生的物权请求权。前买受人享有的是基于房屋买卖合同产生的债权请求权，该债权请求权系一种对出卖人的请求给付，尤其是受领其给付的权利，对买卖标的物本身无直接支配及排他的效力。即使其已占有买卖标的物，因该房屋所有权已经登记移转于后买受人，故其对该房屋的占有即丧失法律上的基础，构成无权占有，应承担返还房屋的义务。

案例回放：2016 年 11 月，甲预测某地段二手房价格会上涨。因此，甲通过中介公司，物色了一套总价值为 500 余万元的二手房，并与该房业主签订了《房屋买卖合同》，支付了首付款 130 万元。后来，业主突然反悔，拒绝履行合同，要将房屋转卖给他人。后来得知业主和乙也签订了《房屋买卖合同》，并办理了房屋产权过户手续。

该业主与乙签订的《房屋买卖合同》并不因一房二卖而无效，并且业主已向乙登记过户了房屋所有权，乙如果为善意取得，即并不知道先前业主与甲的约定，则乙可以取得房屋所有权，甲无权向乙主张权利，只能向业主主张权利；如果乙为恶意取得，即知道业主与甲的交易存在，依然与业主进行了交易，则乙不能取得房屋所有权，甲应当得该房屋。

35. 预告登记是规避“一房多卖”的撒手锏吗?

《物权法》第 20 条规定：“当事人签订买卖房屋或者其他不动产物权的协议，为保障将来实现物权，按照约定可以向登记机构申请预告登记。预告登记后，未经预告登记的权利人同意，处分该不动产的，不发生物权效力。”

“预告登记”对保护不动产的交易安全和消费者的信赖利益提供了有力保障，为防止一房二卖提供了有效的法律途径，房屋在进行了预告登记之后，就具有了物权的排他效力，购房人将来就可以获得所购买的房屋，即使出现两份购房合同均有效且后买受人已经完成房产登记的情形，后买受人也无法基于该合同取得房屋的物权，后买受人可向出卖人追究违约责任。

综上所述，预告登记是规避“一房多卖”的撒手锏。

36. 购房人在何种情况下可以主张“不超过已付房款一倍的赔偿”？

《商品房买卖合同解释》第 8 条规定，具有下列情形之一的，导致商品房买卖合同目的不能实现的，无法取得房屋的买受人可以请求解除合同、返还已付购房款及利息、赔偿损失，并可以请求出卖人承担不超过已付购房款一倍的赔偿责任：（1）商品房买卖合同订立后，出卖人未告知买受人又将该房屋抵押给第三人；（2）商品房买卖合同订立后，出卖人又将该房屋出卖给第三人。

《商品房买卖合同解释》第 9 条规定，出卖人订立商品房买卖合同时，具有下列情形之一，导致合同无效或者被撤销、解除的，买受人可以请求返还已付购房款及利息、赔偿

损失，并可以请求出卖人承担不超过已付购房款一倍的赔偿责任：（1）故意隐瞒没有取得商品房预售许可证明的事实或者提供虚假商品房预售许可证明；（2）故意隐瞒所售房屋已经抵押的事实；（3）故意隐瞒所售房屋已经出卖给第三人或者为拆迁补偿安置房屋的事实。

37. 如何理解“已付购房款”与“不超过一倍的赔偿责任”？

对于“已付购房款”宜做狭义的理解，买受人为购买房屋而产生的房产证工本费、装修保证金、登记费以及物业管理服务费等，不宜认定为已付购房款。换言之，此处的“购房款”仅指已付的商品房本身的对价，而不宜做扩大认定。

《商品房买卖合同解释》第 8 条规定：“商品房买卖合同订立后，出卖人又将该房屋出卖给第三人的，导致商品房买卖合同目的不能实现的，无法取得房屋的买受人可以请求解除合同、返还已付购房款及利息、赔偿损失，并可以请求出卖人承担不超过已付购房款一倍的赔偿责任。”关于不超过一倍的赔偿责任，其性质为惩罚性赔偿责任，应当理解为“以一倍为原则，以一倍以下为例外”。当然，司法解释没有规定为一倍的赔偿责任，而是规定了“不超过一倍的赔偿责任”，在有的情形下可以理解为一倍以下，如买受人买房后次日即发现受欺诈、同地段同面积同类房屋价格并无变化，出卖人亦同意变更合同赔偿损失，买受人也接受一倍以下的惩罚性赔偿。当然，具体情形如何适用需要具体分析，因个案不同而各有不同。

38. 房地产合同履行中不可抗力和情势变更如何适用？

不可抗力是一项免责条款，是指房屋买卖合同签订后，不是由于开发商或者购房人的过失或疏忽，而是由于发生了合同当事人无法预见、无法避免和无法克服的事件，导致不能履行或不能如期履行合同，发生意外事件的一方可以免除履行合同的责任或者推迟履行合同。情势变更，是指房屋买卖合同成立后，因不可归责于双方当事人的原因发生情势变更，导致合同基础动摇或丧失，如果继续维持合同原有效力显失公平，允许变更合同内容或者解除合同，如因国家限购政策或限贷政策调整导致的商品房买卖合同目的不能实现。

不可抗力与情势变更虽然都强调不可预见性和不可归责性，但两者的本质区别在于不可抗力具有不可克服性，而情势变更并不必然导致合同无法履行。但不可抗力和情事变更在具体的表现形式上存在较大的差异。不可抗力一般表现为灾难性事件，如台风、地震等。而情事变更则表现为合同基础动摇，即当事人缔约之际期待和重视的事实消除或并未出现，如价格暴涨暴跌等。不可抗力属于法定免责事由，可导致合同的变更和解除，而情事变更原则属于合同履行的原则，其功能在于指导合同正常履行。

39. 房屋交接后质量纠纷该如何处理？

房屋质量问题一般在房屋交付之后购房者才会发现，买受人首先要查找相关的住宅质量保证书，确认房屋质量问题是否发生在保修期内，如果尚在保修期内可以直接要求出卖

人进行修复。如果已经超出保修期，需要区分不同情况对待，属于公共设施或部位的问题，可向物业公司报修，属于公共设施之外的质量问题，则应由买受人自行解决。

《商品房买卖合同解释》第 13 条明确规定："因房屋质量问题严重影响正常居住使用，买受人请求解除合同和赔偿损失的，应予支持。交付使用的房屋存在质量问题，在保修期内，出卖人应承担修复责任；出卖人拒绝修复或者在合理期限内拖延修复的，买受人可以自行或者委托他人修复。修复费用及修复期间造成的其他损失由出卖人承担。"

如果因房屋质量问题严重影响生活居住，买受人可以请求解除合同并赔偿损失，但对于"严重影响正常居住使用"则属于法官自由裁量的范围，需要结合房屋质量问题是否对买受人的生命、财产安全、身体健康造成重大影响，是否严重干扰了买受人的正常生活等因素确定。必要时也可以委托相关的鉴定机构对房屋质量进行鉴定。

40. 商品房买卖合同没有约定违约条款，守约方可否请求违约方承担违约责任?

违约条款，是指当事人在合同中约定的承担违约责任情形的条款。违约责任是促使当事人履行债务，使守约方免受或少受损失的法律措施，对当事人的利益关系重大，合同对此应予明确。

《合同法》第 107 条规定："当事人一方不履行合同义务或者履行合同义务不符合约定的，应当承担继续履行、采取补救措施或者赔偿损失等违约责任。"从此条可以看出，《合同法》这一条中所确立的是无过错责任原则，违约行为的构成要件是单一的，只需认定客观上的违约行为，而无须认定行为人主观上的过错。只要当事人一方存在违约行为，对方就有权要求违约方承担违约责任，不管对方是否有过错，也可以推导出不管合同中是否有约定违约责任或者承担违约责任的方法，均应承担违约责任。

41. 房屋面积"缩水""涨水"，责任由谁来承担?

房屋面积"缩水"是指《不动产权证书》上的面积小于合同约定的面积，或者虽然面积相等，但是分摊面积太大致使实用面积"缩水"。房屋面积"涨水"是指《不动产权证书》上的面积大于合同约定的面积。

《商品房买卖合同解释》第 14 条规定，出卖人交付使用的房屋套内建筑面积或者建筑面积与商品房买卖合同约定面积不符，合同有约定的，按照约定处理；合同没有约定或者约定不明确的，按照以下原则处理：（1）面积误差比绝对值在 3%以内（含 3%），按照合同约定的价格据实结算，买受人请求解除合同的，不予支持。（2）面积误差比绝对值超出 3%，买受人请求解除合同、返还已付购房款及利息的，应予支持。买受人同意继续履行合同，房屋实际面积大于合同约定面积的，面积误差比在 3%以内（含 3%）部分的房价款由买受人按照约定的价格补足，面积误差比超出 3%部分的房价款由出卖人承担，所有权归买受人；房屋实际面积小于合同约定面积的，面积误差比在 3%以内（含 3%）部分的房价款及利息由出卖人返还买受人，面积误差比超过 3%部分的房价款由出卖人双倍返还买受人。

42. 房屋毁损、灭失，风险责任该如何界定？

《合同法》第142条规定："标的物毁损、灭失的风险，在标的物交付之前由出卖人承担，交付之后由买受人承担，但法律另有规定或者当事人另有约定的除外。"

我国对标的物的风险转移系采用交付主义，即无论买卖合同的标的物所有权是否转移，只要标的物已经交付，即由标的物的占有人承担风险责任，标的物的风险随交付转移。房产买卖中，风险转移一般是买受人在交房通知书上签字及出卖人交付房屋钥匙，将转移房屋占有视为交付使用，此时无论买卖合同的标的物所有权是否转移，只要标的物已经交付，买受人应当承担风险。例如开发商已经将房子交付给买受人，尚未办理过户登记，此时如果发生地震导致房屋倒塌，应由买受人承担所有的损失结果，不得由开发商承担。

因此房屋的实际交付时间就是风险转移的时间，交付之前，风险由卖方承担，交付之后，风险由买方承担，而不论所有权是否转移。

43. 房屋设定抵押权后如何处置？

《不动产登记暂行条例实施细则》第28条规定："不动产上已经设立抵押权、地役权或者已经办理预告登记，所有权人、使用权人因放弃权利申请注销登记的，申请人应当提供抵押权人、地役权人、预告登记权利人同意的书面材料。"设定了抵押权的房屋，在买卖合同约定履行期限届满时，出卖人仍未取得抵押权人的同意，债务人也未向抵押权人清偿债务消灭抵押权的，房屋管理机关不能为买受人办理房屋所有权转移登记手续，买卖合同无法继续履行属于合同履行不能，合同目的无法实现，买受人有权解除合同，并要求出卖人承担相应的违约责任。

如果买受人要求继续履行合同，办理房屋所有权转移登记，则法院应当向买受人释明，告知其变更诉讼请求，经释明后买受人坚持不变更的，应驳回其诉讼请求。如果买受人依据《物权法》的规定行使涤除权，法院应予准许，并判决买受人直接代出卖人向抵押权人清偿债务消灭抵押权，再将该部分款项从未付购房款中予以扣除，待抵押权消灭后再为买受人办理房屋转移登记手续。

44. 买受人与开发商纠纷处置中，包销人如何担责？

在买受人因买卖合同与开发商发生的纠纷中，包销人不论是作为共同被告，还是作为无独立请求权的第三人参加诉讼，最终都应承担连带责任。对于买受人来说，买卖行为是由包销人与开发商共同完成的，售房利益也由开发商与包销人共同享有，当买受人的合同权利受到侵害，开发商与包销人之间的违约责任没有先后、大小之分，他们应对买受承担连带责任。

补充责任是指在不法行为人（主责任人）不能承担全部赔偿责任时，与其有特定联系的当事人依法就其不能偿付部分承担的间接责任。连带责任是指在共同责任中，每一责任人依照法律规定或者合同约定均应承担全部责任，任一责任人承担全部责任后，其余责任

人即可免责，但承担了全部责任的责任人有权请求其余责任人偿付各自应承担的份额。

实践中，在一些因包销而发生的买卖合同中，包销人往往会出现在合同中，作为合同的丙方在合同上签字。因受到不动产买卖特殊性的限制（包销人不享有产权），这时的包销人并不是出卖人，也不是共同出卖人，而只是第三者的身份。但是，开发商、买受人、包销人三方会在合同中约定各自的权利、义务，这种约定决定着三方当事人在因买卖合同而产生的纠纷中的诉讼地位，因此，《商品房买卖合同解释》第 22 条规定："对于买受人因商品房买卖合同与出卖人发生的纠纷，人民法院应当通知包销人参加诉讼；出卖人、包销人和买受人对各自的权利义务有明确约定的，按照约定的内容确定各方的诉讼地位。"

45. 商品房买卖合同解除后，损失由谁来承担？

商品房买卖合同解除后，买卖合同双方应当恢复到商品房买卖合同订立前的状态，但因商品房买卖合同的解除，也将导致商品房按揭关系中其他法律关系的解除和破坏，使平衡状态下的预期利益将不能实现。《商品房买卖合同解释》第 25 条第 2 款规定："商品房买卖合同被确认无效或者被撤销、解除后，商品房担保贷款合同也被解除的，出卖人应当将收受的购房款和购房款的本金及利息分别返还担保权人和买受人。"本条仅规定了利息损失，对其他损失未做规定，容易产生误解。

本条规定未区分商品房买卖合同及商品房担保贷款合同解除的原因系开发商行为还是买受人行为。若不加区分，一概要求开发商承担利息损失，对出卖人不公平。在基于购房者原因或者其他非因出卖者原因造成商品房买卖合同解除的，开发商（出卖者）不应当承担赔偿损失的责任，损失应由过错方承担。

因买受人原因，致使商品房买卖合同及商品房担保贷款合同解除的，合同解除所发生的损失应当由买受人承担。由于开发商的原因致使商品房买卖合同及商品房贷款合同解除的，人民法院在处理案件时，可以直接判决由开发商向银行承担损失赔偿责任。对于因商品房买卖合同的解除所造成的其他损失，由双方按照过错程度的大小承担责任。这里的损失包括房屋装修损失、房屋产权过户所发生的税费及房屋跌价损失等。

46. 商品房买卖合同纠纷是否适用不动产专属管辖？

商品房买卖合同属于买卖合同的一种，因合同纠纷提起的诉讼应适用合同纠纷的地域管辖规定。商品房买卖合同纠纷实质为合同纠纷，只是其买卖的标的物商品房属于不动产，而不是动产，其管辖应当适用合同纠纷的地域管辖。根据《民事诉讼法》第 23 条的规定，应由被告住所地或者合同履行地人民法院管辖。关于合同履行地的确定，根据《合同法》第 62 条第 3 项的规定，当事人在合同中对履行地点约定不明确的，应在不动产所在地履行。

涉及不动产纠纷的案件从性质上可以分为两类：一类是涉及不动产权属纠纷；另一类是涉及不动产的合同纠纷。涉及不动产权属纠纷的案件，主要是因不动产的所有权、使用权、占用等发生纠纷而引起的诉讼，以及相邻不动产之间因通行、通风、采光等相邻关系

发生争议而引起的诉讼等，应适用专属管辖，由不动产所在地法院管辖。而涉及不动产的合同纠纷案件应适用《民事诉讼法》第 23 条的规定，由被告住所地或合同履行地法院管辖。在司法实践中，因商品房买卖合同的标的物是不动产就将该类合同纠纷归入不动产纠纷并适用专属管辖，这与商品房买卖合同的性质是相违背的。

第三节　房地产合同综合案例问答

47. 居间合同与格式条款问题案例分析[①]

2008 年下半年，原产权人李某某到多家房屋中介公司挂牌销售涉案房屋。2008 年 10 月 22 日，上海某房地产经纪有限公司带陶某某看了该房屋；11 月 23 日，上海某房地产顾问有限公司（简称某房地产顾问公司）带陶某某之妻曹某某看了该房屋；11 月 27 日，中原公司带陶某某看了该房屋，并于同日与陶某某签订了《房地产求购确认书》。该确认书第 2.4 条约定了禁止“跳单”的条款即在陶某某验看过该房地产后 6 个月内，陶某某或其委托人、代理人、代表人、承办人等与陶某某有关联的人，利用原公司提供的信息、机会等条件但未通过中原公司而与第三方达成买卖交易的，陶某某应按照与出卖方就该房地产买卖达成的实际成交价的 1%，向中原公司支付违约金。当时中原公司对该房屋报价 165 万元，而某房地产顾问公司报价 145 万元，并积极与卖方协商价格。11 月 30 日，在某房地产顾问公司居间下，陶某某与卖方签订了房屋买卖合同，成交价 138 万元。后买卖双方办理了过户手续，陶某某向某房地产顾问公司支付佣金 1.38 万元。于是，中原公司向法院提起诉讼，中原公司诉称：陶某某利用中原公司提供的上海市虹口区株洲路某号房屋销售信息，故意跳过中原公司，私自与卖方直接签订购房合同，违反了《房地产求购确认书》中“禁止跳单”的约定，属于恶意“跳单”行为，请求法院判令陶某某按约支付中原公司违约金 1.65 万元。

（1）房屋买卖居间合同中禁止“跳单”的格式条款效力如何？为什么？

《合同法》第 39 条第 2 款规定，格式条款是当事人为了重复使用而预先拟定，并在订立合同时未与对方协商的条款。《合同法》第 40 条规定，格式条款具有《合同法》第 52 条和第 53 条规定情形的，或者提供格式条款一方免除其责任、加重对方责任、排除对方主要权利的，该条款无效。本条采取列举的方式，规定了格式条款的无效情形。需要注意的是：① 格式条款中的免责条款是否一概无效？应当认为，本条所谓免除责任，是指格式条款的制定人在格式条款中已经不合理或不正当地免除其应当承担的责任，而且所免除的不

[①] 案例来源：最高院第 1 号指导案例。

是未来的责任，而是现在应当承担的义务和责任，其含义不同于《合同法》第 39 条第 1 款所规定的“免除或者限制其责任的条款”。② 何谓“对方的主要权利”？要依据合同性质确定。中原公司与陶某某签订的《房地产求购确认书》属于居间合同，其中第 2.4 条的约定属于房屋买卖居间合同中常有的禁止“跳单”格式条款，其本意是为防止买方利用中介公司提供的房源信息却“跳”过中介公司购买房屋，从而使中介公司无法得到应得的佣金，这是正常的商业行为，是中介公司为保证自己的利益不受侵害而采取的措施，并不存在免除一方责任、加重对方责任、排除对方主要权利的情形。

（2）若李某某与陶某某最终没有达成买卖合意，则由谁负担在此过程中产生的费用？

居间合同，是指居间人向委托人报告订立合同的机会或者提供订立合同的媒介服务，委托人支付报酬的合同。居间合同又称为中介合同或者中介服务合同。向他方报告订立合同的机会或者提供订立合同的媒介服务的一方为居间人，接受他方所提供的订约机会并支付报酬的一方为委托人。《合同法》第 427 条规定，居间人未促成合同成立的，不得要求支付报酬，但可以要求委托人支付从事居间活动支出的必要费用。本案中，若李某某与陶某某最终没有达成买卖合意，那么陶某某不必支付中原公司报酬，但中原公司可以要求委托人支付从事居间活动支出的必要费用。

（3）中原公司请求法院判令陶某某按约支付违约金 1.65 万元，能否得到法院支持？为什么？

违约行为，是指当事人一方不履行合同义务或者履行合同义务不符合约定条件的行为。本案中，中原公司与陶某某签订的《房地产求购确认书》第 2.4 条约定了禁止“跳单”的条款，即在陶某某验看过该房地产后 6 个月内，陶某某或其委托人、代理人、代表人、承办人等与陶某某有关联的人，利用中原公司提供的信息、机会等条件但未通过中原公司而与第三方达成买卖交易的，陶某某应按照与出卖方就该房地产买卖达成的实际成交价的 1%，向中原公司支付违约金。衡量买方是否“跳单”违约的关键，是看买方是否利用了该中介公司提供的房源信息、机会等条件。如果买方并未利用该中介公司提供的信息、机会等条件，而是通过其他公众可以获知的正当途径获得同一房源信息，则买方有权选择报价低、服务好的中介公司促成房屋买卖合同成立，而不构成“跳单”违约。本案中，原产权人通过多家中介公司挂牌出售同一房屋，陶某某及其家人分别通过不同的中介公司了解到同一房源信息，并通过其他中介公司促成了房屋买卖合同成立，不违反《房地产求购确认书》第 2.4 条的约定。

（4）若能够证实陶某某利用中原公司提供的房源信息却绕开中原公司与李某某签订房屋买卖合同，则中原公司请求法院判令陶某某按约支付违约金 1.65 万元，能否得到法院支持？为什么？

如前所述，房屋买卖居间合同中关于禁止买方利用中介公司提供的房源信息却绕开该中介公司与卖方签订房屋买卖合同的约定合法有效。故若能够证实陶某某利用中原公司提

供的房源信息却绕开中原公司与李某某签订房屋买卖合同，则中原公司请求法院判令陶某某按约支付违约金，能够得到法院支持。需要注意的是，违约金为与出卖方就该房地产买卖达成的实际成交价的1%，中原公司对该房屋报价165万元，故违约金为1.65万元，而非1.45万元或者1.38万元。

48. 商品房买卖、装修、租赁合同综合案例

某房屋登记于张三名下，李四提出异议登记并向法院提起确权之诉，异议期间，张三又将房子分别卖给甲乙并签订买卖合同，甲看到异议登记后提出，签订合同后须进行预告登记以保护自己将来的物权，而乙看到异议登记后则直接要求先将房子交给自己，张三答应了二人的上述请求。几个月后，张三与李四的诉讼有了结果，法院判决李四败诉，房子确认为张三所有，而此时，乙已经以伪造的张三的身份证明和房产证明将房屋卖给了不知情的丙，并将房屋交付于丙。丙取得房屋后，发现房屋已经破旧不堪，于是进行了必要的修缮，然后将其出租给丁。问题：

（1）异议登记后，张三与甲的房屋买卖合同效力如何，为什么？

合同有效，因为异议登记不影响登记权利人与第三人的买卖合同的效力。买卖合同符合《民法总则》第143条的规定且不违反《合同法》第52条的规定，即有效。

（2）预告登记后，张三与乙的房屋买卖合同效力如何，为什么？

合同有效，因为预告登记不影响登记权利人与第三人的买卖合同的效力。

（3）李四败诉后，甲乙双方都要求张三完成过户登记，应如何处理？

应过户登记给预告登记权利人甲。根据《物权法》第20条第1款规定，当事人签订买卖房屋或者其他不动产物权的协议，为保障将来实现物权，按照约定可以向登记机构申请预告登记。预告登记后，未经预告登记的权利人同意，处分该不动产的，不发生物权效力。故若甲乙双方都要求张三完成过户登记，应过户给预告登记人甲。

（4）如李四胜诉，张三赶在李四办理变更登记之前，将房屋过户登记于甲，甲能否取得房屋的所有权？

不能。《物权法》第106条规定：无处分权人将不动产或者动产转让给受让人的，所有权人有权追回；除法律另有规定外，符合下列情形的，受让人取得该不动产或者动产的所有权：① 受让人受让该不动产或者动产时是善意的；② 以合理的价格转让；③ 转让的不动产或者动产依照法律规定应当登记的已经登记，不需要登记的已经交付给受让人。

受让人依照前款规定取得不动产或者动产的所有权的，原所有权人有权向无处分权人请求赔偿损失。当事人善意取得其他物权的，参照前两款规定。

虽然李四胜诉后张三对房屋的处分为无权处分，但是该房屋上存在有效的异议登记，第三人不能发生善意取得。

（5）乙丙之间的房屋买卖合同效力如何？丙取得房屋的所有权须满足什么条件？

合同效力待定。须经张三追认，合同才能有效。《合同法》第 48 条第 1 款规定："行为人没有代理权、超越代理权或者代理权终止后以被代理人名义订立的合同，未经被代理人追认，对被代理人不发生效力，由行为人承担责任。"本案中，因为乙伪造张三的身份证把房屋卖给丙属于无权代理，故乙丙之间的房屋买卖合同效力待定，只有经张三（此时张三还是所有权人）追认，丙才能取得房屋所有权。

（6）本案房屋意外毁损灭失的风险应该如何承担?

《合同法》第 142 条规定："标的物毁损、灭失的风险，在标的物交付之前由出卖人承担，交付之后由买受人承担，但法律另有规定或者当事人另有约定的除外。"故本案中张三已经把房屋交付于乙，故如涉案房屋发生毁损灭失，应由乙承担风险。

（7）丙能否取得出租房屋的租金？其对房屋的修缮费用应当由谁承担？

丙不能取得租金，修缮费用应由张三承担。如前所述，丙不能取得租金，因为租金为孳息，应该归现在的房屋所有权人张三（张三此时依然是所有权人）。非法占有又可以分为善意占有和恶意占有。占有人不知道并且不应当知道他的占有是非法的，是为善意占有；对于他人的非法占有，所有人可排除之，以恢复其占有。但善意占有在法律上要受到一定的保护。《物权法》第 242 条规定："占有人因使用占有的不动产或者动产致使该不动产或者动产受到损害的，恶意占有人应当承担赔偿责任。"在请求返还被非法占有的财产时，对于善意占有人为财产支付的必要费用，所有人都应当予以支付。本案中，丙为善意占有人，丙取得房屋后，发现房屋已经破旧不堪，于是进行了必要的修缮，属于必要费用，应由所有权人张三承担。

49. 房屋租赁合同纠纷案例剖析[①]

2014 年 1 月 2 日，甲公司（超市连锁有限责任公司）与乙公司署了《房屋租赁合同》，但甲公司与乙公司双方签署合同后并未到房产管理部门办理房屋租赁登记备案手续。甲公司租赁乙公司所有的 A 栋建筑用于开办超市，拟开办的超市名称为利民超市有限责任公司；租赁物为 A 栋建筑的一楼、二楼和三楼，面积分别为 10 000 平方米、10 000 平方米和 8 000 平方米。该《房屋租赁合同》中明确约定："在合同约定的租赁期间（16 年）内，每年的 1 月 15 日甲公司一次性向乙公司支付当年全年的租金，乙公司应当向甲公司出具正规的发票"，"乙公司应向甲公司所开办的利民超市提供 300 平方米的免费停车位"，"本合同至双方到房产管理部门办理租赁登记备案手续之日起生效"。2014 年 2 月 2 日，乙公司又把 A 栋建筑租给了玄武公司，并且与玄武公司办理了备案登记，甲公司得知此事后积极与乙公司沟通并抢先入住了 A 栋建筑。

2017 年 6 月 30 日，乙公司将 A 建筑二楼（10 000 平方米）卖给了丙公司，将一楼（10 000

① 案例来源：根据宁夏大世界实业集团有限公司与银川新华百货商业集团股份有限公司租赁合同纠纷案等改编。

平方米）卖给了丁公司，均未通知甲公司，并已经办理了房产过户手续。甲公司在丙公司和丁公司向其主张租金时，方才经查询房产部门登记了解到房屋已经转让的事实。

2017 年 8 月 1 日，因所在地交通管理部门的统一规定，乙公司无法向甲公司所办超市提供 300 平方米的免费停车位，而必须采用每小时收费 3 元的计时收费停车模式。采取计时收费停车模式后，利民超市的客流量受到了一定的影响。因乙公司无法向利民超市提供 300 平方米的免费停车位，且受网络交易影响，利民超市的运营状况不佳，亏损严重。于是，甲公司在未经乙公司许可的情况下把 A 栋建筑中的三楼转租给朱雀公司用于开办 KTV，朱雀公司于是对三楼进行了装修。

经查，2014 年、2015 年和 2016 年，甲公司均已按时支付租金；甲公司已于 2017 年 1 月 15 日向乙公司支付 2017 年全年的房屋租金。

（1）《房屋租赁合同》约定“本合同至双方到房产管理部门办理租赁登记备案手续之日起生效”，但甲公司与乙公司双方签署合同后并未办理租赁登记备案手续，如果甲公司已经将 A 栋建筑用于开办超市，并已支付 2014 年度租金，《房屋租赁合同》效力如何？为什么？

本问题具有迷惑性，租赁登记备案属于房产部门行政管制措施（办理登记不影响租赁合同的效力）。但是依据《合同法》第 45 条第 1 款前段的规定，当事人对合同的效力可以约定附条件。据此合同当事人可以将办理租赁登记约定为合同生效条件。依据《合同法》第 45 条第 1 款中段的规定，附生效条件的合同，自条件成就时生效。本案当事人并未积极办理租赁合同登记备案以促成条件成就，而是一方实际履行，另一方实际接受。对此，应适用《城镇房屋租赁合同解释》第 4 条第 2 款的规定：“当事人约定以办理登记备案手续为房屋租赁合同生效条件的，从其约定。但当事人一方已经履行主要义务，对方接受的除外。本案中，虽然双方约定“本合同至双方到房产管理部门办理租赁登记备案手续之日起生效”，且甲公司与乙公司双方签署合同后并未办理租赁登记备案手续，但甲公司已经将 A 栋建筑用于开办超市，并已支付 2014 年度租金，属于一方已经履行主要义务，对方接受的情形，因此《房屋租赁合同》成立并生效。

（2）如果甲公司和玄武公司都主张租赁权，谁的主张会得到支持？

《城镇房屋租赁合同解释》第 6 条第 1 款规定，出租人就同一房屋订立数份租赁合同，在合同均有效的情况下，承租人均主张履行合同的，人民法院按照下列顺序确定履行合同的承租人：① 已经合法占有租赁房屋的；② 已经办理登记备案手续的；③ 合同成立在先的。2014 年 2 月 2 日，乙公司又把 A 栋建筑租给了玄武公司，并且与玄武公司办理了备案登记，甲公司得知此事后积极与乙公司沟通并抢先入住了 A 栋建筑，故甲公司的主张会得到支持。

（3）如果查明 A 栋房屋所占用的土地为国有划拨土地，则乙公司出租 A 栋房屋的租赁合同是否有效？

《合同法》第 52 条第 5 项规定，违反法律、行政法规的强制性规定的合同无效。《合同法解释（二）》第 14 条规定，《合同法》第 52 条第 5 项规定的“强制性规定”，是指效力性强制性规定。《城市房地产管理法》第 56 条规定，以营利为目的，房屋所有权人将以划拨方式取得使用权的国有土地上建成的房屋出租的，应当将租金中所含土地收益上缴国家。具体办法由国务院规定。《城镇国有土地使用权出让和转让暂行条例》第 44 条规定，划拨土地使用权，除本条例第 45 条规定的情况外，不得转让、出租、抵押。《城镇国有土地使用权出让和转让暂行条例》第 45 条第 1 款规定，符合下列条件的，经市、县人民政府土地管理部门和房产管理部门批准，其划拨土地使用权和地上建筑物，其他附着物所有权可以转让、出租、抵押：① 土地使用者为公司、企业、其他经济组织和个人；② 领有国有土地使用证；③ 具有地上建筑物、其他附着物合法的产权证明；④ 依照本条例第二章的规定签订土地使用权出让合同，向当地市、县人民政府补交土地使用权出让金或者以转让、出租、抵押所获收益抵交土地使用权出让金。本案中，甲公司与乙公司所签租赁合同由于租赁房屋坐落的土地为国有划拨土地，名义上是出租划拨土地上的建筑物，实质上是连同国有划拨土地使用权一并出租。至法庭辩论终结前，租赁公司未能提交针对房屋及土地租赁行为已获得批准的相关证据，亦未将租金中所含土地收益上缴国家，不符合法定手续。但上述有关办理审批登记备案手续的相关法律法规规定属于管理性强制性规定，并非效力性强制性规定，不能作为房屋租赁合同的生效条件。故乙公司出租 A 栋房屋的租赁合同有效。

（4）2018 年 1 月 19 日，丙公司向法院起诉要求甲公司向其支付 2017 年 7 月 1 日至 12 月 31 日的 A 栋建筑二楼房屋租金，丙公司的该请求能否得到法院的支持？为什么？

丙建筑公司的请求能否得到法院的支持，关键是看丙建筑公司的请求有无法律根据。其一，本案出租人乙公司将自有建筑物出租给甲公司，甲乙之间成立租赁合同法律关系，互负租赁合同之债。出租人乙公司于租赁期间将建筑物二楼出让给丙公司，丙公司受让成为该部分建筑物所有权人，依据《合同法》第 163 条的规定，标的物交付之后的孳息归买受人所有，此时丙公司享有标的物交付之后的租金请求权。但是一般而言，租赁物于租赁期间发生物权变动的，受让人承继原出租人在租赁合同中的权利与义务，成为新的出租人。《合同法》第 80 条第 1 款规定：“债权人转让权利的，应当通知债务人。未经通知，该转让对债务人不发生效力。”故本案的转让行为应于甲公司知情时才对甲公司发生法律效力。材料中，甲公司在丙公司向其主张租金时，方才经查询房产部门登记了解到房屋已经转让的事实。此时，债权转让行为对甲公司发生效力，甲公司应当对丙公司支付租金。但是，本案中承租人甲公司已于 2017 年 1 月 15 日向乙公司支付了 2017 年全年的房屋租金，出租人就该期间的租金请求权因清偿而消灭，丙公司从乙公司处承继相关的权利义务，应以乙公司的权利义务范围为限，自然无该部分的租金请求权，其仅能基于不当得利制度向乙公司请求偿还该部分租金，但是无权要求甲公司向其支付 2017 年 7 月 1 日至 12 月 31 日的 A

栋建筑二楼房屋租金。其二，甲公司占有租赁物系有权占有，亦无不当得利制度适用。依据《合同法》第 229 条的规定：“租赁物在租赁期间发生所有权变动的，不影响租赁合同的效力。”也即“买卖不破租赁”，故而甲公司与乙公司之间的租赁合同依然有效。甲公司占有该房屋亦不构成无权占有，丙公司亦无权请求甲公司支付房屋占有费。

（5）2018 年 1 月 21 日，丁公司向甲公司发函要求甲公司向其支付 2018 年度 A 栋建筑一楼房屋的租金，丁公司的请求是否具有法律依据？为什么？

本问题承接前一问题考点，考查租赁物受让人对尚未清偿的租金有无请求权，分析思路同前一问题。此时，丁公司向甲公司发函要求甲公司向其支付 2018 年度 A 栋建筑一楼房屋的租金能够得到支持。

（6）2017 年 6 月 30 日，乙公司将 A 栋建筑二楼出卖给了丙公司，现甲公司向法院起诉，要求确认乙公司与丙公司之间的房屋买卖合同无效。请问甲公司的该请求能否得到法院的支持？为什么？

关于乙丙之间的买卖合同效力，应适用《城镇房屋租赁合同解释》第 21 条的规定，出租人出卖租赁房屋未在合理期限内通知承租人或者存在其他侵害承租人优先购买权情形，承租人请求出租人承担赔偿责任的，人民法院应予支持。但请求确认出租人与第三人签订的房屋买卖合同无效的，人民法院不予支持。在本案中，甲公司作为承租人具有优先购买权，甲公司可因乙公司未履行告知义务侵害其优先购买权向乙公司请求其承担赔偿责任，但是不能以此为由请求确认乙公司与丙公司之间的房屋买卖合同无效。

（7）因乙公司无法向利民超市提供 300 平方米的免费车位，甲公司可主张何种权利？

依据《合同法》第 107 条的规定：“当事人一方不履行合同义务或者履行合同义务不符合约定的，应当承担继续履行、采取补救措施或者赔偿损失等违约责任。”乙公司因无法向利民超市提供 300 平方米的免费停车位构成违约，此时，因所在地交通管理部门的统一规定，导致乙公司无法向甲公司所办超市提供 300 平方米的免费停车位，故不可再要求继续履行，只能要求乙公司承担采取补救措施或者赔偿损失等违约责任。

（8）就甲公司的转租行为，乙公司可以主张何种权利？朱雀公司的装修物应如何处理？

《城镇房屋租赁合同解释》第 15 条规定，承租人经出租人同意将租赁房屋转租给第三人时，转租期限超过承租人剩余租赁期限的，人民法院应当认定超过部分的约定无效。但出租人与承租人另有约定的除外。《城镇房屋租赁合同解释》第 16 条第 1 款规定，出租人知道或者应当知道承租人转租，但在 6 个月内未提出异议，其以承租人未经同意为由请求解除合同或者认定转租合同无效的，人民法院不予支持。承租人经出租人同意，可以对租赁物进行改善和增设他物。承租人未经出租人同意对租赁物进行改善和增设他物的，出租人可以请求承租人恢复原状或赔偿损失。《城镇房屋租赁合同解释》第 13 条规定，承租人未经出租人同意装饰装修或者扩建发生的费用，由承租人负担。出租人请求承租人恢复原

状或者赔偿损失的，人民法院应予支持。故乙公司可主张解除合同或者认定转租合同无效。对于朱雀公司的装饰物，可以主张恢复原状或者赔偿损失。

（9）如果乙公司认可了甲公司的转租，但甲公司却没有按约定在 2018 年 1 月 15 日向乙公司支付 2018 年的租金，该如何处理？

承租人应当按照约定的期限支付租金。承租人无正当理由未支付租金或延期支付租金的，出租人可以要求承租人在合理期限内支付。承租人逾期不支付的，出租人可以解除合同。《城镇房屋租赁合同解释》第 17 条第 1 款规定，因承租人拖欠租金，出租人请求解除合同时，次承租人请求代承租人支付欠付的租金和违约金以抗辩出租人合同解除权的，人民法院应予支持。但转租合同无效的除外。故在本案中，乙公司可以主张解除合同，但是，朱雀公司请求代甲公司支付欠付的租金和违约金的除外。

（10）如果甲公司与乙公司签署《房屋租赁合同》后，双方因经营模式和停车场等问题发生争议，单公司并未进行装修和营业，也未实际支付租金，在双方争议两年半后，甲公司向乙公司书面表示，因双方信任基础丧失，其将不再履行《房屋租赁合同》。请问乙公司要求甲公司继续履行合同的请求能否得到法院支持？为什么？

依据《合同法》第 107 条的规定："当事人一方不履行合同义务或者履行合同义务不符合约定的，应当承担继续履行、采取补救措施或者赔偿损失等违约责任。"本案甲公司不再履行《房屋租赁合同》构成违约，原则上"应当承担继续履行、采取补救措施或者赔偿损失等违约责任"，但是乙公司能否要求继续履行同时受到《合同法》第 110 条的限制"当事人一方不履行非金钱债务或者履行非金钱债务不符合约定的，对方可以要求履行，但有下列情形之一的除外：① 法律上或者事实上不能履行；② 债务的标的不适于强制履行或者履行费用过高；③ 债权人在合理期限内未要求履行。"本案为房屋租赁合同纠纷，虽然承租人在租赁合同中的主要义务是支付租金，但除此之外还负有按照约定方法使用租赁物、不当使用租赁物时的损害赔偿等义务。本案中，双方之间的信任基础已然丧失，而案涉合同的未履行期限尚有 10 余年，并非短时间内即可履行完毕，在甲公司不愿继续履行合同或者已经以自己的行为表明其不再继续履行合同时，继续履行合同的基础显然已经不复存在。这种情况下，法院无法判令继续履行案涉合同。

50. 房地产买卖合同与担保合同纠纷案例分析

甲公司从某银行贷款 1 200 万元，以自有房产设定抵押，并办理了抵押登记。经书面协议，乙公司以其价值 200 万元的现有的以及将有的生产设备、原材料、半成品、产品为甲公司的贷款设定抵押，没有办理抵押登记，后甲公司届期无力清偿贷款，某银行欲行使抵押权。法院拟拍卖甲公司的房产。甲公司为了留住房产，与丙公司达成备忘录，约定："由丙公司参与竞买，价款由甲公司支付，房产产权归甲公司。"丙公司依法参加竞买，以 1 000 万元竞买成功。甲公司将从子公司筹得的 1 000 万元交给丙公司，丙公司将这 1 000

万元交给了法院。法院依据竞拍结果制作民事裁定书，甲公司据此将房产过户给丙公司。

法院裁定书下达次日，甲公司、丙公司与丁公司签约：“甲公司把房产出卖给丁公司，丁公司向甲公司支付 1 400 万元。合同签订后 10 日内，丁公司应先付给甲公司 400 万元，尾款待房产过户到丁公司名下之后支付。甲公司如果在合同签订之日起半年之内不能将房产过户到丁公司名下，则丁公司有权解除合同，并请求甲公司支付违约金 700 万元，甲公司和丙公司对合同的履行承担连带责任。”

在甲公司、丙公司与丁公司签订房产买卖合同的次日，丙公司与戊公司签订了房产买卖合同。丙公司以 1 500 万元的价格将该房产卖给戊公司，尚未办理过户手续。丁公司见状，拒绝履行支付 400 万元首付款的义务，并请求甲公司先办理房产过户手续，将房产过户到丁公司名下。甲公司则要求丁公司按约定支付 400 万元房产购置首付款。鉴于各方僵持不下，半年后，丙公司索性把房产过户给戊公司，并拒绝向丁公司承担连带责任。经查，在甲公司、丙公司和丁公司签订合同后，当地房地产市场价格变化不大。

（1）乙公司以其现有的及将有的生产设备等动产为甲公司的贷款设立的抵押是否成立？为什么？

成立。因为根据《物权法》第 181 条的规定，经当事人书面协议，企业个体工商户、农业生产经营者可以将现有的以及将有的生产设备、原材料、半成品、产品抵押，债务人不履行到期债务或者发生当事人约定的实现抵押权的情形，债权人有权就实现抵押权时的动产优先受偿。根据《物权法》第 189 条第 1 款的规定，浮动抵押采用登记对抗主义，亦即：企业、个体工商户、农业生产经营者以《物权法》第 181 条规定的动产抵押的，应当向抵押人住所地的工商行政管理部门办理登记；抵押权自抵押合同生效时设立，未经登记，不得对抗善意第三人。乙公司以其现有的及将有的生产设备等动产为甲公司的贷款设立的抵押未经登记，抵押权依旧成立，只是不能对抗第三人。

（2）某银行是否必须先实现甲公司房产的抵押权，后实现乙公司现有的及将有的生产设备等动产的抵押权？为什么？

不是。因为甲公司房产抵押与乙公司现有的及将有的生产设备等动产的抵没有明确约定抵押份额，属于连带抵押。同一债权有两个以上抵押人的，当事人对其提供的抵押财产所担保的债权份额没有约定或者约定不明的，抵押权人可以就其中任一或者各个财产行使抵押权。抵押人承担担保责任以后，可以向债务人追偿，也可以要求其他抵押人清偿其应当承担的份额。故本案中，抵押权人（即银行）可以选择就任一财产实现抵押权。

（3）甲公司与丙公司达成的备忘录效力如何？为什么？

具有法律效力。《合同法》第 52 条规定，有下列情形之一的，合同无效：① 一方以欺诈、胁迫的手段订立合同，损害国家利益；② 恶意串通，损害国家、集体或者第三人利益；③ 以合法形式掩盖非法目的；④ 损害社会公共利益；⑤ 违反法律、行政法规的强制性规定。丙公司将 1 000 万元交给法院，法院依据竞拍结果制作民事裁定书，甲公司据此将房产过户给丙公司，当事人对房产权属做的特别约定，不具有物权效力。但是该备忘录没有违背法律的强制性规定，具有债权效力。

（4）丙公司与戊公司签订房产买卖合同效力如何？为什么？

有效。《物权法》第15条规定：“当事人之间订立有关设立、变更、转让和消灭不动产物权的合同，除法律另有规定或者合同另有约定外，自合同成立时生效；未办理物权登记的，不影响合同效力。”因为丙公司是房产所有权人，有权对房产进行处分，且就同一房产签订多份买卖合同，合同效力既不会因为房产没有过户而受影响，也不会因为是一物多卖而受影响。所以丙公司与戊公司签订的房产买卖合同有效。

（5）丁公司是否有权拒绝履行支付400万元的义务？为什么？

有权。《合同法》上的不安抗辩权，是指先给付义务人在有证据证明后给付义务人的经营状况严重恶化，或者转移财产、抽逃资金以逃避债务，或者有谎称有履行能力的欺诈行为，以及其他丧失或者可能丧失履行债务能力的情况时，有权中止自己的履行。虽然在甲公司、丙公司与丁公司签订的房产买卖合同中约定，丁公司应先交首付，甲公司后办理房产过户。但是，房产产权人丙公司在签约次日就和戊公司签订房产买卖合同。该行为已经明确表明，甲公司有无法履行交房义务的可能。作为先交首付款义务的丁公司，有权行使不安抗辩权。

（6）丁公司是否有权请求甲公司在自己未支付400万元首付款的情况下先办理房产过户手续？为什么？

无权。根据《合同法》第68条、第69条规定，先给付义务人有确切证据证明后给付义务人的履行能力明显降低，有不能为对待给付的现实危险的，有权中止履行。在后给付义务人提供适当担保时，应当恢复履行。因为甲公司办理房产过户手续的义务在后，甲公司可以行使先履行抗辩权。本案中，丁公司享有不安抗辩权，可以拒绝履行自己的先给付义务，但是不能以不安抗辩权要求甲公司履行在后的义务。

（7）丁公司能否解除房产买卖合同？为什么？

能。协议解除是指当事人双方通过协商同意将合同解除的行为。协议解除采取合同（即解除协议）方式，因此应具备合同的有效要件，即当事人具有相应的行为能力；意思表示真实；内容不违反强行法规范和社会公共利益；采取适当的形式。《合同法》第93条规定，当事人协商一致，可以解除合同。当事人可以约定一方解除合同的条件。解除合同的条件成就时，解除权人可以解除合同。因为甲公司在合同订立半年内没有履行办理房产过户手续的义务，丁公司行使约定解除权的条件已经成就，故可以解除。

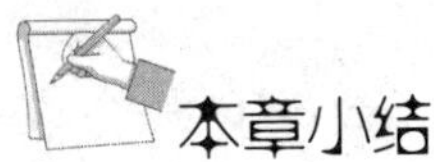

本章小结

房地产作为支柱产业，既关乎于民生安居又影响着国家政治经济的发展，也是衡量民众幸福感的重要标杆。在房地产合同实践中，合同定金、一房二卖、抵押贷款、装修采购、

房屋租赁、仲裁诉讼等问题一直是实践中需要解决澄清的重点难点，而解决这些问题的关键是通过理论联系实践，强化案例总结，提炼实战经验，形成规律认知。

本章从房地产合同经典名词辨析开始，筛选提炼出最常见也最易混淆的50个问题，通过问答方式，深入浅出地阐述了相关概念，剖析了相关理论，明确了争议和纠纷的处理方式，对房地产合同实战具有很强的指导意义，也可以作为经典案例源供查阅参照。

习题

一、名词解释

预告登记　诉讼时效　小产权房　霸王条款　住房抵押

二、简答题

1．针对商品房买卖合同中的定金、违约金、损害赔偿金，“三金”关系如何界定？

2．已预告登记的房屋二次出卖，后签的买卖合同是否有效？该商品房屋物权变动情况如何？

3．开发商以一次性缴纳5年物业费用作为交房条件，购房人可如何应对？

4．业主取得房屋但尚未办理过户登记之前，发生火灾致使房屋装修毁损灭失，该风险是否可以要求开发商承担？

5．开发商将已交纳部分购房款的房屋二次出售，原买受人可如何救济？

6．商品房买卖合同纠纷是否适用不动产专属管辖？

参 考 文 献

[1] 代春泉．工程合同管理[M]．北京：清华大学出版社，2016．

[2] 中华人民共和国民法总则[M]．北京：中国法制出版社，2017．

[3] 代春泉．房地产合同管理[M]．北京：清华大学出版社，2011．

[4] 代春泉．房地产开发[M]．第 2 版．北京：清华大学出版社，2019．

[5] 最高人民法院案例指导与参考丛书编选组．2018 最高人民法院合同案例指导与参考[M]．北京：人民法院出版社，2018．

[6] 奚晓明，韩延斌，王林清．房地产纠纷裁判思路与规范指引[M]．北京：人民法院出版社，2014．

[7] 最高人民法院民事诉讼法司法解释理解与适用[M]．北京：人民法院出版社，2014．

[8] 王利明．民法[M]．第七版．北京：中国人民大学出版社，2018．

[9] 法律出版社法规中心．中华人民共和国民事诉讼法注释本[M]．北京：法律出版社，2017．

[10] 陈枝辉．房屋买卖合同纠纷疑难案件裁判要点与依据[M]．北京：法律出版社，2017．